Das Mittelmeer und die deutsche Literatur der Vormoderne

Das Mittelmeer und die deutsche Literatur der Vormoderne

Transkulturelle Perspektiven

Herausgegeben von
Falk Quenstedt

DE GRUYTER

Gefördert durch die Deutsche Forschungsgemeinschaft (DFG) – SFB 980 Episteme in Bewegung. Wissenstransfer von der Alten Welt bis in die Frühe Neuzeit – Projekt-ID 191249397.

ISBN 978-3-11-221406-0
e-ISBN (PDF) 978-3-11-078190-8
e-ISBN (EPUB) 978-3-11-078196-0
DOI https://doi.org/10.1515/9783110781908

Dieses Werk ist lizenziert unter der Creative Commons Namensnennung - Nicht-kommerziell - Keine Bearbeitungen 4.0 International Lizenz. Weitere Informationen finden Sie unter https://creativecommons.org/licenses/by-nc-nd/4.0/.

Die Creative Commons-Lizenzbedingungen für die Weiterverwendung gelten nicht für Inhalte (wie Grafiken, Abbildungen, Fotos, Auszüge usw.), die nicht im Original der Open-Access-Publikation enthalten sind. Es kann eine weitere Genehmigung des Rechteinhabers erforderlich sein. Die Verpflichtung zur Recherche und Genehmigung liegt allein bei der Partei, die das Material weiterverwendet.

Library of Congress Control Number: 2023935597

Bibliografische Information der Deutschen Nationalbibliothek
Die Deutsche Nationalbibliothek verzeichnet diese Publikation in der Deutschen Nationalbibliografie; detaillierte bibliografische Daten sind im Internet über http://dnb.dnb.de abrufbar.

© 2025 bei den Autorinnen und Autoren, Zusammenstellung © 2025 Falk Quenstedt, publiziert von Walter de Gruyter GmbH, Berlin/Boston
Dieser Band ist text- und seitenidentisch mit der 2023 erschienenen gebundenen Ausgabe.
Dieses Buch ist als Open-Access-Publikation verfügbar über www.degruyter.com.

Einbandabbildung: Albrecht: *Jüngerer Titurel*, Bayerische Staatsbibliothek München, Cgm 8470, fol. 251v.
Satz: Integra Software Services Pvt. Ltd.
Druck und Bindung: CPI books GmbH, Leck

www.degruyter.com

Dank

Als Herausgeber möchte ich verschiedenen Personen und Institutionen danken, die das Erscheinen dieses Bands ermöglicht haben und an seinem Zustandekommen beteiligt waren. An erster Stelle danke ich der Internationalen Vereinigung für Germanistik (IVG) und insbesondere Prof. Dr. Laura Auteri und ihrem Team für die Organisation der Tagung „Wege der Germanistik in transkulturellen Perspektiven" in Palermo vom 26.–31.7.2021, in deren Rahmen die von mir mitorganisierte Sektion „Mediterrane Perspektiven – Transkulturalität der Mittelmeerwelt und deutschsprachige Literatur der Vormoderne" im hybriden Format veranstaltet werden konnte. Auf diese Tagungssektion gehen die meisten der Beiträge zurück. Für die Leitung der Sektion danke ich Prof. Dr. Jutta Eming, für die Ko-Leitung Prof. Dr. Dina Aboul Fotouh Salama und Prof. Dr. Michael Dallapiazza. Für viele der Teilnehmer*innen vor Ort war es die erste Veranstaltung ‚in Präsenz' nach einer langen Zeit, in der wissenschaftliche Gespräche bedingt durch die Covid-19-Pandemie ausschließlich in Form von Videokonferenzen möglich waren. In Anbetracht des Themas der Sektion hätte es keinen besseren Ort für dessen Erörterung geben können als die in hohem Maße durch mediterrane Transkulturalität geprägte Stadt Palermo. Dafür, dass die Möglichkeit gegeben wurde, die Tagung – trotz des erheblichen Mehraufwands – sowohl vor Ort als auch via Videokonferenz besuchen zu können, sei den Organisator*innen ausdrücklich gedankt!

Für die Begleitung bei der Entwicklung des Konzepts dieser Publikation sowie für deren ebenso geduldige wie exzellente Betreuung danke ich Dominika Herbst, Dr. Eva Locher und Robert Forke vom Verlag De Gruyter in Berlin. Ich danke der Deutschen Forschungsgemeinschaft (DFG) und dem Sonderforschungsbereich 980 *Episteme in Bewegung. Wissenstransfer von der Alten Welt bis in die Frühe Neuzeit*, deren Förderung dieses Buch möglich gemacht hat. Mein besonderer Dank gilt der wissenschaftlichen Koordinatorin des Sonderforschungsbereichs *Episteme in Bewegung*, Dr. Kristiane Hasselmann. Für Anregungen und kritische Lektüren der Einleitung sowie für die Zusammenarbeit bei den Übersetzungen in diesem Band danke ich Antonia Murath und Hanna Zoe Trauer. Für die Unterstützung bei Korrektur und Einrichtung des Buches danke ich Alina Karsten und Clarissa-Rebecca Braun. Schließlich gilt mein Dank allen Beitragenden, die sich auf das Experiment, die deutschsprachige Literatur der Vormoderne von mediterranen Standpunkten aus in den Blick zu nehmen, so engagiert und erkenntnisreich eingelassen haben.

Inhaltsverzeichnis

Dank —— V

Zur Einleitung

Falk Quenstedt
Mediterrane Perspektiven. Die deutschsprachige Literatur des Mittelalters und der frühen Neuzeit im Kontext maritimer Transkulturalität —— 3

Sharon Kinoshita
Mediterrane Literatur —— 41

Konnektivitäten

Antonia Murath
Gewänder, Gobeline, goldene Fäden: Textile Verflechtungen in *Mai und Beaflor* und *La Manekine* —— 69

Michael R. Ott
Sklaverei, Menschenhandel und Herrschaft über Menschen in mittelhochdeutschen Erzählungen —— 101

Tilo Renz
Zwischen Wegstrecke und Karte. Die narrative Erschließung des östlichen Mittelmeers in Michel Velsers Übersetzung von Mandevilles *Reisen* —— 125

Heide Klinkhammer
Hermes Trismegistos als transkultureller Vermittler göttlicher Weisheit und Paracelsus als ‚Hermes Secundus' oder ‚Trismegistus Germanus' —— 147

Claudia Rosenzweig
Wenn Gott den Sultan nicht schlafen lässt. Eine jiddische *Mayse* (1602) —— 187

Darstellungsfunktionen

Claudia Brinker-von der Heyde
Das (Mittel)Meer als liminaler Raum in mittelalterlicher Literatur —— 213

Falk Quenstedt
Mediterrane âventiuren im *Jüngeren Titurel* —— 239

Maryvonne Hagby
Der *Manekine*-Stoff in der Literatur der Vormoderne: über vierzig Erzählungen und neunzig Mittelmeerreisen —— 257

Ralf Schlechtweg-Jahn
Abenteuer am Mittelmeer – Meer und Familie im *Herzog Herpin* —— 289

Poetiken

Imre Gábor Majorossy
Verdoppelung und Transkulturalität im *König Rother* —— 309

Sebastian Winkelsträter
Wasserspiele. Erzählen vom Mittelmeer im *Trojanerkrieg* Konrads von Würzburg —— 339

Dina Aboul Fotouh Salama
Überlegungen zu transkulturellen Ästhetiken des Meeres als Topos im mediterranen Kontext in deutscher und arabischer Poesie der Vormoderne —— 369

Abbildungsnachweis —— 401

Liste der Beiträger*innen —— 403

Register der Orte, Personen und Werke —— 407

Zur Einleitung

Falk Quenstedt
Mediterrane Perspektiven.
Die deutschsprachige Literatur des Mittelalters und der frühen Neuzeit im Kontext maritimer Transkulturalität

Die Darstellung auf dem Vorderdeckel dieses Buches stammt aus der sogenannten *Münchner Handschrift* des *Jüngeren Titurel* (um 1270), einer Prachthandschrift, die wahrscheinlich im bayrischen Raum im ersten Drittel des vierzehnten Jahrhunderts entstand.[1] Die Buchmalerei zeigt eine Episode, die gegen Ende des Romans spielt und im Mittelmeer lokalisiert werden kann: den Besuch der Stadt Pitimont während der von Marseille ausgehenden Fahrt des Gralskönigs Parcifal mitsamt Gral und Gralsgesellschaft auf dem Weg nach Indien (*JT*, Str. 6080–6091). Text und Bild führen Aspekte des ‚Mediterranen' vor Augen, wie sie die Beiträge dieses Buches in ihrer Relevanz für die deutschsprachige Literatur der Vormoderne aufzeigen wollen.

Da ist zunächst die mediterrane Szenerie der Darstellung selbst: Im Vordergrund das Meer mit seinen Wellen und Wirbeln, dessen gräulich-blaue Färbung wenig einladend wirkt, dazu ein Schiff mit drei menschlichen Figuren, einem Steuermann und zwei prachtvoll gekleideten Passagieren, die ein besonderes Objekt in Händen halten, im Hintergrund erhebt sich eine Stadtlandschaft. Das Schiff wird im Erzähltext an dieser Stelle nicht näher beschrieben, doch taucht an früherer Stelle im Roman ein Kaufmann auf, der mit seiner *kocken* (*JT*, Str. 5739, 4 u.ö.) im Mittelmeerraum Handel treibt und mit Parcifal um die Welt reist, wobei auch der Schifffahrt Aufmerksamkeit geschenkt wird. Nun handelt es sich bei der Kogge um einen Schiffstyp, der vor allem für den Transport von Waren eingesetzt wurde und im Spätmittelalter im Nord- und Ostseeraum verbreitet war. Im Mittelmeerraum etablierte er sich aber erst später (vgl. Abulafia 2013, 449). Auf dem Bild ist ein anderer Schiffstyp dargestellt, wie am querstehendem ‚Lateinersegel' und anderen Merkmalen zu erkennen. Es handelt sich um einen Frachtschiffstyp, der im vierzehnten und fünfzehnten Jahrhundert in Venedig als *nave latina* bezeichnet wurde (Wiesinger und Roland 2015, 38). Das Wissen über Bauart und Darstellung dieses Schiffstyps, von dem die Darstellung zeugt, gelangte wahrscheinlich über Muster-

---

[1] München, Bayerische Staatsbibliothek, cgm 8470 (‚Fernberger-Dietrichsteinsche Handschrift'), f. 251v. Vgl. für eine umfassende kodikologische, sprachwissenschaftliche und kunsthistorische Einordnung der Handschrift Wiesinger und Roland 2015.

bücher oder wandernde italienische Künstler in den deutschsprachigen Raum und in die Buchmalerei, das Gleiche gilt für die Ansicht des urbanen Hintergrunds und deren südliche Anmutung (vgl. Wiesinger und Roland 2015, 36–47). Die dichtgedrängte, turmartige Architektur erinnert an Stadtansichten italienischer Malerei und mag den Reichtum von Handelsmächten wie Venedig oder Genua evozieren.

In der Fügung von Text und Bild überlagern sich somit ein genuin deutschsprachiges, mediterrane Orte einschließendes Erzählen von einer Meerfahrt[2] und bildkünstlerische Darstellungskonventionen des Mittelmeerraums selbst. Damit veranschaulicht die Buchmalerei nicht nur eine Konnektivität zwischen deutschsprachiger Kultur und Literatur der Vormoderne und dem Mittelmeerraum (die zum italienischen Sprachraum besonders eng ist, aber darüber hinaus weitere mediterrane Räume umfasst), sondern auch ein darstellerisches Interesse am Maritimen, mithin am ‚Mediterranen', in Bild und Text.

Weitere Aspekte kommen hinzu: So halten die beiden Passagiere – es handelt sich wohl um Parcifal und Titurel, die hier durch Krone und Mitra als weltliche und geistliche Würdenträger ausgewiesen sind – ein besonders kostbares Gefäß in Händen, bei dem es sich um den Gral handeln dürfte. Im Text wird erzählt, dass die Gralsgesellschaft nach vollkommen friedvoller, weil vom Gral gesteuerter Fahrt auf offener See und über 500 Meilen vom Festland entfernt auf die Inselstadt Pitimont trifft, die auf dem „wilden wage" zu „sweben" scheint (*JT*, Str. 6080–6081). Die *burgere* von Pitimont sind über die Gäste höchst erfreut, weil sie sich reichen Profit ausrechnen. Denn die Seereisenden werden wohl ihre faulen Speisen und Getränke an Bord durch unverdorbene Nahrungsmittel, durch neuen Wein und frisches Wasser ersetzen wollen (*JT*, Str. 6082). Doch ist das gar nicht nötig, weil das Speisewunder des Grals nicht nur Besatzung und Passagiere des Schiffs, sondern auch die Armen der Stadt mit „obz von paradis" (*JT*, Str. 6084, 3) ernährt. Letztere werden von Parcifal zudem mit Gold beschenkt (*JT*, 6083–6086). Als das Schiff später die Reise fortsetzt, sind die Bürger untröstlich: Zu Ehren des Grals bauen sie einen neuen „tempel" und benennen ihre Stadt in „Grals" um (*JT*, 6089–6091).

In dieser bemerkenswerten Episode greift der Erzähltext die existenziell prekären Realitäten mittelalterlicher Schifffahrt auf dem Mittelmeer mitsamt ihrer unerbittlichen Ökonomie und der Bindung an Küsten und Häfen – von denen Pilger wie Ibn Ǧubair (1145–1217) oder Felix Fabri (1438/39–1502) in ihren Reisebeschreibungen detailreich zu berichten wissen (vgl. Borgolte und Jaspert 2016a, 19–21) – auf, und macht sie zur Grundlage einer spektakulären Mirakelerzählung. Da von einer Bekehrung der Bürger Pitimonts keine Rede ist, handelt es sich wohl um Christen. Eine interreligiöse Dimension des Erzähltexts, die mit der politischen Geografie

---

2 Die Geschichte der Migration der Gralsgesellschaft ist eine Erfindung des *Jüngeren Titurel*.

besonders des östlichen Mittelmeerraums zusammenhängt, zeigt sich jedoch im weiteren Verlauf der Reise: Denn die Gralsgesellschaft nimmt nicht den direkten östlichen Weg nach Indien, sondern wählt eine ozeanische Route, um die Strecke „uber lant durch heidenische terre" (*Jüngerer Titurel*, Str. 6092, 3; ‚zu Land durch muslimisches Gebiet') zu umfahren, weil der Gral den Kontakt mit Muslimen vermeiden möchte. Der *Jüngere Titurel* nimmt damit literarisch die Erschließung einer maritimen Verbindung nach Indien durch portugiesische Seefahrer – mitfinanziert durch deutsche Handelshäuser (vgl. Borowka-Clausberg 1999, 19–20) – vorweg.

Diese ozeanische Dimension der Fahrt des Grals lässt womöglich eine skeptische Haltung des Textes gegenüber dem stark durch Handelsnetzwerke geprägten Mittelmeerraum erkennen, in dem ökonomische Kalküle zuweilen wichtiger sein konnten als religiöse Gruppenzugehörigkeiten, zugleich wird deutlich, dass diese Welt der Seefahrt, des Reichtums und der Urbanität ein Faszinosum darstellt. Die Darstellung der Münchner Handschrift und die zugrundliegende Erzählung eröffnen somit gleich mehrere ‚mediterrane Perspektiven'.

1 Mediterrane Perspektiven

Die in diesem Buch vorgenommenen transkulturellen Perspektivierungen vormoderner deutschsprachiger Literatur im Kontext des Mittelmeerraums sind durch die in jüngerer Vergangenheit rege betriebene Mittelmeerforschung verschiedener Disziplinen angeregt, besonders durch neue Ansätze in Geschichtswissenschaft und Kunstgeschichte. In globalgeschichtlichen, verflechtungstheoretischen und von den *Postcolonial Studies* beeinflussten Zugängen ist die mediterrane Region in neuer Weise in den Blick genommen worden, was mit einem gesteigerten Interesse auch an maritimen Räumen allgemein und insbesondere an maritimen Vernetzungen zusammenhängt (Borgolte und Jaspert 2016b): Oft unhinterfragte festländisch-kontinentaleuropäische Muster der Orientierung und der Relationierung von Nähe und Ferne, von Eigen und Fremd, von Grenze und Verbindung können durch maritime Ordnungsmuster irritiert und ergänzt werden.

Mit ‚Transkulturalität' ist eine Auffassung von Kultur als Prozess benannt, die Kulturen nicht als monolithisch-statische Einheiten betrachtet, die nur unter besonderen Umständen in Interaktion mit anderen Kulturen treten. Vielmehr werden Kulturen als vielschichtige und dynamische Geflechte unterschiedlicher Traditionen und Praktiken – oder „kultureller Ressourcen" (Jullien 2017) – gedacht, als prozessuale Gebilde, in denen immer schon in komplexer Weise Heterogenes verbunden ist und sich ständig neu verbindet. Ein solches Begriffsverständnis impliziert, dass Transkulturalität keine gegenwartsbezogene Analysekategorie ist, sondern auch zur Untersuchung vormoderner Kulturen und Literaturen dienen kann und muss.[3] Eine transkulturell ausgerichtete Vormoderne-Forschung erlaubt es überdies, ideologisch bedingte Narrative, wie sie die Nationalphilologien in ihrem Ursprung prägen und unterschwellig oft weiterhin prägen, kritisch zu begegnen – und dabei neue Perspektiven auf bekannte Texte zu eröffnen und neue Forschungsobjekte zu konstituieren.[4]

Im Zuge der Entfaltung globalgeschichtlicher Ansätze (Borgolte et al. 2008; Conrad 2013; Osterhammel und Petersson 2019), die u. a. auf die Forderung postkolonialer Kritik, ‚internalistische' europäische Betrachtungsweisen aufzubrechen und Europa zu ‚provinzialisieren' (Chakrabarty 2000) reagieren, ist die Mediävistik davon abgerückt, den mediterranen Raum primär als Grenze zwischen Kulturen oder „konfessionellen Großgruppen" (Jaspert 2010) an seinen südlichen und nördlichen, sowie zentralen und östlichen Küsten zu beschreiben. Eine solche Betrachtungsweise war infolge der These Henri Pirennes von der ‚Geburt des Abendlandes' aufgrund einer spätantiken Aufspaltung des mediterranen Raums zwischen Islam und Christentum lange Zeit vorherrschend, in der deutschsprachigen Mediävistik noch stärker als in der romanischen oder anglophonen Forschung (vgl. zur Forschungsgeschichte Oesterle 2012).[5]

Für die historische Mittelmeerforschung war vor allem das Werk von Fernand Braudel bestimmend, der die langzeitliche Wirksamkeit geografischer Formationen und die dadurch bedingten Verbindungen und Trennungen in den Vordergrund rückte, womit politische oder religiöse Rekonfigurationen des mediterranen Raums historisch Bedeutung einbüßen (Braudel 1990). Auch hat Braudel immer wieder die konstitutiven Wechselwirkungen des Mittelmeerraums mit seinem

---

3 Dieses Verständnis des Begriffs weicht von der Bestimmung Wolfgang Welschs ab, der Transkulturalität vor allem als Kennzeichen der Moderne ansieht (Welsch 1999). Zur Diskussion von Welsch aus mediävistischer Perspektive vgl. Netzwerk Transkulturelle Verflechtungen 2016, 57–58.

4 In einer Bestimmung transkulturell ausgerichteter Vormoderneforschung hebt das „Netzwerk Transkulturelle Verflechtungen" diesen Aspekt hervor: „Als theoretisches Konzept beinhaltet Transkulturalität die Prämisse, dass Kulturen nicht in homogenen, fest definierten (etwa ethnisch, sprachlich oder territorial bestimmten) Einheiten bestehen, sondern sich vielmehr ‚über Beziehungsprozesse erschließen lassen und sich im stetigen Prozess des Werdens befinden'. Dieses dynamische Verständnis von Kultur führt zu einer verstärkten Fokussierung von Zusammenhängen und Wechselwirkungen und erfordert immer wieder neue Konstituierungen der Forschungsobjekte, da nicht gegebene Einheiten, sondern Prozesse und Beziehungen Gegenstand der Analyse sind." Christ et al. 2016, 72–73.

5 Diese stärker von einer Zusammengehörigkeit des Mittelmeerraums ausgehende Forschung kann mitunter im Zusammenhang kolonialer Konstruktionen des neunzehnten Jahrhunderts einer einheitlichen ‚Méditerranée' gesehen werden und wurde als „Mediterranismus" (im Sinne einer Spielart des Said'schen ‚Orientalismus') kritisiert, vgl. Borgolte und Jaspert 2016a, 26–27, dort der Hinweis auf Herzfeld 2005.

Hinterland betont, der Sahara ebenso wie den Gebieten nördlich der Alpen: „Das Mittelmeer *stricto sensu* wird [...] von einem ausgedehnten, mediterran beeinflußten Territorium umschlossen, das ihm als Resonanzboden dient. Und es ist nicht allein das Wirtschaftsleben, das in der Ferne Widerhall findet, auch seine zivilisatorischen Leistungen, seine wechselnden kulturellen Erfindungskräfte strahlen zurück" (Braudel, Duby und Aymard 2006, 59). Diese Perspektive, die einerseits geo- und ökologische Bedingungen, andererseits transregionale Vernetzungen ernst nimmt, wurde im für die jüngere Forschung wegweisenden Buch von Peregrine Horden und Nicolas Purcell aufgegriffen und erweitert, wofür besonders das Konzept der ‚Konnektivität' eines landschaftlich und auch kulturell fragmentierten, von zahlreichen „micro-ecologies" geprägten Raums zentral ist (zur Rezeption des Begriffs der ‚Konnektivität' vgl. Kolditz 2016). Damit kommt das Mittelmeer mit seinen historisch und lokal mal weiter mal weniger weit ausgreifenden Hinterlanden als eine Zone komplexer, differenzierter und wandelbarer Verflechtungen unterschiedlicher Herrschaftsgebilde und verschiedener konfessioneller, politischer und sozialer Gruppen in den Blick. In einer für das Maritime charakteristischen Dialektik von Trennung und Verbindung positionieren sich unterschiedliche Gruppen und Institutionen in Bezug aufeinander, treten in Konkurrenz zueinander oder gehen miteinander Bündnisse ein. Konnektivitäten bilden sich also nicht nur durch friedlichen Kontakt und im Rahmen kooperativen Handelns aus, sondern auch und gerade durch Konflikte.

Bestimmte historische Akteure und Institutionen eignen sich besonders gut für Untersuchungen solcher mediterraner Konnektivitäten: Etwa professionelle Grenzgänger oder „cultural brokers" (Höh, Jaspert und Oesterle 2013) wie Gelehrte, Diplomaten, Höflinge, Übersetzer, Händler, Pilger oder auch Söldner (Jaspert 2019); hinzu kommen hochadlige Frauen, die für Eheverbindungen mit ihrer Entourage an weit entfernte Höfe wechselten und diese oft nachhaltig prägten – man denke mit Blick auf Herrscherinnen im Kontext deutschsprachiger Gebiete an Theophanu (ca. 960–991), Konstanze von Sizilien (1154–1198) oder Theodora Angeloi (1180/85–1246). Überregional vernetzte Höfe fungieren dabei als Umschlagsplätze oder „hubs" (Höh, Jaspert und Oesterle 2013, 28–29), werden zu bedeutenden Institutionen des Wissenstransfers (Fried 2003) und zu Orten der Kultivierung und Übermittlung von Literatur.

Auch Phänomene wie die Piraterie, die den Mittelmeerraum der Vormoderne entschieden prägte, kommen über das Konzept der Konnektivität neu in den Blick – etwa wenn im Seeraub ein Motor der Verbindung entdeckt wird, zum Beispiel aufgrund der kulturell heterogenen Zusammensetzung seeräubersicher Gruppenbildungen oder auch weil Konjunkturen endemischer Piraterie konkurrierende oder verfeindete Seemächte dazu zwingen, miteinander zu kooperieren – um einen gemeinsamen Feind, der Handels- und Pilgerrouten bedroht, zu bekämpfen (Jaspert und Kolditz 2013). Die Seefahrt, welche Fernhandel, Pilgerschaft und militärische Kampagnen wie die Kreuzzüge überhaupt erst ermöglicht, eröffnet überdies eine besondere soziale Kontaktzone, da sich an Bord eines Schiffes und in Hafen- und Handelsstädten nicht nur Vertreter*innen unterschiedlicher Religionen einfanden und interagierten, sondern auch viele verschiedene soziale Gruppen den engen Raum an Bord miteinander teilen mussten (Borgolte und Jaspert 2016b, 19–21). Die eng mit dem Seeraub verbundene Gewaltgeschichte – besonders im Hinblick auf die stets mit Piraterie verknüpfte Sklaverei gerade zwischen den Religionen (Backman 2014, 175–176) – ist dabei natürlich nicht zu vernachlässigen, im Gegenteil. Doch stellt auch erzwungene Migration Verbindungen her, was Erzähltexte reflektieren können, wobei sie mithin Perspektiven der Opfer einbeziehen, wie Michael R. Ott in diesem Band anhand des *Willehalm* zeigt. Konnektivität ist also nicht als positiv konnotierter Wert misszuverstehen. Es handelt sich vielmehr um eine Beschreibungskategorie, die dabei helfen kann, unterschiedliche Formen transkultureller Verflechtung im maritimen Kontext zu untersuchen.

Akteure und Institutionen, die mit deutschsprachigen Regionen verknüpft sind, prägen den vormodernen Mittelmeerraum – mit unterschiedlichen Konjunkturen – entschieden mit, so etwa verstärkt im zwölften und dreizehnten Jahrhundert; unter anderen Vorzeichen dann wieder in der Zeit vor und nach 1500. Im zwölften Jahrhundert führten historische Prozesse zu immer engeren Kontakten zur Mittelmeerwelt: der zweite und dritte Kreuzzug, die Entstehung und zunächst mediterrane Karriere des Deutschen Ordens (Favreau-Lilie 1973; Houben 2012; Houben 2022), Heiratsverbindungen mit Byzanz und den Normannen, das Engagement der Staufer in Süditalien (Jaspert und Tebruck 2016; Houben 2010). Dass es dabei auch zu Verbindungen mit der islamischen Welt kam, zeigt etwa der Reisebericht Burchards von Straßburg, der als Diplomat an den Hof Saladins reiste (Thomsen 2018).

Wie die Geschichtswissenschaft hat auch die Kunstgeschichte Bedeutung und Formen mediterraner Konnektivität untersucht. Eine Vorreiterrolle kommt hier dem Byzantinisten Oleg Grabar zu, der für die Netzwerke diplomatischen Austauschs zwischen mediterranen Höfen des Mittelalters die Ausbildung einer gemeinsamen materiellen Kultur, einer „shared culture of objects" beschrieben hat (Grabar 1997), die vor allem im Kontext von Prozessen des Schenkens und der Entrichtung von Tributen zu sehen ist (Hilsdale 2012). Da Fragen der Repräsentation und des Gabentauschs für die Ausgestaltung der Erzählwelten des Mittelalters und der Frühen Neuzeit höchst signifikant sind,[6] und dabei oft, weil sich an ihnen Konflikte entfalten, eine zentrale Problemstellung von Erzähltexten darstellen,

---

6 Vgl. etwa Oswald 2004; Philipowski 2011; Egidi u. a. 2012; Schausten 2016; Baisch 2017.

verspricht der Einbezug dieses mediterranen Kontexts auch für die Untersuchung deutschsprachiger Texte aufschlussreich zu sein.

Grabar beschreibt eine gemeinsame Formensprache vor allem im Hinblick auf mobile Artefakte, die an verschiedenen Orten entstehen, aber gleiche Eigenschaften aufweisen: „different patrons used simultaneously Arabic letters, classical and mythological motifs for objects that do not fit within the narrow boundaries imposed by religious art or within the art sponsored by the faiths involved, but which belong to a common court art of luxury […]" (Grabar 1997, 63). Eine transkulturell ausgerichtete kunsthistorische Forschung konnte mit Blick auf ein breites Spektrum von Objekten wie luxuriöse Bergkristall-Gefäße, geschnitzte Behältnisse und Trinkhörner aus Elfenbein, Metallarbeiten wie etwa Aquamanilien, Seidenstoffe, beschriftete Textilien oder auch bestimmte Charakteristika von Architekturen zahlreiche geteilte Formelemente und Motive besonders im Bereich politischer Repräsentation feststellen.[7] Kürzlich wurden in einer Ausstellung des Hildesheimer Dommuseums, die sich auf den Transfer ursprünglich islamischer Artefakte in christliche Gebrauchszusammenhänge konzentrierte, zahlreiche Objekte, die dieser mediterranen *shared culture* zugeordnet werden können, und die aus verschiedenen europäischen Museen mit ganz disparaten Sammlungskategorien stammen, an einem Ort versammelt (vgl. Höhl, Prinz und Ralcheva 2022). Für geteilte mediterrane Ästhetiken ist weiterhin die normannische Architektur Palermos ein berühmtes Beispiel: Die *Capella Palatina* und die Stadtpaläste der *Zisa* und der *Cuba* bedienen nicht nur eine Vielzahl heterogener ‚Sprachen' der Formen und Materialien, sondern lassen eine planvoll eingesetzte hybride *koiné* verschiedener mediterraner architektonischer und künstlerischer Traditionen erkennen (Ungruh 2007).

Ein besonders berühmtes Beispiel für den Transfer eines ursprünglich aus islamischen Zusammenhängen stammenden Objekts, dass infolge einer Kette von Gabenhandlungen in einen nordeuropäischen Kirchenschatz gelangte, ist die Bergkristall-Vase Eleonores von Aquitanien, die heute im Louvre aufbewahrt wird (vgl. Beech 1993; Burman, Catlos und Meyerson 2022, 161). Das Gefäß wurde der Abtei von Saint-Denis im zwölften Jahrhundert von König Ludwig VII. gestiftet. Suger, Abt von Saint-Denis, hat am Sockel eine Inschrift anbringen lassen, die eine Objektbiografie nachvollziehbar machen soll. Die Inschrift verzeichnet verschiedene Vorbesitzer der Vase und damit eine Reihe von Gaben: Eleonore habe die Vase von ihrem Großvater, Wilhelm IX. von Aquitanien, erhalten, dem sie von „Mitadolus" zum Geschenk gemacht worden sei. Bei diesem Mitadolus handelt es sich um

---

[7] Dieses kunsthistorische Forschungsfeld ist mittlerweile kaum noch zu überblicken, exemplarisch sei verwiesen auf Hoffman 2001; Hoffman 2004; Shalem 2005; Dolezalek 2012; Contadini 2013; Olchawa 2019.

'Abd al-Malik 'Imād al-Dawla, den letzten muslimischen König von Saragossa. Zu Ludwig gelangte die Vase schließlich als Brautgeschenk von Eleonore.

2 Mediterrane Bezüge deutschsprachiger Literatur

Es ist anzunehmen, dass derartige Verflechtungen im Rahmen höfischer und ökonomischer Praktiken nicht allein die Objektsphäre und die politische Kultur betreffen, sondern auch die Literatur beeinflussen und von dieser beeinflusst werden. Das Mittelmeer ist nicht nur ein transkultureller Interaktionsraum der Akteure und Dinge, sondern auch der Sprachen und Literaturen. Die Signifikanz mediterraner materieller Kultur, gerade auch über sprachliche und religiöse Grenzen hinweg, wurde etwa für byzantinische und romanische Literaturen bereits dokumentiert.[8] Unter dem Begriff der ‚mediterranen Literatur' hat die Romanistin Sharon Kinoshita Wege aufgezeigt, wie Eigenlogiken der vielsprachigen literarischen Traditionen des Mittelmeerraums beschrieben werden können (Kinoshita 2006; 2009; 2014; 2017). Da Kinoshitas Arbeiten für eine literaturwissenschaftliche Adaption der dargestellten mediterranen Zugänge wegweisend waren und sind, ist den Beiträgen dieses Bandes eine deutsche Übersetzung ihres Artikels zur mediterranen Literatur vorangestellt, der im von ihr gemeinsam mit Peregrine Horden herausgegebenen *Companion to Mediterranean History* (2014) erschien.

Eine mediterrane Perspektive erfordert Kinoshita zufolge eine ‚Reterritorialisierung' in den Philologien. Wenn es darum geht, Texte und literarische Traditionen zu beschreiben und adäquat zu analysieren, die in mehr als einer Sprache und in verschiedenen kulturellen und religiösen Zusammenhängen überliefert sind, müssen die primär nationalsprachlich und europäisch ausgerichteten literaturwissenschaftlichen Fächer mithilfe anderer Perspektivierungen und Rahmungen dazu befähigt werden. Den vormodernen Mittelmeerraum für eine solche alternative Rahmung einzusetzen, erfüllt also auch einen heuristischen Zweck. Wenn Jenny Oesterle ausführt, dass sich „[b]estimmte Kontakt- und Begegnungsformen wie Handel, Verkehr, Wissenstransfer, Diplomatie, das Pilgern und Reisen [...]" für die Beschreibung „intermediterrane[r] Konnektivität" besonders gut eignen (Oesterle 2012, 88), so fällt aus philologischer Sicht auf, dass die Literatur in dieser Aufzählung fehlt. Es verwundert also nicht, dass Kinoshita programmatisch einen grundlegenden Nachholbedarf der Philologien konstatiert, infolge ihrer primär nati-

---

[8] Vgl. Moore 2014, 50–79; Cupane und Krönung 2016; Kinoshita 2012.

onalsprachlichen Orientierung seien diese für die Entwicklung transkultureller Sichtweisen jedoch wenig prädestiniert. Aus germanistischer Sicht kommt hinzu, dass die vergleichsweise späte Rezeption der Mittelmeerforschung in der deutschen Geschichtswissenschaft (Oesterle 2012, 72–76) eine zusätzliche Verzögerung bewirkt. Eine Antwort auf die titelgebende Frage der Tagung der Internationale Vereinigung für Germanistik von 2021 danach, wohin „Wege der Germanistik in transkulturellen Perspektiven" führen könnten, ist damit aus mediävistischer Sicht durch den Austragungsort dieser Tagung, die Stadt Palermo, schon vorgegeben: in den Mittelmeerraum. Von Seiten der germanistischen Mediävistik wurden systematische mittelmeerische Perspektivierungen, für die Paradigmen der jüngeren Geschichtswissenschaft und der Kunstgeschichte Orientierungen bieten können, bislang jedoch kaum vorgenommen. Nur vereinzelt greifen Untersuchungen ausdrücklich Impulse der *Mediterranean Studies* auf oder sind durch ihre Gegenstände auf den Mittelmeerraum bezogen.[9] Die Entwicklung mediterraner Perspektiven auf deutschsprachige Literatur – gerade auch des Mittelalters und der Frühen Neuzeit – ist somit ein Desiderat einer germanistischen (und mehr-als-germanistischen) Transkulturalitätsforschung.[10] Die Beiträge dieses Sammelbandes stellen erste Versuche dar, ausgehend von unterschiedlichen Fragestellungen und Gegenständen, dieses Feld der Konnektivitäten zwischen dem Mittelmeerraum und der deutschen Literatur der Vormoderne zu vermessen.

Kontakte und Verflechtungen

Die Iberische Halbinsel kann mit ihren besonders vielsprachigen, transkulturell und transreligiös verflochtenen literarischen Traditionen als Modell für eine ‚mediterrane Literatur' herangezogen werden, das auch für nicht-iberischen Kontexte erhellend zu sein verspricht (in diesem Band werden iberische Erzähltraditionen von Maryvonne Hagby berührt, die auf ein Zeugnis der *Aljamiado*-Literatur eingeht, Dichtungen in romanischer Sprache, verfasst in arabischer Schrift). Um das Spezifische der literarischen Kultur Iberiens in ihren Verbindungen und Wech-

---

9 So etwa Classen 2015; Classen 2018; Zerka 2019 und Quenstedt 2021. Besonders einschlägig für das Thema mediterraner Verbindungen deutschsprachiger Literatur ist ein Tagungsband (Auteri und Cottone 2005), der sich auf Konnexe zum Islam im sizilianischen Zusammenhang konzentriert. Weiterhin entfalten Publikationen zur mittelalterlichen Tradition des *Alexanderromans*, die sich an Paradigmen der Transkulturalität und der Verflechtungsgeschichte (*histoire croisée*) orientieren, durch ihr Material ebenfalls mediterrane Perspektiven, vgl. Stock 2016; Gaullier-Bougassas und Bridges 2013.
10 Vgl. zur neueren deutschen Literatur Zanasi u. a. 2018.

selwirkungen erfassen zu können, schlägt Kinoshita (in diesem Band) vor, sie nicht „in separate romanische (Kastilisch, Portugiesisch, Katalanisch), hebräische und arabische Komponenten" aufzuteilen, sondern als literarisches ‚Polysystem' (der Begriff bei Wacks 2007) zu begreifen, „in dem Texte in mehr als nur einer Sprache sowohl produziert als auch rezipiert werden."

Um diese regionale Gebundenheit um weiträumigere und langfristiger Konnektivitäten zu erweitern, greift Kinoshita das von Daniel Selden für die Spätantike entwickelte Konzept der ‚Text-Networks' auf, das der Judaist und Alt-Philologe zur Beschreibung von essenziell translingualen und transkulturellen, auch religiöse Grenzen überschreitenden Traditionszusammenhängen einführt. Beispiele für solche Textnetzwerke wären der *Alexanderroman*, die *Sieben weisen Meister*, *Barlaam und Josaphat*, *Flore und Blanscheflur* oder auch die *Manekine*-Erzählungen, denen sich in diesem Band die Beiträge von Antonia Murath und Maryvonne Hagby widmen. Selden zufolge stellen Texte, die solchen Textnetzwerken zugehören, ihren transkulturellen Transfercharakter häufig aus und machen ihn zum Ausgangspunkt poetologischer und textgeschichtlicher Selbstdarstellungen (Selden 2010, 13).

Hinsichtlich etwa mittelalterlicher und frühneuzeitlicher jüdischer Erzähltraditionen, die oft mit der deutschen Sprache eng verbunden sind, erscheinen derartige sprachübergreifende Vernetzungen ganz selbstverständlich, können aus einem nationalphilologischen Blickwinkel aber höchst ungewöhnlich wirken. Das zeigt sich etwa im Beitrag von Claudia Rosenzweig bei der Diskussion der Prätexte einer jiddischen *Mayse*. Mehrfach wird dabei der weiträumige euromediterrane Nexus jüdischer Gemeinden und ihrer Literatur evident. So wurde, um nur ein Beispiel zu nennen, das *Shevet Jehuda* des Shlomo Ibn Verga Anfang des sechzehnten Jahrhunderts im Osmanischen Reich (in Adrianopel, heute Edirne) zuerst auf Hebräisch publiziert und erschien dann nachfolgend, zum Teil in jiddischer Übersetzung, an so verschiedenen Orten im Druck wie Sabbioneta in der Lombardei, in Krakau, Amsterdam, Sulzbach und Fürth. Auch der *Dukus Horant*, ein in altjiddischer Sprache verfasster Erzähltext, der in nur einem Manuskript in hebräischer Schrift fragmentarisch überliefert ist und in der Geniza von Kairo gefunden wurde, weist auf mediterrane Bezüge deutschsprachiger Literatur hin. Da dieser Text schwer in gängige sprach- und literaturhistorische Muster einzuordnen ist, vermag er es besonders gut, die „wohlfeilen Konstruktionen" der Philologie „empfindlich [zu] stören" (Kern 2003, 109). Der *Dukus Horant* steht dem *König Rother* und der *Kudrun* nahe, akzentuiert dabei aber typisch mediterrane Themen besonders: Während die Demonstration außerordentlichen Reichtums und Prunks für Zwecke der Repräsentation generell nicht ungewöhnlich ist und etwa auch den *König Rother* kennzeichnet (Frakes 2014, 163), ist es doch unkonventionell, dass „hubesche kofman / hwbš' qwfmn" (*Dukus Horant*, 299–300; ‚höfische Kaufleute'), bei denen der adlige Held finanzielle Unterstützung sucht, in konkreten Geldsummen („driśik tuzent mark / drisiq twznt mrq", *Dukus Horant*, 305) bemessen werden. In Texten, die mit dem Brautwerbungs-Schema arbeiten, wie dem *König Rother*, der *Kudrun* und eben auch dem *Dukus Horant*, ist der Mittemeerraum ohnehin besonders präsent. Rabea Kohnen zeigt hinsichtlich der „mediterrane[n] Entwürfe" der *Kudrun* (Kohnen 2011, 91–97) auf, dass das Meer in diesem Text nicht allein als Grenze fungiert, sondern – als faktisches ‚Meer in der Mitte' der Schauplätze des Erzähltextes – zu einem eigenständigen Raum avanciert, der Grundlage eines weitreichenden Bündnissystems in der Erzählwelt wird. In diesem Sinne nennt sie die *Kudrun* „durchweg eine ‚mediterrane' Dichtung" (Kohnen 2011, 91). In diesem Band zeigt Imre Gábor Majorossy in seinem Beitrag zum *König Rother* auf, dass sich dessen Dopplungsstrukturen für narrative Darstellungen und Verhandlungen transkultureller Austauschprozesse besonders gut eignen.

Wenn die Beiträge in diesem Band verschiedene Inblicknahmen deutschsprachiger Texte der Vormoderne in ihrer Bezogenheit auf das Mittelmeer erproben, insistieren sie damit auf einer größeren Beachtung des vormodernen Mittelmeerraums bei der Untersuchung der deutschen Literatur. Eine solche Aufmerksamkeitsverlagerung zugunsten einer transkulturell komplex vernetzten Region, verstanden als heuristische Alternative zu wenig hinterfragten und oft nicht explizierten nationalphilologischen und auf Nordwesteuropa zentrierten Herangehensweisen, ermöglicht Revisionen literaturgeschichtlicher Zusammenhänge, die auch für die Interpretation der Texte ausschlaggebend sein können. Denn Fragen der Translation, des Transfers und der Transkulturalität werden in der germanistischen Mediävistik zumeist im Horizont literarischer Transferbewegungen von ‚Frankreich' nach ‚Deutschland' oder von West nach Ost, d. h. primär in Bezug auf das Verhältnis von ‚Romania' und ‚Germania' diskutiert.[11] Es kann nun keinesfalls darum gehen, die literaturhistorisch fraglos große Tragweite dieser romanisch-germanische Kulturtransfers (Kasten, Paravicini und Pérennec 1998), wie ihn etwa die Bände der *Germania Litteraria Mediaevalis Francigena* eindrucksvoll illustrieren (Claassens, Knapp und Pérennec 2010–2015), zu bestreiten. Die Aufgabe besteht vielmehr darin, das Myzel vormoderner literarischer Verflechtungen um räumliche und historische Fäden zu *erweitern*, die als vermeintlich ‚nicht-europäische' bislang weniger Aufmerksamkeit erfahren haben, denen aber eine für die Ausbildung von und Wechselwirkungen mit literarischen Tradierungen, die auch deutschsprachige Texte mitprägen, eine ebenso große Bedeutung zukommen kann. Da die romanischen Literaturen des Mittelalters, insbesondere Texte in altfranzösischer Sprache, die sich im zwölften und dreizehnten Jahrhundert neben Latein, Griechisch und

---

11 Vgl. stellvertretend Bastert, Hartmann und Herz 2019; Auteri und Kasten 2017.

Arabisch zu einer *lingua franca* des Mittelmeerraums entwickelte, nicht allein auf dem Gebiet des heutigen Frankreich entstanden und weitertradiert wurden, sondern auch in Nord- und Süditalien, in den ‚lateinischen' Kolonien Griechenlands und der Levante oder *outre mer* (vgl. Gaunt 2015; Gilbert, Gaunt und Burgwinkle 2020), wären auch viele der romanischen Prätexte deutschsprachiger höfischer Literatur aus Perspektive der Germanistik stärker im Rahmen der Vernetzungen einer größeren euromediterranen Ökumene literarischer und epistemischer Traditionen zu betrachten. Das Gleiche gilt für lateinische Texte, deren Entstehungskontexte und Überlieferungswege – wie etwa im Fall des *Alexanderromans* – häufig in den Mittelmeerraum weisen.

Oft können wir aufgrund der Überlieferungslage transkulturelle Transfers und Berührungspunkte unterschiedlicher Traditionen nur schlecht nachvollziehen. Doch finden sich vereinzelt Hinweise auf einen regen Austausch auch über sprachliche und religiöse Grenzen hinweg, etwa in Form von Klagen religiöser Autoritäten: Kinoshita verweist zum Beispiel auf die Beschwerde des Paulus Albarus aus dem neunten Jahrhundert darüber, dass die jungen Christen Córdobas die arabische Dichtung besser beherrschten als das lateinische Alphabet. Und Claudia Rosenzweig schließt aus dem Vorwort des Rabbi Giacob Halpron zu seiner Übersetzung der *Mitzwot Nashim* (‚Vorschriften der Frauen') aus dem Jiddischen ins Judäo-Italienische, in dem er sich gegen die Lektüre der *libri profani* wie dem *Amadís*-Roman, dem *Orlando Furioso* oder auch der *Cento novelle* bei den Mitgliedern der jüdischen Gemeinde ausspricht, dass diese mit den genannten Werken bestens vertraut waren.

Eine mediterrane Perspektivierung, die mit solchen Transfers rechnet, kann neue Möglichkeiten der Einordnung bekannter Probleme erschließen. Ein Beispiel hierfür bietet die Quellenfiktion in Wolframs von Eschenbach *Parzival*. Die Erzählbzw. Autorinstanz behauptet, dass die von ihr vermittelte deutsche Version der Erzählung auf einen Provenzalen namens Kyôt zurückgehe, der sie in arabischer Sprache aufgefunden und ins Französische übertragen habe (*Parzival*, 416, 21–30). An anderer Stelle wird gesagt, dass Kyôt seine Quelle in Toledo aufgespürt habe – sie gehe auf einen muslimischen „fisîon" (*Parzival*, 453, 25; ‚Naturkundler', ‚Arzt') mit Namen Flegetânîs zurück, Sohn einer jüdischen Mutter und eines muslimischen Vaters, der die Geschichte in den Sternen las (*Parzival*, 453, 11–455, 24). Zugleich weist der Text seine Verbindung zu einem nordfranzösischen Text, nämlich zum *Conte du Graal* des Chrétien de Troyes als Wolframs Hauptquelle (Bumke 2004, 237–239), ausdrücklich zurück: Chrétien habe der Geschichte „unreht getân" (*Parzival*, 827, 3), die „rehten mære" seien „von Provenz in tiuschiu lant" gekommen (*Parzival*, 827, 9–10). Diese signifikant ausgestellte ‚Textbiografie' ist mit der Präsentation einer behaupteten Objektbiografie wie im Falle der Bergkristallvase Eleonores von Aquitanien vergleichbar. Wie bei diesem Artefakt überlagern sich in der vom *Parzival* entworfenen Textbiografie differente sprachliche, religiöse und epistemische Traditionen (vgl. Zimmermann u. a. 2016, 104), der Text präsentiert sich somit in elaborierter Weise als ein transkulturelles Palimpsest mit Bezügen zu verschiedenen mediterranen Orten und Sprachen.[12] Eine Programmatik des Hybriden und der Verflechtung ist überhaupt kennzeichnend für den *Parzival*, der seine poetischen Verfahren mit textilhandwerklichen Begriffen wie *parrieren* oder *undersnîden* beschreibt (Zimmermann u. a. 2016, 90–92). Michael Stolz hat jüngst anhand des ‚Kyôt-Problems' mögliche „Bezugstexte" diskutiert[13] und dabei die Frage aufgeworfen, inwiefern der *Parzival* durch die Inkorporation und Überlagerung verschiedener religiöser Traditionen eine ‚Ambiguitätstoleranz' bekunde, wie sie Thomas Bauer zufolge für die vormoderne arabische Literatur kennzeichnend ist (Bauer 2011).

Der Horizont mediterraner Transkulturalität stellt einen historischen Kontext bereit, in dem solche Transferbewegungen (und ihre Stilisierungen) weniger unwahrscheinlich wirken als in einem rein europäischen Rahmen. Mediterrane Perspektivierungen können somit bereits vorhandene Bemühungen zur Darstellung der ‚Interregionalität' deutschsprachiger Literatur (Kugler 1995) um Regionen erweitern, die durch Sprachen und religiöse Kulturen geprägt sind, die üblicherweise nicht als ‚europäisch' oder ‚westlich' wahrgenommen werden. Mit Blick auf im Mittelalter über lange Zeiträume hinweg multireligiös und vielsprachig geprägte Orte wie al-Andalus und Sizilien, in denen die arabische Literatur und Kultur blühte, mit Blick auf ‚fränkische' Herrschaften in mehrheitlich arabisch- und griechischsprachigen Regionen wie der Levante und der Ägäis, mit Blick auch auf weit vernetzte religiöse Minderheiten – wie im deutschen Sprachraum die Jiddisch und Hebräisch sprechenden Aschkenasim[14] – erweisen sich solche gängigen Tendenzen der Separation und der Gegensatzbildung als ebenso historisch wie gegenwärtig irreführend. Das zeigt sich etwa anhand von bislang unbemerkt gebliebenen Parallelen bei der Funktionalisierung poetischer Topoi des Meeres und der Meerfahrt sowie eines Wissens von den Winden in mittelhochdeutschen und arabischen Dichtungen, wie sie Dina Aboul Fotouh Salama in diesem Band aufzeigt.

---

12 Vgl. zum Begriff des ‚Palimpsests' im transkulturellen Zusammenhang Mersch 2016, 249–251; Quenstedt 2021, 91–92.
13 Stolz beschreibt die Nähe der imaginierten Überlieferungskette im *Parzival* zum Verfahren der Beglaubigung islamischer Prophetentraditionen (*ḥadīṯ*) mittels der Dokumentation ungebrochener Tradierungsketten (*isnād*) (Stolz 2021, 161–162).
14 Vgl. zum literarischen Transfer zwischen deutschsprachigen Christen und Juden in der Vormoderne: Przybilski 2010; Lembke 2015.

Mittelmeer und Orient

Damit ist eine Problematik hinsichtlich der Beschreibungssprache vieler komparatistischer, interkultureller oder transfertheoretischer Zugänge angesprochen: Die häufige Nutzung von Dichotomien wie ‚Ost-West' oder ‚Orient-Okzident' um Gegenstände zu ordnen, auch wenn es darum geht, Momente des Transfers, der Verbindung oder der Vermischung zu untersuchen (so etwa in der für die transkulturellen Bezüge des *Parzival* grundlegenden Arbeit von Kunitzsch 1984). Binaritäten dieser Art können aus verschiedenen Gründen zu Verzerrungen führen (vgl. Ott 2012, 38–39). Zunächst wäre zu klären, ob die historischen Texte selbst vergleichbare Kategorien benutzten, und falls das der Fall ist, wie deren Semantiken und Bezugsgrößen gegenüber modernen ‚Orientalismen' einzuordnen sind.[15] Zu Bedenken ist auch die große Bedeutung binärer Ordnungsmuster für identitätsstiftende Narrative nationaler, ethnischer, religiöser oder auch sprachlicher Couleur, die oft eine Homogenität historischer kultureller Entitäten behaupten und dabei mit ‚asymmetrischen Gegenbegriffen' (Koselleck 1979) und Alteritätskonstruktionen arbeiten. Eine Rede vom ‚Orient' kann kontrastive Zuschreibungen in Relation zu einem ‚Eigenen' implizieren sowie Annahmen einer zu vernachlässigenden Relevanz. Dichotomische Beschreibungsweisen laufen also nicht nur in hohem Ausmaß Gefahr, für politische Zwecke vereinnahmt zu werden. Sie können auch dort Trennungen ein- und fortschreiben, wo gar keine sind – und somit das Verbindende gerade ausblenden. Damit ist keineswegs angezeigt, Asymmetrien in den Beziehungen unterschiedlicher Gruppen zu verschweigen. Im Gegenteil sind gerade Selbst- und Fremdzuschreibungen für transkulturelle Zugänge von großem Interesse, weil Alteritätskonstruktionen und -narrative oft erst durch Verflechtungsprozesse entstehen oder durch sie intensiviert, dramatisiert oder auch ausdifferenziert werden. Die Genese von diffamierenden ebenso wie romantisierenden Bildern und Narrativen kann ein wichtiges Indiz für faktische Verbindungen sein. Ein transkultureller Ansatz steht somit auch dafür ein, dass Konflikte, die mit Dynamiken der Verbindung einhergehen können, nicht ausgeblendet werden. Hier wird eine prinzipielle Differenz zu Beschreibungsweisen der Inter- und Multikulturalität deutlich, wie sie Homi K. Bhabha in kritischer Absicht benannt hat.[16]

---

[15] Vgl. grundlegend zum ‚Orientalismus' (Said 1978); zu mittelalterlichen und frühneuzeitlichen Konstruktionen des ‚Orients' vgl. etwa (Akbari 2012; Phillips 2014); zur funktionalen Kongruenz und Verknüpfung von „Orientalsimus" und „Mediävalismus" (Ganim 2005). Zu einem spezifische deutschen ‚Orientalismus' im neunzehnten Jahrhundert vgl. (Polaschegg 2005).
[16] Homi K. Bhabha, dessen Kulturtheorie die Transkulturalitätsforschung wesentlich fundiert, kritisiert ein Ausblenden von Differenzen und Konfliktstrukturen im „Multikulturalismus" (Bhabha 2000, 368; Struve 2013, 54).

Auffällig ist auch eine oft diffuse Verwendung des ‚Orient'-Begriffs. Sobald die Held*innen von Erzähltexten *über mer* fahren, ist schnell die Rede davon, dass sie in den ‚Orient' reisen. Dieser Ort kann aber in sich mehrfach differenziert sein, sei es in der Tiefe (wofür in der Forschung die Unterscheidung zwischen ‚Kreuzzugsorient' und ‚Mirabilienorient' üblich ist, vgl. Szklenar 1966; ähnlich Herweg 2011), sei es in der Ausrichtung auf südöstlich, südlich oder südwestlich gelegene mediterrane Orte. Wenn der Kaufmann Gêrhart in einem nordwestafrikanischen Hafen anlandet, so ist das etwas anderes, als wenn Reinfried von Braunschweig in der Levante gegen Muslime kämpft und anschließend mit einem persischen Fürsten fernöstliche Regionen erkundet; ein wiederum anderes Ziel liegt vor, wenn Parzival zum ‚Baruc' nach Bagdad reist. Die dargestellten Räume sind zu unterschiedlichen Orten des Eigenen relationiert und übernehmen verschiedene Funktionen in den Erzähltexten; eine pauschale Verwendung des Orient-Begriffs nivelliert diese Differenzen. Spezifische Funktionen etwa von Iberien für Identitätskonstruktionen in deutschsprachigen Texten wie dem *Herzog Herpin*, den Liedern des Oswald von Wolkenstein oder Georgs von Ehingen *Reisen nach der Ritterschaft*, wie sie Doriane Zerka (2019) analysiert, können so kaum in den Blick kommen. Die mediterrane Perspektive erlaubt kleinteiligere und flexiblere Differenzierungen als der Orient-Begriff und bietet auch deshalb eine praktikable und notwendig präzisierende Alternative: Einerseits stellt sie einen Rahmen bereit, der immer mit multilateralen kulturellen Situationen rechnet, andererseits verlangt sie nach konkreteren Situierungen. Die Beträge dieses Bandes wollen dazu beitragen, diese Alternative weiter zu explorieren und auf ihre Tragfähigkeit hin zu befragen.

Religionsübergreifende Kontakte

Der Eindruck einer prinzipiellen Dichotomie zwischen Christen und Muslimen, die in Mittelalter und Frühe Neuzeit alle anderen sozialen Bereiche weitgehend überstrahlt und Kontakte verunmöglicht, kann auch deshalb entstehen, weil die uns mehrheitlich überlieferten religiös autoritativen Texte Unterschiede – oft in polemischer Absicht – betonen. Differenzen zwischen kulturellen und damit auch literarischen Traditionen sind natürlich vorhanden, etwa durch die prägende Wirkung kanonischer Texte und den Bezug des ‚kulturellen Gedächtnisses' (Assmann 1997) zu spezifischen Orten, Personen und historischen Ereignissen – wobei allerdings auch nicht zu unterschätzen ist, inwieweit solche Traditionen ‚erfunden' sein können (Hobsbawm 1983). In Situationen des Kontakts, des Transfers und der Überlagerung verschiedener Traditionen können Widersprüche und Irritationen entstehen, deren Bearbeitung neue Erzählungen oder Varianten von Erzählungen sowie neue Formen generiert. Zugleich zeigen die ‚heiligen Texte' der drei großen monotheistischen Religionen und daran anschließende Erzähltraditionen (wie sie sich etwa um biblische Figuren herum bilden) aber auch vielfältige Gemeinsamkeiten, die historische Akteure prinzipiell genauso erkennen konnten, wie heutige. So betont Brian Catlos, dass mediterrane Gesellschaften und Kulturen aufgrund dieser Dialektik von Nähe und Distanz durch spezifische Spannungen bestimmt sind: Zum einen Spannungen zwischen konkurrierenden politischen und ökonomischen Gruppen, zum anderen, tiefgreifender, durch Spannungen zwischen den monotheistischen Glaubensgemeinschaften, die hoch differenzierte und dogmatische, von der eigenen Universalität überzeugte religiöse Kulturen hervorbringen und viel Energie darauf verwenden, die Geltung rivalisierender Systeme zu negieren und Unterschiede zu betonten – obwohl (oder gerade weil?) sie in Bezug auf Ursprünge, Traditionen, zentrale Bezugsfiguren und Praktiken großteils einander sehr ähnlich sind (Catlos 2017, 6). Daher ist für die stark transkulturell geprägten Kulturen des Mittelmeerraums Catlos zufolge ein gewisses *double bind* charakteristisch: Auf der einen Seite streben Institutionen, Gruppen und Individuen danach, sich von religiösen Rivalen abzugrenzen und diese zu diskreditieren. Auf der anderen Seite lassen sich dieselben Gruppen und Individuen in vom religiösen Leben weniger berührten alltäglichen Vorgängen wie denen des Handels durchaus aufeinander ein.

Gläubige kommen auch im Rahmen religiös hoch bedeutsamer Praktiken wie etwa der des Pilgerns in Kontakt miteinander. Auf der Pilgerschaft wurden gleiche Routen genutzt und oft identische Orte angesteuert, das gilt insbesondere für die Stadt Jerusalem. Tilo Renz untersucht in seinem Beitrag zu Jean de Mandeville die variantenreiche Schilderung der Meer- und Landwege nach Jerusalem, wobei auch Orte wie Kairo in den Blick kommen, die den „zeitgenössischen kartografischen Repräsentationen des Heiligen Landes nach nicht am Weg nach Jerusalem" liegen. Und der syrische Dichter, Diplomat und Chronist der Kreuzzugszeit, Usāma ibn Munqiḏ (1095–1188), berichtet davon, dass er in Jerusalem in der von den Tempelrittern bewohnten al-Aqsa-Moschee beten durfte (Usāma Ibn-Munqiḏ 2008, 180). Unvermeidliche Begegnungen ebenso wie das Interesse für das Unvertraute dürften also nicht nur Unterschiede, sondern auch Gemeinsamkeiten erkennbar gemacht haben. Wie Catlos es formuliert, konstituiert sich eine widersprüchlich angelegte „mutual intelligibility" (Catlos 2017, 6): „the nature of this practical interaction forced them to engage with one another in terms that ran directly contrary to the limitations prescribed by their respective ideological systems" (Catlos 2017, 7).

Die Forschung zur mediterranen Transkulturalität hat sich häufig auf ökonomische Netzwerke und die materielle Kultur von Eliten konzentriert, jüngst sind stärker auch Kontakte beim religiösen Handeln untersucht worden. Wie Nikolas Jaspert betont [vollzogen sich] [i]m mittelalterlichen Mediterraneum [...] sogar Transfervorgänge zwischen unterschiedlichen religiösen Traditionen; in einigen Fällen schlossen diese auch Formen der Verflechtung bis hin zur vereinzelt belegbaren Praxis gemeinsam aufgesuchter und gepflegter Kultorte mit ein (Jaspert 2018, 15).

Zur maritimen Konnektivität der Mittelmeerregion gehört also auch eine „kultische Konnektivität" (Jaspert 2018, 19; vgl. auch Jaspert und Cuffel 2019) und die Ausbildung von „shared sacred spaces" (Albera und Couroucli 2012; Albera, Kuehn und Pénicaud 2022). Der staufische Gesandte Burchard von Straßburg etwa beschreibt muslimische Praktiken der Marienverehrung in Ägypten, selbst Mirakel will er dabei beobachtet haben (Thomsen 2018, 182–187). Anerkennend hebt Burchard hervor, dass Christen der Zugang zu diesen heiligen Stätten erlaubt sei (vgl. Tolan 2008). Und Ibn Ǧubair zeigt sich beeindruckt von der von christlichen Pilgern entfachten Festbeleuchtung zu Allerheiligen, die er an Bord eines genuesischen Schiffes erlebt, das er für seine Rückreise von der Levante nach al-Andalus benutzt, bleibt aber – so weit auf einem engen Schiffsdeck möglich – auf Distanz (Abulafia 2013, 408).

Ausgehend von diesen Beispielen mögen auch literarische Darstellungen der Interaktion von christlichen mit nicht-christlichen Figuren neu zu bewerten sein: Im *Wil(d)helm von Österreich* wird die höfische Welt der Muslime, in der sich der Held die meiste Zeit bewegt, nicht nur weitgehend analog zur *kristenheit* strukturiert, sondern auch eng mit ihr verflochten (Schindler 2011, 107). Christen und Muslime gehören ganz selbstverständlich zu einem gemeinsamen höfischen Kommunikations- und Interaktionsraum (Classen 1992, 595), in dem sich südostmediterrane und mitteleuropäische Herrscher schon vor der ersten Begegnung vom Hörensagen kennen (*WvÖ*, V. 339–345). Dabei kommt es auch zu Verbindungen der religiösen Praxis: In der Vorgeschichte begibt sich Leopold, Herzog von Österreich, weil die Geburt eines Erben ausbleibt, auf eine Pilgerreise nach Ephesos in der östlichen Ägäis. Noch auf See begegnet er dem muslimischen König Agrant von Zyzya, der von dem gleichen Schicksal geschlagen ist. Ohne dass der Text das eigens hervorhebt, beten die beiden Herrscher daraufhin gemeinsam in der Johanneskirche zu Ephesos (einem vom oströmischen Kaiser Justinian gestifteten Sakralbau). Anschließend reisen sie zurück in ihre jeweilige Heimat (*WvÖ*, V. 255–505). Dort werden kurz darauf, im selben Augenblick, ihre Kinder, eine Tochter und ein Sohn, geboren. Dabei handelt es sich natürlich um das die Haupthandlung bestimmende Liebespaar. Das gemeinsame Gebet in Ephesos lässt sich leicht als Gattungskonventionen oder Erzählschemata geschuldet erklären, auch spielen christliche Projektionen sicherlich eine Rolle. Trotzdem legt der angesprochene Kontext transkultureller Verflechtungen religiöser Praktiken nahe, dass spezifisch mediterrane Problemstellungen von dem deutschsprachigen Text mit dieser Geschichte adressiert werden. Dabei mag es nur ein historischer Zufall sein, dass ein Marienheiligtum in Ephesos auch heute gemeinsam von Christen und Muslimen besucht wird (Pénicaud 2017).

Einen anderen Bereich des Ineinandergreifens verschiedener religiöser Traditionen können besonders Prozesse der Wissenstradierung bilden, auch und gerade im Hinblick auf religiöse Texte (vgl. etwa Burman 2007; Speer und Wegener 2006). Dabei zeigen sich beispielsweise vielfältige Verflechtungen der lateinischen und der arabischen Sprache (Mallette 2021; König 2019; Burnett und Mantas España 2016). In diesem Band vollzieht Heide Klinkhammer – über zahlreiche bildliche und textuelle Stationen hinweg – die Transfergeschichte der genuin transkulturellen Figur des Hermes Trismegistos als Gründer, Verkörperung und Autorität eines arkanen Wissens nach. Klinkhammer zeigt beispielsweise, dass die Übertragungsleistung in lateinischen Übersetzungen der astrologischen Schriften Abū Maʿšars (lat. Albumasar) nicht allein der Sprache, sondern auch der Buchmalerei gilt. Denn Darstellungen des Autors, die ihn als Finder der Schriften des Hermes inszenieren, zeigen ihn nun zugleich als Evangelisten oder Pantokrator. Im astrologischen Lehrbuch des Michael Scotus, der am Hof Friedrichs II. in Palermo tätig war, lassen sich anhand überlieferter Illuminationsanweisungen bei einer Darstellung des Hermes solche Strategien der kulturellen Übersetzung direkt nachvollziehen. Eine Pointe dieser Transfergeschichte, die mit dem deutschsprachigen Raum des sechzehnten Jahrhunderts und einer Tendenz zur ‚Germanisierung' heroisierter Gelehrtenfiguren zusammenhängt, ist die Stilisierung des Paracelsus zum ‚Trismegistus Germanus' infolge seiner Übersetzung der Hermetischen Schriften.

Dinge und Menschen

Bei der Untersuchung historischer transkultureller Situationen sind immer langwierige historische Prozesse einzukalkulieren, die mit einem Wandel des kulturellen Gedächtnisses und zwangsläufig Momenten des Vergessens einhergehen, was den Effekt haben kann, dass insbesondere Momente von Hybridität und Transfer im Laufe der Zeit regelrecht unsichtbar werden. Erst dezidiert transkulturell ausgerichtete Forschungsprogramme können solchen Verschleierungseffekten durch ihre Befunde entgegenwirken. Ein Beispiel hierfür ist etwa ein historisches Kronjuwel der Stauferzeit, der sogenannten ‚Waise', der auch in Dichtungen und Erzähltexten thematisiert wird. Die germanistische Forschung hat dieses erzählte Objekt kaum in seinen mediterranen und transkulturellen Bezügen betrachtet (mit Ausnahme von Herkommer 1976). Diese Bezüge sind allerdings frappant, handelt es sich doch bei der Darstellung eines rot leuchtenden Edelsteins, der mit den Geschicken von Imperien und deren Herrschaftsgefügen verbunden wird, um eine im zwölften Jahrhundert verbreitete Praxis, die sich ebenso bei den Byzantinern findet, wie bei Fatimiden, Normannen oder Ungarn (Quenstedt 2022). Die literarische Darstellung des ‚Waisen' arbeitet also an einem Transfer einer im mittelalterlichen Mittelmeerraum verbreiteten Praxis in einen deutschen Kontext mit. Hierbei wird deutlich, wie solche Transfers gerade durch die dabei vorgenommen kulturspezifischen Anpassungen oder Leistungen kultureller Übersetzung wie Namensänderungen oder das Austauschen von Handlungsträgern den Eindruck eines ‚monokulturellen' Ursprungs erwecken können. Im Licht seiner euromediterranen Bezüge muss dann ein Text wie der *Herzog Ernst* nicht mehr allein als ein auf einen deutschen politischen und historischen Kontext bezogener Erzähltext in den Blick kommen, sondern kann in seinem Interesse für transkulturelle Zusammenhänge mittelalterlicher Adelskultur einschließlich ihrer politischen Dimensionen besser verstanden werden.

Die Bedeutung der materiellen *shared culture* des Mittelmeerraums einschließlich ihrer Resonanz in den Hinterlanden und damit auch ihrer Relevanz für deutschsprachige Texte illustriert in diesem Band der Beitrag von Antonia Murath: Anhand von *Mai und Beaflor* und *La Manekine* zeigt Murath, wie Erzähltexte mithilfe der Darstellung kostbarer Objekte – hier vor allem Textilien – verschiedene nordeuropäische und mediterrane Orte der Handlungsebene miteinander verknüpfen. Der Betrag von Imre Gábor Majorossy zum *König Rother* weist die wichtige Rolle kulturübergreifend lesbarer Luxusgüter für Prozesse des interkulturellen Schenkens auf (vgl. dazu auch Starkey 2019), die hier allerdings vornehmlich in täuschender Absicht erfolgen. Der Text vermittelt somit ein Wissen davon, wie Vorgänge der Gabe instrumentalisiert werden können – und zwar zwischen einander zunächst unbekannten, aber doch den gleichen Regeln des Höfischen verpflichteten Gesellschaften, deren Vertreter in füreinander kalkulierbarer Weise handeln.

Neben solchen besonders kunstvollen und kostbaren Artefakten wurden auch Dinge und Lebewesen zum Geschenk gemacht, die durch ihre ungewöhnlichen Eigenschaften und ihre Seltenheit dazu angetan waren, Staunen hervorzurufen, insbesondere exotisch wirkende Tiere wie Papageien, Raubkatzen, aber auch größere Tiere wie Giraffen, Elefanten oder gar Eisbären. Eine Kultivierung des Wunderbaren gehört essenziell zu dieser Gabenkultur, wobei die Bezüge zur Literatur besonders eng werden: Denn das Seltsame und Erstaunliche kann von Erzähltexten fortgesponnen und ausimaginiert werden, zugleich werden so Regelhaftigkeiten und Semantiken dieser Praktiken narrativ ausgehandelt (vgl. etwa Wetter und Starkey 2019). Es verwundert also nicht, dass verschiedene Erzähltexte davon handeln, dass Dinge mit besonderen Kräften, Vertreter der monströsen Völker oder auch ‚Meerwunder' in Sammlungen akkumuliert und zum Geschenk gemacht werden (vgl. Renz 2022) – und zwar nicht nur in europäischen Literaturen, sondern auch in arabischen Erzähltexten.[17] Überhaupt scheint das Wunder-

---

17 In der mhd. Literatur etwa im *Herzog Ernst* oder im *Alexander* Ulrichs von Etzenbach (vgl. Ehlert 1992). In der arabischen Literatur finden sich ähnliche Konstellationen in der *Geschichte von*

bare, weil es immer wieder Ungewohntes und damit Neues (re)produzieren muss, ein Bereich zu sein, der transkulturelle Transfers besonders begünstigt (Quenstedt 2021; Karnes 2022).[18]

In den Zusammenhang höfischer Gaben in mediterranen Kontexten gehört auch die unfreiwillige Migration von Menschen durch Gefangenschaft, Sklaverei oder Lösegeldhandel, wie er besonders zwischen den mittelalterlichen und frühneuzeitlichen religiösen Großgruppen betrieben wurde – einschließlich der damit verbundenen Gewalt und sozialen Depravation (Hanß, Schiel und Schmid 2014; Burman, Catlos und Meyerson 2022, 333–362). Dass auch hier Berührungspunkte zum Wunderbaren bestehen, zeigen die bereits angesprochenen ‚Sammlungen' von Vertretern monströser Völker, wie sie im *Herzog Ernst* oder in Ulrichs von Etzenbach *Alexander* vorkommen. Der *Guote Gêrhart* erzählt davon, wie ein christlicher Kaufmann von einem Sturm in eine ihm unbekannte maghrebinische Hafenstadt verschlagen wird, wo ein muslimischer Händler und Adliger, mit dem er Freundschaft schließt, ihm gefangene christliche Adlige zum Tausch für seine Fracht anbietet. In der Folge spielt der Text – der wahrscheinlich auf eine jüdische Erzählung in arabischer Sprache, die im heutigen Tunesien entstand, zurückgeht (Przybilski 2010, 206–217) – immer wieder die sozialen Verwicklungen und Ambiguitäten durch, die sich aus der ungewöhnlichen Machtkonstellation zwischen einem bürgerlichen Kaufmann und den adeligen Personen ergibt. In diesem Band befragt Michael R. Ott Erzähltexte wie Gottfrieds von Straßburg *Tristan*, Konrad Flecks *Flore und Blanscheflur* und Wolframs von Eschenbach *Willhalm* daraufhin, inwiefern der Sklaverei-Begriff und ein mediterraner Kontext neue Lesarten dieser Texte ermöglichen. Das Problem von Sklaverei, sozialer Depravation und Gabe wird hier an der Figur Rennewarts (auch in der *Bataille d'Aliscans*) deutlich, der als verschleppter persischer Adliger auf dem Sklavenmarkt in Palermo verkauft und später dem französischen König zum Geschenk gemacht wird. An dessen Hof muss er, weil Rennewart seinem muslimischen Glauben treu bleibt, niedrige Dienste verrichten.

Das Meer und der Mittelmeerraum als Thema und Schauplatz

Kinoshita weist darauf hin, dass eine ‚mediterrane Literatur' nicht nur durch textgeschichtliche Verflechtungen und spezifische Poetiken bestimmt werden kann,

---

der Messingstadt oder in verschiedenen Erzählungen des *Buchs von den wundersamen Geschichten* (Marzolph 1999).
18 Zum literarischen Wunderbaren als Konfiguration des Wissens vgl. Eming, Quenstedt und Renz 2018; zu Wundern und der Emotion der Verwunderung als Element der (europäischen) mittelalterlichen und frühneuzeitlichen Wissensgeschichte vgl. Bynum 1997; Daston und Park 1998.

sondern auch durch dominante Themen und Motive wie Seefahrt, Schiffbruch, Piraterie, Handel und Sklaverei, die für viele Texte strukturell und handlungslogisch prägend sind. Einige dieser Themen wurden bereits angesprochen. In diesem Sinne bringen die Beiträge für Formen der Darstellung und der Funktionalität des Meers und des Mediterraneums in deutschsprachigen Dichtungen besondere Aufmerksamkeit auf. Die enorme Vielfalt narrativer Darstellungsweisen und Funktionalisierungen des Meeres zeigt mit Blick auf höfische Erzähltexte des dreizehnten Jahrhunderts eindrücklich der Beitrag von Claudia Brinker-von der Heyde. Insofern Länder- und Völkerbezeichnungen sowie Ortsnamen als Marker zugrunde gelegt werden, handelt es sich in deutschsprachigen Texten der Vormoderne, wenn vom Meer erzählt wird, meist um das Mittelmeer (Schmid und Hanauska 2018, 414). Doch wird das Mittelmeer als allgemein *das* Meer der Darstellung nicht eigens benannt. Eine eindeutige Bezeichnung wird offenbar erst im Zuge der europäischen Expansion notwendig, die weitere Meere und Ozeane in das Gesichtsfeld treten lässt. Das schlägt sich in literarischen Texten nieder. So reist der Held von Grimmelshausens *Simplicissimus Teutsch*, den es auch in die Südsee und an das Rote Meer verschlägt, mehrfach „über das mittelåndische Meer" (*Simplicissimus*, 649 u. ö.).[19] Eine spezifisch deutschsprachige literarische Entwicklung bedingt wiederum Wolframs *Parzival*, der in der Vorgeschichte um Parzivals Vater Gahmuret eine Verbindung der Artuswelt zum historischen Mittelmeerraum herstellt (Kugler 1990). Durch die große Autorität des Textes für die deutschsprachige Literatur prägt die Verknüpfung nachhaltig die Erzählwelten vieler Romane des dreizehnten Jahrhunderts, Artus- und Gralsromane wie den *Jüngeren Titurel* ebenso wie generisch hybride ‚Reiseromane', die dem Liebes- und Abenteuerroman nahestehen, wie *Reinfried von Braunschweig* oder *Wil(d)helm von Österreich*. Mediterrane Schauplätze sind für bestimmte, häufig an (spät)antike Erzähltraditionen anknüpfende Gattungen konstitutiv: Das gilt vor allem für den Liebes- und Abenteuerroman oder Minne- und Aventiureroman, dessen „Protagonisten stets im Mittelmeerraum unterwegs sind" (Baisch und Eming 2012, 11), wobei dieser Raum „prinzipiell lebenswirklich gestaltet" (Putzo 2012, 59) ist. Seine kulturelle Pluralität kann dabei zur Voraussetzung der Handlungsentwicklung werden (Eming 2021, 107). Auch für zahlreiche legendarisch geprägte Erzählungen, die an den antiken Roman anknüpfen, wie die Alexiuslegende, die *Gute Frau* oder den *Gregorius* ist der Mittelmeerraum als Handlungsraum bedeutsam (Weitbrecht 2010, 133) und kann zum „Raum der Prüfung" für die Heiligen werden, womit die Reise zum „Weg der Heiligung"

---

[19] Zum ‚Mediterranen' und zum Motiv der Meerfahrt bei Grimmelshausen vgl. Zwierlein 2019 und Zeisberg 2018.

gerät (Weitbrecht 2011, 57).[20] Weiterhin spielen mediterranen Schauplätze in den bereits angesprochenen Texten, die das Brautwerbungs-Schema nutzen, wie *König Rother*, *Kudrun* oder *Dukus Horant*, eine besondere Rolle. Manche Texte stellen das Meer in seiner Tiefendimension dar, als einen unvertrauten und staunenswerten, manchmal furchteinflößenden Ort unter der Wasseroberfläche. Besonders der *Trojanerkrieg* Konrads von Würzburg gestaltet diese Dimension aus, und zwar sowohl in darstellerischer als auch in poetologischer Hinsicht. Sebastian Winkelsträter spürt in seinem Beitrag den Implikationen des Meeres als poetologische Metapher im *Trojanerkrieg* nach. Claudia Brinker-von der Heyde beschreibt eine Episode, die davon erzählt, wie Achilles, gehüllt in ein besonderes Textil, das ihm das Atmen unter Wasser erlaubt, von der Göttin Thetis durch die Meerestiefen gezogen wird. Auf diese Weise gerät der Held – ähnlich wie Alexander mit seinem Tauchglas im *Alexanderroman* – zum (hier allerdings unfreiwilligen) Beobachter der Unterwasserwelten mit ihren Meerwundern. Doch verliert Achilles, der seinen Augen nicht traut, die existenzielle Orientierung: Als Ritter würde er, wie Brinker-von der Heyde ausführt, „lieber [...] kämpfen, als ohne Gegenwehr im Meer unterzugehen."

Hier stellt sich die grundlegende Frage, ob Bezüge zum Meer und zum Mittelmeerraum innerhalb der Erzählwelt literarische Konvention bleiben, ob also eine im „meerfern[en]" deutschsprachigen Raum entstehende Literatur Motive des Mediterranen nur ‚importieree', um einen „nebulöse[n] Abenteuerort" (Richter 2015, 145) zu konstruieren, oder ob diese Darstellungen auch auf historische Entwicklungen reagieren und ein genuines Interesse am Maritimen zeigen. Immerhin scheint es kein Zufall zu sein, dass sich Darstellungen mediterraner Orte und Themen gerade im dreizehnten Jahrhundert häufen, zeichnet sich dieser Zeitraum doch durch eine sich steigernde transmediterrane Konnektivität aus, die – wie oben schon angesprochen – auch von deutschsprachigen Akteur*innen mitbestimmt wird. Die gleiche Frage stellt sich dann wiederum für die neu entstehenden Prosaromane des fünfzehnten und frühen sechzehnten Jahrhunderts (wie Thüring von Ringoltingens *Melusine*, die Prosafassung des *Wil(d)hem von Österreich*, die Epen Elisabeths von Nassau-Saarbrücken oder *Pontus und Sidonia*, vgl. Classen 2015). Deren Schauplätze sind durch früher entstandene Texte, Konventionen langfristig etablierter Gattungen (wie den *chanson de geste*) und deren historische Kontexte mit dem Mittelmeer verbunden, wobei die Texte mitunter wenig Interesse für das Meer und die Seefahrt an sich zeigen, wie es Ralf Schlechtweg-Jahn in seinem Beitrag zum *Herzog Herpin* herausarbeitet. Das Verhältnis von literarischer Tradition und geschichtlicher Entwicklung mit Blick auf Verbindungen zum Mittelmeerraum wäre bei den

---

20 Zur Bedeutung des Mittelmeerraums für die mittelalterliche Hagiografie in verflechtungstheoretischer Perspektive vgl. Jaspert und Cuffel 2019.

genannten Beispielen noch genauer zu bestimmen. Doch entstehen zugleich neue Texte, die sich dezidiert auf Problemstellungen der Ökonomie, der Reise und der interkulturellen Kommunikationen in einem genuin mediterranen Rahmen konzentrieren, wie es im *Fortunatus* mit seinem zypriotischen Protagonisten, dessen Reisen nordeuropäische und mediterrane Orte miteinander verknüpfen, deutlich wird (vgl. Kästner 1992).

3 Die Beiträge

Vor dem Hintergrund der genannten Aspekte wird eine besondere Signifikanz des Mittelmeerraums und seiner Transkulturalität für die deutschsprachige Literatur des Mittelalters und der Frühen Neuzeit in verschiedenen Hinsichten erkennbar. Die Beiträge verfolgen das Ziel, diesen spezifischen Ort in seinen Verbindungen zur deutschen Literatur zu thematisieren und damit einen neuen Ansatz für eine transkulturell orientierte Germanistik zu erschließen. Die meisten Beiträge gehen von einer germanistisch-mediävistischen Expertise aus, werden aber von mediterranen Perspektivierungen anderer Disziplinen, wie der Kunstgeschichte (Heide Klinkhammer), der Romanistik (Sharon Kinoshita) und der Jiddistik (Claudia Rosenzweig) ergänzt. In der Summe der Beiträge haben sich drei Schwerpunkte herauskristallisiert, die den Band in die drei Sektionen ‚Konnektivitäten', ‚Darstellungsfunktionen' und ‚Poetiken' gliedern. Vorangestellt ist den Sektionen neben dieser Einleitung die deutsche Übersetzung von Sharon Kinoshitas Artikel „Mediterranean Literature". Innerhalb der Sektionen folgt die Reihenfolge der Beiträge ihren Gegenständen entsprechend einer chronologischen Ordnung, um so mögliche Anschlüsse, Bezugnahmen oder auch Abweichungen und Neuentwicklungen sichtbar werden zu lassen.

Konnektivitäten

In der Sektion zu den Konnektivitäten steht der transkulturelle Mittelmeerraum als alternativer literarhistorischer und kulturhistorischer Rahmen im Fokus, vor allem im Hinblick auf verschiedene Modi der Verknüpfung, womit ebenso textgeschichtliche Konnektivitäten gemeint sein können wie solche, die narrativ hergestellt werden. In den Beiträgen von Antonia Murath und Michael R. Ott mit ihrem Interesse für die materielle Kultur von Textilien und die mediterrane Geschichte von Sklaverei und Menschenhandel stehen historische Konnektivitäten und deren Verhandlungen als Gegenstand von Erzähltexten im Mittelpunkt. Tilo Renz untersucht erzählte und beschriebene Wegverbindungen als Formen der Konstruktion von Raum. Heide Klinkhammer und Claudia Rosenzweig schließlich nehmen transkulturelle Verflechtungszusammenhänge in den Blick, wobei Klinkhammer eine historisch weit zurückreichende Trajektorie von Konnektivität verfolgt, während Rosenzweig ein auf einen einzelnen Zeitraum bezogenes räumlich und kulturell weitverzweigtes Netzwerk am Beispiel eines Erzähltextes Gestalt gewinnen lässt.

Antonia Murath schlägt eine ‚mediterrane Lesart' von *Mai und Beaflor* und *La Manekine* vor, ausgehend von kostbaren Textilien, die in beiden Texten einen wichtigen Teil der Darstellung bilden, bislang aber wenig Beachtung gefunden haben. In Anbetracht des wichtigen Status solcher Textilien und insbesondere von Seidenstoffen in Handel und Objektkultur des Mittelmeerraums zeigt Murath im Anschluss an Oleg Grabar und Jane Burns, wie der Einsatz als Kleider oder festliche Draperien, das Wiederauftreten solcher Stoffe an wichtigen Gelenkstellen der Erzähltexte und die ihnen zugeschrieben Provenienzen eine Konnektivität des erzählten Raums evozieren, der ebenso nordeuropäische maritime Orte wie solche des Mittelmeers umfasst. Ein besonderes Erzählinteresse macht Murath darin aus, dass mediterrane Regionen in den Herrschaftsbereich lateinwestlicher Akteure eingehen, wofür gerade die – oft in kostbarste Textilien eingekleideten – Frauenfiguren eine wichtige Funktion übernehmen. In *Mai und Beaflor* wird so eine Erneuerung und Integration eines ostmediterranen Roms imaginiert, in *La Manekine* der Aufstieg einer nordeuropäischen Herrschaft, die ebenso gegenüber dem Kontinent wie gegenüber dem Mittelmeerraum in einer Peripherie zu verorten wäre.

Ausgehend von jüngeren mediävistischen Forschungen zu Sklaverei, die ältere Positionen revidieren, welche die Frage nach der Existenz von Sklaverei im europäischen Mittelalter weitgehend negierten, fragt **Michael R. Ott** danach, ob und wie mittelalterliche Erzähltexte Sklaverei thematisieren. Da gerade beim Erzählen über christlich-islamische Konflikte Aspekte der Gefangenschaft und Versklavung relevant sind, kommt dabei unweigerlich der Mittelmeerraum in den Blick, dessen ökonomische Netzwerke immer auch den Handel mit Menschen einschließen. Das wird im *Willehalm* anhand der Erwähnung Palermos besonders deutlich, das sich „als Knoten eines Netzwerkes" erweist, „zu dem Akteure in Europa ebenso gehören wie asiatische und afrikanische Akteure". Und auch *Flore und Blancheflur* und *Aliscans* stellen soziale Relationen dar, die eindeutig als Sklaverei zu bezeichnen sind, ebenso geht es in der Entführungsepisode im *Tristan* – wenngleich hier in Bezug auf einen anderen maritimen Schauplatz – um Menschenhandel. Ein Skandalon stellen diese Darstellungen innerhalb der Erzähltexte aber nicht dar, werden vielmehr beiläufig erzählt und sind dadurch leicht zu übersehen und zu übergehen. Schwieriger ist die Frage nach der Sklaverei für den *Armen Heinrich* zu klären, in dem das Thema existenzieller Unfreiheit im Verhältnis der Bauerntochter und des adligen kranken Herrn im Mittelpunkt steht. Dessen Deutung als Sklaverei würde der Darstellung eines freiwilligen Opfers (das über die Figur eines zweifelhaften Mediziners in Salento wiederum mit dem Mittelmeerraum verbunden wird) zuwider laufen.

Tilo Renz liest in der Übersetzung Michel Velsers von Jean de Mandevilles Reisebericht die Darstellung verschiedener maritimer und terrestrischer Routen, die von Zentraleuropa nach Jerusalem führen, im Kontext der Raumkonstruktionen unterschiedlicher Kartentypen: Üblicherweise werden *mappae mundi* (insbesondere die großen Radkarten) und Portolan-Karten in ein historisches Nacheinander gebracht (vgl. z. B. Mollat du Jourdin 1993, 57–59), doch entstehen die ersten Portolanen Ende des dreizehnten Jahrhunderts etwa gleichzeitig mit der Ebstorfer Weltkarte. Im Dialog mit diesen Kartentypen und der von Michel de Certeau getroffenen Unterscheidung zwischen *carte* und *parcours* deckt Renz im Nachvollzug des Neben- und Ineinanders verschiedener Itinerare, die Verbindungen zwischen Zentraleuropa und dem Heiligen Land darstellen, die ‚Kartizität' der Darstellung in Mandevilles Reisebericht auf. Der östliche Mittelmeerraum wird einem deutschsprachigen Publikum auf diese Weise in seiner Fläche narrativ erschlossen, außerdem wird die enge Vernetztheit zwischen Regionen dargestellt und damit der Eindruck der Nähe des zentraleuropäischen Raums zum östlichen Mittelmeerraum und dem Heiligen Land erweckt.

Ein Moment von Konnektivität von Nord- und Südeuropa zeigt sich anhand der Person des Übersetzers Michel Velser, denn der Text entstand vermutlich in den 1390er Jahren in der Stadt Chieri im Piemont, die an Handelswegen zwischen Genua und Lyon liegt. Renz beschreibt, wie Velser sich vereinzelt selbst in seiner Übersetzung zu Wort meldet, um zu bestätigen, dass er Mirabilien, von denen der Text berichtet, in Norditalien selbst gesehen habe, die dorthin über mediterrane Handelswege aus ferneren Regionen verbracht worden seien.

Der Beitrag von **Heide Klinkhammer** widmet sich der Transfergeschichte der Ikonografie des Hermes Trismegistos, des legendären ‚göttlichen Weisheitsbringers' und Vermittlers exklusiven und verborgenen Wissens. Auf bildlichen Darstellungen und in Texten wird dieses Wissen mit fremden und alten Sprachen assoziiert, die häufig auch anderen Schriftsystemen folgen. Schon dieser Bezug zu gleich mehreren sprachlich als alteritär ausgewiesenen Wissensbeständen, für die – wie Klinkhammer zeigt – innerhalb unterschiedlicher religiöser Umgebungen legitimierend ein Konnex zum Eigenen hergestellt wird, macht Hermes Trismegistos zu einer genuin transkulturellen Figur. Die von Klinkhammer aufgesuchten Stationen der Ikonografie dieser Figur reichen von der Vorgeschichte im alten Ägypten, zur Entstehung im transreligiösen Zusammenhang hellenistischer Zeit, zur arabischen Alchemie und Astrologie und deren mittelalterlicher Rezeption etwa in Sizilien, bis hin zu den Magie-Diskursen des Frühhumanismus und schließlich zum Paracelsismus des sechzehnten Jahrhunderts. Die verschiedenen Ausformungen dieser Figur zeigen, wie transkulturelle Transferprozesse am Wandel von Literatur und Bildwerken mitwirken.

Claudia Rosenzweig untersucht verschiedene Versionen einer Erzählung des *Mayse-bukhs*, die von einer Blutbeschuldigung oder Rituamordlegende gegenüber der jüdischen Bevölkerung eines mehrheitlich nicht-jüdischen, oft christlichen Landes handelt. Ein mit dem jüdischen Schrifttum vertrauter Herrscher wird darin zum Fürsprecher der Juden: Weil dieser König nicht schlafen kann, wird er zum Zeugen eines Versuchs, den Juden einen Mord unterzuschieben. Rosenzweig verortet die Erzählung und das 1602 in Basel gedruckte *Mayse-bukh* im Kontext der aschkenasischen jüdischen Erzählprosa des sechzehnten Jahrhunderts in Norditalien, die in Teilen eine Nähe zur italienischen Novellistik aufweist. Es ist eine Besonderheit der Version der Erzählung des *Mayse-bukhs*, dass die Handlung in Konstantinopel und nicht, wie in anderen vorhergehenden Fassungen, in Spanien situiert wird. Im Vergleich mit den vielsprachigen Prä- und Intertexten der Erzählung diskutiert Rosenzweig, inwiefern entweder historisierende oder literarisierende Tendenzen für die Neuverortung verantwortlich zu machen sind: Reagiert die Fassung des *Mayse-bukhs* auf aktuelle Berichte eines tatsächlichen Ritualmordvorwurfs in Konstantinopel? Oder geht es er darum, einen idealen muslimischen Herrscher zu imaginieren, der die Juden beschützt, auch im Sinne einer diskreten Invektive gegen christliche Könige und einer Würdigung der Osmanen? Bemerkenswert ist, dass dafür literarische Vorbilder idealer muslimischer Herrscher wie etwa Saladin Pate gestanden haben könnten. Beispiele für solche Figuren in der deutschsprachigen Literatur wären der ‚Baruc von Baldac' im *Parzival* oder auch der „Kalif" (*WvÖ*, V. 5544) im *Wil(d)helm von Österreich*.[21]

Darstellungsfunktionen

In der Sektion zu den Darstellungsfunktionen steht das Mittelmeer als thematisch-motivische Größe im Mittelpunkt: Welche handlungslogischen oder erzählökonomischen Funktionen übernehmen Darstellungen des Meers und von Meerfahrten innerhalb der untersuchten Erzähltexte und Erzähltraditionen? Zeigen sich dabei spezifische Semantiken? Welche Aspekte des Maritimen werden über-

---

21 Wie der Papst in Rom residiert der „Kalif" in der Stadt „Mekka", denn so würde „Baldach" auf Arabisch heißen: „Baldach [...], / diu haizzt in arabisch Mech", *WvÖ*, V. 5532f.). Der Kalif erscheint in diesem Roman als höchste geistliche Autorität und erlöst den Helden sogar in einer Episode – ausdrücklich im Namen von „Mamet" – von einer Todesstrafe (*WvÖ*, 5688–5711).

haupt dargestellt? Und wie lassen sich auch hier diese erzählten Räume mit historischen Räumen zusammenbringen, ohne vereinfachend Entsprechungen oder Projektionen auszumachen. Schließlich stellt sich die Frage, ob das Mittelmeer als Thema und Motiv für transkulturelle Zugänge wertvolle Befunde bereitstellt.

Claudia Brinker-von der Heyde unternimmt mit Blick auf ein breites Spektrum exemplarischer Erzähltexte eine Phänomenologie der Funktionen des Meeres im höfischen Erzählen, wobei sie vor allem Texte und Passagen heranzieht, die durch Indikatoren wie Ortsnamen auf das Mittelmeer verweisen. Im Zentrum steht dabei die Frage „ob, bzw. wenn ja, inwiefern das Meer als liminaler Raum verstanden werden kann, und der Zustand, in dem sich die handelnden Figuren befinden, von Liminalität gekennzeichnet ist." Brinker-von der Heyde setzt dabei vier Schwerpunkte. Sie betrachten das Meer: als „variable[n] (Grenz)raum"; als Ort des Dazwischen; hinsichtlich seiner verschiedenen materiellen Erscheinungsformen und davon ausgehenden Gefahren; als Unterwasserwelt und Ort der Tiefe.

Falk Quenstedt zeigt anhand von zwei Episoden des *Jüngeren Titurel*, dass gerade in dessen Erweiterungen gegenüber seinen Vorlagen ein großes Interesse am Maritimen und am Mittelmeerraum zu erkennen ist. Auch an spezifischen Themen wie denen der Piraterie, an historisch-technischen Entwicklungen und an Handels-Konnektivitäten ist der *Jüngere Titurel* interessiert. Die arturisch-gralische Erzählwelt wird damit um eine maritim-mediterrane Dimension erweitert. Dem Helden wird abverlangt, seine Kernkompetenzen nicht mehr allein in der Bewährung im (Zwei)Kampf und im Bestehen von *âventiuren* im festländischen Raum des Waldes auszubilden (oder sie zu bestätigen). Vielmehr kommen Bewährungsformen wie die Auseinandersetzung mit Schiffsmeutereien, der Kampf gegen seeräuberische Gruppen und das Knüpfen von räumlich weitreichenden ökonomischen Bündnissen hinzu. Das bedeutet auch, dass der Erfolg des Ritters nicht mehr nur von seinem Handeln, sondern auch vom Handeln nicht-adliger Akteure – wie Händler, Schiffseigner und Seeleute – abhängig gemacht wird. Der Text lässt dabei stellenweise ein Wissen von Entwicklungen in der Schifffahrt des späten dreizehnten Jahrhunderts erkennen, einer Zeit, in der nord- und südeuropäische Handelsnetzwerke über neue atlantische Schifffahrtswege stärker miteinander verbunden wurden.

Maryvonne Hagby untersucht unterschiedliche Darstellungsweisen des Mittelmeerraums in drei Erzähltexten, die dem „im Mittelalter breit verästelten literarischen Netzwerk [...]" des *Manekine*-Stoffs zugehören, wobei sie auch die Rolle des Mediterraneums als „Ort des literarischen Austauschs" und der möglichen Provenienz der Texte mit betrachtet. Die *Doncella Carcayona*[22] bekommt dabei als ein

---

22 Die ‚Jungfrau Carcassone', auch: *Arcayona, Arkayona* oder *Carcaçiona*.

Zeugnis der *Aljamiado*-Literatur besondere Beachtung. Detailliert vollzieht Hagby nach, wie der *Manekine*-Stoff einerseits in Übereinstimmung mit anderen Fassungen wiedererzählt, dabei aber doch grundlegend ‚islamisiert' und mit typischen Motiven der arabischen Literatur durchsetzt wird. Der Text bezeugt damit „sowohl die besondere Flexibilität der Handlung als auch die Stabilität der Hauptmotive und Strukturen" des Stoffes.

Die zweite untersuchte Version, der in Köln verfasste, kontinentale Roman des Hans von Bühel, *Die Königstochter von Frankreich*, stellt den Mittelmeerraum zwar dar, funktionalisiert ihn aber primär auf die Handlung hin und reduziert ihn weitgehend auf die Stadt Rom. Hingegen zeigt die katalanischen Novelle *Istoria de la Fiylia del rey d'Ungria* eine sehr präzise Kenntnis der Geografie einzelner Regionen des Mittelmeeres, was auch narrativ funktional wird, weil der Text mit Erwartungshorizonten eines Publikums spielt, das über die gleichen Ortskenntnisse verfügt. Im Vergleich wird deutlich, dass sich zumindest mit Blick auf diese drei Texte sowohl Darstellung als auch narrative Funktionalisierung mediterraner Schauplätze in Abhängigkeit von den Entstehungsorten der verschiedenen *Manekine*-Erzählungen ändern, wobei die Raumdarstellungen mit größerer Entfernung der Entstehungsregionen zum Mittelmeerraum unspezifischer werden.

Ralf Schlechtweg-Jahn vollzieht nach, wie im *Herzog Herpin* im Zuge der Erzählung von Abenteuern mehrerer Generationen einer Adelsfamilie der Mittelmeerraum Stück für Stück usurpiert wird. Die Handlungsorte liegen – dem französischen Prätext aus dem dreizehnten Jahrhundert entsprechend, der die ‚Taten' der Zeiten Karls des Großen mit denen der Kreuzzüge vereint (Bastert 2014, IX) – dabei rund um das Mittelmeer verstreut: in Frankreich, Sizilien, Spanien, auf Mittelmeerinseln und in der Levante. Schlechtweg-Jahn zeigt, dass das Meer und die Meerfahrt dabei ebenso wenig interessieren wie die unterschiedlichen kulturellen Traditionen des Mittelmeerraums selbst – mit Ausnahme Toledos. Der Text erzähle zwar vielfach von kriegerischen und friedlichen Kontakten zwischen Christen und ‚Heiden', dabei spiele aber ein Wissen über Glaubensinhalte und religiöse Praktiken keine Rolle. Beide Gruppen gingen ganz in einer gleichförmigen höfischen Kultur auf, die als Projektion nordeuropäischer Adelskultur anzusehen sei. Die Grenze zwischen Freund und Feind verlaufe eher entlang der Familiengrenzen als entlang derer von Kultur oder Religion. Das Mittelmeer im *Herzog Herpin* gerät so zu einem „riesige[n] familiäre[n] Abenteuerraum". Wichtig ist nicht die trennende, sondern fast ausschließlich die verbindende Dimension des Meeres. Es übernimmt die Funktion einer „erzählerische[n] Drehscheibe", die alle möglichen Handlungsorte unmittelbar miteinander verknüpft, ohne dass ein Dazwischen thematisiert werden muss. Selbst ostmediterrane und nordeuropäische Orte werden direkt miteinander verzahnt, wenn einer der Helden in Zypern in See sticht und kurz darauf in den Rhein segelt. Die Abenteuer selbst spielen sich aber fast ausschließlich an Land ab.

Poetiken

Im dritten Abschnitt stehen spezifische ‚mediterrane Poetiken' im Mittelpunkt: Kinoshita und Selden sehen in mediterranen Literaturen besondere Ausprägungen von Erzählformen und Formen der Organisation des Textes, die dazu geeignet sind, Heterogenes zu integrieren (wie etwa Reisebeschreibungen oder *frame-tale*-Sammlungen). Außerdem beobachten sie, dass Textnetzwerken zugehörige Dichtungen häufig ihren Transferstatus als übersetzte und ‚wiedererzählte' Texte sowie ihre daraus hervorgehende Hybridität ausstellen und zum Qualitätsmerkmal machen. Bei den hier untersuchten Texten und Traditionen spielen solche ästhetisch-poetologischen Aspekte – neben den literarhistorischen und thematischen – eine besondere Rolle.

Der Beitrag von **Imre Gábor Majorossy** befasst sich mit den oft beschriebenen Verdopplungsstrukturen im *König Rother* (vgl. etwa Stock 2002, 229–280), liest sie aber auf die Frage der Aushandlung von Transkulturalität hin. Majorossy beschreibt, wie die Figuren einerseits einem weströmischen (Bari) und andererseits einem oströmischen (Konstantinopel) imperialen Bereich zugeordnet sind, die das Meer ebenso verbindet wie trennt, wobei sich beide Bereiche grundlegend in ihren politischen Praktiken unterscheiden, was vor allem für die Herrscher, Rother und Konstantin, gilt. Zugleich aber sind beide auch über typische höfische Praktiken füreinander offen, was einschließt, dass diese Praktiken instrumentalisiert werden können. Bei den Interaktionen von Figuren der beiden Bereiche ereignen sich Dopplungen, welche die Handlungen beim zweiten Durchlauf ausführlicher erzählen und aus Sicht Rothers nach erstem Scheitern zumeist erfolgreich enden lassen. Die Verdopplung macht bestimmte Handlungsweisen und -optionen überhaupt erst beobachtbar, weil sie Variabilität aufzeigt. Der Text veranschaulicht somit unterschiedliche ‚kulturelle' Handlungsmodelle in deren Wechselwirkungen im Vollzug, markiert richtiges wie falsches Verhalten und stellt transkulturelle Lernprozesse zur Diskussion. Mit dieser Funktionalität hängt eine eigene Erzählstruktur und damit Poetik zusammen. Charakteristisch für den Text ist weiterhin die instrumentelle Übernahme von typischen sozialen Grenzgänger-Identitäten wie die des Flüchtlings, die des Pilgers oder die des Spielmanns. Der Text erweist sich daher nicht nur in seinem ostmediterranen Setting, sondern auch in seinem Figureninventar und seinen Problemstellungen als ‚mediterran'.

Sebastian Winkelsträter arbeitet heraus, dass dem Mittelmeer als Region – ähnlich wie im *Herzog Herpin* bei Schlechtweg-Jahn – in Konrads von Würzburg *Trojanerkrieg* zwar keine große Aufmerksamkeit zuteil wird; dass das Meer aber gleichwohl immens an Signifikanz gewinnt, da Konrad es im Prolog als „poetologische Metapher" einführt, um seine Verfahren der Vertextung und deren Verhältnis zur umfangreichen Erzähltradition zu reflektieren. Winkelsträter untersucht diese konzeptionelle Metaphorik im Lichte antiker Muster bei Ovid und Statius sowie hinsichtlich ihrer Umsetzung in Konrads Erzählen. Mit Blick auf die Kriterien von Kinoshita kann der *Trojanerkrieg* als ein möglicher Exponent einer Poetik ‚mediterraner Literatur' gelten, denn Konrads Meer erweist sich, wie Winkelsträter hervorhebt „als Raum der Vermischung transkulturell verfügbaren Erzählguts" und als „Chiffre" für die „intertextuelle Dialogizität eines Romans, der sich den bewegten Fluss vorgängiger Erzähltraditionen nicht nur aneignet, sondern sich diesem in seiner sprachlichen und strukturellen Faktur auch anverwandelt."

Schließlich entwickelt **Dina Aboul Fotouh Salama** eine komparatistische Perspektive auf den Topos des Meeres in arabischen Dichtungstraditionen und in einem Lied des Tannhäusers (*Wol im der nu beizen sol*), das in der Forschung oft als Kreuzzugsdichtung gelesen wurde. Vor allem zwei Aspekte stehen dabei im Mittelpunkt: Einerseits der im Lied ebenso wie in verschiedenen die Seefahrt thematisierenden Dichtungen andalusischer Autoren vorkommende Topos der Sehnsucht nach einer zurückliegenden idyllischen Existenz auf dem Festland – beim Tannhäuser ist das Apulien, bei Ibn Ḥamdīs al-Ṣīqillī (1056–1133) die verlorene Heimat Siziliens. Die Sprechinstanzen der Dichtungen werden in Momenten existenzieller Not von dieser Sehnsucht ergriffen, durch maritime und nautische Metaphoriken wird sie zum Ausdruck gebracht. Andererseits geht Salama auf den für transkulturelle Fragen besonders aufschlussreichen Aspekt der Erwähnung von Winden samt ihrer Namen ein. Die Windnamen verorten die Dichtung durch ihre sprachliche Hybridität – der Tannhäuser nennt u. a. den Wind *schrok*, der auf ital. *scirocco* zurückgeht, was wiederum von arab. *aš-šarq* (‚Osten') abstammt – und durch die mit ihnen aufgerufenen Koordinaten im transkulturellen Mittelmeerraum; zugleich treibt das Sprecher-Ich vor Kreta mitten im Mittelmeer. Die Meerfahrt gerät zur Metapher nicht nur für die Existenz des fahrenden Sängers, der von seinen Gönnern abhängig ist wie der Seefahrer von den Winden, sondern auch für die irdische Existenz des Menschen schlechthin, der sich seiner Fahrt und seinem Ziel nie sicher sein kann. Ein Stoßseufzer resümiert diese Einsicht: „ich swebe ûf dem sê".

Literaturverzeichnis

Primärliteratur

Dukus Horant. Hg. von Werner Schwarz, Frederick Norman und Peter F. Ganz. Tübingen 1964.
JT = Albrechts Jüngerer Titurel. Nach den Grundsätzen von Werner Wolf krit. hg. von Kurt Nyholm. Berlin 1955–95.
Marzolph 1999 = *Das Buch der wundersamen Geschichten. Erzählungen aus der Welt von Tausendundeine Nacht*. Unter Verwendung der Übersetzungen von Hans Wehr, Otto Spies, Max Weisweiler und Sophia Grotzfeld hg. von Ulrich Marzolph. München 1999.

Parzival = Wolfram von Eschenbach: *Parzival*. Studienausgabe. Mittelhochdeutscher Text nach der sechsten Ausgabe von Karl Lachmann. Übers. von Peter Knecht. Mit Einführungen zum Text der Lachmannschen Ausgabe und in Probleme der 'Parzival'-Interpretation von Bernd Schirok. Berlin New York 2003.
Simplicissimus = Hans Jakob Christoffel von Grimmelshausen: *Simplicissimus Teutsch*. Textkritische und kommentierte Ausgabe (Werke I, 1). Hg. von Dieter Breuer. Frankfurt a. M. 1989.
Usāma Ibn-Munqiḏ: *The Book of Contemplation. Islam and the Crusades*. Übers., mit Einl. und Komm. von Paul M. Cobb. London 2008.
WvÖ = Johanns von Würzburg 'Wilhelm von Österreich'. Aus der Gothaer Handschrift hg. von Ernst Regel. Berlin 1906.

Sekundärliteratur

Abulafia, David: *Das Mittelmeer. Eine Biographie*. (Engl. Orig.: *The Great Sea. A Human History of the Mediterranean*, London 2011). Übers. von Michael Bischoff. Frankfurt a. M. 2013.
Akbari, Suzanne Conklin: *Idols in the East. European Representations of Islam and the Orient, 1100–1450*. Ithaca, NY 2012.
Albera, Dionigi und Maria Couroucli: *Sharing Sacred Spaces in the Mediterranean. Christians, Muslims, and Jews at Shrines and Sanctuaries*. Bloomington, IN 2012.
Albera, Dionigi, Sara Kuehn und Manoël Pénicaud (Hg.): *Holy Sites in the Mediterranean, Sharing and Division (Special Issue „Reliographies" 1,1)*. Venedig 2022.
Assmann, Jan: *Das kulturelle Gedächtnis. Schrift, Erinnerung und politische Identität in frühen Hochkulturen*. München 1997.
Auteri, Laura und Margherita Cottone (Hg.): *Deutsche Kultur und Islam am Mittelmeer: Akten der Tagung Palermo, 13. – 15. November 2003*. Göppingen 2005.
Auteri, Laura und Ingrid Kasten (Hg.): *Transkulturalität und Translation. Deutsche Literatur des Mittelalters im europäischen Kontext*. Berlin Boston 2017.
Backman, Clifford R.: „Piracy". In: *A Companion to Mediterranean History*. Hg. von Peregrine Horden und Sharon Kinoshita. Chichester, West Sussex 2014, 170–183.
Baisch, Martin (Hg.): *Anerkennung und die Möglichkeiten der Gabe*. Frankfurt a. M. et al. 2017.
Baisch, Martin und Jutta Eming (Hg.): *Hybridität und Spiel. Der europäische Liebes- und Abenteuerroman von der Antike zur Frühen Neuzeit*. Berlin Boston 2012.
Bastert, Bernd (Hg.): *Romania und Germania. Kulturelle und literarische Austauschprozesse in Spätmittelalter und Früher Neuzeit*. Wiesbaden 2019.
Bastert, Bernd: „Einleitung". In: *Herzog Herpin. Kritische Edition eines spätmittelalterlichen Prosaepos*. Hg. von Bernd Bastert, unter Mitarbeit von Bianca Häberlein, Lina Herz und Rabea Kohnen. Berlin 2014, S. IX–XXVII.
Bauer, Thomas: *Die Kultur der Ambiguität. Eine andere Geschichte des Islams*. Berlin 2011.
Beech, George T.: „The Eleanor of Aquitaine Vase, William IX of Aquitaine, and Muslim Spain". In: *Gesta* 32.1 (1993), S. 3–10.
Bhabha, Homi K.: *Die Verortung der Kultur* (Engl. Orig.: *The Location of Culture*, London 1994). Tübingen 2000.

Borgolte, Michael und Nikolas Jaspert: „Maritimes Mittelalter – Zur Einführung". In: *Maritimes Mittelalter. Meere als Kommunikationsräume*. Hg. von Michael Borgolte und Nikolas Jaspert. Ostfildern 2016a, S. 9–34.
Borgolte, Michael und Nikolas Jaspert (Hg.): *Maritimes Mittelalter. Meere als Kommunikationsräume*. Ostfildern 2016b.
Borgolte, Michael, Juliane Schiel, Bernd Schneidmüller und Annette Seitz (Hg.): *Mittelalter im Labor. Die Mediävistik testet Wege zu einer transkulturellen Europawissenschaft*. Berlin Boston 2008.
Borowka-Clausberg, Beate: *Balthasar Sprenger und der frühneuzeitliche Reisebericht*. München 1999.
Braudel, Fernand: *Das Mittelmeer und die mediterrane Welt in der Epoche Philipps II*. Übers. von Grete Osterwald (Franz. Orig.: *La Méditerranée et le monde méditerranéen à l'époque de Philippe II*, Paris 1949). 3 Bde. Frankfurt a. M. 1990.
Braudel, Fernand, Georges Duby und Maurice Aymard: *Die Welt des Mittelmeeres*. Frankfurt a. M. 2006.
Burman, Thomas E., Brian A. Catlos und Mark D. Meyerson: *The Sea in the Middle. The Mediterranean World, 650–1650*. Oakland 2022.
Bumke, Joachim: *Wolfram von Eschenbach*. 8. Aufl. Stuttgart 2004.
Burman, Thomas E.: *Reading the Qur'ān in Latin Christendom: 1140 – 1560*. Philadelphia 2007.
Burnett, Charles und Pedro Mantas España (Hg.): *Ex Oriente Lux. Translating Words, Scripts and Styles in Medieval Mediterranean Society. Selected Papers*. Córdoba 2016.
Bynum, Caroline Walker: „Wonder. Presidential Address delivered at the American Historical Association annual meeting in New York on January 3, 1997". In: *American Historical Review* 102.1 (1997), S. 1–26.
Catlos, Brian A.: „Why the Mediterranean?". In: *Can We Talk Mediterranean? Conversations on an Emerging Field in Medieval and Early Modern Studies*. Hg. von Brian A. Catlos und Sharon Kinoshita. Cham 2017, S. 1–17.
Chakrabarty, Dipesh: *Provincializing Europe. Postcolonial Thought and Historical Difference*. Princeton et al. 2000.
Christ, Georg et al. („Netzwerk Transkulturelle Verflechtungen"): *Transkulturelle Verflechtungen. Mediävistische Perspektiven*. Göttingen 2016. URL: http://www.univerlag.uni-goettingen.de/handle/3/isbn-978-3-86395-277-8 (14. März 2023).
Claassens, Geert H. M., Fritz Peter Knapp und René Pérennec (Hg.): *Germania litteraria mediaevalis Francigena (GLMF). Handbuch der deutschen und niederländischen mittelalterlichen literarischen Sprache, Formen, Motive, Stoffe und Werke französischer Herkunft (1100–1300)*. Berlin et al. 2010–2015.
Classen, Albrecht: „Emergence of Tolerance: An Unsuspected Medieval Phenomenon. Studies on Wolfram von Eschenbach's *Willehalm*, Ulrich von Etzenbach's *Wilhelm von Wenden*, and Johann von Würzburg's *Wilhelm von Österreich*". In: *Neophilologus* 76.4 (1992), S. 586–599.
Classen, Albrecht: „Transcultural Experiences in the Late Middle Ages. The German Literary Discourse on the Mediterranean World—Mirrors, Reflections, and Responses". In: *Humanities* 4.4 (2015), S. 676–701.
Classen, Albrecht: „Medieval Transculturality in the Mediterranean from a Literary-Historical Perspective. The Case of Rudolf von Ems' *Der guote Gêrhart* (ca. 1220–1225)". In: *Journal of Transcultural Medieval Studies* 5.1 (2018), S. 133–160.
Conrad, Sebastian: *Globalgeschichte: Eine Einführung*. München 2013.
Contadini, Anna: „Sharing a Taste? Material Culture and Intellectual Curiosity around the Mediterranean, from the Eleventh to the Sixteenth Century". In: *The Renaissance and the Ottoman World*. Hg. von Anna Contadini. London 2013, S. 39–78.

Cupane, Carolina und Bettina Krönung: „Introduction: Medieval Fictional Story-Telling in the Eastern Mediterranean (8th–15th centuries AD). Historical and Cultural Context". In: *Fictional Storytelling in the Medieval Eastern Mediterranean and Beyond*. Hg. von Carolina Cupane und Bettina Krönung. Leiden Bosten 2016, S. 1–17.
Daston, Lorraine und Katharine Park: *Wonders and the Order of Nature: 1150–1750*. New York, NY 1998.
Dolezalek, Isabelle: „Fashionable Form and Tailor-made Message: Transcultural Approaches to Arabic Script on the Royal Norman Mantle and Alb". In: *The Medieval History Journal* 15 (2012), S. 243–268.
Egidi, Margreth, Ludger Lieb, Mireille Schnyder und Moritz Wedell (Hg.): *Liebesgaben. Kommunikative, performative und poetologische Dimensionen in der Literatur des Mittelalters und der Frühen Neuzeit*. Berlin 2012.
Ehlert, Trude: „Alexanders Kuriositäten-Kabinett. Oder: Reisen als Aneignung von Welt in Ulrichs von Etzenbach ‚Alexander'". In: *Reisen und Reiseliteratur im Mittelalter und in der Frühen Neuzeit*. Hg. von Xenja von Ertzdorff und Dieter Neukirch. Amsterdam 1992, S. 313–328.
Eming, Jutta: „Literarische Gattungen als Wissensoikonomien. Ein Versuch zum Liebes- und Abenteuerroman der Vormoderne". In: *Wissensoikonomien. Ordnung und Transgression vormoderner Kulturen*. Hg. von Nora Schmidt, Nikolas Pissis und Gyburg Uhlmann. Wiesbaden 2021, S. 101–122.
Eming, Jutta, Falk Quenstedt und Tilo Renz: „Das Wunderbare als Konfiguration des Wissens – Grundlegungen zu seiner Epistemologie". In: *Working Paper No. 12/2018, Sonderforschungsbereich 980 „Episteme in Bewegung"*. 2018. URL: http://www.sfb-episteme.de/Listen_Read_Watch/Working-Papers/No_12_Eming_Quenstedt_Renz_Das-Wunderbare/index.html (12. Dezember 2018).
Favreau-Lilie, Marie-Luise: *Studien zur Frühgeschichte des Deutschen Ordens*. Stuttgart 1973.
Frakes, Jerold C. (Hg.): *Early Yiddish Epic*. Engl. Übers. von ders. Syracuse, NY 2014.
Fried, Johannes: „In den Netzen der Wissensgesellschaft. Das Beispiel des mittelalterlichen Königs- und Fürstenhofes". In: *Wissenskulturen. Beiträge zu einem forschungsstrategischen Konzept*. Hg. von Johannes Fried und Thomas Kailer. Berlin 2003, S. 141–193.
Ganim, John M.: *Medievalism and Orientalism: Three Essays on Literature, Architecture and Cultural Identity*. New York et al. 2005.
Gaullier-Bougassas, Catherine und Margaret Bridges (Hg.): *Les voyages d'Alexandre au paradis: Orient et Occident, regards croisés*. Turnhout 2013.
Gaunt, Simon: „French Literature Abroad. Towards an Alternative History of French Literature". In: *INTERFACES* 1 (2015), S. 26–61.
Gilbert, Jane, Simon Gaunt und William E. Burgwinkle: *Medieval French Literary Culture Abroad*. Oxford 2020.
Grabar, Oleg: „The Shared Culture of Objects". In: *Byzantine Court Culture from 829 to 1204*. Hg. von Henry Maguire. Washington, D.C. 1997, S. 115–129.
Hanß, Stefan, Juliane Schiel und Claudia Schmid (Hg.): *Mediterranean Slavery Revisited (500–1800) / Neue Perspektiven auf mediterrane Sklaverei (500–1800)*. Zürich 2014.
Herkommer, Hubert: „Der Waise, ‚aller fürsten leitesterne'. Ein Beispiel mittelalterlicher Bedeutungslehre aus dem Bereich der Staatssymbolik, zugleich ein Beitrag zur Nachwirkung des Orients in der Literatur des Mittelalters". In: *Deutsche Vierteljahrsschrift für Literaturwissenschaft und Geistesgeschichte* 50.1 (1976), S. 44–59.
Herweg, Mathias: „Zwischen Handlungspragmatik, Gegenwartserfahrung und literarischer Tradition: Bilder der ‚nahen Heidenwelt' im späten deutschen Versroman". In: *Kunst und Saelde. Festschrift für Trude Ehlert*. Hg. von Katharina Boll-Becht und Katrin Wenig. Würzburg 2011, S. 87–113.

Hilsdale, Cecily J.: „Gift". In: *Studies in Iconography* 33 (2012), S. 171–182.
Hobsbawm, Eric J.: „Introduction: Inventing Traditions". In: *The Invention of Tradition*. Hg. von ders. und Eric Ranger. Cambridge 1983, S. 1–14.
Hoffman, Eva R.: „Pathways of Portability. Islamic and Christian Interchange from the Tenth to the Twelfth Century". In: *Art History* 24.1 (2001), S. 17–50.
Hoffman, Eva R.: „Christian-Islamic Encounters on Thirteenth-Century Ayyubid Metalwork: Local Culture, Authenticity, and Memory". In: *Gesta* 43.2 (2004), S. 129–142.
Höh, Marc von der, Nikolas Jaspert und Jenny Oesterle: „Courts, Brokers and Brokerage in the Medieval Mediterranean". In: *Cultural Brokers at Mediterranean Courts in the Middle Ages*. Hg. von dens. Paderborn 2013, S. 9–31.
Höhl, Claudia Felix Prinz und Pavla Ralcheva (Hg.): *Islam in Europa 1000–1250*. Regensburg 2022.
Horden, Peregrine und Nicholas Purcell: *The Corrupting Sea. A Study of Mediterranean History*. Oxford et al. 2000.
Houben, Hubert: „A Northern Military Order in a Mediterranean Context: The Teutonic Knights in Southern Italy (13th–15th Centuries)". In: *As Ordens Militares. Freires, Guerreiros, Cavaleiros*. Hg. von Isabel Cristina Ferreira Fernandes. Palmela 2012, S. 591–598.
Houben, Hubert: *Akkon – Venedig – Marienburg. Mobilität und Immobilität im Deutschen Orden*. Ilmtal-Weinstraße 2022.
Jaspert, Nikolas: *Die Kreuzzüge*. Darmstadt 2010.
Jaspert, Nikolas: „Zur Hagio-Geographie des Mittelmeerraums". In: *Ein Meer und seine Heiligen. Hagiographie im mittelalterlichen Mediterraneum*. Hg. von Nikolas Jaspert, Christian A. Neumann und Marco di co. Paderborn 2018, S. 11–29.
Jaspert, Nikolas: „Mobility, Mediation and Transculturation in the Medieval Mediterranean. Migrating Mercenaries and the Challenges of Mixing". In: *Engaging Transculturality. Concepts, Key Terms, Case Studies*. Hg. von Laila Abu-Er-Rub, Christiane Brosius, Sebastian Meurer, Diamantis Panagiotopoulos und Susan Richter. London et al. 2019, S. 136–152.
Jaspert, Nikolas und Alexandra Cuffel (Hg.): *Entangled Hagiographies of the Religious Other*. Newcastle upon Tyne 2019.
Jaspert, Nikolas und Sebastian Kolditz (Hg.): *Seeraub im Mittelmeerraum. Piraterie, Korsarentum und maritime Gewalt von der Antike bis zur Neuzeit*. Paderborn München 2013.
Jullien, François: *Es gibt keine kulturelle Identität. Wir verteidigen die Ressourcen einer Kultur*. Übers. von Erwin Landrichter. Berlin 2017.
Jürgen Osterhammel und Niels P. Petersson: *Geschichte der Globalisierung. Dimensionen, Prozesse, Epochen*. München 2019.
Karnes, Michelle: *Medieval Marvels and Fictions in the Latin West and Islamic World*. Chicago, IL 2022.
Kasten, Ingrid, Werner Paravicini und René Pérennec (Hg.): *Kultureller Austausch und Literaturgeschichte im Mittelalter. Transferts culturels et histoire littéraire au moyen âge. Kolloquium im Deutschen Historischen Institut Paris 16.–18.3.1995*. Sigmaringen 1998.
Kästner, Hannes: *Fortunatus – Peregrinator mundi. Welterfahrung und Selbsterkenntnis im ersten deutschen Prosaroman der Neuzeit*. Berlin 1992.
Kern, Manfred: „Verwilderte Heldenepik in hebräischen Lettern. Literarischer Horizont und kultureller Austausch im ‚Dukus Horant'". In: *Mittelhochdeutsche Heldendichtung ausserhalb des Nibelungen- und Dietrichkreises (Kudrun, Ortnit, Waltharius, Wolfdietriche)*. Hg. von Klaus Zatloukal. Wien 2003, S. 109–134.
Kinoshita, Sharon: *Medieval Boundaries. Rethinking Difference in Old French Literature*. Philadelphia 2006.
Kinoshita, Sharon: „Medieval Mediterranean Literature". In: *PMLA* 124, 2 (2009), S. 600–608.

Kinoshita, Sharon: „Animals and the Medieval Culture of Empire". In: *Animal, Vegetable, Mineral. Ethics and Objects*. Hg. von Jeffrey Jerome Cohen. Washington, DC 2012, S. 37–65.

Kinoshita, Sharon: „Mediterranean Literature". In: *A Companion to Mediterranean History*. Hg. von Peregrine Horden und ders. Chichester, West Sussex 2014, S. 314–329.

Kinoshita, Sharon: „Negotiating the Corrupting Sea. Literature in and of the Medieval Mediterranean". In: *Can We Talk Mediterranean? Conversations on an Emerging Field in Medieval and Early Modern Studies*. Hg. von Brian A. Catlos und ders. Cham 2017, S. 33–47.

Kolditz, Sebastian: „Horizonte maritimer Konnektivität". In: *Maritimes Mittelalter. Meere als Kommunikationsräume*. Hg. von Michael Borgolte und Nikolas Jaspert. Ostfildern 2016, S. 59–108.

König, Daniel G.: *Latin and Arabic. Entangled Histories*. Heidelberg 2019.

Koselleck, Reinhard: „Zur historisch-politischen Semantik asymmetrischer Gegenbegriffe". In: Ders.: *Vergangene Zukunft*. Frankfurt a. M. 1979, S. 211–259.

Kugler, Hartmut: „Zur literarischen Geographie des fernen Ostens im ‚Parzival' und ‚Jüngerem Titurel'". In: *Ja muz ich sunder riuwe sin. Festschrift für Karl Stackmann zum 15. Februar 1990*. Hg. von Wolfgang Dinkelacker. Göttingen 1990, S. 107–147.

Kugler, Hartmut (Hg.): *Interregionalität der deutschen Literatur im europäischen Mittelalter*. Berlin et al. 1995.

Kunitzsch, Paul: „Erneut: Der Orient in Wolframs ‚Parzival'". In: *Zeitschrift für deutsches Altertum und deutsche Literatur* 113.2 (1984), S. 79–111.

Lembke, Astrid (Hg.): *Aventiuren in Aschkenas*. Berlin et al. 2015 (= *Aschkenas* 1).

Mallette, Karla: *Lives of the Great Languages. Arabic and Latin in the Medieval Mediterranean*. Chicago 2021.

Mersch, Margit: „Transkulturalität, Verflechtung, Hybridisierung – ‚neue' epistemologische Modelle in der Mittelalterforschung". In: *Transkulturelle Verflechtungsprozesse in der Vormoderne*. Hg. von Wolfram Drews. Berlin Boston 2016, S. 243–255.

Mollat du Jourdin, Michel: *Europa und das Meer* (Franz. Orig.: *L' Europe et la mer*, Paris 1993). München 1993.

Moore, Megan: *Exchanges in Exoticism: Cross-cultural Marriage and the Making of the Mediterranean in Old French Romance*. Toronto, ON et al. 2014.

Oesterle, Jenny Rahel: „Das Mittelmeer und die Mittelmeerwelt. Annäherungen an einen Gegenstand der Geschichte in der neueren deutschen Mediävistik". In: *Construire la Méditerranée, penser les transferts culturels. Approches historiographiques et perspectives de recherche*. Hg. von Abdellatif Rania. München 2012, S. 72–92.

Olchawa, Joanna: *Aquamanilien. Genese, Verbreitung und Bedeutung in islamischen und christlichen Zeremonien*. Regensburg 2019.

Oswald, Marion: *Gabe und Gewalt. Studien zur Logik und Poetik der Gabe in der frühhöfischen Erzählliteratur*. Göttingen 2004.

Ott, Michael R.: *Postkoloniale Lektüren hochmittelalterlicher Texte*. Frankfurt am Main 2012. URL: http://publikationen.ub.uni-frankfurt.de/frontdoor/index/index/docId/24790 (04.01.2023).

Pénicaud, Manoël: „Muslim Pilgrims at the House of Mary in Ephesus. Considerations on Open Sanctuaries in the Mediterranean". In: *The Idea of the Mediterranean*. Hg. von Mario B. Mignone. Stony Brook, NY 2017, S. 166–183.

Philipowski, Katharina-Silke: „‚diu gab mir tugende git'. Das gabentheoretische Dilemma von ‚milte' und ‚lon' im hohen Minnesang, im ‚Frauendienst' und im Tagelied". In: *Deutsche Vierteljahrsschrift für Literaturwissenschaft und Geistesgeschichte* 85.4 (2011), S. 455–488.

Phillips, Kim M.: *Before Orientalism. Asian Peoples and Cultures in European Travel Writing, 1245–1510*. Philadelphia, PA 2014.

Polaschegg, Andrea: *Der andere Orientalismus. Regeln deutsch-morgenländischer Imagination im 19. Jahrhundert.* Berlin 2005.

Przybilski, Martin: *Kulturtransfer zwischen Juden und Christen in der deutschen Literatur des Mittelalters.* Berlin et al. 2010.

Putzo, Christine: „Eine Verlegenheitslösung: Der ‚Minne- und Aventiureroman' in der germanistischen Mediävistik". In: *Hybridität und Spiel.* Hg. von Jutta Eming und Martin Baisch. Berlin 2012 S. 41–70.

Quenstedt, Falk: *Mirabiles Wissen. Deutschsprachige Reiseerzählungen um 1200 im transkulturellen Kontext arabischer Literatur. ‚Straßburger Alexander' – ‚Herzog Ernst B' – ‚Brandan-Reise'.* Wiesbaden 2021.

Quenstedt, Falk: „Der Waise. Transkulturelle Verflechtungen eines mittelalterlichen Kronjuwels". In: *Logbuch Wissensgeschichte.* 2022. URL: https://www.logbuch-wissensgeschichte.de/2390/der-waise/ (6. Februar 2023).

Renz, Tilo: „Mirabilien ausstellen. Erzählte Sammlungen des Mittelalters und ihre Räume (*Herzog Ernst B, Straßburger Alexander, Apollonius von Tyrland*)". In: *Wunderkammern. Materialität, Narrativik und Institutionalisierung von Wissen.* Hg. von Jutta Eming, Marina Münkler, Falk Quenstedt und Martin Sablotny. Wiesbaden 2022, S. 40–66.

Richter, Dieter: „Germanistik". In: *Handbuch der Mediterranistik. Systematische Mittelmeerforschung und disziplinäre Zugänge.* Hg. von Mihran Dabag, Dieter Haller, Nikolas Jaspert und Achim Lichtenberger. Paderborn 2015, S. 145–153.

Said, Edward W.: *Orientalism.* New York 1978.

Schausten, Monika: „Agonales Schenken. Rüdigers Gaben im Nibelungenlied". In: *Dingkulturen. Objekte in Literatur, Kunst und Gesellschaft der Vormoderne.* Hg. von Anna Mühlherr, Bruno Quast, Heike Sahm und Monika Schausten. Berlin Boston 2016, S. 83–109.

Schindler, Andrea: „‚von kristen und von haiden'. Die Ordnung der Welt in Johanns von Würzburg ‚Wilhelm von Österreich'". In: *Europäisches Erbe des Mittelalters. Kulturelle Integration und Sinnvermittlung.* Hg. von Ina Karg. Göttingen 2011, S. 95–112.

Schmid, Florian und Monika Hanauska: „Meer, Ufer". In: *Literarische Orte in deutschsprachigen Erzählungen des Mittelalters. Ein Handbuch.* Hg. von Tilo Renz, Monika Hanauska und Mathias Herweg. Berlin Boston 2018, S. 413–426.

Shalem, Avinoam: „Exportkunst und Massenproduktion: Überlegungen zur Ästhetik islamischer ‚Luxus'-Objekte zur Zeit der Kreuzzüge". In: *Konfrontation der Kulturen? Saladin und die Kreuzfahrer.* Hg. von Heinz Gaube. Mainz am Rhein 2005, S. 90–106.

Speer, Andreas und Lydia Wegener (Hg.): *Wissen über Grenzen. Arabisches Wissen und lateinisches Mittelalter.* Berlin 2006.

Starkey, Kathryn: „On Deer and Dragons. Textiles and the Poetics of Medieval Storytelling in König Rother". In: *Animals in Text and Textile. Storytelling in the Medieval World.* Hg. von Evelin Wetter und Kathryn Starkey. Riggisberg 2019, S. 47–64.

Stock, Markus (Hg.): *Alexander the Great in the Middle Ages: Transcultural Perspectives.* Toronto, ON et al. 2016.

Stolz, Michael: „Religiöse Ambiguitätstoleranz in Wolframs Parzival als Reflex jüdisch-islamischen Wissens". In: *Vielfalt des Religiösen. Mittelalterliche Literatur im postsäkularen Kontext.* Hg. von Susanne Bernhardt und Bent Gebert. Berlin 2021, S. 155–176.

Struve, Karen: *Zur Aktualität von Homi K. Bhabha. Einleitung in sein Werk.* Wiesbaden 2013.

Szklenar, Hans: *Studien zum Bild des Orients in vorhöfischen deutschen Epen.* Göttingen 1966.

Thomsen, Christiane M.: *Burchards Bericht über den Orient. Reiseerfahrungen eines staufischen Gesandten im Reich Saladins 1175/1176.* Berlin Boston 2018.

Tolan, John Victor: „Veneratio Sarracenorum: Shared Devotion among Muslims and Christians, According to Burchard of Strasbourg, Envoy from Frederic Barbarossa to Saladin". In: *Ders.: Sons of Ishmael. Muslims through European Eyes in the Middle Ages*. Gainesville et al. 2008, S. 101–112.

Ungruh, Christine: „Die normannischen Gartenpaläste in Palermo. Aneignung einer mittelmeerischen ,koiné' im 12. Jahrhundert". In: *Mitteilungen des Kunsthistorischen Institutes in Florenz* 51.1/2 (2007), S. 1–44.

Wacks, David A.: *Framing Iberia. „Maqāmāt" and Frametale Narratives in Medieval Spain*. Leiden et al. 2007.

Weitbrecht, Julia: „Keuschheit, Ehe und Eheflucht in legendarischen Texten: *Vita Malchi*, *Alexius*, *Gute Frau*". In: *Askese und Identität in Spätantike, Mittelalter und Früher Neuzeit*. Hg. von Julia Weitbrecht und Werner Röcke. Berlin 2010, S. 131–156.

Weitbrecht, Julia: *Aus der Welt: Reise und Heiligung in Legenden und Jenseitsreisen der Spätantike und des Mittelalters*. Heidelberg 2011.

Welsch, Wolfgang: „Transkulturalität. Zwischen Globalisierung und Partiularisierung". In: *Interkulturalität. Grundprobleme der Kulturbegegnung*. Hg. von Paul Drechsler. Mainz 1999, S. 45–72.

Wetter, Evelin und Kathryn Starkey (Hg): *Animals in Text and Textile. Storytelling in the Medieval World*. Riggisberg 2019.

Wiesinger, Peter und Martin Roland: *Malstil und Schreibsprache. Kunsthistorisch-stilkritische und sprachwissenschaftliche Untersuchungen zur Lokalisierung des Münchener ,Jüngeren Titurel' (München, Bayerische Staatsbibliothek, cgm 8470)*. Wien 2015.

Zanasi, Giusi, Lucia Perrone Capano, Stefan Nienhaus, Elda Morlicchio und Nicoletta Gagliardi (Hg.): *Das Mittelmeer im deutschsprachigen Kulturraum. Grenzen und Brücken*. Tübingen 2018.

Zerka, Doriane: *Imagining Iberia in Medieval German literature*. Research Portal, King's College. Lo London 2019. URL: https://kclpure.kcl.ac.uk/portal/en/theses/imagining-iberia-in-medieval-german-literature(c36e375d-7524-42fe-88cd-9446948d61c6).html (6. Januar 2023).

Zimmermann, Julia, Daniel König, Ulrike Ritzerfeld und Margit Mersch: „Transkulturelle Verflechtung in den Quellen". In: Georg Christ et al. („Netzwerk Transkulturelle Verflechtungen"): *Transkulturelle Verflechtungen. Mediävistische Perspektiven*. Göttingen 2016, S. 81–140.

Sharon Kinoshita
Mediterrane Literatur

Was ist ‚mediterrane Literatur'? Keines der Schlüsselwerke der sich herausbildenden Disziplin der *Mediterranean Studies* hat viel über Texte zu sagen, die wir als literarisch bezeichnen würden, weder Fernand Braudels *Das Mittelmeer und die mediterrane Welt in der Epoche Philipps II.* (1990 [1949]), noch Peregrine Hordens und Nicholas Purcells *The Corrupting Sea* (2001), noch David Abulafias *Das Mittelmeer* (2013 [2011]). Auch haben die *Mediterranean Studies* als Forschungsrichtung in den Literaturwissenschaften bisher deutlich weniger Anklang gefunden als in anderen historisch ausgerichteten Disziplinen. Diese Verspätung spiegelt wider, dass die Nation als zentrale Bezugsgröße literaturwissenschaftlicher Analyseverfahren beharrlich fortbesteht – mitsamt den damit einhergehenden, wenngleich selten registrierten, idealtypischen Vorannahmen über die Homogenität von Sprache, ‚Ethnizität' und Religion. In ihrer momentanen Konfiguration sind die Literaturwissenschaften – institutionalisiert in Abteilungen, deren Zuständigkeit an nationalen Literaturen sowie an philologischen oder regionalen Parametern festgemacht wird (wie ‚romanische Sprachen' oder ‚vorder- und ostasiatische Sprachen') – schlecht ausgestattet, um bestimmten Texten und Fragestellungen gerecht werden zu können. Folglich verbindet sich mit dem Begriff der ‚mediterranen Literatur' ein Projekt der Reterritorialisierung.[1] Denn erst wenn die Nation als Ausgangspunkt der Untersuchung ersetzt wird, kann das Flickwerk von Fürstentümern, Stadtstaaten und Imperien – meist multilingual, multiethnisch und multikonfessionell –, das den vor- und frühmodernen Mittelmeerraum konstituiert, wirklich in den Blick kommen. Wie etwa auch im Fall der Bildwissenschaft bringt ein solcher Blickwechsel Modelle und Fragestellungen hervor, die besser auf die Besonderheit und die Bedeutung von Texten abgestimmt sind, die sich zwischen verschiedenen Kulturen bewegen und dabei „zu verschiedenen Zeiten und an verschiedenen Orten immer wieder neu konzipiert"[2] werden.

---

1 Die Komparatistik – als Disziplin der Erforschung von Verbindungen zwischen literarischen Traditionen – war in ihrer traditionellen Verfasstheit großteils auf die Sprachen des (westlichen) Europas beschränkt und tendiert dazu, textuelle Phänomene (Gattungen, Motive, Stile) gegenüber historischen oder kulturellen Prozessen zu privilegieren.
2 Im Orig.: „[...] reconceptualized over time and in different places [...]" (Hilsdale 2014, 309; vgl. zudem Hoffman 2001). Zitate werden im Haupttext ins Deutsche übersetzt. Die englischen Originalzitate sind mit Nachweisen in den Fußnoten zu finden.

Anmerkung: Übersetzung aus dem Englischen von Antonia Murath und Falk Quenstedt

Dieser Beitrag skizziert einige der Formen, die eine solche ‚mediterrane Literatur' annehmen könnte. Vor dem Hintergrund mediterraner Vielsprachigkeit und Verbundenheit wirft er Fragen zu Übersetzung, zu Text-Netzwerken und zur Übermittlung von Gattungen auf, sowie zur Behandlung literarischer Motive, die von mediterranen Erfahrungen der Konnektivität und Interaktion gebildet oder geprägt werden, wie Piraterie, Sklaverei und Handel. Es sei betont, dass die hier getroffene Auswahl spezifischer Problemstellungen und Beispiele weder vollständig noch maßgeblich ist, sondern vielmehr auf Veranschaulichung zielt: Sie soll als ein Rahmen für zukünftige Studien dienen, die weitere Texte, Sprachen und Zeiträume in detaillierter Form werden betrachten können, als das an dieser Stelle möglich ist (Kinoshita 2009, 601, 606–607).

1 Mediterrane Vielsprachigkeit und ihre literarischen Konsequenzen

Seine lange Geschichte von ethno-religiöser Diversität und die damit verbundenen komplexen Formen des Kulturkontakts, der Zirkulation sowie der Interaktionen zwischen Mehrheits- und Minderheitsbevölkerungen (Catlos 2014) machen den Mittelmeerraum zu einer multilingualen Zone, die von einer kaleidoskopartigen Vielfalt sprachlicher Kombinationen geprägt ist. Die Sprachen der Buchreligionen – Arabisch, Griechisch, Hebräisch, Latein, aber auch Armenisch, Koptisch, Syrisch – erfüllten die spirituellen Bedürfnisse von Gläubigen, die nicht zwangsläufig über muttersprachliche Kenntnisse der betreffenden Sprachen verfügten. Religiöse Minderheiten nutzten die Schriftsysteme ihrer sakralen Texte, um die sie umgebenden Mehrheitssprachen, die sie häufig auch im Alltag nutzten, zu transkribieren. Aus dieser Praxis sind Kombinationen wie Judäo-Arabisch (Arabisch in hebräischen Lettern), Judäo-Spanisch (ibero-romanisch verwurzelte Dialekte, die im hebräischen Schriftsystem notiert wurden, auch als Sephardisch oder Ladino bezeichnet), oder Aljamiado (ibero-romanische Dialekte in arabischen Lettern) hervorgegangen. Nach modernen Maßstäben wirken diese Kombinationen wie verwirrende Kuriositäten, doch in der vielsprachigen und multikonfessionellen Landschaft des mittelalterlichen Mittelmeerraums waren sie keine Ausnahmeerscheinungen. Nicht selten unterschied sich die in Politik und Verwaltung genutzte Sprache von der Alltagssprache der herrschenden Elite. Das trifft insbesondere auf den östlichen Mittelmeerraum zu: Die offizielle Sprache des antiken Achämenidenreichs etwa war Aramäisch, und im Sultanat der Rum-Seldschuken des zwölften und dreizehnten Jahrhunderts wurden Persisch und Arabisch (nicht Türkisch) für interne Verwaltungsangelegenheiten, Griechisch für die Korrespondenz mit christlichen Herrschaften und Persisch als Literatursprache genutzt. Die Wahl des Persischen für literarische Werke ist exemplarisch für die mediterrane Mehrsprachigkeit. Gerade bei literarischen Texten wurde die Wahl der Sprache häufig von Fragen des kulturellen Prestiges und von Gattungsvorbildern abhängig gemacht. So entschied sich im dreizehnten Jahrhundert König Alfons X. (der Weise) für das Galicisch-Portugiesische als Sprache seiner *Cantigas de Santa Maria*, obwohl er ansonsten zahlreiche Übersetzungen aus dem Arabischen ins Kastilische veranlasste, um das Kastilische als Schriftsprache aufzuwerten. Überhaupt war die Lyrik, wie im Folgenden noch zu zeigen ist, ein privilegierter Ort linguistischer Flexibilität: Im frühen dreizehnten Jahrhundert thematisierte etwa der Trobador Raimbaut de Vaqueiras mediterrane Mehrsprachigkeit in seinem berühmten Descort *Eras quan vey verdeyar*, in dem er je eine Strophe in den älteren Stufen der romanischen Sprachen des Provenzalischen, Französischen, Genuesischen, Gaskognischen und Galicisch-Portugiesischen verfasste und in einer Geleitstrophe (*tornada*) alle fünf miteinander kombinierte. In der zweiten Hälfte desselben Jahrhunderts nutzen Schreibende wie Brunetto Latini oder Marco Polo in der Region des heutigen Italien – zumindest in der Generation vor Dante[3] – Altfranzösisch oder Franko-Italienisch als volkssprachliche Alternative zum Lateinischen.

Es liegt auf der Hand, dass das Paradigma der ‚Nationalliteratur' in einem solchen Umfeld ebenso viel verzerrt und verdeckt, wie es zu beleuchten vermag. Innerhalb des einsprachigen, diachronen und häufig teleologischen Rahmens, in dem literaturwissenschaftliche Zugriffe typischerweise verortet sind, werden Texte zumeist (implizit oder explizit) als Glieder einer nationalen literarischen Tradition gelesen und in Beziehung zu älteren oder jüngeren Texten derselben Sprache gesetzt.[4] Unter historischer Perspektive wird vorwiegend die Geschichte des Nationalstaats oder des Kulturraums, mit dem die betreffende Sprache assoziiert ist, einbezogen, selbst wenn solche geografischen oder kulturellen Grenzziehungen für die betreffenden Texte anachronistisch sind. Gegenwärtige literarische Kanonbildungen, die auf das neunzehnte und das zwanzigste Jahrhundert zurückgehen, neigen dazu, Texte wie die *Chanson de Roland* oder den *Cantar de Mio Cid* zu privilegieren, die in der (zukünftigen) Nationalsprache verfasst wurden und sich daher anbieten, als Zeugen einer nationalen Geschichte oder als Beweise eines sich herausbildenden nationalen Bewusstseins gelesen zu werden.

---

3 Anm. d. Übers.: Erst nach Dantes volkssprachigen Werken begann sich das Toskanische als überregionale italienische Schriftsprache zu etablieren.
4 Oder aber Texte werden über formale Gemeinsamkeiten (wie Gattungskriterien) oder thematisch-theoretische Schwerpunkte organisiert (wie *gender studies* oder *animal studies*, um nur einige zu nennen) – wobei diese manchmal in ein Verhältnis zu historisch und kulturell spezifischen Kontexten gesetzt werden und manchmal nicht.

Diese Priorisierung von Texten, die allein in der Nationalsprache überliefert sind,[5] bewirkt die Vernachlässigung oder Abwertung von Texten, die vor allem als Übersetzungen tradiert werden. Die modernen Literaturwissenschaften betrachten Übersetzungen typischerweise als zweitrangig: Stimmen sie mit dem Original überein, werden sie als Derivate abgetan; adaptieren oder modifizieren sie ihre Vorlagen, gelten sie als naiv oder korrumpiert. Die materiellen Zeugnisse der literarischen Kulturen des europäischen Mittelalters widersprechen solchen Bewertungen. Texte wie die *Chanson de Roland* oder der *Cantar de Mio Cid* stehen in ihrer nahezu singulären Überlieferung den dutzenden oder gar hunderten erhaltenen Handschriftenzeugen der in Übersetzung übermittelten Korpora von *Barlaam und Josaphat* oder den *Sieben weisen Meistern* gegenüber. In der Vormoderne galt im mediterranen Raum wie auch andernorts die Übersetzung – im Sinne der Weitergabe und Adaption von Texten über Sprach- und Kulturgrenzen hinweg – als eine privilegierte Form der kulturellen Produktion. Dieser Prozess wurde im lateinischen Westen über den Topos der *translatio studii* verhandelt, einer Version der Erzählung von der westlichen Zivilisation, die diese als Übertragung gelehrter und schriftsprachlicher Kultur vom antiken Griechenland nach Rom und weiter in das mittelalterliche Frankreich (wie im Prolog von Chrétiens *Cligès*) oder das Heilige Römische Reich (wie in Otto von Freisings Weltchronik) einordnet. Die eigentlichen Wege der Transmission waren allerdings weder so linear noch so einseitig, wie es dieses ideologische Modell vermuten lässt. Karla Mallette entlehnt aus der Seefahrt das Wort ‚Kabotage' (es bezeichnet den Transfer von Handelsgütern von Hafen zu Hafen, wobei die Ladung eines Schiffes im Laufe seiner Reise vollständig ausgetauscht werden konnte), um die Transmission von Texten über Zeit und Raum – und insbesondere den Mittelmeerraum – hinweg zu charakterisieren. Ein Text wird dabei „nicht getreu bewahrt, sondern von denen, die ihn übertragen, tiefgreifend verändert, um ihn für historisch und sprachlich unterschiedliche Gemeinschaften von Lesenden neu zu schaffen."[6] Im Fall der *Poetik* des Aristoteles weist

---

5 Hinweis der Übers. in Absprache mit der Autorin: Dieser Beitrag ist von einer romanistischen Perspektive geprägt, die als Beispiele die *Chanson de Roland* oder den *Cantar de Mio Cid* nennt: Aus germanistischer Perspektive zeigt sich aufgrund des hohen Stellenwerts von Übersetzungen bzw. Adaptionen am Beginn der höfischen Literatur – mit Blick etwa auf Antikenromane, die höfischen Romane von Hartmann von Aue oder Wolfram von Eschenbach, oder gar, mit dem *Rolandslied*, auf eine Bearbeitung der *Chanson de Roland* – eine andere Situation hinsichtlich der Bewertung und Untersuchung von Texten mit Transferstatus. Gleichwohl ist eine Konzentration auf Transfers aus dem Lateinischen und aus älteren Sprachstufen des Französischen und damit eine gewisse West-Orientierung auch in der Germanistik auffällig.

6 Im Orig.: „[...] not faithfully preserved but thoroughly transformed by those who transmitted it, creating it anew for historically and linguistically different communities of readers." (Mallette 2009, 584).

die Handschriftenlage beispielsweise darauf hin, dass Hermannus Alemannus' Übersetzung des arabischen Kommentars von Ibn Rušd (lat. Averroes) beliebter war als Wilhelms von Moerbeke direktere und wörtlichere Übersetzung aus dem Griechischen (Mallette 2009, 588).

‚Mediterrane' Werke wie *Barlaam und Josaphat* oder die *Sieben weisen Meister* sind tatsächlich Teil größerer ‚Text-Netzwerke'; dies ist eine Begriffsprägung Daniel Seldens, um die vormoderne Art von Textualität – wesentlich hervorgebracht durch Übersetzung und Variation – zu beschreiben, dem von der Antike bis in die Frühe Neuzeit „wahrscheinlich geläufigsten Verbreitungsmuster"[7] in einer breiten geokulturellen Zone, die einen großen Teil Eurasiens umfasst (vgl. Selden 2010). Solche Werke zirkulierten „sowohl innerhalb von Sprachen als auch über Sprachgrenzen hinweg [...] in einer verblüffend hohen Anzahl verschiedener Exemplare."[8] Die Varianten – keine von ihnen eindeutig autoritativ – waren weniger neutrale Übersetzungen als vielmehr Aneignungen und Adaptionen in „ethnisch diversen Kontexten, die Fragen der lokalen Dominanz, Selbstbehauptung und Resistenz unzweideutig in den Vordergrund rückten."[9] Darüber hinaus reflektieren Text-Netzwerke ihre eigene transkulturelle Vermittlung, indem sie die Tatsache oder die Umstände der Übersetzung und Verbreitung so regelmäßig betonen, dass dies nicht als Zufall, sondern vielmehr als essentieller Bestandteil der Werke selbst zu verstehen ist. Solche Netzwerke, oft südasiatischen Ursprungs und über das Persische und Arabische in den mediterranen Raum vermittelt, verweisen auf die kulturelle Dimension der engen ökonomischen und politischen Verbindungen zwischen Asien und dem Mittelmeerraum (vgl. Doumanis 2014). So handelt es sich etwa bei *Barlaam und Josaphat* um eine christianisierte Variante der Buddha-Legende. Die Forschung vermutet, dass der Stoff, ausgehend von südostasiatischen buddhistischen Quellen, in das Mittelpersische übertragen wurde, vom Mittelpersischen ins Syrische und Arabische (als *Kitāb Bilawhar wa-Yūdāsaf*), vom Arabischen ins Georgische (als *Balavariani* christianisiert), vom Georgischen ins Griechische, vom Griechischen ins Armenische und Lateinische – und vom Lateinischen ins Altfranzösische, Mittelhochdeutsche und in zahlreiche weitere Sprachen (mit Permutationen in jeder Stufe, deren Komplexität hier nicht abgebildet werden kann).[10] Den Ehrenplatz

---

7 Im Orig.: „[...] arguably the most common type of diffusional patterning [...]" (Selden 2010, 13).
8 Im Orig.: „[...] both within and across languages [...] in a bewildering number of differing exemplars [...]" (Selden 2010, 3).
9 Im Orig.: „[...] ethnically divergent contexts, which brought matters of local dominance, assertion, and resistance unequivocally to the fore." (Selden 2010, 4).
10 Die *Sieben weisen Meister* bilden einen Zweig eines noch komplexeren Text-Netzwerks ab. Es handelt sich um ein Gefüge aus Rahmen- und Binnenerzählungen, in deren ältester, arabischer Version (es ist nicht ausgeschlossen, dass dem wie im Fall *Barlaams* ältere südostasiatische oder

unter den Text-Netzwerken nimmt jedoch der *Alexanderroman* ein, die fiktionalisierte Darstellung der Eroberungen und Abenteuer Alexanders des Großen. Erstmals bezeugt in einem griechischen, ‚Pseudo-Kallisthenes' zugeschriebenen Text, verbreitete er sich zwischen dem dritten Jahrhundert v. Chr. und dem neunzehnten Jahrhundert n. Chr. in über einhundert erhaltenen Fassungen in dutzenden Sprachen, von Afghanistan über Spanien und Äthiopien bis nach Island (Selden 2012, 34). Dieser erstaunliche Erfolg – der sogar in den christlichen, muslimischen, zoroastrischen und jüdischen heiligen Texten Spuren hinterlassen hat (Selden 2012, 32–33) – hat mit der Art und Weise zu tun, wie die Alexander-Figur die Themen der Welteroberung und der unersättlichen Wissenssuche miteinander verbindet.

2 Durchkreuzende Lektüren

„Die tiefgreifendste kulturelle Kluft im Mittelmeer", so Karla Mallette, „verläuft zwischen Sprachen, die von links nach rechts, und Sprachen, die von rechts nach links geschrieben werden."[11] Welche Schwierigkeiten daraus erwachsen können, zeigt sich bereits beim Versuch, das Arabische in die literarhistorische Betrachtung des Mittelmeerraums in Mittelalter und Früher Neuzeit miteinzubeziehen. Denn gängige Geschichten der arabischen Literatur stellen diesen Zeitraum als einen des Verfalls oder als eine „period of decadence" (Allen 2006, 1) dar. Ein solches abwertendes Etikett – von der *Cambridge History of Arabic Literature* (Allen und Richards 2006) durch den Ausdruck „post-classical" ersetzt – spiegelt allerdings die Entstehung einer populären Literatur wider (ermöglicht durch das Aufkommen der Papierherstellung in der Mitte des achten Jahrhunderts), in der volkssprachliche und aus der Mündlichkeit hervorgegangene Diktionen, Stile und Gattungen jene, die für die literarische Produktion der ‚Klassik' charakteristisch sind, verdrän-

---

persische Vorlagen vorausgingen) das Schicksal eines jungen Prinzen, der nach der Anschuldigung, seine Stiefmutter verführt zu haben, einem Schweigegebot unterliegt, durch konkurrierende Erzählungen der Königin einerseits und, zur Verteidigung des Prinzen, seines Tutors andererseits (der Sendebar oder Sindbad heißt), entschieden wird. In nachfolgenden Versionen werden die Verteidiger des Prinzen zu den Sieben Wesiren (Arabisch) oder den Sieben Weisen von Rom (Latein) multipliziert; griechische (*Syntipas*) und hebräische (*Mischle Sendebar*) Versionen spielen wichtige, aber im Einzelnen kaum nachvollziehbare Rollen in der Transmission in westliche europäische Sprachen. Eine lateinische Version (nachfolgend ins Altfranzösische übersetzt) betitelt die Erzählung nach dem König *Dolopathos*; Don Fadrique, Bruder Alfons X. des Weisen, hat 1252 den arabischen *Sendebar* unter dem Titel *Libro de los Engaños* ins Kastilische übersetzt.
11 Im Orig.: „The most fundamental cultural rift in the Mediterranean is the breach between language written from left to right and language written from right to left" (Mallette 2013, 254–255).

gen oder sich mit ihnen in neuer Weise verbinden. Die damit einhergehende Vielschichtigkeit und Inkongruenz erzeugt Phänomene, die jeglichen Versuch, Literaturgeschichte als lineare Abfolge von Taxonomien klar unterschiedener Gattungen normieren zu wollen, von vornherein vereiteln: „[W]ährend einerseits Gattungen einer bestimmten Kategorie solche einer anderen parodieren, werden andererseits manche Stoffe fast unverändert übertragen oder Gattungen existieren sowohl in populären als auch in elitären Formen."[12] So beinhalten etwa gelehrte („schöngeistige") adab-Werke ‚populäre' Formen wie humorvolle Anekdoten, Witze oder ‚Knüttelverse'; und ‚populäre' Gattungen wie die siyar (Singular: sīra, Helden- oder Ritterepen) involvieren lange Passagen ‚klassischer' Dichtung. Die Herausforderung wird noch vergrößert durch den Umstand, dass der umfangreichere Teil des Korpus populärer Erzähltexte – zehntausende Manuskriptseiten – bislang nicht ediert und wenig bekannt ist (Reynolds 2006b, 247). Innerhalb dieser sprachlich und generisch diversen Tradition bilden gerade Erzählsammlungen, die von Rahmennarrativen zusammengehalten werden, natürliche Träger für Transfers über sprachliche, kulturelle und konfessionelle Grenzen hinweg. Solche Texte wurden „normalerweise nicht als geschlossene und unveränderliche Werke begriffen, sondern eher als prinzipiell offene Gefäße, die von Kopisten und Redaktoren nach ihren Wünschen verändert werden konnten, indem sie Geschichten relativ frei hinzufügten, löschten oder neu anordneten."[13] Arabische Versionen von Sammlungen wie Kalīla wa-Dimna oder – wie bereits angesprochen – die Sieben weisen Meister (Sindbād al-Ḥakīm) bildeten wichtige Knotenpunkte, die diese Text-Netzwerke in mediterrane Kreisläufe der Übermittlung und des Austauschs einspeisten.

Um nun die Kluft zwischen Sprachen, die von links nach rechts, und solchen, die von rechts nach links geschrieben werden, zumindest metaphorisch zu überbrücken, bringt Mallette (2013) den Begriff Boustrophedon in die Diskussion ein: Er bezeichnet eine bi-direktionale Schreibweise, die in einigen archaischen Texten und Inschriften Verwendung findet, bei der die Zeilen abwechselnd von links nach rechts und von rechts nach links laufen. In den Literaturwissenschaften ist eine Praxis, über diese Bresche hinweg zu lesen, am häufigsten und beharrlichsten in Bezug auf das mittelalterliche Iberien entwickelt worden: In der Zeit zwischen der muslimischen Eroberung von 711 und der christlichen Rückeroberung von Granada im Jahr 1492 haben dort nahezu 800 Jahre lang Menschen, die unterschiedlichen Ethnien, Religionen und Sprachgemeinschaften angehören, zusammengelebt. Vor-

---

12 Im Orig.: „[...] genres from one category that satirize those of another, materials that cross over nearly unchanged, and genres that exist in both popular and elite forms." (Reynolds 2006b, 247).
13 Im Orig.: „[...] not usually conceived of as integral works, but rather as open-ended vessels that copyists and redactors could alter as they wished, adding, deleting and reordering tales quite freely." (Reynolds 2006a, 256).

herrschende Perspektiven würden die Iberische Literatur in separate romanische (Kastilisch, Portugiesisch, Katalanisch), hebräische und arabische Komponenten unterteilen. Im Kontrast dazu ermutigt uns eine mediterrane Perspektive dazu, sie als ein literarisches ‚Polysystem' (Wacks 2007) aufzufassen, in dem Texte in mehr als nur einer Sprache sowohl produziert als auch rezipiert werden. Im Verlauf von Jahrhunderten des Zusammenlebens haben sich diese Sprachen „gegenseitig übersetzt und kommentiert, haben voneinander Wörter entlehnt und sind Seite an Seite in Texten und Inschriften erschienen", so dass „es genauso redundant wie unerlässlich wirkt, immer wieder hervorzuheben, dass auch die Menschen, die diese Sprachen gesprochen haben, miteinander interagierten."[14] Einen lebendigen Eindruck von dieser Interaktion vermittelt die berühmte Klage des Paulus Albarus von Córdoba aus dem neunten Jahrhundert darüber, dass junge Christen die Literatur und Gelehrsamkeit der Araber (abwertend als ‚Chaldäer' bezeichnet) so sehr schätzten,[15] und dass „auf jeden, der einen Buchstaben auf Latein schreiben kann [...], tausend kommen, die sich elegant auf Arabisch auszudrücken verstehen"[16] (vgl. Menocal, Scheindlin und Sells 2000, 83).

In den *Iberian Studies* hat sich die Erforschung sprach- und konfessionsübergreifender Relationen zumeist auf lyrische Texte konzentriert. Zentral für deren Geschichte ist die *muwaššaḥ*, eine andalusische Gedichtform in klassischem Arabisch, die sich – im Unterschied zur traditionellen *qaṣīda* – aus Strophen zusammensetzt, die eher gesungen als rezitiert werden. Außerdem endet die *muwaššaḥ* auf eine Coda in der Volkssprache (*ḫarǧa*, teils Arabisch, teils Iberoromanisch), die meist eine weibliche Stimme artikuliert. Die Gattung, für die sprachliche Hybridität und stilistische Dialogizität konstitutiv ist, wurde auch im klassischen Hebräisch adaptiert (dort ebenfalls mit volkssprachlich arabischer und romanischer *ḫarǧa*), was eine Tradition säkularer Versdichtung auf Hebräisch allererst anstößt (Dodds, Menocal und Balbale 2008, 144–151).[17] Eine weitere bedeutende translinguale Gattung ist die *maqāma* (Plural: *maqāmāt*), Sammlungen formelhafter Kurzerzäh-

---

[14] Im Orig.: „[...] they translated each other, glossed each other, calqued each other [...]; they appeared side by side in texts and inscriptions. [...] [I]t seems at once redundant and essential to point out that the people who spoke those languages interacted with each other as well." (Mallette 2013, 261).
[15] „[...] [H]omnes iubenes Xp̄iani [...] Harabico eloquio sublimati uolumina Caldeorum [...] intentissime legunt [...]" (Paulus Albarus 1973, 314).
[16] „[...] unus in milleno hominum numero qui [...] possit ratjonauiliter dirigere litteras, et repperitur absque numero multiplices turbas qui erudite Caldaicas uerborum explicet [...]" (Paulus Albarus 1973, 314–315).
[17] Teilweise wird davon ausgegangen, dass arabische Liedlyrik die Entwicklung der Trobador-Dichtung beeinflusst hat, im Besonderen durch die iberischen Unternehmungen des Grafen Willhelm IX. von Aquitanien, dem frühesten belegten Trobador (vgl. Dodds, Menocal, und Balbale 2008, 105–109).

lungen in Reimprosa, für die ein Trickster-Held und eine beglaubigende Erzählerfigur charakteristisch sind. Die kanonische Sammlung des Bagdader Gelehrten al-Ḥarīrī (gest. 1122) wurde in Iberien nicht nur gewissenhaft kopiert und studiert, sondern seitens des (beinahe) zeitgenössischen Autors al-Saraqusṭī auch als Folie benutzt (in den *Maqāmāt al-Luzūmīya*, einem Text mit ähnlich benanntem Helden und Erzähler, aber verwickelterem Reimschema); die Gattung wurde zudem in Form von Gelegenheitskritik, Panegyrik und Kommentaren in höfischen Kontexten adaptiert. Währenddessen begannen andalusische Juden, die infolge der Invasion der Almohaden auf der Iberischen Halbinsel Mitte des zwölften Jahrhunderts nach Norden in die christlichen Königreiche oder in die Provence migrierten, *maqāmāt* auf Hebräisch zu verfassen (gemeinsam mit anderen Gattungen, die auf arabischen Modellen basierten), wobei sie die Sammlung an Konventionen jüdischen Schrifttums anpassten und schließlich auch lokale, nicht-arabische Elemente integrierten. Überlieferte Texte aus Italien, Ägypten, dem Jemen, der Türkei und Griechenland belegen ihre weite Verbreitung. Zur gleichen Zeit verfasste der aus Toledo stammende und in den Nahen Osten abgewanderte Übersetzer und Universalgelehrte al-Harizi (der zuvor *maqāmāt* auf Hebräisch geschrieben hatte) eine neue Version der Sammlung in Judäo-Arabisch, um dem Geschmack örtlicher jüdischer Gemeinschaften besser zu entsprechen (vgl. Drory 2000).

Literarische Werke nicht als Vertreter singulärer nationaler Traditionen, sondern im Kontext sprachlicher ‚Polysysteme' zu betrachten, kann aufschlussreiche neue Lesarten produzieren. Am Beispiel zweier Texte, die im Abstand von etwa 1500 Jahren an entgegengesetzten Enden des Mittelmeers entstanden sind, kann das veranschaulicht werden. Der erste Text, die griechische Dichtung der *Locke der Berenike*, wurde im dritten Jahrhundert v. Chr. in Alexandria verfasst, dem Sitz des sowohl makedonisch als auch pharaonisch geprägten Königreichs der Ptolemäer, das „Heterogenität auf allen Ebenen der sozialen Ordnung institutionalisiert"[18] hatte. Im Gegensatz zu Stadtstaaten wie Athen, die Ideologien des Autochthonen und Autarken kultivierten, bildete das vielsprachige Alexandria ein „komplexes Mosaik von Völkern, Sprachen, Religionen sowie sozialen und politischen Praktiken, die von überall aus der levantinischen Welt stammten und sich nie vollständig einander anglichen."[19] Kallimachos' *Locke der Berenike* spielt zur Regierungszeit Ptolemäus' III. Euergetes, dem Mäzen des Dichters.[20] Kurz nach seiner Thronbe-

---

18 Im Orig.: „institutionalized heterogeneity at every level of social order" (Selden 1998, 293).
19 Im Orig.: „complex mosaic of peoples, tongues, religions, social and political practices, drawn from every quarter of the Levantine world and never fully assimilated to one another" (Selden 1998, 297–298).
20 Kallimachos wurde in der griechischen Kolonie Kyrene an der libyschen Küste geboren (einer der Orte, die im griechisch-lateinischen *Apollonius*-Roman erwähnt werden, der weiter unten be-

steigung brach der König nach Asien auf, um seine Schwester, die Witwe des kurz zuvor ermordeten Herrschers von Syrien, zu unterstützen. Seine Ehefrau und neue Königin, Berenike von Kyrene, schnitt aus diesem Anlass eine Locke ihres Haars ab und weihte sie am Aphrodite-Tempel dem Erfolg der Expedition. Am nächsten Tag war die Locke jedoch verschwunden: Als neue Sternenkonstellation sei sie in den Himmel entrückt worden. Erzählt aus der Perspektive der Locke, spiegelt die Dichtung eindeutig Geschichte, Politik und Kultur Griechenlands wider. Die Apotheose bestätigt sowohl die privilegierte Herkunft als auch – implizit – die Legitimität der Ptolemäischen Herrschaft (vgl. Selden 1998, 328). Wie Daniel Selden gezeigt hat, ist die Dichtung aber zugleich auch unter dem Aspekt klassischer ägyptischer Kultur lesbar. Seit der Zeit des Alten Reiches war es eine der zentralen Aufgaben des Pharao, Libyer und Asiaten, die als Feinde des Staates angesehen wurden, zu unterwerfen und dem Reich einzuverleiben; diese Grenzvölker zu ‚schlagen' galt als eine im kulturellen Gedächtnis durch Inschriften, Kunst und Versdichtung bewahrte Verpflichtung, der für die Erhaltung der kosmischen Ordnung eine zentrale Rolle zugeschrieben wurde, so dass jeder Herrscher seine Regierungszeit mit einer rituellen Kriegserklärung gegenüber diesen Feinden begann, wobei Asien häufig das erste Ziel der symbolisch aufgeladenen Kampagnen bildete. Im ägyptischen Kontext zeichneten sowohl seine Eheverbindung mit Kyrene als auch sein syrischer Feldzug Ptolemäus als „gerechten und tatkräftigen" König aus, der die Stabilität des Reiches sicherte, indem er das politische und moralische Chaos von Libyen und Syrien auf Linie bringt (Selden 1998, 331–333; 335–337). In diesem alternativen Zusammenhang evoziert Berenikes Locke das prächtige Haar der Göttin Isis, die – als der Stern Sirius – ebenfalls an den Himmel versetzt wurde, und als deren Inkarnation die ägyptische Königin traditionsgemäß gilt (Selden 1998, 337–339; 344). Die *Locke von Berenike*, auf diese Weise strategisch günstig am Nexus von griechischer und ägyptischer Geschichte, religiösen Überzeugungen und kulturellen Praktiken platziert, „transformiert [somit] einen Stoff griechischer Geschichte in ein ägyptisches Thema."[21] Sogar die Ansprache der doppelten Zielgruppe einerseits politisch bewusster Griechen und andererseits Griechisch lesender Ägypter stimmt mit ägyptischen Denkgewohnheiten überein, die „ein Entweder-Oder scheuen, zugunsten eines Sowohl-Als-Auch, das eine Pluralität divergenter Wirklichkeiten zulässt."[22] Die *Locke der Berenike* wird meist als durch und durch griechischer Text wahrgenommen; die ganze Breite seiner kulturellen Resonanzen kann das Werk

---

sprochen wird) und ist später mit der großen Bibliothek in Alexandria verknüpft. Das Gedicht ist in der lateinischen Übersetzung des Dichters Catull aus dem 1. Jh. v. Chr. überliefert.
21 Im Orig.: „transumes the stuff of Hellenic history into Egyptian matter" (Selden 1998, 349–350).
22 Im Orig.: „eschews the 'either/or' for a 'both/and' rationale that admits a plurality of divergent actualities" (Selden 1998, 349–350).

aber erst entfalten, wenn es in seinem bilingualen und bikulturellen mediterranen Kontext re-integriert wird.

Ein zweites Beispiel für einen solchen polyvalenten mediterranen Zusammenhang ist mit einem mittelalterlichen kastilischen Werk, dem *Poema de Fernán González*, gegeben. Der Text entstand im Norden Spaniens im Kloster San Pedro de Arlanza in den 1250er Jahren – zeitgleich mit Alfons' X. Übersetzung von *Kalīla wa-Dimna* – und ist in monoreimenden Vierzeilern (*quaderna vía*) verfasst, wie sie typisch sind für die dichterische Bewegung der *Mester de clerecía*, die ab etwa 1220 Übersetzungen aus dem Lateinischen produzierte, wie den *Libro de Alexandre* oder den *Libro de Apolonio*. Bei der *Poema de Fernán González* handelt es sich um eine fabulöse Geschichtsklitterung: Während eines Interregnums nach dem Tod von Alfonso II. von Asturien (gest. 842) sei Kastilien von zwei gewählten Richtern, Nuño Rasura ('Nuño, der Rasierte') und dessen Schwiegersohn Laín Calvo ('Laín, der Kahle'), regiert worden. Die Forschung hat seit Langem zu erklären versucht, warum die Regierung Richtern übergeben wird, warum es zwei von ihnen gibt und was ihr fehlendes Haar bedeuten soll. Diese rätselhaften Details, die aus einer streng kastilischen Perspektive schleierhaft bleiben müssen, können durch eine Re-Situierung in einem größeren iberischen Kontext lesbar gemacht werden, wie die Historikerin Maribel Fierro in einem nichtpublizierten Essay gezeigt hat. In der Geschichte von al-Andalus war es nicht ungewöhnlich, einen Richter oder Rechtsgelehrten (*qāḍī*) – manchmal auch mehrere – in Positionen lokaler oder regionaler Autorität vorzufinden. In politischen Krisenmomenten füllten sie das Machtvakuum aus, wie etwa beim Kollaps des Kalifats von Córdoba im frühen elften Jahrhundert oder während des turbulenten Übergangs der Herrschaft von den Almoraviden zu den Almohaden Mitte des zwölften Jahrhunderts. Beispiele doppelter Richterschaft oder von zwei Richtern, die einander jährlich an der Macht ablösten, begegnen während des achten und frühen elften Jahrhunderts in Andalusien und in der gesamten muslimischen Welt, von Basra über Bagdad bis Qayrawan. Rasierte Köpfe und ungewöhnliche Frisuren wurden von verschiedenen Berber-Gruppen in Nordafrika und al-Andalus übernommen, entweder um sich selbst (ethnisch oder konfessionell) von anderen Muslimen zu unterscheiden, oder um ihre Einheit über unterschiedliche Stammeszugehörigkeiten hinweg oder quer zu ihnen zu signalisieren, was die interne Komplexität des Islam im westlichen Mittelmeerraum widerspiegelt (Fierro, nicht publiziert). Wie im ungefähr gleichzeitigen *Libre dels feyts* (*Buch der Taten*, um 1244), der katalanischen Autobiografie Jaume' I., des Eroberers von Aragon, erweist sich ein rätselhafter Hinweis oder eine unverständliche Episode als komplexe Spur der Multikonfessionalität des mittelalterlichen Iberiens (Kinoshita 2009, 603). Analog zum Fall der visuellen Kultur bedeutet das, dass die literarische Produktion an Orten intensiver sprachlicher Koexistenz und Interaktion nicht adäquat aus der Perspektive einzelner Fächer heraus erklärt werden kann. Der Versuch, das zu tun, verfehlt völlig deren Logik, denn es handelt sich in elementarer Weise um Produkte kultureller Begegnung, die im Dialog sowohl mit lokalen Gegebenheiten als auch mit entfernteren mediterranen Traditionen entstehen.[23]

Wie die Capella Palatina Rogers II. von Sizilien artikulieren alle diese Texte nicht zufällig Ansprüche auf königliche Macht über vielsprachige und in anderer Weise multikulturelle Bevölkerungen – und ein solcher Kontext steht in strengem Widerspruch zu Lektürepraktiken, die von den Erfordernissen national definierter literarischer Kulturen geformt wurden.

3 Eine Literatur des Mittelmeers

In ihrer Studie *The Corrupting Sea* verorten Peregrine Horden und Nicholas Purcell (2000) die Einheit der mediterranen Region paradoxerweise gerade in ihrer stark ausgeprägten geographischen Fragmentierung. Die scharf voneinander abgegrenzten Topografien von Land und Meer, Bergen und Tälern, so ihre These, brachten komplexe lokale Ökosysteme – ‚micro-ecologies' – hervor, deren Komponenten sich im Lauf der Zeit infolge politischen, technologischen, ökonomischen und kulturellen Wandels immer wieder verschoben. Daher rührt auch die große Bedeutung von Konnektivität: Bis weit in die Frühe Neuzeit hinein sind Menschen und Orte durch Mobilität, Kommunikation und Handel in einer Weise verbunden, die sich gegenüber augenfälligen weltgeschichtlichen Umwälzungen wie dem Aufstieg und Fall von Imperien oder dem Aufkommen und der Ausbreitung neuer Religionen erstaunlich resilient erweist. Bis hierher haben wir erörtert, wie menschliche Geographien der Fragmentierung und Konnektivität die Ausbildung und Zirkulation mediterraner Literatur geformt haben. In diesem Abschnitt wenden wir uns nun Texten zu, die ebendiese Eigenschaften auf Inhaltsebene verhandeln.

Wenige literarische Texte veranschaulichen die Konnektivität des Mediterraneums so sehr wie der anonym überlieferte *Apollonius*-Roman. Dessen älteste erhaltene Form ist die lateinische *Historia Apollonii Regis Tyri*, die wohl auf ein verlorenes griechisches Original des frühen dritten oder späten zweiten Jahrhunderts v. Chr. zurückgeht (und so wiedererkennbar ‚hellenistisch' erscheint, dass der Roman in B. P. Reardons [1989] *Collected Ancient Greek Novels* aufgenommen

---

23 Im Orig.: „cannot be explained adequately from the perspective of singular fields. To attempt to do so misses their logic entirely as they are the products fundamentally of cultural encounter and hence in dialogue both with local realities as well as more distant Mediterranean traditions." (Hilsdale 2014, 302).

wurde). Seit dem fünften oder frühen sechsten Jahrhundert n. Chr. und durch das ganze Mittelalter hindurch erfreute sich der *Apollonius*-Roman breiter Beliebtheit; Anspielungen von Autoren wie Fulcher von Chartres, Honorius Augustodunensis, Wilhelm von Tyrus, dem Pfaffen Lamprecht und Chrétien de Troyes bezeugen seine Verbreitung im zwölften Jahrhundert. Die komplexe Überlieferungsgeschichte reicht bis in das siebzehnte Jahrhundert und beinhaltet mehrere lateinische Rezensionen und volkssprachliche Adaptionen in Ländern und Sprachen, die weit über den Mittelmeerraum hinausreichen (vgl. Archibald 1991, 47–51).

Die Handlung des *Apollonius von Tyrus*, lose um eine Folge wiedererkennbarer Motive arrangiert, spielt in der fragmentierten *ecology* des östlichen Mediterraneum. Elizabeth Archibalds Untersuchung kartiert – im Wortsinne – die Handlung des Romans über die dreizehn separaten Reisen hinweg, die der Titelheld, seine Frau und seine Tochter zwischen Tyrus, Antiochia, Tarsus, Kyrene, Ephesos, Ägypten und Mytilene unternehmen (Archibald 1991, Buchdeckel innen) – alles Orte, die in sogenannten hellenistischen Erzählungen immer wieder vorkommen.[24] In typisch mediterraner Art und Weise verbinden diese Ortswechsel planvolle Reisen – so segelt Apollonius gezielt von Tyrus nach Antiochia und zurück, anschließend nach Tarsus und nach Kyrene – mit unfreiwilligen Irrfahrten, die durch die Gefahren der Seefahrt wie Schiffbruch, Entführung durch Piraten oder unberechenbare Meeresströmungen bedingt sind. Die nautische Nähe maritimer Räume zueinander sorgt für eine mühelose, wenn nicht alltägliche Konnektivität, während ihre topografische Separation gleichzeitig die Eigenheiten politischer und sozialer Kulturen bewahrt. „Wenige antike Romane kamen mit einem *plot* aus, in dem die Gefahren des Meeres nicht auftauchten", schreibt Margaret Mullett: „Ohne Schiffbrüche und Piraten ist es schwer vorstellbar, wie furchtlose Liebespaare [wie die Held*innen von *Chaireas und Kallirrhoë*, *Leukippe und Kleitophon*, *Hysmine und Hysminias* u. a.] hätten getrennt werden können – und dann gäbe es keine Geschichte."[25] Insbesondere im *Apollonius* sorgen die zahlreichen maritimen Ortswechsel für eine episodische Struktur, die analog zur narrativen Technik der Rahmenerzählung (wie in den *Sieben weisen Meistern*) in der Lage ist, mit minimaler narrativer Integrationsleistung ganz unterschiedliche Erzählungen aufnehmen zu

---

24 Ephesus ist der Handlungsort der *Ephesiaka* des Xenophon von Ephesos, *Daphnis und Chloe* spielt in Mytilene, und Kyrene – wie bereits erwähnt – übernimmt eine wichtige Rolle in der *Locke der Berenike*; vgl. auch (Horden und Purcell 2000, 65–74). Zum hellenistischen Roman als Sonderfall eines Text-Netzwerks, mit einer Analyse von *Chaireas und Kallirhoë* als dialektischer Antithese des *Alexanderromans*, vgl. Selden 2012, 41–47.
25 Im Orig.: „Few ancient novels managed a plot in which the perils of the sea did not figure [...]" (Mullett 2002, 269). „Without shipwrecks and pirates it is hard to see how [...] intrepid lovers could have been separated—and then there would have been no story." (Mullett 2002, 271).

können (wie etwa die über den inzestuösen Vater in Antiochia oder die über den untreuen Vormund in Tarsus).

Hier wie anderswo in mediterraner Literatur begünstigt dieselbe fragmentierte Geografie, die maritime Konnektivität fördert, auch eine (narrative) Kultivierung von Piraterie. Der *Apollonius*-Roman geht dabei so weit, Piraten nicht nur als Agenten des Unglücks, sondern auch der Rettung zu präsentieren. Denn es sind Seeräuber, die die Tochter des Protagonisten am Strand von Tarsus vor dem von ihrer eifersüchtigen Stiefmutter befohlenen Auftragsmord retten: „Halt ein, du Unmensch, laß sie und bring sie nicht um! Sie ist unsere Beute, nicht dein Opfer!"[26] Zumeist aber war Piraterie engstens mit dem Sklavenhandel verbunden, der im Mittelalter wiederum durch interreligiöse Relationen bestimmt war, da die drei großen abrahamitischen Religionen die Versklavung der eigenen Glaubensgenoss*innen verboten (vgl. Backman 2014). Mediterrane Piraterie wurde daher oft als ein Aspekt des heiligen Kriegs betrachtet. Allerdings sind literarische Beispiele dazu angetan, differenziertere geschichtswissenschaftliche Betrachtungsweisen, die mit der Praxis der Piraterie eine stark ausgeprägte, regelrecht konstitutive Unbestimmtheit verbinden, zu untermauern. Die Titelhelden der französischen Chantefable[27] *Aucassin et Nicolette* (frühes dreizehntes Jahrhundert) etwa werden zwar über ein Handelsschiff in das Gegenkönigreich Torelore verfrachtet, gelangen aber in ihre jeweiligen Heimatländer zurück, indem sie von Muslimen entführt werden, welche die Küstenregion plündern und das Schloss belagern. Im *Decameron* (2. Tag, 4. Novelle) wendet sich Landolfo Rufolo von Ravello (an der Piratenküste Amalfis) der Piraterie zu, nachdem er als Händler scheitert, bis sein Schiff wiederum von Genuesen geplündert wird. Piraterie, wie Horden und Purcell versichern, „ist keine ausschließliche Berufung: Der Räuber der einen Saison ist der Unternehmer der nächsten."[28]

Wie unser letztes Beispiel schon nahelegt, kommen viele der Themen, die wir untersucht haben, im *Decameron* zusammen. Im Jahr 1350 von Giovanni Boccaccio, dem florentinischen Autor, der einen prägenden Teil seiner Jugend im angevinischen Neapel verbrachte, verfasst, ist das *Decameron* geradezu ein ‚Handbuch' mittelmeerischer Themen. In ihm wird das Mittel der Rahmenerzählung (dem

---

[26] „Parce, barbare, parce et noli occidere! Haec enim nostra praeda est et non tua victima!" (*Historia Apollonii regis Tyri*: 70/71).
[27] Anm. d. Übers: Einer Liebeserzählung in Prosa und Versen. Inhaltlich steht *Aucassin et Nicolette* unter verkehrten Vorzeichen dem *Flore*-Roman nahe, so liebt der französische Grafensohn Aucassin die versklavte und infolgedessen als Christin erzogene, muslimisch geborene Prinzessin Nicolette.
[28] Im Orig.: „[piracy] is not an exclusive calling: one season's predator is next season's entrepreneur" (Horden und Purcell 2000, 157).

lateinischen Westen im späten zwölften Jahrhundert über Texte wie die *Sieben weisen Meister* vermittelt) an die Gegenwart des Autors, dem Florenz am Höhepunkt der Pestwelle von 1348/49, angepasst. Neben den vielen Erzählungen von Kaufleuten, Mönchen und Aristokraten, die in der Florentiner Umgebung und in anderen Städten Norditaliens spielen, ist eine bedeutende Anzahl von Binnenerzählungen um Handlungsorte und Themen herum organisiert, die eine typisch mediterrane Signatur tragen. Überall treten merkantile Netzwerke in Erscheinung, etwa in der Erzählung von N'Arnald Civada von Marseilles (4. Tag, 3. Novelle), der nach seiner Wiederkehr von einer Handelsreise nach Spanien entdeckt, dass seine drei Töchter via Genua mit deren Liebhabern nach Kreta geflohen sind; nach einer Reihe von Missgeschicken findet sich eines der Paare auf Rhodos wieder, wo es in Armut und Elend verstirbt.[29] Eine ‚gegenseitige Verständlichkeit' („mutual intelligibility"; Catlos 2014, 373) sorgt für Ausprägungen von Allianzen, die über konfessionelle Grenzen hinwegreichen, wie beispielsweise die engen Beziehungen und Bündnisverpflichtungen zwischen den Königen von Sizilien und Tunis (4. Tag, 4. Novelle) oder die herzliche Freundschaft zwischen Messer Torello von Pavia und Saladin, dem ‚Sultan von Babylon', die auf Gemeinsamkeiten wie dem Interesse an der Falknerei und der Wertschätzung von Regeln der Gastfreundschaft basiert (10. Tag, 9. Novelle). Identitäten sind situationsgebunden und änderbar, wie es der Fall Landolfo Rufolos zeigt, der, wie erwähnt, nach seinem Scheitern als Kaufmann zum Piraten wird (2. Tag, 4. Novelle), oder auch das Beispiel Madonna Zinevras von Genua, die, um ihrem mordlustigen Mann zu entkommen, auf einem katalonischen Schiff nach Alexandria flieht und im Männerkleid zum Marktaufseher des Sultans für die Messen in Akkon aufsteigt. Sprachunterschiede werden dabei kaum als Barrieren der Verständigung verhandelt, es sei denn, sie dienen dazu, die Aufdeckung der Identität eines Protagonisten hinauszuzögern: in der 9. Novelle des 10. Tages beherrschen Saladin und alle Mitglieder seiner Truppe die lateinische Sprache („sapevan latino", Boccaccio 1980, 2:1209) während Madonna Zinevra in der 9. Novelle des 2. Tages in kürzester Zeit die Sprache Alexandrias erlernt. Es ist kaum ein Zufall, dass mehrere mediterrane Themen dem 2. Tag zugeordnet werden, der „jenen gewidmet ist, die, heimgesucht von verschiedenen Schlägen und entgegen ihrer Hoffnung, trotzdem zu einem glücklichen Ende gelangten."[30] Stürme, Schiff-

---

29 Im Vergleich zu hellenistischen Romanen wie *Kallirhoë* und *Apollonius*, wo Festlandhäfen im Vordergrund stehen, spielen hier Inseln eine zentrale Rolle, also „Orte, die in hohem Maße gerade den Interaktionen unterliegen, die für die Geschichte des Mittelmeerraums wesentlich sind"; im Orig.: „places of strikingly enhanced exposure to interactions [that] are central to history of the Mediterranean" (Horden und Purcell 2000, 76).
30 Im Orig.: „Seconda giornata, nella quale [...] si ragiona di chi, da diverse cose infestato, sia oltre alla sua Speranza, riuscito a lieto fine" (Boccaccio 1980, 1:129).

brüche und Entführungen spielen in der Geschichte von Alatiel (2. Tag, 7. Novelle), der Prinzessin von Babylon (Kairo), eine Schlüsselrolle: Sie wird ausgesendet, um den König Granadas zu heiraten, erleidet kurz vor ihrem Ziel Schiffbruch, durchquert daraufhin den Mittelmeerraum von West nach Ost, und wird dabei durch die Hände vieler Liebhaber gereicht – darunter auch drei Herrscher, deren Ansprüche als Fürst von Achaia (Prinzipat Morea), Herzog von Athen und Kaiser von Konstantinopel in den Jahrzehnten vor der Pest aktiv angefochten worden waren (vgl. Kinoshita und Jacobs 2007).

Im vormodernen Mittelmeerraum ist die Grenze zwischen ‚literarischen' und ‚nicht-literarischen' Texten durchlässig und in hohem Maße künstlich: Historiografische Werke, Pilger- und Reisenarrative sowie Heiligenviten gehen häufig aus denselben historischen Kontexten und narrativen Konventionen hervor wie Epen, Romane und novellistische Kurzerzählungen. Die Heiligen byzantinischer Hagiographien „leben auf verlassenen Inseln oder an der Meeresküste und treffen oftmals auf Seeleute oder werden von arabischen Piraten verschleppt. Klöster besaßen Schiffe und nutzten sie für Gesandtschaftsreisen zum Kaiser, für Handelsexpeditionen oder für die Ausleihe von Büchern."[31] Ein einschlägiges Beispiel aus der jüdischen Tradition ist die *Geschichte der vier Gefangenen* aus Abraham ibn Daud's *Sefer ha-Kabbala* (vgl. Astren 2014, 401). Der Text wurde 1161 in Iberien verfasst und spielt im späten zehnten Jahrhundert.[32] In der Eröffnungsepisode des in der Forschung gemeinhin als „historical romance" betrachteten Texts, der „fact and legend" geschickt miteinander verknüpft (Cohen 1960, 73), kapert ein andalusischer Korsar, der auf dem ‚griechischen Meer' segelt, ein Schiff aus Bari, das unter anderem vier Rabbiner transportiert, die er anschließend – nach dem Kabotage-Prinzip – in Alexandria, Ifrīqiya und Córdoba verkauft. Die Erzählung – letztlich eine Rechtfertigung des Übergangs von der babylonischen Hegemonie an das Rabbinat (insbesondere auf der Iberischen Halbinsel)[33] –, gewinnt narrative Legi-

---

31 Im Orig.: „[...] live on deserted islands, or on the sea-shore and meet frequently with sea-faring folk, or are moved on by Arab pirates. Monasteries kept boats and set out on embassy to the emperor, on trading expeditions, or to borrow books." (Mullett 2002, 263).
32 Auch Benjamin von Tudela, dessen Reisebericht (*Sefer ha-masa'ot*) von seiner Seereise in den Irak von 1169 bis 1173 erzählt, und Ibn Ǧubair (dessen Bericht seiner Pilgerreise nach Mekka, 1183–1185, hauptsächlich auf christlichen Schiffen, seine berühmte Beschreibung des normannischen Siziliens unter der Herrschaft des arabophilen Königs Wilhelm II. enthält) lebten in der zweiten Hälfte des zwölften Jahrhunderts in Iberien. Aus Platzgründen können die Erzählungen dieser und anderer Reisender, die ihre Eindrücke mediterraner Orte festgehalten haben, von Egeria über Symon Semeonis (auch: Simon FitzSimon) bis hin zu Evliyâ Çelebi, nicht erörtert werden.
33 Anm. d. Übers.: Die jüdischen Akademien in ‚Babylonien' (das sog. ‚Gaonat') galten vom siebten bis zum elften Jahrhundert als religiöses Oberhaupt des Judentums und wurden im Zuge des zwölften Jahrhunderts von der lokalen Institution des Rabbinats abgelöst.

timität, indem sie ein klassisches mediterranes Motiv, die Gefangennahme durch Seeräuber, aufgreift und ausbaut (Cohen 1960, 86).

Als nicht-nationale und nicht-teleologische Kategorie literaturwissenschaftlicher Analyse kann das ‚Mediterraneum' einen eigenen Raum für Texte wie die *Chronik von Morea* schaffen, einen Bericht des frühen vierzehnten Jahrhunderts über einen französisch regierten Kreuzfahrerstaat auf der Peloponnes, das Prinzipat von Morea. Die Überlieferung des Textes in acht Manuskripten in vier verschiedenen Sprachen (Griechisch, Französisch, Aragonesisch und Italienisch) spiegelt die historische Komplexität unterschiedlicher Sichtweisen wider: Die von den Handschriften gebildete textuelle Tradition ist derart verschlungen, dass die Sprache des ‚Originals', Griechisch oder Französisch, umstritten ist (Shawcross 2012, 141–142). Indem beispielsweise die Fassung H (Kopenhagen, *Det Kgl. Bibliotek*, MS Fabricius 57) eine imaginäre Gemeinschaft aus der lokalen griechischsprachigen Bevölkerung und den französischen Eroberern formt, verzichtet sie auf übliche ethnische Stereotypisierungen, die zwei Jahrhunderte der lateinwestlichen Historiografie prägen, wie etwa der Gegensatz zwischen vermeintlicher griechischer Degeneration und fränkischer moralische Aufrichtigkeit. Hier werden die Moreaner, also Griechen und Lateiner gemeinsam, als „Menschen aus einem Fleisch und Blut" angesprochen, die „in Gemeinschaft verbunden" gegen die byzantinische Streitmacht des Kaisers von Nicaea kämpfen würden, während dessen Heer als zusammengewürfelter Haufen beschrieben wird, „rekrutiert von hier und da, in vielen Zungen sprechend" (vgl. Shawcross, 2012, 151).[34] Eine mediterrane Perspektive rückt auch historische Figuren wie Umur Bey (1309–1347) in das Blickfeld, den Emir von Aydın, eines der anatolischen Prinzipate, die im Nachspiel der mongolischen Eroberungsfeldzüge von 1243 aus dem Zerfall des Sultanats der Rum-Seldschuken hervorgingen, bevor das Osmanische Reich im späten vierzehnten Jahrhundert expandierte. Umur Bey ließ mit *Kelile ve Dimne* eine anatolisch-türkische Übersetzung einer persischen Fassung des zwölften Jahrhunderts von *Kalīla wa-Dimna* anfertigen. Der Auftrag war Teil einer ganzen Reihe von Übersetzungen, die im Kontext von Bemühungen der Emire von Aydın und ihrer Nachbarn zu sehen sind, sich von den Seldschuken-Sultanen abzugrenzen, deren Hofsprache das Persische war (vgl. Paker und Toska 1997, 82–84). Überdies wurde Umur Bey selbst zum Protagonisten eines Versepos (überliefert im *Düsturname*, einer bis zur Herrschaft Mehmeteds II. reichenden osmanischen Weltchronik des fünfzehnten Jahrhunderts), das von seinen Heldentaten als Seeräuber erzählt – im Text wird

---

34 Im Orig.: „Those who are coming are [...] recruited from here and there and speaking many tongues"; „We [...] are bound together in fellowship and are men of one flesh" (Shawcross 2012, 151).

Umur Bey als *Gazi*[35] dargestellt, trotz seiner engen Bündnisse mit den byzantinischen Kaisern Andronikos III. und Johannes VI. (vgl. Kinoshita 2009, 605–606).

In der Frühen Neuzeit – der „Epoche Philipps II." in Braudels Untertitel (1990 [1949]) – spiegelt sich die Zunahme von Piraterie und Korsarentum infolge der osmanischen Niederlage in Lepanto (1571) in einer Proliferation von Erzählungen über Gefangenschaft wider. Beispiele hierfür sind *Los baños de Argel* („Die Gefängnisse von Algier') und *La gran sultana* – zwei Stücke von Miguel de Cervantes, der in der Literaturgeschichte natürlich besser bekannt ist als Autor des *Don Quijote* (einer der Kandidaten für den ersten modernen Roman) und auch als berühmter Veteran der Schlacht von Lepanto. Einerseits präsentieren diese Stücke (1615 veröffentlicht, aber nie aufgeführt) eine literarische Darstellung der althergebrachten Praxis der Piraterie im Mittelmeer, die, wie wir gesehen haben, eng mit dem Sklavenhandel verbunden war. Andererseits betonen beide Dramen wiederholt sowohl religiöse als auch *nationale* Unterschiede; sie identifizieren ihre Gefangenen nicht nur als christlich, sondern auch dezidiert als spanisch. *Los baños* vermittelt zwar kaum einen Eindruck von der religiösen und ethnischen Diversität im zeitgenössischen Algier (vgl. Horden and Purcell 2000, 116), wo der Begriff ‚Türke' keineswegs nur eine ethnische Bezeichnung ist, sondern sich ‚gebürtige Türken' – sowohl ‚anatolische' als auch ‚rumänische'[36] – mit ‚Berufstürken' – konvertierten Christen („Renegaten') mit allen möglichen Zugehörigkeiten, von moskowitisch über mexikanisch bis hin zu ost-indisch – vermischten (vgl. de Sosa 2011, 124–125; Cervantes 2010, 41). In der *Sultana* aber liest sich die Darstellung eines türkischen Sultans, der sich in eine zurückhaltende Schönheit verliebt, die aus Oviedo (einer der wenigen Teile der iberischen Halbinsel, die nie unter muslimischer Herrschaft standen) stammt, wie eine kompensatorische Fantasie über die Macht, die ausländische ‚Favoritinnen' (*Haseki Sultan*), ‚Gespielinnen' oder ‚Königsmütter' (*Valide Sultan*) des imperialen Hofs wie etwa Hürrem/Roxelane (zunächst Gespielin, dann Favoritin und politische Beraterin Süleymans I.) oder Fatima Hatun (Schwester des Politikers Gazanfer Aǧa und von venezianischer Herkunft) am zeitgenössischen osmanischen Hof innehatten (Peirce 1993; Dursteler 2011).

Im späten sechzehnten Jahrhundert war das von französischen, niederländischen und britischen Interessen geleitete „Eindringen der Nordländer" in den Mittelmeerraum (Braudel 1998, 2:420–424; vgl. Greene 2014) ein Aspekt der Transformation

---

35 Anm. d. Übers.: Ehrentitel im Osmanischen Reich, ursprünglich muslimischer Glaubenskämpfer, arab. *ġāzī*.
36 Anm. d. Übers.: Schon die ‚gebürtigen Türken' sind somit nicht ethnisch zu verstehen; gemeint sind Personen, die im Osmanischen Reich geboren sind und sowohl aus dessen europäischen (‚rumänischen') als auch aus dessen asiatischen (‚anatolischen') Teilen stammen können, vgl. Garces 2011, 8–9.

der Weltwirtschaft, mit der ein ‚gewisser Niedergang' des Mittelmeerraums in den Jahrhunderten nach 1450 einherging (vgl. Burke III 2012, 917). Ein literarisches Echo dieser Entwicklungen kann im Aufkommen englischer Dramen gesehen werden, die sich mit der neu entstandenen Formel des *turning Turk* beschäftigen (vgl. Vitkus 2003).[37] Diese Werke adressierten über den Topos der Konversion ganz direkt einige der Ambivalenzen, welche die mediterrane Begegnung mit muslimischer bzw. osmanischer Kultur – dargestellt als „machtvoll, reich und erotisch verlockend"[38] – auslösen konnte; zugleich setzten sie sich mit einer großen „Bandbreite von Transformationen, darunter Wandlungen politischer, religiöser, sexueller und moralischer Identitäten"[39] auseinander, und zwar zu einem Zeitpunkt, an dem infolge der Reformation religiöse Identitäten innerhalb wie außerhalb der Ökumene beunruhigend instabil waren. Im Drama des französischen *âge classique* des siebzehnten Jahrhunderts speiste sich die Faszination mit dem Osmanischen Reich aus einem allgemeineren Orientalismus. Darstellungen des ‚Türken' tauchten nun neben klassischen und biblischen Themen auf, so in Jean Racines Tragödien *Bajazet*, *Phèdre*, *Mithridate* und *Athalie*. Einerseits wurde der Begriff ‚Türke' – Berichten über osmanische Pracht entsprechend, die sowohl Bewunderung als auch Furcht hervorriefen – häufig zu einem Synonym für Barbarei und Grausamkeit; andererseits wandelte sich ein französisches Unbehagen angesichts politischer und ökonomischer Unternehmungen im östlichen Mittelmeerraum in eine intensive Beschäftigung mit Mittlerfiguren (wie in Molières *Bourgeois Gentilhomme*) und den Unwägbarkeiten von Falschinformationen und von fehlschlagender oder ungeschickter Kommunikation (wie in *Bajazet*). Wie Montesquieus *Lettres Persanes* im folgenden Jahrhundert zeigen, fungierten derartige theatralische Darstellungen als ‚ferner Spiegel', der es erlaubte, Fragen auszuhandeln, die den aufsteigenden französischen Staat betrafen (vgl. Longino 2002).

---

37 Anm. d. Übers. in Absprache mit der Autorin: An den besonders aus Shakespeares *Othello* bekannten Ausdruck binden sich Bündel von Ängsten und Diskursen, die, so Vitkus 2003, eng mit den sich ändernden politischen und wirtschaftlichen Beziehungen des frühneuzeitlichen Englands zu verschiedenen Mittelmeer-Mächten zusammenhängen. Vitkus erörtert, wie beginnend mit Marlowes *Tamburlaine* eine Fülle heute nahezu vergessener englischer Dramen in enger zeitlicher Folge den Topos der Konversion verhandeln: Er verbindet die kulturhistorische Faszination des ‚turning Turk' der Elisabethanischen und Jakobinischen Zeitalter mit dem Umstand, dass englische – und andere christliche – Seeleute und Händler zu der Zeit regelmäßig zum Islam konvertierten, um an den Profiten einer mediterranen Ökonomie teilzuhaben, die nicht unerheblich von Piraterie und damit verbundenen Plündereien, Gefangennahmen und Lösegelderpressungen geprägt war (2003, 23); vgl. weiterführend Hershenzon 2018 und White 2017.
38 Im Orig.: „[...] powerful, wealthy, and erotically alluring [...]" (Vitkus 2003, 108).
39 Im Orig.: „[...] variety of transformations, including the shifting of political, religious, sexual, and moral identities [...]" (Vitkus 2003, 107).

Je näher wir der Gegenwart kommen, desto mehr verliert der Mittelmeerraum nach Ansicht einiger Historiker*innen seinen Nutzen als historische Kategorie. Horden und Purcell verorten diesen Wandel im zwanzigsten Jahrhundert und sehen ihn zum Teil bedingt durch die Neuordnung in den Relationen der typisch mediterranen ‚micro-ecologies' zu den „Kredit-Ökonomien, politischen Allianzen und technologischen wie kommunikativen Netzwerken des Nordens und des Westens oder des Fernen Ostens."[40] Mit Blick auf das neunzehnte Jahrhundert weist der Historiker Edmund Burke darauf hin, dass die koloniale Vergangenheit gemeinsam mit den Islam-Narrativen der Moderne unsere Auffassung von der Geschichte der östlichen und südlichen Küsten des Mittelmeers weiterhin so prägen, dass die „underlying unities" (Burke III 2012, 924) des Mittelmeerraums auf seinem Weg in die Moderne verschleiert werden (anders: Ben-Yehoyada 2014). In diesen Zeitraum fällt natürlich auch das Erstarken der sprachlichen Nationalismen, die – trotz Goethes Eintreten für eine ‚Weltliteratur' – das Verständnis literarischer Kultur entlang lingual-nationaler Grenzen rekonfiguriert haben. Literatur wurde zum Mittel der Artikulation nationaler Geschichte, nationaler Identitäten und nationaler Dilemmata, und bewegte sich damit entschieden weg vom Paradigma des Text-Netzwerks, das auch noch im neunzehnten Jahrhundert für die Zirkulation des *Alexanderromans* etwa in Gebieten des Osmanisches Reichs sorgte. Wo zu einem früheren Zeitpunkt die Kulturen Lateineuropas das Verfahren der Rahmenerzählung von der arabischsprachigen Welt aufgenommen und angepasst hatten, adaptierten nun östliche und südliche Kulturen des Mittelmeers den Roman als dominanten narrativen Modus. Wahrgenommen als „die paradigmatische Gattung des rationalen, modernen und demokratischen Westens, als eine ‚fortgeschrittene' Kulturtechnik"[41] verdrängte und vernachlässigte der Roman präexistente literarische Formen, in Griechenland etwa Märchen, Hagiographie, Mythos, Chronik oder Biografie, in Ägypten *maqāma* und *sīra* (vgl. Layoun 1990, 9–11, 60–61). Gleichzeitig können literarische Texte und andere Erzählungen, die in dieser Zeit produziert wurden, dazu beitragen, die bemerkenswerte – wie Burke es nennt – „family resemblance" der Erfahrungen verschiedener mediterraner Gesellschaften in ihrer Begegnung mit der Moderne aufzudecken (Burke III 2012, 922). Der griechische Schriftsteller Alexandros Papadiamandis bringt in seinem kurzen Roman *Die Mörderin*, knapp nach der Jahrhundertwende veröffentlicht, seine zwiespältige Haltung sowohl gegenüber den einfachen Einwohnern seiner Heimatinsel Skiatho als auch gegenüber der europäisierten Bourgeoisie Athens

---

40 Im Orig.: „[...] the credit economies, political alliances, technologies and communications networks of the North and West or the Far East [...]" (Horden und Purcell 2000, 3).
41 Im Orig.: „[...] the paradigmatic genre of the rational, modern and democratic West, as an ‚advanced' cultural technology [...]" (Layoun 1990, 9).

zum Ausdruck. Dort lebte er den größten Teil seines Lebens und überführte „die Einschränkungen und Beschränkungen der traditionellen Lebensweise ebenso wie die Posen und die Heuchelei der neuen bourgeoisen Ordnung"[42] in Literatur. Ähnliche Thematiken finden sich in den Werken mediterraner Schriftsteller aus der Mitte und dem Ende des Jahrhunderts.

> Der tiefe kulturelle Graben zwischen den reformorientierten Beamten wie progressiven Grundherren in ihrem jeweiligen ‚Süden' und der von ihnen verwalteten Lokalbevölkerung lässt sich in Carlo Levis *Christus kam nur bis Eboli* (*Cristo si è fermato a Eboli*) sowie in den Romanen von Marcel Pagnol und Yaşar Kemal beobachten. Doch ist ein ähnliches Misstrauen und eine vergleichbare Feindseligkeit auch in den Erfahrungen von Kolonialbeamten in Nordafrika, Ägypten and Palästina auffindbar. Eine nützliche Orientierungshilfe bieten hier die Schriften des französischsprachigen libanesischen Romanciers und Journalisten Amin Maalouf, des ägyptischen Autors Abdel Rahman al-Sharqawi und des algerischen Schriftstellers und Sprachwissenschaftlers Mouloud Mammeri.[43]

Selbst wenn das Mittelmeer seinen Wert als Analysekategorie verliert, hilft uns – paradoxerweise – die Mediterrane Literatur dabei, „die Geschichte des modernen Mittelmeerraums als Ganzen verstehen zu können"[44] (vgl. auch Ben-Yehoyada 2014).[45]

In letzter Zeit wurde das Mittelmeer als eine Art ‚Label' vereinnahmt. Inspiriert von den Schriften des in Marseille lebenden Autors Jean-Claude Izzo, haben etwa der Verlag *Europa Editions* und sein Gründer, Sandro Ferri, das Genre des *Mediterranean Noir* definiert, als knallharte Kriminalliteratur mit einer Vorliebe für gegenwärtige Gewalt- und Korruptionsszenarien, die sich selbst in der Nachfolge der Bibel, der Homerischen Epen oder von *Oedipus Rex* verortet.

> Der Roman des *Mediterranean Noir* [...] steht für die Suche nach Wahrheit an Orten, die ebenso durch Gewalt und Brudermord bestimmt sind wie durch Schönheit. Während diese Romane uns eine Vision des Dunklen und der Schattenseiten der Gesellschaft bieten, spielen

---

42 Im Orig.: „[...] the restrictions and limitations of the traditional way of life as well as the posturing and hypocrisies of the new bourgeois order [...]" (Layoun 1990, 24).
43 Im Orig.: „The profound cultural abyss that separated reformist officials and progressive landlords in their respective ‚souths' from their local administrative charges can be observed in Carlo Levis *Christ Stopped at Eboli* and the novels of Marcel Pagnol and Yashar Kemal. But one finds similar suspicion and hostility in the experiences of colonial officials in North Africa, Egypt, and Palestine. Here the writings of [the Francophone Lebanese novelist and journalist] Amin Maalouf, [the Egyptian novelist] Abdel Rahman al-Sharqawi, and [the Algerian writer and linguist] Mouloud Mammeri [writing in French and Berber] provide a useful guide" (Burke III 2012, 927).
44 Im Orig.: „[...] effort to imagine the history of the modern Mediterranean as a whole [...]" (Burke III 2012, 924).
45 Zu Albert Camus' problematischeren Darstellung des Mittelmeerraums vgl. Mallette 2013, 265.

sie doch in Kulissen, die von strahlendem Sonnenschein, blauem Himmel und kristallklarem Wasser erfüllt sind.⁴⁶

Wie im Fall der von Burke zitierten Texte (siehe oben) scheint der mediterrane Charakter derartiger Werke von Autor*innen wie Izzo, Andrea Camilleri, Manuel Vásquez Montalban oder Batya Gur eher ihrer ‚Familienähnlichkeit' innezuwohnen, die darin liegt, dass sie alle „aus" dem Mediterranen kommen, und zwar in dem Sinne, als dass sie nach Horden und Purcell „entweder zum Mittelmeerraum als Ganzem gehören oder nur zu einem Einzelaspekt von ihm, für den das Ganze aber einen unverzichtbaren Rahmen bildet."⁴⁷ Tatsächlich hat das Etikett ‚mediterran' aber wohl eher im Bereich der Musik als dem der Literatur den größten Erfolg gehabt. Wie der Musikwissenschaftler Goffredo Plastino gezeigt hat, wurde diese Bezeichnung in den letzten Jahren von Musiker*innen und Produzent*innen enthusiastisch aufgenommen, wie Albumtitel (*Mediterranea, Mediterranean Crossroads*) oder die Verkündung eines *New Mediterranean Sound* signalisieren. Zwar wird der Mittelmeerraum dabei manchmal nur als geografische Größe oder als Quelle der Inspiration angeführt, oft wird er aber auch als Ort benannt, an dem verschiedenartige Stile, Instrumente und Traditionen im Zuge langanhaltender historischer Vorgänge intensiven Kontakts und Austauschs zusammengebracht wurden. Daraus folgt, dass

> Jeder Ausdruck mediterraner Musik eine offensichtliche oder auch verborgene Beziehung mit einer anderen Ausdrucksform oder musikalischen Kultur unterhält oder früher einmal unterhalten hat – oder nur so tut, als ab eine solche Beziehung bestünde. Diese Geschichte wird enthüllt, reproduziert und auch erfunden [...] durch die Kollaboration, Kontamination, Verquickung und Hybridisierung verschiedener Stile und durch den simultanen Gebrauch von Musikinstrumenten, die in unterschiedlichen mediterranen Ländern verwendet werden.⁴⁸

Innerhalb einzelner Stücke oder im Rahmen des Werks einzelner Künstler*innen finden sich häufig Ausdrücke der Hybridisierung und der Verschmelzung. In

---

46 Im Orig.: „The Mediterranean Noir novel [...] represents a search for truth in places characterized by fratricidal violence; but also by beauty. While these novels offer us a vision of the dark side, the underbelly of society, their settings are invariably places that are caressed by bright sunshine, by blue skies and clear waters." (Reynold et al. 2006).
47 Im Orig.: „[...] either [to] the whole Mediterranean or [to] an aspect of it to which the whole is an indispensable framework [...]" (Horden und Purcell 2000, 2).
48 Im Orig.: „[...] every expression of Mediterranean music has, may have, or has previously had an evident or concealed relationship with another expressive form or musical culture, and that this history may be revealed, reiterated, or for that matter invented [...] by means of collaboration, contamination, fusion, hybridization between various styles, and by the simultaneous use of musical instruments employed in different Mediterranean countries" (Plastino, 2003, 16–17).

anderen Fällen wird das Format der Kompilation gewählt (mit Titeln wie *Mediterranean Café Sound* oder *A Mediterranean Odyssey*), um Heterogenität innerhalb eines Rahmens von Gemeinsamkeiten, die auf geteilte Wurzeln oder Einflüsse zurückgehen, auszustellen („the Arab, Gypsy, Latin and Maghreb traditions co-exit with each and every genre of the music") oder diese Gemeinsamkeiten selbstbewusst einem geografisch begründeten Essentialismus des heißen Klimas, der exotischen Küche und der heißblütigen Rhythmen zuzuschreiben (Plastino, 2003, 1–3).

Wenn, wie Michael Herzfeld zu bedenken gibt (2005, 2014), das ‚Mittelmeer' als analytische Kategorie umso weniger brauchbar wird, je stärker sie in selbst-essentialisierender Weise verwendet wird, dann mag die Summe der hier versammelten literarischen und musikalischen Beispiele tatsächlich ihre annähernde Erschöpfung anzeigen. Wenn jedoch andererseits die jüngere koloniale Vergangenheit tatsächlich „weiterhin die Art und Weise prägt, wie wir die moderne Geschichte des östlichen und des südlichen Mittelmeerraums verstehen [...], nämlich getrennt von der Geschichte des westlichen und des nördlichen Mittelmeerraums"[49], dann trägt die Untersuchung der Inhalte, Kontexte und Transferverläufe vormoderner Texte entschieden dazu bei, ein Terrain abzustecken, das eine solche reterritorialisierte Geschichte einnehmen könnte.

Literaturverzeichnis

Primärliteratur

Paulus Albarus: *Indiculus luminosus*. In: *Corpus scriptorum Muzarabicorum*. Hg. von Juan Gil. Madrid 1973, S. 270–315.
Historia Apollonii regis Tyri. Die Geschichte vom König Apollonius. Übers. und eingel. von Franz Peter Waiblinger. München 1978.
Boccaccio, Giovanni: *Decameron*. 2 Bde. Hg. von Vittore Branca. Turin 1980.
Cervantes, Miguel de: *The Bagnios of Algiers and The Great Sultana. Two Plays of Captivity*. Hg. und übers. von Barbara Fuchs und Aaron J. Ilika. Philadelphia 2010.
Gil, Juan (Hg.): *Corpus scriptorum Muzarabicorum*. Madrid 1973.
Reardon, Bryan P. (Hg.): *Collected Ancient Greek Novels*. Berkeley et al. 1989.

---

[49] Im Orig.: „[...]continues to shape the ways in which we understand the modern histories of the eastern and southern Mediterranean [...] apart from the history of the western and northern Mediterranean" (Burke, 2013, 924).

Reynolds, Michael, Sandro Ferri, Tobias Jones, Jean-Claude Izzo, Howard Curtis, Massimo Carlotto, Brian Oliver und Lawrence Venuti: *Black and Blue. An Introduction to Mediterranean Noir*. New York, NY 2006.

de Sosa, Antonio: *An Early Modern Dialogue with Islam. Antonio de Sosa's Topography of Algiers (1612)* [= *Topographia, e historia general de Argel*]. Hg. von María Antonia. Notre Dame, IN 2011.

Sekundärliteratur

Abulafia, David: *Das Mittelmeer. Eine Biographie*. (Engl. Orig.: *The Great Sea. A Human History of the Mediterranean*. London 2011). Übers. von Michael Bischoff. Frankfurt a. M. 2013.

Akbari, Suzanne Conklin und Karla Mallette (Hg.): *A Sea of Languages: Rethinking the Arabic Role in Medieval Literary History*. Toronto 2013.

Allen, Roger: „The Post-Classical Period: Parameters and Preliminaries". In: *Arabic Literature in the Post-Classical Period*. Hg. von Roger Allen und D. S. Richards. Cambridge et al. 2006, S. 1–21.

Allen, Roger und D. S. Richards (Hg.): *Arabic Literature in the Post-Classical Period*. Cambridge et al. 2006.

Archibald, Elizabeth: *Apollonius of Tyre. Medieval and Renaissance Themes and Variations. Including the Text of the ‚Historia Apollonii Regis Tyri'. With an English Translation*. Cambridge 1991.

Astren, Fred: „Jews". In: *A Companion to Mediterranean History*. Hg. von Peregrine Horden und Sharon Kinoshita. Chichester, West Sussex 2014, S. 392–408.

Backman, Clifford R.: „Piracy". In: *A Companion to Mediterranean History*. Hg. von Peregrine Horden und Sharon Kinoshita. Chichester, West Sussex 2014, S. 170–83.

Ben-Yehoyada, Naor: „Mediterranean Modernity?". In: *A Companion to Mediterranean History*. Hg. von Peregrine Horden und Sharon Kinoshita. Chichester, West Sussex 2014, S. 107–121.

Braudel, Fernand: *Das Mittelmeer und die mediterrane Welt in der Epoche Philipps II*. Übers. von Grete Osterwald *(Franz. Orig.: La Méditerranée et le monde méditerranéen à l'époque de Philippe II*, Paris 1949*)*. Frankfurt a. M. 1990.

Burke III, Edmund: „Toward a Comparative History of the Modern Mediterranean, 1750–1919". In: *Journal of World History* 23.4 (2012), S. 907–939.

Catlos, Brian A.: „Ethno-Religious Minorities". In: *A Companion to Mediterranean History*. Hg. von Peregrine Horden und Sharon Kinoshita. Chichester, West Sussex 2014, S. 359–377.

Cooke, Miriam, Erdag Göknar und Grant Parker (Hg.): *Mediterranean Passages: Readings from Dido to Derrida*. Chapel Hill, NC 2008.

Cohen, Gerson D.: „The Story of the Four Captives". In: *Proceedings of the American Academy for Jewish Research* 29 (1960), S. 55–131.

Dodds, Jerrilynn D., María Rosa Menocal und Abigail Krasner Balbale: *The Arts of Intimacy. Christians, Jews, and Muslims in the Making of Castilian Culture*. New Haven, CT et al. 2008.

Drory, Rina: „The maqama". In: *The Literature of Al-Andalus*. Hg. von María Rosa Menocal, Raymond P. Scheindlin und Michael Sells. New York, NY 2000, S. 190–210.

Doumanis, Nicholas: „The Mediterranean and Asia". In: *A Companion to Mediterranean History*. Hg. von Peregrine Horden und Sharon Kinoshita. Chichester, West Sussex 2014, S. 441–456.

Dursteler, Eric R.: *Renegade Women. Gender, Identity, and Boundaries in the Early Modern Mediterranean*. Baltimore, MD et al. 2011.

Fierro, Maribel: „Legends on the Origins of the Kingdom of Castile Through Andalusi Eyes" (nicht publizierter Essay).

Garces, María Antonia: „Introduction". In: *An Early Modern Dialogue with Islam: Antonio de Sosa's „Topography of Algiers" (1612). History, Languages, and Cultures of the Spanish and Portuguese World.* Hg. von María Antonia Garcés. Notre Dame, IN 2011, S. 1–80.

Greene, Molly: „The Early Modern Mediterranean". In: *A Companion to Mediterranean History.* Hg. von Peregrine Horden und Sharon Kinoshita. Chichester, West Sussex 2014, S. 91–106.

Grivaud, Gilles: „Literature". In: *Cyprus: Society and Culture 1191–1374.* Hg. von Angel Nicolaou-Konnari und Chris Schabel. Leiden 2005, S. 219–284.

Hershenzon, Daniel: *The Captive Sea. Slavery, Communication, and Commerce in Early Modern Spain and the Mediterranean.* Philadelphia 2018.

Herzfeld, Michael: „Practical Mediterraneanism. Excuses for Everything, from Epistemology to Eating". In: *Rethinking the Mediterranean.* Hg. von W.V. Harris. Oxford 2005, S. 45–63.

Herzfeld, Michael: „Po-Mo Med". In: *A Companion to Mediterranean History.* Hg. von Peregrine Horden und Sharon Kinoshita. Chichester, West Sussex 2014, S. 122–35.

Hilsdale, Cecily J.: „Visual Culture". In: *A Companion to Mediterranean History.* Hg. von Sharon Kinoshita und Peregrine Horden. Chichester, West Sussex 2014, S. 296–313.

Hoffman, Eva R.: „Pathways of Portability. Islamic and Christian Interchange from the Tenth to the Twelfth Century". In: *Art History* 24.1 (2001), S. 17–50.

Horden, Peregrine und Nicholas Purcell: *The Corrupting Sea. A Study of Mediterranean History.* Oxford et al. 2000.

Kinoshita, Sharon: „Chrétien de Troyes's Cligés in the Medieval Mediterranean". In: *Arthuriana* 18.3 (2008a), S. 48–61.

Kinoshita, Sharon: „Translation, Empire, and the Worlding of Medieval Literature: The Travels of *Kalila wa Dimna*". In: *Postcolonial Studies* 11 (2008b), S. 371–385.

Kinoshita, Sharon: „Medieval Mediterranean Literature". In: *Publications of the Modern Language Association of America* (PMLA) 124.2 (2009), S. 600–608.

Kinoshita, Sharon und Jason Jacobs: „Ports of Call: Boccaccio's Alatiel in the Medieval Mediterranean". *Journal of Medieval and Early Modern Studies* 37.1 (2007), S. 163–95.

Layoun, Mary N: *Travels of a Genre. The Modern Novel and Ideology.* Princeton, NJ 1990.

Longino, Michèle: *Orientalism in French Classical Drama.* Cambridge et al. 2002.

Mallette, Karla: „Beyond Mimesis: Aristotle's ‚Poetics' in the Medieval Mediterranean". In: *Publications of the Modern Language Association of America* (PMLA) 124.2 (2009), S. 583–591.

Mallette, Karla: „Boustrophedon: Towards a Literary Theory of the Mediterranean". In: *A Sea of Languages.* Hg. von Suzanne Conklin Akbari und Karla Mallette. Toronto, CAN 2013, S. 254–266.

Menocal, María Rosa, Raymond P. Scheindlin und Michael Sells (Hg.): *The Literature of Al-Andalus.* Cambridge et al. 2000.

Mullett, Margaret E.: „In: Peril on the Sea. Travel Genres and the Unexpected". In: *Travel in the Byzantine World.* Hg. von Ruth Macrides. Aldershot et al. 2002, S. 259–284.

Paker, Saliha und Zehra Toska: „A Call for Descriptive Translation Studies on the Turkish Tradition of Rewrites". In: *Translation as Intercultural Communication: Selected Papers from the EST Congress, Prague 1995.* Hg. von Mary Snell-Hornby, Zuzana Jettmarová und Klaus Kaindl. Amsterdam 1997, S. 79–88.

Peirce, Leslie P.: *The Imperial Harem. Women and Sovereignty in the Ottoman Empire.* New York, NY et al. 1993.

Reynolds, Dwight: „A Thousand and One Nights. A History of the Text and its Reception". In: *Arabic Literature in the Post-Classical Period.* Hg. von D. S. Richards und Roger Allen. Cambridge 2006a, S. 270–291.

Reynolds, Dwight: „Popular Prose in the Post-Classical Period". In: *Arabic Literature in the Post-Classical Period*. Hg. von Roger Allen und D.S. Richards. Cambridge et al. 2006b, S. 243–269.
Selden, Daniel L.: „Alibis". In: *Classical Antiquity* 17.2 (1998), S. 289–412.
Selden, Daniel L.: „Text Networks". In: *Ancient Narrative* 8 (2010), S. 1–23.
Selden, Daniel L.: „Mapping the Alexander Romance". In: *The Alexander Romance in Persia and the East*. Hg. von Richard Stoneman, Kyle Erickson und Ian Netton. Groningen 2012, S. 19–59.
Shawcross, Teresa: „Greeks and Franks After the Fourth Crusade: Identity in the Chronicle of Morea". In: *Languages of Love and Hate: Conflict, Communication, and Identity in the Medieval Mediterranean*. Hg. von Sarah Lambert und Helen J. Nicholson. Turnhout 2012, S. 141–157.
Vitkus, Daniel: *Turning Turk. English Theater and the Multicultural Mediterranean, 1570–1630*. New York, NY 2003.
Wacks, David A: *Framing Iberia. „Maqāmāt" and Frametale Narratives in Medieval Spain*. Leiden et al. 2007.
White, Joshua M.: *Piracy and Law in the Ottoman Mediterranean*. Stanford 2017.

Konnektivitäten

Antonia Murath

Gewänder, Gobeline, goldene Fäden: Textile Verflechtungen in *Mai und Beaflor* und *La Manekine*

Die Versromane *Mai und Beaflor* und *La Manekine* sind Fassungen eines Erzähltyps, der in der Forschung als *Manekine-* oder *Constance-*Stoff oder unter Bezug auf den *Aarne-Thompson-Uther Folktale Index* als ATU 706 *Mädchen ohne Hände* verhandelt wird. Die beiden hier untersuchten Fassungen entstammen dem dreizehnten Jahrhundert und haben nicht nur mediterrane Handlungsorte, sondern auch ein Interesse am Erzählen von Textilien gemein. Kostbare Textilien bilden ihrerseits einen Grundpfeiler sowohl des mediterranen Handels als auch einer transkulturellen Objektkultur des Mittelmeerraums. Dieser Kontext bildet den Ausgangspunkt für eine ‚mediterrane' Lesart beider Texte. ‚Das Mediterrane' verstehe ich dabei mit Sharon Kinoshita nicht als eine ontologische, sondern als eine heuristische Kategorie, die neue Perspektiven gegenüber herkömmlichen und disziplinär getrennten Kanones oder auch Oppositionen wie eigen vs. fremd zulässt (2014; dt. Übers. in diesem Band). Der Artikel beginnt daher mit einer knappen Vorstellung der literarischen und materialgeschichtlichen Wirkung von Textilien und schließt eine Betrachtung der Erzähltradition unter der Fragestellung, inwiefern diese sich auch als Ganze für einen ‚mediterranen' Zugriff eignet, an. Exemplarisch werden daraufhin in *Mai und Beaflor* der auch textil vermittelte Entwurf Roms sowie in *La Manekine* die textil eröffneten Verflechtungen der Handlungsorte Schottlands, Ungarns und (Klein-)Armeniens erörtert. Abschließend werden erzählstrukturelle und mögliche poetologische Funktionen resümiert.[1]

---

[1] Dank gilt Sharon Kinoshita und vor allem Falk Quenstedt für ihr Feedback zu früheren Versionen dieses Artikels; er gilt außerdem Maryvonne Hagby, die mir eine vorläufige Fassung der *Bibliographie Raisonnée* ihrer Studie zur *Königstochter von Frankreich* (Waxmann, in Vorb.) zur Verfügung gestellt hat sowie Clarissa Braun für die Einrichtung des Aufsatzes. Dieser Beitrag ist meinem Dissertationsprojekt zu Figur-Ding-Beziehungen in dieser und der Tradition von *Floire et Blanchefleur* verbunden.

∂ Open Access. © 2023 bei den Autorinnen und Autoren, publiziert von De Gruyter. Dieses Werk ist lizenziert unter der Creative Commons Namensnennung - Nicht-kommerziell - Keine Bearbeitungen 4.0 International Lizenz.
https://doi.org/10.1515/9783110781908-003

1 Eine ‚See der Seide': Mediterrane Konnektivität

Die auf den Kunstwissenschaftler Oleg Grabar (1997) zurückgehende These einer *shared culture of objects* ist maßgeblich für die Auslösung museal ausgestellter Objekte aus taxonomischen Ordnungsrahmen wie ‚byzantinische' vs. ‚christliche' vs. ‚islamische' Kunst und für ihre Überführung in Modelle wechselseitiger Verflechtung. Für die Literaturwissenschaft setzen seine Überlegungen insofern Impulse, als dass Grabar nicht nur empirische Artefakte bespricht, sondern auch eine historische diskursive Dimension stark macht. Für sein Plädoyer, transkulturell geteilte Praktiken anstelle kultureller oder religiöser Scheidungslinien zum Ausgangspunkt der Betrachtung portabler Objekte, unter anderem kostbare Seidentextilien, zu nehmen, ist ein Buch zentral: Das *Kitāb al-Hadāyā wa al-Tuḥaf*, in der Übersetzung der Herausgeberin Ghāda Qaddūmī das *Buch der Gaben und Raritäten* (im Orig. *Book of Gifts and Rarities*). Bei dem aus dem fünfzehnten Jahrhundert überlieferten Werk handelt es sich um eine vermutlich auf eine fatimidische Vorlage des elften Jahrhunderts zurückgehende Sammlung von über vierhundert kurzen Einträgen über besondere Dinge, wie sie (vorgebliche) Augenzeugen an byzantinischen, arabischen und in weitaus geringerem Ausmaß auch an westlateinischen Höfen gesehen haben wollen und wie sie als Beute, Erbschaft oder Gabe die Besitzer*innen wechselten. Grabar verbindet diese Einträge mit kunsthistorischen Objekten, deren hybride Formensprache (wiedererkennbare Designs und Stilelemente) eine eindeutige und ausschließliche Zuordnung zu nur einer Kultur des Mittelmeerraums verunmöglichen. Solche Fixierungen, so Grabar, seien auch deshalb kaum angemessen, weil solche Dinge historisch zwischen Höfen des gesamten Mittelmeerraums und darüber hinaus zirkulierten, insbesondere im Rahmen von politischen Kontakten, die etwa von Gabentauschvorgängen begleitet waren: Besser sei es daher, solche Objekte von den repräsentativen und diplomatischen Praktiken her zu erforschen, in die sie systematisch eingebunden waren (1997, 126–127).

Voraussetzung für die politische Funktionalisierung solcher Dinge ist, dass bestimmte Eigenschaften – Grabar führt Glanz, Größe, Gewicht, Gold- und Edelsteinbesatz sowie technische Raffinesse an – transkulturell wertgeschätzt wurden (1997, 126–127), ein entsprechend gestaltetes Objekt also ‚universell' als würdige Gabe oder begehrenswertes Beutestück anerkannt war. Das *Buch der Gaben* zeigt, dass diese Eigenschaften über die rhetorische Praxis der Beschreibung früh in eine diskursive Form überführt wurden bzw. dass sie rhetorisch evoziert werden konnten. So berichtet etwa ein anonymer Ich-Erzähler, wie ihm ein gewisser Abū al-Faḍl Ibrāhīm Ibn 'Alī al-Kafarṭābī von der Gewandung des byzantinischen Herrschers erzählt habe. Der Gewährsmann habe im Rahmen einer Osterprozession im Jahr 1071 gesehen, wie…

Romanos Diogenes, the sovereign of Byzantium [...]. [was] wearing a garment of the kind their emperors wear with great difficulty, as they are neither able to hold it up properly nor to sit in it because of its heavy weight and because they are too weak to carry it. [It] contained thirty thousand pearls [...] and [...] it was priceless, nothing comparable being known on earth. (*Book of Gifts and rarities* = *Kitāb al-Hadāyā wa al-Tuḥaf*, § 263, 196)

Dieser auch von Grabar zitierte ‚Augenzeugenbericht' ruft diskursiv ebendie technisch-stofflichen Eigenschaften auf, die mediterran zirkulierenden Objekten Distinktionswert verleihen und Staunen hervorrufen konnten: In diesem Fall sind das die mit einer Invektive gegen die Griechen verbundene materielle Dichte und stoffliche Schwere sowie die durch den Perlenbesatz signalisierte Verfügbarkeit über schier unendliche materielle wie humane Ressourcen, steckt dahinter doch eine erhebliche Arbeitsleistung und handwerkliches Geschick. Verbunden wird die Beschreibung mit der Autorisierung durch einen Gewährsmann, die ihr besondere Geltung verleiht.

Spielt der lateinische Westen im *Buch der Gaben* noch kaum eine Rolle, haben lateinchristliche Akteure ab dem elften Jahrhundert zunehmend an Objektkreisläufen teil, die sich dieser gemeinverständlichen ‚Sprache' staunenswerter Dinge bedienen. Die wachsende Integration der neuen Akteure in euromediterrane Netzwerke wird unter anderem durch den zunehmenden Kontakt durch Kreuzzüge, Eroberungen und Handel befördert.[2] Textilien, insbesondere Seidenstoffe, nehmen eine hervorgehobene Stellung in der transkulturellen Vermittlung der Designs ‚mediterraner' Objekte ein. So wird Seidenstoffen kulturübergreifend ein hoher Wert beigemessen. Spezifische Textilien können mit symbolischen Bedeutungen belegt sein und in entsprechend repräsentativen Kontexten eingesetzt werden, etwa (Herrscher-)Mäntel, liturgische Gewänder oder *ṭirāz*, im höfischen Zeremoniell verwendete und oft mit inschriftlichen Bändern versehene Ehrenroben. Stoffe sind außerdem flexibel verwendbar und wiederverwertbar, zugleich formbar und portabel. Das prädestiniert Textilien dazu, Elemente der mediterranen Formensprache zu vermitteln. Ein prägnantes Beispiel dafür sind (pseudo-)kufische Inschriften islamischer Textilien. Inschriftliche Stoffe wurden nicht nur bis in den Norden umgeschlagen, sondern ihre Designs wurden von der Goldschmiede-

---

2 Aus wirtschaftshistorischer Perspektive führt Abu-Lughod 1989 als Gründe für den Anschluss an bereits existierende Warenkreisläufe Eurasiens und Afrikas über den Mittelmeerraum an: Eroberungen und Kreuzzüge (56), die Adaption von Fernhandels-Technologien wie das Bank- und Kreditwesen durch genuesische und venezianische Kaufleute (15–17, 67–70, 124), die gezielte Förderung des Fernhandels in Nordwesteuropa durch die Etablierung der Champagne-Messen ab dem zwölften Jahrhundert und eine sich damit entwickelnde Export-Textilindustrie (47, 55–56, 68) und zuletzt die sogenannte *pax mongolica*, die Förderung des eurasischen Fernhandels im mongolischen Großreich im dreizehnten Jahrhundert (18).

kunst bis zur Architektur in anderen Medien und in höfischen sowie liturgischen Gebrauchskontexten adaptiert (Spittle 1954).

Ihre besondere Mobilität, Flexibilität und möglicherweise auch Körperbezogenheit begründet eine hervorgehobene Stellung ‚mediterraner' Textilien – das heißt vornehmlich: Seidentextilien – in transkulturellen Objektkreisläufen, weshalb sie sich als Schnittstelle zur Literatur besonders anbieten: Es ist bekannt, dass die mittelhochdeutsche Epik über ein breites Repertoire diskursiver Textilien und ein entsprechendes technisches Stoffvokabular verfügt (Brüggen 1989), dabei eigene vestimentäre Codes ausbildet (Kraß 2006) und – prominent etwa im Dichterexkurs Gottfrieds von Straßburg – die antike Engführung von Text, Textur und Textil fortführt (dazu zuletzt Zacke und Glasner 2020, 26–27, Stellmann 2022, 402–436). Impulse, Textilien ‚mediterran' zu lesen, werden bislang vor allem von der Romanistik gesetzt,[3] sind aber auch über den engeren französischen Kontext hinaus relevant. Besonders einschlägig ist Jane Burns' Verknüpfung ökonomischer Beziehungen mit der literarischen Imagination: Die titelgebende ‚See der Seide' ihrer Monografie *Sea of Silk* (2009) bezieht sie nur zum Teil auf das komplexe ökonomisch-politische Geflecht der *silk economies*, in einem weiteren Sinne aber ist damit ein imaginärer Ort gemeint, in dem sich sonst binär organisierte Kategorien kreuzen:

> The second meaning of 'sea of silk' as I use it here is literary. It connotes a metaphorical network of fictive female protagonists who are represented as 'working' silk in sites along the shores of the Mediterranean. Silk functions in this literary 'sea of silk' as a social and cultural currency often represented as enabling the heroines who work it to traverse religious and political barriers while also crossing lines of gender and class. [I]n reading carefully the linguistic details of literary descriptions of silk textiles we can better understand medieval 'western' culture as a functional part of the extended Mediterranean society […]. The Mediterranean 'sea of silk' that ties medieval France economically to Muslim Spain and Sicily, North Africa, the Levant, and Constantinople also affords cultural paradigms that cut across categories of religious, political, and gendered 'others'. (Burns 2009, 2–3 und 11)

Der Bezug auf das Imaginäre macht diesen Ansatz für eine literarische Vorstellung des Mediterranen, die über einen geografischen Bezug auf das Mittelmeer hinausgeht, fruchtbar. Ferner können so narrative Textilien auf die historisch wichtige Bedeutung von Textilien innerhalb der prominent von Grabar vorgestellten euro-mediterranen Objektkultur bezogen werden. Zwar sind weder Beaflor noch Joïe,

---

[3] In der Germanistik geht Starkeys Interpretation des *König Rother* (2019) nicht von ‚mediterraner' Theoriebildung aus, kontextualisiert aber die in herrschaftliche Mäntel gekleideten Gesandten Rothers mit historischen Textilien wie dem Mantel Roger' II. In der Romanistik perspektiviert Kinoshita die wiederkehrende Formulierung *soies d'Aumerie* als „point of entry into material histories of interconfessional contact and exchange in the medieval Mediterranean" (2004, 167).

die Protagonistinnen von *Mai und Beaflor* und *La Manekine*, als Seidenarbeiterinnen tätig. Doch werden sie auf andere Weise mit Seidentextilien eng geführt, die ihrerseits auf mediterrane Verflechtungen im dreizehnten Jahrhundert verweisen. Im Folgenden soll erörtert werden, wie die Romane aus der Steiermark bzw. aus der Picardie, geografisch nicht unmittelbar mit dem Mediterranen assoziierte Orte, über ihre narrativen Konfigurationen von Textil und Protagonistin an der Konstruktion einer ‚See der Seide' teilhaben.

Beide Versromane gehören einem in breiter Sprach- und Gattungsvielfalt überlieferten und als *Mädchen ohne Hände (ATU 706)*, *Manekine-Stoff/Typ* und *Constance-Sage/Stoff/Typ* bezeichneten Erzähltyp an, dessen charakteristischer Handlungsverlauf folgender ist:

Am Beginn steht ein Kaiser oder sonstiger Fürst, der seine Tochter begehrt, oder, in wenigen Fassungen, stattdessen gegen ihren Willen eine interkonfessionelle Ehe arrangiert, die in einem Blutbad endet. Die Protagonistin entkommt jedenfalls knapp; fast immer über das Mittelmeer und in den meisten Fassungen in einem ruderlosen Gefährt. Sie gelangt in ein fremdes Land. Dort heiratet der lokale Herrscher sie gegen den Rat seiner Mutter und Räte und lässt sie bald darauf schwanger zurück. Sie wird von der Schwiegermutter durch den Austausch von Briefen, die ihrem Ehemann von der Geburt eines Sohns oder von Zwillingen berichten, verleumdet. Variabel setzen die Fassungen Vorwürfe wie die Geburt monströser Nachkommen und sexueller Freizügigkeit ein. Einem daraus hervorgehenden Todesurteil kann die Protagonistin erneut knapp entkommen. In der Regel bringt sie eine weitere Mittelmeerfahrt nach Rom. Final findet die Familie dort wieder zusammen, die Sünden werden vergeben und die Protagonistin wird zur Herrscherin erhoben.

Eine auf die Romania konzentrierte Teilmenge der Fassungen enthält ein variabel eingesetztes Verstümmelungsmotiv: In Reaktion entweder auf den Inzestversuch des Vaters oder auf die Verleumdung der Schwiegermutter trennt sich die Protagonistin eine oder beide Hände ab. Die verlorenen Gliedmaßen werden meist im späteren Handlungsverlauf, an unterschiedlicher Stelle, mirakulös wiederhergestellt.

Die divergierenden Bezeichnungen für den Stoff spiegeln aus unterschiedlichen Fachzusammenhängen heraus entwickelte Bestrebungen wider, ihn in den Griff zu bekommen. Da das ‚Mediterrane' auch als Alternative gegenüber disziplinären Selbstverständlichkeiten ins Spiel gebracht wird (Kinoshita 2014, 322–323, dt. Übers. in diesem Band; vgl. auch die Einleitung von Falk Quenstedt), sollen diese fachgeschichtlichen Konstellationen zumindest in groben Zügen reflektiert werden. Die Bezeichnung *Mädchen ohne Hände* entstammt der Märchenforschung (*Aarne-Thompson-Uther Index* 706) und wurde sowohl von Philologen wie Herman Suchier als auch von Psychoanalytikern wie Otto Rank (1926, 396), nicht zuletzt aufgrund der romantischen Vorstellung, im mündlich überlieferten Märchen werde die kulturelle Essenz eines ‚Volks' konserviert, auf schriftkulturelle Texte des

Mittelalters übertragen.[4] In den gerade erst in der Institutionalisierung begriffenen Philologien wurde der Tradition nicht zuletzt unter Einbezug völkischer und geschlechtlicher Stereotype eine ‚östliche' oder eine ‚germanisch-angelsächsische' Herkunft zugeschrieben. Letztere steckt in der Bezeichnung *Constance*: Der deutsche Romanist Hermann Suchier konjiziert 1877 in Anschluss an Karl Simrock eine Verbindung der im *Beowulf* angedeuteten Geschichte der Königin Thryth mit den inselbritischen Fassungen. Daraus schließt er die Existenz einer verlorenen, ‚germanischen' bzw. ‚angelsächsischen' Ursprungssage, die er nach der englischen Protagonistin Constance benennt.[5] In *La Manekine* sieht Suchier einen Prototypen, außerdem geht er davon aus, dass ihr Autor die ‚Sage' im dreizehnten Jahrhundert nach Frankreich gebracht habe, von wo aus sie in Europa verbreitet worden sei (1877, 515, 520). In der Edition der *Manekine* (1885) versammelt er dann zahlreiche Fassungen desselben Typs als Motivanalogien. Sicherlich hat das neben der von Suchier begründeten guten Editions- und Übersetzungslage zur Bezeichnung des Erzähltyps insgesamt als *Manekine*-Typ oder -Stoff beigetragen. Diese Bezeichnung impliziert eine entsprechend herausgehobene Stellung dieses Textes in der Überlieferungstradition. Doch alle Versuche der älteren philologischen Forschung, ein Stemma oder einen Ursprungstext zu konstruieren, laufen zwangsläufig ins Leere. Das liegt zum einen an der breiten Motivverfügbarkeit (Kiening 2009, 106), denn die einzelnen Motivelemente werden von Version zu Version geradezu kaleidoskopartig re-arrangiert, und zum anderen an der Schwierigkeit, die älteren Adaptionen zeitlich zu fixieren, wie etwa die *Vitae Offarum Duorum* (vor 1235 vs. nach 1250), *La Manekine* (erstes bis letztes Viertel des dreizehnten Jahrhunderts) oder *Mai und Beaflor* (1220 bis 1280).[6] Die Überlieferungslage verweigert sich dem Ideal

---

4 In seiner Überarbeitung des *Aarne-Thompson Indexes* verweist Hans-Jörg Uther auf die enge Verflechtung dieses Paradigmas mit Kategorie des Nationalen sowie darauf, dass unter „Folktale" und „Märchen" zahlreiche literarische Gattungen undifferenziert mitgeführt worden sind (2004, 9).
5 Suchiers Erörterung des Zusammenhangs Tryths und Constances besteht darin, ihre vorgebliche (Un)-Weiblichkeit zu evaluieren (1877, 502, 518). Zwar trennt er die Traditionen ultimativ, schreibt sie jedoch in einer Heimat- und Bodenrhetorik einem ‚germanischen' Ursprung zu: So „werden wir doch zugestehen dass beide sagen derselben wurzel entsprossen sind, in demselben boden ihre heimat haben. Auch die Constantia-sage ist eine ächt angelsächsische. Die angelsächsische weichheit, die grossartigkeit der poetischen anschauung bricht auch in der fremden hülle [laut Suchier Adaptionen der ‚Kelten', ‚Normannen' und ‚Romanen'] noch durch" (1877, 521). Die byzantinische Ursprungsthese wird nicht weniger stereotypisierend begründet, beispielhaft dazu Krappe 1937, 367: „The episode of the attempted incest is so monstrous to Occidental feeling [...]. in such contradiction with West-European thought [...]. Matters are different in the Byzantine East".
6 Die Datierung der singulär überlieferten *Manekine* hängt unter anderem an der Zuordnung des Texts zum älteren Philippe de Beaumanoir/ Remi oder seinem gleichnamigen Sohn. Konzise zum Datierungsstreit Black 2003, 41–44. Die *Vitae Offarum duorum* werden durch ihre Verbindung mit St. Albans dem Spätwerk des Mathew Paris zugeschrieben. Das zweifelt zuletzt der seinerseits kri-

der linearen Transmission, dem die hinter allen Bezeichnungen liegenden textgeschichtlichen Konzeptionen verschrieben sind.

Da Fragen nach ‚Ursprüngen' und ‚Einflüssen' in eine Sackgasse führen, besticht ein ‚mediterraner' Zugriff umso mehr. Analog zum kunsthistorischen Umgang mit den zirkulierenden Objekten höfischer Kulturen kann die Tatsache der Zirkulation selbst produktiv gemacht werden. Anders als ‚globale' Materien wie die Alexandertradition, *Barlaam und Josaphat* oder die *Sieben weisen Meister* ist die Tradition, der *Mai und Beaflor* und *La Manekine* angehören, nach heutigem Kenntnisstand vor allem im Westen und Norden produktiv: Neben englischen, hochdeutschen und französischen Texten gibt es eine Reihe italienischer und iberoromanischer Adaptionen, darunter auch eine in Südspanien und Nordafrika überlieferte Gruppe iberoromanisch-muslimischer Prägung. Darüber hinaus setzt ab dem siebzehnten Jahrhundert, wohl über das Italienische vermittelt, eine späte Rezeption im Balkanraum ein.[7] Der Erzähltyp ist also höfischen und bürgerlichen Rezeptionskreisen, die an das Französische, Katalanische, Hochdeutsche und Mittelenglische gebunden sind, zugänglich; lateinisch gefasst erreicht er Gelehrte, Kleriker und Humanisten, sein narratives Gerüst dient Mirakel-Erzählungen italienischer und griechischer Mönche sowie der im Kreis der im sechszehnten Jahrhundert in Iberien verfolgten Minderheit der Morisken entstandenen Erzählungen von Carcayona, die final eine Stadt gründet, wo der Glaube ungestört gelebt werden kann (zu diesem Text vgl. Hagby in diesem Band).[8] Der Erzähltyp wirkt also über Grenzen hinweg vernetzend – sprachlich, territorial, konfessionell, soziokulturell, generisch; mit der aljamiadischen *Doncella Carcayona* in arabischen Lettern und dem Sprung in den Druck auch über Grenzen der Schriftsysteme. Das legt einerseits eine Gemeinverständlichkeit nahe, andererseits Fragestellungen danach, wie der Typ im Wiedererzählen seine Erkennbarkeit behält, wenn er mit spezifischen regions-, sprach- oder gattungsgebundenen Traditionen verquickt wird und diese seinerseits hybridisiert – und wie auf der Oberfläche gleich aussehende Motive

---

tisch aufgenommene Übersetzer Swanton an (kritisch Vincent 2012, 478). Für *Mai und Beaflor* begründen Mertens 1994, 293 und de Boor und Newald 1973, 103 ihre Früh- vs. Spätdatierung vor allem stilistisch. Wächter 1889 stellt mit einer seither nicht mehr kritisch überprüften These der Abhängigkeit *Mai und Beaflors* vom *Frauendienst* Ulrichs von Liechtenstein 1255 als *terminus a quo* zur Diskussion.

[7] Popović 1908, 312 führt die Übersetzung einer italienischen Fassung des fünfzehnten Jahrhunderts ins Griechische durch einen kretischen Mönch im siebzehnten Jahrhundert und jüngere serbische und bulgarische Übersetzungen bis ins neunzehnte Jahrhundert hinein an.

[8] Edition des MS J57 der Biblioteca Tomás Navarro Tomás, CSIC, Madrid mit englischsprachiger Einführung und Übersetzung durch Miguel-Prendes et al. 2022. Auf die aljamiadische Tradition verweist im deutschsprachigen Diskurs erstmals Hagby 2017, 12. Ihre sozialgeschichtlichen Implikationen diskutiert Perry 2007.

unterschiedlich eingepasst werden. In dem Sinne geht es im Folgenden um den Einsatz von Textilbeschreibungen an Gelenkstellen der Erzählung (Ausfahrt, Eheschließung, Wiedervereinigung) und die Funktionalisierung narrativer Textilien.

Der Nutzen eines ‚mediterranen' Zugriffs auf nicht nur diese beiden Fassungen, sondern auch die Gesamtheit der Erzähltradition, wird mit Kinoshitas Unterscheidung von „phenomena that are constitutively *of* the Mediterranean" von „those incidentally located *in* it" (2017, 35) noch ersichtlicher. Gemeint ist damit, dass für die Verortung einer Erzählung im Mediterranen nicht allein ein mediterranes Setting, sondern spezifische Kontexte und Überlieferungsweisen maßgeblich sind. Auf Handlungsebene führt Kinoshita eine Auseinandersetzung mit der *translatio imperii et studii*, mit Multilingualität und Multikonfessionalität, mit Kommerz, Piraterie und entsprechenden Handels-‚Gütern' von Luxusobjekten wie Seiden bis hin zu versklavten Menschen an – und all das immer von einem Standpunkt einer Gemeinverständlichkeit her, welcher die benannten Praktiken nicht exklusiv einer Religion oder einer Bevölkerungsgruppe zuschreibt.[9] Entsprechende Themen sind in der Forschung bereits für Teilbereiche der hier im Fokus stehenden Tradition aufgearbeitet worden: In diesem Band legt Hagby die Rolle von Mittelmeerreisen auf unterschiedlichen geografischen Achsen für die Strukturierung der Handlung in einem Großteil der Fassungen dar. In der französischen und englischen Philologie sind einige Fassungen unter Gesichtspunkten *des* Mediterranen, wie Kommerz und Konnektivität, bearbeitet worden.[10] Auch *Mai und Beaflor* lässt sich in einen entsprechenden Kontext einordnen, während der hier angestrebte Vergleich einer deutsch- und französischsprachigen Version die Kategorie der Nation übersteigt.

Für eine ‚mediterrane' Einordnung insbesondere *Mai und Beaflors* gemeinsam mit *La Manekine* spricht außerdem ihre Positionierung innerhalb des Überlieferungs- und Rezeptionskontexts eines zirkulierenden Erzähltyps. Überlieferungsgeschichtlich nennt Kinoshita die Privilegierung von Mehrsprachigkeit, von Übersetzungen und Adaptionen gegenüber singulären Textzeugen als kennzeichnend

---

9 Kinoshita 2017, 44. Zu einem aus realer Erfahrung des Mittelmeers als Gefahrenzone hervorgehenden und von den monotheistischen Kulturen des Mittelmeerraums geteilten Interesse an Narrativen von Notlagen auf See von der Piraterie bis hin zum Schiffbruch und ihrer Überwindung vgl. Jaspert 2018, 16–17.

10 Megan Moore erörtert, wie die in *La Manekine* und *La Belle Hélène de Constantinople* verhandelten Inzest-, Liebes- und Ehediskurse zur Konstruktion eines agonal vernetzten Mittelmeerraums im Sinne der Interessen eines französischsprachigen Publikums beitragen (2013, 80–101). Suzanne Conklin Akbari bezieht die inselbritischen Fassungen der anglonormannischen Chronik Nicholas Trevets, der *Confessio Amantis* John Gowers und den *Canterbury Tales* Geoffrey Chaucers auf ein mediterranes Netzwerk des Handels und Austauschs (2020, 377). Fanny Moghadassi nimmt mit *Emaré* eine vierte inselbritische Fassung hinzu und diskutiert die jeweils textspezifischen Entwürfe des Mediterranen als Kontaktzone, die sich in *Emaré* auch textil abbilde (2019, 64).

für ‚mediterrane Literatur' (2014, 316). Nicht nur gehören beide Versromane einer Tradition an, die von der Adaption eines gleichbleibenden narrativen Gerüsts über unterschiedliche Grenzen hinweg geprägt ist und dabei eher in dieser Zirkulation als im linearen Stemma der Transmission von einem ‚Ur'-Text zu seinen Derivaten greifbar ist, sondern es tritt spezifisch für *Mai und Beaflor* und *La Manekine* als Versionen des dreizehnten Jahrhunderts ein historischer mediterraner Kontext in Erscheinung. Generell nahm zu dieser Zeit die Vernetzung des eurasischen Raums nicht zuletzt durch die Folgen des vierten Kreuzzugs und der mongolischen Eroberungen zu. Neben dem Kreuzfahrermilieu im Allgemeinen bildet das Prinzipat Morea (auch: Achaia) einen besonderen Kontext für beide Versromane. Das Prinzipat Morea auf der Peloponnes wurde im Rahmen des Vierten Kreuzzugs von der Familie der Villehardouins etabliert und 1266/67 mit der Herrschaftsübernahme durch Karl von Anjou, König Siziliens und Neapels, mit dem angevinischen Italien verbunden (Shawcross 2009, 95). Ab dem dreizehnten Jahrhundert bis zu seiner Wiedereroberung durch Byzanz 1432 hatte das Prinzipat eine regionale Hegemonialstellung inne und war eine der erfolgreichsten Kolonien der Kreuzfahrer (Shawcross 2009, 11). Wie die meisten mediterranen Herrschaften war es von Vielsprachigkeit und Interkonfessionalität geprägt. Fritz-Peter Knapp (1976) greift einen Hinweis Suchiers auf die Morea (1884, xxxii) als Vorbild der Griechenlandbeschreibung in *Mai und Beaflor* auf und plausibilisiert ein entsprechendes Rezeptionsumfeld zumindest der angenommenen französischen Vorlage mit einem Verweis auf die Strahlkraft des Hofs Gottfrieds II. Villehardouin, der regelmäßig junge Adlige aus Frankreich beherbergte (1976, 92). Ein solches Milieu kann insofern auch mit *La Manekine* verbunden werden, als dass der Prolog des in derselben Handschrift überlieferten anderen Romans desselben Autors, *Jehan et Blonde*, in einer Faulheitsschelte auf Orte in „outre mer" und spezifisch auf die Morea verweist, wo ein jeder sein Glück machen könne.[11]

Mit Megan Moore und Thomas Leek hat die jüngere Forschung die Überlieferungstradition des Erzähltyps *Mai und Beaflors* und *La Manekines* ferner mit der *Chronik von Morea* in Verbindung gebracht, einer in mehreren Redaktionen hauptsächlich griechischer, daneben auch französischer, aragonischer und italienischer Mundart überlieferten Chronik des vierzehnten Jahrhunderts aus dem und über das Prinzipat. Die Rezeptionsgeschichte der Chronik bezeugt den Literaturtransfer nicht nur in, sondern auch aus mediterranen Höfen in den Norden.[12] Als

---

11 „C'on a de bone gent afaire / Outre mer ou en le Mouree / Ou en mainte estrange contree", *Jehan et Blonde*, V. 40–42 (Sargent-Baur (Hg.) 2001). Den Hinweis auf den Prolog entnehme ich Shawcross 2009, 17.
12 Etwa in die Bibliothek Philips des Guten (Shawcross 2009, 110); zur Übernahme von Stilelementen in die lateinische Chronistik vgl. das Kapitel ‚Narrative Technique'. Morreale und Paul betonen

jüngerer Text kommt sie nicht als ‚Einfluss' *Mai und Beaflors* und *La Manekines* in Frage, wohl aber als Vergleichshorizont: So parallelisiert Moore Invektiven der Chronik – insbesondere gegen die als Römer bezeichneten Griechen – mit denen der *Manekine* und *Belle Hélène de Constantinople* (2013, 126). Thomas Leek geht auf eine Episode ein, in der die für den aragonesischen König bestimmte Tochter des lateinischen Kaisers von Konstantinopel auf ihrer Reise westwärts in der Morea Halt macht und stattdessen Gottfried II. von Villehardouin heiratet: Dass ein kleinerer Herrscher davon profitiere, dass sich eine Tochter ihrem Vater widersetzt und dabei auf unkonventionelle Weise eine Ehe geschlossen wird, sei eine bemerkenswerte Parallele zum narrativen Skelett kontinentaler Fassungen des Erzähltyps wie *Mai und Beaflor* oder *La Manekine* (2012, 303–306). In der Summe legen diese Verweise, narrativen Konstellationen und Raumentwürfe nahe, dass beide Versromane über die Verhandlung ‚mediterraner' Themen hinaus auch hinsichtlich ihrer Rezeptionsangebote, vielleicht sogar ihres Produktionsumfelds, mit der Morea einem genuin mediterranen Kontext verbunden sind.

Vor diesem Hintergrund können die bislang kaum im Einzelnen diskutierten Textilien in *Mai und Beaflor* und in *La Manekine* neu bewertet werden, vor allem im Kontext der von Burns entwickelten ‚See der Seide' der literarischen Imagination und der euromediterranen Objektkultur, die in der Kunstwissenschaft seit Grabars Vorstoß zunehmend als Selbstverständlichkeit gilt. Zur Neubewertung gehört, die narrative Inszenierung von Textilien überhaupt als einen grundlegenden Bestandteil der Texte anzuerkennen: Bislang wurde vor allem das Verstümmelungsmotiv als traditions- und strukturbildend wahrgenommen, vor allem in der Spielart der *Manekine*, in der sich die Protagonistin vor der bevorstehenden Inzestehe mit dem Vater ihre Hand abtrennt, die während ihres Exils in einem Fischbauch mirakulös präserviert und nach Rom geführt wird, wo sie durch ein vom Papst vermitteltes Wunder nach der Beseitigung des Unrechts wieder am Körper der Protagonistin anwächst. Diese Verwendung des Motivs bildete zuletzt den Ausgangspunkt für vergleichende Analysen deutschsprachiger Fassungen (Hagemann 2013, 147; Hufnagel 2014, 71; Kiening 2009, 108). Indessen sind derart viele Fassungen mit textilen Elementen durchzogen, dass diese nicht zufällig sein können, sondern als systematisch zu bewerten sind. Die Verknüpfung der Protagonistin mit Textilien betrifft folgende Motive, die einzeln oder in Kombination auftreten können: ihre Tätigkeit als Seidenwirkerin, ihre Ausfahrt mit Schätzen, darunter Seidenstoffe und Seidenfäden, sowie ihre Bekleidung mit einem prächtigen Gewand an einer oder mehre-

---

nachdrücklich: „Outremer [is] a producer, rather than just a consumer, of literary French culture" (2018, 4). Zum Transfer literarischer Materien in die Morea vgl. Gilbert, Gaunt und Burgwinkles Beobachtungen zum *Roman de Troie* (2020, 23).

rer der Gelenkstellen der Erzählung (Flucht vor dem Vater, Ankunft im Exil, Heirat im Exil, Flucht vor dem Todesurteil, Ankunft im zweiten Exil, finale Wiedervereinigung).[13] Rickert, die Editorin der mittelenglischen Fassung *Emaré*, hat bereits früh auf die Bedeutung textiler Motive für die gesamte Tradition hingewiesen (1958 [1908], xxx, xxxvii). An diesen wenig verfolgten Hinweis[14] knüpft die vergleichende Erörterung von *Mai und Beaflor* und *La Manekine* an.

2 *chriechisch, heidenisch vnd latin*: Hybride Hof- und Objektkultur in *Mai und Beaflor*

Mai und Beaflor[15] nimmt seinen Anfang und findet sein Ende in Rom. Das Rom der Erzählung überblendet dabei verschiedene Vorstellungen, Räume und Zeiten: Als Sitz des Papsts ist es ein spirituelles Zentrum, mit der Hervorhebung des Wahlkaisertums (119–131) auch ein ideelles für das Heilige Römische Reich, vor allem aber ist es durch eine kosmopolitische Alltagskultur gekennzeichnet. Scheint der Beginn der Geschichte, „Ez stund hie vor romisch riche / so hoh vnd so werdichlich" (85–86), noch nahtlos an die Zeitenklage des Prologs anzuschließen, wird schnell deutlich, dass dieser Ort nicht allein das untergegangene, antike Rom sein kann:

> iz musten bi den ziten
> ous manigen landen witen
> die fursten alle ze Rome wesen
> mit huse, also hort ich lesen.
> manige vremde spehe site
> wunten do dem hofe mite.
> man hort uz manigem lande

---

13 Beispielhaft und keineswegs vollständig sei zum ersten Punkt verwiesen auf: Hans Bühels *Königstochter von Frankreich* (fünfzehntes Jahrhundert); *Emaré* (spätestens Mitte des fünfzehnten Jahrhunderts), *Comoedia sine nomine* (Mitte vierzehntes Jahrhundert); zum zweiten auf: *Königstochter von Frankreich*, Trevets *Anglonormannische Chronik* (1334), *Il Pecorone* (1378); zum dritten auf *Emaré*, *Comoedia sine nomine*, *Mai und Beaflor* (dreizehntes Jahrhundert), *Der König von Reußen* (Jans Enikels *Weltchronik*, letztes Viertel des dreizehnten Jahrhunderts). Schon der knappe Ausschnitt verdeutlicht, wie Motive unterschiedlich arrangiert und kombiniert werden können.
14 *Emaré* inszeniert das Gewand der Protagonistin unübersehbar auffällig. Entsprechend wird diese Fassung gelegentlich auf kontinentale Texte bezogen, die das Gewandmotiv beinhalten, etwa auf den *König von Reußen* bei Putter 2000, 177–178.
15 Der Text von *Mai und Beaflor* wird im Folgenden nach der Ausgabe von Kiening und Mertens-Fleury 2008 zitiert. Die Übersetzungen stammen von mir.

da sprach manigerhande,
do von di Romer wurden chluch.
si chunden alle der sprach genuc:
chriechisch, heidenisch vnd latin. (89–99)

> In diesen Zeiten mussten die Fürsten aus vielen weitentfernten Ländern alle in Rom sein, mit [eigenem] Palast, wie ich es habe erzählen hören. Mit ihnen weilten mancherlei sonderbare, kunstvolle Gebräuche am Hof. Man hörte aus vielen Ländern viele verschiedene Sprachen. Davon wurden die Römer feinsinnig. Sie beherrschten all diese Sprachen: Griechisch, Arabisch und Latein.

Eine Zentralmacht mit festem Hofstaat und urbanem Mittelpunkt, in dem die spirituelle und die weltliche Führung vereint sind, erinnert an das – im Selbstverständnis – noch bestehende (Ost-)Rom mit seiner Hauptstadt Konstantinopel. Das hier erzählte römische Reich gewinnt seine Strahlkraft und Überlegenheit (*chluch* für *kluocheit*) daraus, in seinem höfischen Zentrum eine Vielzahl *spaeher siten* zusammenzubringen. Die mit den diversen Fürsten Roms und ihrer Lebensweisen verbundene Trias *chriechisch, heidenisch vnd latin* weist zudem generell auf einen verflochtenen Mittelmeerraum hin: Als Bezeichnung der gelehrten Sprachen Griechisch, Arabisch und Latein ruft sie ‚Drehscheiben' wie etwa Toledo oder Palermo auf, in denen mehrsprachige Gelehrtenkulturen florierten. Zudem sind die Sprachen eng mit drei dominanten, miteinander konkurrierenden Glaubensgemeinschaften des Mittelmeerraums assoziiert, dem römischen und östlichen Christentum sowie dem Islam, außerdem auch mit der groben Einteilung von Bevölkerungsgruppen in Franken (Lateiner), Griechen und Araber. Diese mischten sich an Orten der Versammlung und des Transits: in Hafenstädten, heiligen Stätten oder an Bord von Pilgerschiffen ebenso wie in bestimmten Territorien etwa in Süditalien und dem Ostmittelmeerraum, deren Eroberer und neue Herrscher wie etwa die Begründer der Villehardouin-Dynastie der Morea anderen Glaubens waren als die weiterhin vorwiegend griechische und christlich-orthodoxe Bevölkerung. Es wurde essenzieller Teil des *self-fashioning* der lateinwestlichen mediterranen Eliten, wie es besonders im Fall der nachmuslimischen normannischen Herrscher Siziliens erforscht ist, Hybridität bewusst zu erzeugen und auszustellen (vgl. Mallette 2005). Das Vermischen inschriftlich verwendeter Sprachen und Schriftsysteme, handwerklicher Techniken und ornamentaler Repertoires ist kennzeichnend für die eingangs skizzierte Objektkultur.

Dass die objektgebundene ‚Sprache' von Macht und Repräsentation schon früh über den unmittelbaren Mittelmeerraum hinaus verständlich war, legt eine Gabe des apulischen Separatisten Meles von Bari an Kaiser Heinrich II. nahe: Als Meles nach einer Niederlage im Jahr 1018 Unterstützung gegen byzantinische Kräfte in Süditalien sucht, schenkt er dem Kaiser einen reich mit Sternzeichen und lateinischen Inschriften bestickten Mantel.[16] Heute als Sternenmantel Heinrichs II. in Bamberg verwahrt, kann das Textil wie so viele mediterrane Objekte nicht eindeutig einer bestimmten Kultur des Mittelmeerraums zugeordnet werden. Variabel werden das Emirat von Sizilien, Süditalien oder auch Regensburg als Herstellungsorte vermutet (Enzensberger 2007, 145). Mit seinem schweren Samtgrund, der byzantinischen Gitternetzstruktur und der lateinischsprachigen, versifizierten Inschrift entspricht der Mantel synkretistischen mediterranen Objektästhetiken und unterstreicht so sowohl die diplomatischen Ziele des Gebers als auch den Herrschaftsanspruch des Beschenkten.[17] Tatsächlich erhebt der Kaiser den Gast Meles 1020 zum Herzog von Bari, bevor er den – noch von den Staufern aufrecht erhaltenen – Anspruch der römisch-deutschen Kaiser auf ganz Italien mit einem Feldzug durchzusetzen versucht (Enzensberger 2007, 142, 146).

Im dreizehnten Jahrhundert sind die Kontakte zum Mittelmeerraum gegenüber dem elften Jahrhundert noch intensiviert. Dass mit *Mai und Beaflor* auch ein steierischer Text seine Vorstellung Roms an entsprechenden Machtzentren orientiert, liegt also nahe: Der ideale Hof, so suggeriert es der Text, ist ein mediterraner Schmelztiegel. Die Asynchronizität, mit der dieses Machtzentrum gleichzeitig mit dem alten römischen Reich verbunden wird, legt zudem einen *translatio*-Gedanken nahe, in dem die in der literarischen Imagination vorgenommene Erneuerung des „romisch riche" (85) nach mediterranem, vielleicht auch konkret oströmischem Vorbild, Kontinuität für das Rom am Tiber, dem spirituellen Zentrum des lateinischen Westens und den Anfangs- und Endpunkt der Handlung von *Mai und Beaflor*, schafft.

Kontinuität und damit der Gedanke einer intergenerational erfolgenden *translatio* von Macht und Herrschaft ist ein grundlegendes Thema des Versromans. Während Fassungen wie die *Manekine* weibliche Erbfolge als Störung genealogischer Kontinuität und als ein Problem, aus dem der Inzestversuch erst hervorgeht, darstellen, wird Beaflor als gottgeschenkte Erbin des lange kinderlos gebliebenen Kaiserpaars gefeiert.[18] Entsprechend zelebriert das Tauffest nicht nur den nun erfüllten Kinderwunsch des Herrscherpaars, sondern auch den Fortbestand des

---

16 Dazu zählt ein Schriftzug, in dem sich Meles mit dem Namen Ismahel ausweist, Transkription („pax Ismaheli qui hoc ordinavit") und Zuordnung bei Schneider 2012, 715.
17 Der Mantel wurde nicht nur vermutlich unmittelbar mit einer weiteren Inschrift versehen und von Heinrich dem Bamberger Dom gestiftet, sondern im fünfzehnten Jahrhundert restauriert und dabei umfassend verändert. Textilbeschreibung, Lokalisierung, Datierung (1014–24) und Rekonstruktion des ursprünglichen Aussehens bei Schneider 2012, 715–717 und Coatsworth und Owen-Crooker 2018, 75–76. Zum Anschluss an eine mediterrane Formensprache unter byzantinischem Einfluss insb. Schneider 2012 und an Gabenpraktiken Enzensberger 2007, 145–146. Zur Adaption muslimisch-arabischer Textilinschriften durch christliche Höfe grundsätzlich Dolezalek 2017.
18 U. a.: „nach den fürsten sant er do / vnd sagt jn das mär, / wie schön, wie lobwár / jm got hett ainen erben geben" (174–177).

riche. Ab dieser Stelle, also der Inszenierung der Protagonistin als legitime Nachfolgerin und als Erneuerin des Reichs, kommen Textilien ins Spiel. So wird der höfische Raum, in dem das Tauffest stattfindet, allererst textil konkretisiert:

> das pflaster ward gar bestrát
> mit edeln tepichen spáhe.
> di wurden geworcht wáhe
> von der haidenschaft darpracht.
> di sydeln wurden wol gedacht
> mit gúten gúrteln liecht gemal.
> von samet vnd von zendal
> waren blúmat und materas.
> kain gesidel ward geziert baß.
> manig reicher sperlachen
> sach man da auf machen. (271–281)[19]

> Die Straßen waren vollständig mit herrlichen, wunderlichen Teppichen ausgedeckt. Diese wurden auf kunstreiche Weise gewirkt [und] von der *heidenschaft*[20] gebracht. Die gepolsterten Sitzgelegenheiten wurden vollständig mit schönen, hell-bunt strahlenden Bändern bedeckt. Aus Samit und Sendal waren die Kissen und Polster. Keine Festgarnitur war je besser geschmückt worden. Man konnte dort sehen, wie viele prächtige Gobeline entrollt wurden. (271–281)

Von den Straßen über die Sitzmöbel bis hin zu den Wänden des Festsaals ist die Auserlesenheit der Stadt textil vermittelt. Durch den Einsatz einer Fülle unterschiedlicher Stoffe und Objekte demonstriert Rom seine Macht und Pracht, von technischen Bezeichnungen schwerer und leichter Seidenstoffe (*samit / zendal*) über kunstreich gewirkte und applizierte Bänder hin zu kostbaren (Bild-)Teppichen für Böden und Wände (*tepich, sperlachen*). Letztere greifen durch die Eigenschaften *spaehe* und *waehe* die *spaehen siten* auf, deren spezifische Mischung aus *criechisch, heidnisch* und *latin* maßgeblich zur römischen Überlegenheit beitragen. In diesem Kontext ist die *heidenschaft* womöglich eine Zuschreibung, die weder abwertet noch auf religiöse Differenz zielt, denn von dort kommen die an das Wunderbare grenzenden Fähigkeiten und die technische Finesse, welche die *kluocheit* (s. o.: *chluch*, 97) der Römer, also ‚das Römische', erst konstituieren. Die in der *heidenschaft* prakti-

---

19 Das geänderte Schriftbild gegenüber dem vorhergehenden Zitat ist auf die Ergänzung des Texts der Leithandschrift A durch die jüngere Handschrift B in der Edition zurückzuführen.
20 Classen 2006, 15 schlägt „aus dem Orient" vor. Als Sammelbezeichnung für alle nicht-christlichen, arabischen oder muslimischen Territorien oder Völker, die je gattungsspezifisch Abwertungen und Zuschreibungen des Eigenen und Fremden enthalten kann, lasse ich den schwer zu übersetzenden Begriff vorerst stehen und greife ihn in der Diskussion auf.

zierten Religionen scheinen im Kontext des alltäglichen Hoflebens eine untergeordnete Rolle zu spielen: Sie können wie die kufisch-muslimischen Segenssprüche auf liturgischen Geräten der weströmischen Kirche ausgeblendet werden, um sich entsprechende Fähigkeiten und technisch wie materiell hochwertige Produkte anzueignen. Die Textilien, die als Importware über lateinchristliche Fähigkeiten und Ressourcen hinausweisen, werden in *Mai und Beaflor* ganz selbstverständlich in die römische Festpraxis integriert – sie sind, wie die *spaehen siten* aller Herren Länder der ersten zitierten Passage – konstitutiv für die Selbstvergewisserung und die Erneuerung der römischen Identität.

Auch nach außen wird die römische Identität textil kommuniziert: Beaflor wird nach dem Tod ihrer Mutter zu Pflegeeltern gegeben. Diese verhelfen ihr zur Flucht, als sie erfahren, dass der Kaiser seine Tochter begehrt. Um sie in der Fremde vor Übergriffen zu schützen, setzen die Pflegeeltern – entgegen Beaflors Wunsch, in Armut zu reisen – durch, dass sie die von ihrer Mutter hinterlassenen Schätze mit sich führt.[21] Die Schätze bezeichnet ihr Pflegevater Roboal als *cheiserliche wat*, was als kaiserliche Ausstattung oder als kaiserliches Kleid übersetzt werden kann, die sie in der Fremde vor Übergriffen schützen soll (1454). Nachdem Gold, Edelsteine und Textilien eingeschifft sind, wird Beaflors Körper ganz wörtlich in ein tatsächlich kaiserliches Kleid gehüllt: *Mai und Beaflor* gehört zu einer Reihe von Fassungen, die ein gleichbleibendes Gewand der Protagonistin im Folgenden besonders konsequent an den Gelenkstellen der Erzählung wieder aufrufen.[22] Das Gewand ist das einzige erzählte Objekt *Mai und Beaflors*, dem eine extensive Beschreibung zukommt (1558–1639), was seine Einzigartigkeit untermauert. Es ist singulär, weil es für Rom einsteht: So übersetzt die Ekphrase die zuvor beschriebene Hybridität Roms in ein textiles Medium. Das mehrlagige Gewand ist aus Dingen und mit Techniken aller Herren Länder verfertigt. Seine übergreifenden Eigenschaften sind ein meisterlich gewirkter Grund aus „samit lazurbla / verre braht uz Persia" (1574–1575) und ein dichter Edelsteinbesatz. Die Oberfläche des Mantels, also seine äußerlich sichtbare Seite, ist besonders detailliert beschrieben – und zwar in einer Art, die an zwei Beispiele der transkulturellen mediterranen Objektkultur erinnert, den eingangs zitierten Eintrag des *Buchs der Gaben* und den formhybriden, gitternetzartig arrangierten Sternenmantel Heinrichs II.:

---

21 z. B.: Benigna: „du must benamen furen mit dir / swaz dein libev mutter mir / [...] an hohem starchem gute lie" und Roboal: „wil du daz gut lazzen hie, / daz dir dev werdev muter lie, / so must ouch du beleiben" (1400–1404; 1440–1442).
22 Aufgrund des wiederkehrenden Prachtgewands wurde Beaflor als statische Figur gelesen (Hagemann 2013, 154 und Röcke 1995, 256). Putter 2000, 174–177, spricht dem Motiv in *Emaré* und im *König von Reußen* hingegen eine erzählstrukturelle und kontingenzbewältigende Funktion zu.

> edel porten von Arabi,
> di waren chostriche,
> die man meisterliche
> begatert druf hat genat,
> da der gater zesamme gat
> da sein der nagel solde,
> daz was ein bukel von golde,
> dar inne ein edel tiwer stein
> der chrostlich dar abe schein.
> ein saphir oder ein rubein,
> und ie enmitten ein aerlin
> von edelem golde von Kaukasas.
> div veder gut hermin was.
> zwene schwarze zobel gut
> di wurden dem chunige hohgemut
> von der Ruzzen lande braht.
> damit der mandel wart bedaht
> bedenthalben vor ze tal. (1589–1606)

> Herrliche Borten aus Arabien, die waren aufwändig gestaltet, die hatte man meisterhaft in gitternetzartiger Form auf ihm appliziert. Ihre Überkreuzungspunkte, dort wo der Stift sein sollte, das waren [je] ein Goldplättchen, darin je ein edler wertvoller Stein, der köstlich darüber hinweg strahlte, ein *saphir*[23] oder ein Rubin; und mittendrin jeweils ein kleiner Adler aus teurem Gold vom Kaukasus. Das Futter bildete erstklassiges Hermelin. Mit zwei erlesenen schwarzen Zobelfellen, die dem stolzen König aus dem Land der Rus gebracht worden waren, war der Mantel beidseitig verbrämt.

Die vielen Herkunftszuschreibungen verweisen auf den Fernhandel mit Luxusgütern, die im Mittelmeerraum zusammenkommen und umgeschlagen werden. Doch zumindest die Zobel wurden, wie zuvor auch die aus der *heidenschaft* stammenden Gobeline, dem König dargebracht. Das suggeriert ein diplomatisches Netzwerk, womöglich gar Tributbeziehungen: Die Fäden des Reichs laufen, getragen von der Erbin Roms, im wörtlichen Sinn auf der Manteloberfläche zusammen. Rom kommuniziert mit dem Mantel also einen Verfügungsanspruch über all die mediterran gehandelten Dinge, bevor seine Erbin ihrerseits über das Mittelmeer nach Osten und zurück nach Rom umgeschlagen wird. Dabei wird – wie in der knappen Beschreibung des Mantels des Romanos Diogenes im *Buch der Gaben* – eine typisch ‚mediterrane' Formensprache diskursiviert: Die schiere Dichte erlesener und

---

23 Mittelalterliche Steinnamen bezeichnen nicht immer dieselben Mineralien wie ihre neuhochdeutschen Äquivalente; *saphir* wird bis ins vierzehnte Jahrhundert auch für den heute Lapis Lazuli genannten Stein verwendet (vgl. Di Venosa 2005, 67). Wichtig ist die Farbeigenschaft blau, die den (lapislazuliblauen) textilen Grund im Kontrast mit den roten Steinen mineralisch auf der Gewandoberfläche fortsetzt.

schimmernder Materialien mit Seltenheitswert und die technische Finesse ihrer Verarbeitung (*meisterliche*) erzeugt den staunenerregenden Distinktionswert, der laut Grabar für die Einbindung portabler Objekte in transkulturelle Repräsentationspraktiken so wichtig ist. Wie Seidenstoffe und -textilien sind auch Zobel begehrte Luxusartikel an lateinischen, byzantinischen und arabischen Höfen (Martin 1996, 43–45, 52). Die Qualifizierung der Borten als arabisch lässt an gängige Praktiken denken, repräsentativen Textilien inschriftlich gestaltete und aufwändig verarbeitete Zierborten zu applizieren, wie sie sich auch auf arabischen Ehrenroben (*ṭirāz*) finden. Letztere werden entweder zum Vorbild eigener Produktionen oder man überführt sie in eigene und damit neue Gebrauchskontexte: Für den ersten Fall ist die pseudokufisch bestickte Saumborte des Mantels des normannisch-sizilianischen Herrschers Roger II. ein prominentes Beispiel (vgl. Dolezalek 2017); für den zweiten Fall ist die sogenannte Fermokasel Thomas Beckets, auf deren Rückenteil vertikal ein Band mit einem kufischen Segen appliziert ist (Burns 2009: 51), exemplarisch. In *Mai und Beaflors* Beschreibung der Borten wird ein zweifacher Transfer greifbar: Sind die Borten arabisch vorzustellen, vermutlich also durch (Pseudo-)Inschriftlichkeit qualifiziert, ist das gitternetzartige Design, in dem sie appliziert sind, wie die Gitternetzstruktur des Sternenmantels Heinrichs II. ein eher byzantinisches Formelement.

Die Formhybridität des Beaflor-Mantels wird unter einen visuell formulierten imperialen Anspruch gestellt: Darauf verweisen die unzähligen kleinen Goldadler und ihre großflächige Projektion links und rechts vom Mantelverschluss (1614). Adlerdesigns gelten in der Kunstwissenschaft als Hinweis auf byzantinische oder italienisch-staufische Verwendungs- und Entstehungskontexte, während bereits die mittelalterliche Imagination mediterrane Adlerstoffe Karl dem Großen zuschreibt und damit ihre imperiale Aussagekraft anerkennt sowie im Sinne einer *translatio imperii* auf das römisch-fränkische Reich überträgt.[24] Die Beschreibung schließt mit einer Krone für Beaflor ab, was, so Markus Stock, ihre Zukunft „als kaiserliche Herrscherin in Rom" ankündigt (2013, 105). Doch die Beschreibung kann schon vor der Krönung auf diesen Anspruch bezogen werden. Sie schließt auch die entferntesten Geografien im Adlermantel ein und macht so einen imperialen Anspruch geltend, und zwar indem sie eine spezifisch mediterrane Formensprache bedient: Unter Roms Ägide – verkörpert durch die Erbin Beaflor – kommt eine Vielheit zu einem Ganzen zusammen, das die Pracht seiner einzelnen Teile übersteigt. Das gängige Bild des Herrscher- und Schutzmantels macht diese Lesart besonders augenfällig. Der Mantel begleitet Beaflor durch alle Handlungsstationen hindurch,

---

24 Konzise zu allen drei Kontexten Michler 2014, 44–45.

bis sein Anspruch final durch „Beaflor, die kaiserinne" (9513) verwirklicht wird: Mai, Beaflors Gatte, hat verwandtschaftliche Verbindung nach Spanien (*hispanie*) und siegt als Kreuzfahrer über muslimische Akteure in al-Andalus, während er von Haus aus Prinz ‚Griechenlands', vermutlich des Prinzipats Morea, ist. Das Einflussgebiet des durch die Ehe Mai und Beaflors erneuerten *rîche* umspannt somit den Mittelmeerraum von West nach Ost, mit Rom als geografischem, ideellen und spirituellen Zentrum. Roboals Plan, Beaflor durch die kaiserliche Ausstattung vor Unheil zu schützen, geht bekanntlich nicht auf: Es schließt sich zwar eine soziale Wiedereingliederung durch die Exilehe an, doch diese wird aufgelöst, sobald Beaflor ohne Mai schutzlos am Hof zurückbleibt und von ihrer Schwiegermutter verleumdet wird. Dass eine prächtig gekleidete, allein reisende Frau nicht eindeutig als kaiserliche Erbin lesbar ist, die im Mantel formulierten Geltungsansprüche also zunächst auf Figurenebene nicht erkannt oder gar – so durch die Schwiegermutter – grob missverstanden werden, mit katastrophalen Folgen für Beaflor, ist eine andere Geschichte.[25] Die vom Erzähler vorgenommene Beschreibung richtet sich aber vor allem an die Rezipient*innen, die den Figuren Einiges an Wissen voraushaben. Auf dieser Ebene kann sie die Bindung Roms an Beaflor textil vermitteln und imperiale Ansprüche geltend machen, von der ersten Ausfahrt Beaflors bis zur finalen Integration des Reichs von der Morea bis nach *hispanie*.

3 *dras d'or et de soie*: Goldstoff und Profit in *La Manekine*

Wie *Mai und Beaflor* setzt *La Manekine*[26] Ekphrasen sparsam ein. Die ausuferndste und damit auffälligste Dingbschreibung gilt auch hier einem besonderen Gewand. Der Kontext ist jedoch ein anderer: Die Protagonistin Joïe ist die Tochter des Königs von Ungarn. Die mütterliche Erblinie verbindet sie zudem mit Armenien. In Ungarn

---

[25] Die sich an dieser Stelle abzeichnende Tendenz zur Verdinglichung der Figur, die mit ihrerseits wirkmächtigen Dingen engeführt wird, diskutiere ich ausführlich in meiner Dissertation. Zu den in *Mai und Beaflor* konkurrierenden legendarischen und feudal-genealogischen Handlungsschemata und Zeichensystemen zuletzt Stock, der auch die doppelte Lesbarkeit des Kleids, weltlich und christlich-mariologisch, hervorhebt (2013, 105). Zum Gewand als nicht funktionierendes Gnorisma in der Wiedererkennungsszene Schulz 2008, 233–234.
[26] Der Text von *La Manekine* wird im Folgenden nach der Ausgabe Castellani 2012 zitiert. Die Übersetzungen aus dem Altfranzösischen stammen von mir und sind unter Berücksichtigung der neufranzösischen und englischen Übersetzungen Castellanis (2012), Gnarras (1988) und Sargent-Baurs (1999) entstanden.

ist die weibliche Erbfolge ein Problem, das der inzestuöse Vater nach dem Tod der Mutter dadurch zu ‚lösen' versucht, die Tochter selbst zu heiraten.[27] Joïe trennt sich eine Hand ab, um ein Todesurteil ihres Vaters zu provozieren und so einer Verstrickung in der Inzestsünde zu entgehen. Am Hochzeitsmorgen argumentiert sie, dass eine Königin im Besitz all ihrer Gliedmaßen sein müsse (699–705, 795–798). Als der Vater wie erwartet mit einem Todesurteil reagiert, fürchtet der mit der Vollstreckung betraute Seneschall um sein Seelenheil und setzt Joïe in einem ruderlosen Schiff aus, um die Verantwortung für ihr Schicksal Gott zu übergeben (880–924). Gott steuert ihr Schiff von der (historischen) mediterranen Küste Ungarns nach Berwick in Schottland, wo der Stadtvorsteher sie findet und zum König von Schottland, Irland und Cornwall bringt, der sie *Manekine* nennt. Sie verlieben sich und heiraten heimlich. Anschließend krönt der König sie während eines eigens organisierten Hoftags. In diesem Rahmen wird ihr Investiturgewand beschrieben (2208–2250). Nicht allein die Tatsache der Beschreibung, sondern auch ein nachträglicher Erzählkommentar zur restlichen Festkleidung, die angemessen, aber nicht weiter beschreibenswert sei (2251–2253), macht dieses Gewand wie Beaflors Fluchtkleid zu einem singulären Objekt der erzählten Welt. In der Forschung wird die Kleidung Joïes bislang, wenn überhaupt, im Zuge der Erörterung der generischen Verschränkung höfischer und legendarischer Erzählweisen einbezogen. Dafür ist weniger diese Beschreibung von Interesse als vielmehr Joïes Ankunft im römischen Exil, wo sie ihre reichen Seidengewänder gegen ein Leben in Armut tauscht.[28]

Doch wie Beaflors Kleid erhält dieses Krönungsgewand durch seine Assoziation mit Eigenschaften mediterran zirkulierender Objekte eine besondere Signifikanz. Zur Krönungszeremonie stattet der schottische König seine Frau mit einem Kleid, Gürtel, Mantel, Almosenbeutel und einer leuchtenden Krone aus. Die hier nur auszugsweise zitierte Passage beschreibt dieses Ensemble als ein unvorstellbar schönes Arrangement aus mehreren Lagen textil und metallurgisch gearbeiteten Golds, das mit Edelsteinen und Zobeln durchsetzt ist:

---

27 Rouillard bemerkt, dass die Endogamie des Königs ihm auch Armenien zusichert, das mit dem Tod der Mutter matrilinear auf Joïe übergehen müsste (2020, 47–48).
28 Ob sie mit denselben Gewändern ausfährt, ist anders als in *Mai und Beaflor* nicht eindeutig markiert. Gnarra 1988, 420, Anm. zu 5075 verweist auf die Ausfahrt der Protagonistin im gleichbleibenden Kleid in der Erzähltradition. Wrisley 2001, 122 verbindet die Kleiderwechsel mit der ebenfalls wechselnd feudalen und heiligen Figurenkonzeption. Harvey 1997, 6–8 diskutiert vornehmlich die dem Gewand vorgehenden *descriptiones* der Schönheit Joïes, die der König Schottlands im Selbstgespräch vornimmt. Daran anschließend kann festgestellt werden, dass die hier besprochene *descriptio* die von der Figur privat vorgenommenen Preisungen mit dem öffentlichen, von der Erzählstimme vorgenommenen Körper- und Kleiderpreis komplettiert und steigert.

> D'une cotele d'or tissue,
> Tout parmi de peles cousue,
> Avoit le sien biau cors vestu.
> A paines porai le tissue
> Deviser don't ele estoit çainte.
> D'or i avoit platine mainte
> Qui s'entretienent a carnieres
> D'esmeraudes bonnes et cieres.
> Un safir avoit u morgant
> Qui valoit bien .C. mars d'argant.
> En son pis avoit une afique
> D'or et de mainte piere riche.
> De drap d'or ot au col mantel
> Ainques nus hom ne vi si bel;
> Entour son col l'eut acolé;
> Ne fu mie de vair pelé
> La foureüre ains fu de sable. (2213–2229)

> In ein Gewand aus gewobenem Gold, über und über mit Perlen bestickt, hatte sie ihren schönen Körper gekleidet. Ich kann den Stoff, mit dem sie gegürtet war, kaum beschreiben: Aus Gold waren dort viele Plättchen, die an den Scharnieren von guten und teuren Smaragden zusammengehalten wurden. Am Verschluss war ein Saphir, der gut einhundert Mark Silber Wert war. Auf ihrer Brust hatte sie eine Spange aus Gold und vielen Edelsteinen. Aus einem Goldstoff hatte sie am Hals einen Mantel, schöner als alles, was man bisher gesehen hatte. Den hatte sie am Hals verschlossen. Das Futter war kein Eichhörnchenfell, sondern Zobel.

Anders als *Mai und Beaflor* macht sich *La Manekine* in der Kleidbeschreibung keine dezidiert hybride Formensprache eigen. Stattdessen greift sie materielle Eigenschaften portabler Objekte des Mediterranen auf, um den Adel der Protagonistin evident zu machen: die Dichte wertvoller Werkstoffe, ihre technisch raffinierte Verarbeitung, ihre Schwere und ihr auch monetär bemessener Wert. Auch diese Einkleidung hat einen machtpolitischen Hintergrund, denn der König weiß um seinen Verstoß gegen die feudale Gesellschaftsordnung durch die heimliche Liebesehe, mit der er seine Mutter und seine Räte vor gemachte Tatsachen stellt, da er ihren Widerstand gegen eine machtpolitisch ins Leere laufenden Verbindung antizipiert. Auch die körperliche Versehrtheit Joïes, die sie selbst zuvor als Ausschlusskriterium vom Königtum angeführt hatte, besteht fort. Das setzt die Autorität des schottischen Königs aufs Spiel. Doch es gelingt ihm vorerst, die scheinbaren Makel damit zu kompensieren, Joïes Leib in mehrere Lagen gearbeiteten Golds zu kleiden, denn mit Ausnahme seiner Mutter akzeptiert der Hof nach der ausgiebigen Betrachtung der so in Gold gefassten Frau („la bien acesmee", 2334) die Entscheidung des Königs (2332–2340). Sein visuelles Aufgebot ist also – zumindest vorläufig – erfolgreich.

Nicht zuletzt liegt das am herrschaftlichen Gewicht des Goldes. Die ausschließlich goldenen textilen Elemente sind als *draps d'or* und *tissues d'or* bezeichnet.

Geteilte herrschaftliche Praktiken und Handelsbeziehungen des Mediterraneum kommen gerade in den *draps d'or* zusammen, die den im Exil nicht eindeutig lesbaren Körper der Manekine umhüllen. Generell gehören Stoffe, die aus mit Gold umwickelten Fäden gewebt oder mit diesen verziert sind, zu den begehrtesten Gütern, die im Mittelmeerraum umgeschlagen werden. Die hochwertigsten Stoffe sind Herrschern vorbehalten: Die fatimidischen Kalifen etwa verhängten über die im Nildelta produzierten Goldtücher einen Exportbann (Dolezalek 2017, 77) und goldbestickte Bänder wie die Saumborte des Herrschermantels Roger II. wurden eigens in den normannisch-palermitanischen Hofwerkstätten hergestellt (Burns 2009, 51–52). Die mongolische Expansionspolitik verlieh herrschaftlich verwendeten und ferngehandelten Goldstoffen im dreizehnten Jahrhundert eine neue Reichweite: Markus Ritter hebt die Bedeutung des Goldstoffs für mongolische Herrscher hervor, die der des Purpurs in Byzanz entspricht (2006, 3). Sowohl für *ṭirāz*-Zeremonien als auch spezifisch für den Export wurden Goldstoffe in beispielloser Qualität und Quantität hergestellt (Jacoby 2016, 93). Für die in Inventaren und Geschäftsbüchern verwendeten Bezeichnungen *panni tartarici, nac, nassic* oder *tartaires* avanciert *cloth-of-gold* oder *dras d'or* besonders in der Epik zu einem Sammelbegriff für Goldstoffe, denen eine mongolische Herkunft zugeschrieben wird.[29] Erreichen solche Stoffe ab der zweiten Hälfte des dreizehnten Jahrhunderts ein erhebliches Handelsvolumen bis nach England, den Nord- und Ostseeraum, führen die ersten stabilen Handelsbeziehungen ins Königreich Ungarn, nach Akkon und nach Klein-Armenien (Kilikien) (vgl. Jacoby 2016, 95). Besonders Klein-Armenien wurde durch seine Lage im heutigen Anatolien am Golf von İskenderun, seine Handelsverbindungen mit Genua und Venedig und eine seit den 1240er Jahren bestehende Allianz mit dem Ilkhanat zur Drehscheibe für den Handel in Goldstoffen (Jacoby 2014, 263–269, 277). Die *panni tartarici* wurden mitunter sogar mit der klein-armenischen Stadt Tarsis identifiziert, etwa im englischen *King of Tars* (Jacoby 2016, 100). Reale ökonomische und politische Umwälzungen und Verflechtungen im euro-mediterranen Raum des dreizehnten Jahrhunderts finden ihren Weg also durchaus in die literarische Imagination. Das plausibilisiert für *La Manekine*, die zudem im Verbund mit dem auf *outre mer* verweisenden Roman *Jehan et Blonde* überliefert ist, eine Assoziation des mütterlichen Erblandes der Protagonistin mit Klein-Armenien.[30]

---

29 Ritter verweist auf literarische Verwendungen bei Dante, Boccaccio und Chaucer (2016, 242), Jacoby 2016, 95–96 und Rosati 2020, 81–82 führen die Wortverwendungen in Geschäftsbüchern und Inventaren an. Das *Dictionnaire du Moyen Français* führt *drap d'or* als Synonym für den spezifischeren Begriff *nac* (http://www.atilf.fr/dmf/definition/NAC [20.11.2022]).
30 Klein-Armenien wird auch greifbar, weil *La Manekine* dem Land unruhige politische Zustände attestiert, bevor es durch die Ankunft der Protagonistin befriedet wird. Die Geschichte des Exilkö-

Diese Assoziation eröffnet einen bislang übersehenen Kontext für die Einkleidung der Protagonistin im Exil: Der König Schottlands setzt für die Krönung der aus Figurenperspektive heimatlosen Joïe Stoffe ein, die im zeitgenössischen Kontext Verflechtungen der Länder des Nordens mit ihren Erbländern Ungarn und Armenien generieren. Die Exilkrönung der Erbin Ungarns als Königin Schottlands weist der künftigen Verbindung beider Länder durch den restaurierten Herrscherleib der Protagonistin vor. Im Exil gibt diese weder Herkunft noch Namen preis, wird so also zu einem sozialen Niemand, dem der König mit dem Namen Manekine bzw. Menekine eine vorläufige neue Identität schenkt (vgl. Rouillard 2020, 258). Dieser Name aber erscheint in erster Linie als ein Verweis auf etwas, das nicht da ist: Der Erzähler selbst erklärt ihn nachträglich mit der Verstümmelung der Protagonistin, also mit ihrer körperlichen Leerstelle (7248–7250). Darüber hinaus erinnert er an *meneken*, kleines (künstliches) Menschlein, dessen Assoziation mit dem Alltag zeitgenössischer Rezipient*innen Emily Francomano entfaltet: Das *meneken* liefert die Materie, die Natura in ihrer Schmiede zum Menschen formt und es bezeichnet alle erdenklichen Platzhalter für den beseelten menschlichen Leib, etwa Turnierpuppen, Attrappen für Folterszenen des geistlichen Spiels oder Körperpuppen Verstorbener in der Totenwache (2006, 10).[31] Passend zum Namen fungiert Manekines Exilleib wie ein Platzhalter: Zunächst für das Begehren des Königs, der ihn mit der Einkleidung in das goldene Gewand seinen Vorstellungen entsprechend gestaltet. Die Investitur ausgerechnet mit *dras d'or* übersteigt aber die Intentionen des Königs: Der mit Goldbrokaten investierte Leib kann als Platzhalter des Herrscherleibs Ungarns und Armeniens verstanden werden, Länder, die textextern als Umschlagplätze und Produktionsstätten eng mit ihnen assoziiert sind. Bislang ist die Vorstellung Armeniens in *La Manekine*, wenn überhaupt, in Verbindung mit Ungarn und hinsichtlich der symbolischen Funktionen des Ostens thematisiert worden, der als Ort monströser Sünde und spiritueller Führungslosigkeit einem ,realistischer' gestalteten höfischen Westen (Schottland-England-Frankreich) gegenüberstehe.[32] Die Situierung und Engführung der Protagonistin und der Seidenstoffe

---

nigreichs ist turbulent, nicht zuletzt, weil es Bedrohungen von außen und eine innere Gemengelage aus armenischen, päpstlichen, byzantinischen, imperial-staufischen, französischen und mongolischen Akteuren und Interessen austarieren musste (Stepanenko und Savvides 2012).

31 Gnarra 1988, 402, Anm. zu V. 1493 verweist ferner auf *meskine* als Bezeichnung mozarabischer Herkunft für eine weibliche Bedienstete. In dem Sinne würde diese Benennung auf eine soziale Existenz innerhalb eines vom König definierten Hierarchieverhältnisses hinweisen.

32 Generell wird Armenien in der Forschung nicht oder nur randständig berücksichtigt und eher auf Großarmenien bezogen, so bei Gnarra 1988, 436 und Rouillard 2020, die es nur Rand zu Ungarn mitverhandelt, etwa S 91. Zur symbolischen Funktion ohne besondere Berücksichtigung Armeniens Harvey 2001, 85, Shepherd 1990, 49.

legen aber nahe, dass *La Manekine* diesen Orten mehr als nur die Funktion einer Kontrastfolie zuschreibt.

Dabei wird auch eine ökonomische Dimension greifbar. So imaginiert der Text einen schottischen – innerhalb der Machtgefüge Europas eher peripheren – Herrscher, der sich nicht nur ganz selbstverständlich einer mediterranen Objektästhetik bedient, sondern der auch über entsprechende materielle Ressourcen problemlos verfügen kann. Parallel dazu verfügt er über die Protagonistin, die er zu seiner Königin formt. Doch die primären Interessen dieses Herrschers liegen, anders als im Fall des griechischen Prinzen Beaflors, eben nicht im Mittelmeerraum: Er herrscht über Schottland, Irland und Cornwall und unterhält diplomatische Beziehungen nach England und Frankreich. Erst nach der Wiederherstellung des Herrscherleibs Joïes durch ihre soziale Restitution und das Handmirakel treten Ungarn und Armenien auch textintern als Orte in Erscheinung, aus denen Goldstoffe kommen. Zuvor scheint der schottische König sie einfach in Massen zu besitzen: Zum Investiturfest ist nicht nur Joïe, sondern sein gesamter Hofstaat in sie gehüllt („Chevaliers, dames, qui cantoient/ Parés de dras d'or et de soie", 2308–2309) und für das Turnier, wegen dem er seine Frau zurücklässt, ist er selbst in Gold gerüstet und sein Pferd mit einem *drap d'or* bedeckt (2697). Am Schluss der Erzählung reist das Paar zur Herrschaftskonsolidierung nach Ungarn, Armenien und schließlich zurück nach Schottland, wo die Geschichte endet. Alle Länder empfangen ihre Herrscher, indem sie Straßen, Fenster und Wände mit prächtigen Gobelinen schmücken. Hier kehren die *dras d'or* in einer Masse zurück, die das Investiturfest übertrifft, denn sie bedecken Häuser und Gassen: In Ungarn sind *dras d'or* und *soies d'Inde* (Seidenstoffe aus Indien), *blanc et inde* (weiß und indigoblau) aufgehängt (7947, 7960–7964) – mit den ‚indischen Seidenstoffen' und der Blaufärberei wird wie mit den Goldbrokaten ein transkontinentales Handelsnetzwerk aufgerufen. Armenien wiederrum schmückt sich aus Liebe zu Joïe ausschließlich mit *dras d'or estendus* (ausgerollten Goldbrokaten), Seide und Pelzwerk, sodass Wände und Straßen hinter den goldglänzenden Behängen völlig verschwinden (8159–8176). Die textile Architektur hat hier textstrukturell eine andere Funktion als die Einkleidung Roms mit Stoffen aus der *heidenschaft* in *Mai und Beaflor*: Die Länder Joïes werden nachträglich in dieselben Stoffe gekleidet wie ihr in Schottland gekrönter Leib, in Goldbrokat und Pelz. Das lenkt die Aufmerksamkeit auch auf den Akteur, der in der Lage war, die Protagonistin in ebendiese Stoffe zu hüllen. Ihre Investitur, die auf Figurenebene davon motiviert war, die regelwidrig geschlossene Ehe zu legitimieren, spinnt eine Verbindungslinie zu den Königreichen Ungarn und Armenien, die dem schottischen Herrscher durch diese Ehe final zufallen. Dabei wird die Ausgangslage, dass Joïes Vater ihr durch die versuchte Inzestehe sowohl ein exogames Ehebündnis als auch das mütterlich vererbte Armenien vorenthält, durch das Investiturgewand mit der finalen Wiederherstellung ihrer Integrität, der Befriedung Armeniens und dem

Herrschaftsantritt des neuen Königspaares verschränkt. Goldtextilien verknüpfen also die zentralen Handlungsorte miteinander. Ihr Ende nimmt die Handlung aber in Schottland, wohin das Herrscherpaar nach der Reise durch die mediterranen Schauplätze Rom, Ungarn und Armenien zurückkehrt – nicht, ohne die Ressourcen dieser Länder zu plündern.

Wie in *Mai und Beaflor* werden also mithilfe mediterraner Objektästhetiken Machtansprüche textil vermittelt. Als Machtzentrum wird diesmal aber kein mediterraner Ort vorgestellt, sondern ein geografisch entlegener, der dennoch schon immer über die Luxusgüter des Mediterranen verfügt, bevor Ungarn und Armenien, textextern als Umschlagplätze und Produzenten von *dras d'or* bekannt, final in das Herrschaftsgebiet einverleibt werden. Die Aufmerksamkeit, die *La Manekine* Goldstoffen einräumt, entwirft – anders als das formhybride Beaflor-Gewand, das einen unter anderem durch Gabentäusche der Adelseliten eng verflochtenen Mittelmeerraum aufruft – eher einen durch Handel vernetzten Raum, in dem der Handel mit Goldstoffen ein erhebliches Volumen und eine große Reichweite annimmt. Dabei läuft in *La Manekine* zunächst subtil, im zweiten Exil jedoch deutlicher greifbar, auch ein merkantiler Diskurs der Profitmaximierung mit, in dem Joïe selbst in Parallelität zu den Goldstoffen die Funktion eines Handelsguts, das gewinnbringend über weite Distanzen hinweg umgeschlagen wird, zukommt: Jedenfalls im Ergebnis ist das als Liebesbeziehung inszenierte Verhältnis des schottischen Königs zur Protagonistin auch eines des Gewinns, denn er ist der eigentliche Profiteur der Inzestkonstellation. Sein Umgang mit Joïe führt zur Integration der historisch eher peripheren Orte Schottland, Irland und Cornwall mit ressourcenreichen Territorien des Ostmittelmeerraums.

Eine mögliche Erklärung für diese räumliche Konstellation, die den Kontinent zwischen Ungarn und Schottland völlig außen vor lässt, ist ein Bewusstsein für die relative Unabhängigkeit, die mit Besitzungen in *outre mer* einhergehen kann. Diese Besitzungen schließen in *La Manekine* nicht nur die Länder, sondern auch die Erbin Ungarns und Armeniens ein. Dass der König Schottlands sie nach Belieben formen kann, wundert nicht, wenn man den Modus einbezieht, in dem er sie empfängt: Erscheint Beaflor in Griechenland als rätselhafte Fremde und wird als Adlige behandelt, erhält Joïe den dinglichen Status eines Treibguts. Als sie in Berwick strandet, findet der Stadtvorsteher sie und bringt sie dem König, dem er seinen Fund als „einen hübschen Profit" („un biau gaaig", 1253) anbietet, mit dem der König verfahren könne, wie es ihm beliebe (1252–1277). Trotz ihrer Identitätslosigkeit erkennt dieser aber, im Gegensatz zu anderen Figuren, ihren inhärenten Wert und behandelt sie entsprechend. Damit handelt er sich einen tatsächlich „hübschen Profit" ein, denn durch seinen klugen Umgang mit der Protagonistin regiert der König am Ende von Schottland aus auch Ungarn und Armenien. Mit dem Übergang Joïes an den König gewinnt er zudem einen nachhaltigen Zugang zu den Reichtümern von *outre mer*: In Armenien lässt er eigene Leute zurück, die ihm Gold, Geld und alle anderen Dinge, die er in Schottland gebrauchen kann, dorthin schicken sollen („Et en Escoce envoieront / L'or et l'argent et l'autre avoir / Qu'il devront au roiame avoir", 8368–8370). Die ‚Investition' des Königs in Joïe, die im goldenen Investiturgewand auch ihren materiellen Ausdruck findet, bringt ihm am Ende einen unerschöpflichen Zufluss explizit geldwerter Dinge („L'or et l'argent", 8369) ein.

Das im ersten Exil noch unterschwellige merkantile Narrativ der gewinnbringenden Investition wird im zweiten Exil gedoppelt: Römische Fischer ziehen die weinende junge Mutter aus dem Fluss und betrachten sie allererst als „gaaigne" und „bargaigne", als Profit und Handelsware (4799, 4800). Kann der erste Begriff noch spirituell gedeutet werden, ist die Semantik des zweiten rein merkantil und auf Märkte, Abkommen, Angebote und Feilscherei ausgerichtet – also auf Mechanismen der Profitmaximierung durch geschickten Kauf und Weitergabe.[33] Die zunächst dominante spirituelle Lesart der Interaktion, in der die Protagonistin ihre Seidenkleidung den Fischern abtritt, um ein büßerähnliches Leben in Armut anzunehmen, läuft mit der merkantilen zusammen. Die Fischer bringen ihren *gaigne* einem alleinstehenden Senator und seinen Töchtern, der sie aus Barmherzigkeit und Mitleid um ihren Adel abkauft (‚achater', vgl. 5125). Diese Transaktion retardiert die Wiedervereinigung der Familie, denn der Senator besteht später gegenüber dem büßenden schottischen König darauf, dass Joïe seine Frau und ihr Sohn sein Kind seien. Explizit stellt sich seine Barmherzigkeit dann auch als ein Geschäft, als *bargaigne*, heraus. Dabei wird der Wert Joïes und ihres Sohns mit einer Summe bemessen, die zuvor dem Edelverschluss ihres goldenen Investiturgürtels zugeschrieben worden war, einhundert Mark Silber („,C. mars d'argent", 6244). Trotz der ökonomischen Natur der Beziehung behandelt der Senator sie jedoch, wie zuvor der schottische König, gut. Und wie jener schlägt er daraus Profit: Nach ihrem Herrschaftsantritt in Ungarn und Armenien übersenden Joïe und ihr Mann dem Senator eine große Menge ihres Vermögens, was ihn im Diesseits und im Jenseits reich macht, da er große Teile davon stiftet (7984–8012). Zusätzlich arrangiert Joïe für seine Töchter Ehen mit dem schottischen und dem ungarischen Seneschall und gibt ihnen dazu je ein Herzogtum (8101). Auch die ‚Investition' des Senators in Joïe, so könnte man zugespitzt sagen, lohnt sich.

Joïe wird also in mehrfacher Hinsicht mit Goldstoffen eng geführt: Goldbrokate, *panni tartarici* bzw. *dras d'or* unterliegen einerseits als unveräußerliche Herrschaftsinsignien einem Exportbann. Gleichzeitig werden sie (in anderer Qualität) in Massen produziert und im Handel eingesetzt. Dieses Spannungsverhältnis wird

---

33 Vgl. http://www.atilf.fr/dmf/definition/bargaigne (01.12.2022).

auf Joïe übertragen: Einerseits ist sie Erbin, friedensbringende Herrscherin und Königin, andererseits bietet ihre Zirkulation zwischen Ungarn, Schottland, Rom und Armenien stets Anderen – Seneschallen, Senatoren, Fischern und Königen – Gelegenheiten, sich zu bereichern.

4 Zusammenfassung

Eine aufmerksame Lektüre der Darstellung und Funktionalisierung der textilen Elemente in *Mai und Beaflor* und *La Manekine* deutet auf Verknüpfungen der Texte mit euromediterranen Verflechtungen des Handels und der Diplomatie hin. Der mediterrane Raum wird durch die Handlungsstationen vorgegeben, die von Rom nach *crieche* nach *hispanie* und von Ungarn und Armenien bis zur Nordsee führen. Doch erst spezifische textile Herkunftszuschreibungen wie die arabischen Borten, der persische Samt und die russischen Zobel des Beaflor-Mantels, bestimmte Designs wie die Gitternetzstruktur im Mantelstoff oder der wiederholte Einsatz der *dras d'or* in *La Manekine* führen zu einer Konnektivität des erzählten mediterranen Raums. Ein Abgleich mit Befunden der Kunst- und Textilgeschichte lässt zudem die These zu, dass die Texte eine dort dinglich festgestellte *shared culture of objects* diskursivieren: Sowohl was die Gestaltung portabler Objekte, hier jeweils auf die Protagonistin zugeschnittene Textilien, angeht, als auch hinsichtlich ihrer Einbindung in Praktiken der Repräsentation und der Durchsetzung von Machtansprüchen. Eine transkulturelle Gemeinverständlichkeit bedeutet in der Imagination dieser Texte also nicht dasselbe wie *convivencia*: Zwar bedienen sich auch lateinische Könige, Kaiser und Pflegeeltern der Eigenschaften oder Formensprache typisch ‚mediterraner' Objekte, doch das schließt weder Gewalt noch Dominanzphantasien aus. Dennoch scheinen diese Texte kein Interesse daran zu haben, Dualitäten wie ‚Orient' und ‚Okzident' oder ‚Christentum' und ‚Islam' zu bedienen oder gegeneinander auszuspielen. Vielmehr entwickeln sie eine Geografie, die von verschiedenen Akteuren und Zentren geprägt ist – im Fall des hybriden Roms und der Vernetzung von Spanien und Griechenland in *Mai und Beaflors* schließt das auch explizit unterschiedliche Sprach- und Religionsgemeinschaften mit ein. Die finale Beherrschung dieser Regionen ist jeweils ein zentrales Erzählinteresse: Erreicht wird die Dominanz eines lateinwestlichen Akteurs auch dadurch, dass die Protagonistin von West nach Ost, in entgegengesetzter Richtung zu den üblichen Handelsrouten von Dingen, gehandelt wird. Dies führt in *Mai und Beaflor* zu einer Erneuerung und Integration ‚Roms', in *La Manekine* zum Aufstieg einer ‚kleinen', peripheren Herrschaft ganz unabhängig von kontinentalen Machtgefügen.

Die narrativen Textilien und ihre Beschreibungen haben auch erzählstrukturelle Funktionen. Sie sind anders mit der Protagonistin enggeführt als die von Burns erwähnten „female protagonists who are represented as ‚working' silk in sites along the shores of the Mediterranean" (2009, 2–3). Beaflor und Joïe sind keine Seidenarbeiterinnen, doch nehmen die Texte über narrative Konfigurierungen eine ‚Arbeit' an der Seide vor: So weisen etwa die mit Textilbeschreibungen verbundenen Einkleidungen anlässlich der Ausfahrt Beaflors und der Investitur Joïes jeweils auf ihre Herkunft und damit den Ausgangskonflikt des Erzähltyps, den Verstoß gegen das Exogamiegebot, zurück, und zugleich auf das Ende, die legitime Investitur und Herrschaftsübergabe, voraus. Die Kleidung kann zudem in die generische Hybridität der Texte, die legendarische und feudal-machtpolitisch ausgerichtete Erzählweisen miteinander verschaltet, integriert werden (Stock 2013, 105; Wrisley 2001, 122). Daneben eröffnen die *dras d'or* der *Manekine* einen merkantilen Diskurs, in dem die Protagonistin als *(bar)gaigne* einbezogen wird: Der historisch bekannte Wert und die Wege gehandelter Seidenstoffe können offenbar literarisch für eine Reflexion von Wertigkeiten, auch in spiritueller Hinsicht, instrumentalisiert werden.

Schließlich kommt den Textilien womöglich auch eine poetologisch-reflexive Funktion zu, die auf den Erzähltyp als seinerseits zirkulierendes Objekt zurückweist, der wie die portablen textilen Objekte des Mittelmeerraums flexibel in neue Verweisungszusammenhänge eingepasst werden kann. Beide hier besprochene Fassungen setzen längere beschreibende Passagen ausschließlich für Textilien ein. Zusätzlich ‚kleiden' sie wichtige Handlungsstationen – Rom in *Mai und Beaflor*, Ungarn, Armenien und am Ende auch Schottland in *La Manekine* – wörtlich in Textilien ein, wobei herbeigetragene, ausgefaltete und entrollte Gobeline die unter ihnen liegenden Architekturen teilweise völlig verhüllen. Im Zuge dieser knappen Beschreibungen und voll ausgebildeten Ekphrasen verleihen die erzählten Textilien den ansonsten eher nüchtern entworfenen Erzählwelten Glanz, Leuchtkraft und Farbe. So werden die an der Formensprache mediterraner Objekte orientierten erzählten Stoffe, die bunt strahlenden Gewänder und die falt- und tragbaren Wandbehänge, die eingangs oder abschließend ausgerollt und damit auch diegetisch entfaltet werden, zur Zierde der Texte selbst. Womöglich liegt darin ein Reflex auf die Formbarkeit und die Intermedialität von Textilien und ihre in den Norden adaptierten Ornamente. Die narrative Formbarkeit nähme dann die herausragende Stellung realhistorischer Textilien im Transfer mediterraner Formensprachen auf. Sie weist die Texte als Übersetzungs-Adaptionen einer Erzähltradition aus, die ihrerseits in ihrer Zirkulation ein Stoff *des* Mediterranen, *of the Mediterranean*, ist.

Primärliteratur

Book of Gifts and Rarities (= Kitāb al-Hadāyā wa al-Tuḥaf). Selections Compiled in the Fifteenth Century from an Eleventh Century Manuscript on Gifts and Treasures. Hg. von Ghāda Ḥijjāwī Qaddūmī. Cambridge, MA 1996.
Legend of the Damsel Carcayçiyona (Aragón, Ca. 1587). Hg. von Sol Miguel-Prendes, Jordan Rosen-Kaplan, und Donald Wood. Via URL: https://openiberiaamerica.Hcommons.Org/2022/01/24/legend-De-La-Doncella-Carcayciyona-Aragon-Ca-1587/ (14.01.2023).
Hans von Bühel: Die Königstochter von Frankreich *des Hans von Bühel: Untersuchung und Edition nach dem Straßburger Druck von 1500.* Hg. von Maryvonne Hagby. Münster New York 2017.
The Romance of Emaré. Hg. von Edith Rickert. London [1908] 1958.
Mai und Beaflor: Minneroman des 13. Jahrhunderts. Hg. von Christian Kiening und Katharina Mertens-Fleury. Zürich 2008.
Mai und Beaflor. Hg., übers., kommentiert und mit einer Einleitung von Albrecht Classen. Frankfurt a. M. 2006.
Philippe de Remi: *Le roman de la Manekine.* In: *Oeuvres poétiques de Philippe de Remi, sire de Beaumanoir.* Tome 1. Hg. von Herman Suchier. Paris 1884.
Philippe de Remi: *Philippe de Remi's La Manekine: Text, Translation, Commentary.* Hg. von Irene Gnarra. New York 1988.
Philippe de Remi: *Le roman de la Manekine.* Hg. von Barbara N. Sargent-Baur. Amsterdam 1999.
Philippe de Remi: *Jehan et Blonde, Poems, and Songs.* Hg. von Barbara N. Sargent-Baur. Amsterdam 2001.
Philippe de Remi: *La Manekine. Édition bilingue.* Hg. von Maria Castellani. Paris 2012.

Sekundärliteratur

Abu-Lughod, Janet L.: *Before European Hegemony. The World System A.D. 1250–1350.* New York, NY 1989.
Akbari, Suzanne Conklin: „Historiography: Nicholas Trevet's Transnational History". In: *The Oxford Handbook of Chaucer.* Hg. von Suzanne Conklin Akbari und James Simpson. Oxford New York 2020, S. 368–385.
Black, Nancy B.: *Medieval Narratives of Accused Queens.* Gainesville, FL 2003.
Boor, Helmut de und Richard Newald: *Geschichte der deutschen Literatur von den Anfängen bis zur Gegenwart. Die deutsche Literatur im späten Mittelalter. Zerfall und Neubeginn. Dritter Band/ Erster Teil. 1250–1350.* München 1973.
Brüggen, Elke: *Kleidung und Mode in der höfischen Epik des 12. und 13. Jahrhunderts.* Heidelberg 1989.
Burns, E. Jane: *Sea of Silk. A Textile Geography of Women's Work in Medieval French Literature.* Pennsylvania 2009.
Catlos, Brian A. und Alex J. Novikoff: „Interfaith Dialogue and Disputation in the Medieval Mediterranean". In: *Medieval Encounters. Jewish, Christian, and Muslim Culture in Confluence and Dialogue* 24.5–6 (2018), S. 503–509.
Coatsworth, Elizabeth und Gale Owen-Crocker: *Clothing the Past: Surviving Garments from Early Medieval to Early Modern Western Europe.* Leiden Boston 2018.
Di Venosa, Elena: *Die deutschen Steinbücher des Mittelalters: Magische und medizinische Einblicke in die Welt der Steine.* Göppingen 2005.

Dolezalek, Isabelle: *Arabic Script on Christian Kings: Textile Inscriptions on Royal Garments from Norman Sicily.* Berlin Boston 2017.

Enzensberger, Horst: „Bamberg und Apulien". In: *Das Bistum Bamberg in der Welt des Mittelalters: Vorträge der Ringvorlesung des Zentrums für Mittelalterstudien der Otto-Friedrich-Universität Bamberg im Sommersemester 2007.* Hg. von Christine van Eickels und Klaus van Eickels. Bamberg 2007, S. 141–150.

Gilbert, Jane, Simon Gaunt und William Burgwinkle: *Medieval French Literary Culture Abroad.* Oxford 2020.

Glasner, Peter und Birgit Zacke: „Text und Textur. WeiterDichten und AndersErzählen im Mittelalter". In: *Text und Textur.* Hg. von Peter Glasner et.al. Oldenburg 2020 (BmE Themenheft 5), S. 3–44.

Grabar, Oleg: „The Shared Culture of Objects". In: *Byzantine Court Culture from 829 to 1204: Papers from a Symposium Held at Dumbarton Oaks in Apr. 1994.* Hg. von Henry Maguire und Dumbarton Oaks Research Library and Collection. Harvard 1997, S. 115–130.

Francomano, Emily C.: „The Hands of Phillipe de Remi's *Manekine*". In: *Mediterranean Studies*, 15 (2006), S. 1–20.

Hagemann, Nora: „Vorgeschichten: Inzestthematik im Liebes- und Abenteuerroman". In: *Hybridität und Spiel: Der europäische Liebes- und Abenteuerroman von der Antike zur Frühen Neuzeit.* Hg. von Martin Baisch und Jutta Eming. Berlin Boston 2013, S. 135–161.

Harvey, Carol J.: „From Incest to Redemption in *La Manekine*". In: *Romance Quarterly* 44.1 (1997), S. 3–11.

Harvey, Carol J.: „Time and Space in *La Manekine*". In: *Essays on the Poetic and Legal Writings of Philippe de Remy and His Son Philippe de Beaumanoir of Thirteenth-century France.* Hg. von Sarah-Grace Heller und Michelle Reichert. Lewiston, NY 2001, S. 69–93.

Hufnagel, Sabrina: „in ir kemenâten gie si sô / und nam ein scharf schære: Inzest und weibliche Autoaggression in der Literatur des Mittelalters". In: *(De)formierte Körper 2: Die Wahrnehmung und das Andere im Mittelalter; interdisziplinäre Tagung Göttingen, 1. – 3. Oktober 2010 / Perceptions et l'altérité au moyen-âge 2 = Corps (dé)formés.* Hg. von Gabriela Antunes et al., Göttingen 2014, S. 67–86.

Jacoby, David: „The Economy of the Armenien Kingdom of Cilicia: Some Neglected and Overlooked Aspects". In: *La Méditerranée des Arméniens: XIIe – XVe siècle.* Hg. von Claude Mutafian und Paul Geuthner. Paris 2014, S. 261–291.

Jacoby, David: „Oriental Silks at the Time of the Mongols: Patterns of Trade and Distribution in the West". In: *Oriental Silks in Medieval Europe.* Hg. von Juliane von Fircks und Regula Schorta. Riggisberg 2016, S. 92–123.

Jaspert, Nikolas: „Zur Hagio-Geographie des Mittelmeerraums: Ein Meer und seine Heiligen". In: *Ein Meer und seine Heiligen: Hagiographie im mittelalterlichen Mediterraneum.* Hg. von Nikolas Jaspert et al. Paderborn 2018, S. 11–29.

Kiening, Christian: *Unheilige Familien: Sinnmuster mittelalterlichen Erzählens.* Würzburg 2009.

Kinoshita, Sharon: „Almería Silk and the French Feudal Imaginary: Toward a 'Material' History of the Medieval Mediterranean." In: *Medieval Fabrications. Dress, Textiles, Clothwork and Other Cultural Imaginings.* Hg. von E. Jane Burns. Cham 2004, S. 165–176.

Kinoshita, Sharon: „Chapter Twenty. Mediterranean Literature". In: *A Companion to Mediterranean History.* Hg. von Peregrine Horden und Sharon Kinoshita. Chichester 2014, S. 314–329.

Kinoshita, Sharon: „Negotiating the Corrupting Sea. Literature in and of the Medieval Mediterranean". In: *Can we Talk Mediterranean? Conversations on an Emerging Field in Medieval and Early Modern Studies.* Hg. von Brian A. Catlos und Sharon Kinoshita. Cham 2017, S. 33–47.

Knapp, Fritz Peter: „Das Bild Griechenlands in der Verserzählung *Mai und Beaflor*". In: *Beiträge zur Geschichte der deutschen Sprache und Literatur (PBB)*, 98 (1976), S. 83–92.
Krappe, Alexander Haggerty: „The Offa-Constance-Legend". In: *Anglia – Zeitschrift für englische Philologie*, 61 (1937), S. 361–369.
Kraß, Andreas: *Geschriebene Kleider: Höfische Identität als literarisches Spiel*. Tübingen 2006.
Leek, Thomas R.: „On the Question of Orality behind Medieval Romance. The Example of the 'Constance' Group". In: *Folklore (London)*, 123.3 (2012), S. 293–309.
Mallette, Karla. *The Kingdom of Sicily: 1100 – 1250. A Literary History*. Philadelphia 2005.
Mertens, Volker: „Herrschaft, Buße, Liebe. Modelle adliger Identitätsstiftung in *Mai und Beaflor*". In: *German Narrative Literature of the Twelfth and Thirteenth Centuries. Studies Presented to Roy Wisbey on his Sixty-fifth Birthday*. Hg. von Volker Honemann et al. Tübingen 1994, S. 391–410.
Michler, Elke: „Neue Forschungen zur sogenannten Chape de Charlemagne: Bestand, Veränderungen, Schadensbilder und Konservierung". In: *Textile Kostbarkeiten Staufischer Herrscher: Werkstätten – Bilder – Funktionen; Tagungsband zum internationalen Kolloqium im Rahmen der Ausstellung ‚Die Staufer und Italien' am 20. und 21. Januar 2011 in den Reiss-Engelhorn-Museen Mannheim*. Hg. von Irmgard Siede und Annemarie Stauffer. Imhof 2014, S. 44–59.
Moghadassi, Fanny: „Entre abstraction et cartographie fantasmée. La méditerranée ambiguë d'Emaré". In: *Itinérances maritimes en Méditerranée du Moyen Age à la Première Modernité: actes du colloque international organisé les 12–13 octobre 2017 à Toulon et à Marseille (MUCEM) par les laboratoires Babel (Université de Toulon) et LA3M (Université d'Aix-Marseille) (2019)*. Hg. von Sandra Gorgievski. Paris 2019, S. 57–72.
Moore, Megan: *Exchanges in Exoticism. Cross-Cultural Marriage and the Making of the Mediterranean in Old French Romance*. Toronto 2013.
Morreale, Laura K. und Nicholas L. Paul: „Introduction". In: *The French of Outremer: Communities and Communications in the Crusading Mediterranean*. Hg. von Laura K. Morreale und Nicholas L. Paul. New York 2018, S. 1–14.
Perry, Mary Elizabeth: *The Handless Maiden: Moriscos and the Politics of Religion in Early Modern Spain*. Princeton 2007.
Popović, Pavle: „Die *Manekine* in der südslavischen Literatur". In: *Zeitschrift für Romanische Philologie* 32.3 (1908), S. 312–322.
Putter, Ad: „The Narrative Logic of *Emare*". In: *The Spirit of Medieval English Popular Romance*. Hg. von Ad Putter und Jane Gilbert. London 2000, S. 157–180.
Rank, Otto: *Das Inzest-Motiv in Dichtung und Sage. Grundzüge einer Psychologie des dichterischen Schaffens*. Leipzig 1926.
Ritter, Markus: „Goldbrokat unter den Mongolen und Ilchanen: ein Schlüsselwerk iranischer Textilkunst des 14. Jhdts. in Wien. Vortrag beim Symposium „800 Jahre Mongolisches Weltreich". Wien 9. Juni 2006, Austrian Academy of Sciences, Institute of Iranian Studies. Veröffentlicht im *Zurich Open Repository and Archive, University of Zurich ZORA* URL: https://doi.org/10.5167/uzh-47815.
Röcke, Werner: „Isolation und Vertrauen: Formen der Kommunikation und des Weltbildwandels im *Creszentia*-und *Mai und Beaflor* Roman". In: *Weltbildwandel: Selbstdeutung und Fremderfahrung im Epochenübergang vom Spätmittelalter zur Frühen Neuzeit*. Hg. von Hans-Jürgen Bachorski und Werner Röcke. Trier 1995, S. 243–267.
Rouillard, Linda Marie: *Medieval Considerations of Incest, Marriage, and Penance*. Cham 2020.
Schneider, Wolfgang: „Der Sternenmantel bei Herrschern des Westens. Ein Beispiel der Aneignung des spätantiken Erbes von Byzanz im Hochmittelalter und seine geistigen Implikationen".

In: *Knotenpunkt Byzanz: Wissensformen und kulturelle Wechselbeziehungen*. Hg. von Andreas Speer und Philipp Steinkrüger. Berlin Boston 2012, S. 713–746.

Schulz, Armin: *Schwieriges Erkennen: Personenidentifizierung in der mittelhochdeutschen Epik*. Tübingen 2008.

Shawcross, Clare Teresa M.: *The Chronicle of Morea. Historiography in Crusader Greece*. Oxford 2009.

Shepherd, M.: *Tradition and Re-creation in Thirteenth Century Romance*: La Manekine *and* Jehan et Blonde *by Philippe de Rémi*. Amsterdam 1990.

Spittle, Stanley D. T.: „Cufic Lettering in Christian Art". In: *The Archaelogical Journal* 111 (1954), S. 138–152.

Starkey, Kathryn: „On Deer and Dragons: Textiles and the Poetics of Medieval Storytelling in *König Rother*". In: *Animals in Text and Textile: Storytelling in the Medieval World*. Hg. von Evelin Wetter und Kathryn Starkey. Riggisberg 2019, S. 47–64.

Stepanenko, Valerijand und Alexios Savvides: „[Art.] Armenian Cilicia, Kingdom of, Medieval State in Anatolia". In: *International Encyclopaedia for the Middle Ages-Online. A Supplement to LexMA-Online*. Turnhout 2012, S. 377–382. URL: http://www.brepolis.net (02.12.2022).

Stock, Markus: „Herkunft und Hybridität: Biopolitics of Lineage in *Mai und Beaflor*". In: *Hybridität und Spiel: Der europäische Liebes- und Abenteuerroman von der Antike zur Frühen Neuzeit*. Hg. von Martin Baisch und Jutta Eming. Berlin Boston 2013, S. 93–112.

Suchier, Hermann: „Ueber die Sage von Offa und Þryðo". In: *Beiträge zur Geschichte der deutschen Sprache und Literatur (PBB)* 4 (1877), S. 500–521.

Uther, Hans-Jörg: *The Types of International Folktales: A Classification and Bibliography. Based on the System of Antti Aarne and Stith Thompson. Part 1: Animal Tales, Tales of Magic, Religious Tales, and Realistic Tales, with an Introduction*. Helsinki 2004.

Vincent, Nicholas: „[Rez.] The Lives of the Two Offas by Michael Swanton". In: *History* 97.3 (2012), S. 477–479.

Wächter, Otto: *Untersuchungen über das Gedicht* Mai und Beâflor. Erfurt 1889.

Wrisley, David J.: „Narrating and Performing the Saintly in Romance: The Case of *La Manekine*". In: *Essays on the Poetic and Legal Writings of Philippe de Remy and his Son Philippe de Beaumanoir of Thirteenth-Century France*. Hg. von Sarah-Grace Heller und Michelle Reichert. Lewiston, NY 2001, S. 95–118.

Michael R. Ott
Sklaverei, Menschenhandel und Herrschaft über Menschen in mittelhochdeutschen Erzählungen

1 Sklaverei-Narrative und aristokratische Erzählungen

Schon weil es umstritten ist, ob man für das europäische Mittelalter überhaupt von Sklaverei sprechen kann und soll, interessiert sich die literaturwissenschaftliche Forschung kaum für Szenen, Figuren und Textpassagen, die heutigen Konzeptionen und Vorstellungen von Sklaverei – einmal mehr, einmal weniger – entsprechen. Da allerdings in jüngerer Zeit Formen von Sklaverei im Zeitraum vor dem Beginn der Neuzeit verstärkt in den Fokus der Forschung geraten sind und da auch die traditionellen Argumente an Überzeugungskraft verloren haben, mit denen man die Existenz von Sklaverei im (europäischen) Mittelalter weitgehend bestritten (oder zumindest relativiert) hat, mag es sinnvoll sein, die mittelalterlichen Erzählungen neu und erneut durchzusehen und zu fragen, ob Sklaverei thematisiert wird.[1] Sollte dem so sein, wäre dann in einem zweiten Schritt zu fragen, auf welche Weise dies geschieht und zu welchem Zweck.[2]

Diesen Fragen gehe ich im Folgenden nach, wobei ich die erste Frage schon gleich zu Beginn, zumindest als These, bejahen möchte. Mir scheint, dass Sklaverei, dass Formen des Handels und Transfers von Menschen sowie der Sklaverei nahestehende Formen von Abhängigkeit hin und wieder in mittelhochdeutschen

---

[1] Beispiele für jüngere Forschung: Kłosowska 2020, Hanß/Schiel 2014, Handwörterbuch 2006–2018, Zeuske 2019. Man vergleiche außerdem die Veröffentlichungen des im Jahr 2019 eingerichteten „Center for Dependency and Slavery Studies" an der Universität Bonn, beispielsweise Toplak et al. 2021. Zu den wichtigen älteren Arbeiten zählt etwa Karras 1988.
[2] Zu berücksichtigen sind dabei dann die ideologischen Rahmenbedingungen vor allem derjenigen Texte, die man gemeinhin der Sphäre eines ‚höfischen' Erzählens zurechnet. Dieser praktische, aber problematische Begriff verweist auf kulturelle Zusammenhänge, die (gerade auch im Rahmen der sozialgeschichtlichen und der marxistisch geprägten Forschung) ausführlich diskutiert wurden, die aber in der aktuellen Forschung nicht immer gegenwärtig sind. Der Fall der Berliner Mauer mag dazu beigetragen haben, manche Forschungsperspektive zu beenden, die weiter zu verfolgen sich heute, vor einem veränderten theoretischen und kulturellen Hintergrund, möglicherweise lohnt. Vielleicht können etwa jüngere Ansätze der *Postcolonial Studies* dazu beitragen, das ‚höfische' Erzählen wieder stärker in eine Matrix von Macht, Gewalt und Herrschaft zu stellen.

∂ Open Access. © 2023 bei den Autorinnen und Autoren, publiziert von De Gruyter. [CC BY-NC-ND] Dieses Werk ist lizenziert unter der Creative Commons Namensnennung - Nicht-kommerziell - Keine Bearbeitungen 4.0 International Lizenz.
https://doi.org/10.1515/9783110781908-004

Erzählungen thematisiert und diskutiert werden. Weil diese Thematisierungen und Diskussionen in aller Regel nicht im narrativen Zentrum der Erzählungen stehen, muss man mithin von den Rändern her lesen und auch schwer erkennbaren Spuren folgen. Gerade bei ‚höfischen'[3] Erzählungen könnte dies auch damit zusammenhängen, dass radikale Formen menschlicher Unterdrückung und persönlicher Abhängigkeit für eine ‚höfische' Ideologie immer nur an den Rändern stattfinden können und tunlichst an diesen Rändern gehalten werden müssen – wenn man solche Formen menschlicher Unfreiheit nicht gleich komplett verschweigt und tabuisiert.[4]

Auf eine wie auch immer geartete Realität lässt sich ausgehend von aristokratischen Erzählungen natürlich nicht direkt schließen; das gilt für das, was Historiker*innen Quellen nennen, aber ganz genauso. Will man danach fragen, wie es eigentlich gewesen ist, dann wird man aber um das, was Germanist*innen Literatur nennen, schon deshalb nicht herumkommen, weil viele aristokratische Erzählungen über Machtverhältnisse nachdenken und weil gerade beim Erzählen über christlich-islamische Konflikte Aspekte der Gefangenschaft und Versklavung relevant sind. Außerdem wird sich zeigen, dass in den gewählten Beispielen zusätzlich zum Menschentransfer in religiösen Konfliktzonen auch Kaufleute und Seewege eine nicht unwesentliche Rolle spielen. Gerade für den Menschentransfer scheint das Meer als Handlungs- und Handelsraum relevant zu sein, darunter insbesondere auch der mediterrane Raum, der in der geschichtswissenschaftlichen Forschung als Aktionsraum mittelalterlicher europäischer Sklaverei hinreichend bekannt

---

3 Gerade im Rahmen der in diesem Aufsatz verfolgten Fragestellung wäre es wohl sinnvoller, zunächst von ‚aristokratischen' Romanen zu sprechen, denn wenn man die Romane als ‚höfisch' bezeichnet, macht man eine zeitgenössische Ideologie zur Gattungsbezeichnung. Mit ‚aristokratisch' wäre zunächst nur der Stand angesprochen, dessen Vertreter*innen – soweit man das sagen kann – die Romane veranlassen und anschließend genießen. Dieser Genuss wiederum hat dann auch mit der Ideologie des Höfischen zu tun.

4 Die ‚Sicherheit', die ein unterlegener Ritter gegenüber dem Sieger gelobt, ist eine interessante, ‚höfische' Form der Unterwerfung und Abhängigkeit, der ich im Folgenden allerdings nicht nachgehen werde. Besonders aufschlussreich könnten in diesem Zusammenhang die Geschehnisse rund um Urjans in Wolframs von Eschenbach Parzival sein. Der Vergewaltiger Urjans bleibt ja deshalb vom Tod verschont, weil er sich Gawan ergeben hat und somit unter Gawans Schutz steht. Die anschließende Bestrafung Urjans, der mit den Hunden aus einem Napf fressen muss, ist dann eine soziale Strafe, ein ‚sozialer Tod', könnte man mit Orlando Patterson (1982) vielleicht sagen. Immerhin wird Urjans später im Roman Gawan vorwerfen, dass er, Urjans, ‚sozial getötet' worden sei: Aus Urjans späterer Sicht ist der Tod einer Situation vorzuziehen, in der er seines Ansehens entkleidet und mit den Tieren auf eine Stufe gestellt wird. Wenn es, wie Carl I. Hammer (2002) schreibt, die Gefahr gibt – und die Angst –, zum Sklaven zu werden, indem man sich wie ein Sklave verhält, dann wird vielleicht noch etwas klarer, welche Dynamiken in den Geschehnissen rund um Urjans am Werk sind.

ist.[5] Auch dies, dieser Fokus auf Kaufleute und Seehandel, dürfte Anschlussstellen bieten zur geschichtswissenschaftlichen Forschung im engeren Sinne.

Fünf Erzählungen möchte ich näher in Augenschein nehmen: Den *Tristan* Gottfrieds von Straßburg, Konrad Flecks *Flore und Blancheflur*, Wolframs von Eschenbach *Willehalm* (und begleitend dazu das altfranzösische *Aliscans*-Epos, das hinsichtlich der Versklavung Rénouards weit ausführlicher ist als Wolframs Version) und schließlich den *Armen Heinrich* Hartmanns von Aue. Bevor ich mich allerdings den Texten widme, sind einige Vorbereitungen zu treffen. Zu klären ist zuerst, wonach man zu suchen hat, wenn man nach ‚Sklaverei-Narrativen' sucht; und zu diskutieren ist auch, warum diese Suche bis vor Kurzem einer ganz grundsätzlichen theoretischen – fast muss man sagen: moralischen, vielleicht sogar ideologischen – Weichenstellung wenn nicht widersprach, so doch zumindest quer zu ihr stand.

Meinen Beitrag verstehe ich als eine Skizze, als einen Versuch, eine Perspektive auf vor allem ‚höfische' Texte zu finden; eine Perspektive, die ethische Fragen in das Zentrum rückt, die die Texte selbst nur am Rande diskutieren. Im Rahmen dieser Skizze werde ich meine Textpassagen nicht systematisch in die mittelaltergermanistische Forschung einbetten können. Dies wäre dann eine Aufgabe für weiterführende Beiträge, falls sich die Überlegungen als aussichtsreich erweisen sollten.

2 Phänomenbereich und Definitionsfragen

Eine Definition von Sklaverei fällt aus verschiedenen Gründen schwer. Der Begriff umfasst einen breiten Bereich von Praktiken und Diskursen, die an den Rändern sehr unscharf sind. Zudem verändern sich diese Praktiken und Diskurse über die Zeit hinweg signifikant – und auch zu einer gegebenen Zeit kann es signifikante Unterschiede geben, je nachdem, welches Gebiet man näher in Augenschein nimmt. Sieht man durch eine geschichtswissenschaftliche Brille möglichst genau hin, ist die Situation denn auch recht komplex. „Mancher Unfreie im mittelalterlichen Westeuropa", so erklärt Undine Ott,

> konnte von seinem Herrn (oder seinen Herren, war so mancher doch von mehreren Herren abhängig) zur Bestrafung für ein Verbrechen getötet werden, ein anderer war durch Gesetze zumindest theoretisch vor Misshandlungen geschützt. Manche Menschen waren als Gefan-

---

5 Man lese beispielsweise Haverkamp 2005 und man vergleiche auch die Überlegungen von Sharon Kinoshita in diesem Band; sie bezeichnet Sklaverei als ein typisches Motiv der mediterranen Literatur.

> gene, Tauschobjekte oder Handelsgüter in die Sklaverei gelangt, andere hatten den unfreien Status geerbt und waren in das Gefüge ihrer Familie oder andere soziale Netzwerke eingebunden. Manche, wohl v. a. junge und unverheiratete Menschen, dienten im Haushalt oder auf dem Hof ihres Herrn, andere lebten auf eigenen Parzellen und erledigten landwirtschaftliche Arbeiten. Manche besaßen Land und andere Habseligkeiten (mitunter auch andere Unfreie), andere verfügten über keinerlei eigenen Besitz, sondern nutzten das, was ihr Herr ihnen zur Verfügung gestellt hatte und was rechtlich immer in dessen Verfügungsgewalt verblieb. Manche konnten unabhängig von dem Land, das sie beackerten, verschenkt oder verkauft werden, andere nicht. Manche durften ihren Lebenspartner frei wählen, während die Partnerschaften anderer aufgelöst werden konnten und wieder andere ihren Herren sexuell zu Diensten sein mussten. Die zu erbringenden Arbeitsleistungen waren bei manchen Menschen beschränkt, bei anderen waren sie es nicht. (Ott 2021, 146–147)

Schon wegen dieser Bandbreite an Handlungsmöglichkeiten und Regelungen fällt eine klare Definition von Sklaverei schwer. Aus konstruktivistischer Sicht funktionieren zudem essentialistische Herangehensweisen an das Phänomen der Sklaverei nur begrenzt (und haben insbesondere strategischen Wert). Hilfreicher und plausibler sind aus konstruktivistischer Sicht Perspektiven, die nicht so sehr danach fragen, was Sklaverei ‚ist', sondern danach, was Sklaverei ‚tut' und was im Rahmen von Sklaverei getan wird. Auch hierfür braucht es freilich ein gewisses Verständnis – ein gewisses Vorverständnis – von Sklaverei, wobei dieses Verständnis im Zuge einer Analyse dann angepasst und flexibilisiert werden kann.

Gegenüber essentialistischen Ansätzen haben konstruktivistische Ansätze den Vorteil, nicht so sehr der Gefahr ausgesetzt zu sein, ein Phänomen deshalb nicht beschreiben zu können, weil es das Phänomen per Definition gar nicht geben kann und gegebenenfalls gar nicht geben darf. Dass dies keine nur ausgedachte Gefahr ist, zeigt die in der Mediävistik lange gängige Meinung, dass es im Mittelalter Sklaverei gar nicht oder allenfalls punktuell an den Rändern des christlichen Europas gegeben habe (wobei der mediterrane Raum in dieser Perspektive eine wichtige Rolle spielt, weil der Mittelmeerraum die Randzone bildet, die anders funktioniere als das Zentrum).[6] Folgt man diesem Argument, dann macht es ganz grundsätzlich wenig Sinn, sich Gedanken zu machen über mittelalterliche Sklaverei und über mittelalterliche Erzählungen von Sklaverei.

Will man dieser gängigen Ansicht *nicht* folgen und stattdessen (gut essentialistisch) den Versuch wagen, Sklaverei zu definieren, dann wird man von einer großen Bandbreite an Phänomenen ausgehen müssen. Entscheidet man sich nämlich stattdessen entweder für ein sehr enges oder für ein sehr weites Konzept von Sklaverei, dann trifft man schnell auf grundlegende Probleme. Eine enge Definition von Sklaverei läuft darauf hinaus, dass versklavte Menschen jegliche Rechte

---

6 Man vergleiche zur Forschungsgeschichte Schiel und Hanß 2014.

und jeglichen Status verloren haben. Wenn man Sklaverei so eng definiert, wird man wohl feststellen müssen, dass es Sklaverei im Mittelalter nicht oder nur in ganz wenigen Ausnahmefällen gegeben hat. Entscheidet man sich demgegenüber für ein weites Konzept von Sklaverei, trifft man schnell auf das Gegenargument, dass die Phänomene, die man anspricht, gar nichts mit Sklaverei zu tun hätten, sondern einfach nur unterschiedliche Freiheitsgrade von Menschen zeigen.

Spätestens an dieser Stelle tritt dann oft ein Ersatzkonzept auf den Plan, nämlich das Konzept der Leibeigenschaft. Die wirkmächtige These Marc Blochs, „dass die Herausbildung der Feudalgesellschaft mit dem Verschwinden der Sklaverei einhergegangen sei" (Schiel und Hanß 2014, 26–27),[7] wirkt bis heute nach – und so spricht man in der Mediävistik gemeinhin eben von Leibeigenschaft und nicht von Sklaverei, so als hätten beide Phänomene gar nichts miteinander zu tun, so als würde die Leibeigenschaft die Sklaverei ablösen und beenden, statt sie einfach nur zu transformieren.

Die Annahme eines solchen ‚epistemologischen Bruchs',[8] bei dem mit der Antike dann auch (nach und nach) die Sklaverei endet, steht unter Ideologieverdacht. Nicht nur lässt sich vermuten, dass der Begriff ‚Leibeigenschaft' dazu diente und dient, nicht über alltägliche Formen von Sklaverei sprechen zu müssen. Man könnte darüber hinaus auch annehmen, dass der Begriff sogar dazu diente und dient, das Bild eines europäischen Mittelalters zu entwerfen, in dem Sklaverei keine Rolle gespielt habe. Geht man dann noch davon aus, dass die angebliche Abschaffung der Sklaverei auch eine Leistung des Christentums gewesen sei, wird zusätzlich deutlich, dass es sich beim Konzept der ‚Leibeigenschaft' um ein politisches und ideologisches Konzept handeln könnte.[9]

---

[7] Mit Kathleen Davis (2008, 8) ließe sich zudem argumentieren, dass der Feudalismus eine Erfindung von Juristen des sechzehnten Jahrhunderts war, die diese Idee zunächst gar nicht mit einem wie auch immer gearteten Mittelalter in Verbindung brachten: „It was only *after* sixteenth-century legists (particularly in France and Germany) theorized sovereignty, subjection, and a social contract on the basis of the feudal relation of lord and vassal, that legal historians such as Jean Bodin advanced arguments for absolutism by retaining this theory of the social contract, but rejecting the 'feudal' as property-based and as aligned with slavery. In other words, at the very moment the colonial slave trade began to soar, feudal law and slavery were grouped together and identified as characteristic of Europe's past and of a non-European present."

[8] Von einem „epistemic break that correlates the end of slavery with the divide between antiquity and the Middle Ages" spricht Kłosowska 2020, 182.

[9] In seiner Rezension zu dem Buch, in dem Kłosowskas Aufsatz erschien, weist Erik Wade darauf hin, dass die Kritik am Argument, dass Leibeigenschaft Sklaverei ablöse, nicht neu sei. Er zitiert Cedric Robinson als Beispiel, der 1983 geschrieben habe: „[n]either feudal serfdom, nor capitalism had as their result the elimination or curtailment of slavery. At the very most (it is argued by some), their organization served to relocate it" (Robinson 1983, 12; zitiert nach Wade 2021, 170).

Soweit ich die jüngere Forschung überblicke, liegt es auf der Hand, dass es im europäischen Mittelalter Sklaverei gegeben hat. Der transatlantische Sklavenhandel ist schließlich keine neue Erfindung, sondern eine qualitative und quantitative Steigerung der Formen von Sklaverei, die zuvor entwickelt und tradiert wurden.[10] Soweit ich sehe, ist ein Sprechen über mittelalterliche Sklaverei in der jüngeren Forschung auch weit weniger anstößig als noch in der älteren Forschung, wobei der Begriff der Sklaverei mitunter weiterhin gemieden wird, indem etwa von Unfreiheit(en) die Rede ist. Auch ich werde im Folgenden hin und wieder zu abgeschwächten und benachbarten Begriffen greifen. Dennoch scheint es mir grundsätzlich wichtig zu sein, sich darauf einzulassen, den Begriff der Sklaverei zu verwenden, weil es nur dann möglich ist, über die lange Geschichte der Sklaverei zu sprechen (statt das Mittelalter als eine Unterbrechung der Sklavereigeschichte zu konzipieren). Ruth Mazo Karras hat dieses Problem in ihrem 1988 erschienenen Buch über Sklaverei im mittelalterlichen Skandinavien anhand der Frage diskutiert, ob die heutige Forschung die Begriffe der mittelalterlichen Quellen behalten solle oder ob man mit dem heute gängigen Begriff offen und offensiv von Sklaverei sprechen könne:

> [...] [B]y refusing to use the more general term, we risk losing valuable opportunities for comparison. To refuse to translate terms avoids the danger of doing violence to the period and culture under study by imposing modern categories but abdicates the scholar's responsibility to interpret. We today may be able, from a longer and wider perspective, to understand past cultures in ways they did not understand themselves, but to do so we must use a common scholarly vocabulary. (Karras 1988, 2)

Diese Forderung, Sklaverei auch als Sklaverei zu benennen, sollte natürlich nicht dazu führen, dass man nun alle möglichen Formen von Abhängigkeit, Zwang und Herrschaft über Menschen als Sklaverei zu bezeichnen hätte; gleichzeitig führt aber eben auch das andere Extrem, nämlich der komplette Verzicht auf den Begriff, zu ernsthaften Problemen hinsichtlich der Erforschung von Phänomenbereichen, deren Existenz schon begrifflich bestritten und dadurch geradezu verschwiegen wird.

Wichtige Arbeiten wie das 1982 erschienene (und bis heute nicht ins Deutsche übersetzte) Buch von Orlando Patterson – *Slavery and Social Death* – dürften ihren Beitrag dazu geleistet haben, dass man Sklaverei mittlerweile als einen breitgefächerten Phänomenbereich betrachten kann und darf; ein Phänomenbereich, der schon immer da war und der auch nichts mit einer Differenz von ‚primitiven' im

---

10 Man vergleiche etwa Abulafia (2011, 107): „We shall see how, at the end of the Middle Ages, an Atlantic slave trade developed out of the much older Mediterranean slave trade [...]."

Vergleich zu ‚zivilisierten' Gesellschaften zu tun hat. Nicht ohne Grund heißt es über Sklaverei bereits im zweiten Satz des Vorworts des Buches von Patterson: „It has existed from before the dawn of human history right down to the twentieth century, in the most primitive of human societies and in the most civilized" (Patterson 1982, vii). Dementsprechend erläutert Patterson in seinem wichtigen Buch denn auch mittelalterlichen Formen von Sklaverei – ein paar mittelalterliche Beispiele nennt er ebenfalls schon gleich zu Beginn, noch auf der ersten Seite seiner Einleitung.

Patterson konzipiert Sklaverei als eine extreme Form der Ungleichheit und Dominanz, bei der die Macht des Herrn sich einer vollständigen Dominanz annähert, während der (oder die) Unterlegene sich dem Pol einer vollständigen Machtlosigkeit annähert (1982, 1). Diese Machtbeziehung hat drei Dimensionen: eine soziale Dimension, die mit dem Gebrauch oder der Androhung von Gewalt einhergeht; ein Gewaltgebrauch beziehungsweise eine Gewaltandrohung, die die Kontrolle einer Person über eine andere sichert. Zweitens gibt es eine psychologische Dimension des Einflusses, die Möglichkeit nämlich, eine andere Person zu überzeugen, die eigenen Interessen und Umstände neu und anders zu bewerten. Als dritte Dimension nennt Patterson die Dimension der Autorität, mit der Gewalt in Recht umgewandelt wird und Gehorsam in Pflicht (1982, 1–2).

Eines der wichtigsten Kennzeichen der Machtlosigkeit des Sklaven besteht laut Patterson darin, dass die Machtlosigkeit des Sklaven ein Ersatz für den Tod war, in der Regel für einen gewaltsamen Tod (1982, 5). Allerdings sei Versklavung nicht nur ein Ersatz für den gewaltsamen Tod, sondern zugleich auch ein sozialer Tod, denn die Sklaven werden von allen sozialen Beziehungen getrennt, etwa von den Beziehungen zu den Eltern und zu den Kindern. Auch von grundlegenden sozialen Rechten und Verpflichtungen werden die Sklaven gelöst, etwa hinsichtlich des Rechtssystems (Sklaven können nicht vor Gericht ziehen, können nicht erben, können verkauft werden etc.). Patterson nennt diese Dimension „natal alienation", also Entfremdung qua Geburt (1982, 5–6). Ein weiterer Aspekt, den Patterson stark macht, ist der Aspekt der Ehre und des Ansehens. Sklaven haben keine Ehre – und folglich auch keinen öffentlichen Wert (1982, 10).

Diese Vorüberlegungen führen Patterson nach wenigen Seiten zu einer ersten Definition von Sklaverei mit Blick auf die persönlichen Beziehungen: „slavery is the permanent, violent domination of natally alienated and generally dishonored persons" (1982, 13) – also: „Sklaverei ist die permanente, gewalttätige Herrschaft über qua Geburt entfremdete und ganz grundsätzlich entehrte Personen." Doch auch wenn dies für die Erforschung der Sklaverei eine überaus produktive Definition war, sollte man nicht aus den Augen verlieren, dass es Phänomene und Fälle gab und gibt, die nicht genau in den definitorischen Rahmen passen. Es mag auch in solchen Fällen dennoch gute Argumente und Gründe geben, von Sklaverei auszugehen und zu sprechen, zumal der ‚soziale Tod' gar nicht unbedingt ein Zustand sein muss, sondern auch eine ‚produktive Gefahr' sein kann.[11]

Pattersons Überlegungen können schon ein paar Hinweise geben, worauf man achten könnte, wenn man mittelalterliche Erzählungen auf Sklaverei und verwandte Phänomene hin untersucht. Gerade die Idee des sozialen Tods scheint mir höchst relevant zu sein in einer Erzählkultur, die Reputation und Respekt als zentrale Werte installiert. Wenn Sklaven laut Patterson keine Ehre haben, dann erkennt man daran, in welche Gefahr beispielsweise ein Ritter gerät, von dessen Ehrverlust erzählt wird.

3 *Tristan* und *Flore und Blanscheflur*

Ein Knabe von 14 Jahren, der – vermutlich in der Normandie, vielleicht auch in der Bretagne – aufwächst, sieht sich gemeinsam mit seinem Ziehvater und seinen Brüdern im Hafen die Waren an, die Kaufleute aus Norwegen auf ihrem Schiff ausgelegt haben. Als der Knabe an Bord ein Schachspiel entdeckt, fragt er die fremden Kaufleute, ob sie etwa Schach spielen könnten. Noch bevor die Kaufleute antworten, fällt ihr Blick auf den Knaben, den sie für den schönsten Jungen halten, den sie je gesehen haben. Die Kaufleute bieten an, mit ihm Schach zu spielen. Der Ziehvater des Knaben stimmt dem zu und er lässt den Knaben gemeinsam mit dessen Erzieher auf dem Schiff zurück. Dort beeindruckt der Knabe die Kaufleute mit seinen Kenntnissen, seinen Fertigkeiten und seiner höfischen Erziehung, so dass die Kaufleute schließlich beschließen, ihn zu entführen, denn sie glauben, „si möhten sîn gewinnen / grôzen frumen und êre" (*Tristan*, V. 2300–2301).[12] Gesagt, getan: die

---

[11] Man vergleiche die Erläuterungen bei Eckert 2021, 18–19.
[12] Möglicherweise sind es Tristans Sprachkenntnisse, die ihn in den Augen der Kaufleute besonders wertvoll machen. „Entscheidend für den Entschluß der Kaufleute könnten nach der Vermutung O. Werners [...] die Sprachkenntnisse sein, die sie für ‚angemessene Kontakte und Dolmetscherdienste mit ihren Hauptkunden, den Leuten bei Hof', hätten nutzen können", schreiben Walter Haug und Manfred Günter Scholz in ihrem Kommentar. (Haug und Scholz 2011, 318 mit Verweis auf Werner 1985, 173). Die norwegische *Saga von Tristram und Königin Isönd* ist an der entsprechenden Stelle expliziter: „Aber die Kaufleute waren über diesen jungen Mann erstaunt und lobten sein Wissen, seine Geschicklichkeit und Schönheit und Tüchtigkeit, seinen Verstand und sein Benehmen, da er sie alle matt setzte, und sie überlegten nun, daß sie, wenn sie ihn entführen könnten, von seinem Wissen und seinen vielen Kenntnissen großen Gewinn erlangen würden, und auch, daß sie, wenn sie ihn verkauften, viel Geld für ihn bekämen." (Uecker 2008, 25) Auch weitere Textstellen der Saga sind für das Thema dieses Beitrags interessant. So kennt die Saga etwa auch den Tribut an Irland, der mit Knaben zu leisten ist (37). Isönd ist auch in der Saga ein ‚Transfermensch' und kann gegen die Tötung des Drachen eingetauscht werden. Es stellt sich allerdings

Kaufleute lichten den Anker und ehe sich der vierzehnjährige Knabe versehen hat, befindet er sich auf dem Meer und in der Gewalt der Kaufleute.

Die Szene in Gottfrieds von Straßburg *Tristan* führt bekanntlich nicht dazu, dass Tristan versklavt wird, denn ein Unwetter überzeugt die norwegischen Kaufleute davon, dass es besser sei, Tristan freizulassen. Was man aber anhand der kurzen Szene sehen kann, sind Praktiken, mit denen man offenbar zu rechnen hat, und diese Praktiken sind mit Kaufleuten verbunden, die auf dem Meeresweg Handel treiben und es deshalb in diesem Fall auch wagen können, den Knaben zu entführen, um daraus Nutzen zu ziehen und Ansehen zu gewinnen. Was genau die Kaufleute tun könnten und würden, um dies ins Werk zu setzen, das zeigt der *Tristan* nicht. Eine höfische, narrative Gerechtigkeit bewahrt den Protagonisten vor dem Schicksal, irgendwo verkauft zu werden – was bei Kaufleuten eine recht naheliegende Handlungsoption wäre.[13]

Anderen Figuren ergeht es anders, zumal dann, wenn sich Figuren innerhalb christlich-muslimischer Grenzgebiete bewegen, wodurch wiederum das Mittelmeer zum Handlungsraum werden kann. Interreligiöse Kontakt- und Konfliktzonen bieten eine wichtige narrative Legitimation, um von Sklaverei zu erzählen, wobei die Sklaverei dann oft die Sklaverei der anderen ist. In Konrad Flecks *Flore und Blanscheflur* etwa wird von einem muslimischen König in Spanien erzählt, der Schiffe ausrüstet und mit einem großen Heer ein christliches Land angreift.[14] Durch einen solchen Angriff ergeben sich, wenn man der Erzählung folgt, zunächst Optionen auf Raub und Zerstörung: Die muslimischen Angreifer rauben und brandschatzen im Umkreis von zwanzig Meilen. Zahlreiche Christen werden getötet und die, die nicht getötet werden, wenden sich zur Flucht. Von Sklaverei ist im Rahmen dieses Kriegszugs zunächst keine Rede.[15]

---

die Frage, ob man den ‚traffic in women' in die Nähe von Sklaverei rücken sollte oder ob man eine allgemeinere Kategorie des Menschentransfers anzusetzen hätte. Dass es in der Saga dann zwei Sklaven sind (67), die mit Bringvet losgeschickt werden, um sie zu töten, passt insofern ins Bild, als in altnordischen Erzählungen Sklaven sowieso häufiger erwähnt werden.

13 Die höfisch-narrative Gerechtigkeit lässt allerdings manchmal auf sich warten, etwa in Hartmanns *Iwein* (und entsprechend in Chrétiens *Yvain*), wenn von den 300 Frauen erzählt wird, die in Gefangenschaft Arbeit verrichten müssen – und dann von Iwein/Yvain befreit werden. Wenn der Ritter als Retter inszeniert werden soll, können Formen radikaler Abhängigkeit auch im aristokratischen Roman dargestellt werden.

14 Ich beschränke mich im Folgenden auf Konrad Fleck und klammere die übrige Überlieferung aus. Einen Überblick über die Überlieferung vom französischen bis hin in den deutschsprachigen Raum gibt Winkelman 2010.

15 Wobei der Text schon im Prolog eine interessante und vielleicht ja auch überraschende Unterscheidung trifft, was das Publikum anbelangt, zwischen denjenigen, die *eigen* sind, und denjenigen, die *frî* sind (Flore und Blanscheflur, V. 130).

Nachdem die Muslime das geraubte Gut zu ihren Schiffen gebracht und verladen haben, erfahren sie, als sie schon abfahrbereit sind, dass sich in der Nähe eine Gruppe christlicher Pilger befindet. Dies scheint Grund genug zu sein, um noch einmal zum Schwert zu greifen. 900 Ritter werden sogleich beauftragt, die Pilger zu „slahen und vâhen" (*Flore und Blanscheflur*, V. 404), also zu erschlagen und gefangen zu nehmen. So geschieht es, wobei im Folgenden zunächst nicht von Gefangennahmen die Rede ist, sondern nur davon, dass die meisten Pilger gnadenlos niedergemetzelt werden.

Unter diesen Pilgern befindet sich ein Graf aus dem fränkischen Reich (‚Kerlingen', *Flore und Blanscheflur*, V. 423) mit einer seiner Töchter. Diese Tochter, so erfahren wir, ist schwanger und ihr Mann ist tot. Der fränkische Graf wird von den muslimischen Rittern erschlagen – seine (namenlose) Tochter indes wird von den Angreifern gefangen genommen und zum muslimischen König gebracht. Der wiederum erkennt sogleich, dass er es mit einer adligen Dame zu tun hat und König Fênix beschließt (aus Gründen, die nicht klar expliziert werden), die Gefangene seiner Ehefrau zu schenken. Damit zeigt sich nun, dass es beim Raubzug der Muslime nicht nur die Option auf Zerstörung, Raub und Tötung gibt, sondern durchaus auch die Option auf Versklavung; eine Option, die in diesem Fall aber vergeschlechtlicht und ‚klassiert' ist, weil diese Möglichkeit nur im Falle einer adligen Frau wahrgenommen wird.

Während der muslimische König nach seiner Rückkehr Silber und Gold als Beute verteilt, erhält seine Ehefrau, die auf diese Weise an der kriegerischen Gabenökonomie beteiligt wird, die schwangere Christin. Die Königin ist über das Geschenk überaus erfreut („stolz unde geil", V. 506) und sie erlaubt der Christin sogar, nach ihrem Glauben zu leben. Im Gegenzug – und aus Dankbarkeit für diese religiöse Toleranz – leistet die Christin der Königin alle Dienste, die von ihr erwartet werden. Von Seiten der Königin wird die christliche Sklavin also gerade nicht als Sklavin behandelt, sondern als geschätzte, geradezu geliebte Gefährtin und Freundin – wobei die Beziehung vielleicht auch deshalb so vertrauensvoll ist, weil prinzipiell eine rechtlich-soziale Asymmetrie zwischen den beiden Frauen besteht. Die Christin kann der Königin nicht gefährlich werden und dies dürfte die Grundlage dafür sein, dass sich in der Beziehung der Frauen keine ausgeprägte Machtbeziehung zeigt, sondern eine Art Allianz.[16] Die Gemeinschaft von Frauen, so suggeriert der Text zumindest auf der Oberfläche, kennt keine Sklaverei.

Als beide Frauen dann am gleichen Tag ihre Kinder gebären – ein Mädchen und einen Jungen –, ist der Grundstein gelegt für die zukünftige Liebesbeziehung, hinter der die ‚Eigentumsverhältnisse', wenn man das so sagen möchte, allerdings

---

16 Näheres dazu bei Altpeter 2021. Altpeter bezieht sich insbesondere auf Rasmussen 1997.

nicht verschwinden. Indem der König später Blanscheflur eben nicht tötet (trotz des schon errichteten Grabes), sondern sie an Kaufleute verkauft,[17] um die Mesalliance zu verhindern, bleibt der muslimische König innerhalb der Matrix der Sklaverei. So wie Blanscheflurs Mutter verschenkt werden konnte, kann Blanscheflur verkauft und also in eine Handelsökonomie eingespeist werden.[18]

Die Drastik dieser Erzählung von Sklaverei und Menschenhandel wird in der jüngeren Forschung durchaus gesehen. Damit einher geht eine Abkehr von älteren Forschungspositionen, die den Text eher als hübsche Geschichte zweier Liebender behandeln. Das in der Forschung etablierte Konzept der ‚Kinderminne' hat sicherlich nicht gerade dazu beigetragen, diese ‚Verniedlichung des Romans' zu verhindern.[19] Amelie Bandheim und Dominik Schuh indes sprechen in ihrem intersektional orientierten Aufsatz aus dem Jahr 2017 ohne jede Scheu von Sklaverei (Bendheim und Schuh 2017). In jüngerer Zeit hat zudem Katja Altpeter die ‚Eroberung' der Christin als „sexual conquest" gelesen und darauf hingewiesen, dass die sexuelle Übergriffigkeit der muslimischen Herrscherfiguren im Text für ein zeitgenössisches christliches Publikum als *othering* lesbar gewesen sein dürfte.[20] Altpeter erläutert außerdem, dass die parallele Schwangerschaft und die gleichzeitigen Geburten den Eindruck erwecken, „that Blanscheflûr's mother plays the role of co-wife to the Muslim wife who awaits King Fênix at home, and that King Fênix is the putative father of both children" (2021, 106). Versklavte Frauen unterliegen, daran kann diese Beobachtung erinnern, immer der Gefahr, zum Sexualobjekt gemacht zu werden. Im Rahmen des *othering* kann dies in der Erzählung

---

17 Kaufleute sind meist nicht weit, wenn in den hier diskutierten Erzählungen von Sklaverei erzählt wird. Zu Kaufleuten in mittelalterlichen Erzählungen siehe Brennig 1993. Brennig glaubt hinsichtlich Gottfrieds *Tristan* nicht, dass es sich bei den Kaufleuten um „professionelle[] Menschenhändler" (199) handle, zumal „ihr kulturelles Niveau" (ebd.) für sie spreche; zu *Flore und Blaschenflur* siehe bei Brennig die Seiten 282–306. Den Hinweis auf Brennigs Buch verdanke ich Altpeter-Jones 2011.
18 Zur Objekt- und Dinghaftigkeit Blanscheflurs und zur Differenz von „feudal economy of lineage" und „commercial economy" vergleiche man auch Kinoshita 2006, 89.
19 Altpeter 2021, 103 verweist unter dem Stichwort der „Verniedlichung" auf Putzo 2015, 28–30; der Begriff der „Verniedlichung" fällt auf Seite 30, wo Putzo Helmut de Boor zitiert. Neben der „Verniedlichung" gibt es auch die Abwertung der Erzählung als wenig kunstvoll, wie Michael Waltenberger erläutert: „Neben den spannungsvollen Erzählexperimenten eines Chrétien oder einer Marie de France erschien der Florisroman mit seiner simplen Handlungsstruktur und dem krisenlosen Weg seines kindlichen Helden naiv und eindimensional." (Waltenberger 2003, 25).
20 „The depiction of the amiral's otherness conforms to contemporaneous western stereotypes of the Oriental and Muslim ruler who was imagined as a cruel despot prone to excess and especially to sexual aberration. The text, in other words, avails itself of descriptions that would have resonated with a medieval audience [...]." (Altpeter 2021, 106).

angesprochen und ausgeführt werden, zuerst noch andeutungsweise, im Laufe der Erzählung dann explizit, wenn Blanscheflur ausdrücklich zum (zukünftigen) Sexualobjekt wird.

4 Rennewart und Rénouard

Sklaverei und Menschenhandel hat, so viel lässt sich anhand der bisherigen Beispiele sagen, etwas mit Handel zur See zu tun sowie mit Kontakt- und Konfliktzonen und damit oft auch mit dem mediterranen Raum. Gerade die konflikthafte Differenz von Christentum und Islam scheint auch mittelhochdeutschen Erzählungen die Lizenz zu bieten, recht explizit über Sklaverei und Menschenhandel zu sprechen. Ein besonders prominentes Beispiel ist die Figur des Rennewart in Wolframs von Eschenbach *Willehalm* sowie – noch deutlicher – im altfranzösischen *Aliscans*-Epos.[21]

Als Rennewart im *Willehalm* zum ersten Mal erscheint, sieht ihn Willehalm aus der Ferne. Er ist im Palas und er beobachtet, wie unten einige Ritter sich mit Waffen üben. Dann heißt es:

> dô nam der marcgrâve war,
> daz ein knappe kom gegangen,
> der wart mit spote enpfangen.
> der truoc einen zuber wazzers vol.
> ob ich sô von im sprechen sol,
> daz mir'z niemen merke:
> wol sehs manne sterke
> an sîn eines lîbe lac.
> der küniges küchen er sô phlac,
> daz er wazzers truoc al eine,
> des die koche al gemeine
> bedorften z'ir gereitschaft. (*Willehalm*, 187, 30–188, 11)

> Da sah der Markgraf einen Knappen kommen, der mit Spott empfangen wurde. Einen Zuber voller Wasser trug der. Wenn ich von ihm sagen darf, ohne daß man mir das vorhält: die Stärke von sechs Männern hatte dieser eine Mann. Für die königliche Küche trug er ganz allein das Wasser, das die Köche alle für ihre Zurüstungen brauchten. (Übers. Heinzle)

Rennewart fällt also auf, allerdings nicht so sehr, weil er die Arbeiten eines Knechts zu verrichten hat, sondern weil seine Stärke auf seinen Adel verweist. Er mag, wie

---

[21] Im Zusammenhang mit dem Thema des vorliegenden Aufsatzes wäre auch ein genauerer Blick auf die Szene interessant, die Willehalm zeigt, wie er vor Orange auf Gyburcs Forderung hin christliche Gefangene befreit (90,12–91,19).

es kurz nach den zitierten Versen heißt, dreckig sein und schäbige Kleidung tragen, aber die Erzählinstanz macht sofort klar, dass man ihn „niht ze rehte" behandelt, nicht „nâch sîner geschicede und nâch sîner art" (*Willehalm*, 188, 18–19; ‚Man behandelte ihn nicht entsprechend seiner Schönheit, seiner Abkunft'). Dieser aristokratischen Perspektive, die ansonsten unvereinbare Differenzen (insbesondere religiöse Differenzen) zu integrieren vermag, könnte man entgegnen, dass es gerade dieser Blick ist, der Rennewart *nicht* richtig wahrnimmt, sondern seinen aktuellen Status überspielt und ausblendet.

Als Willehalm und der französische König beobachten, wie der Küchenjunge, nachdem er gereizt wurde, die Beherrschung verliert und einen Knappen an eine Säule schleudert, so dass er zerplatzt, „als ob er waere vûl" (*Willehalm*, 190, 16; ‚als ob er faul wäre'), wird klar, dass auch der König um den Adel des Küchenjungen weiß. Schon deshalb wird die beobachtete Tötung mit dem Naturbild einer faulen Frucht überblendet und aus der Geste des Widerstands wird ein bloßes Zerplatzen einer Frucht gemacht.

Der König erklärt, dass das noch nie passiert sei; dass der Küchenjunge immer anständig gewesen sei und noch nie einen solchen Wutanfall gehabt habe. Weiterhin betont der König, dass er genau wisse, dass der Küchenjunge adlig sei, dass er es aber nicht geschafft habe, ihn dazu zu bewegen, sich taufen zu lassen. Schließlich erklärt der König bei dieser Gelegenheit auch, wie er zu dem Küchenjungen gekommen ist:

> [...] ich hân unvuoge an im getân.
> got weiz wol, daz ich willen hân,
> ob er enpfienge kristenheit,
> mir waere al sîn kumber leit.
> in brâhten koufliute über sê,
> die heten in gekoufet ê
> in der Persen lande. [...] (*Willehalm*, 191, 7–13)
>
> Ich hab ihn schlecht behandelt. Gott ist mein Zeuge, daß ich ihn, wenn er sich taufen ließe, nur allzugern von seinem Leid erlösen würde. Kaufleute brachten ihn übers Meer, die hatten ihn gekauft in Persien. (Übers. Heinzle)

Allzu viel Informationen sind das nicht. Kaufleute haben ihn „gekoufet", heißt es ganz nebenbei, und diese Information scheint in der erzählten Welt nicht verwunderlich zu sein. Dazu mag beitragen, dass ja schon zuvor deutlich gemacht wird, dass Rennewart kein Christ ist, so dass für ihn offenbar andere Regeln und andere Praktiken gelten. Über den Transfer selbst erfahren wir im *Willehalm* aber kaum etwas. Auch über den Status Rennewarts am französischen Hof erfahren wir wenig. Wie viel Freiheit er genießt und welchen Verpflichtungen er unterliegt, das wird nur in Ansätzen deutlich. Dass er als Küchenjunge eingesetzt wird, weil er sich weigert, Christ zu werden, ist klar. Wie aber sein grundsätzlicher Status als ein Mensch einzuschätzen ist, darüber wird im *Willehalm* im Bereich der hier diskutierten Textpassage nicht weiter gesprochen. Immerhin kann man aus dem dann folgenden Menschentransfer schließen, dass der französische König frei über Rennewart verfügen kann, sonst könnte er ihn nicht ohne Weiteres an Willehalm übergeben.

Wenn wir etwas mehr Details erfahren möchten, müssen wir uns an eine französische Fassung der Erzählung halten.[22] Dort erfahren wir, dass Rénouard in Córdoba (*Aliscans*, V. 6371) geraubt worden sei, also in al-Andalus, im muslimischen Spanien – und anschließend sei der junge Mann vom französischen König in Palermo gekauft worden (*Aliscans*, V. 3465 ff.). Und wir erfahren noch mehr aus dem Mund Rénouards, der selbst von seinem Schicksal berichtet. Er beginnt damit, dass er von der Macht seines Vaters erzählt:

> Ihm [also dem Vater, M.O.] untertan sind fünfzig gekrönte Könige und 500.000 Perser und Slawen. Mein Vater hat mich einem Meister überantwortet. Da war ich noch jung und von geringem Alter. Ich war auf eine Wiese an der Küste gegangen und hatte lange mit einer Kugel gespielt. Das störte meinen Meister Giboé sehr. Er prügelte mich so, daß er mich blutig schlug. Ich litt und hatte ein gebrochenes Herz. Ich zielte rasch mit meiner Kugel auf ihn und traf ihn damit, daß ihm das Herz brach. Ich floh, nachdem ich ihn tot niedergeworfen hatte, denn ich fürchtete meinen Vater und seine Wildheit. Kaufleute lagen auf dem Meer vor Anker. Sie riefen mich und nahmen mich in ihrem Schiff auf, und ich betrat es gerne und freiwillig. Dann machten sie sich fort, als sie guten Wind hatten. Nach Galizien waren sie gekommen. König Looïs war zu einem Heiligen gekommen. Hierher kam er mit einer heiligen Ritterschar. Als er mich sah, kaufte er mich ganz rasch und führte mich dann nach der Stadt Laon. In seiner Küche habe ich mich lange Zeit aufgehalten und Feuer gemacht, Fleisch abgeschäumt, die Vögel gebraten und viele Spieße gedreht. So lange trieben sie Spott mit mir und erniedrigten mich, daß ich die Zeit in großer Beschwernis hinbrachte, mehr als sieben ganze Jahre; und so sind sie alle vergangen, bis Guillelme kam, der mich zu sich rief. Er schätzte mich hoch, ihm sei Dank, und ich liebe ihn mehr als jeden Sterblichen. Für ihn habe ich Jambu, meinen jüngeren Bruder, getötet und meine Verwandtschaft erschlagen und in Stücke gehauen. Trefflich habe ich ihm gedient, nun soll er mich dafür wohlwollend behandeln. [...] (*Aliscans*, V. 7473–7506; Übers. Knapp).[23]

---

22 Man könnte zudem auch bei Ulrichs von Türheim *Rennewart* weiterlesen, wo „Kaufleute [...] Rennewarts Sohn Malefer kurz nach seiner Geburt mit Hilfe seiner Amme entführen" und das Kind an Terramer verkaufen (Brennig 1993, 175–176).

23 „Cinqante roy sunt soç lui coroné / E . V.C.M. qe Persant qe Esclé. / Mes peres m'ot un mestres comandé, / Je era jovnes et de pitet aé. / Sor la marine ere aleç en un pre; / D'une polete avoie aseç joié. / Mult en poisa mon mestre Giboé; / Tant me bati q'il me fist sanglenté. / Je sui dolenç si ai li cuer crevé, / De ma polete si l'ey tost avisé, / Si l'en feri q'il ot li cuer crevé. / Je m'en fuï qant j[e] l'ai mort gité; / Mult dotai mon pere et sa fierté. / Mercheant eront sor la mer aencré, / Si m'apelerent et mistrent en lor né / E je intrai vountiers et de gre. / Puis s'en tornerent qant orent bon oré; / De vers Galitie estoient arivé. / Roys Looÿs ot a un saint alé, / Por iluec vi[n]t a un saincte berné. / Qant

Der Küchenjunge ist also der Sohn eines mächtigen Herrschers, dem 500.000 Perser und Slawen untertan sind. Die Erwähnung von „Slawen" könnte signifikant sein, denn unsere heutigen Begriffe ‚Sklave' und ‚Sklaverei' stehen in Verbindung zur ethnischen Bezeichnung ‚Slawe'.[24] Wenn davon die Rede ist, dass der Vater des jungen Mannes über Perser und Slawen herrscht, dann sind hier vielleicht nicht unbedingt Menschen aus slawischen Gebieten gemeint, sondern Menschen, die versklavt wurden.

Dass die Vorstellung eines Handels mit Menschen und die Vorstellung von einer Praxis der Sklaverei in dieser Erzählung plausibel sind, wird schon durch das Schicksal des Knaben deutlich. Wenn man mit der Forschung davon ausgeht, dass Sklaverei im mittelalterlichen Europa insbesondere in Konfliktzonen passierte, dann ist das Mittelmeer für den Menschenhandel besonders relevant, was insbesondere auch für die italienischen Häfen gilt – und der muslimische Knabe wird ja in Palermo weiterverkauft. Palermo erweist sich aus dieser Perspektive als Knoten eines Netzwerkes, zu dem Akteure in Europa ebenso gehören wie asiatische und afrikanische Akteure.

Abgesehen von diesen interessanten Details ist die Geschichte, die Rénouard von sich und seinem Schicksal erzählt, auch aus einem anderen Grund von Interesse. In dieser Geschichte geht es nämlich um Machtverhältnisse und um die Umkehrung und Transformation von Machtverhältnissen – und diese Transformation hat sehr viel mit der Herrschaft über Menschen und dem Verfügen über Menschen zu tun.

Der Knabe, der von einem Meister erzogen werden soll, ist ein Königssohn, so erfahren wir – und das lässt er seinen Meister auch merken. Dass nämlich erzählt wird, dass dieser Meister den Knaben verprügelt, das lässt sich als eine Verkehrung von Machtverhältnissen lesen. Der Meister, der dem Knaben etwas beibringen soll, ist dem Knaben als Lehrer übergeordnet und dem Königssohn zugleich untergeordnet. Es kann und darf – aus der Perspektive des Knaben gesprochen – nicht sein, dass er von einem Untergebenen verprügelt wird. Eben deshalb heißt es ja, dass der Knabe ein gebrochenes Herz hatte – sozial stirbt, könnte man mit Patterson sagen –, nachdem er von seinem Meister verprügelt worden war. Der Status des Königssohns in der Welt ist in Mitleidenschaft gezogen worden und damit auch

---

il me vit, si m'ot tost achaté; / Puis me mena a Loon la cité. / En sa cosine ay long temps conversé / E fet lo feu e la carn eschumé, / Les osiaus cuez e meinz aste torné. / Tant me gaberent e tinderent en viuté; / A granz travail ai lo temps passé, / Plus de .VII. anz e si sont tuit alé; / Jusqe Guillelmes vint, qi m'a rové; / Soe merci me tint en certé / E j[e] lo tein plus qe hom de mere né. / Por lui ai mort Gambu, mon frere enz né, / E mon lignage oncis e demembré. / Bien l'ay servi, or m'en doit avoyr a gre. [...]" (*Bataille d'Aliscans*, V. 7473–7506)

24 Näheres bei Kłosowska 2020.

sein Ansehen und sein Verhältnis zu sich selbst. Er leidet, weil er geschlagen wurde, und ihm bricht das Herz, weil er von jemandem geschlagen wurde, der auch dann noch sozial unter ihm steht, wenn er als Lehrer über ihm steht. Insofern macht es Sinn, dass der Knabe sein Spielzeug benutzt, um seinen Meister zu töten. Das Spielzeug, das der Ausgangspunkt für den Übergriff des Untergebenen war, dieses Spielzeug wird nun zum Tötungswerkzeug.

Der Knabe selbst ist aber wiederum seinem Vater untertan – und deshalb flieht er und wird von Kaufleuten aufgegriffen. Zwar betont der Knabe – die Situation erinnert an den *Tristan* –, dass er das Schiff freiwillig betreten habe; das aber hilft hier nicht viel. Die Kaufleute segeln los, nehmen ihn mit und verkaufen ihn an den französischen König. Dieser Kauf habe in Galizien stattgefunden, also auf der Iberischen Halbinsel, was nicht ganz zu den anderen Informationen über diese Geschehnisse in der Erzählung passt. Der französische König übergibt den Knaben dann an Guillelme, den Markgrafen – und nun, aus dieser untergeordneten Position heraus, entwickelt der Knabe Zuneigung und Dankbarkeit gegenüber Guillelme. Oder genauer gesagt: Durch Guillelme hat sich die Position des Knaben verbessert, er ist sozial aufgewertet und als Mensch anerkannt worden – und dafür ist er Guillelme nun dankbar. Diese Dankbarkeit und die daraus resultierende Verbundenheit sind weitreichend und tragen dazu bei, dass der Knabe bereitwillig seine Verwandten tötet. Das ist, in gedrängter Kürze, eine beeindruckende Geschichte über soziale Hierarchien, Unterordnung, Unfreiheit und über die zumindest teilweise Befreiung aus dieser Situation.

5 Heinrich und sein Mädchen

Wäre dies ein marxistischer Beitrag, wäre es nun wohl endlich an der Zeit, Karl Marx zu zitieren oder zumindest Friedrich Engels. Bei Engels heißt es an einer Stelle: „Die Leibeigenschaft des früheren Mittelalters, die noch viel von der alten Sklaverei an sich hatte, gab den Herren Rechte, die mehr und mehr ihren Wert verloren; sie schlief allmählich ein, die Stellung der Leibeigenen näherte sich der bloßen Hörigen." (Engels 1962, 326, zitiert nach Autorenkollektiv 1990, 24).[25]

---

[25] In dieser sozialistisch-sozialgeschichtlichen Literaturgeschichte wird anlässlich des *Armen Heinrich* (Autorenkollektiv 1990, 232–242) vor allem ein progressives Potential des Textes starkgemacht, das darin liege, dass Hartmann die Heilung vom Aussatz aus der „von der höfischen Literatur gemiedenen und verfemten bäuerlichen Welt kommen läßt" (242). Dem Autorenkollektiv geht es also darum, den Text (trotz der höfischen Ideologie) möglichst positiv zu verstehen und zu bewerten. Schon deshalb steht eine Lektüre des Textes als eine Geschichte der freiwilligen Unterwerfung nicht zur Debatte. Das Ganze ist dann Ideologiekritik auf Sparflamme.

Diese Aussage über eine Bewegung von „der alten Sklaverei" hin zu einem Status, der mit dem anschaulich-unanschaulichen Begriff des „Hörigen" beschrieben wird, ist gar nicht veraltet, sondern lässt sich auch anhand jüngerer Forschung bestätigen. Werner Rösener etwa schreibt:

> Gegen Ende des Hochmittelalters hatte sich die rechtliche Lage der Bauern in vielen Ländern Europas wesentlich verbessert. Im Zuge der Auflösung der Fronhofsverfassung waren die bäuerlichen Frondienste oft bis zur Bedeutungslosigkeit gemildert und die persönliche Bindung der Hörigen an die Grundherrschaft wesentlich gelockert worden. Für die Nutzung ihrer Hofstellen bezahlten die Bauern einen Zins, dessen Realwert stark sank, oder eine Pacht, die wesentlich durch die Marktverhältnisse bestimmt wurde. In einigen Gebieten waren wohlhabende Bauern sogar in der Lage, das volle Eigentum über ihre Höfe zu erwerben. [...] Die alte persönliche Unfreiheit schwand fast überall dahin und hinterließ nur noch Spuren in Höhe und Art bestimmter Abgaben und Dienste. (Rösener 1993, 82–83)

Wenn wir annehmen, dass es diese Bewegung gab, dass einzelne Menschen anderen also immer seltener radikal unterworfen waren, dann könnten Erzählungen besonders interessant sein, die von einer freiwilligen Selbstunterwerfung erzählen. Ein prominentes Beispiel dürfte der *Arme Heinrich* Hartmanns von Aue sein. Während nämlich sowohl *Flore und Blancheflur* als auch *Willehalm/Aliscans* klare und sehr konkrete Beispiele von Sklaverei und Menschenhandel zeigen verhandeln viele weitere hochmittelalterliche Erzählungen Abhängigkeiten, die gemeinhin unter den Etiketten Lehenswesens, Vasalität und Feudalismus diskutiert werden. Die Verhandlungen im *Armen Heinrich* scheinen mir dabei besonders relevant und aufschlussreich zu sein. Hier spielt das Mittelmeer zwar keine Hauptrolle, ist aber in Form der Figur des Arztes in Salerno durchaus präsent. Für diesen Arzt im südlichen Italien kann die Tötung eines Menschen als Heilmittel dienen, wodurch Menschenleben dann eine instrumentelle Funktion erhalten. Am Mittelmeer, in Salerno, – und eben nicht in Schwaben – scheint dies möglich zu sein.

Das junge Mädchen, das sich im *Armen Heinrich* selbst ihrem Herrn übergibt und damit – aus adeliger Sicht – einem Wunschtraum hochmittelalterlicher Menschenherrschaft entspricht, ist keine Sklavin, aber sie verhält sich freiwillig so, als könnte ihr Herr über ihr Leben verfügen. Dass diese Konstruktion von verschiedenen diskursiven Schichten überdeckt wird, insbesondere durch den Liebesdiskurs und durch religiöse Überlegungen, ist klar, spricht aber umso mehr dafür, die zugrunde liegende Konstruktion herauszuarbeiten und hervorzuheben.[26]

---

[26] Dass im Prolog des *Armen Heinrich* auch über Ministerialität gesprochen wird, also über eine zeitgenössisch sehr relevante und dynamische Form der Abhängigkeit, scheint mir im Rahmen meiner Überlegungen durchaus signifikant zu sein, da die Ministerialen hergebrachte Abhängigkeitsordnungen in Bewegung versetzen; dieser Spur werde ich hier aber nicht weiter folgen.

Im Anschluss an die Überlegungen von Orlando Patterson kann man erkennen, wie sich das Mädchen im religiösen Modus von Heiligkeit und Martyrium selbst zur Machtlosigkeit ermächtigt und sich freiwillig der Androhung von Gewalt unterwirft. Das hängt damit zusammen, dass das Mädchen ihre eigenen Interessen und Umstände zum Vorteil ihres Herrn bewertet. Und dann schließlich usurpiert das Mädchen die religiösen Logiken, um Gewalt als Befreiung und Gehorsam als freiwilligen Opferakt zu verstehen. Das Mädchen trennt sich selbst von seinen sozialen Bindungen – von Vater und Mutter – und will, über den sozialen Tod hinaus, dann auch noch den gewaltsamen Tod erleiden. Was aus einer religiösen Perspektive plausibel sein mag, ist aus einer Perspektive der Logiken der Sklaverei letztlich eine Art Selbstversklavung.

Der Hof, an den sich der erkrankte Heinrich zurückzieht, ist der Hof eines „Freibauern" („vrîer bûman", *Armer Heinrich*, V. 269). Dieser Bauer und seine Familie haben ein Interesse daran, Heinrich zu pflegen und am Leben zu erhalten, denn der Freibauer wurde von Heinrich, seinem Herrn, privilegiert:

> Der diz geriute
> und der ez dannoch biute,
> daz was ein vrîer bûman
> der vil selten ie gewan
> dehein grôz ungemach,
> daz andern gebûren doch geschach,
> die wirs geherret wâren
> und si die niht verbâren
> beidiu mit stiure und mit bete.
> swaz dirre gebûre gerne tete,
> des dûhte sînen herren genuoc;
> dâ zuo er in übertruoc
> daz er deheine arbeit
> von vremedem gewalte leit.
> des enwas deheiner sîn gelîch
> in dem lande alsô rîch. (*Armer Heinrich*, V. 267–282)

> Der den Rodungshof urbar gemacht hatte und ihn weiter bestellte, war ein Freibauer, der noch nie unter großer Bedrückung gelitten hatte, wie sie anderen Bauern widerfuhr, die schlechtere Herren hatten, die ihnen Abgaben und Steuern abforderten. Was dieser Bauer freiwillig leistete, das schien seinem Herrn genug, außerdem beschirmte er ihn davor, durch fremde Gewalt in Not zu kommen. Deshalb war keiner seines Standes im Lande so reich wie er. (Übers. Mertens)

Heinrich gibt sich mit dem zufrieden, was sein Bauer freiwillig tut und gibt. Heinrich ist also ein guter Herr – besser als viele andere. Dies ist eine Bemerkung, die, so hat es Barbara Könneker erklärt, unvermittelt ein Licht auf die soziale Wirklichkeit jener Zeit wirft, in der die Bauern häufig unter der Willkür der Grundherren zu leiden hatten. Nicht nur Dankbarkeit ist es daher, die den Bauern veranlaßt, für Heinrich zu sorgen, sondern auch wohlerwogenes Eigeninteresse, da Heinrichs Tod für ihn von katastrophalen Folgen sein könnte. (Könneker 1987, 23)

Dementsprechend muss Heinrich nun auch (im Gegensatz zu den Kosten für die Ärzte) für seine Pflege kein Geld aufwenden oder sonstige Ressourcen investieren, denn er hat ja schon zuvor die Familie des Mädchens finanziell und materiell begünstigt. Heinrich hat für das Mädchen, das sich an ihn übergibt, bereits bezahlt. So versteht es sich, dass man sie, wie die Erzählinstanz betont, „zuo allen zîten vant under irs herren vuoze" (*Armer Heinrich*, V. 324–325; ‚so daß man sie immerzu zu seinen Füßen fand'). Diese „symbolische Unterwerfungsgeste" (Kraß 2012, 171) lässt sich mit dem Text und von seinem Ende her als christlich-tugendhafte Demut lesen, die sich dann (nach einigen Geschenken) einer Liebesbeziehung annähert. Liest man aber gegen den Text, von seinem Anfang her, unterwirft sich das Mädchen ihrem Herrn.

Dass die Freiheit des Freibauern relativ ist, wird schon dadurch klar, dass er befürchtet, dass es ihm nach dem Tod seines Herrn schlecht ergehen werde. Über den genauen Status eines Freibauern scheint sich die Forschung einigermaßen einig zu sein. Im Kommentar von Volker Mertens heißt es:

> Zu der wirtschaftlichen und sozialen Besserstellung als Gegenleistung für die Beteiligung am Landesausbau gehört die Gewährung von Freiheiten wie der Verzicht auf Abgaben, freie Erbleihe, persönliche Freigebigkeit u. a. Es ist sicher keine rechtsständische Freiheit gemeint, da von einer Freilassung (die die Voraussetzung dafür wäre) erst am Schluß die Rede ist und auch für den Fall von Heinrichs Tod eine Rücknahme der gewährten Vergünstigungen befürchtet wird. (Mertens 2008, 916)

Man erkennt hier die oben schon zitierten geschichtswissenschaftlichen Einschätzungen wieder. Zugleich weist Mertens auf eine wichtige Differenzierung hin, was die Freiheit des Freibauern anbelangt. Dass er nicht ‚wirklich' frei ist, zeigt sich daran, dass er erst nach der Heilung den Hof „ze eigen" (*Armer Heinrich*, V. 1442) bekommt – und dazu dann auch Land und Leute („die erde und die liute", *Armer Heinrich*, V. 1444).

Spätestens an dieser Stelle wird es nun sozialgeschichtlich komplex. Die Forschung kennt die Differenz von *potens* und *pauper*, also von Leuten, die „Verfügungsgewalt, Macht, Herrschaft über Menschen und Sachen" (Bosl 1964, 120 zitiert nach Henne 1981, 294)[27] haben und solchen, die das nicht haben. Um nun

---

27 Zu Beziehungen zwischen nationalistischer und nationalsozialistischer Ideologie und der geschichtswissenschaftlichen Forschung zur Vasallität im 20. Jahrhundert (und damit auch zur Forschung Karl Bosls) kann ich keine Auskunft geben.

als *liber pauper* einem *liber potens* ebenbürtig zu werden, genügte es, ‚Eigengut, Leibeigene und sonstige facultates (Lehen?)' zu erlangen. Auf diese Weise konnte ein *pauper* mächtig (*potens*) und reich (*dives*) werden. Heinrich tut also gut daran, den Eltern seiner Braut vor der Hochzeit Landgut und Grundholden zu übereignen (vgl. V. 1443–1444) und das Mädchen selbst *mit guote und mit gemache / und mit aller slahte sache / als einer vrouwen oder baz* (V. 1447–1449) zu beschenken. So wird aus der Bauerstochter eine *vrouwe*, deren Eltern nicht zur Unterschicht der *pauperes* gehören, sondern zur Herrenschicht der *potentes*. Damit ist die ehemalige Meierstochter dem Heinrich insofern gleich, als auch sie jetzt dem Herrenstand der *liberi potentes* angehört. (Henne 1981, 294–295)[28]

Wenn Heinrich am Schluss öffentlich betont, dass das Mädchen nun so frei sei wie er („nû ist si vrî als ich dâ bin", V. 1497), ist damit allerdings wenig gesagt. Diese Freiheit gibt in der Erzählung der Herr, der sich der radikalen Unterwerfung ja nun gewiss sein kann und dementsprechend nichts mehr zu befürchten hat. Außerdem ist eine solche Freiheit, die im *Armen Heinrich* ja nicht weitererzählt wird, offenbar nicht weiter von Interesse. Am Schluss wird Heinrich „auf typenhafte Klischees reduziert", wie Andreas Kraß betont; er ist „wieder der ideale Fürst, die Jungfrau wird ihm erneut subordiniert, nun aber nicht mehr in der Rolle des Bauernmädchens, sondern der stummen höfischen Gattin" (Kraß 2012, 181).

6 Eine postromantische Haltung und argwöhnisches Lesen

Der *Arme Heinrich* gehört zu den Lieblingsbüchern der Mittelaltergermanist*innen – und das von Beginn an. Bereits im Jahr 1815 erscheint die Ausgabe der Brüder Grimm, mit dem mittelhochdeutschen Text und einer Übersetzung Wilhelms im Märchenton.[29] Die hübsche, irgendwie märchenhafte Geschichte des aufopferungsvollen Mädchens scheint aus Sicht der Brüder geeignet zu sein, Interesse für mittelalterliches Erzählen zu wecken. Auch die Kinderliebe von Flore und Blanscheflur ließ sich als hübsche und liebliche Geschichte lesen, so wie sich die Geschichte von Tristan und Isolde als größter mittelalterlicher Liebesroman lesen lässt. Wolframs *Willehalm* wiederum erwähnt die Handelsstationen, die Rennewart durchlaufen hat, derartig beiläufig, dass man im Gegensatz zum altfranzösischen Epos nicht darüber stolpern muss.

---

28 Henne zitiert Bosl 1964, 112.
29 Brüder Grimm 1815. Man vergleiche auch Rautenberg 1985 sowie beispielsweise Gier et al. 2015.

Wer über Sklaverei und Menschenhandel in mittelhochdeutschen Erzählungen stolpern will, muss vorsichtig vorgehen. Wer dann auch noch die aristokratischen und manchmal auch religiösen Logiken verstehen will, die Unterordnung von Menschen unter Menschen legitimieren, braucht eine postromantische Haltung und muss argwöhnisch lesen, um dann etwa über den *Armen Heinrich* schockiert sein zu können oder über *Flore und Blanscheflur*. Auf diese Weise lässt sich dann auch von Seiten der Mittelaltergermanistik ein Beitrag leisten zur gerade florierenden Forschung zu vormodernen Formen von Sklaverei, Unfreiheit, Abhängigkeit und so weiter.

Literaturverzeichnis

Primärliteratur

Aliscans. Das altfranzösische Heldenepos nach der venezianischen Fassung M. Eingeleitet und übers. von Fritz Peter Knapp. Berlin Boston 2013.

Bataille d'Aliscans = *La versione franco-italiana della* Bataille d'Aliscans: *Codex Marcianus fr. VIII [=252]. Testo con introduzione, note e glossario*. Hg. von Günter Holtus. Tübingen 1985.

Brüder Grimm = *Hartmann von Aue: Der arme Heinrich. Aus der Straßburgischen und Vatikanischen Handschrift*. Hg. und erklärt durch die Brüder Grimm. Berlin 1815.

Fleck, Konrad: *Flore und Blanscheflur*. Hg. von Emil Sommer. Quedlinburg Leipzig 1846.

Gottfried von Straßburg: *Tristan*. Hg. v. Karl Marold, unveränderter fünfter Abdruck nach dem dritten, mit einem auf Grund von Friedrich Rankes Kollationen verbesserten kritischen Apparat besorgt und mit einem erweiterten Nachwort versehen von Werner Schröder. Berlin New York 2004.

Hartmann von Aue: *Der Arme Heinrich*. In: *Hartmann von Aue. Gregorius. Der Arme Heinrich. Iwein*. Hg. und übers. von Volker Mertens. Frankfurt am Main 2008, S. 229–315.

Haug und Scholz = Gottfried von Straßburg: *Tristan und Isold*. Hg. von Walter Haug und Manfred Günter Scholz. Mit dem Text des Thomas, hg., übers. und komm. von Walter Haug. Berlin 2011.

Uecker 2008 = *Der mittelalterliche Tristan-Stoff in Skandinavien. Einführung – Texte in Übersetzung – Bibliographie*. Hg. von Heiko Uecker. Berlin New York 2008.

Wolfram von Eschenbach: *Willehalm*. Hg. von Joachim Heinzle. Frankfurt am Main 2009.

Sekundärliteratur

Abulafia, David: „The First Atlantic Slaves, 1350–1520: Conquest, Slavery and the Opening of the Atlantic". In: *Western Fictions, Black Realities. Meanings of Blackness and Modernities*. Hg. von Isabel Soto und Violet Showers Johnson. Münster 2011, S. 107–127.

Altpeter-Jones, Katja: „When Wealth Was Good and Poverty Sin: Profit, Greed, Generosity, and the Creation of the Noble Merchant in Konrad Flecks *Flôre und Blanscheflûr*". In: *Journal of English and Germanic Philology* 110 (2011), S. 1–21.

Altpeter, Katja: „Maternal Bonds in Konrad Fleck's *Flôre und Blanscheflûr*". In: *Gender Bonds, Gender Binds. Women, Men, and Family in Middle High German Literature*. Hg. von Sara S. Poor, Alison L. Beringer und Olga V. Trokhimenko. Berlin Boston 2021, S. 103–115.
Autorenkollektiv unter der Leitung von Rolf Bräuer (Hg.): *Geschichte der deutschen Literatur. Mitte des 12. bis Mitte des 13. Jahrhunderts*. Berlin 1990.
Bendheim, Amelie und Dominik Schuh: „Gekreuzte Lebenswege, gebrochene Identitäten. Intersektionale Betrachtungen zu Konrad Flecks *Flore und Blanscheflur*". In: *Abenteuerliche ‚Überkreuzungen'. Vormoderne intersektional*. Hg. von Susanne Schul, Mareike Böth und Michael Mecklenburg. Göttingen 2017, S. 99–121.
Bosl, Karl: „Potens und Pauper. Begriffsgeschichtliche Studien zur gesellschaftlichen Differenzierung im frühen Mittelalter und zum ‚Pauperismus' des Hochmittelalters". In: *Frühformen der Gesellschaft im mittelalterlichen Europa. Ausgewählte Beiträge zu einer Strukturanalyse der mittelalterlichen Welt*. München Wien 1964, S. 106–134.
Brennig, Heribert R.: *Der Kaufmann im Mittelalter. Literatur – Wirtschaft – Gesellschaft*. Pfaffenweiler 1993.
Davis, Kathleen: *Periodization and Sovereignty. How Ideas of Feudalism and Secularization Govern the Politics of Time*. Philadelphia, PA 2008.
Eckert, Andreas: *Geschichte der Sklaverei. Von der Antike bis ins 21. Jahrhundert*. München 2021.
Engels, Friedrich: „Die Mark". In: *Marx-Engels-Werke (MEW) Bd. 19*, Berlin 1962.
Gier, Albert, Birgit Schmidt und Rolf Tybout (Hg.): *Akten der Tagung Der Arme Heinrich – Hartmann von Aue und seine moderne Rezeption. Bamberg, 5.–7. Februar 2015*. Mainz 2015.
Handwörterbuch der antiken Sklaverei. Im Auftrag der Akademie der Wissenschaften und der Literatur, Mainz. Stuttgart 2006–2018.
Hammer, Carl I.: *A Large-Scale Slave Society of the Early Middle Ages. Slaves and Their Families in Early Medieval Bavaria*. Burlington, VT 2002.
Hanß, Stefan und Juliane Schiel (Hg.): *Mediterranean Slavery Revisited (500–1800). Neue Perspektiven auf mediterrane Sklaverei (500–1800)*. Zürich 2014.
Haverkamp, Alfred: „Die Erneuerung der Sklaverei im Mittelmeerraum während des hohen Mittelalters. Fremdheit, Herkunft und Funktion". In: *Unfreie Arbeits- und Lebensverhältnisse von der Antike bis in die Gegenwart*. Hg. von Elisabeth Herrmann-Otto. Hildesheim Zürich New York 2005, S. 130–166.
Henne, Hermann: *Herrschaftsstruktur, historischer Prozeß und epische Handlung. Sozialgeschichtliche Untersuchungen zum* Gregorius *und* Armen Heinrich *Hartmanns von Aue*. Frankfurt a. M. 1981.
Karras, Ruth Mazo: *Slavery and Society in Medieval Scandinavia*. New Haven London 1988.
Kinoshita, Sharon: *Medieval Boundaries. Rethinking Difference in Old French Literature*. Philadelphia, PA 2006.
Kłosowska, Anna: „The Etymology of *Slave*". In: *Disturbing Times. Medieval Pasts, Reimagined Futures*. Hg. von Catherine E. Karkov, Anna Kłosowska und Vincent W.J. Van Gerven Oei. [o.O.] 2020, S. 151–214.
Könneker, Barbara: *Hartmann von Aue: Der Arme Heinrich*. Frankfurt a. M. 1987.
Kraß, Andreas: „Bluthochzeit. Sadomasochistische Konstellationen im *Armen Heinrich* Hartmanns von Aue". In: *Ästhetik des Opfers. Zeichen/Handlungen in Ritual und Spiel*. Hg. von Alexander Honold, Anton Bierl und Valentina Luppi. München 2012, S. 163–181.
Mertens, Volker: „Kommentar zum *Armen Heinrich*". In: *Hartmann von Aue. Gregorius. Der Arme Heinrich. Iwein*. Hg. und übers. von ders. Frankfurt a. M. 2008, S. 902–937.

Ott, Undine: „Verschleppung, Menschenhandel und Unfreiheit im mittelalterlichen Europa". In: *Sklaverei und Identitäten. Von der Antike bis zur Gegenwart*. Hg. von Andrea Binsfeld und Marcello Ghetta. Hildesheim Zürich New York 2021, S. 141–171.

Patterson, Orlando: *Slavery and Social Death. A Comparative Study*. Cambridge London 1982.

Putzo, Christine: *Konrad Fleck: Flore und Blanscheflur. Text und Untersuchungen*. Berlin München Boston 2015.

Rasmussen, Ann Marie: *Mothers and Daughters in Medieval German Literature*. Syracuse, NY 1997.

Rautenberg, Ursula: *Das ‚Volksbuch vom armen Heinrich'. Studien zur Rezeption Hartmanns von Aue im 19. Jahrhundert und zur Wirkungsgeschichte der Übersetzung Wilhelm Grimms*. Berlin 1985.

Robinson, Cedric J.: *Black Marxism: The Making of the Black Radical Tradition*. Chapel Hill, NC 1983.

Rösener, Werner: *Die Bauern in der europäischen Geschichte*. München 1993.

Schiel, Juliane und Stefan Hanß: „Semantiken, Praktiken und transkulturelle Perspektiven mediterraner Sklaverei". In: *Mediterranean Slavery Revisited (500–1800). Neue Perspektiven auf mediterrane Sklaverei (500–1800)*. Hg. von Stefan Hanß und Juliane Schiel. Zürich 2014, S. 25–45.

Toplak, Matthias, Hanne Østhus und Rudolf Simek (Hg.): *Viking-Age Slavery*. Wien 2021.

Wade, Erik: „Rez. zu Catherine E. Karkov, Anna Kłosowska und Vincent W.J. Van Gerven Oei (Hg.): *Disturbing Times. Medieval Pasts, Reimagined Futures*". In: *Selim* 26 (2021), S. 167–175.

Waltenberger, Michael: „Diversität und Konversion. Kulturkonstruktionen im französischen und im deutschen Florisroman". In: *Ordnung und Unordnung in der Literatur des Mittelalters*. Hg. von Wolfgang Harms, C. Stephen Jaeger und Horst Wenzel. Stuttgart 2003, S. 25–43.

Werner, Otmar: „Tristan sprach auch Altnordisch. Fremdsprachen in Gottfrieds Roman". In: *ZfdA* 114 (1985), S. 166–187.

Winkelman, Johan H.: „Florisromane". In: *Höfischer Roman in Vers und Prosa*. Hg. von René Pérennec und Elisabeth Schmid. Berlin New York 2010, S. 331–367.

Zeuske, Michael: *Handbuch Geschichte der Sklaverei. Eine Globalgeschichte von den Anfängen bis zur Gegenwart*. Berlin Boston 2019.

Tilo Renz
Zwischen Wegstrecke und Karte. Die narrative Erschließung des östlichen Mittelmeers in Michel Velsers Übersetzung von Mandevilles *Reisen*

An den *Reisen* des Jean de Mandeville, die vermutlich in den späten 1350er Jahren verfasst werden, zieht in moderner Perspektive besonders die Darstellung von Regionen und Herrschaftsbereichen des fernen Ostens das Interesse auf sich. Vielfältige Informationen über Gegenden, Menschen und andere Lebewesen sowie über Objekte, die fern von Europa angetroffen werden können, werden in dem Text zusammengestellt und im Modus einer Reiseschilderung präsentiert. Mandevilles *Reisen* umfassen aber noch mehr: Der berühmten Fernreise geht eine Reise zu den Stätten des Heiligen Landes voraus. Beide Abschnitte informieren über die Stationen entlang des Wegs (vgl. Deluz 1988, 32; Higgins 1997, 65) und werden als Teilstrecken einer ausgedehnten Reise des Erzählers miteinander verknüpft. Forschungen des späten neunzehnten Jahrhunderts haben die zahlreichen Quellen aufgewiesen, die der Autor der *Reisen* verwendet, und plausibel gemacht, dass er sich aus der Bibliothek, die ihm dabei offenbar zur Verfügung steht, nicht hinausbewegt (vgl. Bovenschen 1888). Insbesondere zwei Quellen bilden die Grundlage der beiden Teile des Textes. Während der zweite Teil vor allem auf den Schilderungen der Reise des Odorico von Pordenone in den fernen Osten basiert, weist der erste Teil große Nähe zum Pilgerbericht Wilhelms von Boldensele auf; beide rezipiert der Autor der *Reisen* vermutlich in der französischen Übersetzung des Jean le Long (vgl. Higgins 1991, 9). Dass damit in Mandevilles *Reisen* zwei Textgruppen miteinander verbunden werden, die historisch-zeitgenössisch zu unterscheiden sind, lässt den Anspruch erkennen, umfassende Informationen über Gegenden fernab von Europa zusammenzustellen (vgl. Deluz 1988 sowie Howard 1980, 53; Higgins 1997, 122).

Indem die zwei Teile des Textes miteinander verknüpft werden, bleiben signifikante Unterschiede bestehen, die einander wechselseitig ins Licht setzen. Das zeigt sich insbesondere bei der Darstellung räumlicher Zusammenhänge. Während sich die grundlegende räumliche Struktur des Ostens durch die nahezu sprunghafte Bewegung des erzählenden Ich zwischen einzelnen inselhaften Orten auszeichnet,[1] zeigt sich im Zuge der Reise nach Jerusalem das Bemühen – so meine zentrale

---

1 Mandevilles *Reisen* machen den Wandel zur ‚Inselhaftigkeit' der räumlichen Struktur im zweiten Teil des Textes selbst explizit, vgl. Mandeville 1974, 93, 3–7. Zur inselhaften Raumstruktur im

These –, mit den Mitteln des Itinerars ausgedehnte räumliche Zusammenhänge darzustellen. In beiden Teilen der *Reisen* wird also das Erzählmuster des Reisewegs eingesetzt, um je unterschiedliche Räume zu entwerfen.

Gegenstand der folgenden Analysen ist die deutschsprachige Übersetzung von Mandevilles *Reisen*, die Michel Velser in den 1390er Jahren vermutlich an seiner Wirkungsstätte, dem Schloss eines Adligen nahe der Stadt Chieri im Piemont, anfertigt (vgl. Morrall 1962, 87–89). Chieri liegt an Handelswegen zwischen Genua und Lyon und partizipiert damit am Austausch von Waren über das Mittelmeer und mit Gebieten nördlich der Alpen (vgl. Braudel 1998, 309–319; Kirk 2020, 165–166). Die Transferprozesse – nicht nur von Waren, sondern auch von Mirabilien –, in die der geografische Ort eingebunden ist, an dem Velsers Übersetzung vermutlich entsteht, finden sich an einzelnen Stellen auch in dieser selbst wieder. Darauf komme ich am Schluss meines Beitrags zurück.

Im Zentrum meiner Analyse von Velsers Text steht die Frage, was genau es mit der spezifischen narrativen Erschließung des Raums im ersten Teil der *Reisen* auf sich hat. Insbesondere möchte ich zeigen, inwiefern Mandevilles Modus des Schreibens über verschiedene Wege durch den östlichen Mittelmeerraum Züge historisch-zeitgenössischer kartografischer Darstellungen trägt. Um die Besonderheiten des sprachlichen Raum-Entwurfs zu erfassen, folge ich zunächst den von Mandeville geschilderten Reiserouten nach Jerusalem (Abschnitt 1) und mache dann Vorschläge, wie sie charakterisiert werden können und welche Funktionen mit dieser Art der Darstellung verbunden sind. Dazu dienen mir in einem ersten Schritt die Begriffe *carte* und *parcours* nach Michel de Certeau als Ansatzpunkte für die Analyse der sprachlichen Darstellung (Abschnitt 2). In einem weiteren Schritt zeige ich Korrespondenzen des Mandevilleschen Textes mit der Kartografie auf (Abschnitt 3). Ziel der abschließenden „medienkomparatistischen Lektüre" (Stockhammer 2007, 69) ist es, durch den Nachweis der Affinität zu Karten, die im gleichen Zeitraum entstehen, die spezifische Poetik des Raums von Mandevilles Darstellung des östlichen Mittelmeers genauer zu analysieren (Abschnitt 4).[2]

---

zweiten Teil des Textes vgl. auch Henss 2018, 287–288, 299–302 und 311–312 sowie Deluz 1988, 175 und 186.

2 Mit dieser Vorgehensweise folge ich Stockhammer 2007, 68–69. Im Unterschied zu seinem Ansatz geht es mir allerdings nicht um den Nachweis, dass der untersuchte Text die kartografische Darstellung reflektiert; ob es im untersuchten historischen Kontext zu konkreten Rezeptionsvorgängen in die eine oder andere Richtung gekommen ist, bleibt in meiner Analyse unberücksichtigt. Ebenso wenig verfolgt meine Analyse das Ziel, die sprachliche Darstellung in eine kartografische zu überführen (zur kritischen Auseinandersetzung mit derartigen Verfahren des *mapping* vgl. Benz 2013). Vielmehr gehe ich davon aus, dass sprachliche und kartografische Darstellungen im selben historischen Zeitfenster nebeneinander existieren und dass sie unter Berücksichtigung

1 Mandevilles Wege nach Jerusalem

Schon in der einleitenden Passage von Mandevilles *Reisen* kündigt die Erzählinstanz an, den Rezipientinnen und Rezipienten einen Weg zu empfehlen, der nach Jerusalem führt: „[ich] will in sagen welchen weg sie ziehen súllend" (3,27).[3] Zunächst nur implizit bringt der Erzähler damit zum Ausdruck, dass es möglich ist, nach Jerusalem unterschiedliche Reiserouten zu wählen. Der Abschnitt über die Reise von Mitteleuropa ins Heilige Land setzt dann auch mit dem Hinweis auf verschiedene Wege ein, die man dorthin nehmen könne: „Man mag mengen weg faren über mer dar nach" (4,15).

Damit wird angekündigt, wie die anschließende Erzählung in ihren Grundzügen gestaltet ist: im Sinne eines Itinerars folgen Stationen einer Reise aufeinander.[4] Indem der Weg für nicht weiter bestimmte andere Reisende („sie", 3,27 oder „[m]an", 4,15) beschrieben wird, ist offenbar nicht eine Reise der Erzählinstanz Gegenstand der Beschreibung des Verlaufs; sie steht dabei allenfalls im Hintergrund. Im Darstellungsmodus des Itinerars werden Bezüge zwischen Orten sukzessive hergestellt. Durch Vor- und Zurückverweise können Stationen zusätzlich verknüpft werden (vgl. Stockhammer 2007, 75).

Die eigentliche Wegbeschreibung nimmt ihren Ausgang von unterschiedlichen Startpunkten in Nordeuropa, in England, Norwegen oder Wales, und führt von dort weiter:

> Von erst wer müt hatt zü dem hailigen grab von Engelland, von Norwek, oder von Galles, der mag ziehen durch tütsche land, und durch Ungeren, und ouch durch Bolland, und durch Schlaffamia[5], (und da ist der künig von Ungeren gar mechtig), und mag ouch ziehen durch Bulgaria, und durch das küngrich von Rússen, und mag farn durch Nyffland[6], und das stoßet an Prússen. (4,18–23)

Damit wird der Gedanke möglicher Varianten des Weges noch einmal aufgegriffen, um wenig spezifische Routen zu skizzieren, die über Land durch Zentraleuropa führen. Fortgesetzt wird die Aufzählung mit weiteren, genauer bestimmten Stationen,

---

von Parallelen und Unterschieden im Zuge nachträglicher Analysen aufeinander bezogen werden können, um ihre jeweilige Poetik genauer beschreiben zu können.
3 Seiten- und Zeilenangaben zu Velsers Mandeville-Übersetzung nach der Ausgabe von Morrall stehen im fortlaufenden Text.
4 Nach Stockhammer sind Itinerare grundlegend durch den „[Darstellungs-]Modus der Verlaufsbeschreibung" gekennzeichnet (Stockhammer 2007, 72).
5 Gemeint ist wohl Slawonien, heute das östliche Slowenien und Kroatien. Diese und die folgenden Übertragungen der Ortsnamen Mandevilles in moderne Namen folgen Morralls Edition der Velser-Übersetzung.
6 Gemeint ist Livland, das Baltikum.

die die erwähnten Startpunkte nach sich ziehen können: z. B. Nessenburg (vgl. 4,24, vermutlich das heutige Wieselburg in Niederösterreich) und Clipron (vgl. 4,24, wohl Sopron am Neusiedlersee). Erneut werden auch großräumige Stationen genannt, wie Ungarn, Griechenland und Thrakien (vgl. 5,2). Der Ort, an dem alle hier genannten Wege aus Nordeuropa zusammenkommen, ist Konstantinopel (vgl. 5,9–10). Mit einer ausführlichen Beschreibung der Sehenswürdigkeiten der Stadt sowie ihres Umlands betont der Text die Bedeutung Konstantinopels als wichtige Zwischenstation ins Heilige Land und als Knotenpunkt für die unterschiedlichen Wege aus dem Norden.

Anschließend nimmt die Erzählinstanz die Beschreibung des Reisewegs wieder auf: „Hye so heb ich wider an und will sagen und leren die weg von Constantinopel zů dem hailigen grab" (14,16–17). Benannt werden zunächst Orte östlich des Bosporus: Niquie (14,18; gemeint ist Nikäa, das heutige Iznik) und das in der Nähe gelegene Tevetond (14,19, vielleicht Hersek). Es geht also in kleinen Schritten auf dem Landweg weiter. Folgende Stationen sind Inseln in der Ägäis, nämlich Sylo (15,1, Chios) und Bathmos (15,3, Patmos), sowie Orte an der Ost- und Südküste der heutigen Türkei, Ephesi bzw. Ephesim (15,8 und 18, Ephesos) Patryan (15,18, Patara) und Mirra (15,20, auch Myra, das heutige Demre). Damit ist nun offenbar von einer Schiffspassage die Rede. Im Folgenden werden nochmals Inseln des östlichen Mittelmeers erwähnt, nämlich Colles und Longedes (15,23, beides Namen für Kos), Rodis (17,18, also Rhodos) und schließlich Cypren (17,27, Zypern).

Von dort kommend erreiche man durch ein Gebiet, das von den „haiden" (19,22) kontrolliert werde, in Torque (19,23, später Tyr [20,8], also Tyros) das Festland. Anschließend werden verschiedene weitere Orte an der Ostküste des heutigen Libanon und Israel genannt, die auf dem Landweg passiert werden, bis man schließlich Jaffe (20,22, Jaffa), die Hafenstadt mit dem kürzesten Landweg nach Jerusalem, erreiche.

In Jaffa erläutert der Text erstmals eine alternative Route näher. Von Zypern kommend könne man diesen Hafen auch direkt ansteuern: „Und wer noch lenger wõlt faren über mer und noch nåher komen gen Jherusalem, so mag man faren von Cypren gen Jaffe, da ist die nåsten port von Jherusalem" (20,20–23). Auch das anschließend erwähnte Taymos (21,6, später Ton [21,10], also Akkon) könne sowohl auf dem Landweg von Tyros als auch direkt mit dem Schiff angesteuert werden. Diese zweite mögliche Schiffsroute weitet den geografischen Horizont zusätzlich, indem sie nicht nur die zuvor ausführlich beschriebene Route von Konstantinopel nach Zypern in den Blick nimmt, sondern Venedig (von dort seien es 1080 lombardische Meilen[7]) und Kalabrien oder Sizilien (von da müsse man 1300 Meilen

---

7 Henss beobachtet, dass derartige Entfernungsangaben bei Mandeville weniger häufig sind als in den zeitgenössischen Pilgerberichten, vgl. Henss 2018, 160.

zurücklegen) als Startpunkte einer Schiffspassage nennt (vgl. 21,8–10). Außerdem werden in die Beschreibung von Tyrus auch Orte der näheren Umgebung einbezogen, z. B. der Berg Carmelion (21,12, Karmel) oder der Fluss Belcheon (21,22, Belus).

Anschließend wird die Beschreibung des Reisewegs am Festland Palästinas fortgesetzt: „wer welle faren gen Babylonia über ertterich, [...] der můß [...]" (22,23–24). Mit Babylonia, also dem Sultans-Sitz Kairo, wird nun allerdings ein Ziel eingefügt, das auch den zeitgenössischen kartografischen Repräsentationen des Heiligen Landes nach nicht am Weg nach Jerusalem liegt. Mandevilles Darstellung folgt damit offenbar dem Reisebericht des Wilhelm von Boldensele (vgl. Bodensele 2018, 80 und 153)[8] und lässt – wie dieser – das Ziel der Reise für einen Moment in den Hintergrund treten.[9] Die Orte, die auf dem Abstecher über Kairo aufgesucht werden, sind dem vorab festgelegten Ziel der Reise nicht insofern untergeordnet, als sie auf dem Weg dorthin passiert werden müssen. Vielmehr führt der Umweg Stationen ein, die zu besuchen möglich ist. Offenbar hat die weitere potentielle Reiseroute die Funktion, nicht den direkten Weg zu beschreiben, sondern das geografische Umfeld des Heiligen Landes genauer zu charakterisieren.

Die Ausrichtung des Weges auf Jerusalem als vorab festgelegtes Ziel tritt im Folgenden noch weiter in den Hintergrund. Auf die Beschreibung Kairos, das auch das kleine Babylon genannt wird, folgt die Erläuterung des so genannten großen Babylon der biblischen Sprachverwirrung (vgl. 26,24–28,18). Die Schilderung entfernt sich hier von der Ordnung, über einzelne Stationen entlang einer Reiseroute zu berichten, um die Unterschiede zweier Orte zu erläutern, die in großer Entfernung voneinander liegen, aber aufgrund des identischen Namens leicht verwechselt werden können. Im Zuge der Ausführungen über das große Babylon weist der Erzähler darauf hin, dass diese Stadt unter der Herrschaft des Khans von Cathay stehe (vgl. 28,10). Damit greift der Text auf die Ost-Reise des zweiten Teils vor und nennt bereits Regionen, die erst später in den Blick kommen werden. So wird zunächst nur über die Ähnlichkeit von Ortsnamen eine Verbindung zwischen den geografischen Regionen hergestellt, um die es in den beiden Teilen des Textes jeweils geht. Durch die Ankündigung, dass die Reise, die der Text beschreibt, in Jerusalem nicht enden wird, wird zudem dessen herausgehobene Bedeutung als

---

8 Dass der Weg von Akkon zunächst nach Ägypten und erst dann weiter nach Jerusalem führt, ist in den zeitgenössischen Berichten von Reisen ins Heilige Land nicht ungewöhnlich: So berichtet beispielsweise auch Ludolf von Sudheim davon, vgl. Ludolf 1937, 116–126, 128 und 142–143.
9 Auch bei Boldensele wird die Reise später mit dem Ziel Jerusalem fortgesetzt (vgl. Boldensele 2018, 92 und 102 für den lateinischen Text sowie 159 und 164 für die französische Übersetzung des Jean le Long). Bei Mandeville wird der Umweg zuvor bereits angedeutet, als unter den Küstenstädten vor der Weiterreise nach Jerusalem unter den vielen nördlich von Jaffa gelegenen Städten auch vom südlich gelegenen Gaza die Rede ist (vgl. 22,13).

Zielpunkt des Itinerars in Frage gestellt: Jerusalem wird so den vielen anderen Stationen angenähert, die unterwegs aufgesucht werden.[10]

Nach Ausführungen über das Zweistromland (vgl. 28,19–29,25) sowie erneut über Ägypten und über die daran westlich (Libyen, vgl. 31,12–14) und südlich (Nubien, vgl. 31,17–19) angrenzenden Gebiete setzt der Text ein weiteres Mal neu an. Der Erzähler verlässt nun die Region, um die Reise nach Jerusalem auf einem zusätzlichen Weg vom Norden Europas aus erneut zu beginnen:

> Nun wil ich wider keren, e das ich für bas kome, und will úch sagen ainen andern weg von Engelland gen Babilonia, da der Soldan wonat [...]. Und an der wider fart koment sie [gemeint sind zuvor erwähnte „vil lút" (37,4), T.R.] gen Jherusalem, als ich úch vor hon geseyt. (37,2–6)

Auch dieser Weg nach Jerusalem führt also zunächst nach Kairo. Die Wiederholung der Station verleiht dem Verlauf der Route, die auf dem Landweg von Tyros, Akkon oder Jaffa kommend als möglicher Umweg erschienen ist, nun eine gewisse Notwendigkeit.

Auf dieser zweiten Route aus Nordeuropa geht es durch die Niederlande, Frankreich, Burgund und die Lombardei (vgl. 37,8–10); einzelne Stationen werden diesmal nicht angegeben, denn sie seien allgemein bekannt (vgl. 37,10–11). Von Norditalien aus könne man sich sowohl zu Lande als auch zu Wasser weiter fortbewegen – bis nach Sizilien (vgl. 37,14–18). Spätestens in Süditalien schließt sich eine Schiffspassage über die Adria oder das Ionische Meer an (vgl. 38,15). Weiter geht die Reise über Stationen, die bereits erwähnt wurden: über Konstantinopel, Rhodos und Zypern (vgl. 38,17–18). Zwischen den beiden letztgenannten Orten kommt nun ein Abstecher nach Kreta hinzu (vgl. 38,18).[11] Von hier führt der Weg allerdings nicht weiter nach Westen ans Festland Palästinas, sondern es geht auf dem Seeweg direkt nach Ägypten: „Von Cypern so fert man denn über mer, und lat Jherusalem uff die lincken hand ligen, und fert in Egipten" (38,22–25). Die Ankunft am Zielpunkt Jerusalem wird damit ausdrücklich aufgeschoben (vgl. Camargo 2002, 77). An der ägyptischen Mittelmeerküste führt die Route über Damiette und Alexandria nach Kairo und von dort schließlich nach Jerusalem (vgl. 43,25–49,18).

Dieser alternative Weg, auf dem Italien bis nach Sizilien durchquert wird, bezieht das zentrale Mittelmeer in die Regionen, durch die Routen nach Jerusa-

---

10 Durch die später beschriebene Weiterreise von Jerusalem in den Osten wird deutlich, dass es vermutlich nicht das zentrale Ziel von Mandevilles *Reisen* ist, die Stadt als Zentrum der Welt darzustellen, vgl. Greenblatt 1991, 29.

11 Mit dieser für moderne Vorstellungen unerwarteten Wegführung folgt Mandeville offenbar Wilhelm von Boldensele, bei dem ebenfalls die Station Kreta vor Rhodos und Zypern eingefügt ist. Für den lateinischen Text vgl. Boldensele 2018, 70–71, für die Übersetzung des Jean le Long vgl. Boldensele 2018, 149.

lem führen, mit ein. Im östlichen Mittelmeerraum wird vom bereits beschriebenen Weg abgewichen, indem die Schiffspassage von Zypern ohne Zwischenhalt nach Ägypten führt. Damit wird dieser Raum um eine Route erweitert, die parallel zum zuvor beschriebenen Landweg verläuft.

Auch die Weiterreise von Kairo nach Jerusalem erfolgt nun nicht entlang bereits erwähnter Orte. Stationen sind das Rote Meer (vgl. 40,1), der Berg Sinai (vgl. 40,17) mit dem Katharinen-Kloster (vgl. 41,3) sowie Hebron (vgl. 45,2) und Bethlehem (vgl. 47,1). Als Jerusalem erreicht ist, stellt die Erzählinstanz die Stadt und ihre heiligen Stätten vor (vgl. 49,19–65,14). Auch hier werden umliegende Gegenden in die Beschreibungen einbezogen: Das Tote Meer (66,19–68,11), die Stadt Nazareth (73,1–17) und andere Stationen werden beschrieben.[12] So wird noch einmal deutlich, dass es nicht allein um die Heilige Stadt als vorab benanntes Ziel der Reise geht, sondern auch um einen geografischen Zusammenhang, der von verschiedenen Orten gebildet wird, zu denen auch Jerusalem gehört.[13]

In einem kurzen Abschnitt folgt schließlich mit einem weiteren Neuansatz eine dritte Schilderung des Wegs nach Jerusalem. Nach Verbindungen von Land- und Seereisen wird nun eine Passage allein auf dem Landweg vorgestellt: „Nun will ich úch sagen von ainem andern weg zů dem hailigen grab da man nûmer über mer fart, da man aller ding gatt gen Jherusalem über ytel land" (84,15–17). Der Weg zu Lande sei durch Tartary (vgl. 84,19), also durch die nördlich des Schwarzen Meers gelegene kleine Tartarei, möglich. Diesen Weg gibt der Erzähler nicht nur als alternative Reiseroute an, sondern er sagt ausdrücklich, ihn nie selbst gereist zu sein (vgl. 85,12–13). Lediglich in den umliegenden Gegenden sei er gewesen (vgl. 85,10–11) und könne den Weg daher nicht genauer beschreiben (vgl. 85,13–14). Wegen der vielen Wasserläufe, denen man unterwegs begegne, rät der Erzähler, diese Route nur im Winter zu gehen, wenn Erde und Gewässer gefroren seien (vgl. 85,15–16). Überdies wird der Weg als gefährlich markiert, denn er führe bis auf drei Tagesreisen ans Gebiet der so genannten Sarazenen heran („Und der bõß weg weret wol dry tag biß man kumpt in der Sarrazenen land", 85,17–18).

Aus dem Nachvollzug der verschiedenen Reisewege nach Jerusalem lässt sich an dieser Stelle zunächst das Folgende festhalten: Die Schilderung der Reise wird an einzelnen Stationen retardiert, indem ausführliche Informationen über

---

12 In dem Zusammenhang ist von einer weiteren Variante des Weges die Rede: Denjenigen, die nur das Heilige Grab aufsuchen wollten, nennt der Erzähler auch den Weg allein dorthin (vgl. 81,1–82,6): Die Route führt über die bereits bekannten Stationen Zypern und Jaffa, sodann auf direktem Weg über Ramla und Lod nach Jerusalem.
13 Ridder hält dazu fest, „die Wege[] umkreis[t]en Palästina", statt sich auf Jerusalem als Ziel der Reise zu konzentrieren (Ridder 1996, 249).

sie vermittelt und die Orte dadurch besonders hervorgehoben werden.[14] Weiter retardiert wird die Darstellung des Weges, indem Strecken beschrieben werden, die in Relation zum vorab bestimmten Ziel Jerusalem als Umwege erscheinen.[15] Die Abweichungen vom direkten Weg bringen es mit sich, dass Jerusalem zwischenzeitlich – und durch Hinweise auf das große Babylon und damit auf die Weiterreise im zweiten Teil des Textes auch langfristig – an Bedeutung verliert, indem es zu einer Station unter anderen wird (vgl. Zacher 1976, 140; Ridder 1996, 250–251).[16]

Außerdem führt die Beschreibung des Weges nach Jerusalem in Mandevilles *Reisen* alternative Routen ein.[17] Sie sind zunächst lokal begrenzt, umfassen dann aber auch ausgedehnte Strecken. Alternative Routen greifen zum Teil bereits erwähnte Stationen auf und betonen damit deren Bedeutung für die Reise nach Jerusalem. Vor allem aber fügen alternative Routen den möglichen Wegen weitere Stationen hinzu. So führen verschiedene Wege durch den nordeuropäischen und durch den mediterranen Raum und bringen dabei insbesondere den Bereich des östlichen Mittelmeers als auf unterschiedlichen Routen bereisbaren und somit ausgedehnten räumlichen Gesamtzusammenhang hervor.[18]

Damit weist die Darstellung der Jerusalem-Reise bei Mandeville nicht nur grundlegende strukturelle Merkmale eines Itinerars auf, sondern sie zeigt auch Besonderheiten bei der Ausgestaltung dieses Darstellungsmusters: Berichtet wird nicht von einer durchgehend verlaufenden Wegstrecke, sondern von verschiedenen alternativen Routen. Um sie darzustellen, geht die Erzählung mehrere Male ausdrücklich zu bereits erwähnten Orten zurück und setzt dort neu an.

Dass spätmittelalterliche Berichte von Reisen ins Heilige Land im Umgang mit der Form des Itinerars eigene Akzente setzen, ist nicht ungewöhnlich. So fügt

---

[14] Das ist vor allem im Heiligen Land der Fall, denn hier werden zu den einzelnen Orten stets entsprechende biblische Geschichten erzählt (vgl. Henss 2018, 163–164). Dass die Erwähnung einer Station des Itinerars bei Mandeville mit der Akkumulation zahlreicher Informationen über diesen Ort einhergehen kann, zeigt sich aber auch schon vorher, insbesondere bei Konstantinopel.
[15] In diesem Sinne charakterisiert Ridder Mandevilles Reiserouten ins Heilige Land als „nicht konsequent und zielgerichtet", Ridder 1996, 249.
[16] Higgins 1998 arbeitet dagegen heraus, wie Mandeville zugleich wiederholt auf die Zentralität Jerusalems hinweist.
[17] Explizit ausgestaltete Varianten des Reisewegs fehlen in der mutmaßlichen Vorlage von Mandevilles Reisen, in der Jerusalemreise Wilhelms von Boldensele, vgl. Boldensele 2018, 68–103 (für den lateinischen Text) und Boldensele 2018, 147–166 (für den französischen Text des Jean le Long).
[18] Dass Mandeville über die Darstellungsform des Itinerars hinausgeht, hat bereits Lochrie beobachtet: „[Mandeville's text] converts the space of the itinerary to a more geographic space" (Lochrie 2016, 105). Worin genau dieser geografische Aspekt des Raums besteht, wird von Lochrie allerdings nicht erläutert. Mir geht es im Folgenden darum, ihn sowohl begrifflich als auch durch einen transmedialen Vergleich präzise zu fassen.

beispielsweise Ludolf von Sudheim in seinem Pilgerbericht aus den späten 1330er Jahren Orte zusammen, die auf historisch-zeitgenössischen Karten weit auseinanderliegen.[19] Fasst man auch diesen Teil von Ludolfs Darstellung als Itinerar auf, so wird durch die Abfolge entfernter Orte die Kontinuität des entworfenen Raums in Frage gestellt (vgl. Jahn 1993, 55). Im Vergleich mit Ludolfs Schilderung wird deutlich, dass bei Mandeville die räumliche Kontinuität in großen Teilen des Itinerars nicht problematisch ist.[20] Allerdings sind in Mandevilles Text für die Beschreibung alternativer Wege verschiedene Neuansätze notwendig. Sie bedeuten zwar ebenfalls momenthaft eine Abwendung von der Kontinuität von Raum und Zeit und damit von einem grundlegenden Strukturmerkmal des Itinerars. Als solche sind sie aber deutlich markiert, und auf den einzelnen Alternativwegen wird die kontinuierliche Darstellung nicht grundlegend angetastet.[21]

2 Die Begriffe *carte* und *parcours* nach Michel de Certeau als Instrumente der Analyse

Um Mandevilles sprachliche Darstellung der Wege nach Jerusalem genauer beschreiben zu können, möchte ich im Folgenden zwei raumanalytische Begriffe einführen. In der *Kunst des Handelns* (frz. *Invention du Quotidien*, 1980) schlägt Michel de Certeau vor, bei der Analyse historischer Raumvorstellungen zwischen den Konzepten *carte* und *parcours*, also zwischen ‚Landkarte' und ‚Wegstrecke', zu unterscheiden (vgl. Certeau 1988, 220–226). Sein Verständnis der Begriffe entwickelt Certeau

---

19 Bei Ludolf folgen auf die Beschreibung von Konstantinopel (vgl. Ludolf 1937, 94–95) Gebiete in Spanien (vgl. Ludolf 1937, 95–96), sodann ist von Troja die Rede (vgl. Ludolf 1937, 97); schließlich führt der Weg von der Lombardei (vgl. Ludolf 1937, 97) über Korsika (vgl. Ludolf 1937, 97) sowie eine Reihe von Inseln und Städten Italiens, Griechenlands und der Türkei nach Alexandria (vgl. Ludolf 1937, 113). Vgl. dazu auch Jahn 1993, 32 und 55.
20 Damit komme ich zu einer anderen Einschätzung als Lochrie, welche die Kontinuität der Darstellung des geografischen Raums bei Mandeville grundsätzlich in Zweifel gezogen sieht, vgl. Lochrie 2016, 102; in ähnliche Richtung geht auch die Charakterisierung von Mandevilles Reiseweg als „impossible itinerary" bei Camargo 2002, 77.
21 Lochrie stellt heraus, dass Mandeville mit der Schilderung alternativer Wege offenbar nicht zeitgenössischen Pilgerberichten, insbesondere nicht seiner zentralen Vorlage, dem Bericht Wilhelms von Boldensele, folgt (s. o. Fn. 18), sondern einen eigenen Raumentwurf präsentiert (vgl. Lochrie 2016, 105). Ein knapper Hinweis auf einen alternativen Weg, nämlich auf einen Landweg von Europa ins Heilige Land, findet sich bei Ludolf (vgl. Ludolf 1937, 94). Wie im Folgenden deutlich werden wird, baut Mandeville die Beschreibung alternativer Wege jedoch im Unterschied zu Ludolf zu einem Merkmal aus, das längere Passagen seines Textes strukturiert.

ausgehend von linguistischen Analysen moderner Ortsbeschreibungen in der Alltagssprache.[22] Auch wenn es in der *Kunst des Handelns* generell um letztlich soziologisch orientierte Handlungsformen moderner Menschen geht, wird bei der Unterscheidung von *carte* und *parcours* das Interesse deutlich, sprachliche Formen der Hervorbringung von Räumen zu beschreiben – an diesen Aspekt von Certeaus Ausführungen schließe ich im Folgenden an.

Die Begriffe *carte* und *parcours* sind bei Certeau nicht im wörtlichen Sinne, sondern als analytische Metaphern zu verstehen. Als *parcours* bezeichnet er Schilderungen räumlicher Verhältnisse, welche die Bewegung durch die jeweiligen Räume implizieren, während Darstellungen im Modus der *carte* von der konkreten Bewegung abstrahieren, für die Rezipierenden ein Bild entwerfen und so das „Erkennen einer Ordnung der Orte" möglich machen (Certeau 1988, 221). Diese Ordnung der Orte kann, so möchte ich ergänzen, eine andere sein als die, die sich aus der zeitlichen und räumlichen Folgebeziehung beim Abschreiten im Sinne des *parcours* ergibt. Certeaus Hinweis auf den bildhaften Aspekt der *carte* impliziert, dass Beziehungen zwischen Orten in einem flächig gedachten, größeren räumlichen Ensemble erfasst werden können. In diesem Sinne deutet auch Jörg Dünne das Begriffspaar: Während beim *parcours* Räume in syntagmatischer Folge hervorgebracht werden, entstehe beim Darstellungsmuster der *carte* der Eindruck eines Nebeneinanders, das unabhängig sei von einer Figur, die sich durch die Räume bewege (vgl. Dünne 2011, 180–181). Der Linearität des *parcours* steht damit die Flächigkeit der *carte* gegenüber.

Die Begriffe werden von Certeau nicht eingesetzt, um in strukturalistischer Manier Phänomene voneinander abzugrenzen. Vielmehr wendet er sich nach knapper Bestimmung der Termini Beispielen für wechselseitige Bezugnahmen der einen auf die jeweils andere Raumkonzeption zu. So interessieren ihn Beschreibungen von Wegstrecken, die eine *carte* voraussetzen. Das ist etwa der Fall, wenn der Startpunkt eines Itinerars in einem größeren räumlichen Zusammenhang situiert wird. Das kann zum Beispiel mit folgender Formulierung geschehen: „Dort ist eine Tür, du nimmst dann die nächste" (Certeau 1988, 222).[23] Oder es geht Certeau um Wegbeschreibungen, die einen Moment des Überblickens, des vom jeweiligen Standpunkt abstrahierenden Sehens in die Abfolge der besuchten Stationen einfügen. Dazu zählen die folgenden Sätze: „Wenn du dich nach rechts wendest, gibt es …" und „Wenn du geradeaus gehst, siehst du …" (Certeau 1988, 222). Die Beispiele zeigen Certeaus Interesse an Verschränkungen der beiden Modi sprachlicher Raumgenerierung.

---

22 Certeau bezieht sich auf Analysen von Charlotte Linde und William Labov, vgl. Linde und Labov 1975.
23 Das Wort ‚dort' versteht Certeau als Verweis auf die abstrakte Konzeption – im Sinne der *carte* – des entsprechenden räumlichen Ganzen.

Darüber hinaus verbindet Certeau die Analysebegriffe *parcours* und *carte* mit Annahmen über ihre Entwicklung und über den historischen Wandel ihres Verhältnisses. Er vertritt die These, dass in der Geschichte der Raumvorstellungen – in der Literatur ebenso wie in den Wissenschaften – die Dominanz des Weges von der Dominanz der Karte abgelöst werde. Abstrakte Vorstellungen von Räumen und von ihrer Ordnung gehen damit erst aus dem Durchqueren der entsprechenden Orte und Regionen hervor (vgl. Teuber 2001, 184–185). Certeau stützt diese These mit Anleihen bei der Kartografiegeschichte (vgl. Certeau 1988, 223–225). In dem Bemühen, die analytischen Begriffe in eine historische Erzählung einzubinden, geht Certeau also über die Untersuchung sprachlicher Darstellungsformen hinaus. Dabei skizziert er ein im Grunde lineares historisches Narrativ, in dessen Rahmen er erneut auf Verschränkungen beider Raumbegriffe aufmerksam macht.[24] Gerade aus kartografiegeschichtlicher Sicht aber ist die These von der Ablösung des *parcours* durch die *carte* durchaus problematisch, denn die kartografische Darstellung verdrängt Itinerare nicht einfach, sondern ermöglicht auch größere Genauigkeit bei der Beschreibung von Wegstrecken (vgl. Dünne 2011, 181–182). Damit sind gegenüber der historischen Erzählung, in die Certeau die Begriffe *carte* und *parcours* einbindet, Vorbehalte angebracht.

Die Begriffe können aber produktiv gemacht werden, um unterschiedliche Formen sprachlicher Darstellungen von Räumen – insbesondere ihre Überlagerungen und wechselseitigen Bezugnahmen – zu erfassen. Für die weitere Analyse der bei Mandeville beschriebenen Reisewege nach Jerusalem sind Certeaus Begriffe von Bedeutung, weil sie neben dem Itinerar auch eine raumgreifende, quasi-flächige Darstellungsweise, den Modus der *carte*, als mögliche Form sprachlicher Darstellung einführen.

3 Der kartografische Kontext

Die Rekonstruktion von Certeaus Ausführungen hat gezeigt, dass die Begriffe *carte* und *parcours* neben der sprachlichen Darstellung ein weiteres Medium, nämlich die Kartografie, einbeziehen. Damit eröffnen die Begriffe bei der Analyse der Darstellung von Räumen den Blick auf das Verhältnis unterschiedlicher Medien zu einander. Aus der Kartografie-Geschichte des vierzehnten Jahrhunderts sind besonders zwei Typen von Karten für den Vergleich mit Mandevilles *Reisen* interessant: Portolan-Karten und *mappae mundi*.

---

24 Vgl. etwa die knappen Ausführungen zu mittelalterlichen Karten: Certeau 1988, 223.

Die ersten Portolan-Karten, die uns erhalten sind, werden vermutlich am Ende des dreizehnten Jahrhunderts angefertigt.[25] Es wird angenommen, dass Seeleute für diese Karten auf ihren Reisen zunächst die Küstenlinie des Mittelmeers, später auch des Atlantiks aufzeichnen.[26] Dabei entstehen vergleichsweise präzise, an einem Maßstab orientierte kartografische Repräsentationen. Tradiertes Wissen ist für Portolan-Karten weniger bedeutend als die Beobachtung vor Ort[27] und sie erzielen vermutlich noch ohne systematische Projektion der Erdkrümmung[28] Darstellungen, die der modernen Geografie und ihren Vorstellungen von Genauigkeit recht nahekommen. Durch das Zusammenführen verschiedener Aufzeichnungen von Küstenlinien in einer Karte können auch auf Portolanen größere geografische Zusammenhänge repräsentiert werden.

Zeitgleich entstehen großformatige *mappae mundi*, also Darstellungen des gesamten Erdkreises: Am Ende des dreizehnten Jahrhunderts werden zum Beispiel die *Ebstorfer Weltkarte* (Abb. 1 und 2) oder die *Hereford Map* angefertigt.[29] Die Herstellung dieser Karten leitet weniger das Interesse an geografischer Genauigkeit, als vielmehr das an der Akkumulation unterschiedlicher anderer Wissensgebiete, insbesondere an heilsgeschichtlichen Bezügen, welche die dargestellten Orte und Regionen eröffnen (vgl. Campbell 1987, 372). Berücksichtigt man die historische Koinzidenz von Portolan-Karten und *mappae mundi*, so lässt sich für das hier betrachtete Zeitfenster in der Kartografie nicht die Ablösung einer Raumkonzeption, der es um die Semantisierung von Orten geht, durch eine solche, die an der Autopsie orientiert ist, beobachten. Deutlich wird vielmehr, dass im vierzehnten Jahrhundert unterschiedliche Arten und Weisen der geografischen Darstellung nebeneinander bestehen.

---

[25] Über den Zeitpunkt der Entstehung und über die ursprüngliche Funktion der Portolan-Karten sind nur Vermutungen möglich, vgl. Campbell 1987, 371. Vorläufer werden in der antiken, aber auch in der arabischen Kartografie gesehen, vgl. Asrih 2012, 28.

[26] Vgl. Campbell 1987, 372; zu den unterschiedlichen Hypothesen über den Ursprung der Portolane vgl. Campbell 1987, 380–384.

[27] Zur allmählichen Aufnahme von geografischen Informationen, die durch Reisen in den fernen Osten seit der Mitte des dreizehnten Jahrhunderts zusammengetragen werden, in die Kartografie vgl. Baumgärtner 1997. Den Portolan-Karten misst Baumgärtner in ihrer Rekonstruktion besondere Bedeutung bei (vgl. Baumgärtner 1997, 238–244).

[28] Vgl. Campbell 1987, 385. Auch das Liniennetz – die so genannten Rhumben –, das über die Karten gelegt ist, basiert nicht auf einem einheitlichen Projektionssystem. Nicht nur das sukzessive Aufzeichnen eines zurückgelegten Weges, sondern auch das Fehlen dieses Projektionssystems sind Strukturmerkmale, die Portolane mit Itineraren teilen (vgl. Stockhammer 2007, 73).

[29] Vgl. Ebstorfer Weltkarte 2020.

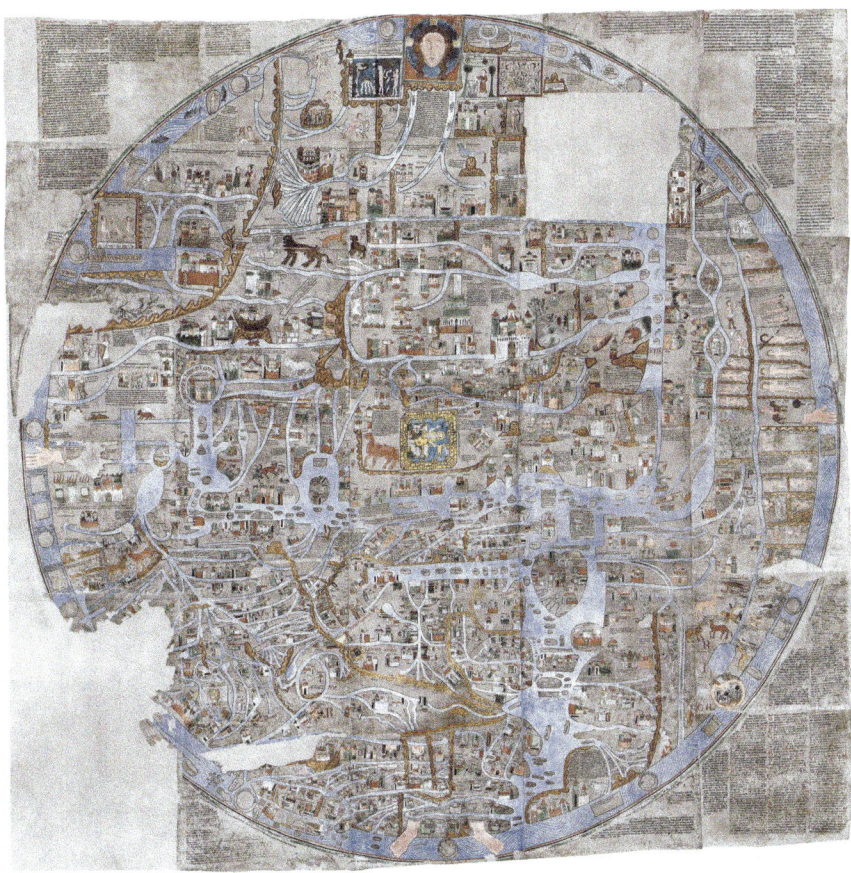

Abb. 1: Die *Ebstorfer Weltkarte* (© Hartmut Kugler und Thomas Zapf).

Besonders augenfällig wird dieses Nebeneinander an Portolan-Karten, die nicht nur einzelne Küstenlinien zeigen, sondern Übersicht über größere Gebiete ermöglichen, und die damit der Darstellung von *mappae mundi* angenähert scheinen.[30] Das Bemühen um die Darstellung ausgedehnter geografischer Zusammenhänge zeigt sich beispielsweise auf dem so genannten *Katalanischen Weltatlas* (Abb. 3).[31] Diese Karte wird in der zweiten Hälfte der 1370er Jahre von Elisha ben

---

30 Campbell deutet derartige Phänomene als Übernahmen der Gliederung von Portolan-Karten in *mappae mundi* (vgl. Campbell 1987, 379); denkbar ist aber auch eine Beeinflussung in die andere Richtung.
31 Der Atlas wird heute in der Bibliothèque nationale de France in Paris aufbewahrt (ms. Esp. 30); Reproduktionen sind sowohl online als auch in mehreren gedruckten Ausgaben greifbar:

Abb. 2: Das östliche Mittelmeer auf der *Ebstorfer Weltkarte* (© Hartmut Kugler und Thomas Zapf); hier zum besseren Vergleich mit dem *Katalanischen Weltatlas* genordet.

Abb. 3: Das östliche Mittelmeer und das Schwarze Meer auf Blatt 8 des *Katalanischen Weltatlas* (© Bibliothèque nationale de France).

Abb. 4: Ausschnitt von Blatt 8 des *Katalanischen Weltatlas* (© Bibliothèque nationale de France).

Abraham Cresques, einem gelehrten Schreiber, Illustrator und Kartografen jüdischen Glaubens, auf Mallorca angefertigt.[32] Schon aufgrund seines Formats ist der Weltatlas vermutlich nicht für die Navigation, sondern für repräsentative Zwecke bestimmt.[33] Im Text, der die kartografischen Darstellungen des Atlas begleitet, wird er mit dem Begriff *mappa mundi* in Verbindung gebracht (vgl. Katalanischer Weltatlas 1977, 25 und Tafel 1). Die Betonung der Küstenlinien mit nebenstehenden

---

vgl. https://gallica.bnf.fr/ark:/12148/btv1b55002481n/f1.item.r=cresques.langEN.zoom (28.10.2022) sowie Katalanischer Weltatlas 1977.
32 Vgl. Lindgren 1991, 1058. Zum Wissenshorizont des Kartografen, vgl. Kogman-Appel 2020.
33 Vgl. Campbell 1987, 379. Der Atlas besteht aus sechs Doppel-Blättern im Format von ca. 65 x 50 cm (vgl. Asrih 2012, 16).

Ortsnamen und das rautenförmige Gitternetz – die so genannten Rhumben –, das über der gesamten Darstellung liegt, machen aber deutlich, dass der Einfluss der Portolan-Karten die Darstellung des Atlas grundlegend bestimmt (vgl. Asrih 2012, 17 und 41). An diesem Merkmal zeigt sich auch eine erste Parallele zur Art und Weise, auf die in Mandevilles *Reisen* Routen durch den geografischen Raum des östlichen Mittelmeers beschrieben werden: In beiden Darstellungen werden räumliche Zusammenhänge mit Hilfe einer hohen Dichte von Ortsnamen entlang der Küsten des Festlands und der Inseln charakterisiert (Abb. 4).

Im Unterschied zu anderen Portolanen zeichnet den *Katalanischen Weltatlas* die reiche Illustration der Meere und Landflächen aus (vgl. Lindgren 1991, 1058). Dazu zählen auch Orte der theologischen Geografie wie der Berg Ararat, der Turm zu Babel oder die Arche Noah (vgl. Asrih 2012, 18), also Elemente, die typisch sind für die *mappae mundi*.[34] Auch dieses Charakteristikum teilt der *Katalanische Weltatlas* mit der Darstellung der Reisewege nach Jerusalem bei Mandeville. Außerdem deutet der Einfluss der für *mappae mundi* typischen Semantisierung des Raums auf eine Portolan-Karte darauf hin, dass für die Kartografie des vierzehnten Jahrhunderts kaum durchgehend von einem zunehmenden Interesse an empirischer Darstellung die Rede sein kann.

Zur wechselseitigen Bezugnahme der unterschiedlichen Weltkarten, für die hier beispielhaft der *Katalanische Weltatlas* und die *Ebstorfer Weltkarte* stehen, gehört ferner, dass beide nicht nur einen distanzierten Überblick über ausgedehnte räumliche Zusammenhänge im Sinne von Certeaus Begriff der *carte* bieten, sondern dass sie auch Wegstrecken repräsentieren. Beide Karten unterscheiden sich jedoch hinsichtlich der Bedeutung, die Wegen für die Struktur ihrer Repräsentation zukommt. Beim *Katalanischen Weltatlas* ist die Bedeutung von Wegstrecken angesichts seiner Abhängigkeit von Portolan-Karten, die im Zuge von Fahrten entlang der Küsten entstehen und vermutlich als Navigierhilfe bei eben solchen Fahrten dienen, besonders deutlich. Aber auch die *Ebstorfer Weltkarte* erlaubt nicht nur, mit Hilfe der Darstellung einer distanzierten Aufsicht Orte in ganz unterschiedlicher Richtung miteinander in Beziehung zu setzen. Vielmehr können auch anhand dieser Karte Verläufe von Wegen nachvollzogen werden. So lässt sich etwa die Route Alexanders des Großen zunächst in einem inneren und dann in einem äußeren Bereich des Erdkreises, den die Karte repräsentiert, nachverfolgen (vgl. Kugler 1987, 26), und auch der Weg, den der Herzog Ernst auf seiner Reise in den fernen Osten zurücklegt, kann – allerdings mit mehreren Lücken – auf der *Ebstorfer Weltkarte* abgeschritten werden (vgl. Hacke 2017). Indem beide Karten-

---

34 Andere Merkmale, insbesondere die rechteckige Form, unterscheiden den *Katalanischen Weltatlas* dagegen deutlich von den *mappae mundi*, vgl. Kogman-Appel 2018.

typen damit nicht nur Merkmale der *carte* im Sinne Certeaus, sondern auch des *parcours* aufweisen, zeigt sich in der Kartografie des vierzehnten Jahrhunderts die Verschränkung unterschiedlicher Darstellungsmodi des Raums.

4 Die ‚Kartizität' des Itinerars bei Mandeville

Blickt man von den Beispielen historisch-zeitgenössischer Kartografie noch einmal auf den Jerusalem-Teil von Mandevilles *Reisen*, so werden über die bereits erwähnten Übereinstimmungen hinaus grundlegende Parallelen sichtbar. Die Forschung hat bereits auf die Nähe der wissensakkumulierenden Darstellungsweise des Mandeville-Textes zu kartografischen Quellen, insbesondere zu den *mappae mundi*, hingewiesen (vgl. Higgins 1998, 31). Gerade im ersten Teil der *Reisen* werden Stationen aufgenommen, die mit biblischen Erzählungen in Verbindung stehen. Mandevilles Reisedarstellung deutet diese Verbindungen nicht nur an – wie es auf *mappae mundi* der Fall ist –, sondern nimmt auch eine Wiedergabe der entsprechenden biblischen Erzählung und gegebenenfalls weitere Informationen zum jeweiligen Ort in die Darstellung auf.

Diese Eigenschaft des Mandeville-Textes und die besondere Nähe zu den *mappae mundi*, die sich daraus ergibt, erlaubt aber noch nicht, das grundlegende Verfahren zu verstehen, durch das im Jerusalem-Teil bei Mandeville Raum hervorgebracht wird. Es ist ein zentrales Merkmal des Textes, dass die einzelnen Orte nicht in abstrakter Weise durch den distanzierten Blick auf ihre Lage im Weltganzen (wie es auf einer *mappa mundi* geschieht), sondern stets zuallererst durch die Darstellung von Reisewegen aufeinander bezogen werden. Die Orte, über die Mandeville informiert, werden auf einer erzählten Reise nacheinander aufgesucht. Im Sinne der Begriffe Certeaus zeichnet den Text damit die Form der ‚Wegstrecke' grundlegend aus. Die Besonderheit von Mandevilles Itinerar nach Jerusalem besteht nun aber darin – das hat sich in der Analyse der Reisewege bereits angedeutet –, dass es auch Überblick über größere räumliche Zusammenhänge ermöglicht und damit ebenso Züge einer ‚Karte' im Sinne Certeaus trägt.

So wird etwa die Orientierung auf das vorab benannte Ziel der Reise durch verschiedene Aspekte der Darstellung zumindest momenthaft aufgegeben, und in der Folge wird die Bedeutung anderer Stationen gestärkt. Außerdem werden Orte beschrieben, die in der Nachbarschaft einer Station des Weges liegen, sowie Wegstrecken, die im Verhältnis zum Ziel der Reise als Umwege erscheinen. Alle diese Verfahren bringen räumliche Zusammenhänge abseits des zielgerichteten Weges hervor. Mandevilles Itinerar bekommt so knotenförmige Verdickungen und bildet Raumblasen aus.

Insbesondere aber haben die kleinen und vor allem die drei ausgedehnten Varianten des Itinerars den Effekt, über den mehr oder weniger breiten Landschaftsstreifen der einzelnen Wegstrecke hinaus Räume zu entwerfen. Indem von alternativen Routen die Rede ist, geht es nicht um den tatsächlich zurückgelegten Weg der Erzählinstanz, sondern um mögliche Wege. Die Potentialität löst die Wege und Stationen aus dem Nacheinander der Erzählung und legt nahe, die Varianten nebeneinander zu imaginieren. Damit lassen sich die Schilderungen alternativer Wege nach Jerusalem als ein Darstellungsverfahren verstehen, mit dem auch die Ausdehnung größerer räumlicher Zusammenhänge präsentiert wird. Mit Hilfe von mehreren Linien, die Mandevilles Wegbeschreibung durch den Raum zwischen Mitteleuropa und dem östlichen Mittelmeer legt, wird eine Fläche erschlossen.[35] In dieser Akkumulation verschiedener Itinerare wird die Parallele zu einer spezifischen kartografischen Darstellungsform jener Zeit, zu den Portolan-Karten im Allgemeinen und zum *Katalanischen Weltatlas* im Besonderen, deutlich.[36] Auf diesen Karten wie auch in Mandevilles Reisedarstellung werden durch die Kombination mehrerer unterschiedlicher Wegstrecken ausgedehnte Räume generiert. Ähnlich den auf Routen basierenden Portolan-Karten erzeugen Mandevilles Itinerare den Eindruck der Flächigkeit einer kartografischen Darstellung, auf der die repräsentierten Punkte nicht nur in einer Linie, sondern in verschiedenartiger Weise miteinander verknüpft werden können. In diesem Sinne lässt sich im Jerusalem-Teil von Mandevilles *Reisen* von einer ‚Kartizität' der Darstellung sprechen.[37]

---

[35] Mit dem Ausgreifen in die Fläche vollzieht Mandevilles Itinerar also etwas, das diesem Darstellungsmodus üblicherweise gerade nicht zugesprochen wird. So konstatiert beispielsweise Zumthor, dass mit der Abfolge von Orten in einem Itinerar eher ein Gebiet symbolisch besetzt als eine Fläche dargestellt werde, vgl. Zumthor 1994, 812. In unterschiedlichen Textgruppen der volkssprachlichen Literatur des Mittelalters zeigt sich jedoch, dass mit der Schilderung von Wegen auch ihre Erstreckung in Breite und Länge und damit ein raumgreifender Aspekt angesprochen werden kann, vgl. Renz 2018, 566–571.
[36] Bereits Higgins erwähnt kurz, dass Mandevilles Reiseschilderung Parallelen zum *Katalanischen Weltatlas* aufweist (vgl. Higgins 1991, 63). Seiner Einschätzung nach stimmen beide in der Kombination aus praktischem Nutzen der geografischen Darstellung und spekulativer Geografie im asiatischen Raum überein. Als zentralen Unterschied nennt Higgins, dass Mandeville Orte der theologischen Geografie in seine Schilderung aufnimmt, die sich in der Kartografie eher nicht in Portolan-Karten, sondern in *mappae mundi* finden. Ich habe oben bereits ausgeführt, dass der *Katalanische Weltatlas* in dieser Hinsicht offenbar von den *mappae mundi* beeinflusst ist; die von Higgins ausgemachte Differenz trifft damit auf diese spezifische Portolan-Karte nicht zu. Parallelen zwischen Mandevilles Reiseschilderung und dem *Katalanischen Weltatlas* hinsichtlich der Generierung von Räumen, um die es mir hier geht, analysiert Higgins nicht.
[37] Der Begriff wird in Anlehnung an Stockhammer 2007, 68 verwendet. Bezogen auf die vorliegende Fallstudie und die historische Situation des späten Mittelalters meint ‚Kartizität' die Korrespondenz sprachlicher und kartografischer Verfahren bei der Erzeugung des Eindrucks von Flächigkeit.

Mandevilles Varianten der Wege nach Jerusalem haben noch eine weitere Funktion: Sie erzeugen den Eindruck, dass das Heilige Land mit dem europäischen Norden durch ein vielfältiges Wegenetz verknüpft ist. So tritt nicht nur der Bereich des östlichen Mittelmeers als vielerorts durchquerbarer Raum hervor, sondern durch die Mehrzahl der möglichen Wege rückt dieser an Europa heran. Damit wird auch der ferne Osten zu einem Raum, in den zu reisen leichter möglich scheint: Sowohl die narrative Abfolge von Jerusalem- und Indien-Reise als auch die hier beobachtete Verschränkung beider Teile des Textes (kleines und großes Babylon) machen das deutlich. Dass es dem Text darum geht, Transfers von Lebewesen und Personen zwischen dem nahen und fernen Osten und Europa als etwas darzustellen, womit zu rechnen ist, wird in der deutschsprachigen Übersetzung der *Reisen* durch Michel Velser besonders deutlich. Mehrfach schaltet sich die Stimme des Übersetzers selbst in den Text ein, um das Beschriebene zu untermauern (vgl. 106, 123–124 und 161–162). Mirabile Lebewesen des zweiten Teils des Textes werden beglaubigt, indem sie mit ähnlichen Lebewesen verglichen werden, die der Übersetzer in seiner Heimat in Norditalien zu sehen bekommen hat und die durch eine Reise über das Mittelmeer dorthin gelangt sind. Das deutet darauf hin, dass die spezifische Räumlichkeit der Darstellung des östlichen Mittelmeers in Mandevilles *Reisen*, die ich hier herausgearbeitet habe, Teil der Konturierung einer umfassenden Konnektivität Europas nicht nur mit dem Heiligen Land, sondern auch mit vielen anderen Regionen im Osten des Erdkreises ist.

Literaturverzeichnis

Primärliteratur

Guillaume de Boldensele sur la Terre Sainte et l'Égypte (1336). Liber de quibusdam ultramarinis partibus de Guillaume de Boldensele, 1336, Suivi de la Traduction de Jean le Long, 1351. Hg. und komm. von Christiane Deluz. Paris 2018.
Ludolfs von Sudheim Reise ins Heilige Land. Nach der Hamburger Handschrift hg. von Ivar v. Stapelmohr. Lund 1937.
Sir John Mandevilles Reisebeschreibung in deutscher Übersetzung von Michel Velser. Nach der Stuttgarter Papierhandschrift Cod. HB V 86 hg. von Eric John Morrall. Berlin 1974.

Kartografische Quellen

Die Ebstorfer Weltkarte. Die größte Karte des Mittelalters. Kommentierte Neuausgabe in zwei Bänden. Hg. von Hartmut Kugler, unter Mitarbeit von Sonja Glauch und Antje Willing, mit einem Nachwort von Harald Wolter-von dem Knesebeck. Darmstadt 2020.

Der katalanische Weltatlas vom Jahre 1375 nach dem in der Bibliothèque Nationale, Paris, verwahrten Original farbig wiedergegeben. Mit einer Einführung und Übersetzung von Hans-Christian Freiesleben. Stuttgart 1977.

Katalanischer Weltatlas online: https://gallica.bnf.fr/ark:/12148/btv1b55002481n/f1.item.r=cresques.langEN.zoom (28.10.2022).

Sekundärliteratur

Asrih, Lena: „Die Darstellung der Welt im Katalanischen Weltatlas von 1375". In: *Vorstellungswelten der mittelalterlichen Überlieferung. Zeitgenössische Wahrnehmungen und ihre moderne Interpretation.* Hg. von Jürgen Sarnowski. Göttingen 2012, S. 13–42.

Baumgärtner, Ingrid: „Weltbild und Empire. Die Erweiterung des kartographischen Weltbilds durch die Asienreisen des späten Mittelalters". In: *Journal of Medieval History* 23.3 (1997), S. 227–253.

Benz, Maximilian: „Kritik der Karte. Mapping als literaturwissenschaftliches Verfahren". In: *Die Zukunft der Kartographie. Neue und nicht so neue epistemologische Krisen.* Hg. von Marion Picker, Véronique Maleval und Florent Gabaude. Bielefeld 2013, S. 199–218.

Bovenschen, Albert: „Untersuchungen über Johann von Mandeville und die Quellen seiner Reisebeschreibung". In: *Zeitschrift der Gesellschaft für Erdkunde zu Berlin* 23 (1888), S. 177–306.

Braudel, Fernand: *Das Mittelmeer und die mediterrane Welt in der Epoche Philipps II.* Bd. 1. Übers. von Grete Osterwald. Frankfurt a. M. 1998.

Camargo, Martin: „*The Book of John Mandeville* and the Geography of Identity". In: *Marvels, Monsters, and Miracles. Studies in the Medieval and Early Modern Imagination.* Hg. von Timothy S. Jones und David A. Sprunger. Kalamazoo, MI 2002, S. 67–84.

Campbell, Tony: „Portolan Charts from the Late Thirteenth Century to 1500". In: *The History of Cartography. Bd. 1. Cartography in Prehistoric, Ancient, and Medieval Europe and the Mediterranean.* Hg. von J. B. Harley und David Woodward. Chicago London 1987, S. 371–463.

Certeau, Michel de: *Kunst des Handelns.* Aus dem Französischen übers. von Ronald Voullié. Berlin 1988.

Deluz, Christiane: *Le Livre de Jehan de Mandeville. Une „Géographie" au XIVe Siècle.* Louvain-La-Neuve 1988.

Dünne, Jörg: *Die kartographische Imagination. Erinnern, Erzählen und Fingieren in der Frühen Neuzeit.* München 2011.

Greenblatt, Stephen: *Marvelous Possessions. The Wonder of the New World.* Chicago 1991.

Hacke, Simone: „Der Reiseweg des Herzog Ernst auf der Ebstorfer Weltkarte". In: *Zeitschrift für deutsches Altertum und deutsche Literatur* 146.1 (2017), S. 54–69.

Henss, Christina: *Fremde Räume, Religionen und Rituale in Mandevilles Reisen. Wahrnehmung und Darstellung religiöser und kultureller Alterität in den deutschsprachigen Übersetzungen.* Berlin Boston 2018.

Higgins, Iain Macleod: *Writing East. The „Travels" of Sir John Mandeville.* Philadelphia 1997.

Higgins, Iain Macleod: „Defining the Earth's Center in a Medieval ‚Multi-Text'". Jerusalem in *The Book of John Mandeville*". In: *Text and Territory. Geographical Imagination in the European Middle Ages*. Hg. von Sylvia Tomasch und Sealy Gilles. Philadelphia 1998, S. 29–53.

Howard, Donald R.: *Writers and Pilgrims. Medieval Pilgrimage, Narratives and Their Posterity*. Berkeley Los Angeles London 1980.

Jahn, Bernhard: *Raumkonzepte in der Frühen Neuzeit. Zur Konstruktion von Wirklichkeit in Pilgerberichten, Amerikareisebeschreibungen und Prosaerzählungen*. Frankfurt a. M. et al. 1993.

Kirk, Thomas: „The Republic of Genua and Its Maritime Empire". In: *Empires of the Sea. Maritime Power Networks in World History*. Hg. von Rolf Strootman, Floris van den Eijnde und Roy van Wijk. Leiden Boston 2020, S. 153–175.

Kogman-Appel, Katrin: „The Geographical Concept of the Catalan *mappa mundi*". In: *Knowledge in Translation. Global Patterns of Scientific Exchange. 1000–1800 CE*. Patrick Manning und Abigail Owen. Pittsburgh 2018, S. 19–40.

Kogman-Appel, Katrin: *Catalan Maps and Jewish Books. The Intellectual Profile of Elisha ben Abraham Cresques*. Turnhout 2020.

Kugler, Hartmut: „Die Ebstorfer Weltkarte. Ein europäisches Weltbild im deutschen Mittelalter". In: *Zeitschrift für deutsches Altertum und deutsche Literatur* 116.1 (1987), S. 1–29.

Linde, Charlotte und William Labov: „Spatial Networks as a Site for the Study of Language and Thought". In: *Language* 51 (1975), S. 924–939.

Lindgren, Uta: „[Art.] Katalanische Weltkarte". In: Bautier, Robert-Henri u. a. (Hg.): *Lexikon des Mittelalters*, Bd. 5. München Zürich 1991, Sp. 1058.

Lochrie, Karma: *Nowhere in the Middle Ages*. Philadelphia 2016.

Morrall, Eric John: „Michel Velser, Übersetzer einer deutschen Version von Sir John Mandevilles ‚Reisen'". In: *Zeitschrift für deutsche Philologie* 81 (1962), S. 82–91.

Renz, Tilo: „[Art.] Weg, Straße, Pfad". In: *Literarische Orte in deutschsprachigen Erzählungen des Mittelalters. Ein Handbuch*. Hg. von ders., Monika Hanauska und Mathias Herweg. Berlin Boston 2018, S. 562–589.

Ridder, Klaus: „Übersetzung und Fremderfahrung. Jean de Mandevilles literarische Inszenierung eines Weltbildes und die Lesarten seiner Übersetzer". In: *Übersetzen im Mittelalter. Cambridger Kolloquium 1994*. Hg. von Joachim Heinzle, L. Peter Johnson und Gisela Vollmann-Profe. Berlin 1996, S. 231–264.

Stockhammer, Robert: *Kartierung der Erde. Macht und Lust in Karten und Literatur*. München 2007.

Teuber, Bernhard: „Imaginatio borealis in einer Topographie der Kultur". In: *Ultima Thule. Bilder des Nordens von der Antike bis zur Gegenwart*. Hg. von Annelore Engel-Braunschmidt, Gerhard Fouquet, Wiebke von Hinden und Inken Schmidt. Frankfurt a. M. et al. 2001, S. 173–201.

Zacher, Christian K.: *Curiosity and Pilgrimage. The Literature of Discovery in Fourteenth-Century England*. Baltimore London 1976.

Zumthor, Paul: „The Medieval Travel Narrative". In: *New Literary History* 25.4 (1994), S. 809–824.

Heide Klinkhammer
Hermes Trismegistos als transkultureller Vermittler göttlicher Weisheit und Paracelsus als ‚Hermes Secundus' oder ‚Trismegistus Germanus'

Im vielsprachigen Mittelmeerraum und weit darüber hinaus entwickelte sich über Jahrhunderte ein Narrativ vom göttlichen Weisheitsbringer und seiner in fremder Sprache und Schrift niedergelegten vorzeitlichen Weisheit, die nur der ‚Würdige' finden könne. Spätestens seit hellenistischer Zeit wird er mit dem legendären ägyptischen Weisen Hermes Trismegistos identifiziert, unter dessen vielen Schriften sich magische, religiös-philosophische, wie das *Corpus Hermeticum,* und alchemistische Schriften, wie die *Tabula Smaragdina,*[1] befinden.

An der Ausformung dieser legendären Figur lässt sich zeigen, wie transkulturelle Transferprozesse stattfinden und welche Impulswirkung ‚kulturelle Übersetzungen' (Homi K. Bhabha) auf literarische Innovationen, Sagen, Legenden und Bildwerke haben können.

Ein spätes Beispiel der Wirkung des transkulturell und transreligiös verbreiteten ‚hermetischen' Narrativs im deutschsprachigen Raum ist die Stilisierung des Paracelsus (1493–1541) zum ‚Hermes Secundus' und ‚Trismegistus Germanus'[2]. Hintergrund ist die Integration hermetisch-alchemistischer Wissenstraditionen in sein eigenes Werk und vor allem seine Übersetzung der *Tabula Smaragdina* ins Deutsche.

Die nachfolgenden bildlichen Beispiele markieren die Bandbreite der motivischen und thematischen Rezeption dieses ‚hermetischen' Narrativs bis zum frühneuzeitlichen Paracelsismus.

---

[1] Ich danke den Mitarbeitern und Mitarbeiterinnen des Lehrstuhls für Architekturgeschichte der RWTH Aachen sowie Jenny Bornemann, Hannelore Klinkhammer-Bohl, Dorothee Lauer (Pielow), Anna Missong, Wilhelm Schirrmann-Klinkhammer, Dina Salama und Falk Quenstedt für anregende Diskussionen und vielfache Hinweise.
Die Schreibweise arabischer Namen übernehme ich von der benutzten Literatur. Zum *Corpus Hermeticum* siehe Colpe und Holzhausen 1997, 317–483; zur *Tabula Smaragdina* grundlegend Ruska 1926.
[2] Zur Geschichte des Hermetismus und seiner Ausformungen im ‚Alchemo-Paracelsismus' siehe grundlegend Ebeling 2002 und 2009, sowie Gilly 2010, 71–133.

Abb. 1: Giovanni di Stefano (1444–1506): *Hermes / Mercurius Trismegistus*, Fußbodenintarsien des Domes zu Siena (Foto: Sailko, public domain).

Die Fußbodenintarsien des Sieneser Domes zeigen im ersten Bildfeld hinter dem Haupteingang Hermes Trismegistos,[3] der den Weisen des Ostens und des Westens, die zugleich Vertreter verschiedener Religionen sind, seine Weisheit übermittelt und sich dadurch als *Priscus Philosophus*[4] ausweist, dass er den Logos als

---

[3] Vgl. Aronow 2005 [1985], 329–330. Grundlegend auch Saß 2016, 359–375; Vasoli 2002, 19–61, 44–47; Bussagli 1983, 191–211; Campanelli 2019, 53–71.

[4] Den Begriff *Priscus Philosophus* wandte erstmals Marsilio Ficino in seiner Übersetzung zu *De Mysterii Aegyptorum* des Jamblicus auf Hermes an: Campanelli 2011, 7; Saß 2016, 369; Kristeller 1962, 1836; Kristeller 1938, 237–262.

Abb. 2: Paracelsus mit der Aufschrift ‚AZOTH' auf einem Schwertknauf. Holzschnitt, *Philosophia Magna*, Köln 1567 (©Science History Institute, public domain).

Gottes Sohn erkannt hat. Genau dies bekundet die Schrifttafel, auf die er seine linke Hand legt.[5]

Paracelsus wiederum entwickelte im Zeitalter der Religionswirren einen eigenständigen Blick auf die Religion[6], gewissermaßen als Alternative und naturphilosophisch-alchemistische Ergänzung zu den dogmatischen Glaubenssätzen der verfeindeten Konfessionen. In einem Holzschnitt der posthumen *Philosophia Magna*

---

5 Ausführlich siehe weiter unten.
6 Vgl. Gilly 1994, 425–488 und Gantenbein 2010, 65–96.

(1567) wird er als derjenige inszeniert, der die hermetische Weisheit als ‚drittes' göttliches Testament im Sinne des ‚Buches der Natur' auf Augenhöhe neben Altem und Neuen Testament erkannt und in praktische Alchemie und Medizin umgesetzt hat. In Händen hält er einen wie ein alchemistisches Schüttelgefäß gestalteten Schwertknauf mit dem Begriff *AZOTH*, der für Anfang, Ende, Mitte und Ziel des alchemistischen Prozesses steht.[7]

Ziel der vorliegenden Untersuchung ist es, zu analysieren, wie der Wissenstransfer im mediterranen Kulturraum transkulturell vollzogen wurde und wie Bildsprache und Sprachbilder einander wechselseitig beeinflussen. Dies lässt sich am Beispiel der unterschiedlichen medialen Überlieferungen in Legenden, Sagen und Bildwerken, die Hermes als Überbringer vorsintflutlicher Weisheit und Erfinder von Schrift, Steinbau, aller Wissenschaften und besonders der Alchemie[8] inszenieren, zeigen.

Meine These lautet, Hermes/Mercurius Trismegistos sei unter lokal unterschiedlichen Namen, die alle auch den Planeten Merkur bezeichnen, seit frühester Zeit ‚religionspolitisch' als transkultureller Vermittler göttlicher Weisheit instrumentalisiert worden, während die Paracelsisten diese Tradition wieder aufgriffen, um Paracelsus als ‚Hermes Secundus' und die Alchemie als göttliche Weisheit zu nobilitieren.

1 Globale Ausbreitung hermetischer Narrative durch Astralmythologie und *Interpretatio Romana / Graeca / Barbarica / Indigena*

Die Wertschätzung des Hermes / Mercurius Trismegistos[9] als vorzeitlichem Priesterkönig mit göttlicher Botschaft gründet sich in der Vermischung diffuser Erin-

---

7 Der gleiche Holzschnitt findet sich auch in der ebenfalls 1567 in Köln erschienenen *Astonomica et Astrologica*. Zur Analyse des rosenkreuzerischen Holzschnittes siehe Strebel 1946, 122–129 und weiter unten. Zur Geschichte des Hermetismus und seiner Ausformungen im ‚Alchemo-Paracelsismus' siehe grundlegend Ebeling 2002 und 2009, sowie Gilly 2010, 71–133.

8 Zu ägyptischen Narrativen bezüglich der Erfindung von Schrift und Steinbau, s. Wildung 1977, 10, 32. Das Wort „biblos" ist zudem, wie Blumenberg (1993, 23) bemerkt, ein ägyptisches Lehnwort für „Heilige Schriften".

9 Holzhausen (1994, 7–80) zu Kosmogonie, Anthopogonie und dem Menschen „in seiner doppelten Seinsweise". Der Titel „Trismegistos" wurde erstmals bei Philon von Byblos (ca. 100 n. Chr.) auf Hermes angewandt in Anlehnung an den dreifachen Thoth. Auf Anthenagoras von Athen (ca. 177 n. Chr.) geht die Überlegung zurück, Hermes sei ein Gewährsmann dafür, dass die ägyptischen Göt-

nerungen an ägyptische Erzähltraditionen und astralmythologische Vorstellungen, dass Gottheiten Planeten entsprechen.[10] Als Planetengott ist Hermes / Mercurius sichtbar und somit nahbar!

Außerdem wird die Wertschätzung des Hermes durch die transreligiöse Gleichsetzung verschiedener lokaler Gottheiten – darunter Mercurius, Thot, Nabu, Wotan, Odin, Teutates, Cernunnos, sogar Buddha[11] – entsprechend der im gesamten Mittelmeerraum und darüber hinaus verbreiteten *Interpretatio Romana / Graeca / Celtica / Barbarica / Indigena*[12] begünstigt.

Wenn man die Entstehungsorte von Kunstwerken oder die Wirkungsorte von Gelehrten, die den Mythos von Hermes / Mercurius als Vermittler göttlicher Weisheit thematisieren,[13] kartiert (Abb. 3), zeigt sich, dass das Narrativ nicht nur im mittelmeerischen Raum existierte. Es wurde im Norden bis nach Schottland und Irland, im Westen bis in die iberische Halbinsel, durch die Eroberungszüge Alexanders des Großen bis nach Indien und über die Seidenstraße sogar bis nach China in die Höhlentempel von Shanxi[14] weitergetragen und gelangte so ins Umfeld völlig verschiedener Kulte und Kulturen. In umgekehrter Richtung haben sich mythische Erzählungen verschiedennamiger Götter, die dem Planeten Merkur zugeordnet wurden, über die Routen der von Indien ausgehenden buddhistischen Missionswege bis in die keltischen Gebiete Frankreichs und Britanniens ausgebreitet und vermischt.

---

ter ursprünglich Könige gewesen seien (Colpe und Holzhausen 1997, 565–566; Löw 2002, 30–32, 41; Von Lieven 2007, 69–77).

10 Im ersten Jahrhundert vor Christus führt Diodor (*Bibliotheca historica* 2,29) die Gleichsetzung von Planeten und Gottheiten auf die Babylonier zurück. Vgl. Boll 1926, 1; Stuckrad 2000, 618 und grundlegend Jeremias 1929, 103.

11 Burkert 1990, 1–39; zur ‚Buddha-Pose' oder ‚Buddha-Manier' sitzender Merkurfiguren: Hupe 1997, 53–227.

12 Der Begriff *Interpretatio Romana* geht erst auf Tacitus zurück (Wissowa 1918, 1–49). Vgl. auch Chiai 2012, 13–30. Die Übersetzbarkeit von Götternamen (Assmann 1990, 23) ist allerdings bereits im fünfzehnten Jahrhundert v. Chr. nachweisbar. Selbst in China sind Durchdringungen buddhistischer und römisch–griechischer Elemente nachweisbar, darunter Buddha-Statuen mit dem Flügelhut Merkurs (Schermann 1915, 1–62, bes. 22–23). Buddhistische Missionare wandelten den keltischen Gott Cernunnos in Buddha. Cernunnos verwuchs gleichermaßen mit Merkur wie mit Buddha (Mackenzie 1928, 86; Kirfel 1952, 66–90); Picatrix (Ritter und Plessner 1962, xxi, 321) verweist 1256 auf die traditionelle Gleichsetzung Merkurs mit Buddha/Buda: „So bist du; ich rufe dich bei allen deinen Namen, auf arabisch: o Utarid, auf persisch: o Tir, auf romaisch: o Harus, auf griechisch: o Hermes, auf indisch: o Budha".

13 Hierzu zähle ich Texte vom ägyptischen Totenbuch über antike Autoren, die von Hermes/Mercurius/Thot berichten und ihrer Rezeption durch arabische, jüdische oder christliche Gelehrte bis zu weiteren ‚kreativen' Rezeptionen in der frühen Neuzeit.

14 In Shanxi entstand das hellenistische Buddha–Bild mit einem ‚Flügelhut' Merkurs (Schermann 1915, 1–62, hier 20–23).

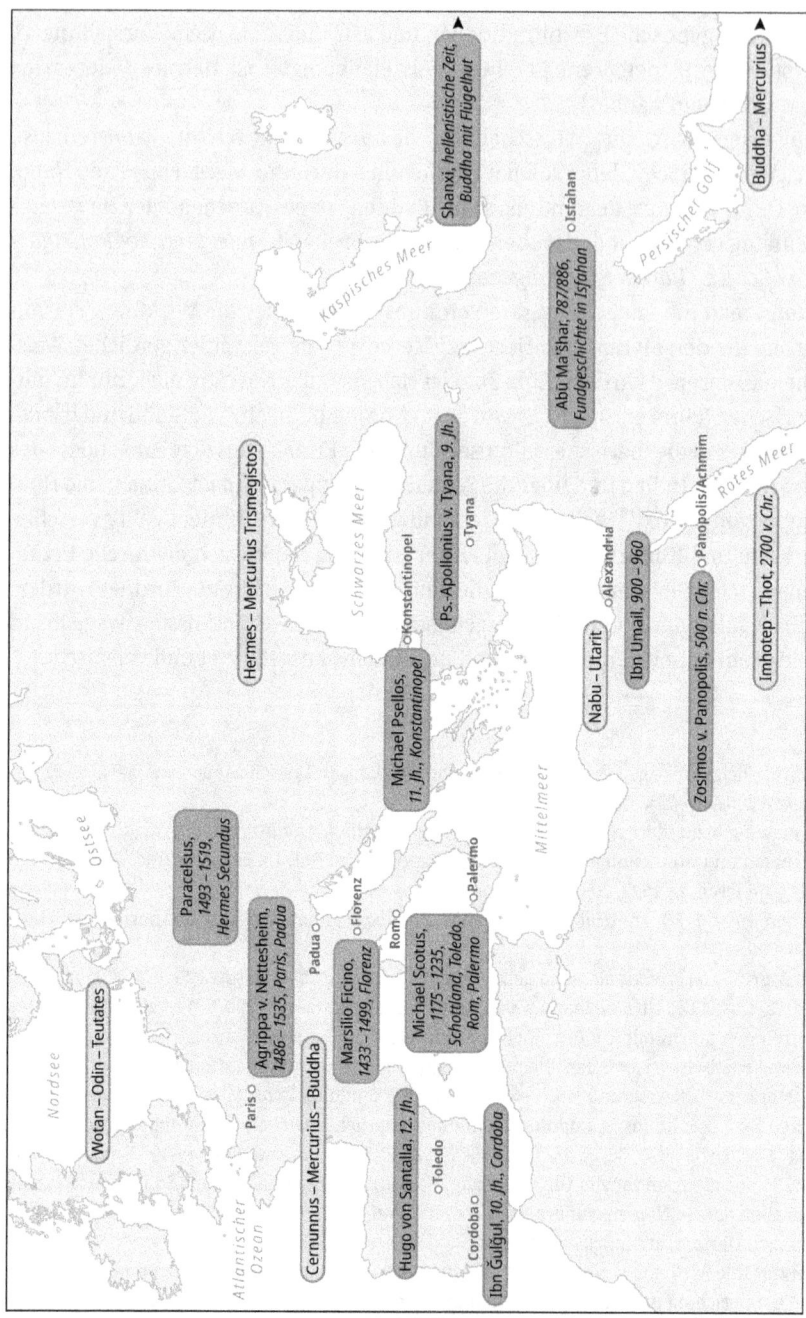

Abb. 3: Verbreitung der Hermetischen Narrative (Astralmythologie) und der *Interpretatio Romana / Graeca / Barbarica / Indigena* im Mittelmeerraum und darüber hinaus.

Abweichungen der unterschiedlichen Mythen voneinander wurden seit der Antike (Cicero III, 56) auf verschiedene Erzähltraditionen über Göttergenealogien zurückgeführt. Hermes / Mercurius / Thot und seinen verschiedennamigen Entsprechungen wurde dabei die Vermittlung göttlicher Weisheit zugesprochen, die allerdings nur dem vorbestimmten ‚Würdigen' zukomme.

2 Urbild und transreligiöse bildliche Übersetzungen

Bereits im ägyptischen Totenbuch (Kapitel 64, 137a), dessen Anfänge bis ins dritte Jahrtausend v. Chr. zurückgehen, finden sich viele Einzelmotive, die den Topos vom Suchen und Finden ‚göttlicher' Weisheit im Grab des ‚Alten Weisen' mit dem Gebot, diese Weisheit für den nächsten Würdigen wieder zu verbergen, ausmachen.[15]

Das ikonografische Urbild des thronenden Hermes mit der *Tabula Smaragdina* in Händen dagegen scheint eine bis ins zehnte Jahrhundert n. Chr. in situ erhaltene monumentale Sitzstatue des legendären Erbauers der Djoser-Pyramide, Imhotep, zu sein (Abb. 4).[16] Dieses ägyptische Bildnis des thronenden vergöttlichten Schreibers wurde augenscheinlich zum Auslöser von Legendenkonstruktionen um den visionären Gelehrten und Erfinder aller Künste.

Ibn Umail (900–960), ein der Schia nahestehender ägyptischer Alchemist (Abt 2003, XV), beschrieb diese Statue mit ihrer Schrifttafel sowie ihren Standort in einer Tempelvorhalle so präzise, dass Wildung (1977, 111–121) daraus ihre monumentale Größe erschließen konnte. Sie ist offenkundig typgleich mit erhaltenen kleinformatigen Sitzstatuen, z. B. der Imhotep-Statue des Louvre aus ptolemäischer Zeit.

---

15 Im Totenbuch wird an verschiedenen Stellen berichtet, wie der Königssohn Djedefor die Tafel mit der „Schrift des Gottes selbst" findet (Spruch 137a). Pietschmann (1875, 25) und Ruska (1926, 6–8) sehen darin Thoth, den ägyptischen Schreibergott. Seine in blauer Farbe, „Ksu" geschriebene Tafel ist offenkundig die Vorlage der später sogenannten *Tabula Smaragdina* des Hermes. Weitere Motive des Topos, die im Totenbuch wie in späteren Legenden wieder auftauchen, sind der Tempel der Göttin, das Gebot, die Schrift wieder zu verbergen und der Kleidertausch (Spruch 148, Nachschrift 10). Siehe Gestermann 1998, 83–99; Hornung 1997 zu Spruch 30B, 97, 64, 139, zu Grab und Thron Spruch 42, 47, 137A, 148, 172, 175; Klinkhammer 1993, 36; 2007, 215; 2021a, 55.
16 1926 wird durch den Fund einer Statuenbasis des Djoser (Kairo JE 49889 A, B), die Imhotep als Planer und Erbauer des Grabkomplexes benennt, archäologisch bestätigt, dass Imhotep eine historische Person war (Wildung 1977, 5–7, 20, 142–144), wie Sethe bereits (1902) aufgrund literarischer Quellen vermutete.

Abb. 4: Sitzstatue des Imhotep, Grauwacke, ptolemäisch; Louvre, Paris (Foto: Rama, public domain).

Die Verehrung für den Erbauer der Djoserpyramide (ca. 2700 v. Chr.) ließ Imhotep im Neuen Reich (ca. 1550–1070 v. Chr.) zum Gott werden, wie seine thronende Gestalt zeigt. Das Thronen war zunächst nur Göttern vorbehalten.[17] Selbst Pharaonen wurden erst dann thronend dargestellt, wenn sie als Verstorbene vergöttlicht waren (Wildung 1977, 39).

An Imhoteps erhaltene monumentale Kultfigur lagerten sich im Laufe der Jahrhunderte Legenden vom weisen Erfinder aller Künste, der Schrift, des Steinbaus und der Alchemie[18] an. Das memorierte Bild Imhoteps (zu ‚Imuthes' gräzi-

---

[17] Ähnliches galt in mesopotamischem Kulturraum: Jeremias (1929, 103) zufolge wurden im zweiten Jahrtausend v. Chr. am Himmel die Götterthrone als Urbilder der Königsthrone „geschaut". Auf der Hammurabi-Stehle sitzt der Sonnengott auf einem Berg, während Hammurabi steht (Scharff 1940, 21).
[18] Synkellos (gest. 810 n. Chr.) zufolge hat Zosimos (ca. 270 n. Chr.) ein Buch mit dem Titel *Imouth* verfasst, in dem davon berichtet wird, dass Engel, die wegen des Verkehrs mit irdischen Frauen,

siert) verwuchs mit demjenigen späterer ‚Weiser', denen ebenfalls Pyramidenbau und besondere gottgegebene Weisheit zugeschrieben wurden, vor allem mit dem alttestamentarischen Joseph und Hermes Trismegistos (Wildung 1977, 113).

In den *Pyramidenlegenden*, die al-Makrīzī (1364–1442) aus antiken paganen, hebräischen, christlichen und islamischen Quellen kompilierte, wird Hermes als Pyramidenbauer beschrieben und die Funktionen der von ihm errichteten Pyramiden werden erklärt. Demnach dienten sie als Grabmal, als Schutz vor der Sintflut für Menschen und Schätze sowie als „Archiv" (Assmann 2006, 291–301) für Weisheitsschriften (Graefe 1911, 74:29) oder auch als Kornspeicher. Hier wird die ‚Verwechslung' von Imhotep, dem alttestamentarischen Joseph und dem mythischen Hermes miteinander deutlich.[19]

Ibn Umail sucht seine alchemistische Schrift dadurch zu nobilitieren, dass er sie auf uralte, visionär erlangte Weisheit zurückführt, die er im „Gefängnis des Joseph"[20] gefunden habe. Somit folgt er selbst dem Topos des Suchens und Findens. Den Namen Imhotep kennt er nicht mehr, den Namen Hermes Trismegistos nutzt er allerdings auch nicht.[21] Er beschreibt im Vorwort zu seinen alchemistischen Ausführungen die noch sichtbare, legendenbehaftete Statue des Weisen mit der Schrifttafel und ihren Fundort in der Vorhalle eines ägyptischen Tempels:

> Siehe, ich trat ein [...] in Busir, das Gefängnis des Joseph, das als Sidar Busir bekannt ist, und wir begaben uns in einen Tempel, den die Schatzgräber geöffnet hatten.
> Da sah ich an der Decke seiner Vorhalle das Bild von neun Adlern, die Flügel ausgebreitet, als ob sie flögen, die Fänge vorgestreckt und geöffnet, in den Fängen eines jeden Vogels etwas wie der breite, gespannte Bogen, den die Krieger in Händen führen.
> Und an der Mauer der Vorhalle, auf ihren beiden Seiten rechts und links von dem, der den Tempel betritt, Bilder von stehenden Leuten, das Vollkommenste und Schönste, was es von Bildern gibt, bekleidet mit allerlei Farben, ihre Hände gegen das Innere des Tempels aus-

---

aus dem Himmel verstoßen worden seien, paradiesische Geheimnisse, darunter die Alchemie auf die Erde gebracht hätten (Wildung 1977, 96).
19 Noch in den Mosaiken des Markusdomes in Venedig (ca. 1275) wird Joseph als Erbauer von Pyramiden als Kornspeicher inszeniert. https://commons.wikimedia.org/wiki/File:Joseph_(San_Marco).jpg (7. Mai 2023).
20 Auguste Mariette kennt noch im 19. Jahrhundert einen Wallfahrtsort mit Namen „Gefängnis des Joseph", der – so Wildung (1977, 122–123) durch die Beschreibung Ibn Umails als umfunktionierter Imhotep–Asclepiustempel erkennbar ist. Nicht nur die Personen Imhotep, Joseph und Hermes, sondern auch das „Haus des Hermes" in *Busir*, das Grab und der Tempel des Imhotep sowie Grab und Gefängnis des Joseph verschmelzen im Laufe der Zeit miteinander. Vgl. Graefe 1911, 80; Wildung 1977, 27–29, 113. Wildung (1977,135) bemerkt: „In lückenloser Folge konnte das Andenken des Imhotep in Memphis von den zeitgenössischen Quellen der III. Dynastie bis in die arabische Überlieferung des Mittelalters und die Volkstradition des 19. Jahrhunderts verfolgt werden."
21 Wildung 1977, 110; Ruska 1936, 318: „Merkwürdigerweise scheint Ibn Umail nicht zu wissen, oder nicht wissen zu wollen, dass seine Statue den Hermes selbst darstellt".

gestreckt, indem sie nach einem Steinbild hin zeigten, im Inneren des Tempels sitzend, auf der Seite am Torpfeiler des Tempelraums, zur Linken dessen, der in den Tempelraum eintreten wollte, mit seinem Gesicht dem zugewendet, der von der Vorhalle aus zu ihm eintrat; und zwar auf einem Sitz nach Art der Sitze der Ärzte, der von der Statue getrennt gearbeitet war.

Und in seinem Schoß, auf seinen beiden Unterarmen, die beiden Hände ausgestreckt über seinen beiden Knien, eine Tafel, getrennt gearbeitet. Es war ihre Länge gleich der Größe der Elle und ihre Breite eine Spanne, und die Finger der Hände des Steinbilds unter der Tafel waren um die Tafel gekrümmt, als ob dies sie fest hielte. Und sie war ähnlich einem Buchband, für jeden, der eintrat, geöffnet, als ob es mit ihr dem Eintretenden zuwinken wollte: „Schau auf sie!" Und auf der Seite, wo das Steinbild saß – ich meine in der Halle – befanden sich Bilder von vielerlei Dingen und Inschriften mit dem Tempelschreibrohr (Wildung 1977, 110–111).

Ibn Umail interpretiert sowohl die Wandbilder als auch die Hieroglyphen auf der Schrifttafel[22] als Symbolsprache bzw. als alchemistische Geheimsprache (Abt 2003, 3). Die Menschen in verschiedenfarbigen Kleidern und die Adler auf dem Dach analysiert er als ‚Funktionen des alchemistischen Prozesses'. Die Hieroglyphen der Schrifttafel liest er als alchemistische Offenbarung und den „Stein" [der Weisen, H. K.] nennt er alternierend Tempel oder Moschee (Abt 2003, XIV–XV, 15,10).

Spätere Bearbeitungen seines Textes liefern neben sprachlichen auch ‚kulturelle Übersetzungen' (Homi K. Bhabha) in religionsspezifisch angepasster Bildsprache mit Illustrationen, die die jeweilige religiöse Haltung deutlich machen. Ibn Umail selbst scheint eine gewisse Religionstoleranz gepflegt zu haben: So bemerkt er, Alchemie könne von Menschen aller Religionen, die Gott für würdig befunden habe, betrieben werden (Abt 2003, 95).

Eine vermutlich aus Bagdad stammende, auf den 11. Muharram 740 (19. Juli 1339) datierte alchemistische Handschrift (Abb. 5)[23] sowie zwei christliche Schriften aus dem fünfzehnten Jahrhundert, die lateinischsprachige, traditionell Thomas von Aquin zugeschriebene *Aurora Consurgens*[24] (Abb. 6) und das deutschsprachige

---

22 Tatsächlich ist Wildung (1977, 37, 110–114) zufolge die „ausführliche Beschreibung der Inschriften der Tafel" „eine der ältesten Transkriptionen einer hieroglyphischen Inschrift".
23 Ich danke Persis Berlekamp für den Hinweis, dass in arabischen Handschriften bisher keine älteren Darstellungen des thronenden Weisen bekannt sind. Bereits Berlekamp (2003, 35–39) macht auf die Ähnlichkeiten der thronenden Gestalt zu Evangelistenbildern aufmerksam.
24 „Thesaurus Philosohiae" in *Aurora Consurgens*, Zürich, Zentralbibliothek, Ms. Rh. 172 3r7, St. Gallen, 15. Jahrhundert. siehe von Franz 1957, 27–129; bes. 84: „Parabola Quinta de Domo Thesauraria, quam Sapientia fundavit supra Petram" [Die fünfte Parabel vom Schatzhaus, das sich die Weisheit auf dem Felsen erbaute]. Vgl. Abt 2003a, XI, Anm. 23.
Die Illustration des „Thesaurus Philosophiae" in der *Aurora Consurgens* thematisiert offenkundig die Anrufung der „Vollkommenen Natur", die den Rat gibt, ein Glasgefäß mit Flamme aufzustellen, wie bei Picatrix und Apollonius von Tyana beschrieben (Weisser 1980 Sirr I, 1.2, S. 74–75, 37, 75,

Hermes Trismegistos als transkultureller Vermittler göttlicher Weisheit — 157

Abb. 5: Vision des Ibn Umail. Hermes Trismegistos mit der *Tabula Smaragdina* im Grabe; Topkapi Palace Library, Istanbul (Foto: Topkapi Palace Museum, public domain).

Buch der Heiligen Dreifaltigkeit[25] (Abb. 7), folgen der Beschreibung Ibn Umails, der in der lateinischen Übersetzung zu „Senior Zadith" wird,[26] recht genau: die thro-

---

155). Siehe auch Ritter und Plessner 1962, 199; Compagni 1975, 237–339, hier 321; Pingree 1986a, 109 und ähnlich bereits bei Krates. Er sieht kostbare Vasen vor Hermes stehen. Berthelot 1893, 46.
25 Im *Buch der Heiligen Dreifaltigkeit* der Rylands Library, Manchester aus dem 15. Jahrhundert (Alchemia German MS.1. http://luna.manchester.ac.uk/luna/servlet/view/search?q=%22Buch%20der%20heiligen%20Dreifaltigkeit%22) (5. April 2018) wird anders als im Urtext des Ibn Umail/Senior (Klinkhammer 2021a) die Statue explizit als „Hermes, der Vater" der „philosophischen Kunst" bezeichnet: „Das sind die worter Hermetis mit dem geschos yres auf und niderfliegens wirt die kunst volbracht. et das sind die filii der phi(losophi) kunst, et die meyster der phi(losophi) kunst, Hermes, der Vater der phi(losophi) kunst bin ich genant, manchem phi(losopho) bin gar wol bekannt. Darum seht die tafel recht an, was darin bezeichnet, sun und man die zween planeten regieren die Kunst, mit hilf des meysters gunst. Und durch mittels yrer natur wirt volbracht die figur. Damit man all krankhet swacht und dardurch golt und silber macht."
26 Die älteste lateinischsprachige Übersetzung der „Vision des Ibn Umail" befand sich, wie der Codex Speciale aus dem 14. Jahrhundert ausweist, in Bologna im Besitz des Proklus-Klosters. Vgl. Carini 1983 [1872], 97, XXVIII. Die erste Druckfassung erschien 1560: „Senior Zadith, *De Chemia*, 1560" (Abt 2003a, 38, Anm. 29).

Abb. 6: Aurora Consurgens: *De domo thesauria qua sap(ent)ia fundatur sub petram;* Zürcher Zentralbibliothek, Ms. Rh. 172, fol. 3r (CC BY-NC 4.0).

nende Monumentalfigur des Weisen mit der Tafel auf dem Schoß wird jeweils umringt von „Bildern stehender Leute" in verschiedenfarbigen Kleidern. Acht oder neun Vögel sind eher als „fliegende Vögel" inszeniert denn als Wandgemälde (Klinkhammer 1993, 139–141). Anders als in Ibn Umails Urtext wird allerdings Hermes expressis verbis genannt.

Abb. 7: *Buch der Heiligen Dreifaltigkeit: Das sind die Wort Hermetis;* Rylands Library, Alchemia German MS. 1 (CC BY-NC 4.0).

Der Fundort wird bildlich jeweils unterschiedlich definiert: Die islamische Variante zeigt ein moscheeartiges überkuppeltes Gebäude, die christlichen Varianten stilisieren kapellenähnliche Architekturen. Der alchemistische Kontext wird religionsspezifisch nobilitiert, indem in der islamischen Variante die Schahada mit dem Lob Allahs dem Text vorausgeht, während in den christlichen Varianten auf die Dreifaltigkeit und das „Schatzhaus, das sich die Weisheit erbaut" habe (*Sapientia Salomonis*), verwiesen wird (Klinkhammer 1993, 2007, 2008).

Ähnliche Texte und Miniaturen gibt es seit dem fünfzehnten Jahrhundert in vielen – und vielsprachigen – Varianten. Sie alle kennen und variieren den Urtext des Ibn Umail bzw. die lateinische Übersetzung.

Offenkundig ist das ‚hermetische' Narrativ in jüdisch-christlicher wie islamischer Tradition mit geringfügigen Anpassungen in die jeweilige religiöse Vorstellungswelt integrierbar.

2.1 Varianten des Urbildes: Legendenentstehung und -konstruktion

Ibn Umails Beschreibung der Sitzstatue Imhoteps an ihrem Fundort fixiert den ikonographischen Typ des im Grabe thronenden Hermes, der über Jahrhunderte in leichten Abwandlungen wiederholt wurde, vor allem sprachlich. Der Mythos von Thot / Hermes / Mercurius als Kulturbringer ist allerdings lange vor Ibn Umails Beschreibung der Grabanlage im gesamten Mittelmeerbereich verbreitet, ebenso wie der Topos des thronenden Weisen mit Offenbarungsschrift. Dieser Topos hat sich offenkundig sowohl im hermetisch-paganen als auch im jüdisch-christlichen und islamischen Kontext manifestiert.

Der hermetische Text *Kore Kosmou* des Johannes Stobaios, aus dem fünften Jahrhundert n. Chr., in dem Isis ihren Sohn Horus belehrt, liefert einen philosophischen Hintergrund für Ibn Umails alchemistische Analyse der Hieroglyphen auf der Schrifttafel der Imhotep-Statue. Es wird berichtet, dass Hermes „in besonderer Beziehung zu den ‚Mysterien des Himmels' stand" und „alles erkannte":

> Er sah das All, und als er es gesehen hatte, begriff er es, und als er es begriffen hatte, war er in der Lage, es zu offenbaren und kundzutun. Und was er erkannt hatte, schrieb er nieder, und nachdem er es niedergeschrieben hatte, verbarg er es und verschwieg das meiste aus Vorsicht, anstatt es auszusprechen, damit alle späteren Zeiten der Welt es suchten.
>
> Und so stieg er auf zu den Sternen, um die ihm verwandten Götter als Trabant zu begleiten. Aber Tat war sein Nachfolger, sein Sohn und zugleich Empfänger dieser Lehren, und in nicht zu großem Abstand auch Asklepios-Imuthes nach dem Willen des Ptah-Hephaistos, und alle anderen, die bei der Erforschung des Himmels zuverlässige und genaue Untersuchungen anstellen sollten nach dem Willen der über alles herrschende Vorsehung. (Colpe und Holzhausen 1997, 422 [Stobasius-Exzerpt XXIII, Abschnitte 5–6]; Wildung 1977, 102).

Wie bei Ibn Umail sind bereits bei Stobaeus die Motive der Vision, des Niederschreibens und Verbergens für den nächst Würdigen ausgeprägt, ebenso wie der Verweis auf die Zugehörigkeit des Hermes zu den Planetengöttern. Zugleich wird der Bezug zu That und Asklepios-Imuthes/Imhotep als erste würdige Empfänger seiner Weisheit formuliert.

2.2 Ägyptisches Konzept und hellenistische Formensprache

Bei einer Sitzstatue des Turiner Antikenmuseums aus dem zweiten Jahrhundert n. Chr. (Culasso Gastaldi und Pantò 2014, 46–48) wird die ikonographische Vermittlung zwischen ägyptischem Konzept und hellenistischer Formensprache deutlich. Der Topos des thronenden göttlichen Weisen mit Weisheitsschrift wird in hellenistischer Bildsprache variiert und weitertransportiert.

Eine thronende Mantelstatue hält in der rechten Hand eine abgebrochene Buchrolle. (Abb. 8) Links neben dem Thron verweist ein Affe mit Mondsichel auf den ägyptischen Kontext. Zu beiden Seiten der Statue finden sich lotosförmige Pfeiler, um die sich Schlangen winden, die gleichermaßen auf Ägypten verweisen. Der Bezug zu Imhotep / Imuthes ist durch die Buchrolle eindeutig (Quack 2007, 259–294; Wildung 1977, 133–134). Die Statue ist im Sockelbereich beschriftet und dem *Pappos Theognostos*, dem ‚gottbekannten Ahnen' geweiht. Imhotep / Imuthes ist – wie bei Stobaios – mit Asklepios, dem Sohn des Hermes, verschmolzen (Wildung 1977, 134). Gleichzeitig wird die Vergöttlichung des ursprünglich menschlichen Ahnen angedeutet.

Die Ikonographie des *Pappos Theognostos* ist dem altchristlichen Bildtypus des lehrenden Christus (Abb. 9) wie etwa in dem Apsismosaik in Santa Pudenzia in Rom (ca. 410 n. Chr.) verwandt.[27] Imhotep-Asclepios ist zum *Soter Oikonomikos* [Retter der bewohnten Welt] geworden, eine Funktionsbeschreibung, die ähnlich auf den thronenden Christus als *Pantokrator* und *Soter tou Kosmou* [Retter des Kosmos] angewandt wird (Wildung 1977, 134).

2.3 Hermes / Henoch / Idris

Der Versuch, Hermes Trismegistos und die ihm zugeschriebene Lehre für die jeweils eigene Religion nutzbar zu machen, zeigt sich unmittelbar nach dem Verbot heidni-

---

27 Ikonographische Ähnlichkeiten finden sich auch bei Origines (*In Numeros homilia XXVII* aus Kloster Schäftlarn, München, Bayerische Staatsbibliothek, Codex latinus monacensis 17092, fol. 130v (ca. 1160), https://www.origenes.de (14. September 2019), in Evangelistenbildern mit den jeweiligen Evangelien in Händen und noch in der Legende zur Sitzbestattung Karls des Großen im 11. Jahrhundert (Klinkhammer 2021a).

Abb. 8: *PAPPOS THEOGNOSTOS* [Der gottbekannte Ahne], Alexandria, zweites Jahrhundert n. Chr.; Museo dell'Antichità, Turin (CC BY-NC 4.0).

scher Kulte, gewissermaßen als ‚Variante' der *Interpretatio Romana / Graeca / Barbarica / Indigena*.

In jüdisch-christlich-islamischem Kontext wird Hermes mit dem alttestamentarischen Henoch (Gen 5,25; 2. Könige 2,11)[28] und dem koranischen Idris (Sure 19, Vers 56; Sure 21, Vers 85; Erder 1990, 339–350) gleichgesetzt und genealogisch als

---

28 Pingree 1968, S. 14: Abū Maʿšar zufolge wird der erste Hermes mit Enoch identifiziert, er lebte in Ägypten vor der Flut. Der zweite Hermes lebte in Babylon und erhielt die Wissenschaften nach der Flut, während der dritte Hermes wieder in Ägypten lebte und seine Weisheit Asclepius übermittelte. Dieser Hermes entspricht dem Hermes des *Corpus Hermeticum* (Burnett 1976, 231).

Abb. 9: *Christus als Lehrender und Bewahrer der Kirche Pudenzianas. (DOMINUS CONSERVATOR ECCLESIAE PUDENTIANAE)*, Rom, Santa Pudenzia, ca. 410 n. Chr.) (Foto: Sailko, CC BY 3.0).

Enkel oder Urenkel auf Adam zurückgeführt (Graefe 1911, 77). Seine Weisheit ist folglich ‚paradiesisch' und ‚vorsintflutlich'.

Gründe für die Gleichsetzung von Hermes, Henoch und Idris mögen in vergleichbaren hagiographischen und legendären Motiven zu finden sein: Alle drei wurden als Gelehrte, Schreiber und Offenbarungsträger verstanden, denen in gnostischer, jüdischer wie islamischer Tradition auch Himmelfahrten zugeschrieben wurden (Colpe und Holzhausen 1997, 422 [Stobaios-Exzerpt XXIII, Abschnitt 5–6]; Erder 1990, 339–350; Bladel 2009; Pingree 2014).

Ibn Ǧulǧul (943–994 n. Chr.) erklärt die Tradition, Hermes / Henoch / Idris[29] mit noch weiteren Patriarchen (Noah, Moses) zu identifizieren, damit, dass Hermes eine Art Funktionsname wie Caesar sei (Erder 1990, 341; Von Lieven 2007, 70).

---

29 Graefe 1911, 77,30, 61,24 und 77,33: Al–Maḳrīzī referiert u. a. nach Ibn Ǧulǧul und Abu Maʿshar „Es gibt Leute, die sagen: Der erste Hermes, welcher der ‚dreifache' in seiner Eigenschaft als Prophet, König und Weiser genannt wurde (es ist der, den die Hebräer Henoch, den Sohn [...] des Sohnes Adams – über ihm sei Heil – nennen, und das ist Idrīs), der las in den Sternen, dass die Sintflut kommen werde. Da ließ er die Pyramiden bauen und in ihnen Schätze, gelehrte Schriften und alles, worum er sich sorgte, dass es verloren gehen und verschwinden könnte, bergen, um die Dinge zu schützen und wohl zu bewahren." Vgl. Franke 2008, 98: Der Gelehrte Al–Idrīsī hatte Pyramidenfor-

2.4 Das Buch des weisen Krates

Zwischen dem sechsten und neunten Jahrhundert kennt Krates, möglicherweise ein zum Islam übergetretener Christ,[30] diese Traditionen, vermutlich auch die *Hermetica* des Stobaios. Früher als Ibn Umail entwickelt Krates eine mit einer Vision verbundene Fundlegende: Er habe geträumt, von einem Engel in den Himmel gehoben worden zu sein. Dort sah er den im Himmel thronenden Hermes Trismegistos mit seinem Buch in Händen.

> [Ich sah dort, H. K.] einen Greis, den Schönsten der Menschen, auf einem Sessel sitzen; er war in weiße Gewänder gehüllt und hielt in seiner Hand eine Tafel, auf der ein Buch lag [...]. Als ich fragte, wer dieser Greis sei, erhielt ich die Antwort: ‚Es ist Hermes Trismegistos, und das Buch vor ihm ist eines von jenen Büchern mit der Erklärung der Geheimnisse, die er vor den Menschen verborgen hat'! (Wildung 1977, 115)[31]

Seine Wortwahl fordert den Vergleich mit jüdisch-christlichen Sprachbildern des thronenden Gottes mit Buch in alt- und neutestamentlichen Textstellen, in denen der göttliche Alte in einem Gewand „weiß wie Schnee" (Daniel 7,9) oder das Buch „mit sieben Siegeln" (Offenbarung 5,1) beschrieben werden, aber auch mit Krates zugänglichen Bildwerken wie dem *Pantokrator*[32] oder dem lehrenden Christus (Abb. 9). Grundlegend geht es Krates um die Nobilitierung der Alchemie als Vermächtnis des Hermes.[33]

Die Durchdringung mehrerer religiöser Vorstellungen wird hier deutlich.

---

schungen betreiben. Die Pyramiden sind ihm zufolge ‚heilige Orte'. Die „beiden großen Pyramiden" entsprechen dem Sternbild Zwillinge und dem Planeten Merkur/Hermes, dem Planeten der Weisheit, dessen Spiritualität die gesamte Umgebung beeinflusse. Erder 1990, 339–350; vgl. Orlov 1983.

30 Bertheloth 1893, 44; Ruska 1924, 12, 15–18; Ruska 1926, 115; Ruska 1936, 310–342, hier 139; Hornung 1997, 56–59; Abt 2003a; vgl. Pietschmann 1875, 12, 20, 27; Franke 2008, 93–11; Reitzenstein 1916, 33–51.

31 Eine ähnliche Legende findet sich auch im Buch *Die Krone* des Ostanes in persischer Sprache. Reitzenstein 1916, 38.

32 Zur Pantokratorikone des Katharinenklosters in Sinai siehe: https://de.wikipedia.org/wiki/Pantokrator#/media/Datei:Spas_vsederzhitel_sinay.jpg (24. April 2020).

33 Vgl. die Übersetzung der Traktate des Krates/Crates bei Berthelot, 1893, 44–47.

3 Fortschreitende Christianisierung hermetischer Narrative in Übersetzungen

3.1 Der *Liber Apollonii de principalibus rerum causis*

Ebenfalls zwischen dem sechsten und neunten Jahrhundert verfasste ein vermutlich christlicher Autor unter dem Pseudonym des legendären Wanderpredigers Apollonius von Tyana (40–120 n. Chr.), eines Hermetikers, der häufig mit Christus verglichen wurde, das *Buch der Ursachen aller Dinge*. Dieser Text wurde im zwölften Jahrhundert durch Hugo von Santalla ins Lateinische übersetzt.[34]

Der naturkundlich astrologische Text weist eine knappe Fundgeschichte auf, die davon berichtet, dass Apollonius die von Hermes verfasste Weisheitsschrift in einer Höhle bei Tyana (Kappadokien) in Händen des auf einem goldenen Thron sitzenden Hermes gefunden habe (Ruska 1926, 139).

Mit drastischer Verfluchungsandrohung wird gefordert, die Tafel für den nächsten Würdigen wieder zu verbergen: „ea videlicet conditione et sub anathematis edicto ne cuiquam minus sapienti et indigno ad hunc sapientiae Thesaurum patescat accessus" (Nau 1907, 105; ‚Unter der Bedingung und unter dem Anathema [Fluch], dass nichts den weniger Weisen und Unwürdigen über diesen Weisheitsschatz geoffenbart werde', Übers., H. K.). Danach folgt erstmals der vollständige Text der *Tabula Smaragdina* in lateinischer Sprache (Ruska 1926, 139; Nau 1907, 99–106).[35]

Santallas Übersetzung des *Buches der Ursachen* in der Pariser Handschrift (Latin 13951) (Abb. 10) enthält die älteste mir bekannte Zeichnung eines thronenden hermetischen Weisen, die sich textlich direkt auf den hermetischen Fundtopos bezieht, die Erbfolge der Weisheitstafel allerdings erweitert: Apollonius (in Seitenansicht) ist hier selbst als Thronender mit einer Schrift in Händen dargestellt und somit als legitimierter Finder der *Tabula Smaragdina* und würdiger Nachfolger des Hermes ausgewiesen (Hugo von Santalla: *Liber Apollonii*; Klinkhammer 2021a).

---

34 Hugo von Santalla: *Liber Apollonii de principalibus rerum causis*. Ruska 1926, 178: Der Titel „Liber de secretis naturae et occultis rerum causis quem transtulit Apollonius de libris Hermetis Trismegisti" ist von zweiter Hand nachgetragen. Die Übersetzung selbst trägt die Überschrift: „Incipit liber Apollonii de principalibus rerum causis, et primo de caelestibus corporibus et stellis et plantis, et etiam de miniris et animantibus, tandem de homine." [„Hier beginnt das Buch des Apollonius über die Grundprinzipien der Dinge und zuerst über die himmlischen Körper und Sterne und Pflanzen und auch über die Mineralien und belebten Wesen , ebenso über den Menschen" (Ü. HK)] Vgl. Fidora 2001, 220–222; Weisser 1980, 8; Nesselrath 2017, S. 155–169, hier: 163–168; Petzke 1970; siehe auch Haferland, 2004, 191.
35 Siehe weiter unten zur Übersetzung ins Deutsche durch Paracelsus.

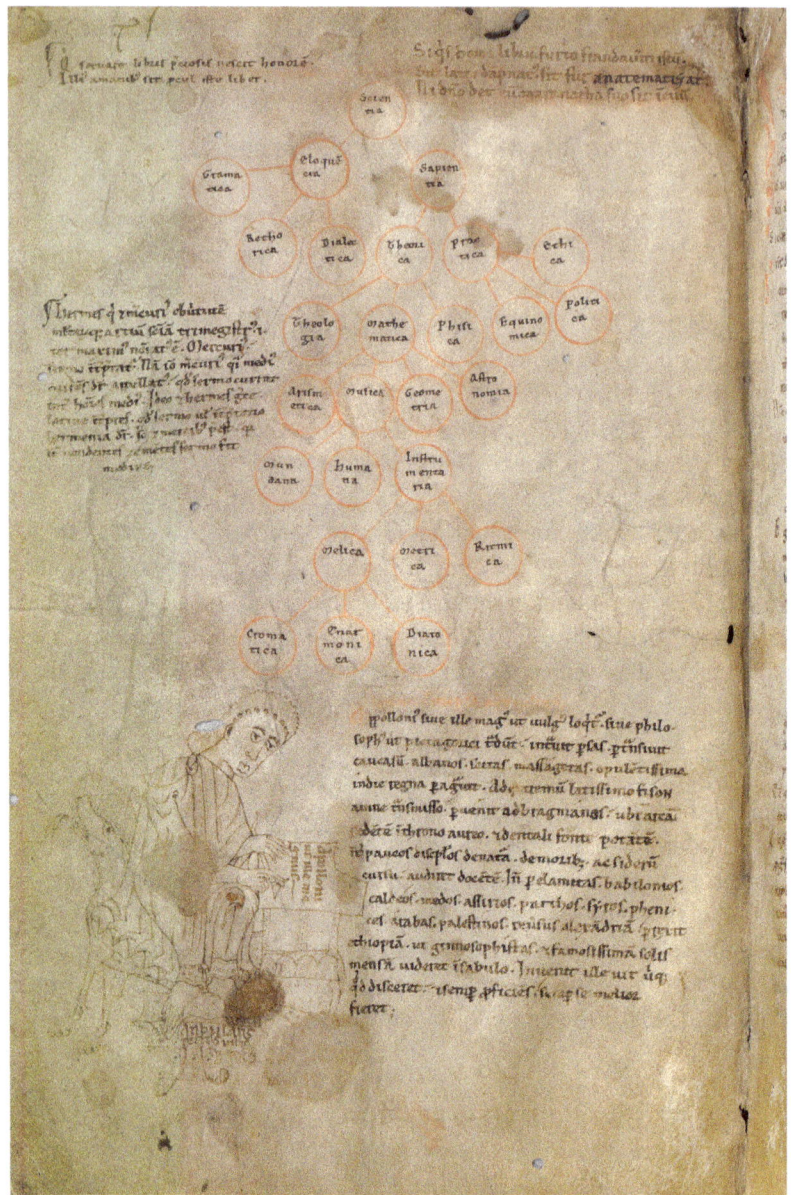

Abb. 10: Hugo von Santalla: *Liber Apollonii de principalibus rerum causis* (1101–1200); Bibliothèque nationale de France, Paris (public domain).

Manifestiert und verbildlicht wird die Wandlung des Apollonius zum Weisen durch die Tafel auf seinem Schoß, in der er expressis verbis als „Großer" tituliert wird: „Apollonius ille magnus"[36] offenkundig in Analogie zu Hermes Trismegistos – dem „Dreimalgrößten".

3.2 Albumasar / Abū Maʿšar, *Liber Introductorius*

Im neunten Jahrhundert beschreibt der persische Gelehrte Abū Maʿšar (787–886) jenen Apollonius als Sohn des Hermes, der mit Asclepius gleichzusetzen sei,[37] und konstruiert eine weitere Variante hermetisch-alchemistischer Suchlegenden (Plessner 1954, No. 2, 53) mit der ‚Verlegung' des Fundortes nach Isfahan.

Abū Maʿšar scheint der astrologischen Religion der Sabier nahegestanden zu haben, die Hermes als ihren Propheten verstanden, der mit dem alttestamentarischen Henoch und dem koranischen Idris identifiziert wurde. Mit Verweis auf ihre (hermetische!) ‚Buchreligion' wurden die Sabier vom Islam akzeptiert (Pingree 1968, 14; Burnett 1976, 234; Nobis 1983, 814).

Nach Abū Maʿšar wurde nur ein einziges Manuskript der Lehre des Hermes / (Husang) / Henoch / Idris in Isfahan vor der Sintflut vergraben und ausschließlich im Iran aufbewahrt; andere Nationen hätten nur korrumpierte Versionen davon erhalten (Ehlers 2002, 366).

Er selbst habe sein astrologisches System auf der Grundlage dieses Manuskripts entwickelt.

Somit erweist sich auch Abū Maʿšar als Hermetiker, ‚würdiger Finder' und Nachfolger des Hermes.

Bereits vor Ibn Umails Darstellung wird demnach in Abū Maʿšars Text die Durchdringung von paganem Hermetismus und islamischem Glauben deutlich.

Die Wendung zum christlichen Glauben vollzieht sich im dreizehnten Jahrhundert in der bildlichen Ausgestaltung des Autorenbildnisses Abū Maʿšar.

In der Übersetzung seiner astrologischen Schriften[38] aus dem Persischen und Syrischen ins Lateinische latinisiert Georgios Zothorus Zaparus Fendulus Abū Maʿšar

---

36 Eine ähnliche Inszenierung ist bereits in dem *Buch des Schatzes Alexanders* aus dem 11. Jahrhundert in mehreren Rahmenerzählungen bekannt. Auch hier wird beschrieben, wie Apollonius von Tyana (Balinas) die Schrift des Hermes gefunden habe und wieder für den nächst Würdigen verbarg. Vgl. Ruska 1926, 68–107: *Kitab dahirat Aliscandar* (das *Buch des Schatzes Alexanders*). Klinkhammer 2021a, 13–29.
37 Boll 1926, 56; Mandosio 2013, 115–143, hier: 132–135. Petzke 1970, 34; vgl. Weisser 1980, 22; Klinkhammer 2021a.
38 Zur seiner Bedeutung für den lateinischen Hermetismus siehe Saif 2015.

Abb. 11: *Albumasar Philosophus.* Georgius Zothorus Zaparus Fendulus, *Liber astrologiae* (1450–1492); Bibliothèque nationale de France, Paris (public domain).

zu Albumasar und inszeniert ihn bildlich wie einen Evangelisten oder den Pantokrator selbst mit zweigeteiltem Bart und langem Haar. Albumasar thront – dem Betrachter frontal zugewandt, die Rechte zum Gruß erhoben, in der Linken hält er sein geöffnetes Buch in die Höhe (Abb. 11).

Die Inszenierung ist doppeldeutig: Zum einen ist die ikonographische Ähnlichkeit mit dem Bildtypus des *Pantokrators* und der *Majestas Domini* unverkennbar. Zum anderen erinnert die Darstellung an die Beschreibung des Ibn Umail, wie er den im Grabe Thronenden auffindet, der dem Eintretenden ebenfalls frontal zugewandt ist: Er habe seine Offenbarungsschrift gezeigt, „ähnlich einem Buchband, für jeden, der eintrat, geöffnet, als ob es mit ihr dem Eintretenden zuwinken wollte: ‚Schau auf sie!'" (Wildung 1977, 110–111).

Zothorus Fendulus weist Albumasar bildlich als würdigen Finder der hermetischen Offenbarung aus und folgt somit den textlichen und bildlichen Vorlagen bei Ibn Umail und Pseudo-Apollonius. Die Aufschrift seines Buches: „Albumasar Philosophus" entspricht dem gleichen Darstellungsprinzip wie bei Pseudo-Apollonius, der als „Apollonius ille Magnus" als erster Finder der hermetischen Schrift – der *Tabula Smaragdina* – in Händen des Hermes galt.[39]

Durch die doppeldeutige Ikonographie christianisiert Zothorus Fendulus sowohl den hermetisch astrologischen Text als auch Albumasar selbst.

3.3 Michael Scotus – Toledo / Rom / Bologna / Palermo

Auf der Grundlage von Abū Maʿšars *Liber Introductorius* verfasst Michael Scotus (1180–1235) im Auftrag Friedrichs II. am palermitanischen Hof ein gleichnamiges astrologisches Lehrbuch (Bauer 1983, 6; Blume 2016, 26, Burnett 1994, 110–111). Michael Scotus scheint ganz gezielt die ‚kulturelle Übersetzung' aus einer antik-paganen über die islamische Vorstellungswelt zum christlichen Blick auf die Astrologie zu vollziehen und sie damit zu nobilieren. Zu jedem Sternbild, das er beschreibt, gibt er an, wie es zu illustrieren sei.

Im Falle des Hermes fordert Scotus expressis verbis, dass Hermes wie ein Kleriker mit geschlossenem Buch darzustellen sei. Damit wird die Christianisierung dieses Alten Weisen unmittelbar deutlich.

---

[39] *Liber astrologiae Georgii Zapari Zothori Fenduli*, Latin 7330 und 7331, 51r. Blume 2016, II, 155.

Abb. 12: *Michaelis Scoti Astrologia cum figuris,* Bayerische Staatsbibliothek, München Clm 10268, 85r (CC BY-NC-SA 4.0).

Illustrationen zu diesem Text finden sich u. a. in einer Abschrift des *Liber Introductorius* aus Padua, die etwa um 1330 für einen italienischen Fürsten in giotteskem Stil erstellt wurde. Hermes / Mercurius wird als Bischof mit Mitra, Bischofsstab und geschlossenem Buch dargestellt (Abb. 12).[40]

Das geschlossene Buch – so Scotus – symbolisiere „Sapientia"; es ist allerdings in der bildlichen Darstellung wie in der Wortwahl des Scotus mehrdeutig.

In Händen des Bischofs steht es natürlich für das Evangelium mit der noch verborgenen Offenbarung, in Händen des Hermes / Mercurius ebenso selbstverständlich für die nur dem Würdigen zugänglichen „Hermetischen Schriften" mit der *Tabula Smaragdina*.

Die Christianisierung des Hermes und seine Inanspruchnahme als vorchristlichem aber die christliche Botschaft verkündendem ‚Priesterfürsten' ist offenkundig am palermitanischen Hof und bei Scotus sowohl im Wortlaut als auch in Illustrationen vollständig ausgebildet und wird von dort aus weiter betrieben.

An dieser Stelle zeigt sich Palermo als einer der zentralen ‚Schmelztigel' im mittelmeerischen Raum, an denen ‚kulturelle Übersetzungen' stattfanden und aus einem paganen, ägyptisch-hellenistischen Mythos über islamische und jüdische Mittler ein christlicher Mythos vom gottgefälligen vorsintflutlichen Weisen werden konnte.

Hier scheint sich eine Wertschätzung des ‚Anderen' anzudeuten, die in der Renaissance zur Definition der von Gott erleuchteten *Prisci Philosophi* führte.

3.4 Das Florentiner Unionskonzil

Während des Florentiner Unionskonzils 1439 vollzieht sich eine neuerliche Wertschätzung des Hermes Trismegistos, da die im fünfzehnten Jahrhundert kursierenden hermetischen Legenden dazu geeignet scheinen, kontroverse Auffassungen der gegnerischen Parteien mit Verweis auf die *Prisca Philosophia* der gemeinsam geschätzten ‚Alten' zu versöhnen (Klinkhammer 2021a; Buffon 2016; Moreschini 2011; Gurgel Pereira 2010, 119).

Einen Anstoß dazu mag Ciriaco di Ancona (1391–1452)[41] gegeben haben, der möglicherweise in Kairo die von al-Makrīzī kompilierten *Pyramidenlegenden* kennengelernt hatte und folglich auf die dort berichtete ‚vorsintflutliche Weisheit' des

---

40 Saxl 1927, 29; Ackermann 2009, 534–537; Bauer 1983, 8–11, 108; Blume 2016, II, 30. Panušková 2012.
41 Neuhausen 1992, 155, 161; Scalamonti 1996, 69, 102; Scharff 2007, 153–182.

Hermes verwies, um ihn als philosophischen Vermittler zwischen Ost und West vorzuschlagen (Klinkhammer 2021a).

Cosimo de' Medici (1389–1464) lässt daraufhin systematisch nach weiteren hermetischen Schriften suchen, speziell dem seit dem elften Jahrhundert am byzantinischen Kaiserhof bekannten *Corpus Hermeticum*, das Marsilio Ficino (1433–1499) in seinem Auftrag noch vor der Fertigstellung seiner Platon-Übertragung übersetzt. Die Schrift erscheint unter dem Namen „*Mercurii Trismegisti – Liber de Potestate & Sapientia Dei, cui titulus PIMANDER*" 1464 noch zu Lebzeiten Cosimos und 1471 erstmals im Druck.[42]

Auf dieser Grundlage wurden die seit dem Mittelalter kursierenden Schriften *Asclepius* und die *Tabula Smaragdina* neu gelesen und wertgeschätzt. Die unter dem Namen *Asclepius* bekannte Schrift handelt davon, wie Hermes seinen Sohn Asclepius über ‚Gott und den Kosmos' belehrt. Nach der Lesart der *Pimander* genannten Schrift erhält Hermes seine Weisheit unmittelbar vom göttlichen Geist selbst – dem „Pimander": „Pimander, id est ‚Mens Divina'".[43] In der *Tabula Smaragdina* wiederum ist die alchemistische Weisheit niedergeschrieben, die Hermes mit ins Grab genommen hat, damit sie nur von Würdigen gefunden und weitervererbt werden kann (Ruska 1927, 74).

3.5 Hermes Trismegistos – der Logos, das *Omega* und ein Verweis auf die *Tabula Smaragdina*?

Kehren wir zurück zur erstmaligen Darstellung des Hermes innerhalb eines Kirchengebäudes von 1488, in den Fußbodenintarsien des Giovanni di Stefano (1444–1506) im Dom zu Siena[44] (Abb. 1) unmittelbar hinter den Stufen des Haupteingangs.

---

42 Vgl. zu Ficinos Einfluss in Deutschland und Italien Eming et al. 2017. Im elften Jahrhundert annotiert der am byzantinischen Kaiserhof lebende Universalgelehrte Michael Psellos (1018–1078) genau die Sammlung hermetischer Traktate, die etwa 500 Jahre später nach Florenz gelangt. Weiterführend Löw 2002; Moreschini 2011; Heiduk 2004; 2006; 2007, 79; Heiduk 2010. Zu Hermes als Drittem zwischen Heidentum und Christentum siehe Assmann im Vorwort zu Ebeling 2009, 7–16. Zum *Corpus Hermeticum* siehe Holzhausen 1997 und Colpe und Holzhausen 1994.

43 Kristeller 1962, 1836; Kristeller 1938, 237–262; Campanelli, 2011, 7; Saß, 2016, 369.

44 Hermes als Philosoph im Tonnengewölbe in Santa Maria dei Miracoli in Venedig stammt aus dem 16. Jahrhundert. Pinturicchios Gestaltung des Hermes/Mercurius Trismegistos in den päpstlichen Privaträumen im Apartamento Borgia entstand wenig später, 1493. Poeschel 1999, 170; Aronow 2005 [1985], 329–344; Caciorgna, Guerrini 2004, 13–53, 53–93; Cracco Ruggini 2005, 41–56. Zur Wertschätzung des *Pimander* in der Katharinenkapelle in San Domenico in Siena siehe neuerlich Saß 2016, 334.

Nach Ohly (1977, 171–274) stellt die Kathedrale[45] einen Zeitenraum dar, in dem Szenen *ante legem* – also vor der Gesetzgebung durch Moses – im Langhaus thematisiert werden. Hier werden Hermes und die Sibyllen sowie die heidnischen Weisen Krates und Sokrates auf dem Tugendberg von Pinturicchio als gottgefällige *Prisci Philosophi* inszeniert, während Moses zunächst als Zweifler die ersten Tafeln zertrümmert (2 Moses 32).

Mit der zweiten Gesetzesübergabe an Moses (2 Moses 34,1–27) von Beccafumi (1486–1552) im Chorbereich folgt die Zeit *sub lege* (unter dem Gesetz). Am Altar und in der Höhe zwischen Fußboden und Gewölbe beginnt die ‚neue' Zeit der Erlösung *sub gratia* (unter göttlicher Gnade).

Hermes (Abb. 1), gekleidet als Ägypter, trägt eine Kopfbedeckung, einer Tiara ähnlich, die in ihrer speziellen Form auf ägyptische Hüte verweist, die zwischen dem elften und vierzehnten Jahrhundert getragen wurden.[46] Hermes überreicht dem (islamischen) Gelehrten des Morgenlandes, der durch seinen Turban gekennzeichnet ist, und dem durch einen Kapuzenmantel (*cappa paenula*) ausgezeichneten (antik-römisch / christlichen) Vertreter des Abendlandes seine Schriften. Mit der ägyptischen Mütze wird Hermes ‚authentisch' als ägyptischer *Priscus Philosophus* inszeniert, anders als z. B. bei Michael Scotus, der ihn durch die Kleidung ‚christianisierte'.

Zwei geflügelte Sphingen, deren Schwänze sich zur Acht des hermetischen *Caducaeus* ringeln, tragen mit ihren Flügeln eine Schrifttafel, auf die Hermes die Hand legt, und vermitteln augenscheinlich zwischen hermetischem und christlichem Kontext. Diese Tafel enthält ein Zitat, das aus *Pimander* und *Asclepius*[47] kombiniert ist: „Deus omnium creator secum Deum fecit visibilem et hunc fuit primum et solum quo oblectatus est et valde amavit proprium Filium qui appellatur Sanctum Verbum." (‚Gott, der Schöpfer aller Dinge, schuf bei sich einen sichtbaren Gott und machte ihn als Ersten und Einzigen. An ihm hatte er sein Wohlgefallen und liebte ihn sehr, seinen eigenen Sohn, der das Heilige Wort heißt', Übers., H. K.).

In der Schrift, die Hermes den Weisen überreicht, findet sich in Anlehnung an Ciceros *De natura deorum III, 56* der bedeutsame Satz: „SUSCIPITE O LICTERAS ET LEGES EGIPTII".

---

[45] Zum Plan des Fußbodens siehe Giovanni Paciarelli 1884, https://commons.wikimedia.org/w/index.php?curid=17066715 (8. November 2019).
[46] Zur ägyptischen Mütze des Hermes siehe: Smalley 2014, 81–101. Bussagli 1983–1984, 191.
[47] CH I,12 (Colpe und Holzhausen 1997, 14 und Holzhausen 1994, Poimandres) und Asclepius 8 (Colpe und Holzhausen 1997, 263), Saß 2016, 370–374.

Dieser Satz zitiert Ciceros Äußerung, dass Hermes die Ägypter Schrift und Gesetze gelehrt habe, allerdings nicht wörtlich,[48] sondern weitet die Lehre des Hermes auch auf die Weisen des Ostens und Westens aus – so, wie es die Ikonographie der Szene nahelegt.

Bussagli (1983, 191–211) liest folglich in dem Satz „SUSCIPITE O LICTERAS ET LEGES EGIPTII" eine christianisierte und ‚alchemistische' Variante. Er schlägt vor, das „Buch des *Omega*" des Zosimos (460–520 n. Chr.) als inspirierende Vorlage für die Gestaltung der Szene anzusehen und das O demnach als *Omega* und „magischen Kreis" zu lesen. Eine Lesart von O und Egiptii als Vokativ, wie Yates (1964, 43) übersetzte: „*Take up letters and laws O Egyptians*", sei, so Bussagli (2009, 64–65), philologisch problematisch.

Zosimos definierte das *Omega* nicht als Buchstaben, sondern, da es rund wie das philosophische Ei und der Ozean sei,[49] als alchemistisches Mischgefäß, als *Crater Hermetis*, kosmischen Schmelztigel – als eine Art alchemistischen Gral. Bereits Clemens von Alexandria sah in Christus / Gott „eine komplexe Einheit im Sinne des Einen als Totalität (ὡς πάντα ἕν) – wie ein Kreis, in dem alle Kräfte in eins zusammengefasst" seien, daher werde er auch *Alpha* und *Omega* genannt (Clemens von Alexandrien Stromata 4,156,1–157,1).[50]

Das alchemistische *Buch des Omega* des Zosimos (ca. 270 n. Chr.) war spätestens seit dem Florentiner Konzil bekannt, zumal Kardinal Bessarion (1403–1472) es der venezianischen Biblioteca Marciana vermacht hatte (Marciana gr. 299).[51]

Zosimos folgend liest Bussagli den hinter dem Verb „SUSCIPITE" folgenden Buchstaben als „*OMEGA*" und so als Reminszenz auf Zosimos.[52] Der Satz müsse demnach also folgendermaßen gelesen werden:

„SUSCIPITE **OMEGA** LICTERAS ET LEGES EGIPTII". Und dies bedeutet: „Empfangt das *Omega*, die Wissenschaft und die Gesetze des Ägypters" [also des Hermes Trismegistos, H. K.].

Zosimos schreibt im *Buch des Omega* (Jackson 1978, 23), Hermes und Zoroaster hätten gelehrt, wie die Weisen das Schicksal überwinden können, indem sie die Seelenreinigung im kosmischen Schmelztiegel vollzögen und die verwandelnde

---

48 Cicero III, 56: „dicitur [...] Aegyptiis leges et litteras tradidisse" [Er hat der Sage nach [...] den Ägyptern die Gesetze gegeben und sie die Buchstabenschrift gelehrt.]
49 Reitzenstein 1904, 267 zum Buch Omega des Zosimos; Jackson 1978, 39; Letrouit 2002, 1:85–109, hier 89; Bussagli 1983, 194–195 und 2009, 64–65.
50 Riedweg 2018, 947, 1171. In diesem Sinne argumentierte auch Lodovico Lazzarelli (1447–1500) im *Crater Hermetis*. Hanegraaf 2005; Moreschini 1985, 269–288; Jung 1978, 81–85. Siehe auch Moreschini 2021.
51 Roberts 2019, 69–102. Letrouit 2002, 1:85–109.
52 Bussagli 1983, 194, und 2009, 64–65; Reitzenstein 1904, 267 zum Buch Omega des Zosimos. Aronow (2005 [1985], 328) folgt Yates 1964.

(alchemistische!) Kraft des Logos nutzten. Der Logos ist nach Zosimos der einzige Sohn, den Gott schuf, er ist Christus oder der „philosophische Mercurius" selbst.

Die Lesart *Omega* in der Intarsie verweist demnach ausdrücklich auf die Alchemie, die Hermes erfunden und niedergeschrieben habe und die so ebenfalls als göttliche Weisheit gelesen werden müsse.

Ficinos Übersetzung des ersten Traktates der hermetischen Schriften, die er *Pimander* nennt, macht diese Lesart des *Omega* noch wahrscheinlicher: Hier wird der *Crater*, der Mischkrug, den Hermes beschreibt, als eine Art Taufbecken gesehen, in welchem die Läuterung des Menschen vollzogen wird, die der alchemistischen Wandlung entspricht (Colpe und Holzhausen 1997, 43, Einführung zu CH IV; Campanelli 2011, 32).

Auf einer dritten Schrifttafel wird Hermes nach Ficino als Zeitgenosse des Moses bezeichnet: „Hermes Mercurius Trismegistus Contemporaneus Moysi". Dies bedeutet – in der Logik des Prozessionsweges vom Haupteingang der Kathedrale bis zum Altar, den Ohly (1977) als „Zeitenraum" analysiert – gewissermaßen, dass Hermes zwar im mosaischen Sinne *ante legem* handelte, aber dennoch *sub gratia*, da er als *Priscus Philosophus* Gesetze, Weisheitsschriften und das *Omega* als Symbol für Alchemie (und die Taufe) direkt von Gott erfahren und (in der *Tabula Smaragdina*, H. K.) weitergegeben habe.

3.6 Agrippa von Nettesheim, *Oratio habita Papiae in praelectione Hermetis Trismegisti, de potestate & sapientia Dei, Anno 1515*

Diese christianisierte Sichtweise hat sich im frühen sechzehnten Jahrhundert in ganz Mitteleuropa ausgebreitet. 1515 hält Agrippa von Nettesheim (1486–1535) in Padua eine Vorlesung, *Oratio* über Hermes Trismegistos, in der er sich auf das *Corpus Hermeticum* in der von Ficino übersetzten Fassung *Pimander* bezieht (Muccillo 2002, 72).

Agrippa (1578 [1515], 1094) verweist auf die Identifizierung des Hermes mit dem alttestamentarischen Henoch und erläutert den Namen: Henoch sei wegen seiner Weisheit Hermes oder Mercurius genannt worden, was beides ‚Übersetzer' heiße: „Enoch [...] qui ob interpretandi scientiam, qua clarus habebatur, appellatus Hermes sive Mercurius, quod utrunq; Interpretem sonat".

Weiter schließt Agrippa (1578 [1515], 1097) nach Ficino, dass „jener *Pimander* Christus selbst" sei, der den vorchristlichen Weisen Hermes belehrt habe, bevor er sich in Jesus inkarniert habe.

> [...] me interprete nos assequamini omnes intelligentia, favente nobis ipso ter maximi Mercurij Pimandro, mente divinae potentiae, domino videlicet nostro Jesu Christo Nazareno cru-

cifixo, qui verus Pimander, qui magni consilij angelus, vero mentis lumine illustrat: quem verum deum & verum hominem, regenerationis autorem confitemur, futurique patrem seculi iudicem expectamus.

[...] durch mich, als Übersetzer folgen wir alle der Erkenntnis, dass zu unserem Nutzen der Dreimal Größte Mercurius Pimander, wie es scheint, durch den Geist der göttlichen Macht, offenbar unser gekreuzigter Herr Jesus Christus aus Nazareth selbst ist, der wahre Pimander, der durch den großen Rat der Engel und durch das wahre Licht des Geistes zeigt: wen wir als wahren Gott und wahren Menschen, Schöpfer der Wiedergeburt [Auferstehung?, H. K.] bekennen und im kommenden Zeitalter als väterlichen Richter erwarten. (Übers., H. K.)

4 Paracelsus (1493–1541) als ‚Hermes Secundus'

Bei diesen Vorleistungen zur Christianisierung des Hermes ist es kein Wunder, dass Paracelsus ein Interesse daran hat, diese Tradition ins Deutsche zu übertragen.

Julius Ruska (1926, 207) führt die erste deutsche Übersetzung der *Tabula Smaragdina* auf Paracelsus selbst zurück. Paracelsus bringt die *Tabula Smaragdina* und den *Pimander* in direkten Zusammenhang mit der christlich-jüdischen Schöpfungslehre und definiert die *Tabula Smaragdina* als ‚Heilige Schrift'. Er erweitert mit seiner Übersetzung den Topos von der paradiesischen Weisheit des Hermes, indem er den Text der *Tabula Smaragdina* unmittelbar dem ersten Satz des Johannesevangeliums folgen lässt. Demnach steht die *Tabula Smaragdina* auf der gleichen Ebene wie Altes und Neues Testament, als naturkundlicher Teil der Schöpfungsgeschichte. Mit dieser „Alchemistenbibel" (Ruska) nobilitiert Paracelsus gleichzeitig seine eigene alchemistisch-medizinische Praxis.

> Im Anfang war daß Wort/und daß Wort war bey Gott/unnd Gott war das Wort / und das war im Anfang bey Gott/Joan. 1. Genes. 1: Im Anfang schuff Gott Himmel und Erden/und die Erde war wüst und lehr/und es wahr finster auff der tieffe/und der Geist Gottes schwebte auff dem Wasser. Nun merck auff die zwen Text/Newes und Altes Testament/und lege deinen Verstand darauff/damit du kanst machen Miracul und Wunderzeichen des einzigen dings/als Hermes spricht/Also: alle ding sind beschaffen/von einem einigen/durch den Willen und Gebot eines einigen/die Sonn ist sein Vatter und der Mond ist sein Mutter/der Wind hat ihn getragen in seinem Bauch/sein Nehrerin ist die Erd/diß ist der Vatter von aller perfection dieser Welt/ Sein macht ist vollkommen/ dann die wird verwandelt in ein Erden/und du solt scheiden das Erdrich/von dem Fewr und das subtil von dem dicken/leichtigen durch ein subtiligkeit/mags auff steigen vom Erdreich in den Himmel/und herwiderumb vom Himmel zu der Erden/und wird annemmen die oberste und niderste Macht/also wirstu haben die Ehr und Klarheit der gantzen Welt/derhalben weich von der Finsternuß. Diß ist von aller sterke/die sterkeste sterkheit/dann es überwind alle subtile ding/und durch dringet alle einzellige ding/wann im Anfang aller ding ist nichts gewesen/dann ein grobes ding/unnd in diesem ding sind verborgen die vier Element ein ding/ das kein art noch gestalt hat/sonder Grob/Rauch/Schleumig/

> Lüfftig/Moserig/Sulphurisch/Hitzig/und in diesen dingen kein maß nimmer nicht/sonder aller mahl ist nichts dann ein unartig/veracht/lächerlich ding/ wiewohl alle ding sein in diesen unartigen dingen verborgen/und alle Creaturen sind die ding erschaffen und gemacht/und ohne das ding kan nichts gemacht werden.[53]

Im Jahr 1567, sechsundzwanzig Jahre nach dem Tod des Paracelsus erschienen in Köln bei Byrckmanns Erben zwei Sammlungen paracelsischer Schriften, die *Philosophia Magna* und die *Astronomica et Astrologica* jeweils mit dem sogenannten ‚rosenkreuzerischen' Bildnis des Paracelsus (Abb. 2). Die Umschrift des Holzschnittes ist aus Grabspruch, Motto, Weisheitsspruch und Verweis auf das Alter des Paracelsus zusammengesetzt (Strebel, 1946, 122–129) und verweist auf seine christliche und äußerst selbstbewusste Haltung im Zeitalter der Religionswirren:

> LAUS DEO, PAX VIVIS, REQUIES AETERNA SEPULTIS. ALTERIUS NON SIT, QUI SUUS ESSE POTEST. OMNE DONUM PERFECTUM A DEO, IMPERF. A DIABO. AV. PH. TH. PARACELSUS, AETAT. SUAE 47.

> Lob Gott, Friede den Lebenden, ewige Ruhe den Verstorbenen. Es sei niemand eines anderen Knecht, der sein eigener Herr sein kann. Alles Vollkommene kommt von Gott, alles Unvollkommene vom Teufel. Aureolus Philippus Theophrastus Paracelsus im Alter von 47 Jahren. (Übers., H. K.)

Unmittelbar nach dem Holzschnitt folgt in der *Astronomica et Astrologica* (1567) gewissermaßen die Auslegung des Bildnisses: Der körperlichen Schönheit nach zu urteilen sei Paracelsus mit Apoll zu vergleichen, seiner Weisheit und Gelehrsamkeit nach allerdings mit Hermes, da er wie dieser „den göttlichen *AZOTH*" herstellen konnte.

> Corpore talis erat Theophrastus, is alter Apollo: Haut feret Apelles, pectore qualis erat. Ipse Lepram; Phtysin, Podagram, Hydropem, abtulit: Ceu Hermes, Dium fundere nouit Azoth: Doctor Doctorum doctissimus, arte medendi Qualibet ac Sophia, quam Philotechne colis. (Gilly 2010, 79)

> Ein zweiter Apollo war dieser Theophrastus dem Körper nach, doch den Geist in seinem Inneren hätte nicht einmal der große Maler Apelles darstellen könne. Lepra, Schwind- und Wassersucht hat er geheilt und wie Hermes verstand er es auch den göttlichen Azoth hervorzubringen. Unter allen Doktoren war er der gelehrteste Doktor und dies sowohl in der Medizin wie auch in jeglicher Wissenschaft, die Du, o Liebhaber der Künste, betreibst. (Übers. Gilly)

Vermutlich nicht Paracelsus selbst, sondern seine Schüler prägten den cabalistisch konstruierten Begriff *AZOTH*, der aus Anfangs- und Endbuchstaben der drei

---

[53] Ruska (1926, 207) zitiert die Übersetzung nach den „Opera" (Paracelsus 1616, 688); Klinkhammer 1993, 51; vgl. auch Gilly 2010, 71–133.

heiligen Sprachen besteht und den ‚Mercurius' oder auch den ‚Stein der Weisen' darstellt. Sie entwickeln gleichzeitig die *VITRIOL*-Formel zu einem bedeutungshaltigen Kryptogramm, das direkt den hermetischen Suchtopos formuliert: „VISITETIS INTERIORA TERRAE RECTIFICATAE INVENIETIS OCCULTUM LAPIDEM VERAM MEDICINAM." (‚Besucht das Innere der geläuterten Erde, und so werdet Ihr den dunklen Stein [die wahre Medizin] gewinnen', Übers., H. K.)[54]

Die Vermischung von *VITRIOL(VM)* und *AZOTH* bedeutet die Aufforderung zur Suche und persönlichen Läuterung. Der zu suchende Schatz ist das *AZOTH*, das aus *Prima* und *Ultima Materia* besteht – der Materie der vorkosmischen Zeit – und dem gewandelten ‚erlösten' Leib, der die ‚leibhaftige' Himmelfahrt erlebt, wie Hermes / Henoch / Idris und natürlich Christus-*Pimander*, der als „unser Mercurius" das Ziel der hermetischen „Schatzsuche" ist (Klinkhammer 1993, 152, 385).

Mit diesen Konstrukten wird Paracelsus zum „Mercurius Redivivus, Hermes Secundus und Trismegistus Germanus" (vgl. Gilly 2010, 71–133) stilisiert.

5 Résumé – Von Hermes Trismegistos über Henoch / Idris und Hermes Christianus zu ‚Hermes Secundus' und ‚Trismegistus Germanus'

Unter lokal unterschiedlichen Namen wurde der Planet Merkur im mittelmeerischen Raum – aber auch weit darüber hinaus – als sichtbares ‚Zeichen' des weisen Götterboten im Kosmos verehrt.

Die mythische Figur, der ‚Funktionsträger' Hermes / Mercurius / Thot – unter welchem seiner Namen auch immer – wird offenkundig bereits in frühen astrologischen Kontexten als göttliche Vermittlerfigur im Sinne der *Interpretatio Romana / Graeca / Indigena* und letztlich als Inbegriff der Transkulturalität aus heutiger Perspektive angesehen.

Die diffuse Erinnerung an ägyptische Grabsituationen, an den vergöttlichten Baumeister der ersten großen Pyramidenanlage, an die Wertschätzung der Schrift als ‚Offenbarung', an zunächst Göttern vorbehaltene Throne, scheint die Grundlage für den entstehenden Topos vom ‚Alten Weisen mit der Offenbarungsschrift

---

[54] In der gleichen Sammlung paracelsischer Schriften finden sich auch der *Liber Azoth* sowie die Auflösung des Begriffes *Vitriol* und ein Verweis auf Senior. Andere häufige Auflösungen des Begriffes Vitriol sind z. B.: VISITA INTERIORA TERRAE RECTIFICANDO INVENIES OCCULTUM LAPIDEM (VERAM MEDICINAM) (Paracelsus 1616, 519–537, 690).

im Grabe, die gesucht, gefunden und für den nächsten Würdigen wieder verborgen werden muss' (Klinkhammer 1993) zu bieten.

Die Fundorte der Offenbarungsschrift variieren zeitlich und räumlich in grenzüberschreitender Streuung, von der ägyptischen Grabanlage über den Himmel, Tyana, Isfahan, die Aachener Marienkirche und andere Orte, darunter die Hagia Sophia (Klinkhammer 2021a).

Die Tradierung göttlicher Weisheit „auf dem Erbwege" (Ruska 1926, 67) verschmolz von Anfang an mit dem Interesse an Verbindendem mit anderen Kulten / Kulturen und ist für Hermes sogar an den Rändern der ‚mosaischen' Religionen nachweisbar.

Jüdische, christliche wie islamische Gelehrte waren gleichermaßen von den unter dem Namen des Hermes verbreiteten Schriften fasziniert, da sie offenkundig naturkundlich nutzbare Ergänzungen zur jeweiligen Lehre boten. Sie suchten und fanden – oder konstruierten – verwandte Denkformen zwischen hermetischen Legenden und biblischen Erzählungen.[55]

Folglich entstand sogar in den um Monotheismus bemühten Religionen ein ähnliches Phänomen wie bei der antiken *Interpretatio Romana / Graeca / Barbarica / Indigena*, so dass im fünfzehnten und sechzehnten Jahrhundert Hermes Trismegistos am Papsthof geschätzt wurde[56] und das *Corpus Hermeticum* niemals auf den römischen Index der verbotenen Bücher gelangte.

Auf Paracelsus schließlich geht die Gleichsetzung der *Tabula Smaragdina* mit Altem und Neuem Testament als drittem göttlichem Testament zurück, das erstmals dem *Prisco Philosopho* Hermes Trismegistos von *Pimander*, Gott selbst, geoffenbart worden sei. Mit der Übersetzung dieses dritten göttlichen Testamentes, der *Tabula Smaragdina*, in die deutsche Sprache wird Paracelsus endgültig zum ‚Hermes Secundus'.

---

55 Ullmann (1972, 163) referiert aus einer arabischen Schrift, „Die Erklärung der Religionsspaltungen", in der Zosimus zu einem Hebräer umstilisiert wird. Einer Legende nach habe Adam bei der Vertreibung aus dem Paradies allerlei Bücher über Astrologie, Medizin, Zauber und die Herstellung von Gold und Silber mitgebracht. Er vererbte das Wissen auf Seth, der der erste Prophet war, der mit der Feder schrieb, dieser auf Idris (= Hermes). In Ton, Holztafeln und Stein graviert wurden diese Wissenschaften über die Sintflut hinweggerettet. Die Perser, Inder, Ssabier, Manichaer und Christen hätten demnach durch Missverständnisse diese Wissenschaften weiter zu ihren Religionssystemen ausgebildet, daher der Titel des Buches.
56 Hier wäre der Einfluss des Nikolaus von Kues zu untersuchen. Siehe Nikolaus von Kues 2002 und Arfé 2016.

Literaturverzeichnis

Primärliteratur

Agrippa ab Nettesheim, Heinrich Cornelius: *Oratio habita Papiae in praelectione Hermetis Trismegisti*, 1515. In: Dies.: *Opera*. Basel 1578, Halle a. d. S. 2012, URL: http://digitale.bibliothek.uni-halle.de/vd16/content/pageview/4865927 (23.03.2023).

Aurora Consurgens. Zürich, Zentralbibliothek/ Ms. Rh. 172. http://www.e-codices.unifr.ch/de/list/one/zbz/Ms-Rh-0172 (23.03.2023).

Buch der Heiligen Dreifaltigkeit. The John Rylands Library, Alchemica (German MS 1), URL: https://www.digitalcollections.manchester.ac.uk/view/MS-GERMAN-00001/1 (21.03.2023).

Cicero, Marcus Tullius: *Vom Wesen der Götter*. Hg., übers. und erläutert von Wolfgang Gerlach und Karl Bayer. Darmstadt 1999.

Clemens von Alexandrien: *Teppiche. Wissenschaftliche Darlegungen entsprechend der wahren Philosophie (Stromateis)*. Aus dem Griechischen übers. von Otto Stählin. München 1936–1938.

Colpe, Carsten und Jens Holzhausen: *Das Corpus Hermeticum Deutsch*. Übers., Darstellung und Kommentierung in drei Teilen. Teil 2: Exzerpte, Nag-Hammadi-Texte, Testimonien. Übers. und eingeleitet von Jens Holzhausen. Stuttgart-Bad Cannstatt 1997, S. 317–483 (Stobaios-Exzerpte).

Compagni, Vittoria Perone: „Picatrix latinus. Concezioni filosofico-religiose e prassi magica". In: *Medioevo. Rivista di Storia della Filosofia Medievale* I (1975), S. 237–339.

Diodors von Sicilien historische Bibliothek. Übers. von Julius Friedrich Wurm. Bd. 1. Stuttgart 1827.

Graefe, Erich: *Das Pyramidenkapitel in Al-Maḳrīzīs „Hitat"*. Leipzig 1911.

Hugo von Santalla: *Liber Apollonii de principalibus rerum causis* (1101–1200). Bibliothèque nationale de France. Paris. Département des manuscrits. Latin 13951.

Jackson, Howard (Hg. und Übers.): *Zosimos of Panopolis on the Letter Omega*. Missoula 1978.

Hornung, Eric: *Das Totenbuch der Ägypter*. Augsburg 1997.

Nau François: „Une ancienne Traduction Latine du Belinous Arabe (Apollonius de Tyane) Faite par Hugo sanctelliensis et conservée dans un Ms. du XII° Siécle". In: *Revue de l'Orient Chrétien* 12 (1907), S. 99–106.

Berger, Klaus und Christiane Nord (Hg. und Übers.): Nikolaus von Kues: Vom Frieden zwischen den Religionen. Lateinisch-deutsch. Frankfurt a. M. und Leipzig 2002.

Paracelsus, Balthasar Flöter und Franz Philipp Haffner: *Philosophiae Magnae, Des Edlen, Hochgelährten, Vielerfarnen und weitberühmeten Herrn, D. Aureoli Theophrasti von Hohenhaim, Paracelsi genannt, etc: Tractatus aliquot jetzt erst in Truck geben, unnd hiernach verzeichnet*. Cöln 1567. Bayrische Staatsbibliothek, Alch.4 83.

Paracelsus, Balthasar Floeter Saganus: *Astronomica et astrologica des edlen, hochgelährten wolerfahrenen Herren doctor Aureoli Theophrasti von Hohenhaim Paracelsi genannt [...] opuscula aliquot, jetzt erst in Truck geben und nach der Vorred verzeichnet [...]*. Cöln 1567. ETH-Bibliothek Zürich, Rar 4099.

Paracelsus: *Opera Bücher vnd Schriften, Ander Theil*. Straßburg [Basel, K. Waldkirch] in Verlegung Lazari Zetzners Buchhändlers 1603 (Zit. nach Gilly 2010, 71–131).

Paracelsus, Aureolus Philippus Theophrastus Bombastus von Hohenheim: *Opera Buecher und Schrifften, Ander Theil*, Straßburg. In Verlegung Lazari Zetzners Seeligen Erben 1616. Darin: AZOTH, sive de Ligno et Lineae Vitae, S. 519–537. München, Bayerische Staatsbibliothek, 2 Med.g. 129-2.

Ritter, Hellmut und Martin Plessner (Hg. und Übers.): ‚Picatrix', Das Ziel des Weisen von Pseudo-Magriti. London 1962.
Scotus, Michael: *Astrologia cum figuris (Liber introductorius)*. BSB Clm 10268,
Senior Zadith: *De Chemia*. Straßburg 1560., http://digital.slub-dresden.de/id273859455; https://digital.slub-dresden.de/werkansicht/dlf/3957/1 (23.03.2023).
Zothorus Zaparus Fendulus, Georgius: *Liber astrologiae [...] ex Albumasar, Alim Syro, et Maymone Kaliffa concinnatus: atque è persico sermone in latinum translatus. accedunt figurae*. 1301–1400. gallica.bnf.fr/Bibliothèque nationale de France. Département des Manuscrits. Latin 7330, 92r, URL: https://gallica.bnf.fr/ark:/12148/btv1b10465130z (23.03.2023).
Zothorus Zaparus Fendulus, Georgius: *Liber astrologiae*. 1450–1492. gallica.bnf.fr/Bibliothèque nationale de France. Département des manuscrits. Latin 7331, 51r, URL: https://gallica.bnf.fr/ark:/12148/btv1b55009308h (23.03.2023).
Zürcher Bibel, Theologischer Verlag Zürich 2007, 2019, URL: https://www.bibleserver.com/ZB/Daniel7,9; https://www.bibleserver.com/ZB/Offenbarung5,7 (23.03.2023).

Sekundärliteratur

Abt, Theodor, Wilferd Madelung und Thomas Hofmeier (Hg.): *Book of the Explanation of the Symbols Kitab Hall ar-Rumuz by Muhammad Ibn Umail. Corpus Alchemicum Arabicum* I. Zürich 2003.
Ackermann, Silke: *Sternstunden am Kaiserhof. Michael Scotus und sein* Buch von den Bildern und Zeichen des Himmels. Frankfurt a. M. 2009.
Alt, Peter-André und Volkhard Wels (Hg.): *Konzepte des Hermetismus in der Literatur der Frühen Neuzeit*. Göttingen 2010.
Arfé, Pasquale: Hermetismus in der Mystik des Cusanus. Eine historische und philosophische Notiz. In: *Recherches de Théologie et Philosophie médiévales* 83,1 (2016), S. 133–141.
Aronow, Gail: *A Documentary History of the Pavement Decoration in Siena Cathedral. 1362 Through 1506*. Ann Arbor 2005 [1985].
Aronow, Gail: „Paper and the Pavement. 1423–1426. Maestro Giovanni, Sasetta and Fogli Reali". In: *Studi interdisciplinari sul pavimento del Duomo di Siena. Iconografia, stile, indagini scientifiche. Atti del Convegno internazionale di studi, Siena. Chiesa della SS. Annunziata, 27 e 28 settembre 2002*. Hg. von Marilena Caciorgna, Roberto Guerrini und Mario Lorenzoni. Siena 2005, S. 10–39.
Assmann, Jan: Maat. *Gerechtigkeit und Unsterblichkeit im Alten Ägypten*. München 1990.
Assmann, Jan: „Die Katastrophe des Vergessens. Das Deuteronomium als Paradigma kultureller Mnemotechnik". In: *Sozialismus in Geschichte und Gegenwart*. Hg. von Richard Faber. Würzburg 1994, S. 45–60.
Assmann, Jan: „Das gerettete Wissen. Flutkatastrophen und geheime Archive". In: *Sintflut und Gedächtnis, Erinnern und Vergessen des Ursprungs*. Hg. von Martin Mulsow und dems. München 2006, S. 291–301.
Bauer, Ulrike: *Der* Liber introductorius *des Michael Scotus in der Abschrift Clm 10268 der Bayerischen Staatsbibliothek München. Ein illustrierter astronomisch-astrologischer Codex aus Padua, 14. Jahrhundert*. München 1983.
Berlekamp, Persis: „Painting as Persuasion. A Visual Defense of Alchemy in an Islamic Manuscript of the Mongol Period". In: *Muqarnas. An Annual on the Visual Culture of the Islamic World* 20 (2003), S. 35–60.

Berthelot, Marcellin: *Histoire des Sciences. La Chimie au Moyen Age, Tome III. L'Alchimie arabe: comprenant une introduction historique et les traités de Cratès.* Paris 1893. https://gallica.bnf.fr/ark:/12148/bpt6k5448201n/f54.item.texteImage (08.01.2022).

Bhahba, Homi K.: *Die Verortung der Kultur.* Mit einem Vorwort von Elisabeth Bronfen. Übers. von Michael Schiffmann und Jürgen Freudl. Tübingen 2000.

Bladel van, Kevin: *The Arabic Hermes. From Pagan Sage to Prophet of Science.* Oxford 2009.

Blume, Dieter, Mechthild Haffner und Wolfgang Metzger: *Sternbilder des Mittelalters. Der Gemalte Himmel zwischen Wissenschaft und Phantasie.* Berlin Boston 2016.

Blume, Dieter: *Regenten des Himmels. Astrologische Bilder in Mittelalter und Renaissance.* Berlin 2000.

Blumenberg, Hans: *Die Lesbarkeit der Welt.* Frankfurt a. M. 1993.

Boll, Franz: *Sternenglaube und Sterndeutung. Die Geschichte und das Wesen der Astrologie.* Unter Mitwirkung von Carl Bezold. Hg. von W. Gundel. 3. A. Leipzig Berlin 1926.

Bonnet, Hans: *Lexikon der ägyptischen Religionsgeschichte.* Hamburg 2000.

Buffon, Valeria, Claudia D'Amico und David Porreca (Hg.): *Hermes Platonicus. Hermetismo y platonismo en el Medioevo y la Modernidad temprana.* Santa Fe 2016.

Burnett, Charles S. F.: „Michael Scotus and the Transmission of Scientific Culture from Toledo to Bologna via the Court of Frederick II Hohenstaufen". In: *Le scienze alla corte di Federico II/ Sciences at the Court of Frederick II.* Turnhout 1994, S. 101–126.

Burnett, Charles S. F.: „The Legend of the Three Hermes and Abū Ma'shar's Kitāb al-Ulūf in the Latin Middle Ages". In: *Journal of the Warburg and Courtauld Institutes* 39 (1976), S. 231–234.

Bussagli, Marco: „Suscipite o licteras et leges Egiptii. Riflessioni su una tarsia di Giovanni di Stefano". In: *Rivista di studi bizantini e neoellenici* 20–21 (1983–1984), S. 191–226.

Bussagli, Marco: „Il libro di omega". In: *Arte e dossier* 255 (2009), S. 64–65.

Caciorgna, Marilena, Roberto Guerrini, Andrea Lensini und Fabio Lensini (Hg.): *Il pavimento del Duomo di Siena. L'arte della tarsia marmorea dal XIV al XIX secolo, fonti e simbologia.* Mailand 2004.

Caciorgna, Marilena, Roberto Guerrini und Mario Lorenzoni (Hg.): *Studi interdisciplinari sul pavimento del Duomo di Siena. Iconografia, stile, indagini scientifiche. Atti del Convegno internazionale di studi, Siena. Chiesa della SS. Annunziata, 27 e 28 settembre 2002.* Siena 2005.

Campanelli, Maurizio: *Marsilio Ficino's Portrait of Hermes Trismegistus and his Afterlife. Intellectual History Review* 29,1 (2019), S. 53–71.

Campanelli, Maurizio (Hg.): *Mercurio Trismegisto, Pimander sive de Potestate et Sapientia Dei (Ficinus Novus. Opere di Marsilio Ficino, I).* Turin 2011.

Carini, Isidoro: *Sulle Scienze occulte nel Medio Evo e sopra un codice della Famiglia Speciale.* Palermo 1983 [1872].

Culasso Gastaldi, Enrica und Gabriella Pantò: *I Greci a Torino. Storie di collezionismo epigrafico. Museo di Antichità di Torino.* Turin 2014.

Chiai, Gian Franco, Ralph Häussler und Christiane Kunst: „*Interpretatio*. Religiöse Kommunikation zwischen Globalisierung und Partikularisierung". In: *Mediterraneo Antico* XV, 1–2 (2012), S. 13–30.

Cracco Ruggini, Lellia: „La tarsia rinascimentale di Mercurio Trismegisto, Mosé e l'uso della tradizione classica". In: *Studi interdisciplinari sul pavimento del Duomo di Siena. Iconografia, stile, indagini scientifiche. Atti del Convegno internazionale di studi, Siena. Chiesa della SS. Annunziata, 27 e 28 settembre 2002.* Hg. von Marilena Caciorgna, Roberto Guerrini und Mario Lorenzoni. Siena 2005, S. 41–56.

Ebeling, Florian: *Das Ägyptenbild des Alchemo-Paracelsismus im 17. Jahrhundert. Beiträge zur intellektuellen Physiognomie des frühneuzeitlichen Hermetismus.* Diss. Heidelberg 2002.

Ebeling, Florian: *Das Geheimnis des Hermes Trismegistos. Geschichte des Hermetismus von der Antike bis zur Neuzeit.* 2. durchges. A. München 2009.

Ehlers, Jürgen (Hg. und Übers.): *Abū'l-Qāsem Ferdausi: Rostam – Die Legenden aus dem Šāhnāme*. Stuttgart 2002.
Eming, Jutta und Michael Dallapiazza (Hg., unter Mitarbeit von Falk Quenstedt und Tilo Renz): *Marsilio Ficino in Deutschland und Italien. Renaissance-Magie zwischen Wissenschaft und Literatur*. Wiesbaden 2017.
Erder, Yoram: „The Origin of the Name Idrīs in the Qurʾān. A Study of the Influence of Qumran Literature on Early Islam". In: *Journal of Near Eastern Studies* 494 (1990), S. 339–350,
Franke, Patrick: Orte verborgenen Wissens. Die ägyptischen Pyramiden aus Sicht der mittelalterlichen Araber: *Vom Nil an die Saale*. Halle 2008, S. 93–111.
Franz, Marie-Louise von: Aurora Consurgens. *Ein dem Thomas von Aquin zugeschriebenes Dokument der alchemistischen Gegensatzproblematik* [1957]. In: Jung, Carl Gustav: *Gesammelte Werke* 14.3. Düsseldorf 1995.
Fidora, Alexander und Andreas Niederberger: *Von Bagdad nach Toledo. Das* Buch der Ursachen *und seine Rezeption im Mittelalter*. Mainz 2001.
Gall, Dorothee (Hg.): *Die göttliche Weisheit des Hermes Trismegistos. Pseudo-Apuleius, Asclepius*. Eingeleitet, übers. und mit interpretierenden Essays versehen von Sydney H. Aufrère, Dorothee Gall, Claudio Moreschini, Zlatko Pleše, Joachim F. Quack, Heike Sternberg el-Hotabi, Christian Tornau. Tübingen 2021.
Gestermann, Louise: „Die ‚Textschmiede' Theben. Der thebanische Beitrag zu Konzeption und Tradierung von Sargtexten und Totenbuch". In: *Studien zur altägyptischen Kultur* 25 (1998), S. 83–99.
Gilly, Carlos: „Vom ägyptischen Hermes zum Trismegistus Germanus. Wandlungen des Hermetismus in der paracelsistischen und rosenkreuzerischen Literatur". In: *Konzepte des Hermetismus in der Literatur der Frühen Neuzeit*. Hg. von Peter-Andre Alt und Volkhard Wels. Göttingen 2010, S. 71–133.
Gilly, Carlos: „Theophrastia Sancta. Der Paracelsismus als Religion im Streit mit den offiziellen Kirchen". In: Analecta Paracelsica. Studien zum Nachleben Theophrast von Hohenheims im deutschen Kulturgebiet der frühen Neuzeit. Hg. von Joachim Telle. Stuttgart 1994, S. 425–488.
Gurgel Pereira, Ronaldo Guilherme: *The Hermetic Logos. Reading the* Corpus Hermeticum *as a Reflection of Graeco-Egyptian Mentality*. Diss. Basel 2010.
Haferland, Harald: „Hermes als Gründerfigur im Mittelalter. Transformationsformen des Mythos". In: *Präsenz des Mythos. Konfigurationen einer Denkform in Mittelalter und Früher Neuzeit*. Hg. von Udo Friedrich und Bruno Quast. Berlin 2004, S. 177–194.
Hanegraaf, Wouter J.: „Lodovico Lazzarelli And the Hermetic Christ. At the Sources of Renaissance Hermetism". In: *Lodovico Lazzarelli (1447–1500). The Hermetic Writings and Related Documents*. Hg. von Wouter J. Hanegraaff und Ruud M. Bouthoorn. Tempe 2005.
Heiduk, Matthias: „Sternenkunde am Stauferhof. Das ‚Centiloquium Hermetis' im Kontext höfischer Übersetzungstätigkeit und Wissensaneignung". In: *In frumento et vino opima. Festschrift für Thomas Zotz zu seinem 60. Geburtstag*. Hg. von Heinz Krieg und Alfons Zettler. Ostfildern 2004, S. 267–282.
Heiduk, Matthias: „Hermes am Stauferhof – Zum Wissenstransfer im 13. Jahrhundert". In: *Transfer. Innovationen in der Zeit der Kreuzzüge*. Hg. von Volker Herzner und Jürgen Krüger. Speyer 2006, S. 123–133.
Heiduk, Matthias: *Offene Geheimnisse. Hermetische Texte und verborgenes Wissen in der mittelalterlichen Rezeption von Augustinus bis Albertus Magnus*. Diss. Freiburg i. Br. 2007.

Heiduk, Matthias: „Der ‚Ketzerkaiser' und sein ‚Hofmagier'. Mythenbildung um Friedrich II. und Michael Scotus in Legenden und Geschichtsschreibung". In: *Mythos Staufer – in memoriam Dankwart Leistikow*. Hg. von Volker Herzner und Jürgen Krüger. Speyer 2010, S. 27–39.

Holzhausen, Jens: ‚*Mythos vom Menschen' im hellenistischen Ägypten eine Studie zum ‚Poimandres' (= CH I), zu Valentin und dem gnostischen Mythos*. Überarb. Diss. Berlin 1994 [1992/93].

Hupe, Joachim: „Studien zum Gott Merkur im römischen Gallien und Germanien". In: *Trierer Zeitschrift* 60 (1997), S. 53–227.

Jeremias, Alfred: *Handbuch der altorientalischen Geisteskultur*. Berlin 1929.

Jung, Carl Gustav: „Die Visionen des Zosimos" [1938/1954]. In: ders.: *Gesammelte Werke*. Bd. 13: *Studien über alchemistische Vorstellungen*. Olten Freiburg i. B. 1978, S. 65–121.

Kirfel, Willibald: „Der Mythos von der Tārā und der Geburt des Budha". In: *Zeitschrift der Deutschen Morgenländischen Gesellschaft* 102,1 (1952), S. 66–90.

Klinkhammer, Heide: *Schatzgräber, Weisheitssucher und Dämonenbeschwörer. Die motivische und thematische Rezeption des Topos der Schatzsuche in der Kunst vom 15. bis 18. Jahrhundert*. Berlin 1992/1993.

Klinkhammer, Heide: „Der Topos vom Weisheitsschatz. Der thronende Alte im Grabe mit der Offenbarungsschrift". In: *Vom Umgang mit Schätzen*. Hg. von Elisabeth Vara. Wien 2007, S. 213–230.

Klinkhammer, Heide: „Der Topos der Schatzsuche. Raubgräber, Weisheitssucher und Dämonenbeschwörer". In: *Raubgräber-Schatzgräber*. Hg. von Frank Brunecker. Biberach 2008, S. 64–87.

Klinkhammer, Heide: „Die Arche Noah als Pyramide. Neukontextualisierung hermetischer Legenden im Rahmen des Unionskonzils in Florenz". In: *Schaffen und Nachahmen. Kreative Prozesse im Mittelalter*. Hg. von Volker Leppin unter Mitarbeit von Samuel J. Raiser. Berlin Boston 2021.

Klinkhammer, Heide: „Die Legende der Sitzbestattung Karls des Großen in der Aachener Marienkirche. Suchtopos und Geheime Offenbarung". In: *Pro Lingua Latina* 22 (2021), S. LIII-LXXIX.

Kristeller, Paul Oskar: „Marsilio Ficino e Lodovico Lazzarelli. Contributo alla diffusione delle idee ermetiche nel Rinascimento". In: *Annali della R. Scuola Normale Superiore di Pisa. Lettere, Storia e Filosofia*. Serie II, 7,2/3 (1938), S. 237–262.

Kristeller, Paul Oskar (Hg.): *Marsilio Ficino. Opera Omnia*. Bd. II. Turin 1962.

Law, Esteban: „Die hermetische Tradition. Wissensgenealogien in der alchemistischen Literatur". In: *Konzepte des Hermetismus in der Literatur der Frühen Neuzeit*. Hg. von Peter-Andre Alt und Volkhard Wels. Göttingen 2010, S. 23–70.

Letrouit, Jean: „Hermétisme et alchimie. Contribution à l'étude du Marcianus Graecus 299 (=M) ". In: *Magia, alchimia, scienza dal '400 al '700. L' influsso di Ermete Trismegisto*. Hg. Von Carlos Gilly und Cis van Heertum. Florenz 2002. Bd. 1, S. 85–109.

Lieven, Alexandra von: „Thot Selbdritt. Mögliche Ägyptische Ursprünge der Arabisch-Lateinischen Tradition Dreier Hermesgestalten". In: *Die Welt des Orients* 37 (2007), S. 69–77.

Löw, Andreas: *Hermes Trismegistos als Zeuge der Wahrheit. Die christliche Hermetikrezeption von Athenagoras bis Laktanz*. Berlin Wien 2002.

Mackenzie, Donald: *Buddhism in Pre-Christian Britain*. London Glasgow 1928.

Mandosio, Jean-Marc: „Les vies légendaires d'Apollonius de Tyane, mage et philosophe". In: *Micrologus* 21 (2013), S. 115–143.

Möseneder, Karl: *Paracelsus und die Bilder. Über Glauben, Magie und Astrologie im Reformationszeitalter*. Tübingen 2009.

Moreschini, Claudio: *Dall'Asclepius al Crater Hermetis. Studi sull'ermetismo latino tardo-antico e rinascimentale*. Pisa 1985.

Moreschini, Claudio: *‚Hermes Christianus'. The Intermingling of Hermetic Piety and Christian Thought.* Turnhout 2011.
Moreschini, Claudio: „Dal *Pneuma* Ermetico Allo Spirito Cristiano". In: *Studi Classici e Orientali* 61,1 (2015), S. 451–460.
Muccillo, Maria: „Der ‚scholastische' Hermetismus des Annibale Rosselli und die Trinitätslehre".
  In: *Das Ende des Hermetismus. Historische Kritik und Naturphilosophie in der Spätrenaissance. Dokumentation und Analyse der Debatte um die Datierung der hermetischen Schriften von Genebrard bis Casaubon (1567–1614)*. Hg. von Martin Mulsow. Tübingen 2002, S. 61–105.
Nesselrath Heinz Günther: „Eine religiös-philosophische Leitfigur zwischen Vergangenheit und Zukunft: Philostrats Apollonios". In: *Das dritte Jahrhundert*. Hg. von Armin Eich, Stefan Freund, Meike Rühl und Christoph Schubert. Stuttgart 2017, S. 155–169.
Neuhausen, Karl August: „Die Reisen des Cyriacus von Ancona im Spiegel seiner Gebete an Merkur (1444–1447)". In: *Diesseits und Jenseitsreisen im Mittelalter*. Hg. von Wolf-Dieter Lange. Bonn Berlin 1992, S. 147–174.
Nobis, Heribert Marias: „[Art.] Buch der Natur". In: *Lexikon des Mittelalters*, Bd. 2. München Zürich 1983, Sp. 814–815.
Novotny, Karl Anton: „Wandlungen der Typologie in der Frührenaissance (ante legem — sub lege — sub gratia)". In: *Lex et Sacramentum im Mittelalter*. Hg. von Paul Wilpert und Rudolf Hoffmann. Berlin 1969, S. 143–156.
Ohly, Friedrich: „Die Kathedrale als Zeitenraum. Zum Dom von Siena (1972)". In: Ders.: *Schriften zur mittelalterlichen Bedeutungsforschung*. Darmstadt 1977, S. 171–274.
Orlov, Andrei A.: *From Patriarch to the Youth: The Metatron Tradition in ‚2 Enoch'*. Diss. Milwaukee, WI 2004, URL: https://epublications.marquette.edu/dissertations/AAI3134458/ (14.09.2020).
Panušková, Lenka: „Michael Scotus Liber de signis et imaginibus celi im Codex Cusanus 207. Eine ikonografische Fallstudie". In: *Johannes von Gmunden – zwischen Astronomie und Astrologie*. Hg. von Rudolf Simek und Manuela Klein. Wien 2012, S. 151–160.
Petzke, Gerd: *Die Traditionen über Apollonius von Tyana und das Neue Testament*. Leiden 1970.
Pietschmann, Richard: *Hermes Trismegistos nach ägyptischen, griechischen und orientalischen Überlieferungen*, Leipzig 1875.
Pingree, David: *The Thousands of Abu Mashar*. London 1968.
Pingree, David: *Picatrix. The Latin Version of the Gayat Al Hakim*. London 1986.
Pingree, David: „[Art.] Abū Ma'šar". In: *Encyclopædia Iranica*. Bd. I,4 (2014), S. 337–340, URL: http://www.iranicaonline.org/articles/abu-masar-jafar-b (23.03.2023).
Plessner, Martin: „Hermes Trismegistus and Arab Science". In: *Studia Islamica* 2 (1954), S. 45–59.
Poeschel, Sabine: *Alexander Maximus. Das Bildprogramm des Appartamento Borgia im Vatikan*. Weimar 1999.
Quack, Joachim Friedrich: „Ein ägyptischer Dialog über die Schreibkunst und das arkane Wissen". In: *Archiv für Religionsgeschichte* 9 (2007), S. 259–294.
Reitzenstein, Richard: *Poimandres. Studien zu griechisch-ägyptischen und frühchristlichen Literatur*. Leipzig 1904.
Reitzenstein, Richard: „Himmelswanderung und Drachenkampf in der alchemistischen und frühchristlichen Literatur". In: *Festschrift: Friedrich Carl Andreas*. Leipzig 1916, S. 33–51.
Riedweg, Christoph, Christoph Horn und Dietmar Wyrwa (Hg.): *Philosophie der Kaiserzeit und der Spätantike*. Basel 2018.
Roberts, Alexandre M.: „Framing a Middle Byzantine Alchemical Codex". In: *Dumbarton Oaks Papers* 73 (2019), S. 69–102.
Ruska, Julius: *Arabische Alchemisten* I. Heidelberg 1924.

Ruska, Julius: *Tabula Smaragdina*. Heidelberg 1926.
Ruska, Julius: „Studien zu Muhammad Ibn Umail". In: *Isis* 24 (1936), S. 310–342.
Saif, Liana: *The Arabic Influences on Early Modern Occult Philosophy*. Basingstoke 2015.
Saß, Maurice: *Physiologien der Bilder. Naturmagische Felder frühneuzeitlichen Verstehens von Kunst*. Berlin Boston 2016.
Saxl, Fritz: *Verzeichnis astrologischer und mythologischer illustrierter Handschriften des lateinischen Mittelalters*. Bd. II. Heidelberg 1927.
Scalamonti, Francesco: *Vita viri clarissimi et famosissimi Kyriaci Anconitani*. Hg. Charles Mitchell und Edward W. Bodnar. Philadelphia 1996.
Scharff, Alexander: *Wesensunterschiede ägyptischer und vorderasiatischer Kunst*. Leipzig 1940.
Scharff, Thomas: „Die Rückkehr nach Ägypten, Prolegomena zu einer Geschichte des Ägyptenbildes im westlichen Mittelalter". In: *Exotisch, Weisheitlich und Uralt. Europäische Konstruktionen Altägyptens*. Hg. von Thomas Glück und Ludwig Morenz. Hamburg 2007.
Schermann, Lukian: „Zur altchinesischen Plastik. Erläuterungen einiger Neuzugänge im Münchener Ethnographischen Museum". In: *Sitzungsberichte der philosophisch-philologischen und der historischen Klasse der K. B. Akademie der Wissenschaften*. München 1915, S. 1–62.
Sethe, Kurt: „Imhotep, der Asklepios der Aegypter. Ein vergötterter Mensch aus der Zeit des Königs Doser". In: Ders.: *Untersuchungen zur Geschichte und Altertumskunde Ägyptens* 2.4- Leipzig 1902, S. 95–117.
Smalley, Ruiha: „Late Antique and Medieval Headwear from Egypt in the Victoria and Albert Museum, British Museum". In: *Studies in Ancient Egypt and Sudan* 21 (2014), S. 81–101.
Strebel, J.: „Paracelsus und die Rosenkreuzer". In: *Acta Nova Paracelsica* 3 (1946), S. 110–134.
Stuckrad, Kokku von: *Das Ringen um die Astrologie. Jüdische und christliche Beiträge zum antiken Zeitverständnis*. Berlin New York 2000.
Ullmann, Manfred: *Die Natur- und Geheimwissenschaften im Islam*. Leiden 1972.
Vasoli, Caesare: „Der Mythos der ‚Prisci Theologi' als Ideologie der Renovatio". In: *Das Ende des Hermetismus. Historische Kritik und neue Naturphilosophie in der Spätrenaissance*. Hg. von Martin Mulsow. Tübingen 2002, S. 19–61.
Walter, Denis: *Michael Psellos. Christliche Philosophie in Byzanz*. Berlin Boston 2017.
Weisser, Ursula: *Das Buch über das Geheimnis der Schöpfung von Pseudo-Apollonios von Tyana*. Berlin 1980.
Wildung, Dietrich: *Imhotep und Amenhotep. Gottwerdung im Alten Ägypten*. München Berlin 1977.
Wissowa, Georg: „*Interpretatio Romana*. Römische Götter im Barbarenlande". In: *Archiv für Religionswissenschaft* 19 (1918), S. 1–49.
Yates, Frances Amelia: *Giordano Bruno and the Hermetic Tradition*. Chicago 1964.

Claudia Rosenzweig
Wenn Gott den Sultan nicht schlafen lässt. Eine jiddische *Mayse* (1602)

Die aschkenasische jüdische Erzählprosa des sechzehnten Jahrhunderts ist sowohl auf Hebräisch als auch auf Jiddisch breit bezeugt; unter den auf Jiddisch erhaltenen Sammlungen sticht das *Mayse-bukh* besonders heraus. Die außergewöhnliche Druckausgabe des *Mayse-bukhs*, die im Jahr 1602 in Basel erschien, ist Ergebnis des Zusammentreffens der Handschriftentradition[1] mit der Initiative eines Herausgebers: Jakob bar Abraham aus Meseritz (Międzyrzec Podlaski), auch bekannt unter dem Namen Jakob Pollack.[2] Das Werk war ein großer Erfolg, wurde mehrfach gedruckt und gehört zu den wichtigsten Quellen in der Geschichte der jiddischen Literatur.

Darin findet sich eine Erzählung, in der der ‚König' von Konstantinopel den Juden die Auslegung eines Bibelverses lehrt und damit zugleich signalisiert, dass er die Macht Gottes anerkennt und dass Gott zum Schutz für die Juden des Reiches durch den König selbst wirkt. Diese Erzählung ist in den Handschriften des Werks noch nicht vorhanden, sondern taucht erst in der gedruckten Ausgabe auf. In diesem Artikel möchte ich die Erzählung vorstellen, sowie bis dato ungeklärte Fragen bezüglich ihrer Quellen diskutieren.

---

[1] Wir haben zwei Handschriften des *Mayse-bukhs*, beide vom Ende des sechzehnten Jahrhunderts aus Norditalien. Die eine befindet sich in München und entstand anscheinend zwischen 1585 und 1590 in der Gegend um Trient (*Bayerische Staatsbibliothek*, München, Cod. Hebr. 495), die andere befindet sich in der Israelischen Nationalbibliothek und wurde 1595 von einem aschkenasischen Juden aus Italien in Innsbruck (also nicht, wie gelegentlich angenommen, in Italien) angefertigt (*National Library of Israel*, Jerusalem, Heb. 8° 5245), siehe Turniansky und Timm 2003, Nr. 64 und 65, S. 126–129. Für eine ausführliche Beschreibung dieser Handschriften siehe auch die Verweise in der folgenden Fußnote. Aus der reichen Bibliographie über das *Mayse-bukh* seien hier nur genannt: Grünbaum 1882; Meitlis 1987 [1933]; Gaster 1981 [1934]; Zfatman 1979; Timm 1995; Starck 2004; Timm 2012. Für eine Übersetzung ins Deutsche siehe: *Das Ma'assebuch*.
[2] Zu den hebräischen und jiddischen Drucken in Basel siehe Prijs 1964; Sidorko 2014.

Anmerkung: Übersetzung aus dem Hebräischen von Hanna Zoe Trauer.

Dieser Artikel basiert teilweise auf einem Beitrag, der im Rahmen eines gemeinsamen Forschungsprojekts mit Professor Avidov Lipsker über das *Mayse-bukh* (gefördert durch *Keren ha-Le'umi la-Mada'*, Israelische Nationale Wissenschafts-Stiftung, Nr. 1088/14) erschienen ist, siehe: Rosenzweig 2018. Mein Dank gilt Hanna Zoe Trauer für ihre ausgezeichnete Übersetzung und ihre Mitarbeit bei der Redaktion des Beitrags sowie Falk Quenstedt für seine wertvollen Kommentare und Anregungen.

Ein beträchtlicher Anteil der jiddischen Erzählungen des sechzehnten Jahrhunderts liegt in Handschriften vor, die in Norditalien angefertigt wurden; einige wurden auch dort gedruckt. Wie bereits Chone Shmeruk (1967 [5727]) und Erika Timm (1996) festgestellt haben, scheint es sinnvoll, dies auf die große Bedeutung der Gattung der Novelle in der italienischen Literatur zurückzuführen, deren Anfänge mit der Novellensammlung *Novellino* auf die Wende vom dreizehnten zum vierzehnten Jahrhundert zurückgehen, und die ihren Höhepunkt zwischen dem vierzehnten und sechzehnten Jahrhundert erreichte. Der italienischen Novelle wurde eine herausragende Rezeption in ganz Europa zuteil, so auch unter den aschkenasischen Juden in Italien, die sich dort seit der zweiten Hälfte des fünfzehnten Jahrhunderts angesiedelt hatten. Zwar sind uns keine Sammlungen von Erzählungen in den Sprachen der italienischen Juden überliefert, doch sollte aus dieser Tatsache nicht geschlossen werden, dass sie nicht in der mündlich tradierten Kultur existierten; viele Quellen sprechen durchaus dafür, dass Juden neben der hebräischen Literatur auch die italienische Novellenliteratur in der Originalsprache rezipierten. Es genügt hier, auf das Vorwort hinzuweisen, das Rabbi Giacob Halpron für seine Übersetzung bzw. Adaption des Buches *Mitzwot Nashim* ("Vorschriften der Frauen") von Benjamin Slonik (Erstdruck Krakau 1577) verfasste, das er aus dem Jiddischen ins Judäo-Italienische übersetzte (Venedig 1616).[3] Halpron, der in Norditalien lebte und tätig war, ermutigte in diesem Vorwort seine hauptsächlich aschkenasische Leserschaft, sein Buch anstelle der weltlichen Bücher (*libri profani*) zu lesen; unter letztere zählte er: die *Amadigi di Gaula*, ein Ritterroman aus Spanien, der in Italien sehr populär war;[4] *Orlando Furioso* von Ludovico Ariosto, der bedeutendste italienische Ritterroman der Renaissance; sowie *Le cento novelle* ("die hundert Novellen") – möglicherweise ist der *Novellino* gemeint, der in einigen Fassungen unter dem Titel *Cento novelle antiche* ("hundert antike Novellen") auftaucht, oder das *Decameron* Boccaccios. Diese Adresse an die Leser bezeugt, dass die jüdische Gemeinde in Italien Ritterliteratur und Novellen durchaus auf Italienisch rezipierte.[5]

Aus semantischer Perspektive bezeichnet der Begriff ‚Novelle' ursprünglich eine mündliche Erzählprosa, doch bezieht er sich auf eine Art von schriftlicher

---

3 Zu Sloniks Werk siehe Fram 2007. Für die judäo-italienische Fassung siehe: *Precetti da esser imparati dalle donne ebree*, Venedig, Sarzina 1616. Zu diesem Werk siehe auch Rosenzweig (im Erscheinen).
4 Davon existiert auch eine hebräische Fassung, gedruckt in Konstantinopel ca. 1541 – für diese hebräische Fassung siehe *Amadis de Gaula* (Ed. Malachi 1981) und Ashkenazi 2017.
5 Es gibt noch weitere Quellen, vgl. vor allem: Baruchson 1993 (Heb.), französische Übersetzung: Baruchson-Arbib 2001.

Narration, deren literarische Charakteristika und kulturelle Funktion sich in aller Kürze in den folgenden Punkten zusammenfassen lassen:[6]

1. **Kürze** (*brevitas*): Die Erzählung ist kurz und die räumlichen und zeitlichen Rahmungen, durch welche sie eingefasst wird, sind klar und einfach gehalten.
2. **Linearität**: Die Handlung folgt einer einfachen fortlaufenden Chronologie, frei von Verflechtungen mit alterierenden Erzählsträngen.
3. **Unterhaltung** (*delectatio*): Die Verfasser der Novellensammlungen weisen unverblümt darauf hin, dass die Erzählung Vergnügen bereiten soll; andere Zwecke, beispielsweise Bildung und Moral, sind weniger dominant.
4. **Verwunderung**: Das Erstaunliche, das Neue und Außergewöhnliche sind entscheidende Komponenten für die Auswahl des Materials der Novellen, wie auch aus ihrem Namen hervorgeht, der ‚Neuigkeit' bedeutet.

Zu diesen Eigenschaften, welche auf die meisten Novellensammlungen zutreffen, lassen sich noch die folgenden wichtigen Eigenschaften hinzufügen, die zwar für die Gattung insgesamt relevant sind, jedoch zweifellos nur einen Teil der Novellen charakterisieren:

5. **Wahrscheinlichkeit**: Die Figuren und die Handlung sind nicht fantastisch und bewegen sich im Rahmen des prinzipiell Möglichen.
6. **Gegenwärtigkeit**: Die Novelle ist Ausdruck eines Trends des neuen herrschenden Standes, bekanntlich dem der Händler, Erzählungen zu konsumieren, die das zeitgenössische Leben in seinen unterschiedlichen Facetten portraitieren. So sind beispielsweise im *Decameron* nahezu sämtliche Hauptfiguren Händler.

All diese Charakteristika zusammengenommen sind Ausdruck der Gegensätze zwischen der Novelle und dem Ritterroman, die so weit gehen, dass darin eine Art literarhistorischer Zusammenhang gesehen wurde: die Entstehung der Novelle, sowohl der italienischen im dreizehnten Jahrhundert als auch der französischen im fünfzehnten Jahrhundert, sei Ausdruck des Niedergangs des Ritterromans, den sie verdrängte (vgl. Segre 1993 und 2005).

Neben diesen Eigenschaften der (Einzel-)Novelle als literarischer Gattung sollten auch die Eigenschaften der Novellensammlung diskutiert werden – beispielsweise des *Novellino*, des *Decameron*, der *Trecentonovelle* (‚dreihundert Novellen') von Franco Sacchetti und anderer. Einige dieser Werke wurden – daran sei nur erinnert – in Venedig gedruckt, derselben Stadt, in der auch eine etablierte aschkenasische Gemeinde lebte, in der die erste Sammlung jiddischer *Mayses* im

---

[6] Die Charakterisierung der Gattung stützt sich in der Forschung hauptsächlich auf das *Decameron*; erst in den letzten Jahren wurde die Aufmerksamkeit auch stärker auf die Erforschung des *Novellino* gerichtet.

Druck erschien und in der andere Geschichtensammlungen als Handschriften kopiert wurden. Mir geht es vor allem um die Diskussion von Fragen des Prinzips der Zusammenstellung der Sammlungen, ihres Aufbaus und ihres eigenen ästhetischen Werts; sowie, darüber hinaus, um die Untersuchung des Status der Sammlung als eigenständige Gesamtkomposition; schließlich um weitere Fragen, die sich angesichts der Tätigkeit des Sammelns und Zusammenstellens und deren ästhetischer und kultureller Funktionen stellen. So ist beispielsweise der *Novellino*, unter anderem Namen des *Libro di novelle e di bel parlar gentile* (‚Buch der Novellen und der edlen und schönen Redensweise'), ein Florilegium von Novellen, das sich selbst in jeglicher Hinsicht als ein Buch darstellt, das nicht lediglich Erzählungen sammelt, die ihm zufällig untergekommen sind. Es präsentiert sich vielmehr als eine auf einen bewussten Akt der Zusammenstellung zurückgehende, selektive und stilisierte Anthologie, hinter der eine Intention steht; auch wenn der Verfasser im Fall des *Novellino* anders als beim *Decameron* nicht bekannt ist, und es keine Rahmenerzählung gibt, welche die Gesamtheit der Erzählungen miteinander verknüpft.

Diese Eigenschaften der Novelle und der Novellensammlung können uns als zentraler Schlüssel zur Untersuchung und Einschätzung der Sammlungen von Prosaerzählungen in der aschkenasischen Erzählkunst in Italien im sechzehnten Jahrhundert dienen, zu denen das *Mayse-bukh* gehört. Für die nachfolgende Diskussion sind besonders jene Eigenschaften zentral, die die Sammlungen von Erzählungen als eigenständige Kompositionen auszeichnen. An anderer Stelle (Rosenzweig 2019a) habe ich zu zeigen versucht, wie groß die Ähnlichkeit zwischen dem *Novellino* und dem *Mayse-bukh* im Allgemeinen ist. Für das folgende Argument bildet der Umstand, dass die *editio princeps* des *Mayse-bukhs* aus der handschriftlichen Überlieferung ebenso hervorgeht wie aus dem Wirken von Jakob Pollack in der Druckerei von Konrad Waldkirch in Basel, den entscheidenden Ausgangspunkt.

Eine wegweisende Studie, die unser Wissen über den Prozess der Strukturierung und Zusammenstellung des *Mayse-bukhs* im Rahmen des Drucks erheblich verändert hat, stammt von Erika Timm (2012, 286). Sie behandelt darin eine Erzählung über Ibn Ezra, der mit seiner magischen Kraft in Anwesenheit der Kardinäle Jesus heraufbeschwört, woraufhin dieser seine christlichen Gläubigen dazu anhält, keine jüdischen Kinder mehr zu Weihnachten zu opfern. Diese Erzählung taucht in der Münchner Handschrift auf, aber nicht in der gedruckten Ausgabe. Doch zugleich, so zeigt Timm, wurde die Erzählung von dem Hebraisten Johann Buxtorf (dem Älteren) in lateinische Lettern transkribiert, und zwar aus einer Handschrift, die Jakob Pollack gehörte! Angesichts dessen dürfte es schwerfallen, in den Unterschieden zwischen der Münchner Handschrift und der gedruckten Fassung Zeugen für die Existenz zweier unterschiedlich zusammengesetzter Sammlungen zu sehen; vielmehr müssen beide Versionen als ein Werk angesehen werden, das im Druck Veränderungen unterlag. Die erwähnte Erzählung befand sich sowohl in der Münchner Handschrift als auch in der Handschrift des Druckers, und wurde in der gedruckten Fassung getilgt, allem Anschein nach aufgrund von Zensur, entweder von Pollak selbst oder vom Besitzer der Druckerei, Konrad Waldkirch (siehe Timm 2012, 304). Timm konnte noch einen bedeutenderen Ausdruck jener Veränderung aufzeigen, der das Werk auf dem Weg in den Druck unterlag: Wenn man die 120 Erzählungen, die in der Jerusalemer Handschrift enthalten sind, mit den ca. 130 Erzählungen aus der Münchner Handschrift vergleicht, bemerkt man eine Übereinstimmung von ca. 85 Prozent zwischen den beiden Handschriften – eine Tatsache, die allein schon dafür spricht, dass wir es mit einem einzigen Werk in verschiedenen Fassungen zu tun haben, und dass die Veränderungen das Resultat von Transformationen in Abschriften sind, die den Transfer von Texten im Allgemeinen und insbesondere den Transfer von Sammlungen von Erzählungen charakterisieren, welche Auslassungen und Hinzufügungen eher erlauben (Rosenzweig 2019a). Demgegenüber enthält die gedruckte Fassung fast das gesamte Material aus den Handschriften, fügt jedoch noch viel Material hinzu, sodass der Umfang auf 258 Erzählungen ansteigt. Diese bedeutende Ergänzung erfolgte wahrscheinlich auf Initiative des Druckers hin, der auf dem Titelblatt eine runde Zahl verkündet: Dreihundert und etliche Geschichten.[7]

Zu diesen Ergänzungen gehören auch Umarbeitungen von Materialien aus anderen Werken: ein Beispiel ist jene Sequenz von Erzählungen, die zusammenhängend im hinteren Teil der gedruckten Ausgabe auftauchen (Erzählungen 234–251), und von denen angenommen werden darf, dass sie eine jiddische Adaption von Erzählungen aus dem Buch *Kaftor wa-feraḥ* [dt.: *Knauf und Blume*] von Jakob Luzzatto (gedruckt in Basel 1580) darstellen; ebenso zahlreiche jiddische Adaptionen der Erzählungen aus dem *Sefer Ḥasidim* (wovon ebenfalls eine Version in Basel 1581 gedruckt wurde), die fast alle gemeinsam als eine Art Sammlung auftauchen, die ans Ende der Ausgabe angefügt ist (Erzählungen 233, 235, 243, 244, 246, 252–255). Wir können davon ausgehen, dass der Kompilator neben diesen noch weitere zusätzliche Quellen mit dem Ziel der Erweiterung des Werkes verwendete.

Die Erzählung, um die es hier geht, taucht erst in der gedruckten Fassung auf und ist daher als eine vom Drucker vorgenommene Ergänzung anzusehen. Die Geschichte handelt von einer Verleumdung der Juden in Konstantinopel (Erzählung 184).[8] In der Tat können wir die Quellen dieser Erzählung auf Hebräisch identifizie-

---

7 Timm 2012, 270–272 stellt die Vermutung auf, dass Pollack sich von der runden Zahl ‚Dreihundert' hinreißen ließ, und dass die Diskrepanz zwischen dieser Ankündigung und der tatsächlichen Anzahl an Erzählungen das Resultat ökonomischer Zwänge war.
8 Es ist erwähnenswert, dass im *Mayse-bukh* weitere Erzählungen über falsche Anklagen auftauchen (Erzählung 171, 172, 178). Zu *Mayse* 178 siehe Rosenzweig 2019b.

ren, und ebenso ihre Übertragung ins Jiddische aus dem sechzehnten Jahrhundert, doch weist diese Erzählung in der Fassung des *Mayse-bukhs* einige einzigartige Charakteristika auf, die, soweit ich weiß, in den anderen Quellen keine Vorläufer haben. Daher präsentiere ich die Erzählung so, wie sie im *Mayse-bukh* auftaucht, gehe danach auf die ihr vorausgehenden hebräischen und jiddischen Quellen und zusätzliche Fassungen ein, und schließe mit einigen Bemerkungen und Fragen zu den Unterschieden zwischen diesen früheren Quellen und dem besonderen Charakter unserer Fassung, welche als Echo auf die veränderte Situation der Juden im Osmanischen Reich angesehen werden können.

1 Die Fassung des *Mayse-bukhs*

[וויא צו קונשטנופיל שפראבן דיא תוגרמיים יהודים העטן איין מימיתֿ גיוועזן אונ' וואלטין ח"ו איין גזרה מכֿן]:

מעשה אישט גישעהן צו קונשטנופיל דא שפראבן דיא תוגרמיים יהודים העטן איינן מימיתֿ גיוועזן אונט וואלטן ח"ו איין גזרה מאכֿן וויא נון בעו"ה ווא אלש פיל מאל גישעהן אישט דאש מן יהודים האט עלילות שקר צו גיווארפֿן אונ' האט וויא אל ממיתֿ גיוועזן . אונט וויא זיא קאמן דא שפראך דער מלך ווידר דיא יהודים ליבר זאג מיר דאש טייטש אויף דען פסוק אין תהלים הנה לא ינום ולא ישן שומר ישראל דא זאגט אין ישראל איז יום דער טייטש דאש שלומט נוך ער שלופֿט ניט דער היטיר פֿן ישראל דאש מיינט ביי הקב"ה ווער ניט שייך שלופן נאך שלומן צו זאגן דער ווער דער היטר בֿור אלן ביזן . דא שפראך דער מלך נין איר האט ניט רעבֿט גיזאגט דאש טייטש פֿון דען פסוק דען דער פסוק אישט אזו טייטש הקב"ה דער היטר פֿן ישראל דער מאבֿט ניט שלאפֿין אנדר לייט דא מיט דאש ער זיין פֿאלק ישראל ביהיט אונ' פֿור יהודים אונ' פֿור אידרמן . דא זאגט דער מלך דיא וורדר נבֿט האב איך פֿור ניט קענן שלופֿין אונ' דא ביז איך אויף גישטנדן בֿן מיינם בעט אונ' האב צום פֿענשטר הנויש גילוגט אונט דיא לבֿנה האט זער העל גישיינן דש מן וואל האט קענן זעהן אויף דער גאס דא האב איך גיזעהן וויא צוויא מאן זיין גיגנגנן אונ' האבן איין פֿיגר מאן גיטראגן אויף אירן אכתֿול דא הוב איך פֿלוקש מיין צוויא קנעבֿט נאך גישיקט זיא זאלין דאך זעהן וואו זיא דען טוטין מאן הין טראגין . דא האבן זיא גיזעהן וויא זיא דען טוטין מאן אין איינן יהודא הויז האבן גיווארפֿן אונ' איצונדר גיאן זיא הין אונ' זיינן מעליל אויף יהודים וויא זיא איינן גוי האבן גוי מימית גיוועזן אונ' טעטן גערן ח"ו איין נקמה אן יהודים . ווען איך העט נון גישלאפֿן אונ' העט דאש ניט זעלברט גיזעהן העט איך ווא און שולדיג בלוט פר גאסין אונ' העט יהודים אל מימית גיוועזן דרום האט הקב"ה דער היטיר פֿון ישראל מיך ניט שלאפֿן גילאזן דא מיט דאש איך דאש מעשה זעלברט זאל זעהן אונ' דער האלבן זאל איך נישט גישעהן אונ' דער מלך גינג הין אונ' טעט איין נקמה אן דיא רוצחים דיא דען טוטין האטן גיטראגן אונט יהודים זיין בישירמט פֿון פֿאלק צום זעלביגן מאל הקב"ה זאל אונש אך ווייטר ביהיטן פֿור אלין ביזן אמן סלה :

Wie in Konstantinopel die Türken sagten, dass die Juden jemanden ermordet hätten, und wie sie – Gott bewahre! – die Juden daraufhin verfolgen wollten.[9]

Es ereignete sich in Konstantinopel, da sprachen einst die Türken (*togarmiim*)[10] die Juden hätten einen ermordet, und wollten – Gott bewahre! – deswegen eine Verfolgung (*gezero*) machen, wie es uns (wegen unserer vielen Sünden)[11] mehr als oft geschah, dass man den Juden falsche Beschuldigungen (*alileß sheker*) entgegenschleuderte, und sie alle umbrachte. Da schickte der König nach den Juden, und als sie kamen, da sprach der König zu den Juden: Meine Lieben, sagt mir die Bedeutung (*dos taytsh*) des Verses im Buch der Psalmen: *Hine lo' yanum we-lo' yishan shomer iśra'el.*[12] Da sagten ihm die Juden, die Bedeutung ist: Nun er schläft noch schlummert nicht, der Hüter von Israel; das heißt, es gehört nicht zu den Eigenschaften des Heiligen, gepriesen sei Er, zu schlafen und zu schlummern, und damit wollte er sagen, dass er der Hüter vor allem Bösen ist.

Da sprach der König: Nein, ihr habt die Bedeutung des Verses nicht recht gesagt, denn seine Auslegung ist so: Der Heilige, gepriesen sei Er, der Hüter Israels, erlaubt es den anderen Menschen nicht, zu schlafen,[13] und damit behütet er sein Volk Israel sowohl vor den Heiden[14] als auch vor jedermann.

Und der König sagte: Vorige Nacht habe ich nicht schlafen können, und da bin ich von meinem Bett aufgestanden, und habe zum Fenster hinausgesehen. Und der Mond hat sehr hell geschienen, sodass man gut auf die Gasse sehen konnte.

Da sah ich, wie zwei Männer dort entlang gingen und einen toten Mann auf ihren Schultern trugen. Da schickte ich flugs meine zwei Knechte hinterher, sie sollen doch nachsehen, wo sie den toten Mann hintrugen.

Da sahen sie, wie sie den toten Mann in das Haus eines Juden warfen. Und jetzt gehen sie hin und klagen die Juden an, dass sie einen Nichtjuden ermordet hätten, und jetzt würden

---

9 Dies ist der Titel der Erzählung, so wie er in der Inhaltsangabe am Ende des Bandes auftaucht.
10 Der jiddische Text hat den Ausdruck *togarmiim*. Gaster (1981 [1934], 400) übersetzt *Turks*. Im *Sefer ha-Tishbi* des Eliyahu ben Asher ha-Levi Ashkenazi (Isny 1541) lesen wir, „*Togarma* ist das Land Türkei, und daher nennt man die Leute *Togarmiim* und ihren König *Togar* [...]" s. v.; anders übersetzt Starck (2004, 504) mit *merchands*, „Händler" von der hebräischen Wurzel *t-g-r*. Auch im hebräisch-jiddisch-italienischen Wörterbuch *Sefer diber ṭov* (,Buch der guten Rede'), gedruckt in Krakau im Jahr 1590 (Seite 10 verso), wird das Wort übersetzt mit „ejn kojfman". Beide Übersetzungen sind legitim, doch im Kontext unserer Erzählung scheint die erste Bedeutung passender; siehe dazu meine Schlussbemerkungen.
11 Anmerkung der Übersetzerin: der hebräische bzw. jiddische Ausdruck verweist darauf, dass auch schlechte Ereignisse, die die jüdische Gemeinde betreffen, unausweichlich bzw. Teil von Gottes Plan sind.
12 Psalm 121,4. Die jiddische Übersetzung des hebräischen Verses entspricht der traditionellen Bibelübersetzung. Aus der reichen Bibliographie zu diesem Thema siehe besonders Timm 2005.
13 Anmerkung der Übersetzerin: der hebräische Ausdruck kann hier auch kausativ gelesen werden, im Sinne von „schlafen lassen", eine Doppeldeutigkeit, die sich der König zunutze macht: Gott schlafe nicht und lasse nicht schlafen. Siehe auch Cohen 2010, 304, Anm. 10.
14 Im Jiddischen ist hier ein Druckfehler, „yehudim" (Juden) anstelle eines Ausdrucks wie „'arelim" (Nicht-Juden, wörtlich ‚Unbeschnittene'), oder „śon'im" (,Hasser'). Starck übersetzt französisch „gentils" (siehe Starck 2004, 506 und 852, Anm. 235).

sie sich gern, Gott bewahre, an den Juden rächen. Hätte ich nun geschlafen, und es nicht selbst gesehen, so hätte ich ja unschuldiges Blut vergossen, und hätte alle Juden umgebracht. Deshalb hat der Heilige, gepriesen sei Er, der Hüter Israels, mich nicht schlafen lassen, damit ich die Tat selbst sehen sollte, und euch deshalb nichts geschehe.

Und der König ging hin und nahm Rache an den Mördern, die den Toten getragen hatten, und die Juden wurden diesmal vor dem Volk bewahrt. Der Heilige, gepriesen sei Er, soll uns auch weiter behüten vor allem Bösen. Amen. Sela.[15]

2 Die Fassungen aus *Shevet Jehuda* und *Shalshelet ha-Kabbala*

Eine direkte oder indirekte Quelle dieser Erzählung (zusätzlich zur gedruckten Fassung des *Mayse-bukhs*) ist das Buch *Shevet Jehuda* des Shlomo Ibn Verga. Dieses historiographische Werk wurde in den zwanziger Jahren des sechzehnten Jahrhunderts verfasst und erfuhr eine breite Rezeption. Gedruckt wurde dieses Werk in Adrianopel im Osmanischen Reich, vermutlich im Jahr 1554, anschließend in Sabbioneta in der Lombardei, wohl im Jahr 1567, und danach noch viele Male.[16] Übersetzungen ins Jiddische erschienen 1591 in Krakau, 1648 in Amsterdam, 1699 / 1700 in Sulzbach, 1700 abermals in Amsterdam, 1723/1724 in Fürth und in der Folge an weiteren Orten.[17] Doch dieser Quelle zufolge, sowie zufolge ihrer Übersetzungen ins Jiddische, ereignete sich die Episode nicht in Konstantinopel, sondern in Spanien zur Zeit der Herrschaft eines Königs, dessen Name nicht erwähnt wird. Aus dem Kontext der sie umgebenden Erzählungen lässt sich ersehen, dass das Umfeld, in dem die Ritualmordlegende wurzelt, kein muslimisches, sondern ein christliches

---

15 Übersetzung des jiddischen Textes von Hanna Zoe Trauer unter Berücksichtigung der Übersetzung von Diederichs (*Das Ma'assebuch*, 505–506), der allerdings eine andere Version (Amsterdam 1723) zugrunde legt.

16 Siehe: *Sefer* Shevet Jehuda (Heb.). Für eine frühere kritische Ausgabe mit deutscher Übersetzung siehe *Das Buch Schevet Jehuda* (Wiener 1856). Für die hebräischen Drucke in Adrianopel siehe: Mehlman 1979 (Heb.), inbes. 102–103. Für die hebräischen Drucke in Sabbioneta siehe Sonne 1928.

17 Siehe Grünbaum 1882, S. 359–361; Shmeruk 1981, 91 (Nr. 27); Gutschow 2007, Nr. 11, S. 13 und Nr. 141, S. 45; Stanislawski 1998. Diese Erzählung wird auch erwähnt in den ‚Erinnerungen' der Glikl Bas Juda Leib, deren auf Jiddisch in den Jahren 1691 bis 1719 verfasste autobiographische Schrift eine der interessantesten Quellen der jiddischen Literatur der frühen Neuzeit darstellt. Siehe für die erste wissenschaftliche Edition und Übersetzung: *Glikl. Memoirs* 2006 (Heb.), 430–431; ins Englische übersetzt in: *Glikl. Memoirs* 2019, 228–229.

ist.¹⁸ Und so lautet die Erzählung gemäß jener Quelle (Abweichungen in der jiddischen Übersetzung der Quelle (s. u.) wurden in eckigen Klammern eingefügt):

> Einst kamen in Spanien die Nichtjuden [jiddische Version: Christen] und sagten, sie hätten einen ermordeten Mann [jiddische Version: ermordeten Christen] im Haus eines jüdischen Mannes gefunden. Vor dem König war einer seiner Ratgeber, der sprach Schlechtes gegen die Juden. Da wandte das Volk seine Rede an den König und sprach, wenn er kein Urteil spreche, so werden sie den Toten eigenhändig rächen.
>
> Da sprach der König: Gelobt und gepriesen sei der wahre Herrscher, der gerechte Richter, ein Gott der Treue und ohne Fehl (Deut 32,4). Und nun zu euch und eurer Verlogenheit und allem, was mein Ratgeber mir Böses riet [jiddische Version: was er den Juden zum Trotz geredet hat], dies werdet ihr sehen und noch jenen erzählen, die nach euch kommen!
>
> Da befahl er, dass man all die Juden vor ihn bringe. Und als sie vor ihn kamen, da fragte er sie: Was ist die Bedeutung dieses Ausspruchs Davids: ‚Siehe, der Hüter Israels schläft noch schlummert nicht'?¹⁹, denn wenn er nicht schlummert, dann ist ja schon klar, dass er erst recht nicht schläft, denn auf Hebräisch ist ja, wie ich hörte, das Schlafen (*shena*) ein stärkerer Ausdruck als Schlummern (*tnuma*). Da antworteten die Juden: Unsere Ausleger haben es nur so interpretiert: Es bedeutet, dass er nicht schlummert, und eben erst recht nicht schläft.
>
> Da sagte der König: Dies hieße, die Frage mit der Frage selbst zu beantworten; sie haben die Bedeutung des in der Schrift Gesagten nicht verstanden, vielmehr ist das Folgende seine Bedeutung, und zwar, wie ich mit eigenen Augen gesehen habe: Seht, die vergangene Nacht konnte ich in keiner Weise schlummern oder schlafen, und darum stand ich von meinem Bett auf, und ging in den äußersten Hof [jiddische Version: in meinen anderen Palast] hinaus, und reckte meinen Kopf aus dem Fenster. Der Mond schien hell, und da sah ich Menschen laufen, und auf der Schulter des einen war etwas von der Gestalt eines Menschen. Da schickte ich drei Männer, dass sie ihnen vorsichtig hinterhergehen, und gut hinsehen, ob es sich um einen Ermordeten handelt, oder was für ein Ding es sonst ist, und es mir mitteilen. So gingen meine Knechte, wie ich es ihnen befohlen hatte, und legten sich auf die Lauer, und sahen, dass es ein Ermordeter [jiddische Version: ein toter Christ] war; und sie erkannten zwei von denen [jiddische Version: von den Christen], die die Leiche transportierten, und seht, sie sind hier als Zeugen. Die Männer kamen und bezeugten es, da fragte sie der Ratgeber: Warum habt ihr sie nicht gefasst? Sie antworteten: Da sie sehr schnell die Leiche [jiddische Version: den toten Christen] in den Hof [jiddische Version: das Haus] eines Juden warfen und flohen; auch trugen sie Waffen, und wir hatten nichts dabei, weil uns der König nicht befohlen hatte, jemanden festzunehmen, sondern nur zu sehen, was für eine Sache es ist. Da kam der König auf seine Rede zurück und sagte: Dies sagt die Schrift [jiddische Version: der König David]: ‚Der Hüter Israels schläft noch schlummert nicht', das heißt, dass er nicht schlummert und auch jenen nicht schlafen lässt, der der Hüter Israels ist. Also gingen sie alle enttäuscht weg, und über die falschen Ankläger richtete er [jiddische Version: da ließ der König diejenigen Christen, die

---

18 Siehe Gutwirth 1988; Cohen 2009, 119–120; Cohen 2010; Cohen 2017. So versteht es auch der Übersetzer ins Jiddische, der schreibt: „Kristn" (Christen), siehe unten. Siehe dazu auch: Loeb 1892, insb. 8.

19 Hier kommt, wie im *Mayse-bukh* und in allen anderen Fassungen, dem Vers aus den Psalmen eine zentrale Rolle als Kernkomponente der Erzählung und ihrer Struktur zu. Über die Verwendung von Bibelversen in der aggadischen Literatur siehe Fraenkel 1971; Hasan-Rokem 1981.

Böses getan hatten, umbringen, und die andren Christen gingen mit traurigem Herzen weg von dem Königl.[20]

Hier nun die jiddische Übertragung des Textes aus der Ausgabe Krakau des *Shevet Jehuda* von 1591:

אין דעם פרק ווערט דר צילט ווי דיא קרישטן האט גיווארפין איין טוט קרסטן אין איין יודן הויז אונ' האטן
גשפראבן די יודן האבן אין דר שלאגן אונ' גֹט האט געבן דז די ווארהייט איז קומן אן טאג :

אין דעם לנד שפניה קאמן דיא קריסטן אונ' שפראבן זיא העטן גיפונדן איין טוטן קריסטן אין איין יודן הויז . דא
וואר אלדא ור דעם קיניג זיין ראט הער אונ' רידט זער וויל ביז אויף דיא יודן דא שפראבן דיא קריסטן צו דעם
קיניג ער זולט זיא רעבֹט העלפין איבר די יודן . אבר וואו עז דער קיניג ניט טון ווערט דא וואלטן זיא זיך מיט
איר הנט רעבֹנן אן דען יודן . דא שפראך דער קיניג זיא גילובט דער אלמיבֹטיג גֹט דער ווארהפֿטיג ריבֹטר .
נון וויל איך ענק[21] וויזן ענקר פֿאלשי אונ' אונרעבֹטי זאבֹין . אונ' איך וויל ענק וויזן דז אלזו וואז מיין ראט הער
האט גירעט אויף דיא יודן דז ערש אלז האט דען יודן צו טרוץ גירעט. אונ' דאז וויל איך ענק וויזן דער מיט עץ
ענקרן קינדרן דיא נאך ענק זעלבֹי זאבֹין קומן זאגן ווערט . אז בלד שיקט דער קיניג נאך אלין אונ' יודן שפֿרא־
צן אין וואז האט דר קיניג דוד גימיינט מיט דעם פסוק הנה לא ינום ולא יישן שומר ישראל . דאז איז טייטשין
ער אנטשלומט גיוווישיגליך שלופֿט ער ניט . וואז דרף דער פסוק זאגן דז ער ניט אנטששלופֿט. דא שפרבֹין זי
מיר וויסן אויף דעם פסוק קיין אנדר טייטש ניט . דא שפראך דער קיניג איך וויל ענק זאגן דיא בישיידניש פֿן
דעם פסוק אין דר גישטלט הייט דיא איך דז האב גלערנט שלאפֿן נאך רוהן אין קיין וועג . דא בין איך
אויף גישטנדן פֿן מיינם בעט . אונ' . בין גנגין אין מיין אנדרן פֿאלש . אונ' דר מאנוט האט גאר ליבֹט גישיינט .
דא האב איך מיין קאפ אויש דען פֿענשטר גיטאן אונ' האב גיזעהן עטליבֿי מאן לויפן . אונ' האבן גיטראגן אויף
איר אקסל גלייבֹניש פֿון איין מענשין . דא האב איך אזו בלד גישיקט מיני דריי יי זאלן דך זעהן וואו זי
טראגן אוב עז איז איין טוטר מענשן אדר וואז אנדרש אונ' זאלן מיר וידר ענטוורט זאגן . אז בלד זיינן מיני דינר
גאנגין אונ' האבן זיך פֿער בארגן אונ' האב גיזעהן דז זיא האבן גיטראגן איין טוטן קריסטן אונ' צווי פֿון דען
קריסטן דיא דא האבן גיטראגן דען טוטן קריסטן דיא קענן מיין דינר . אונ' אז בלד קאמן דז קיניגיש דינר אונ'
זאגטן דיא זאבֹין אלש וויא עז וואר צו גאנגן . דא שפראך צו זיא דעש קיניגיש ראט געבר . אונ' ווארום האט
איר זיא ניט גינומן גיפֿנגין דא שפראבֹין דא טוטן קריסט גיושווינד גישווינט גיווארפֿן אין איין יודן
הויז אונ' זיין אז בלד גישווינד וועק גילאפֿן . אויך האבן זי בייא זיך גיהאט גיווער אונ' מיר האבן גאר קיין ווער
בייא אונז ניט גיהאט אויך האט אונז דר קיניג ניט בפֿולן דז מיר זיא זאלן נעמין גיפֿאנגן . ניאיירט מיר זאלן זעהן
וואז זי טראגן . דא שפראך דער קיניג צו דען יודן דאז האט אויך גימיינט דר קיניג דוד דאז גֹט ניט אנטשלומט
אונ' לאט אנדרי לייט אויך ניט שלאפֿן דעל.[] ווארטן דז ער היט זיין פֿאלק ישראל אז מיך גֹט האט אך ניט
לאזן שלופֿן פֿן וועגן זיין פֿאלק ישראל . דא ליש דער קיניג דיא זעלבן קריסטן אום ברענגין דיא דא האטן ביזה
זאבֹין גיטאן אונ' דיא קריסטן דיא אנדרן גינגן פֿן דעם קיניג מיט טרויאריגן הערצן[22] :

Die jiddische Übersetzung dieses Abschnittes bleibt der Quelle insgesamt meist treu. Auch hier wird die Erzählung im christlichen Spanien situiert und nicht

---

20 Siehe *Sefer* Shevet Jehuda (Heb.), 62–63, sowie Cohen 2010, 288–289.

21 *Enk* anstelle des verbreiteteren *aykh*, *ets* anstelle von *ir*, und *enkern* anstelle von *ayere* – gehören alle zum deutschen Bestandteil des Jiddischen, sind aber vor allem in Texten aus Polen bezeugt. Weinreich 2008, vol. I, 284, vol. II, 446, 452 und A490. Ich danke Prof. Moshe Taube, der mir diese Zusammenhänge erhellt hat. Siehe auch: Paul 1989, 17.

22 *Sefer Shevet Jehuda wol far taytscht* von Yitshok Sohn d(es) f(rommen) H(errn) Aharon (seligen Angedenkens) ha-Meḥoqeq, Krakau 1591, 43v–54v; für diesen Druck siehe Shmeruk 1981, 91, Nr. 27 (Heb.).

im muslimischen Konstantinopel. Daher können wir sie nicht für jene jiddische Fassung halten, von der die gedruckte Fassung des *Mayse-bukhs* abhängt. Ganz im Gegenteil: Eine der kleinen Veränderungen, die an dieser Übersetzung ins Auge fällt, ist gerade, dass der Ausdruck *goyim* (Nicht-Juden) aus der hebräischen Quelle hier durch den Ausdruck ‚Christen' ersetzt wurde.

Eine kürzere Fassung auf Hebräisch, die möglicherweise aus dem *Shevet Jehuda* entlehnt ist, kann man im Buch *Shalshelet ha-Kabbala* des Rabbi Gedalia ibn Jahja (Venedig 1587, Krakau 1596, und viele weitere) finden:

> Einmal behaupteten sie über die Juden, dass diese jemanden ermordet hätten; da befahl der König, die Juden zu holen und fragte sie, was die Auslegung des Verses sei ‚Der Hüter Israels schläft noch schlummert nicht', und sie erwiderten ihm seine Auslegung. Darauf sagte der König, die angemessene Auslegung ist, dass Gott andere ihretwegen nicht ruhen lässt. Und vor allen, die da waren, sagte er: In der letzten Nacht konnte ich nicht schlafen, und stand von meinem Bett auf, und streckte meinen Kopf aus dem Fenster, und der Mond schien hell, und ich sah Menschen, die einen erschlagenen Mann auf ihren Schultern trugen, und sandte meine Knechte hinter ihnen her, und sie sahen, dass sie den Ermordeten ins Haus der Juden warfen, und nun klagen sie sie an! Da befahl der König, über jene Mörder zu richten, und die Juden waren voll Jubel und Freude.[23]

Diese hebräischen und jiddischen Versionen ähneln der Fassung der Erzählung im *Mayse-bukh* hinsichtlich der Handlung, sowie hinsichtlich der zentralen Stellung der Auslegung des Verses aus den Psalmen durch den König, weshalb es schwerfällt, die Möglichkeit auszuschließen, dass sie vielleicht die Quelle für die Fassung des *Mayse-bukhs* darstellen. Doch lässt ihre Ähnlichkeit auch ihre Unterschiede hervortreten, besonders deutlich die Tatsache, dass die Fassung des *Mayse-bukhs* die Handlung nicht im christlichen Spanien verortet, sondern im muslimischen Konstantinopel.[24]

Wir haben Zeugnisse über das Ereignis eines Ritualmordvorwurfs in Konstantinopel, das zeitlich nicht weit von der *editio princeps* des *Mayse-bukhs* entfernt liegt.[25]

---

[23] Gedaliah ibn Jahja, *Sefer Shalshelet ha-Kabbala*, Venedig, Zuan (Giovanni) di Gara, 1587, 112 recto–verso.
[24] Ein weiterer Unterschied zwischen der Fassung aus *Shevet Jehuda* und der des *Mayse-bukhs* besteht darin, dass im Ersten der König den Ausdruck „Hüter Israels" so auslegt, dass er sich auf den König selbst bezieht, im *Mayse-bukh* hingegen der Hüter Israels Gott ist, der dafür sorgt, dass andere nicht schlafen, und in dieser Weise über Israel wacht.
[25] Blutbeschuldigungen bzw. Ritualmordlegenden sind ein verbreitetes Motiv in der jüdischen Literatur, auf das hier nicht ausführlich eingegangen werden kann. Für einen grundlegenden Artikel zum Thema siehe Noy 1967. Für den Oikotypus *Aarne – Thompson 730* („Der Hüter Israels schläft noch schlummert nicht') siehe besonders Noy 1967, 233–234. Eine Erzählung, die ebenfalls zum gleichen Oikotypus gehört, befindet sich in einer aschkenasischen Handschrift aus dem sech-

Im portugiesischen historiographischen Buch *Consolaçam as tribulaçoens de Israel* von Samuel Usque, gedruckt in Ferrara im Jahr 1553, wird jener Vorfall der Ritualmordbeschuldigung erwähnt, der sich in Konstantinopel im Jahr 1542 – oder, anderen Quellen zufolge, zwischen 1545–1550 – ereignete, in der Zeit von Süleyman I., (‚des Prächtigen'). Dank des Arztes des Sultans, einem Juden, den wir aus anderen Quellen unter dem Namen Moses Hamon kennen, wurde eine Ermittlung angestellt, die Wahrheit kam ans Licht, und die Juden wurden gerettet.[26] Dieses Ereignis passt zwar nicht zur Handlung und zum religiösen und literarischen Charakter, der unseren Fassungen eigen ist, aber die Begebenheit auf der einen und der Bericht auf der anderen Seite liegen zeitlich nah beieinander, und sie beschreiben ein eindrucksvolles Geschehen mit Bezug zu einer Ritualmordbeschuldigung am königlichen Hof, die widerlegt wurde und mit der Rettung der Juden endete. Man kann daher die Möglichkeit nicht ausschließen, dass dieses Ereignis, oder eventuell ein anderes, ähnliches Ereignis, als zeitgenössischer historischer Kern diente, der in eine Erzählung eingekleidet wurde.

Was der historische Kern der Erzählung im *Mayse-bukh* auch sei (falls es ihn denn überhaupt gibt), so mangelt es ihr doch – im Gegensatz zu den anderen Fassungen, die wir präsentiert haben, und auch im Unterschied zu jener, die es noch vorzustellen gilt – an einem *klaren historiographischen Anspruch*. Die Geschichte steht als eine Erzählung unter vielen, und wenn man sie im Vergleich mit den anderen Fassungen untersucht, stellt man fest, dass sie vor allem den literarischen Wert bewahrt, der in den anderen Fassungen präsent ist, sowie die Erzählung nach Konstantinopel verlegt, in einer Weise, die weniger dazu geeignet ist, den Leser über die Geschichte der Juden zu unterrichten, als vielmehr dazu, seine Imagination auf eine Reise in jene fremde und ferne Welt zu schicken, in der sich die Geschichte ereignet habe, wo es einen guten und weisen König gibt, der die jüdische Tradition und ihren Gott kennt, und der die Juden vor ihren Widersachern beschützt.

---

zehnten Jahrhundert (The National Library of Israel, Jerusalem, Israel, Ms. Heb. 28° 3182, 119r–v). Vgl. auch *Ninety-Nine Tales*, 215–216, Nr. 53 (Heb.).

26 Siehe Samuel Usque, *Consolaçam as tribulaçoens de Israel*, Ferrara 1553, Kapitel 33, 207–208. Zu Hamon siehe Gross 1908, 9; Heyd 1961. Der Begebenheit wird auch erwähnt in Joseph ha-Cohen, *Sefer Emeq ha-Bacha (The Vale of Tears)*. Siehe auch die kritische Edition dieser Schrift in Bonfil 2020 (Heb.), 158 (para. 185) und Josef ha-Cohen, *Chronicle of the French and Ottoman Kings*, edited and annotated by Robert Bonfil, 3 vols., Magnes 2020 (Heb.), Paragraph [תנא], 655–656. Zu Ritualmordbeschuldigungen im Osmanischen Reich siehe insbes.: Hacker 2022.

3 Eine spätere jüdisch-jemenitische Fassung

Im Kommentar zu seiner englischen Übersetzung des Amsterdamer Drucks von 1723 des *Mayse-bukhs* merkt Moses Gaster an, dass eine Fassung, die unserer Erzählung ähnelt, in einem judäo-arabischen Text in hebräischer Schrift in der jemenitischen Handschrift eines Gebetbuchs erhalten ist (siehe Gaster 1981 [1934], 688–689). Eine Beschreibung dieser Handschrift findet sich im Artikel von David De Gunzbourg[27]; dieser Beschreibung zufolge wird die Geschichte der Beschuldigung dort als Bericht eines historischen Ereignisses präsentiert, das sich in Istanbul 1633 ereignet habe, das heißt mehr als dreißig Jahre *nach* dem Druck des *Mayse-bukhs*.

Auch in dieser Fassung steht die Auslegung des Psalmverses im Fokus, und auch sie bewahrt die Charakteristika der Anklage so, wie sie in den früheren Fassungen auftaucht, doch wie die Fassung im *Mayse-bukh* erzählt sie nicht von einem spanischen König, sondern von einem türkischen Wesir. Es ist daher möglich, dass diese Fassung eine zusätzliche Quelle dokumentiert, die Pollack verwendete, und aus der sich die spätere jemenitische Handschrift entwickelte. Doch auch hier fällt der Unterschied zwischen den Fassungen auf: Die jemenitische Fassung bewahrt gerade den typisch christlichen Kontext und überspannt ihn sogar in anti-christlichem Geist. Hier wird aus der einfachen Beschuldigung eindeutig eine Blut-Beschuldigung. Außerdem sind in dieser Fassung, obwohl die Ritualmordbeschuldigung im muslimischen Osmanischen Reich verortet wird, die Anklagenden von Judenhass motivierte Christen, und die Erzählung ereignet sich zur Zeit des Pessachfestes, an welchem dem Erzähler zufolge der Judenhass der Verleumder aufgrund der Gefangennahme Jesu acht Tage vor dem Fest besonders auflodert. Dahinter verbirgt sich noch ein weiterer Unterschied gegenüber der Fassung des *Mayse-bukhs,* denn die jemenitische Fassung hat einen recht spezifischen Bezug auf die Umstände der Ritualmordlegende.

4 Historiographie, historische Legende, *Istorie, Memorabilia*

Man könnte behaupten, dass ein ähnlicher Trend auch in der Fassung des *Sheveṭ Jehuda* erkennbar wird, wenn wir sie den historiographischen Versionen der realen Hintergründe der Erzählung gegenüberstellen. Eleazar Gutwirth hat gezeigt, dass wir ein Zeugnis dafür besitzen – publiziert in Segovia in Spanien am 27. Juni 1489

---

27 De Gunzbourg 1888. Zu diesem Text siehe Hacker 2022, 421 (No. 12) und 421, Anm. 47.

von Maestre Alonso Henriquez –, dass diese Geschichte im Umfeld der Conversos in Spanien bekannt war. Schon in diesem Beleg kann jene Auslegung des Psalmverses aufgefunden werden, der zufolge der „Hüter Israels" nicht Gott, sondern der König ist.[28] Ganz gleich ob dieses Zeugnis den Kern der Erzählung konstituierte oder nicht, die Fassung des *Sheveṭ Jehuda* erscheint demgegenüber als Abschwächung der historiographischen Dimension. Diese Behauptung findet sich in der Studie Jeremy Cohens (2009, 2010), der in seiner Analyse der Erzählung aus dem *Sheveṭ Jehuda* feststellt, dass es keine Verbindung zu einem spezifischen historischen Ereignis gebe: Die Geschichte nenne weder Namen noch andere Details, und das schwerwiegende historische Ereignis der Ritualmordbeschuldigung gegen die Juden werde darin tatsächlich nur benutzt, um die Geschichte über einen König zu erzählen, der einen Psalmvers zur Erklärung seiner nächtlichen Schlafstörungen auslegt.[29]

Darüber hinaus hebt Cohen hervor, dass die Auslegung, die dem König in den Mund gelegt wird, ihn selbst als den „Hüter Israels" bezeichnet (2010, 291 und 301), was den einzigartigen exegetischen Charakter der Erzählung verstärkt; außerdem weist er darauf hin, dass die Isolierung eines Verses aus dem Psalm oder aus seinem Kontext ein Charakteristikum der Tradition des Midrasch und der Musar-Literatur darstellt (291), sowie in der Erzählung insgesamt das Estherbuch widerhallt (296–300), und dass, obwohl eine Tradition des Zitierens dieses Verses in Diskussionen gegen Christen verbreitet war (297–299), die Verwendung in der Erzählung eine neue ideologische Auffassung zu etablieren versucht.[30]

Cohens These ist in der Tat innovativ, und es ist gut möglich, dass sie ideologische Dimensionen des Texts Ibn Vergas ans Licht bringt, die über die bloße historiographische Erzählung hinausgehen. Und doch genügt dies nicht, um aus diesem Text einen literarisch inspirierten Text gleich jenem aus dem *Mayse-bukh* zu machen. Ohne dass man die schwierige und vieldebattierte Frage zum Verhältnis von historiographischem und literarischem Schreiben beantworten muss, und auch wenn es ideologische, nicht-historiographische Dimensionen in Ibn Vergas Fassung der Erzählung geben mag, so hat doch das *Sheveṭ Jehuda* als Gesamtwerk

---

28 Siehe Gutwirth 1988, insbes. 154–155; in Anm. 56 auf 160–161 sieht Gutwirth die Erzählung als jüdischen Oikotypus der Motive „Falsche Anschuldigungen" und „Unschuldige werden des Mordes angeklagt" (Motive k2100–k2199 des Motivindex von Stith Thompson). Siehe auch Noy 1967 (Heb.), 230–249; Tamar 1984 sowie *The Blood Libel in Constantinople* und die dortige Bibliographie.
29 „Within the narrative itself [...] the anti-Jewish conspiracy serves simply as an excuse for the king to engage the Jews on the implications of sleeplessness in Hebrew Scripture" (Cohen 2010, 289).
30 „[T]he eternally vigilant, sleepless, providential God of Scripture [...] has been relegated to a back seat, assuming a more transcendent, indirect role in the supervision of human affairs. Ibn Verga's insomniac guardian of Israel is here a human-being, a non-Jew" (Cohen 2010, 302). Siehe auch Yerushalmi 1976, insb. Anm. 121.

eine ganz deutlich historiographische thematische Ausrichtung.[31] Wenn man außerdem den Text nicht nur so behandelt, wie er für sich allein steht, sondern auch seine Funktion aus Perspektive des Lesers und der Rezeption des gesamten Werks, so muss man annehmen, dass die Leser des *Shevet Jehuda* diese Geschichte, sowie die gesamte Komposition, in erster Linie buchstäblich als Beschreibung historischer Ereignisse auffassten. Mir scheint, dass das Buch der Lektüre von historischem Material diente, und dass man mit einberechnen muss, dass bei einer solchen Lektüre Aspekte von Unterhaltung, Einfühlung, sowie religiösem und moralischem Bewusstsein eine Rolle spielen, insofern ein literarischer Bestandteil für historische Bücher dieser Epoche in Europa durchaus üblich war.[32]

Dies scheint mir auch die Aussage von Dov Noy zu sein, der die Perspektive der Rezeption der Erzählungen bei ihren Lesern einbringt, und über die Ritualmordbeschuldigung folgendes schreibt: „Ihr Charakter ist meist der einer Geschichte, deren Zeit und Ort definiert sind. [...] Dem Hörer oder Leser ist der gesellschaftlich-historische Hintergrund der Geschehnisse klar." (Noy 1967 [Heb.], 230). Im Vorwort des Drucks der jiddischen Ausgabe Krakau wird dies bezeugt:[33]

דאז ספר שבט יהודא האט מחבר גיוועשט דער קלוג רופא שלמה וירגה זל דער זון דעש קעשטליבן קלוג
מאן יהודה ווירגה זל :

דאז בוך דאז רעט פֿאן פֿיל גישיכטנס אונ׳ לייד דיא דא זיין ישראל גישעהן אין גלות אונטר דען פֿעלקרן ראשון
דער ציל דאז בוך דאז וויא מן האט אויף ישראל גיטראבט פֿיל שקר עלילות . אונ׳ גוט האט געבן דז דיא ווארהייט
איז קומן אן טאג אונ׳ האט ישראל גיהא[ל]פֿן פֿון אירי עלילות [...]

Das Buch *Shevet Jehuda* wurde verfasst von dem gelehrten Arzt Shlomo Verga (seligen Angedenkens), Sohn des hochverehrten Gelehrten Jehuda Verga (seligen Angedenkens).

Das Buch spricht von vielen Geschehnissen und Leid, das den Juden zustieß, in der Diaspora unter den Nichtjuden. Das erste Ziel des Buches ist es, zu zeigen, wie man die Juden mit vielen falschen Anschuldigungen verleumdet hat. Und Gott hat gegeben, dass die Wahrheit ans Licht kam, und die Juden vor ihren Anschuldigungen bewahrt.

---

31 Yitshak Baer betont das historische Interesse in diesem Werk. Seiner Meinung nach übersteigt es den Rahmen eines Buches von Volkssagen und auch den Rahmen einer bloßen historiographischen Beschreibung, vielmehr möchte der Autor des Werks „die große Frage nach dem Grund der Vertreibung aus Spanien und des Niedergangs der Juden im Allgemeinen aufwerfen und klären", siehe Baer 1935 (Heb.). Siehe auch: Baer 1936, 69.
32 So lässt sich auch die von Yosef Hayim Yerushalmi ausgemachte Diskrepanz abmildern, zwischen dem, was er als Rezeption des Werks als typische moralische Volksliteratur sieht und dem deutlichen historischen Bewusstsein, das in seinen Augen in der Komposition zum Ausdruck kommt. Siehe Yerushalmi 1989, 68–69 und 138, Anm. 31. Zur Koexistenz fiktiver und dokumentarischer Komponenten in den Geschichtsbüchern der frühen Neuzeit siehe zum Beispiel Grafton 2007.
33 Zu den jiddischen Ausgaben des *Shevet Jehuda* siehe: Stanislawski 1998.

Diese Einleitung stellt das Buch den Lesern als Werk eines renommierten Autors aus gutem Hause dar, der Autorität genießt, entsprechend dem ersten dort verkündeten Ziel, dass das Buch als Quelle zur Kenntnis realer Ereignisse, sowie jener falschen Beschuldigungen, die die Juden trafen, dienen soll. Dabei erscheint der religiöse Aspekt, dass Gott die Wahrheit ans Licht bringt und Rettung herbeiführt, eher als Komponente dieser historischen Darstellung. Erst im Anschluss an dieses erste Ziel fährt der Drucker mit der Erwähnung zusätzlicher Komponenten des Werks fort, darunter die Legenden des Talmuds, hagiographische Erzählungen, etc.

Im Gegensatz dazu ist die Fassung der Erzählung im *Mayse-bukh* von jeglichem Kontext abgeschnitten, und die Erzählung ist dort zwischen Geschichten platziert, die anscheinend keine thematische Verbindung zu ihr aufweisen. Die Erzählung über den türkischen König, der den Psalmvers auslegt, steht zwischen einer hagiographischen Geschichte über den Bibelausleger Rashi und einer Erzählung von der Bescheidenheit eines Reichen.

Obwohl die Erzählung über Rashi spezifisch mit den historischen Begebenheiten und dem Buch der Wundererzählungen (*Mayse-nisim*)[34] verbunden ist, lässt sich kein Prinzip der Zusammenstellung der Geschichten ausmachen, das von einem historiographischen Interesse geleitet wäre.[35]

5 Die Gattung der Novellensammlungen und das *Mayse-bukh*

Die historische Erzählung muss daher im Kontext der Gattung verstanden werden, in der sie sich befindet. Obwohl in der Folklore-Forschung eine kurze Geschichte dieser Art pauschal als historische Legende eingeordnet wird,[36] ist es an uns, solche Erzählungen nicht als unabhängige Entitäten, sondern als Teil des Werkes zu sehen, in dem sie sich befinden, und dementsprechend die Bedeutung und den Wert ihrer historischen Dimension zu untersuchen. Was die Erzählungen des *Mayse-bukh* angeht, so müssen wir ihre Affinität zur Gattung der Novellen mitbedenken, und

---

34 Zu dieser Erzählung existiert eine reiche Bibliographie. Siehe besonders: Yassif 1993; Raspe 2007.
35 Mit der Frage des Organisationsprinzips der Erzählungen beschäftige ich mich in meinem oben erwähnten Artikel, siehe Rosenzweig 2019a.
36 Siehe besonders: Yassif 1999, 303–304; der Forscher erwähnt dort das Motiv „Wunderrettung einer jüdischen Gemeinde in der Not" mit dem man unsere Geschichte ihm zufolge in Verbindung bringen kann; und: Alexander-Frizer 1999, 194–198. Siehe auch den Eintrag: Rudin 2013 und die dortige Bibliographie.

spezifisch zur Gattung der Novellensammlungen. Es liegt in der Natur der Anthologie, einen neuen Rahmen zu kreieren, der eine eigene ästhetische und kulturelle Funktion erfüllt, und somit den Erzählungen, die ihren Ursprung in anderen Gattungen mit anderen Funktionen haben, einen neuen Anstrich zu verleihen. Betrachten wir beispielhaft die Worte Boccaccios im Vorwort des *Decameron*:

> intendo di raccontare cento novelle, o favole o parabole o istorie che dire le vogliamo (Boccaccio: *Decameron*, Bd. 1, 8–9)
>
> werde ich [...] hundert Novellen oder Fabeln oder Parabeln oder Geschichten erzählen, wie wir sie bezeichnen wollen (Übers. Brockmeier)[37]

Boccaccio nennt hier faktisch Erzählungen aus drei verschiedenen Gattungen: die *fabliaux*, die Erzählungen der *exempla* und der *istorie*; letztere kann man als Fiktion mit Bezug zu historischen Ereignissen einordnen.[38]

Doch in seiner Wortwahl versucht er, die Unterschiede zwischen ihnen zu verwischen: Es sei einerlei, „wie wir sie bezeichnen wollen", einerseits seien alles Novellen, und zudem nehmen sie sozusagen eine neue Identität als Glieder der Novellensammlung an, die dem Leser vorliegt. Darüber hinaus begegnen uns mit Blick auf Erzählungen, die eine historische Dimension haben, in der Gattung der Novellensammlungen viele *memorabilia*, Novellen, die über historische Ereignisse berichten, die für erinnerungswürdig befunden wurden, und dabei zugleich ganz natürlich in die ästhetische Umgebung des Gesamtwerks eingeflochten sind (siehe Vàrvaro 1989).

Auch das *Mayse-bukh* ist als Novellensammlung intendiert. Wie oben bereits gesagt, war der Drucker von dieser Bestrebung geleitet, wenn er zusätzlich zur handschriftlichen Tradition weiteres erzählerisches Material sammelte, um eine vollständigere und vielleicht in ästhetischer Hinsicht ‚rundere' literarische Anthologie zu schaffen (Timm 2012, 270–272), und auch er versammelt unter einem Dach Geschichten aus verschiedenen Gattungen. Zudem kann man hier, ähnlich wie bei Boccaccio (aber nicht unbedingt unter dessen Einfluss), sehen, wie diese Absicht vom Urheber des Werks selbst verkündet wird. Dies sind wie Worte Pollaks auf dem Titelblatt der gedruckten Ausgabe:

קומט הער איר ליבן מאנן אונ' ורויאן
אונ' טוט דאש שין מעשה בוך אן שויאן
[...]
מיט דרייא הונדרט אונ' עטליכֿה מעשים דיא דא זיין אל אויש דיא גימרא גימאכֿט

---

37 Deutsche Übers. in: Boccaccio: *Decameron. Zwanzig ausgewählte Novellen*, 11.
38 Zu dieser Definition Boccaccios der Novelle als zusammengesetzt aus gerade diesen drei Gattungen, die tatsächlich Untergattungen der *forma brevis* genannten Gattung sind, gibt es eine reiche Bibliographie. Siehe dazu besonders: Branca 1980/1987, LVII; Wetzel 1989; Sarteschi 2000.

אונ' אך אויש דען רבתא אונ' בחיי אונ' אך רבי יהודא החסיד מעשים וועט אייך קיינש טון פֿעליןֿ
אונ' אך אויש דען ספר חסידים אונ' ספר מוסר אונ' אויש דען ילקוט
[...]
דרום איר ליבן ורויאן איר האט נון דיא טייטשי ביכֿר אל ואר

> Kommt her, ihr lieben Herren und Damen,
> und schaut dieses schöne *Mayse-bukh* an
> [...]
> Mit dreihundert und einigen Geschichten, die da sind aus der *Gemara*
> und auch dem *Midrash Rabba*, und *[Midrash Rabbeinu] Baḥya*, und auch von den Geschichten
> des Rabbi Yehuda he-Ḥasid wird euch keines fehlen,
> und auch aus dem *Sefer Ḥasidim* und dem *Sefer Musar* und dem *Yalkut*.
> [...]
> Darum, ihr lieben Damen, habt ihr nun alle jiddischen Bücher vor euch.

Man beachte besonders den letzten Satz des Zitats, der bezeugt, dass Pollak für die Leser*innen bewusst eine literarische Summe erschaffen wollte, worin er seine hauptsächliche Leistung sah.

Davon ausgehend können wir auf die Frage nach dem spezifischen Kontext zurückkommen, aus dem heraus diese Geschichte zuallererst dem *Mayse-bukh* hinzugefügt wurde: Im Kontext der Verflechtung von Material mit dem Ziel der Erschaffung oder der Erweiterung einer Anthologie von Novellen, können wir beobachten, wie in der spezifischen oben diskutierten Geschichte und im Stil jener Version, die ausgewählt wurde, eine literarisierende Tendenz reflektiert wird, befreit von historiographischen Einschränkungen. Obwohl das Osmanische Reich zu jener Zeit eine Großmacht war, die Europa bedrohte, obwohl sie in zahlreichen wirtschaftlichen und kulturellen Beziehungen in gewissem Maße bekannt war, und obwohl viele jüdische Gemeinden sich dort entwickelten und auch dort unter Falschbeschuldigungen litten (siehe Heyd 1961); obwohl es also bereits möglich war, sich realistisch auf die türkische Welt zu beziehen, so kann man doch immer noch die Vermutung anstellen, dass der Kompilator Gefallen an dieser Version der Geschichte fand, insofern sie eine Geschichte über den ‚Osten' als exotische und fremde Welt darstellte, die daher eine ideale Imagination ermöglicht und die Vorstellung entfacht von einem muslimischen König, der die Juden beschützt.

Dieses Phänomen ist uns bekannt aus der Ritter- und Novellenliteratur in Mittelalter und Renaissance, in der die Charaktere des Saladin und des gerechten Sultans zu einer positiven Figur verschmolzen: Zwar ist der literarische Saladin immer noch der Feind des christlichen Europas, aber zur gleichen Zeit ist er ein Gegenstück zu den idealen christlichen Königen hinsichtlich seiner moralischen Eigenschaften als tüchtiger, vornehmer, mutiger, großzügiger, loyaler und gelehrter Mann.[39]

---

[39] Siehe besonders Paris 1893; Pampaloni 1971; sowie die Artikel im Sammelband: Zatti 1998.

Daher kann die Erzählung von der Beschuldigung in Konstantinopel als Ausdruck einer Kontinuität in der Darstellung des Sultans mit Blick auf die italienische Novelle verstanden werden. Vor allem wenn man bedenkt, dass die zensierten Fassungen des *Decameron* – die seit dem sechzehnten Jahrhundert gedruckt werden, um vor allem kirchenkritische Elemente zu neutralisieren – einige Geschichten in den ‚Orient', an Orte und in Zeiten, die weit vom christlichen Europa entfernt sind, verlagern.[40]

Doch die erste Möglichkeit – die Erzählung gerade umgekehrt zu lesen – bleibt bestehen: Der König ist der Sultan von Konstantinopel, vielleicht Süleyman ‚der Prächtige', der in hebräischen Quellen jener Zeit meist als der „König" (*suleyman ha-melekh oder ha-melekh suleyman*, שׁוליימן המלך, המלך שׁוליימאן) sowie als der Türke (*ha-togar*, שׁוליימאן התוגר)[41] bezeichnet wird – wie in unserer jiddischen *Mayse*. Auch geht das osmanische ‚Süleyman' auf die arabische Form (‚Sulaimān') des Namens von König Salomo zurück, der in der jüdischen, christlichen und muslimischen Tradition für seine Weisheit und seine Verteidigung der Gerechtigkeit bekannt ist; in muslimischen Quellen wird Süleyman I. als *al-qanūnī*, der Gesetzgeber, bezeichnet.

Ist es möglich, dass Pollak eine Quelle kannte, in der die Erzählung als Kommentar des Psalmverses – „Nun er schloft nokh schlumt nit der hiter fun Jißroel" – auftrat, und als ‚Neuigkeit' mit einflocht, was Moses Hamon in Amasya geschehen war, der von Süleyman gerettet wurde? Könnte es sein, dass es sich um einen verdeckten Angriff auf christliche Könige handelt, indem die Osmanen dafür gepriesen werden, dass sie die aus Europa vertriebenen Juden neue Gemeinden in ihrem Königreich gründen lassen?

In dem Ritterroman *Paris un Wiene*, gedruckt in Verona 1594, findet sich in einer der in Stanzen-Form (ital. *ottava rima*) verfassten Strophen ein Hinweis auf die historische Realität der Zeit: Indem der Krieg zwischen dem „Sultan" und „den Christen" beschrieben wird, wird der erste als „starker König" bezeichnet: „ain štarker künig was der man / un' mechdig ser in alen seiten / un' kuniget di štet un' al di landen / di iz der türkesch kaiser hot vōr-handen" (*Paris un Wiene* [Timm], 140 [stanza 492]).

Auch wenn ich die direkte Quelle der Erzählung bisher nicht finden konnte, und wir nicht sicher sein können, wie sie gelesen und interpretiert wurde, können wir hier doch die übliche Vorgehensweise des Wiedererzählens einer alten Erzählung in einem neuen Kontext, der sich von dem ursprünglichen Kontext unterscheidet, beobachten. In unserem Fall handelt es sich jeweils um ein ‚anderes Mittelmeer'

---

40 Vgl. Infelise 2006, 46–47. Siehe auch: Mordenti 1982.
41 Siehe besonders ha-Cohen: *Chronicle of the French and Ottoman Kings* (Heb.), passim.

im Sinne unterschiedlicher mediterraner Orte und Zeiten, mit einem Spanien ohne Juden, einem Osmanischen Reich vor den Toren des christlichen Europas, sowie alten und neuen jüdischen Gemeinden im ‚Orient', beschützt von einem neuen Geschlecht muslimischer Herrscher.

Literaturliste

(Hebräische Publikationen werden in englischer Übersetzung angegeben und mit ‚(Heb.)' gekennzeichnet.)

Primärliteratur

Ain shön mayse bukh, Basel 1602.
Amadis de Gaula. Hebrew Translation by the Physician Jacob di Algaba. First published in Constantinople, c. 1541. Kritische Edition mit Einleitung von Zvi Malachi. Tel Aviv 1981 (Heb.).
The Blood Libel in Constantinople = „The Blood Libel in Constantinople in the Time of Rabbi Israel Ba'al Shem Tov of Blessed Memory". In: *Folktales of the Jews*. Hg. von Dan Ben-Amos. Bd. 3: *Tales from Arab Lands*. Philadelphia 2011, S. 20–41.
Boccaccio, Giovanni: *Decameron*. Hg. von Vittore Branca. 6., durchges., korrig. und bibliogr. aktual. A. 2 Bde. Turin 1980 und 1987
Boccaccio, Giovanni: *Decameron. Zwanzig ausgewählte Novellen. Italienisch / Deutsch*. Übers. und hg. von Peter Brockmeier. Stuttgart 1988.
Das Buch Schevet Jehuda von R. Salomo Aben Verga. Aus dem Hebräischen ins Deutsche übers., mit einer Vorrede, Anmerkungen und Registern versehen und mit Zusätzen bereichert von Dr. Meir Wiener. Hannover 1856.
Gedaliah ibn Jahja: *Sefer Shalshelet ha-Kabbala*. Printed by Zuan (Giovanni) di Gara. Venedig 1587 (Heb.).
Glikl. Memoirs. 1691–1719. Hg. und aus dem Jiddischen übers. Chava Turniansky. Jerusalem 2006 (Heb.).
Glikl. Memoirs. 1691–1719. Hg., kommentiert und mit einer Einleitung versehen von by Chava Turniansky. Engl. Übers. von Sara Friedman. Waltham, MA 2019.
Ha-Cohen, Josef: *Chronicle of the French and Ottoman Kings*. Hg. und komm. von Robert Bonfil. Jerusalem 2020 (Heb.).
Ha-Cohen, Josef: *Sefer Emeq ha-Bacha (The Vale of Tears)*. Hg. von Robert Bonfil. Jerusalem 2020 (Heb.).
Das Ma'assebuch. Altjiddische Erzählkunst. Vollständige Ausgabe. Ins Hochdeutsche übers., komm. und hg. von Ulf Diederichs. München 2003.
Ninety-Nine Tales. The Jerusalem Manuscript Cycle of Legends in Medieval Jewish Folklore. Edited by Eli Yassif. Tel Aviv 2013 (Heb.).
Paris un Wiene. Ein jiddischer Stanzenroman des 16. Jahrhunderts von (oder aus dem Umkreis von) Elia Levita. Eingel., in Transkription hg. und komm. von Erika Timm, unter Mitarbeit von Gustav Adolf Beckmann. Tübingen 1996.

Precetti da esser imparati dalle donne ebree, zusammengestellt von Rabbi Biniamin d'Harodono, übersetzt von Rabbi Giacob Halpron Hebreo. Venedig 1616.
Sefer ha-Tishbi des Eliyahu ben Asher ha-Levi Ashkenazi. Isny 1541 (Heb.).
Sefer diber ṭov ('Buch der guten Rede'). Krakau 1590 (Heb.).
Sefer Sheveṭ Jehuda *des Rabbi Shlomo Ibn Verga*, berichtigt und erläutert von Azriel Shohet, geordnet und mit einem Vorwort versehen von Yitshak Baer. Jerusalem 1947 (Heb.).
Sefer Shevet Jehuda wol far taytscht von Yitshok Sohn d(es) f(rommen) H(errn) Aharon (seligen Angedenkens) ha-Meḥoqeq. Krakau 1591.
Un beau livre d'histoire. Eyn shön Mayse bukh. Facsimilé de l'editio princeps de Bâle (1602). Hg. von Astrid Starck. Basel 2004.
Usque, Samuel: *Consolaçam as tribulaçoens de Israel*. Ferrara 1553.

Sekundärliteratur

Alexander, Tamar: „The Judeo-Spanish Legend about Rabbi Kalonimus in Jerusalem — A Study of Processes of Folk-Tale Adaptation" (Heb.). In: *Jerusalem Studies in Jewish Folklore* 5/6 (1984), S. 85–122.
Alexander-Frizer, Tamar: *Beloved Friend and a Half. Studies in Sephardic Folk Literature*. Jerusalem 1999 (Heb.).
Ashkenazi, Assaf: *Traslatio y/o transversus? La trayectoria textual de la versión hebrea del primer libro de Amadís de Gaula*. Alcalá de Henares (Spanien) 2017.
Baer, Yitshak: „New Notes on ‚Shebet-Jehuda'" (Heb.). In: *Tarbiz* 6.2 (1935), S. 152–179.
Baer, Yitshak: *Galut*. Berlin 1936.
Baruchson, Shifra: *Books and Readers. The Reading Interests of Italian Jews at the Close of the Renaissance*. Jerusalem 1993 (Heb.).
Baruchson-Arbib, Shifra: *La culture livresque des juifs d'Italie à la fin de la Renaissance*. Übers. aus dem Hebräischen von Gabriel Roth, durchges. von Patrick Guez, hg. von Jean-Pierre Rothschild. Paris 2001.
Branca, Vittore: „La vita e le opere di Giovanni Boccaccio". In: Boccaccio, Giovanni: *Decameron*. Hg. von Vittore Branca. 6., durchges., korrig. und bibliogr. aktual. A. 2 Bde. Turin 1980 und 1987, Bd. 1, S. XLI–LXXVI.
Cohen, Jeremy: „The Blood Libel in Solomon Ibn Verga's Shevet Yehudah". In: *Jewish Blood. Reality and Metaphor in History, Religion, and Culture*. Hg. von Mitchell B. Hart. London 2009, S. 116–135.
Cohen, Jeremy: „‚The Guardian of Israel neither Dozes nor Sleeps': Exegesis, Polemics, and Politics in the Late Medieval Jewish-Christian Encounter". In: *Transforming Relations. Essays on Jews and Christians throughout History in Honor of Michael A. Singer*. Hg. von Franklin T. Harkins. Notre Dame, IN 2010, S. 285–309.
Cohen, Jeremy: *A Historian in Exile: Solomon ibn Verga, Shevet Yehudah, and the Jewish-Christian Encounter*. Philadelphia, PA 2017.
De Gunzbourg, David: „Notices et extraits de mes manuscripts". In: *Revue des Études Juives* XVII (1888), S. 46–57.
Fraenkel, Jonah: „Bible Verses Quoted in Tales of the Sages". In: *Scripta Hierosolymitana* 22 (1971), S. 80–99.
Fram, Edward: *My Dear Daughter. Rabbi Benjamin Slonik and the Education of Jewish Women in Sixteenth-Century Poland*. Cincinnati, OH 2007.

Gaster, Moses: *Ma'aseh Book. Book of Jewish Tales and Legends*. Translated from the Judeo-German. Philadelphia, PA 1981 [1934].

Grafton, Anthony: *What Was History? The Art of History in Early Modern Europe*. Cambridge 2007.

Gross, Henri: „La famille juive des Hamon". In: *Revue des Études Juives* 56 (1908), S. 1–26.

Grünbaum, Max: *Jüdischdeutsche Chrestomathie. Zugleich ein Beitrag zur Kunde der Hebräischen Literatur*. Leipzig 1882.

Gutschow, Mirjam: *Inventory of Yiddish Publications from the Netherlands. c. 1650–c. 1950*. Leiden Boston 2007.

Gutwirth, Eleazar: „The Expulsion from Spain and Jewish History". In: *Jewish History. Essays in Honour of Chimen Abramsky*. Hg. von Ada Rapoport-Albert und Steven J. Zipperstein. London 1988, 141–161.

Hacker, Joseph R.: „Ritual Murder Accusations of Jews in the Ottoman Empire during the Fifteenth to Seventeenth Centuries" (Heb.). In: *The Elder Will Serve the Younger. Myths and Symbols in Dialogue Between Judaism and Christianity. A Tribute to Israel Jacob Yuval*. Hg. von Ram Ben Shalom, Ora Limor und Oded Irshai. Jerusalem 2022, S. 413–429.

Hasan-Rokem, Galit: „The Biblical Verse as Proverb and as Quotation" (Heb.). In: *Jerusalem Studies in Hebrew Literature* 1 (1981), S. 155–166.

Heyd, Uriel: „Ritual Murder Accusations in 15th and 16th Century Turkey" (Heb.). In: *Sefunot: Studies and Sources on the History of the Jewish Communities in the East* 5 (1961) S. 135–149.

Infelise, Mario: *I libri proibiti da Gutenberg all'Encyclopédie*. Bari 2006.

Loeb, Isidore: „Le folk-lore juif dans la chronique du Schebet Iehuda d'Ibn Verga". In: *Revue des Études Juives* 24 (1892), S. 1–29.

Mehlman, Israel: „The Hebrew Press in Adrianople" (Heb.). In: *Alei Sefer* VI–VII (1979), S. 102–106.

Meitlis, Jacob: *Das Ma'assebuch. Seine Entstehung und Quellengeschichte*. Hildesheim Zürich New York 1987 [1933].

Mordenti, Raul: „Le due censure: la collezione dei testi del Decameron ‚rassettati' da Vincenzio Borghini e Lionardo Salvati". In: *Le Pouvoir et la plume. Incitation, contrôle et répression dans l'Italie du XVIe siècle*. Paris 1982, S. 235–274.

Noy, Dov: „Alilot-Dam be-Sippure ha-Edot" (Heb.). In: *Mishpatim we-Alilot Dam*. Hg. von Menachem Cohen. Tel Aviv 1967, S. 230–249.

Pampaloni, Leonzio: „La Guerra nel *Furioso*". In: *Belfagor* 26 (1971), S. 627–652.

Paris, Gaston: *La Légende de Saladin*. Paris 1893.

Paul, Hermann: *Mittelhochdeutsche Grammatik*. Neu bearb. von Peter Wiehl und Siegfried Grosse. Tübingen 1989.

Prijs, Joseph: *Die Basler Hebräischen Drucke (1492–1866)*. Olten Freiburg i. Br. 1964.

Raspe, Lucia: „A Medieval Sage in Early Modern Folk Narrative. The Case of Rashi and Godfrey of Bouillon". In: *Raschi und sein Erbe*. Hg. von Daniel Krochmalnik, Hanna Liss und Ronen Reichman. Heidelberg 2007, S. 125–161.

Rosenzweig, Claudia (2018): „‚Hinne lo yanum velo yishan shomer Israel'. Sippur 'al 'alila beKushta 'al pi haMayse-bukh (‚The Guardian of Israel neither Dozes nor Sleeps'. The Story of a Constantinople Libel Case in the *Mayse-bukh*)" (Heb.). In: *Ma'ase sippur*. Hg. von Avidov Lipsker. Ramat Gan 2018, S. 81–99.

Rosenzweig, Claudia (2019a): „‚Getlekhe und nisht getlekhe mayses'. The *Mayse-bukh* and its Readership". In: *JSQ* 26 (2019), S. 203–223.

Rosenzweig, Claudia (2019b): „Rabbi Yehuda heHassid e l'apostata. Una difesa dall'accusa di omicidio rituale nella narrativa yiddish antica". In: *Filologia Germanica / Germanic Philology*, Beiheft 1 (2019) [*La letteratura storiografica del Medioevo germanico / Historiography and Literature in the Germanic Middle Ages*. Hg. von Adele Cipolla], S. 195–214.

Rosenzweig, Claudia: „Women: Instructions for Use. Slonik's *Seder mitzvot nashim* from Yiddish to Judeo-Italian". In: *Rabbinical Literature in Yiddish and Judezmo*. Hg. von Katja Šmid and David M. Bunis (im Erscheinen).

Rudin, Shai: „Blood Libel". In: *Encyclopedia of Jewish Folklore and Traditions*. Hg. von Raphael Patai und Haya Bar-Itzhak. New York London 2013, S. 83–87.

Sarteschi, Selene: „Valenze lessicali di ‚novella', ‚favola', ‚istoria' nella cultura volgare fino a Boccaccio". In: *Favole parabole istorie. Le forme della scrittura novellistica dal Medioevo al Rinascimento. Atti del Convegno di Pisa, 26–28 ottobre 1998*. Hg. von Gabriella Albanese, Lucia Battaglia Ricci und Rossella Bessi. Rom 2000, S. 85–108.

Segre, Cesare: „La novella e i generi letterari". In: *Notizie dalla crisi. Dove va la critica letteraria*? Hg. Von Cesare Segre. Turin 1993, S. 109–119.

Segre, Cesare: „Per una definizione della novella". In: *La circulation des nouvelles au Moyen Âge. Actes de la journée d'études (Université de Zurich, 24 janvier 2002)*. Hg. von Luciano Rossi, Anne B. Darmstätter, Sara Alloatti-Boller und Ute Limacher-Riebold. Alessandria 2005, S. 21–27.

Shmeruk, Chone: „Reshitah shel haproza hasippurit beyidish umerkazah be-italia" (‚Die Anfänge der literarischen Prosa auf Jiddisch und ihr Zentrum in Italien', Heb.). In: *Sefer Zikkaron Aryeh Leone Carpi (Scritti in memoria di Leone Carpi). Saggi sull'ebraismo italiano*. Hg. von Daniele Carpi, Attilio Milano und Alexander Rofé. Mailand Jerusalem 1967 (5727), S. 119–140.

Shmeruk, Chone: *Yiddish literature in Poland*. Jerusalem 1981 (Heb.).

Sidorko, Clemens P.: *Basel und der jiddische Buchdruck (1557–1612). Kulturexport in der Frühen Neuzeit*. Basel 2014.

Sonne, Isaiah: „Some Remarks on the Hebrew Printing in Sabbioneta" (Heb.). In: *Kiryat Sefer* IV (1928), S. 269–73.

Stanislawski, Michael: „The Yiddish Shevet Yehudah: A Study in the ‚Ashkenization' of a Spanish-Jewish Classic". In: *Jewish History and Jewish Memory, Essays in Honor of Yosef Hayim Jerushalmi*. Hg. von Elisheva Carlebach, John M. Efron und David N. Myers. Hannover, NH 1998, S. 134–148.

Timm, Erika: „Zur Frühgeschichte der jiddischen Erzählprosa". In: *Beiträge zur Geschichte der deutschen Sprache und Literatur* 117 (1995), S. 243–280.

Timm, Erika: „Die jiddische Literatur und die italienische Renaissance". In: *Alte Welten – neue Welten. Akten des IX. Kongresses der Internationalen Vereinigung für germanische Sprach- und Literaturwissenschaft*. Hg. von Michael S. Batts. Tübingen 1996, S. 60–75.

Timm, Erika unter Mitarbeit von Gustav Adolf Beckmann: *Historische Jiddische Semantik. Die Bibelübersetzungssprache als Faktor der Auseinanderentwicklung des Jiddischen und des deutschen Wortschatzes*. Tübingen 2005.

Timm, Erika: „Abraham ibn Ezra und das Maisebuch". In: *Leket. Yidishe shtudies haynt. Jiddistik heute. Yiddish Studies Today*. Hg. von Marion Aptroot, Efrat Gal-Ed, Roland Gruschka und Simon Neuberg. Düsseldorf 2012, S. 281–308.

Turniansky, Chava und Erika Timm: *Yidish in Italye. Yiddish Manuscripts and Printed Books from the 15th to the 17th Century*. With the Collaboration of Claudia Rosenzweig. Milano. Associazione Italiana Amici dell'Università di Gerusalemme 64 und 65 (2003), S. 126–129.

Vàrvaro, Alberto: „Tra cronaca e novella". In: *La novella italiana. Atti del Convegno di Caprarola. 19–24 settembre 1988*. Rom 1989, S. 155–171.

Weinreich, Max: *History of the Yiddish Language*. Hg. von Paul Glasser. Übers. von Shlomo Noble unter Mitarbeit von Joshua A. Fishman. New Haven London 2008.

Wetzel, Hermann H.: „Premesse per una storia del genere della novella. La novella romanza dal Due al Seicento". In: *La novella italiana. Atti del Convegno di Caprarola. 19–24 settembre 1988*. Rom 1989, S. 265–281.

Yassif, Eli: „Rashi Legends and Medieval Popular Culture". In: *Rashi 1040–1990. Hommage à Ephraïm E. Urbach*. Hg. von Gabrielle Sed-Rajna. Paris 1993, 483–492.

Yassif, Eli: *The Hebrew Folktale: History, Genre, Meaning*. Translated from Hebrew by Jacqueline S. Teitelbaum. Bloomington Indianapolis 1999.

Yerushalmi, Yosef Hayim: „The Lisbon Massacre of 1506 and the Royal Image in the Shebet Yehudah". In: *Hebrew Union College Annual Supplements* 1 (1976), S. 46–48.

Yerushalmi, Yosef Hayim: *Zakhor. Jewish History and Jewish Memory*. Vorwort von H. Bloom. New York 1989.

Zatti, Sergio (Hg.): *La rappresentazione dell'altro nei testi del Rinascimento*. Lucca 1998.

Zfatman, Sara: „The Mayse Bukh: An Old Yiddish Literary Genre" (Heb.). In: *Ha-Sifrut* 28 (1979), S. 126–152.

Darstellungsfunktionen

Claudia Brinker-von der Heyde
Das (Mittel)Meer als liminaler Raum in mittelalterlicher Literatur

Ein Blick auf heutige Weltkarten lässt deutlich erkennen, dass 71 Prozent unseres Planeten von Wasser bedeckt und lediglich die restlichen 29 Prozent Landmasse bewohnbar sind. 96,5 Prozent dieser riesigen Wassermassen sind Meere. Die *mappae mundi* des Mittelalters allerdings zeigen ein genau entgegengesetztes Verhältnis: Der *Orbis terrarum* wird zwar vom Ozean umflossen, die in ihm liegenden Gewässer aber spielen eine „buchstäblich marginale Rolle" (Sloterdijk 2005, 70).[1] Nur dem die drei Kontinente Afrika, Asien und Europa abtrennenden, genau in der Mitte der Welt liegenden, und deshalb auch *Mare mediterranum* genannten Meer wird eine erheblich größere Fläche zugesprochen.[2] Europa erhält dabei mit dem Weltenozean, dem Tanais (Don) und dem Mittelmeer „feste Außengrenzen" zu Asien und Afrika (Baumgärtner 2008, 91). Das Mittelmeer ist so „Schnittpunkt verschiedener Welten" (Braudel 2013b, 8) und wird mit dem aufkommenden Fernhandel und den Kreuzzügen im Mittelalter zu einem bevorzugten Transport- und Verkehrsweg. Und nicht nur Waren, auch literarische Stoffe wurden von Händlern und Kreuzrittern in den europäischen Raum importiert, die dann in volkssprachigen Erzählungen ihren Niederschlag fanden (vgl. Quenstedt 2021).[3] Allerdings fuhr man bis ins sechzehnte Jahrhundert weniger direkt *uber mer*, wie es die gängige Formel für eine Schiffsreise insinuiert, sondern man betrieb vornehmlich Küstenschifffahrt, als „Synonym für Seefahrt überhaupt" (Braudel 2013a, 44; vgl. Paul-Horn 2015, 171–172). Ab dem zwölften Jahrhundert wurden dann mehr und mehr auch die ägäischen Inseln in das Netz schnell erreichbarer Häfen eingebunden (Bruners o. J., 14). Gefährlich blieben Schiffsreisen aber allemal. Gefürchtet waren vor allem Stürme und Flauten, die die Segelschiffe manövrierunfähig machten und vom geplanten Kurs abweichen ließen. Dieses den Elementen hilflos

---

1 Sloterdijk 2005, 68–70 spricht deshalb auch treffend von einem bis ins sechzehnte Jahrhundert gültigen terrazentrischen Weltbild.
2 Zu nennen sind hier die frühen T-O-Karten, aber auch die Weltgeschichte erzählenden *Mappae mundi* wie die Hereford-Karte und die Ebstorfer Weltkarte. Letztere verzeichnet zwar überaus viele Gewässer, sie nehmen aber gegenüber den Landmassen doch wenig Platz ein. Abbildungen dazu: Kugler 2007. Eine interaktive Karte findet sich unter https://warnke.web.leuphana.de/hyperimage/EbsKart/#O9999 (28.2.2022).
3 Die Helden dieser Erzählungen bewegen sich denn auch häufig im „kulturellen Dreieck von christlichem Abendland, christlich-orientalischem Byzanz und fremdländisch-heidnischem Orient" (Plotke 2011, 57).

∂ Open Access. © 2023 bei den Autorinnen und Autoren, publiziert von De Gruyter. [CC BY-NC-ND] Dieses Werk ist lizenziert unter der Creative Commons Namensnennung - Nicht-kommerziell - Keine Bearbeitungen 4.0 International Lizenz.
https://doi.org/10.1515/9783110781908-008

Ausgeliefertsein, sowie die unendliche Weite und scheinbar grenzenlose Leere des Meeres prädestiniert es aber auch und gerade als Daseins- und Lebensführungsmetapher (vgl. Blumenberg 2012; Makropoulos 2007, 43; vgl. Paul-Horn 2015, 157), die nicht nur ihren Niederschlag in mittelalterlichen geistlichen Allegorien[4] gefunden hat, sondern auch und gerade in den Meeresschilderungen volkssprachiger Romane und Erzählungen. Über Aufzählungen geographisch bekannter Orte lässt sich in ihnen das mehrheitlich namenlose Meer oft unzweideutig als Mittelmeer identifizieren.[5] Für das Handlungsgeschehen aber ist diese geographische Situierung weitgehend ohne Bedeutung. Erzähltechnisch gliedert das *mer* häufig die Erzählungen, bedeutet doch jede Überfahrt „einen Umschwung und Neubeginn" (Bauschke-Hartung 2016, 39) der Handlung. Darüber hinaus ist das Meer aber auch prädestiniert als ein Raum sowohl zwischen unterschiedlichen Welten als auch zwischen Bewusstseins- und/oder Daseinszuständen. Victor Turner hat für ein solches „betwixt and between" (Turner 1964) in seinen Ritualstudien den Begriff Liminalität geprägt (Turner 2005, 95; Turner 2008, 251). Er bezieht sich dabei auf Arnold van Gennep, der „Schwellen- bzw. Umwandlungsriten" als Phasen zwischen „Ablösungsphasen" und „Integrationsphasen" definiert (van Gennep 1986, 29). Sie bezeichnen einen Zustand, in dem ein „Orts-, Zustands-, Positions- oder Altersgruppenwechsel" stattfindet (Turner 2008, 251) und „neue Erfahrungen und Sinngebungen entstehen können" (Belliger und Krieger 2008, 25). Liminalität ist dabei immer von Ambiguität gekennzeichnet und macht die Schwellenperson zu einem „Grenzgänger" (Turner 2008, 251), der sich in einem „Augenblick in und ausserhalb der Zeit" befindet (Turner 2008, 252). Bei Liminalität – so fasst es Geisenhanslüke zusammen – geht es also immer „um spezifisch strukturierte Formen des Übergangs" (Geisenhanslüke 2008, 103). Wie van Gennep spricht auch Benjamin bei solchen Zonen des Übergangs von Schwellen, unterscheidet sie aber „schärfstens" von der Grenze. Denn Schwelle ist mehr als eine Grenzlinie, es ist „eine Zone des Übergangs" (Benjamin 1982, Bd. V/2, 1025; vgl. Parr 2008, 17–21).

In der mittelalterlichen Literatur ist der Ort eines solchen Übergangs häufig das Meer. Ob in Antiken-, Abenteuer- und Artusromanen, in der Brautwerbungs-

---

4 Vgl. z. B. die „christologische Seefahrtallegorie" (Brall 1998, 49) im *Ezzolied*: „disiu werlt elliu ist daz meri / min trehtin segel unte vere, die rehten werch unser segelseil / die rihten uns die vart heim. / der segel deist der ware gloube, / [...] / der heilige atem ist der wint, / der vuoret unsih an den rehten sint." (*Ezzolied*, Str. 33; ‚Diese ganze Welt ist das Meer / mein Herr selbst unser Steuermann. / Die guten Werke sind unsere Schiffstaue, mit denen wird die Heimfahrt gelenkt. Das Segel, das ist der wahre Glaube / [...] / Der Heilige Geist ist der Wind: / der treibt uns auf dem richtigen Kurs.').
5 Ausnahmen sind Gottfrieds von Straßburg *Tristan* und das *Nibelungenlied*, vgl. Schmid und Hanauska 2018, 414. Obwohl das Meer bei ihnen eine wichtige Rolle spielt, bleiben sie deshalb bei dieser Untersuchung, die Texte behandelt, in denen die Helden zumindest teilweise auf dem Mittelmeer agieren, unberücksichtigt.

epik, höfischen Erzählungen oder dem *Herzog Ernst*-Stoff, überall kann das Meer eine bedeutende Rolle für den Fortgang der Handlung spielen. Im Folgenden soll deshalb anhand exemplarisch ausgewählter Texte aus verschiedenen Gattungen untersucht werden, ob, bzw. wenn ja, inwiefern das Meer als *liminaler Raum* verstanden werden kann, und der Zustand, in dem sich die handelnden Figuren befinden, von *Liminalität* gekennzeichnet ist. In vier Abschnitten soll diesen Fragen nachgegangen und die Ergebnisse in einem Resümee zusammengefasst werden:

1. das (Mittel)Meer als variabler (Grenz)raum
2. das (Mittel)Meer als Ort zwischen Eigen und Fremd
3. Aggregatzustände des (Mittel)Meers und die Macht der Elemente
   3.1. die *wilde se*
   3.2. das ‚geronnene' Meer
   3.3. gute Winde
4. Unterwasserwelten
5. Resümee

1 Das (Mittel)Meer als variabler (Grenz)raum

Gewässer sind ähnlich den Gebirgen auf den *mappae mundi*, aber auch in Weltbeschreibungen, wie wir sie z. B. aus der Weltchronik des Rudolf von Ems (*Weltchronik / RvE*) kennen, in erster Linie Grenzen, die nicht Zusammengehöriges trennen (vgl. Kugler 1997, 89).[6] So jedenfalls beantwortet der *meister* die Frage des *iunger* im *Lucidarius*, warum die Wundervölker zusammenleben können, ohne sich zu bekämpfen:

> Daz hat got also geschaffen, daz sie sint vnderscheiden mit wasser und mit gebürge, daz si niht zueinander komen mugen (*Lucidarius*, I, 54).

> Gott hat es so geschaffen, dass sie durch Wasser und Gebirge so getrennt sind, dass sie sich nicht begegnen können.[7]

---

[6] Dieses Trennende von Flüssen und Meeren wird z. B. auch im Wienhausener Tristanteppich dazu verwendet, um die Bilderzählung zu gliedern. Jede Episode wird durch ein Gewässer/Meer abgetrennt, das vom Betrachter – ähnlich dem Schiff, das darauf fährt – erst mit den Augen ‚überquert' werden muss, um zur nächsten zu gelangen, vgl. Bauschke-Hartung 2016, 39. Eine Abbildung findet sich unter https://de.wikipedia.org/wiki/Datei:Tristanteppich_I_Gesamtansicht_Wienhausen_Kloster_Wienhausen.jpeg#/media/Datei:Tristanteppich_I_Gesamtansicht_Wienhausen_Kloster_Wienhausen.jpeg (1.3.2022).

[7] Wenn nicht anders gekennzeichnet, stammen die Übersetzungen von der Autorin.

Anders als lineare Ländergrenzen, die immer von Menschen festgelegt wurden, sind Meere dabei natürliche, gerade nicht lineare, sondern ausgedehnte Grenzräume,[8] die weder vom Menschen errichtet noch von ihm einfach überschritten werden können (vgl. Makropoulos 2007, 242; Blumenberg 2012, 10).[9] Genau eines solchen realen wie metaphorischen Über- oder besser Durchschreitens von diesem aber bedarf es, um mit fremden Welten in Kontakt zu kommen. Jede Schifffahrt im Mittelalter ist dabei allerdings zunächst eine Fahrt ins Ungewisse, in das „unvergleichlich Andere des Landes" (Makropoulos 2007, 242). Sie verlangt vom Reisenden, die eigene Angst zu überwinden und sich dem Unbekannten auszuliefern (vgl. Paul-Horn 2015, 171). Die vielverwendete Formel *uber mer* kennzeichnet dabei die große, nicht messbare Distanz, die es zu überqueren gilt. Gleichzeitig markiert aber der Weg *uber mer* von A nach B, dass dieses Meer ein ‚Dazwischen' ist, kein eindeutig definierter Raum, sondern ein „transitional space" (Lazda-Cazers 2005, 80), der nur dazu benötigt wird, das angestrebte Ziel zu erreichen. Deshalb erhält das Meer nur selten einen Namen, selbst wenn es über genannte Orte, die angesteuert oder auch erreicht werden, durchaus geographisch eingeordnet werden könnte. Im *Guoten Gêrhart* belädt der Kaufmann zwar sorgfältig sein Schiff mit *spîsen* für drei Jahre, wählt erfahrenes Personal aus, einschließlich eines, wohl geistlichen Schreibers, der mit ihm die Tageszeiten beten konnte (*Guote Gêrhart*, V. 1182–1190; vgl. Kommentar zu V. 1187). Aber die Fahrt *über mer* wird nicht auserzählt, die verschiedenen Meere, die er befährt, werden nicht voneinander differenziert, sondern sie sind nur Mittel, um in die Länder zu gelangen, in denen er Handel treiben konnte.

> Mit mînem guote ich kêrte
> Hin über mer gên Riuzen
> Ze Liflant unde Priuzen,
> dâ ich vil manigen zobel vant.
> Von dannen vuor ich gên Sarant,
> ze Damascô und ze Ninive. (*Guote Gêrhart*, V. 1194–1199)

> Mit meinem Besitz fuhr ich über das Meer Richtung Russland, nach Livland und Preußen, wo ich viel Zobel erwarb. Von dort aus fuhr ich nach Sarant, nach Damaskus und Ninive.

---

8 Auch wenn Febvre 1988, 34 betont, dass selbst Küstengrenzen nichts mit „Geographie noch Natur" zu tun haben, sondern ebenfalls Konventionen sind, weil das Meer per se keine verschiedenen Länder trennt, so sind Meere doch Barrieren, die einen unmittelbaren Kontakt zu den am anderen Ufer lebenden Menschen, wenn nicht ganz verhindern, so doch sehr erschweren.
9 Vgl. Borgards 2012, 10, der, mit Bezug zu Postkolonialen Theorien, u. a. etwa von Homi K. Bhabha, Grenzen als „third space" betrachtet, der durchschritten werden kann.

Kein Wort fällt über die Dauer der Reise. Die bloße Aufzählung von an und für sich sehr weit voneinander entfernten Ländern erweckt den Eindruck, dass sie ganz nahe beieinander liegen, so dass die Meere und Flüsse, die auf dieser Fahrt durchschifft werden mussten, schrumpfen (Schmid und Hanauska 2018, 414).[10] Die ‚Grenze' Meer ist ohne erkennbare Ausdehnung, wird im ursprünglichen Wortsinn zu einer „gedachten Linie" (Grimm und Grimm 1854, Bd. 9, 127) und kann somit unproblematisch überschritten werden.

Uber mer fuhr auch Eneas mit seinen Gefährten, nachdem er die Reise in die Unterwelt überstanden hatte. Das *gelucke*, nicht nautische Fahrkunst, brachte sie innerhalb von vier Versen an einen, nun geographisch identifizierbaren Ort, nämlich dorthin, „da diu Tiber in daz mere gêt" (*Eneasroman*, V. 110, 32–35). Die phraseologisch angedeutete große zurückgelegte Distanz wird auch hier zu einer sehr kurzen Episode verdichtet und damit räumlich verkleinert. Dasselbe lässt sich im *König Rother* beobachten, wo die Boten den Weg von Bari nach Konstantinopel in gerade mal vier Versen bewältigen (*König Rother* V. 198–202). *Gahmuret* begibt sich in den Dienst des Kalifen in Bagdad, ohne dass auch nur ein Wort zu seinem Weg dorthin fällt (*Parzival*, 14,8–14,11). Und auf der zweiten, verhängnisvollen Reise zu diesem deutet erneut lediglich die Formel *über mer* seine Reiseroute an (*Parzival*, V. 102,19–102,20). Immer wieder findet sich in der mittelalterlichen Literatur dieses Zusammenrücken von Festlandorten, weil „die Bewegung von einem Ort zum anderen kaum auserzählt ist" (Schmid 2015, 109), sondern lediglich beiläufig Erwähnung findet. Und da in den meisten dieser Episoden Angaben zur Reisedauer fehlen, scheint auch die Zeit stehen geblieben zu sein. Eine der wenigen Ausnahmen, die beides – ungefähre Dauer der Reise wie die zurückgelegte Distanz auf dem Meer – nennt, und damit auch dem Meer eine messbare Größe gibt, findet sich im *Reinfried von Braunschweig*. Dank „gelückes segelwint" überwindet er „in kurzer wochen wîle / manic tûsent mîle / ûf des wilden meres fluot" (*Reinfried*, V. 15416; 15419–15421; ‚in wenigen Wochen einige tausend Meilen auf dem wilden Meer').

Sehr viel häufiger aber haben die Helden das *gelücke* einer problemlosen Fahrt nicht, im Gegenteil: Tage-, wochen-, monate-, auch jahrelang irren sie auf demselben Meer herum, das doch vorher so schnell zu durchfahren gewesen war. Sieben Jahre waren Eneas und die zahlreichen Schiffe, die ihn begleiten, auf dem

---

[10] Heute ist das Meer durch die schnellen Transportmöglichkeiten im Bewusstsein der Menschen nicht nur in der Literatur, sondern tatsächlich geschrumpft. Im realen Bewusstsein derjenigen, die im Mittelalter das Meer als Transportweg benutzten, war es aber eigentlich eine schier unermessliche und unergründbare Fläche. Vgl. dazu: Braudel 2013a, 37–38.

Mittelmeer von Sturm und hohen Wellen hilflos hin- und hergeworfen worden. Kein Land ist in Sicht, die Schiffe verlieren den Sichtkontakt zueinander (*Eneasroman*, V. 21,38–22,32). Mehr als ein Jahr hindern die „snellen winde" Gahmuret nach seiner heimlichen Abreise von Belakane, wieder an Land gehen zu können (*Parzival*, V. 57,28–58,4). Mehr als drei Monate wird Herzog Ernst vom tobenden Meer festgehalten (*Herzog Ernst*, V. 2179), aus dem *lebermer* und dem darin liegenden Magnetberg (*Herzog Ernst*, V. 3934–3935) kann er sich mit den wenig Überlebenden nur durch eine List wieder an Land retten (*Herzog Ernst*, V. 4169–4193; s. unten, Abschnitt 3.1). Und kurz vor der glücklichen Heimkehr muss er mit seinen Gefährten dann noch einmal sechs Wochen auf dem spiegelglatten Meer in totaler Windstille ausharren (*Herzog Ernst*, V. 5780–5782; s. unten, Abschnitt 3.2). Sechs Wochen segeln *Orendel* und seine Krieger mit gutem Wind, dann aber treibt ein heftiger Sturm die Schiffe auf das *clebermere*, wo sie drei Jahre festsitzen (*Orendel*, V. 366–372; s. unten, Abschnitt 3.1). Gut zwei Wochen (*Reinfried*, V. 27434–27435) werden Reinfried und seine Seeleute von einem Unwetter auf dem Meer in unbekannte Gegenden getrieben (*Reinfried*, V. 27398–27435). Ganz ähnlich treibt das stürmische Meer zwölf Tage und zwölf Nächte Gêrhart und seine Schiffsbesatzung auf dem stürmischen Meer weg (*Guote Gêrhart*, V. 1226) bis sie am dreizehnten Tag ein ihnen unbekanntes Land erreichen (*Guote Gêrhart*, V. 1231–1240). In all diesen Schilderungen ist das (Mittel)Meer nicht mehr eine lineare, leicht zu überschreitende Grenze zwischen zwei Ländern, sondern es weitet sich zu einer gigantischen, unüberschaubaren Wasserfläche, fern jeglicher Zivilisation. Auf ihr gibt es weder einen direkten noch einen auch nur ansatzweise erkennbaren Weg von einem Ort zum anderen mehr, es gibt keine einfache Überfahrt, sondern es ist ein Dazwischen, ein liminaler Zustand, von dem die sich darin befindenden Helden nicht wissen, ob sie ihn lebend und wenn ja, wie sie ihn verlassen werden. So wird das Meer in der Literatur zu einer „dynamische[n] Grenze" (Borgards 2012, 9), die ihre räumlichen Dimensionen je nach ihrer Funktion in der jeweiligen Erzählung verändern kann.

2 Das (Mittel)Meer als Ort zwischen Eigen und Fremd

Das Mittelmeer trennt nicht nur auf den *mappae mundi* die drei bekannten Erdteile – Europa, Asien, Afrika – voneinander ab, sondern ist eine reale, nicht einfach zu überwindende Abgrenzung. Gleichzeitig aber ist das Meer auch der Raum, dank dem verschiedene Länder, Kulturen und Menschen miteinander in Verbindung treten können. Es ermöglicht den Weg vom Eigenen hin zum Fremden und *vice versa*. In der Literatur ist diese Opposition noch gesteigert, wenn der Weg nicht von der Heimat auf direktem Weg in eine zwar weit entlegene, aber doch noch bekannte Ferne führt, sondern die Helden ohne ihr Zutun an einen Ort verschlagen werden, der der *terra incognita* zuzurechnen ist. Absolute Orientierungslosigkeit kennzeichnet diese Phase, in der sie den Elementen (s. unten, Abschnitt 3), den Launen der Götter, resp. einer Göttin (*Eneasroman*, V. 21, 30) oder der göttlichen Providenz (*Gregorius*, V. 929–938) ausgeliefert sind. Die Protagonisten durchleben Todesängste, verlieren ihren Status, ihre Handlungsfähigkeit, ihr höfisches Sozialnetz und damit ihre Identität, um schließlich als Fremde in eine ihnen unbekannte Welt zu gelangen, in der sie sich neue, interkulturelle Kompetenzen erwerben müssen, um bestehen zu können. Das Meer entspricht damit genau dem Ort, den van Gennep (1986) und Benjamin (1982) mit ‚Schwelle', bzw. Turner (2008) mit ‚Liminalität' benennen. „Jeder", so van Genepp, „der sich von einer Sphäre in die andere begibt, befindet sich eine Zeitlang sowohl räumlich als auch magisch-religiös in einer besonderen Situation: er schwebt zwischen zwei Welten" (1986, 27). Auslöser von Ritualen, die zu einer liminalen Phase führen, sind dabei häufig „Krisen im Sozialleben" (Turner 2005, 17). Dies trifft zweifellos auch für den aus dem brennenden Troja fliehenden Eneas und noch deutlicher für Herzog Ernst zu, hatte letzterer doch einen Rachefeldzug gegen Kaiser Otto geführt, nachdem dieser aufgrund übler Verleumdungen gegen ihn Krieg geführt, über ihn die Reichsacht verhängt und ihm alle seine Lehen und Güter aberkannt hatte (*Herzog Ernst*, V. 853–1738). Als er schließlich die Sinnlosigkeit der Kämpfe erkennt, seinen Widerstand aufgibt und beschließt, stattdessen auf Kreuzzugsfahrt zu gehen (*Herzog Ernst*, V. 1739–1854), wird er von der Trennungs- über die Schwellen- bis zur Angliederungsphase alles durchlaufen, was den Übergangsritus kennzeichnet (vgl. van Gennep 1986; Turner 2005).

Und auch Gregorius wird nach dem Streit mit dem vermeintlichen Bruder aus der Gemeinschaft ausgeschlossen (*Gregorius*, V. 1320–1358). Er verliert die ihm, allerdings immer fremd anmutende, Identität eines Fischerjungen und entscheidet sich gegen die vom Abt für ihn vorgesehene geistliche. Stattdessen sucht und findet er seine angeborene höfische *art* nach der ziellosen Fahrt auf „dem breiten sê" (*Gregorius*, V. 1824) am Hof der Mutter, um sie nach dem aufgedeckten Inzest erneut zu verlieren und jahrzehntelang nackt und bloß, aller Insignien von Stand und Herkunft beraubt mitten im tosenden Meer zu (über)leben, bevor er die göttlich vorherbestimmte Identität als Papst erlangt (siehe unten, Abschnitt 3.1). Das geographisch reale, zwischen zwei Küsten liegende Mittelmeer wird in all diesen Erzählungen zu einem Ort für „Grenzgänger" (Turner 2008, 251), deren Identität brüchig geworden ist (vgl. Wagner 2018, 234) und die sich in einem labilen Zustand zwischen Eigen und Fremd befinden.

3 Aggregatszustände des (Mittel)Meers und die Macht der Elemente

Ob literarische Helden oder ‚reale' Schiffsreisende – alle sind auf dem Meer den Naturgewalten ausgeliefert. Denn nicht sie selbst bestimmen die Geschwindigkeit und den Kurs, sondern die Wetterverhältnisse. ‚Gute' Winde treiben die Schiffe schnell dem Ziel entgegen, heftige Stürme aber vom Kurs ab, und Flauten hindern am Vorwärtskommen. Die Metaphorik des Meeres und dessen reale Beschaffenheit überblenden und verschränken sich deshalb sowohl in fiktionaler Literatur als auch in mittelalterlichen Reisebeschreibungen und in der Geschichtsschreibung (vgl. Blumenberg 2012, 33). In der höfischen Literatur bezeichnen dabei zwei immer wieder auftauchende Formeln – die *wilde se* und das ‚geronnene' Meer (*lebermer*) einerseits bestimmte Zustände des Meeres, geben aber gleichzeitig den Lesern und Leserinnen sofort eine Vorahnung von dem, was den handelnden Figuren geschehen wird.

3.1 die *wilde se*

Alle Pläne, das angestrebte Ziel zu erreichen, werden für die literarischen Protagonisten hinfällig, wo höhere Kräfte und die Elemente ihre Macht zeigen. Die Ausgangslage ist dabei fast immer dieselbe: Ein Sturm kommt auf, der die Schiffe auf der entfesselten *wilden se* ins Nirgendwo treibt, d. h. an Orte, die außerhalb der ihnen bekannten Welt liegen. Das Sprachspiel von *la'meir*, das Meer, und *la'meir*, das Leid, in Gottfrieds von Straßburg *Tristan* (*Tristan*, V. 11986–11988; 11994–11995) trifft auch auf die oft sehr ähnlichen Irrfahrten der höfisch-literarischen Seefahrer zu. *Orendel* sah bereits sein Ziel – das Heilige Grab – vor sich, als ein Sturm aufkommt und „des wilden meres flut" (*Orendel*, V. 465) seine gesamte Flotte samt Mannschaft vernichtet. Mit nichts auf dem Leib gelingt es ihm, sich an einer Planke festzuhalten und sich auf eine Insel zu retten, wo er nach vier Tagen von einem Fischer gefunden wird (*Orendel*, V. 473–522). Seiner eigentlichen Identität beraubt – er wird, wie er es befürchtet hatte (*Orendel*, V. 503), vom Fischer *Ise* für einen „rouber und ein diep" (*Orendel*, V. 531) gehalten – gibt er sich die neue Identität eines Fischers (*Orendel*, V. 542) und dient *Ise*, weiterhin nackt, sechs Wochen lang, bevor er mit Gottes und Marias Hilfe neu eingekleidet wird und damit wieder zu seiner wahren Identität und seiner Bestimmung zurückfindet (*Orendel*, V. 657–780). Und sogar die ertrunkenen Gefährten wurden gerettet, haben sie doch das ewige Leben bei Gott gefunden (*Orendel*, V. 720–725; s. unten, Abschnitt 3.1), was das Meer zur Zwischenstation zwischen irdischem und himmlischem Leben macht, und die horizontale Meeresachse in die Vertikale verschiebt.

Von einem heftigen Sturm werden auch Eneas (*Eneasroman*, V. 22,6–23,2) und Gêrhart (*Guote Gêrhart*, V. 1222–1230) weit weg vom geplanten Kurs getrieben. Hilflos sind sie der *wilden se* ausgeliefert, zur Handlungsunfähigkeit verdammt, Rang und Status sind bedeutungslos geworden, alle ‚sitzen im selben Boot'. Während Gêrhart dabei nur unbestimmtes *ungemach* (*Guote Gêrhart*, V. 1229) erleidet, werden Eneas im dreitägigen Unwetter nicht nur die Segel, Masten, Ruder und Rahen seiner Schiffe zerschmettert, sondern er muss auch zusehen, wie ein Begleitboot mit der ganzen Besatzung sinkt (*Eneasroman*, V. 22,10–22,13;22,17–22,19) und alle anderen Schiffe weggetrieben werden. Als Fremde landen beide schließlich in einem fremden Land. Eneas kann es zumindest geographisch als Libyen verorten (*Eneasroman*, V. 23, 8), Gêrhart und seinen Leuten ist es eine völlig unbekannte *wilde* (*Guote Gêrhart*, V. 1240). Topographisch gibt es aber weitere Gemeinsamkeiten. Denn Eneas wie Gêrhart sehen als Erstes ein an der Küste aufragendes Gebirge, eine weitere natürliche Grenze, die zuerst überstiegen werden muss, um dann einen Blick auf die jeweils prächtige Stadt – Karthago bei Eneas (*Eneasroman*, V. 24,27) und eine unbekannte Stadt so groß wie Köln (*Guote Gêrhart*, V. 1277) bei Gêrhart – werfen zu können. Ab jetzt beginnt für beide eine neue Lebensphase mit neuen Rollen, die sie in der fremden Gesellschaft einnehmen. Aus dem Flüchtling Eneas wird ein liebender Ehemann und Herrscher, aus dem Kaufmann Gêrhart ein selbstloser, auf Reichtum verzichtender Retter von Gefangenen, die deswegen bisher nicht gefunden werden konnten, weil sie wegen „des wilden wâges ünde" vor den Angehörigen verborgen geblieben sind (*Guote Gêrhart*, V. 1781–1784). Noch schlimmer ist es Wilhelm von England ergangen. Sein Schiff wird vom Sturm an einen Felsen geschmettert, alle ertrinken, nur er kann sich auf eine Barke retten, mit der er Land erreicht, um jahrelang auf der vergeblichen Suche nach seiner *vrouwe* durch halb Europa zu wandern (*Guote Gêrhart*, V. 3994–4014).[11]

Gänzlich *von sinnen* (*Reinfried*, V. 27418) geraten die Seeleute, die mit Reinfried von Braunschweig dem stürmischen Meer ausgeliefert sind. Mit immer wieder neuen Umschreibungen kennzeichnet der Autor die existentielle liminale Phase, in der sich die Protagonisten befinden: sie wissen nicht ein noch aus (*Reinfried*, V. 27407–27408), werden zu *wîselôsen* (*Reinfried*, V. 27429), die „an lîb und ouch an muot verzagen" (*Reinfried*, V. 27413), sie „klagen" (*Reinfried*, V. 27414), wissen nicht, „in welez lant der welte kreis" (*Reinfried*, V. 27422) es sie verschlagen hat, „strenge sorge" (*Reinfried*, V. 27426) erfüllt alle, die „trûrten und jâmerlîche" (*Reinfried*, V. 27430) lebten. Und auch

---

11 Die Rettung aus Seenot dank herumschwimmender Schiffsplanken oder kleiner Beiboote findet sich häufig in der Literatur. Bei Oswald von Wolkenstein verwandelt sich die rettende Schiffsplanke dann in ein Fässchen Malvasier, was den tragischen Schiffbruch humoristisch ironisiert. Oswald von Wolkenstein 1975, Kl 23, V. 21–22.

hier ist es wieder ein Gebirge, das die Schiffsbesatzung, nachdem sich der Sturm gelegt hat, als Erstes sieht (*Reinfried*, V. 27476).

Der *ellende*, heimatlose Gregorius (*Gregorius*, V. 1825) mit seiner brüchigen Identität eines nicht mehr Fischerjungen und noch nicht Ritters überlässt sich von Anfang an Gott und den stürmischen Winden, mit der Bitte, ihn in das für ihn richtige Land zu schicken (*Gregorius*, V. 1825–1830; vgl. Schul 2015). Das *sturmweter* treibt ihn aber in neues Unglück. Denn er landet im vom Feind verheerten und verbrannten Land seiner Mutter (*Gregorius*, V. 1840–1843). Er will helfen, aber stattdessen verliebt er sich in sie und wiederholt unwissentlich mit ihr den Inzest seines Vaters. Um Buße zu tun, liefert er sich erneut dem Meer aus, sitzt siebzehn Jahre festgekettet auf einem meerumbrandeten Felsen (*Gregorius*, V. 2978–2979; 3085–3089). Im Wortsinn entblößt von seiner Kleidung und allem, was er je gewesen war, vegetiert er im extremsten nur denkbaren liminalen Zustand (*Gregorius*, V. 3101–3139) bis alle seine Sünden ‚abgewaschen' sind, er wieder in die Gesellschaft integriert, zum Papst erhoben und mit höchsten Ehren bedacht wird.

Buße ist auch der Grund, warum sich Herzog Ernst für eine Pilgerreise ins Heilige Land entscheidet.

> Daz wir füeren uber das mer
> Dar stêt vaste mir der muot
> […]
> Daz wir das kriuze nehmen
> Ze dienste dem heilgen grabe (*Herzog Ernst*, V. 1810–1811, 1814–1815)
>
> Ich bin fest entschlossen, mit euch übers Meer zu ziehen […], und für ihn das Kreuz zu nehmen im Dienst des Heiligen Grabes.

Sorgfältig bereitet er seine *mervart* (*Herzog Ernst*, V. 1974) vor, die aber zunächst lange über Land führt, eine Route, wie sie auch historische Pilger und Kreuzritter meist gewählt haben (Schmid 2015, 109–110; Hacke 2017, 60–61). Über Ungarn und den *Bulgaere walt* erreicht er Konstantinopel, den letzten Ort der christlichen Hemisphäre (*Herzog Ernst*, V. 2011–2039; vgl. Plotke 2011, 59). Erst dort schifft er sich ein, um ins Heilige Land überzusetzen. Statt aber das angestrebte Ziel zu erreichen, treibt – wie es zu erwarten war – ein „sturm harte swinde" (*Herzog Ernst*, V. 2136) seinen Tross auseinander, zwölf Schiffe sinken, nur die unmittelbaren Gefolgsleute in seinem Schiff bleiben ihm. Weit wurden sie „ûf dem wilden sê" in Gefilde abgetrieben, „dâ wider sît noch ê / nie kein mensche hin kam" (*Herzog Ernst*, 2165–2167; ‚in die seitdem nie wieder ein Mensch gelangte'). „Muot harte swâr" erfasste Ernst, weil die Nahrungsmittel aufgebraucht waren (*Herzog Ernst*, V. 2183–2185), niemand glaubt mehr an Rettung, sie sind Gefangene ihrer *sorgen* (*Herzog Ernst*, V. 2186–2189) und zu totaler Handlungsunfähigkeit gezwungen. Alles, was sie je waren und hatten, haben sie verloren. Nichts ist ihnen geblieben als das nackte

Leben. Erst nachdem der Sturm sich gelegt hat und sie ein „hêrlîches lant" (*Herzog Ernst*, V. 2205) vor sich sehen, finden sie wieder zu ihrer Identität zurück, wenn sie ihre Ritterrüstung anlegen, sich mit Waffen gürten und ihre Wappen tragen (*Herzog Ernst*, V. 2292–2309). Doch diese ‚alte' Identität taugt nicht im fremden Land Grippîâ. Denn im Bemühen, ihren ritterlichen Pflichten nachzukommen und die von den Kranichmenschen entführte Prinzessin zu retten, scheitern sie und erreichen nur mit Mühe ihre Schiffe und das offene Meer (*Herzog Ernst*, V. 3605–3847). Doch der erhoffte Schutzraum ist das Meer erneut nicht. Denn wieder sind sie auf der *wilden sê* (*Herzog Ernst*, V. 3849), die zwar einerseits Rettung vor den Grippianern bedeutet, aber mit dem Adjektiv ‚wild' bereits den Kippmoment zu neuer Gefahr in sich trägt. Nur ist es diesmal nicht der Sturm, sondern die bleierne Ruhe des Meeres, die zur lebensgefährlichen Falle wird (s. unten, Abschnitt 3.2).

Die sturmgepeitschte, *wilde se* treibt aber nicht nur die Helden vorwärts in unbekannte Welten und zu neuen Taten, sondern auch und gerade die Erzählung. Als Erzählraum ist das tobende Meer dabei generell der Ort der Liminalität, weil die Protagonisten alles Bisherige zurücklassen müssen, auf sich selbst zurückgeworfen werden, nicht mehr einer ständisch gegliederten Gesellschaft angehören, sondern einer „*communitas*, die frei ist von kulturell definierten Rollen und Status" (Wagner-Willi 2001, 230). Das Meer wird somit zur „Schwelle, die den Auftakt zur Phase der abenteuerlichen Bewährung zeigt" (Plotke 2011, 60). Und immer schwingt auch die metaphorische Bedeutung mit, nach der das Meer für das in-die-Welt-geworfen-Sein des Menschen steht, dessen Leben nicht von ihm, sondern von höheren Mächten bestimmt wird.

3.2 das ‚geronnene' Meer

Flauten waren bei mittelalterlichen Seeleuten ähnlich gefürchtet wie Stürme. Denn dann gab es weder ein Vor noch ein Zurück, sondern nur Warten in absoluter Untätigkeit. Niemand konnte sich vor Sonne oder Regen schützen, niemand wusste, wie lange dieses Warten andauert und ob die Nahrungs- und Trinkvorräte ausreichen. Für Herzog Ernst ist nach seinem erfolgreich bestandenen Kreuzzug und der Abfahrt gen Heimat die sechswöchige Flaute die letzte Prüfung, die er zu bestehen hat. Und wieder leiden alle an Bord große Not. Ein Platthufmann stirbt, was Ernst sehr traurig macht (*Herzog Ernst*, V. 5783–5785). Auf dem glatten, reglosen Meer werden ständische Hierarchien bedeutungslos, jeder gehört gleichermaßen zur Gruppe der „Grenzgänger" (Turner 2008, 251), für die es um nichts Anderes als ums Überleben geht. Schließlich gelingt es aber doch, den Hafen von Bari zu erreichen, wo Ernst und mit ihm seine so ungewöhnliche Entourage von *riesen* (*Herzog Ernst*, V. 5419) *Plathüeve, Prechamî, Ôren* (*Herzog Ernst*, V. 5422) und *Arimâspî* (*Herzog*

Ernst, V. 5425) von Bord gehen können. Als vielbestaunte Schicksalsgemeinschaft[12] werden sie dort gastlich empfangen (*Herzog Ernst*, V. 5787–5819) und zu guter Letzt auch vom Kaiser wieder mit allen Ehren in die höfische Gesellschaft aufgenommen (*Herzog Ernst*, V. 5830–6022).

Noch extremer als aufgrund von Flaute festzusitzen, wird aber das dem Meer Ausgeliefertsein beim gefährlichsten, ja tödlichsten aller Meere, dem *lebermer*. Bereits in frühmittelalterlicher Dichtung wird es erwähnt als ein Ort, von dem es kein Entrinnen gibt.

> Ein mere ist giliberot;
> Daz ist in demo wentilmere westerot.
> So der starche wint
> Gewirffit die skef in den sint,
> nimagin die skef in den sint,
> nimagin die biderbin vergin
> sih des nieht irwergin,
> si nimuozzin fole varan
> in des meris parmah, ah, denne!
> Si nichomint si danne!
> Si niwelle got losan,
> si muozzin si da fulon. (*Merigarto*, V. 44–55)

> Es gibt ein Meer, das ist zähflüssig; es liegt westlich im Ozean. Wenn der starke Wind die Schiffe in diese Richtung wirft, dann können die wackeren Schiffer es nicht verhindern, dass sie immer weitertreiben bis in diesen Meeresschoss. O weh, dann! Sie kommen nie wieder heraus! Wenn Gott sie nicht rettet, müssen sie verfaulen.

Auf den *mappae mundi* sucht man dieses Meer vergeblich. In der Literatur dagegen findet es sich bereits seit der Spätantike in unterschiedlichen Kulturen[13], allerdings mit sehr unterschiedlichen Verortungen. Mal liegt es – wie im *Merigarto* (V. 44–55) – im westlichen Ozean, mal im südwestlichen Mittelmeer nahe den Balearen (*Lucidarius*, I, 61)[14], mal ist es Teil des Roten Meeres (*Alexander*, V. 5204; *Apol-*

---

[12] Ich teile Quenstedts Schlussfolgerung, dass den *monstra* weniger allegorische Funktionen zugewiesen werden sollten, sondern diese vielmehr „als Akteure von Ernsts Reintegration aufzufassen" sind (Quenstedt 2021, 308). Vgl. auch Schul 2015, 111.

[13] Schon Isidor von Sevilla (1987), XIV, 6,4, berichtet von einem aufgrund dauernder Helligkeit ‚trägen' Meer im äußersten Nordwesten. Und Przybilski 2010 vermutet, dass die Beschreibung des Lebermeers durch den Juden Benjamin ben Jona von Tudela für spätere Autoren „die bestimmende Form" (200) wurde und auch für den Autor des *Herzog Ernst* „zumindest die indirekte Quelle [...] gewesen ist" (201).

[14] Sie wird dort mit der versunkenen Stadt Atlantis in Zusammenhang gebracht: „Da bi was ein insule, die besanc mit lúte betalle [...]. Da swebit nu daz lebir mer." (*Lucidarius*, I.61); vgl. Przybilski 2010, 192.

lonius, V. 6821–6829; Birkhan 2001, 116 u. Anm. 162), mal suggeriert das im *Herzog Ernst* genannte Land *Grippia* eine Nähe zu Indien (vgl. *Herzog Ernst*, Komm. zu V. 2206),[15] wieder andere lokalisieren es in den äußersten Norden (Adam von Bremen 1961; Isidor von Sevilla, XIV, VI; vgl. *Herzog Ernst*-Kommentar zu V. 3935). Der geographische Ort des *mare concretum*, wie es lateinische Quellen nennen (z. B. Isidor von Sevilla, XIV, VI, 5), ist also von größter Beliebigkeit, jeden – zumindest literarischen – Seefahrer kann es dorthin verschlagen, gleichgültig, auf welchem Meer er sich vorher befunden hat. Entscheidend ist allein die Beschaffenheit, die mit dem *lebermer* assoziiert wird. Als Schleim, in dem die Schiffe wie auf einer Leimrute stecken bleiben, beschreibt Heinrich von Neustadt (*Apollonius*, V. 6825–6829; Birkhan 2001, 116)[16] die eigentümliche Konsistenz des Meeres, die jegliches Weiterkommen verhindert.[17] Und dies bedeutet für alle, die darin gefangen sind, nicht nur größte Lebensgefahr, sondern auch die höchstmögliche Isolation von jeglicher Gesellschaft. Drei Jahre liegt Orendel mit seiner Flotte auf diesem *clebermere* (*Orendel*, V. 370–373) fest, in höchster Todesangst und ohne Aussicht, sich daraus befreien zu können. Genauso ergeht es ein Jahr lang den Gefährten des Apollonius auf dem *Kleben mer* (*Apollonius*, V. 6852, Birkhan 2001, 116).[18] Aus eigener Kraft können sie sich nicht befreien, viele sterben. Nur dank der Intervention der Hl. Maria (*Orendel*, V. 381–388) bzw. durch die Hilfe einiger Götter und Göttinnen (*Apollonius*, V. 6841–6851; Birkhan 2001, 116) finden sie zurück ins Leben. Noch gesteigert wird die Aussichtslosigkeit im *Herzog Ernst*, lauert doch hier im selbst schon tödlichen Lebermeer eine weitere, noch größere Gefahr: der Magnetberg, der „stuont wîten in dem mer" (*Herzog Ernst*, V. 4077). Er zieht alle Schiffe im weiten Umkreis zu sich heran, so dass sie zerschellen und mit ihnen alle Reisenden zugrunde gehen. Erstmals findet sich diese Kombination beider Unheilorte in der *Brandan*-Erzählung (*Brandan*, V. 291–309). Ab dem dreizehnten Jahrhundert wird sie zur „festen Größe" (Herweg 2018, 400). Den Beginn macht dabei der anonyme Autor des *Herzog Ernst*. Magnetberg und Lebermeer nehmen in der Erzählung geradezu apokalyptische Dimensionen an.[19] Statt den Gefahren zu entrinnen, wie

---

[15] Dass Herzog Ernst vom östlichen Mittelmeer nach Indien kommt, ist aus heutiger Sicht unmöglich, war im Mittelalter aber über den Randozean durchaus vorstellbar. Vgl. dazu: Quenstedt 2021, 316.
[16] Weitere Belege zum *lebermer/clebermer* in der mittelalterlichen Literatur vgl. Augustin 2014, 233–236; Hacke 2017, 62.
[17] Etymologisch wird *lebir* vom ahd. *liberon hergeleitet, was so viel wie ‚geronnen' bedeutet.
[18] Offensichtlich haben beide Verfasser die ursprüngliche Bedeutung des Worts nicht mehr gekannt und bilden deshalb den „volksetymologischen Neologismus *klebermeer*" (Przybilski 2010, 194).
[19] Die Parallelen der Lebermeerepisode zwischen Herzog Ernst und Brandan zeigt Quenstedt 2021, 464–466 auf.

alle gedacht haben, segeln die „edelen pilgerîne [...] dô êrst in den tôt" (*Herzog Ernst*, V. 3884–3885). Denn die vor ihnen auftauchenden Schiffe mit ihren hohen Masten und der große Berg, zu dem sie getrieben werden, bedeuten nicht Rettung, sondern größte Gefahr. „Nû warnet iuch vil schiere / hin zuo dem êwigen wesen" (*Herzog Ernst*, V. 3930–3931) ruft der oben am Mastbaum hängende Matrose den *recken* (*Herzog Ernst*, V. 3928) zu als er erkennt, wo sie sich befinden: im Lebermeer direkt vor dem Magnetberg, der bereits ihr Schiff zu sich zieht. Herzog Ernst sieht in dem zu erwartenden Sterben „ûf disem wilden sê" (*Herzog Ernst*, V. 3979), der jetzt allerdings nicht sturmgepeitscht, sondern im Gegenteil bleiern ruhig ist,[20] die Aussicht auf ein besseres Leben bei Gott. Alle folgen seiner Aufforderung zu beten. Ergeben legen sie ihr Schicksal in Gottes und Marias Hände, nehmen diese *grôze not* (*Herzog Ernst*, V. 3886) als Buße an für ihre Sünden, die ihnen denn auch – so der Erzähler – „abe gewaschen harte" (*Herzog Ernst*, V. 3888–3889) wurden, so dass sie nach ihrem Tod auf ewiges Heil hoffen dürfen. So ist das Lebermeer mit dem aufragenden Magnetberg ein statischer Ort zwischen Leben und Tod. Und bis auf den „Herzoge alters eine" (,allein den Herzog') und sechs seiner Gefährten (*Herzog Ernst*, V. 4112–4113) sterben alle den qualvollen Hungertod und überschreiten damit die Grenze in ein, dank Reue und Buße, ewiges Leben. Die Übriggebliebenen ergeben sich nun aber nicht dem Schicksal, sondern suchen einen Weg, lebend dem Magnetberg und Lebermeer zu entrinnen. Hilfe kommt dabei von oben, von Greifen, die jeweils die Gestorbenen von den Schiffen geholt und in ihre Nester getragen haben. Eingenäht in Häute beschließen die verbliebenen sieben Ritter, wie es Graf Wetzel vorgeschlagen hat (*Herzog Ernst*, V. 4168–4193), sich von ihnen ans Land fliegen zu lassen. Nur einer ist zu schwach, sich für den Flug zu rüsten, „er muose sterben uf dem mer" (*Herzog Ernst*, V. 4312–4314). Den anderen gelingt es dank Gottes Hilfe, diesen liminalen Raum zu verlassen. Allerdings wartet bereits eine neue Herausforderung, in der wieder Wasser eine entscheidende Rolle spielt. Denn ein reißender Fluss hindert sie am Weiterkommen. Mit einem Floss und erneutem Gottvertrauen lassen sie sich von ihm in neue, unbekannte Welten wegtragen (*Herzog Ernst*, V. 4408–4481).[21] Herzog Ernst bleibt so mit seinen Genossen der *ellende man* (*Herzog Ernst*, V. 5473). Wieder sind alle „Grenzgänger", bis sie

---

20 Mhd. *wilde/wild* hat ein breites Bedeutungsspektrum, das von wild bis zu fremd, ungewöhnlich und zornig, bösartig reicht (Mittelhochdeutsches Wörterbuch, III, 665–666). Hier findet sich aber der, in den untersuchten Texten sehr seltene Beleg, in dem die *wilde se* nicht mit Sturm und Unwetter verbunden ist, sondern ausschließlich auf das fremde, drohende Unheil verweist.
21 Hacke sieht hier Entsprechungen mit „einer allegorischen Floßfahrt durch einen der unterirdisch laufenden Paradiesflüsse" (Hacke 2017, 63); Plotke 2011, 64, Anm. 29 deutet die Floßfahrt als Gebärvorgang und damit als „läuternde Wiedergeburt". Dem Autor gelingt es mit diesem ‚Trick' aber auch, dass seine Helden vom Mittelmeer auf schnellstem Weg nach Asien gelangen.

ihr Ziel, als Kreuzfahrer die christliche Welt zu verteidigen, gefunden haben. In all diesen Episoden zeigt das Meer sein ganzes Potential des Liminalen. Die Helden erleben extreme Verunsicherung, das Lebermeer wird zum „Schauplatz von Krankheit, Verzweiflung, Tod" (Turner 1990 [1964], 72; vgl. Wagner-Willi 2001, 229).

Nur *Reinfried von Braunschweig* macht hier eine Ausnahme. Denn für ihn verliert der Magnetberg seinen Schrecken und fordert stattdessen die Forscherneugier des Helden heraus. Zu Hilfe kommt ihm bei seinem Vorhaben die Königin der Amazonen, schenkt sie ihm doch ein „krefterîches krût" (*Reinfried*, V. 20779), das jedes Material, das man damit bestreicht, härtet. Dank diesem Wunderkraut gelingt es, eine Barke zu bauen (*Reinfried*, V. 20805–20815) sowie Kleider (*Reinfried*, V. 20828) zu schneidern, die gänzlich ohne Metall auskommen (*Reinfried*, V. 20820–208231). Rüstungen und Waffen lassen Reinfried und die Schiffsbesatzung zurück (*Reinfried*, V.20840–20843). Gelingen kann das Vorhaben aber nicht zuletzt deswegen, weil kein ‚geronnenes' Meer am Fortkommen hindert, sondern im Gegenteil gute Winde das Schiff schnell mehr als 200 Meilen hin zu dem Magnetberg tragen. Zwar verweist Reinfried auf Herzog Ernst und seine List, von dem Berg wieder wegzukommen (*Reinfried*, V. 21056–21067), aber anders als bei diesem sind weder das Meer noch der Magnetberg jetzt ein liminaler Raum, in dem die Helden auf die Probe gestellt werden, sondern im Gegenteil, es ist ein Ort voller Reichtümer und wunderlicher Bauwerke, die Reinfried gefahrlos erforschen und nach manchen Abenteuern und Begegnungen auch wieder problemlos verlassen kann.

3.3 ‚Gute' Winde

Gute Winde wehen für die Helden meist dann, wenn sie die Bewährungsproben der liminalen Phase bestanden, wieder zu sich selbst gefunden haben oder geläutert sind. So bringt ein guter Wind Gêrhart in genauso vielen Tagen, wie er vorher in die Irre getrieben worden war, auf den richtigen Kurs zurück (*Guoter Gêrhart*, V. 2617–2630). Vorher hatten er und der heidnische Burggraf Stranmur, dem Gerhard die Gefangenen abgekauft hatte, sogar Vorkehrungen gegen allfällige Stürme getroffen. Das leere Schiff, das die Heimreise antritt, wird mit Sand und Steinen beladen, damit es tief im Wasser liegt und sich so gut steuern lässt. Und falls es doch wieder in einem Sturm abgetrieben werden sollte, lässt Stranmur ausreichend Lebensmittel einladen (*Guoter Gêrhart*, V. 2450–2468). Ebenfalls dank guter Winde können Willehalm und Arabel vom heidnischen Hof fliehen, Sonne und Morgenrot sind Vorboten ihrer Rettung (*Arabel*, Version*R, V. 140,18–141,3). Und wenn Eneas sich auf das *mere freissam* (*Eneasroman*, V. 70,40; 80,33) wagt, als er Dido verlässt, so steht dieses mehr für die seelische Verfassheit der beiden, denn für tatsächliche Gefahr, segelt er doch *vor dem winde*, also bei besten Bedingungen, direkt zum geplanten Ziel, dem Grab seines Vaters (*Eneasroman*, V. 80,23–80,35). Aus dem Meer als Schwellenort ist hier ein positiv besetzter Transportweg geworden. Doch auch bei problemlosen Überfahrten kann das Meer zum Schwellenort werden, etwa wenn es der Raum ist zwischen der noch heidnischen Identität Arabels und der neuen christlichen von Gyburg (*Arabel*, Version*R). Ähnliches findet sich im *König Rother*, wenn die Tochter von Konstantin nicht nur mit Rother bei gutem Wind „westene over mere"[22] fährt (*König Rother*, V. 2916), sondern auch noch auf dem Schiff einen Sohn zur Welt bringt. Das ansonsten unspektakuläre Meer wird damit erneut zum „Ort der Verwandlungen und Veränderungen" (Kohnen 2011, 89).

4 Unterwasserwelten

Ist das Meer eine Grenze zwischen den Ländern, so ist der Meeresspiegel die Grenze zwischen „Ober- und Unterwasserwelt" (Schmid und Hanauska 2018, 419). Dank moderner Technologien ist heutzutage diese Grenze durchlässig geworden, ein Tauchen bis zum Meeresgrund nichts Ungewöhnliches mehr. Im Mittelalter aber ist die Unterwasserwelt eine unerreichbare und darum umso geheimnisvollere Welt. Werden schon Landgrenzen häufig von „liminalen Figuren des Menschlichen" bewohnt (Borgards 2012, 12), so bevölkern das Meer „dämonisierte Seeungeheuer" (Bauschke 2016, 37). Gesehen hat sie noch niemand, aber desto mehr beflügeln die Wasserkreaturen die Phantasie der mittelalterlichen Menschen und wecken ihre Neugier und Ihren Forschungsdrang.[23] Wenn wir mittelalterlichen Erzählungen glauben wollen, dann hat aber als einziger Alexander der Große den Weg in die Tiefe tatsächlich gewagt. Denn ihm, so erzählt es Ulrich von Etzenbach in seinem Alexanderroman (*Alexander / UvE*), genügt es nicht, alle horizontalen Grenzen zu überschreiten und Herrscher der irdischen Welt zu sein, er möchte auch vertikale Grenzen überwinden (vgl. Zacher 2009, 66) und die anderen Elemente[24] zwar nicht

---

22 Plotke 2010, 69 macht darauf aufmerksam, dass bereits die im Eingangsvers genannte Situierung von Rothers Land bei dem „westeren mere" (*König Rother*, V. 1), nur vom Orient aus betrachtet Sinn macht und damit sein Land an die Peripherie verlegt wird.

23 Auf Abbildungen von Seefahrten ist das unter dem Schiff liegende Wasser häufig von dämonischen Wesen bevölkert. Vgl. z. B. die Autorminiatur von Friedrich von Hausen in der Manessischen Liederhandschrift (Cod. Pal. germ. 848), fol. 116v; ähnlich die Miniatur des über ein Wasser reitenden Ulrich von Liechtenstein (fol. 237r). https://digi.ub.uni-heidelberg.de/diglit/cpg848 (10.01.2023). Vgl. Bauschke-Hartung 2016, 36–37.

24 Die Luft erobert er sich, indem er Greifen vor seinen Wagen spannt, die ihn in die Höhe ziehen. vgl. Kugler 1987. Zu den Quellen der Alexandersage vgl. Huisman 1979. Zur Entwicklung des volkssprachigen Alexanderromans und seiner Autoren vgl. Ehlert 1993.

beherrschen, aber doch zumindest kennen lernen. Nachdem er sich die Inseln *auf* dem Meer und ihre Bewohner unterworfen hat, beschließt er deswegen die „wunder, von den im was verjehen" [die Wunder, von denen ihm erzählt wurde] *unter dem* Meer zu sehen (*Alexander / UvE*, V. 24179–24182), nicht um des Eroberns willen, sondern aus „utilitaristische[r] Neugierde" (Zacher 2009, 66).[25] Und so lässt er eine Glasglocke bauen, diese mit „lîm, öl, zigel, boumwollen" (*Alexander / UvE*, V. 24196) sorgfältig abdichten und an eine lange Kette hängen. Um die Sauerstoffzufuhr zu sichern, hat das ‚U-Boot' einen langen Flaschenhals (*Alexander / UvE*, 24183–24205), der wie ein Schnorchel aus dem Wasser ragt.[26] Eine Katze und einen Hahn nimmt er mit (*Alexander / UvE*, V. 24209), gibt seiner Frau die Kette in die Hand, damit sie ihn hochziehen kann (*Alexander / UvE*, V. 24225–24230), wenn er genug gesehen hat, klettert in das Glas[27] und dann

> Bevalch sich der werde man
> Dem gelücke und liez sînen lîp
> Ûf wâge und an sîn liebez wîp (*Alexander / UvE*, V. 24210–24212)
>
> vertraute sich der edle Mann dem Glück an und überließ sich dem Wagnis und seiner lieben Frau

„Mit den Mitteln handwerklicher Bastelei" gelingt es ihm, „in Tiefen vorzudringen, die menschlicher Wahrnehmung gewöhnlich entzogen sind" (Wenzel 2004, 126). Und er ist dort in denkbar weitester Gesellschaftsferne. Um ihn herum sind „vremder wunder vil", Tiere und Schlangen kämpfen gegeneinander, „ir gestalt und ihr bilde / was sînen sinnen wilde" (*Alexander / UvE*, V. 24241–24242). Anders als im mittellateinischen Alexanderroman und anderen deutschsprachigen Texten wird keines dieser Wunderwesen genauer beschrieben.[28] Und selbst auf die Nach-

---

[25] Die Ebstorfer Weltkarte versetzt die Tauchfahrt in den nördlichen Ozean, während sie Geschichtsschreiber häufig im Roten Meer verorten. Z.B. *Historia preliis* 2020, 194–197; vgl. Kugler 2000, 112; Kugler 2007, Bd. 1, 36 B 1 und Bd. 2, 36/9, S. 192. Ulrich von Etzenbach nennt den Namen des Meeres nicht. Aufgrund der Reiseroute könnte es aber auch das Mittelmeer sein. In dem ersten volkssprachigen *Alexanderroman* des Pfaffen Lambrecht fehlen sowohl die Tauchfahrt wie auch der Greifenflug. Erst in einer sehr viel späteren Fassung, dem sog. Basler Alexander werden diese Episoden im Rückgriff auf die *Historia de preliis* aufgenommen. Vgl. dazu Ehlert 1993, 36.
[26] Abbildungen in Handschriften vergessen diesen Flaschenhals. Alexander sitzt immer in einer geschlossenen Glaskugel, bzw. einem gläsernen Fass.
[27] Bei Jans Enikel fehlt der ‚Schnorchel'. Dafür hat das Glas ein *türlîn* (Jans Enikel, V. 19313–19320).
[28] Die *Historia de preliis* 2020, 196/197 weiß von Tieren, die wie auf dem Land mit vier Füssen laufen und von Fischen verschiedenartiger Gestalt und Farbe. Die *Kaiserchronik* (V. 550–553) und auch *Jans Enikel* (V. 19361–13370) berichten von einem riesigen Fisch, der drei Tage neben Alexander geschwommen ist, ohne dass er je sein Ende gesehen hat. Bei Jans Enikel trägt er zusätzlich auf dem Rücken ein Holzdach. Auf Abbildungen finden sich verschiedenste Wundervölker und Fabel-

frage der Höflinge, was er alles gesehen habe, antwortet Alexander nicht, sondern malt stattdessen „maneger hande wunder, / seltsaene gestalt besunder" (*Alexander / UvE*, V. 24301–24302; ‚vielerlei Wunder und besondere, seltsame Gestalten') an die Wand (vgl. Zacher 2009, 81). Alexander ist hier kein Eroberer, kein Mann der Tat, sondern passiver Beobachter, dem die Worte fehlen für das, was seine Augen sehen.[29] Und als seine Frau die Kette loslässt (*Alexander*, V. 24261) – ob als Rache für ihren ermordeten Vater oder aus Schwäche möchte der Erzähler nicht entscheiden – ist auch die letzte Verbindung zur irdischen Welt buchstäblich abgerissen. Jetzt ist Alexander ganz auf sich gestellt und gefordert, richtig zu handeln. Und er tut dies auch, indem er kurzerhand den Hahn erwürgt.[30] Sofort treibt das Glas nach oben, weil „daz mer kein âs lîden will" (*Alexander*, V. 24269).[31] Lapidar kommentiert der Erzähler:

> doch was der künic ûf nône zil
> von fruœr zît dar inne gewesen.
> waȝ wolt irs mê? er solde genesen
> sînes sterbens zît was noch niht kommen. (*Alexander*, V. 24270–24273)
>
> So war der König von der Früh bis zur None[32] darin [im Meer und in der Tauchglocke] gewesen. Was wollt ihr mehr? Er sollte gerettet werden, die Zeit seines Sterbens war noch nicht da.

Aber es war nicht göttliche Fügung, dass Alexander am Leben blieb, sondern dessen Eigeninitiative. Denn er konnte nur deshalb den selbstgewählten liminalen Raum verlassen und wieder in die irdische Welt zurückkehren, weil er sich mit der Mitnahme der Tiere doppelt abgesichert hat. Und gerettet hatte er sich dadurch,

---

tiere. Vgl. Taucherglocke (Colimpha) Alexanders des Großen, Miniaturmalerei aus der *Histoire du bon roi Alexandre* um 1320, Hs. 78.C.1, fol. 67; Kupferstichkabinett Staatliches Museum Preußischer Kulturbesitz, Berlin. Digitalisat: https://www.deutsche-digitale-bibliothek.de/item/X266LDRSHIVD-ZJ4ZWYJZLYWS65EZZVRB. Abbildung in: Rieger 2006, Nr. 79.

29 In der *Historia de preliis* 2020, 196/197 wird als Grund für das Verschweigen des Gesehenen angegeben, dass die Menschen das nicht hätten glauben können.

30 Bei Jans Enikel wird die Katze getötet und während im Alexanderroman nicht klar wird, wie das Blut des Hahns ins Meer kommt, wird hier das Blut innen an das Glas geschmiert, so dass das Meer es sehen kann. *Jans Enikel*, V. 19410–19420.

31 Huisman 1979, 37 vermutet, dass diese Vorstellung auf der Beobachtung beruht, dass Ertrunkene wieder an die Oberfläche kommen.

32 Die None ist eine der ursprünglich acht, später sieben klösterlichen Stundengebete, ca. um 15 Uhr.

dass er mit einem der Tiere, dem Hahn, den rituellen Akt der Tieropferung vollzog, wie ihn vor allem Initiationsriten kennen.[33]

Auch Achilles durchlebt in Konrads von Würzburg *Trojanerkrieg* eine Wasserreise ganz besonderer Art.[34] Da Thetis ob der Wildheit und Kraft, die Achilles dank Chirons harter Erziehung sich antrainiert hatte, fürchtet, die Prophezeiung, ihr Sohn würde in Troja sterben (*Trojanerkrieg*, V. 4591–4593), könne sich bewahrheiten, beschließt sie, ihn auf die Insel Scyros zu bringen, die in dem „mer tief unde naz" (*Trojanerkrieg*, V. 13891) liegt, um ihn, als Mädchen verkleidet, beim dortigen König Lycomêdes zu verstecken. Als alle schlafen, weckt sie ihre Dienerschaft, heißt diese, den schlafenden Achilles in seinem Bett zum Meer zu tragen (*Trojanerkrieg*, V. 13977–13981).

> dâ wider het er keine wer,
> wan er sô grimmenclichen slief,
> daz er sich zuo dem wâge tief
> lie dinsen ûz der clûse. (*Trojanerkrieg*, V. 13982–13985)

> dagegen konnte er sich nicht wehren, weil er so schrecklich tief schlief, dass er sich aus der Höhle zum tiefen Meer wegschleppen ließ.

In einen Ledersack aus Fischhaut, so kunstfertig gemacht, dass dieser völlig durchsichtig und gleichzeitig wasserdicht war, steckt sie dann „slâfend ir liebez trut" (*Trojanerkrieg*, V. 13991–14003). Als *mergötinne* hatte Thetis Gewalt über das „mer tief unde naz" und die dort lebenden Wesen und konnte deshalb mit *zouber* vier Delphine zu sich rufen (*Trojanerkrieg*, V. 14012–14029). Zwischen zweien band sie den Sack mit Achilles fest, auf dem dritten ritt sie, auf dem vierten ihre Zofe. (*Trojanerkrieg*, V. 14030–14039).[35] Sanfter als Pferde trugen sie die Fische in kurzer Zeit

---

33 Der Hahn war bis in die Neuzeit in Initiationsriten ein beliebtes Opfertier und diente u. a. auch der Dämonenabwehr, vgl. *Handwörterbuch des Aberglaubens*, Bd. 3, Sp. 1328–1336.

34 Schon im Prolog vergleicht Konrad von Würzburg das aus vielen Zuflüssen gespeiste und in seinen Dimensionen unergründliche Meer mit seinem Verfahren, aus vielen Quellen sein *getihte grôz* zusammenzutragen zu erläutern sowie gleichzeitig auf seine große Leistung zu verweisen: *ich will ein maere tihten, / daz allen maeren ist ein her. / als in das wilde tobende mer / vil manic wazzer diuzet, / sus rinnet unde fliuzet / vil maere in diz getihte grôz, / ez hât von rede sô wîten flôz /daz man ez kûme ergründen / mit herzen und mit münden / biz ûf des endes boden kan.* (*Trojanerkrieg*, V. 236–243; ‚Ich will eine Geschichte erzählen, die alle Geschichten übertrifft. Wie in das tobende Meer viel Wasser hinein fließt, so rinnen und fließen in diese große Dichtung viele Erzählungen ein. Es ist so weitläufig erzählt, dass man es kaum mit Herz und Mund bis auf den Grund erforschen kann').

35 Eine besonders detailgetreue Abbildung dieser Szene findet sich in der *Arolser Weltchronik*, fol. 154v. Abbildung auch in: Brinker-von der Heyde, Wolf 2014, 76. Der Maler scheiterte dabei offen-

manche Meile weit fort, (*Trojanerkrieg*, V. 14046–14058). Erst kurz vor der Ankunft auf der Insel erwacht Achilles.

> er dâhte: waz ist mir geschehen?
> weder slâfe ich oder wache?
> ein wunderlîchiu sache
> mich füeret an ir zoume.
> mich dunket, daz mir troume (*Trojanerkrieg*, V. 14070–14074)
>
> Er dachte: was ist mit mir passiert? Schlafe ich oder bin ich wach? Etwas Merkwürdiges nimmt mich gefangen. Mich dünkt, ich träume.

Achilles glaubt sich in einem Zustand zwischen Wachen und Träumen. Er sieht das *wilde wunder*, glaubt kurz, Alexanders *geselle* geworden zu sein, „der in daz tiefe mer sich lie, dur daz er sæhe vremdez dinc" (*Trojanerkrieg*, V. 14078–14081; ‚der sich in das tiefe Meer hinabließ, um seltsame / unbekannte Sachen zu sehen'), um aber sofort diesen Gedanken wieder zu verwerfen. Zweifel an seiner Identität – „bin ich Achilles oder niht" (*Trojanerkrieg*, V. 14094) – wechseln mit der Gewissheit, „jâ, zwâre bin ich Achilles" (*Trojanerkrieg* V. 14096; vgl. Schneider 2016, 267), alles sei nur ein Traum, er liege doch in Wahrheit in *Schyrônes hol* (*Trojanerkrieg*, V.14104). Doch je länger er darüber nachdenkt, umso sicherer wird er, dass er tatsächlich in „wazzer swimme" (*Trojanerkrieg*, V. 14123). Und damit kommt die Angst auf vor den wilden Fischen, die ihn „ûf dem tobenden mer" zogen (*Trojanerkrieg*, V. 14150–14153), lieber würde er kämpfen, als ohne Gegenwehr im Meer unterzugehen (*Trojanerkrieg*, V. 14144–14248). Achilles ist zu einem „Schwellenwesen" geworden, ist er doch „weder das eine noch das andere" (Turner 2008, 251). Ausgeliefert einem dem Menschen fremden Element, dem Wasser, als einem erneut deutlich liminalen Ort verliert er alles, was ihn in seinem bisherigen Leben ausmachte. Nichts weniger als seine „personale und soziale Identität" (Schneider 2016, 267) steht zur Disposition. Erst als er seine mit ihm reisende Mutter sieht, glaubt er wieder, sich zu erkennen. Doch er wird nach der wilden Seefahrt nicht mehr der sein, der er war, sondern er wird in Mädchenkleidern zumindest äußerlich auch seine männliche Geschlechtsidentität zugunsten einer weiblichen aufgeben (vgl. Sieber 2002; Sieber 2003), in anderer Gesellschaft leben und räumlich weit entfernt von der bisherigen Heimat sein. Erst die Kampfschilderungen des Ulixes lassen seine männliche Identität wieder die Oberhand gewinnen (*Trojanerkrieg*, V. 27836–27915), und erneut ist es dann das Meer, das ihn, nun aber ohne Umwege

---

sichtlich daran, einen durchsichtigen Sack zu zeichnen. Er behilft sich deshalb mit dem Schriftzug Achilles, der auf den Inhalt des zugebundenen Sackes verweist.

und ohne liminale Krisensituation nach Troja und damit zu seiner ihm vorausgesagten tragischen Bestimmung zuführt.

5 Resümee

Ähnlich wie der Wald, gehört in der Literatur auch das Meer zu den außerhöfischen Sonderräumen (vgl. Schulz 2003), ist ein „semantisch auf bestimmte Weise besetzter dritter Raumbereich" (Kohnen 2011, 89). Und genauso wie mittelalterliche Weltkarten „keine Nachahmung der Erdwirklichkeit, sondern Organisationsmuster und Vorstellungsbilder" (Kugler 1993, 159) sind, spielen Meere in der Literatur als geographisch messbarer Raum keine wesentliche Rolle. Auch die Beschaffenheit des Meeres per se interessiert wenig, umso mehr aber, was die auf und im Meer wirkenden Elemente mit den Menschen machen. Als Übergangs- und Zwischenraum zwischen Ländern und Kulturen bietet es sich ganz selbstverständlich für literarische Texte als Raum des Liminalen an und dies wird in den meisten Texten, in denen die Protagonisten Schiffsreisen unternehmen, variantenreich und doch immer wieder mit ähnlichen Mustern auserzählt. Das Meer ist dabei weniger „Vollzugsort des Zufalls" (vgl. Bauschke 2016, 55), als vielmehr ein notwendiges Dazwischen, das sowohl den textimmanent geplanten Reiseweg, als auch einen geradlinigen Erzählverlauf zunichtewerden lässt und die Helden zu Transformationsprozessen zwingt, dank derer sie Konflikte lösen können, als Andere zurückkommen und solchermaßen geläutert wieder in die Gesellschaft aufgenommen werden. Dabei ist je nach seiner Funktion das Meer deutlich „unterschiedlich semantisiert" (Schmid 2015, 119). Schrecken, Angst, Verderben, aber auch Hoffnung und Rettung kann es bedeuten. Dasselbe Meer kann so einmal zum Schutzraum, ein anderes Mal zur Todesfalle werden. Und so wie auch im Ritus Schwellensituationen „magisch-religiöse Eigenschaften" zugesprochen werden (Turner 2008, 255), sind es in höfischer Epik häufig Götter, Gott oder Heilige, die die Helden auf dem Meer in solche liminale Phasen hinein- und auch wieder hinausführen. Das Meer ist damit in der Literatur der bevorzugte Ort, um Zwischenphasen und Umbrüche im Leben der handelnden Figuren zu schildern, in denen sie sich von ihrem bisherigen sozialen Status, ihren sozialen Rollen und ihren sozialen Bindungen lösen müssen, um am neuen Ort neue soziale Positionen und Bestimmungen einzunehmen (vgl. Wagner-Willi 2001, 229).

Literaturverzeichnis

Primärliteratur

Alexander / UvE = Ulrich von Etzenbach: *Alexander*. Hg. von Wendelin Toischer. Tübingen 1888.

Alexander / RvE = Rudolf von Ems: *Alexander*. Zum ersten Male hg. von Victor Junk. Leipzig 1928–29.

Alexanderroman = Pfaffe Lambrecht: *Alexanderroman. Mittelhochdeutsch/Neuhochdeutsch*. Hg., übers. und komm. von Elisabeth Lienert. Stuttgart 2007.

Apollonius = Heinrichs von Neustadt ‚Apollonius von Tyrland' nach der Gothaer Handschrift, ‚Gottes Zukunft' und ‚Visio Philiberti' nach der Heidelberger Handschrift. Hg. von Samuel Singer. Berlin 1967 (1906), S. 331–452.

Arabel = Ulrich von dem Türlin: *Arabel*. Die ursprüngliche Fassung und ihre Bearbeitung kritisch hg. von Werner Schröder. Stuttgart Leipzig 1999.

Arolser Weltchronik. https://digital.staatsbibliothek-berlin.de/werkansicht?PPN=PPN717868990&PHYSID=PHYS_0001&DMDID=. (05.03.2022).

Birkhan, Helmut (Hg.): *Leben und Abenteuer des großen Königs Apollonius von Tyrus zu Land und zur See. Ein Abenteuerroman von Heinrich von Neustadt verfaßt zu Wien um 1300 nach Gottes Geburt*. Bern 2001.

Brandan = *Sanct Brandan. Ein lateinischer und drei deutsche Texte*. Hg. von Carl Schröder. Erlangen 1871.

Brinker-von der Heyde, Claudia und Jürgen Wolf (Hg.): Die Arolser Weltchronik. Ein monumentales Geschichtswerk des Mittelalters. Darmstadt 2014.

Eneasroman = Heinrich von Veldeke: *Eneasroman*. Hg. von Hans Fromm. Frankfurt a. M. 1992.

Ezzolied = „Das Ezzolied". In: *Frühe deutsche Literatur und lateinische Literatur in Deutschland 800–1150*. Hg. von Walter Haug und Benedikt Konrad Vollmann. Frankfurt a. M. 1991, S. 566–595.

Gregorius = Hartmann von Aue: „Gregorius". In: *Gregorius – Der Arme Heinrich – Iwein*. Hg. und übers. von Volker Mertens. Frankfurt a. M. 2004, S. 9–227.

Guote Gêrhart = Rudolf von Ems: *Der guote Gêrhart. Mittelhochdeutsch/Neuhochdeutsch*. Übers. und hg. von Katharina Philipowski und Norbert Kössinger. Stuttgart 2022.

Herzog Ernst = *Herzog Ernst. Mittelhochdeutsch/Neuhochdeutsch*. In der Fassung B mit den Fragmenten der Fassung A, B und Kl nach der Leithandschrift hg., übers. und komm. von Mathias Herweg. Mit Herzog Adelger (aus der „Kaiserchronik"). Stuttgart 2019.

Historia de preliis = *Der mittellateinische Alexanderroman. Historia de preliis Alexandri Magni*. Nach der Übersetzung von Wolfgang Kirsch, hg. neu bearb. und mit Anm. versehen von Lennart Gilhaus. Stuttgart 2020.

Kaiserchronik = *Die Kaiserchronik. Eine Auswahl Mittelhochdeutsch/ Neuhochdeutsch*. Übers., komm. und mit einem Nachwort versehen von Mathias Herweg. Stuttgart 2014.

König Rother = Mittelhochdeutscher Text und neuhochdeutsche Übersetzung von Peter K. Stein. Hg. von Ingrid Bennewitz unter Mitarbeit von Beatrix Koll und Ruth Weichselbaumer. Stuttgart 2000.

Jans Enikel = Jans Enikel. Die Chroniken Jans des Enikels. 1. Die Weltchronik. http://www.dunphy.de/ac/je/jehome.htm. (05.03.2022).

Merigarto = „Merigarto". In: *Frühe deutsche Literatur und lateinische Literatur in Deutschland 800–1150*. Hg. von Walter Haug und Benedikt Konrad Vollmann. Frankfurt a. M. 1991, S. 648–661.

Orendel = „Orendel". In: *Spielmannsepen, II: Sankt Oswald, Orendel, Salman und Morolf: Texte, Nacherzählungen, Anmerkungen und Worterklärungen*. Hg. von Walter Johannes Schröder. Darmstadt 1976, S. 133–266.

Oswald von Wolkenstein = *Die Lieder Oswalds von Wolkenstein.* Unter Mitwirkung von Walter Weiß und Notburga Wolf hg. v. Karl Kurt Klein. Musikanhang v. Walter Salman. Tübingen 1975.
Parzival = Wolfram von Eschenbach: *Parzival.* Nach d. Ausg. Karl Lachmanns rev. und komm. von Eberhard Nellmann, übertragen von Dieter Kühn. Frankfurt a. M. 1994.
Reinfried = *Reinfried von Braunschweig.* Mittelhochdeutscher Text nach Karl Bartsch, hg., übers. und mit einem Stellenkommentar vers. von Elisabeth Martschini. Kiel 2017–2019.
Tristan = Gottfried von Straßburg: *Tristan.* Hg. von Karl Marold, übers. von Peter Knecht. Berlin 2004.
Trojanerkrieg = Konrad von Würzburg: *Trojanerkrieg und die anonym überlieferte Fortsetzung".* Hg. von Heinz Thoelen und Bianca Häberlein. Wiesbaden 2015. Eine digitale Ausgabe unter: https://www.hs-augsburg.de/~harsch/germanica/Chronologie/13Jh/KonradvWuerzburg/kon_tr00.html (04.03.2022).
Weltchronik = Rudolf von Ems: *Weltchronik.* Aus der Wernigeroder Handschrift hg. von Gustav Ehrismann. Zürich 1915.

Sekundärliteratur

Adam von Bremen: „Gesta Hammaburgensis Ecclesiae Pontificum". In: *Quellen des 9. und 11. Jahrhunderts zur Geschichte der hamburgischen Kirche und des Reiches.* Hg. von W. Buchner R. Trillmich. Darmstadt 1961.
Augustin, Anja Ulrike: „*Norden, Suden, Osten, Wester".* In: *Länder und Bewohner der Heidenwelt in deutschen Romanen und Epen des 12. bis 14. Jahrhunderts: Rolandslied, Herzog Ernst, Parzival, Willehalm, Reinfried von Braunschweig, Wilhelm von Österreich.* Würzburg 2014. https://opus.bibliothek.uni-wuerzburg.de (05.03.2022).
Baumgärtner, Ingrid: „Graphische Gestalt und Signifikanz. Europa in den Weltkarten des Beatus von Liébana und des Ranulf Higden". In: *Europa im Weltbild des Mittelalters.* Hg. von Ingrid Baumgärtner und Hartmut Kugler. Berlin 2008, S. 81–132.
Bauschke-Hartung, Ricarda: „Die Bedeutung des Meeres in den deutschen und französischen Tristan-romanen". In: *Formen arthurischen Erzählens vom Mittelalter bis in die Gegenwart.* Hg. von Cora Dietl und Christoph Schanze. Berlin Boston 2016, S. 35–57.
Belliger, Andréa und David J. Krieger: „Einleitung". In: *Ritualtheorien. Ein einführendes Handbuch.* 4. A. Hg. von Andréa Belliger und David J. Krieger. Wiesbaden 2008, S. 7–33.
Benjamin, Walter: *Gesammelte Schriften.* Bd V: *Das Passagen-Werk.* Hg. v. Rolf Tiedemann. Frankfurt a. M. 1982.
Blumenberg, Hans: *Schiffbruch mit Zuschauer. Paradigma einer Daseinsmetapher.* Frankfurt a. M. 2012.
Borgards, Roland: „Liminale Anthropologien: Skizze eines Forschungsfeldes". In: *Liminale Anthropologien: Zwischenzeiten, Schwellenphänomene, Zwischenräume in Literatur und Philosophie.* Hg. von Jochen Achilles, Roland Borgards und Brigitte Burrichter. Würzburg 2012, S. 9–13.
Brall, Helmut: „Vom Reiz der Ferne: Wandlungen eines Vorstellungsschemas in Geschichtsschreibung und Dichtung des Mittelalters". In: *Das Mittelalter* 3 (1998), S. 45–61.
Braudel, Fernand: „Das Meer". In: *Die Welt des Mittelmeeres. Zur Geschichte und Geographie kultureller Lebensformen.* Hg. von Fernand Braudel, Georges Duby und Maurice Aymard. Frankfurt a. M. 2013a, S. 35–60.
Braudel, Fernand: „Mediterrane Welt". In: *Die Welt des Mittelmeeres: Zur Geschichte und Geographie kultureller Lebensformen.* Hg. von Fernand Braudel, Georges Duby und Maurice Aymard. Frankfurt a. M. 2013b, S. 7–10.

Bruners, Jan. *Die Mittelmeerwelt im Mittelalter.* https://www.researchgate.net/publication/265224697_Die_Mittelmeerwelt_im_Mittelalter. (05.03.2022).

Ehlert, Trude: „Der Alexanderroman". In: *Mittelhochdeutsche Romane und Heldenepen.* Hg. von Horst Brunner. Stuttgart 1993, S. 21–42.

Febvre, Lucien: „‚Frontiére' – Wort und Bedeutung". In: *Das Gewissen des Historikers.* Hg. u. aus d. Franz. übers. von Ulrich Raulff. Berlin 1988, S. 27–37.

Geisenhanslüke, Achim: „Schriftkultur und Schwellenkunde? Überlegungen zum Zusammenhang von Literarität und Liminalität". In: *Schriftkultur und Schwellenkunde.* Hg. von Achim Geisenhanslüke und Georg Mein. Bielefeld 2008, S. 97–119.

Gennep van, Arnold: *Übergangsriten (Les rites de passage).* Frankfurt a. M. New York 1986.

Grimm, Jacob und Wilhelm Grimm: *Deutsches Wörterbuch.* Bd. 27. https://woerterbuchnetz.de/?sigle=DWB#1 (05.03.2022).

Hacke, Simone: „Der Reiseweg des Herzog Ernst auf der Ebstorfer Weltkarte". In: *Zeitschrift für deutsches Altertum und deutsche Literatur* 146.1 (2017), S. 54–69.

Handwörterbuch des deutschen Aberglaubens. Hg. von Hans Bächtold Stäubli, unter Mitwirkung von Eduard Hoffmann-Krayer. Mit einem Vorwort von Christoph Daxelmüller. Berlin New York 1987.

Herweg, Mathias: „Magnetberg, Magnetstein". In: *Literarische Orte in Deutschsprachigen Erzählungen des Mittelalters: Ein Handbuch.* Hg. von Tilo Renz, Monika Hanauska und Mathias Herweg. Berlin Boston 2018, S. 397–411.

Huisman, Johannes A.: „Alexanders Rettung von dem Meeresboden". In: *Studien zur deutschen Literatur des Mittelalters.* Hg. von Herbert Grundmann. Bonn 1979, S. 121–148.

Isidor von Sevilla: *Etymologiae.* Oxford 1987 (1911).

Kohnen, Rabea: „uber des wilden meres fluot. Thalassographie und Meereslandschaft in den mittelhochdeutschen Brautwerbungserzählungen". In: *‚Landschaft' im Mittelalter? Augenschein und Literatur.* Hg. von Jens Pfeiffer. Das Mittelalter 16 (2011), S. 85–103.

Kugler, Hartmut: „Alexanders Greifenflug. Eine Episode des Alexanderromans im deutschen Mittelalter". In: *Internationales Archiv für Sozialgeschichte der deutschen Literatur* 12 (1987), S. 1–25.

Kugler, Hartmut: „Mittelalterliche Weltkarten und literarische Wissensvermittlung zur Erdbeschreibung Rudolfs von Ems". In: *Wissensliteratur im Mittelalter und in der Frühen Neuzeit Bedingungen, Typen, Publikum, Sprache.* Hg. von Horst Brunner und Norbert Richard Wolf. Wiesbaden 1993, S. 156–176.

Kugler, Hartmut: „Imago mundi kartographische Skizzen und literarische Beschreibung". In: *Mediävistische Komparatistik. Festschrift für Franz Josef Worstbrock zum 60. Geburtstag.* Hg. von Wolfgang Harms und Jan-Dirk Müller. Stuttgart 1997, S. 77–93.

Kugler, Hartmut: „Der Alexanderroman und die literarische Universalgeographie". In: *Internationalität nationaler Literaturen: Veröffentlichungen aus dem Göttinger Sonderforschungsbereich 529 „Internationalität nationaler Literaturen".* Hg. von Udo Schöning. Göttingen 2000, S. 102–121.

Kugler, Hartmut (Hg.): *Die Ebstorfer Weltkarte. Kommentierte Neuausgabe in zwei Bänden.* Berlin 2007.

Lazda-Cazers, Rasma: „Hybridity and liminality in ‚Herzog Ernst B'". In: *Foreign encounters: Case studies in German literature before 1700.* Hg. von Mara R. Wade. Amsterdam 2005, S. 79–96.

Lucidarius: „Der deutsche ‚Lucidarius': Bd. 1: Kritischer Text nach den Handschriften". Hg. von Dagmar Gottschall und Georg Steer. Berlin Boston 1994.

Makropoulos, Michael: „Meer: Aspekte einer Daseins- und Lebensführungsmetapher". In: *Wörterbuch der philosophischen Metaphern.* Hg. von Ralf Konersmann. Darmstadt 2007, S. 240–252. Auch online (mit anderer Paginierung): www.michael-makropoulos.de (04.03.2022).

Mittelhochdeutsches Wörterbuch. Bd. III. bearb. v. Wilhelm Müller. Stuttgart 1990 (1861).

Parr, Rolf: „Liminale und andere Übergänge theoretische Modellierungen von Grenzzonen, Normalitätsspektren, Schwellen, Übergängen und Zwischenräumen in Literatur- und Kulturwissenschaft". In: *Schriftkultur und Schwellenkunde*. Hg. von Achim Geisenhanslüke und Georg Mein. Bielefeld 2008, S. 11–63.

Paul-Horn, Ina: *Aktualität der Metapher. Das Meer, die Metapher und die Sprache*. Frankfurt a. M. 2015.

Plotke, Seraina: „Reise-Narrative und Verhandlungsräume im ‚König Rother' und im ‚Herzog Ernst B'". In: *Ost-westliche Kulturtransfers: Orient – Amerika*. Hg. von Alexander Honold. Bielefeld 2011, S. 51–73.

Przybilski, Martin: *Kulturtransfer zwischen Juden und Christen in der deutschen Literatur des Mittelalters*. Berlin 2010.

Quenstedt, Falk: *Mirabiles Wissen. Deutschsprachige Reiseerzählungen um 1200 im transkulturellen Kontext arabischer Literatur. Straßburger Alexander, Herzog Ernst, Reise-Fassung des Brandan*. Wiesbaden 2021.

Rieger, Angelica (Texte): *Der Alexanderroman. Ein Ritterroman über Alexander den Großen. Handschrift 78.C.1. des Kupferstichkabinetts Preußischer Kulturbesitz Berlin*. Mailand 2006.

Schmid, Florian: „Sehen – Deuten – Erkennen. Wahrnehmungsprozesse im maritimen Kontext im ‚Herzog Ernst B'". In: *The Meeting of the Waters: Fluide Räume in Literatur und Kultur*. Hg. von Marija Javor Briški und Irena Samide. München Ljubljana 2015, S. 104–120.

Schmid, Florian und Monika Hanauska: „Meer, Ufer". In: *Literarische Orte in Deutschsprachigen Erzählungen des Mittelalters: Ein Handbuch*. Hg. von Tilo Renz, Monika Hanauska und Mathias Herweg. Berlin Boston 2018, S. 412–426.

Schneider, Almut: „‚jâ zwâre ich bin Achilles': Identität und Narration im ‚Trojanerkrieg' Konrads von Würzburg". In: *Geschichtsentwürfe und Identitätsbildung am Übergang zur Neuzeit: Band 1: Paradigmen personaler Identität*. Hg. von Ludger Grenzmann, Burkhard Hasebrink und Franz Rexroth. Berlin Boston 2016, S. 266–286.

Schul, Susanne: „Abseits bekannter Pfade: Mittelalterliche Reisenarrative als intersektionale Erzählungen". In: *Intersektionalität und Forschungspraxis: Wechselseitige Herausforderungen*. Hg. von Mechthild Bereswill, Folkert Degenring und Sabine Stange. Münster 2015, S. 96–114.

Schulz, Armin: „in dem wilden wald. Außerhöfische Sonderräume, Liminalität und mythisierendes Erzählen in den Tristan-Dichtungen: Eilhart – Béroul – Gottfried". In: *Deutsche Vierteljahrsschrift für Literaturwissenschaft und Geistesgeschichte* 77 (2003), S. 515–547.

Sieber, Andrea: „daz frouwen cleit nie baz gestuont: Achills Crossdressing im ‚Trojanerkrieg' Konrads von Würzburg und in der ‚Weltchronik' des Jans Enikel". In: *Genderdiskurse und Körperbilder im Mittelalter. Eine Bilanzierung nach Butler und Laqueur: Bamberger Studien zum Mittelalter*. Hg. von Ingrid Bennewitz und Ingrid Kasten. Münster Hamburg London 2002, S. 49–76.

Sieber, Andrea: „Konfusion der Geschlechter? Zur Sozialisation Achills im ‚Trojanerkrieg' Konrads von Würzburg". In: *Der Deutschunterricht* 55 (2003), S. 76–89.

Sloterdijk, Peter: *Im Weltinnenraum des Kapitals. Für eine philosophische Theorie der Globalisierung*. Frankfurt a. M. 2005.

Turner, Victor: „Betwixt and Between. The Liminal Period in Rites de Passage". In: *Symposium on New Approaches to the Study of Religion. Proceedings of the 1964 Annual Spring Meeting of the American Ethnological Association*. Hg. von June Helm. Seattle, WA 1964, S. 4–20.

Turner, Victor: *Dramas, Fields and Metaphors. Symbolic Action in Human Society*. Ithaca London 1990 (1974).

Turner, Victor: *Das Ritual. Struktur und Antistruktur*. Frankfurt New York 2005.

Turner, Victor: „Liminalität und Communitas". In: *Ritualtheorien Ein einführendes Handbuch*. 4. A. Hg. von Andréa Belliger und David J. Krieger. Wiesbaden 2008, S. 251–261.

Wagner, Silvan: „Grenze". In: *Literarische Orte in Deutschsprachigen Erzählungen des Mittelalters: Ein Handbuch*. Hg. von Tilo Renz, Monika Hanauska und Mathias Herweg. Berlin Boston 2018, S. 225–240.

Wagner-Willi, Monika: „Liminalität und soziales Drama: Die Ritualtheorie von Victor Turner". In: *Grundlagen des Performativen: Eine Einführung in die Zusammenhänge von Sprache, Macht und Handeln*. Hg. von Christoph Wulf, Michael Göhlich und Jörg Zirfas. Weinheim München 2001, S. 227–251.

Wenzel, Horst: „Antizipation unbekannter Räume phantastische Explorationen vor dem Zeitalter der Messung". In: *(Auslassungen): Leerstellen als Movens der Kulturwissenschaft*. Hg. von Natascha Adamowsky. Würzburg 2004, S. 123–133.

Zacher, Angelika: *Grenzwissen – Wissensgrenzen. Raumstruktur und Wissensorganisation im Alexanderroman Ulrichs von Etzenbach*. Stuttgart 2009.

Falk Quenstedt
Mediterrane *âventiuren* im *Jüngeren Titurel*

Der Artus- und Gralsroman gilt nicht als ‚maritime Gattung', denn den Handlungs- und Abenteuerraum bildet vor allem der Wald. Das ändert sich in der Tendenz schon mit dem *Parzival*, in dem Wolfram von Eschenbach den arturischen Handlungsraum in der Vorgeschichte, die von den Reisen Gahmurets, des Vaters von Parzival, in das Herrschaftsgebiet des Bâruc von Baldac (des ‚Kalifen von Bagdad') handelt, stark erweitert, und so die erzählte Welt mit der „reale[n] Mittelmeer- und Kreuzzugswelt" (Ruh 1980, 120; Kugler 1990, 116) verknüpft.[1] Im Zuge dessen wird auch das Meer – und erkennbar das Mittelmeer – thematisiert, weil Gahmuret sich auf dem Weg zum Bâruc von Sevilla aus einschifft (*Parzival*, V. 496, 19–39). Doch wird das Meer selbst im *Parzival* nur spärlich gestaltet und spielt außerhalb der Vorgeschichte kaum eine Rolle.

Anders im *Jüngeren Titurel* des Albrecht, der monumentalen Aus- und Weitererzählung von Wolframs Werken. Das Mittelmeer wird hier gerade in Episoden, die gegenüber den Vorgaben Wolframs eine besondere Eigenständigkeit zeigen, weil sie neue Figuren und Handlungsräume in die wolframsche Erzählwelt einführen, auffällig bedeutsam: Es übernimmt Funktionen der Handlungsmotivation, dient als Schauplatz, avanciert zum Gegenstand der Darstellung und stellt Themen und Motive für die Erzählung bereit. Die Mittelmeerregion wird bei Albrecht damit in einzelnen Episoden zum genuinen Abenteuer- und Bewährungsraum der arturischen bzw. ‚gralischen' Helden, ebenso der Hauptfigur der Binnenhandlung, Tschinotulander, wie dem in diesem Roman eher eine Nebenrolle spielenden Parcifal. Diese prononcierte narrative Funktionalität und thematische Signifikanz des Meeres – und spezifisch auch des Mittelmeers – im *Jüngeren Titurel* scheint innerhalb der Gattung eine Besonderheit darzustellen, da „[b]is auf wenige Ausnahmen wie die *Tristan*- und *Lanzelot*-Erzählungen [...] das Meer in der hochmittelalterlichen Artus- und Gralsliteratur nur von randständiger Bedeutung für die Haupthandlung [ist]" (Schmid und Hanauska 2018, 418). Aus welchem Grund also werden diese

---

[1] Vgl. zur Konstruktion eines ‚orientalischen Raums' im *Parzival* und im *Jüngeren Titurel* v. a. Kugler 1990, der eine Unterscheidung zwischen einem näheren Bereich der Kreuzzüge und des ‚Heidenkampfes' und einem ferneren Bereich als Raum der Begegnung mit Mirabilien vornimmt; ähnliche Differenzierungen bei Szklenar 1966, 177 und Herweg 2011. Beide Raumkonstruktionen werden in der Forschung meist unter dem Begriff des ‚Orients' behandelt, vgl. etwa Kunitzsch 1985; Groos 2004; Dallapiazza 2005; Prager 2014; zur Kritik an dieser Begriffsverwendung vgl. Ott 2012, 38–39.

∂ Open Access. © 2023 bei den Autorinnen und Autoren, publiziert von De Gruyter. Dieses Werk ist lizenziert unter der Creative Commons Namensnennung - Nicht-kommerziell - Keine Bearbeitungen 4.0 International Lizenz.
https://doi.org/10.1515/9783110781908-009

mediterranen *âventiuren* in die Erzählwelt integriert? Wie sind sie konkret gestaltet und welche Funktionen übernehmen sie?

Ich möchte diese Fragen im Folgenden anhand von zwei Episoden beantworten. Dabei geht es mir auch darum zu zeigen, wie der *Jüngere Titurel* bereits vorhandene Bausteine einer deutschsprachigen ‚mediterranen Literatur' des Mittelalters aufnimmt und fortschreibt: Denn der Text greift meiner Meinung nach gezielt auf vorgängige deutschsprachige Erzähltexte zurück, die ebenfalls vom Mittelmeer handeln, wie den *Herzog Ernst*, den *Guoten Gêrhart* Rudolfs von Ems, sowie Wolframs *Parzival* und *Willehalm*. Bei diesem Transfer werden einerseits Aspekte des Wunderbaren und andererseits historische Kontexte bedeutsam, denn Albrecht greift Vorgaben der genannten Texte auf und verändert sie, indem er auffällig oft auf ein naturkundliches Wissen von Mirabilien und ein zeitgenössisches Welt- und Technikwissen zurückgreift.

1 Der *Jüngere Titurel* und das Meer

Der *Jüngere Titurel*[2] ist Anfang der 1270er Jahre fertiggestellt worden. Mit seinen über 6300 Strophen, gehalten in der komplexen, von der *Titurel*-Strophe abgewandelten ‚Albrechtstrophe' mit ihren vier paarweise gereimten, zäsurierten Langversen (vgl. zur Form Mertens 2015), seinen zahlreichen naturkundlichen und moraldidaktischen Digressionen (vgl. Wegner 1996), sowie einem schwer zu bestimmenden Status als Intertext zum Werk Wolframs von Eschenbach, ist er nicht nur ein umfangreicher, sondern auch ein beziehungsreicher Roman, was die Lektüre mitunter erschweren kann.[3]

Der *Jüngere Titurel* galt bis in die Anfänge der Germanistik als ein Werk Wolframs von Eschenbach. Das liegt daran, dass sich die Erzähl- oder Autorinstanz selbst bis kurz vor Ende des Romans ‚Wolfram' nennt und auch viele Merkmale der Erzählerfigur Wolframs aufweist. Der Name Albrecht fällt in Strophe 5961; erst dort gibt er sich als Autor zu erkennen, und spricht ab dort von Wolfram in der dritten Person (vgl. Huschenbett 1978, 159; Mertens 2005, 218). Wie die Überlieferung zeigt, war der *Jüngere Titurel* mit 47 Textzeugen ein erfolgreicher Text; über

---

2 Ich zitiere die Edition: *Albrechts Jüngerer Titurel*. Nach den Grundsätzen von Werner Wolf hg. von Kurt Nyholm. 4 Bde. Berlin 1955–1995. Alle nicht weiter gekennzeichneten Stellenangaben beziehen sich auf die Strophen- und Verszählung dieser Edition; Übersetzungen aus dem Mittelhochdeutschen stammen von mir.
3 Zur Ästhetik des Textes vgl. etwa Wyss 1993; Mertens 2010; Neukirchen 2019.

einen langen Zeitraum hinweg wurde er immer wieder abgeschrieben und 1477 von Johannes Mentelin in Straßburg auch einmal gedruckt (Huschenbett 1978, 161–162).

Der *Jüngere Titurel* schließt an die beiden Fragmente von Wolframs *Titurel* an, indem er sie, wie bei Wolfram bereits angelegt, mit der Erzählwelt des *Parzival* verzahnt, d. h. in dessen Figurenbezüge, Raumordnungen und Chronologien integriert. Albrecht füllt dabei nicht nur die Leerstellen, welche die *Titurel*-Fragmente evozieren, sondern klärt auch geflissentlich offene Fragen und nur angedeutete Zusammenhänge des *Parzival* bis in kleinste Einzelheiten hinein auf; ebenso werden Elemente des *Willehalm* übernommen. Überdies komplettiert Albrecht nicht nur, sondern will auch korrigieren (vgl. Neukirchen 2006; Lorenz 2002): Im Prolog des *Jüngeren Titurel* macht die Erzählinstanz deutlich, dass es dem Text darum geht, das Obskure des *Parzival* ganz und gar auszuleuchten („swaz Parzival da birget, daz wirt zu liehte braht [...]" (86, 4; ‚was Parzival [ver]birgt wird ans Licht gebracht') und dessen verschlungene und ‚krumme' Erzählwege und Metaphoriken zu ‚begradigen': „ich will die krumb an allen orten slihten" (20, 3; ‚Ich will das Krumme überall gerade machen').[4]

Der *Jüngere Titurel* lässt sich in eine Rahmen- und eine Binnenhandlung untergliedern, die zwei Großthemen miteinander verbinden: die Geschichte der Gralsfamilie und die Liebe von Sigune und Tschinotulander. Der Rahmen behandelt vor allem das Gralsgeschlecht, das in den Verlauf der Welt- und Heilsgeschichte eingeordnet wird; dabei werden ausführlich Bau und Architektur des Gralstempels beschrieben und allegorisch ausgelegt (vgl. Brokmann 1999; Schmid 2011). Die Binnenhandlung konzentriert sich dann auf die Lebens- und Liebesgeschichte Tschinotulanders und Sigunes. Sie spielt zur Lebenszeit König Artus', der ebenfalls in die realhistorische Chronologie integriert wird. Im Zentrum stehen die Wirrnisse und Kämpfe rund um eine kostbare schrifttragende Hundeleine, das Brackenseil, um dessentwillen Tschinotulander schließlich im Kampf stirbt. Zuvor reist er mehrfach in die Ferne, um im Auftrag des ‚Baruch' von Baldac, der hier zusätzlich den Eigennamen ‚Ackerin' trägt, zu kämpfen und Gahmuret zu rächen. Der Schlussteil des Romans behandelt Parcifals Besuche bei Sigune und seine – im *Parzival* im Hintergrund der Gawan-Bücher ablaufenden – Reisen bis hin zu seiner Erwählung als Gralskönig. Am Ende wird erzählt, wie die Gralsgesellschaft mitsamt Gral und Gralstempel nach Indien emigriert, wo sie im Reich des Priesterkönigs Johannes aufgeht (vgl. Poser, Schlüter und Zimmermann 2012).

---

4 Zusammenfassungen der Handlung bei Ebenbauer 1993 (mit tabellarischer Übersicht: 366–370) und Mertens 2003.

Wie im *Parzival* auch sind die höfischen Welten der ‚Christenheit' und der ‚Heidenschaft' aufs Engste miteinander verbunden. Aufgrund einer gegenüber Wolfram hinzutretenden „muslimische[n] Akzentuierung" (Schotte 2009, 163) der ‚heiden' durch Ortsnamen („Mekka", 3905, 1; 3909, 4 u. ö.) und den Namen des Propheten „Mahomet" (1580, 1 u. ö.)[5] – wobei letzterer in isolierter Form aber auch als einer unter vielen Göttern erscheint, wie in Kreuzzugschroniken, *chanson de geste* und einigen religionspolemischen Texten üblich (vgl. Tolan 2002, 105–134) – kann davon ausgegangen werden, dass der Text hier von Muslimen spricht. Mehrere dieser muslimischen Figuren werden als Paradebeispiele ritterlicher und herrscherlicher Tugend dargestellt. Zugleich wird auch die Rolle der Widersacher von muslimischen Figuren übernommen, aber ebenso von christlichen Rittern der arturischen Welt. Auffällig ist, dass die ‚heidnischen' Widersacher vom Reich des durchgehend unter höfischen Vorzeichen idealisierten Baruch Ackerin – dem Oberhaupt der ‚Marokkaner', dem Tschinotulander in *triuwe* verbunden ist (Schotte 2009, 126) – deutlich geschieden sind. Solche ‚heiden' als Widersacher kommen etwa aus den Reihen der ‚Babylonier', der ‚wilden Griechen' oder gehören einem Volk von Seeräubern an; auch die Zazamancen, das Volk der Königin Belakane, wird anfangs negativ gezeigt, wandelt sich dann aber zum Verbündeten.[6] Diese Diversifikation verunklart, ob es sich bei allen vom Text als ‚heiden' bezeichneten Figuren tatsächlich um Muslime handeln soll. Deutlich wird in jedem Fall, dass eine klare Dichotomie zwischen Christen und Muslimen durch diese Handlungskonstellationen unterlaufen wird; auch spielen in der Binnenhandlung Fragen der Missionierung oder eines religiös motivierten Kampfes gegen ‚heiden' kaum eine Rolle, „von Gottesrittertum ist keine Rede" (Kragl 2010, 165). Auch wenn der Text vereinzelt Distanzierungen selbst gegenüber den positiv gezeichneten Muslimen vornimmt, sind muslimische und christliche Welt nicht nur vielfältig miteinander verflochten, zuweilen wird auch eine materiell-technische und moralische Überlegenheit der Muslime – etwa gegenüber dem Artushof – unterstrichen (Schotte 2009, 138–139; Nyholm 1991). Die enge christlich-‚heidnische' Vernetzung kommt in gemeinsamen Begräbnissen, in politischen und ritterlichen Bindungen und im diplomatischen Austausch sowie in einem Sammelsurium von Dingen zum Ausdruck, die als Gaben fungieren, zwischen Figuren zirkulieren und dabei große Teile der Handlung organisieren (vgl. Dietl 2016).

Mehrfach im Text wird das Meer thematisiert: Eher am Rande beim Bericht von Gahmurets Fahrten, dann aber im Zentrum der Aufmerksamkeit bei der Darstellung der Reisen Tschinotulanders und Parcifals. Auch am Ende der Erzählung

---

5 Vollständige Nachweise bei Schotte 2009, 162, Anm. 217; 163, Anm. 225.
6 Zur Differenzierung der ‚heiden', auch im Vergleich zu Wolfram, vgl. Schotte 2009, 115–174.

werden das Meer und die Seefahrt bei der Reise der Gralsgesellschaft breit dargestellt: Sie schifft sich, wie zuvor schon Tschinotulander, in Marseille ein, bekehrt auf dem Weg eine Wasserstadt namens Pitimunt (vgl. die Einleitung zu diesem Band), befreit den Magnetberg von seiner magnetischen Wirkung und landet schließlich in Indien an. Sowohl die Technik der Seefahrt als auch die bedrohliche Erfahrung von Seestürmen kommen dabei zur Darstellung. Ich zitiere exemplarisch Strophen, die von Tschinotulanders Abfahrt in Marseille und dem anschließenden Sturm handeln, der den Helden – wie zuvor im *Parzival* auch Gahmuret – an die Küste Zazamancs verschlagen wird. Im Hafen von Marseille treffen Tschinotulander und sein Tross auf:

> Kiele, starke, niwe, koken, tragemunden
> und marner getriwe, die si wol fůrten uf des wazzers unden,
> wan si der kunste waren wol bejæret.
> des warn die uber varnden an vreuden solcher hofnung unerværet. (2575)
>
> Ir segel, mastboum, anker, seil, rŭder und riemen,
> was der deheinez kranker dann ot gŭt? daz sold da sehen niemen.
> [...] (2576, 1–2)

> Schiffe, gewaltig und gerade erst hergestellt, Koggen und Dromonen[7], sowie zuverlässige Seeleute, die sie sicher über die Meereswellen steuern konnten, da sie in dieser Kunst seit Jahren gut geübt waren. Aus diesem Anblick schöpften die Seereisenden Hoffnung und wurden in ihrer Freude bestärkt.
> War nur eines ihrer Segel, Mastbäume, Anker, Seile, Ruder und Riemen abgezehrt und nicht vorzüglich? Das konnte dort niemand erblicken.

Auf See werden dann aber auch diese erfahrenen Seeleute mitsamt ihrer bewundernswerten Technik zum Spielball der Wellen:

> ‚Oyme!' si riefen alle. man lie die segel nidere.
> die wende gen wazzers valle man spengte wol. sie liefen her und widere
> und riefen: ‚malevant! altut est morte!'
> schrawaz, pilwiz wart nie so snel so des mastboumes ende und orte. (2583)
> [...]
> Man sach die unde stozen, sam berge tobende slŭgen,
> ich mein die hohen, grozen, und ein ander nimmer slac vertrŭgen.
> als ie der kiel erhŏhet wart mit unde,
> so liez er sich dann nidere, als ob er schiezen wolde in abgrunde. (2586)

---

[7] Meissner 1927, 261–262 zufolge kommt der Begriff *tragemunt*, auch *treimunt* oder *tragamunt* (fr. *dromon*, gr. δρόμων) in mhd. Dichtung zum ersten Mal im *Willehalm* (V. 197,29; 431,28; 440,29; 443,14) vor; er bezeichnet eine vor allem mit der byzantinischen Marine verbundene große Galeere, eigentlich ein Kriegsschiff, das auch als Frachtschiff genutzt wurde. Zum historischen Kontext vgl. Pryor und Jeffreys 2006.

> ‚Oh weh!', riefen sie alle. Man holte die Segel ein. Man stärkte die Schiffswände gegen die Wasserfluten. Sie liefen hin und her und riefen: ‚malevant! altut est morte!' Waldschrat und Kobold wären nie so schnell zu den Enden und Ecken des Mastbaums gelangt.
> [...]
> Man sah die Wellen aufprallen, als ob rasende Berge aufeinander einschlügen – ich meine die hohen, mächtigen – und dabei einander keinen Schlag vergeben würden. Wenn ein Schiff von einer Welle in die Höhe getragen wurde, so bewegte es sich daraufhin wieder abwärts, als ob es in den Abgrund schießen wollte.

Damit komme ich zur Untersuchung der beiden Episoden, die ich nach den darin von Albrecht der Erzählwelt Wolframs neu hinzugefügten Figuren als ‚Gailotten'- und ‚Gerbolt'-Episoden bezeichne.

2 Eine *roubent kumpanie* als monströses Volk: die Gailotten

Bei den ‚Gailotten' handelt es sich um ein Seeräuber-Volk, das der *Jüngere Titurel* offenbar erfindet und der Gruppe der negativ dargestellten ‚heiden' zuzählt. Die Gailotten begegnen Tschinotulander bei dessen Überfahrt auf dem Weg zum Baruch (2524–2638) nach seinem Aufenthalt in Zazamanc. Schon auf diesem Reiseweg fallen Änderungen gegenüber dem *Parzival* auf, denn anders als Gahmuret und Trevrizent (*Parzival* 496, 19–30) schifft sich Tschinotulander auf seinem Weg nach Baldac in Marseille und nicht in Sevilla ein, worauf der Text ausdrücklich hinweist (2574, 1–2). Erwartungsgemäß gerät der Held in einen Seesturm und landet – ebenso wie Gahmuret im *Parzival* – zunächst in Zazamanc, wo er gegen das Volk der verstorbenen Belakane kämpfen muss. Die „moren" (2594, 1) verwechseln ihn mit Gahmuret und wollen ihre Königin rächen. Parcifals Halbruder Feirefiz, der Sohn Belakanes und Gahmurets, wächst in der Obhut eines ‚heiden' namens Razalic auf, der allerdings gerade an einem anderen Hof weilt. Dieser Razalic wird einerseits als höfische Idealfigur beschrieben („Razalic der clare", 2599, 1), andererseits aufgrund seiner Hautfarbe („Razalic der more", 2606, 1) als fremd distanziert sowie hinsichtlich seiner nicht-christlichen Religion von der Erzählinstanz kritisch kommentiert.[8] Als Tschinotulander nach Kampf und Friedensschluss mit den Zazamancen den jungen Feirefiz sehen möchte, behaupten sie, das Kind wäre gerade nicht

---

8 Mehrere Strophen (2603–2606) sind an dieser Stelle der Diskussion einer Unterscheidung zwischen der „kunst der heidenschefte" (2604, 3) und christlicher „wisheit" (2603, 4) gewidmet. Der Text differenziert christliches und ‚heidnisches', hier mit einiger Sicherheit als muslimisch zu identifizierendes Wissen dahingehend voneinander, dass die Muslime im Hinblick auf Kunst und

da, sondern bei Razalic, weil sie eine Zurückweisung Tschinotulanders aufgrund der ‚gemischten' Hautfarbe des Jungen fürchten (2663, 2; „siner [Feirefiz] varwe underbinde vorhten si, daz iz in duhte smehe").

Anschließend begibt sich Tschinotulander wieder auf See, setzt seine Reise nach *Baldac* fort, und gerät erneut in einen Seesturm. Sein Schiff wird von den anderen Schiffen der Flotte getrennt – ein typisches Motiv mediterraner Reiseerzählungen (vgl. Kinoshita in diesem Band) wie es im *Herzog Ernst* (V. 2144–2147) und zahlreichen anderen mittelhochdeutschen Erzählungen vorkommt (vgl. Brinker-von der Heyde in diesem Band), ebenso in arabischen Erzähltexten (Quenstedt 2021b, 324, 398, 405). Eher ungewöhnlich scheint mir die folgende Entwicklung der Handlung zu sein. Denn der Sturm hat eine benennbare Ursache: Er wird von einem Salamander ausgelöst, den Tschinotulander in seinem Schild trägt. So vermuten es zumindest die ‚geschulten Seeleute' („Marner die gelerten", 2678,1) an Bord, über die wir auch erfahren, dass sie ihre sich an den Sternen ausrichtende Navigationskunst, die sie mit Sphären, Zirkeln („die begunden lesen und all ir kunst versûchen / mit speren zikel schieben", 2683, 3–4) und dem Kompass betreiben („ir meisterliche zeige mit der nadel gen dem tremontane [Nordwind oder Nordstern, hier: Norden]", 2696, 2), in „Arabie" (2683, 2) gelernt haben.[9]

Der Ritter wird nun zu einer Art Naturwissenschaftler, denn Tschinotulander möchte mit dem Salamanderschild Versuche anstellen („[e]r wolt iz mer versüchen mit dem salomander", 2687, 1). Beim dritten Versuch wird das Schiff aber von einem plötzlichen Windstoß so weit von der Küste fortgetrieben, dass die Seeleute sich nicht mehr orientieren können: „[s]i warf der wint di virre in einer kurzen wile. / die marner wurden irre, [...]", 2695, 1–2). Die enge Verbindung von offener See und Orientierungsverlust legt nahe, dass der *Jüngere Titurel* über die übliche Praxis der Küstenschifffahrt informiert ist. Da die Seeleute den Schiffbruch fürchten, bitten sie Tschinotulander darum, den Schild ins Meer zu werfen (2696, 3–4). Doch er weigert sich und es kommt es zur Meuterei.

Nun wird es zur Aufgabe des ritterlichen Helden, mit dem Widerstand umzugehen. Die Seeleute, plötzlich in der Rolle der Gegner, werden zum ‚widerwärtigen Pöbel' erklärt („povel ungehiure", 2703, 2), der gegen den Ritter anrennt. Tschinotulander aber gerät in einen inneren Konflikt über die Frage, ob es mit seiner *êre* vereinbar sei, mit dem Schwert gegen die Besatzung – der er durch *triuwe* verpflichtet

---

Technik (*kunst, liste*) den Christen überlegen sind, nicht aber im Hinblick auf ein religiöses Wissen, das als *wisheit* oder als „gotliche[] vernunste" (2605, 2) bezeichnet wird.
9 Es handelt sich an dieser Stelle um eine der frühesten Erwähnungen des Kompasses in einem deutschsprachigen Text. Das neue Navigationsinstrument wird auch im etwa zeitgleich oder wenig später entstandenen *Reinfried von Braunschweig* berührt vgl. Huschenbett 1978, 159; Mertens 2005, 218.

ist (2709,1) und der er überdies keinerlei Gewinnchancen zubilligt – zu kämpfen: „[...] ob ich di knehte mine / slůge, di mir dienstes waren pflichte? / bin aber ich mich ergebende, so sten ich immer in zagen angesicht" (2708, 2–4; ‚Soll ich meine Untergebenen, die mir zu Dienst verpflichtet sind, erschlagen? Doch wenn ich mich ergebe, so werde ich für immer als Feigling angesehen werden'). Tschinotulander ringt sich schließlich zu der Einsicht durch, dass vom Tod der Seefahrer auch er selbst und seine âventiure Schaden nehmen würden (2710, 4), erschlagen darf er sie also nicht. Trotzdem muss der Ritter sich zur Wehr setzen, als vierzig Seeleute auf ihn eindrängen. Er tut es aber so, dass er möglichst niemanden tötet, indem er sich zunächst mit seinem Schild schützt und seine Schwerthiebe nie mit beiden Händen ausführt (2709, 4; 2713, 2–4): Die besondere soziale und existenzielle Situation an Bord eines Schiffes auf See stellt somit konventionelle Handlungsoptionen einer ritterlichen Figur in Frage. Schließlich erkennen die Seeleute ihre Unterlegenheit und rechnen sich aus, dass sie bessere Chancen haben, im Sturm heil an Land zu kommen, als im Kampf gegen Tschinotulander zu siegen (2714). Sie rufen also Gott um Hilfe an, und lassen den Ritter wissen, dass sie von nun an seinen Wünschen gemäß jeden Seeweg nehmen werden, egal ob er „krumbe oder slichte" (2715, 4) sei. Der Einbezug Gottes in die Navigationskunst scheint auszureichen, um die See zu beruhigen. Eine ähnliche Engführung von naturkundlich-technischem Interesse, ritterlicher Bewährung und poetologischer Selbstreflexivität ist im Text auch in anderen Episoden zu beobachten (vgl. Quenstedt 2021a, 61–64).

Der Text verhandelt somit Fragen herrschaftlichen Handelns, tut das aber im Setting der Seefahrt, wobei das Schiffsdeck mitsamt Personal zum Handlungsraum gerät.[10] Im *Jüngeren Titurel* werden dabei besonders soziale Konflikte und deren Konsequenzen für ein ritterliches Selbstverständnis zum Thema. Der Konflikt zwischen Ritter und Seeleuten wird aber ausgelöst durch Wechselwirkungen, die menschliche wie nicht-menschliche Kräfte einschließen: Er entsteht aufgrund eines Wirkzusammenhangs zwischen dem Schiff, seiner besonderen Fracht (dem Salamanderschild), der Besatzung mit ihrem spezifischen Seefahrtswissen, den Kräften des Meeres und dem ritterlichen Passagier. Anders als mit einem genuinen Interesse des Textes an Fragen der Seefahrt, die hier besonders auf naturkundliche und soziale Aspekte abzielen, ist diese Art der Zusammenführung und Problemstellung wohl kaum zu erklären. Damit ist der *Jüngere Titurel* zeitgenössisch aber durchaus nicht allein, wie etwa die *Pirratas*-Episode im *Alexander* Ulrichs von Etzenbach (V. 24024–24172) oder die Magnetberg-Fahrt im *Reinfried von Braunschweig* (V. 20748–21827) zeigen.

---

10 Vgl. zum Schiffsdeck als Handlungsort Schmid und Hanauska 2018 und Schlechtweg-Jahn in diesem Band.

Nach der Meuterei kommt mit dem Volk der Gailotten ein weiteres Moment mediterraner Realitäten in den Blick: die Piraterie. Tschinotulander gelangt an die Küste eines Landes, das von einem seeräuberischen Volk bewohnt wird, worüber die Seeleute informiert sind; der Text bezeichnet die Gailotten als „roubent kumpanie" (2741, 4) und, wenig zweideutig, als „arge[] hunde" (2718, 4; 2724, 1). Bei den Gailotten handelt es sich um ein Volk, das im Zusammenhang des mittelalterlichen *monstra*-Diskurses gesehen werden muss, also der Vorstellung davon und der gelehrten Diskussion darüber, dass an den Rändern der bewohnbaren Welt menschliche oder menschenähnliche Wesen mit ungewöhnlichen körperlichen und sozialen Eigenschaften leben (vgl. Münkler 2010). Denn neben ihrer devianten Lebensweise werden die Gailotten durch eine erstaunliche Technik charakterisiert, die Albrecht – ähnlich wie zuvor beim Salamanderschild – auf Grundlage naturkundlichen Wissens imaginiert: Die Gailotten können mit Unterseebooten auf dem Grund des Meeres fahren („an des meres grunde varent sie gelich den bôsen geisten", 2724, 2) und Schiffe von unten anbohren, so dass diese sinken („si durch borent ein schif dieplich helnde / unz iz beginnet sinken [...]", 2725, 3–4). Der Name ‚Gailotten' dürfte eine Kombination aus gr. *galeotes*, der Bezeichnung für den Schwertfisch, wie sie sich bei Plinius findet, und mhd. *galiot* (von ital. *galeotto*) sein, was ‚Seeräuber' oder allgemeiner ‚Seefahrer' bedeutet (Borchling 1897, 58). Bei Plinius findet sich die Aussage über den Schwertfisch, dass er Schiffe anbohre und so zum Sinken bringe (*Historia naturalis* XXXII, 15, Ed. König 1995, 22/23).

Der Kampf mit diesem Volk findet allerdings an Land und nicht auf See statt. Und zwar infolge einer List des Helden, der vermeiden möchte, dass die Gailotten ihre Kapertechnik einsetzen können – heimlich lässt er sich mit einer Barke an Land bringen (2726). Nachdem Tschinotulander den Sieg über die wenig ritterlich „mit hatschen und mit kůlen" (2738, 1), mit Streitwagen (2750–2751) und hundert gepanzerten Pferden (2754) kämpfenden *ungehiuren* errungen hat, wird betont, dass Tschinotulander eine weiträumig befriedete maritime Zone geschaffen hat, die als transkultureller Raum markiert wird: „uber alle lant" (2763, 2) hinweg sind Dankesrufe dafür zu hören, dass „ein vrid" (2763, 4) geschaffen wurde, der christliche und muslimische Länder einschließt: In „beiden werlden, / der kristen und der heiden" wird ein „gebet" (2764, 3–4) zum Lob für die Befreiung von den Seeräubern angestimmt. Das Lob gilt auch der Herkunftsregion Tschinotulanders: „Owol geschehe dem lande, da inne wůchs der reine, / den got zu troste sande den kristen und den heiden algemeine!" (2766, 1–2). Auch das wird auf die Poetik von *krumb* und *slihte* bezogen, da nun auf Reiserouten keine Umwege mehr in Kauf genommen werden müssen, um die Seeräuber zu umgehen (2766, 3–4). Eine ähnlich erlösende Wirkung auf den Meeresraum hat am Ende des *Jüngeren Titurel* die Gralsgesellschaft, wenn sie auf ihrem Weg nach Indien mithilfe des Grals die schädliche Kraft von Magnetberg und Lebermeer ‚abstellt' (6107–6108). Allerdings steht das dort im

Zeichen der Missionierung, da die auf dem Magnetberg angetroffenen schiffbrüchigen ‚heiden' sich zum Christentum bekehren, um gerettet zu werden (6101–6106); bei den Gailotten spielt eine solche Semantisierung (noch) keine Rolle.

Vor dem Hintergrund zeitgenössischer Entwicklungen könnte der Darstellung einer Befriedung der Seewege auch eine historische Dimension zukommen: Denn in der Entstehungszeit des *Jüngeren Titurel* etablieren sich kooperative Bemühungen, den Mittelmeerraum von endemischer Piraterie zu befreien, und zwar auch zwischen konkurrierenden Mächten zum Teil unterschiedlicher Konfession. So entstanden im späten dreizehnten Jahrhundert Bündnisse gegen den Seeraub sowohl zwischen den italienischen Seerepubliken untereinander (Favreau-Lilie 2013) als auch zwischen dem mamlukischen Ägypten und Venedig (Christ 2013).

Waren in dieser ersten Episode illegitime seebasierte Gruppen, *roubent kumpanie*, und mit der Darstellung einer Meuterei auch soziale Aspekte an Bord eines Schiffes Thema des Romans, so ist es in der folgenden Episode eine ebenfalls als *kumpanie* bezeichnete Verbindung, die nun aber eindeutig positiv beurteilt wird und sich, ähnlich wie Tschinotulanders Handeln, befriedend auswirkt: das *joint venture* zwischen Ritter und Kaufmann in der Gebolt-Episode.

3 Mediterranes *joint venture*: Ritter und Kaufmann suchen die *âventiure*

Die Gerbolt-Episode begegnet nicht während der Reisen Tschinotulanders, sondern im abschließenden Teil des Romans, der nach Tschinotulanders Tod vom Geschick Parcifals erzählt. Nach seinem dritten Besuch bei Sigune befindet sich Parcifal auf der Suche nach dem Gral und nach *âventiure* im Dienst für Condwiramurs. Im arturischen Raum kann Parcifal aber einfach keine Prüfungen mehr finden und irrt untröstlich umher. Schließlich gelangt er in England an einen Hafen, wo er auf einen zunächst namenlos bleibenden, späterhin als Gerbolt identifizierten Kaufmann trifft. Aufgrund von Ähnlichkeiten der Darstellung, der Handlungskonstellation und der Namensgebung ist es wahrscheinlich, dass dieser Kaufmann sein Vorbild in der Kaufmannsfigur „Wimar" des *Willehalm* und in einem namenlos bleibenden „marnære", der die Seefahrten Gahmurets im *Parzival* organisiert (*Parzival*, 54,26–55,16; 58,20–26) sowie in Rudolfs von Ems Kölner Kaufmann „Gêrhart" hat.

Gerbolts Erzählung („Ein koufman wol besheiden im sagte vremde mære", 343; ‚ein kluger Kaufmann berichtete ihm Erstaunliches') weckt Parcifals Interesse: Gloris, dem König des Inselreichs „Alterre", sei seine Geliebte von einem gewissen Agors geraubt worden, und zwar mithilfe des Zauberers Klingsors. Agors stellt sich nun ankommenden Rittern zum Kampf und bringt es dabei zu einem veritablen Wunder: Er besiegt erst vier, dann sogar sechs Ritter auf einen Schlag. Diese Herausforderung möchte sich Parcifal keinesfalls entgehen lassen (5615,2) – und muss dafür logistisch auch gar nicht aktiv werden, denn der Kaufmann und Schiffseigner bietet ihm eine äußerst bequeme *aventiure* an, die eher den Charakter einer Pauschalreise denn einer *queste* hat: „welt ir nu dar durch wunder, herre, wir füren iuch vil werdecliche hin uber se und aber wider dannen" (5614; ‚Wollt ihr nun um des Wunders willen dorthin reisen, Herr, so bringen wir euch auf ausgezeichnete Weise über das Meer und dann auch wieder zurück').

Wie zuvor bei Tschinotulander verläuft die Meerfahrt turbulent. Ein Seesturm, der ein weiteres Abenteuer motivieren könnte, stellt sich aber nicht ein; diese *âventiure* verläuft, wie gleich deutlich wird, weitgehend in den gewohnten Bahnen des ritterlichen Zweikampfes. Doch dient auch hier die stürmische See dazu, den Mut des Helden und seine Eignung für den Kampf herauszustellen: Parcifal, den der Kaufmann mitten im Sturm fragt, wie oft er schon von „Kriechen gen Engellant" (5617, 4) gefahren sei, als ob das eine alltägliche Route wäre, gibt an, bislang nicht mehr als einen halben Tag auf See verbracht zu haben (5618, 1–3). Der Sturm lässt ihn überdies völlig kalt. Heimlich blicken sich die Seefahrer und Kaufleute an Bord einander erstaunt an: So einen unerschrockenen Mann haben sie noch nie gesehen (5619). Albrecht demonstriert zudem auch hier seine Kenntnisse der (literarischen?) Seemannssprache, wenn Begriffe wie *kogge* und *nocklier* oder Ausrufe wie *alaterre* und *altut est morte* (5616), die schon in der Gailotten-Episode vorkamen, wieder auftauchen.

Aber wie wahrscheinlich ist die Route, die Ritter und Kaufmann nehmen, im historischen Kontext? Bemerkenswert ist, dass sich im euromediterranen Fernhandel im letzten Drittel des dreizehnten Jahrhunderts, also zur Entstehungszeit des Textes, eine folgenreiche Veränderung vollzieht: Dienten bis zur Mitte des dreizehnten Jahrhunderts vor allem die ‚Champagnermessen' in Troyes und anderen Orten als Umschlagplätze des Handels zwischen Nord- und Südeuropa; so änderte sich das schlagartig mit Beginn der christlichen Kontrolle der Straße von Gibraltar und der Entwicklung hochseetauglicher Schiffstypen, die über die Atlantikroute schneller und kostengünstiger nordeuropäische und mediterrane Häfen miteinander verbanden.[11] Zwischen 1250 und 1350 entwickelten sich besonders enge Handelsverbindungen zwischen Häfen in Flandern („Flandernroute", Abulafia 2013, 468) sowie England und dem westlichen Mittelmeerraum, die vornehmlich von kastilischen Kaufleuten und Schiffseignern beherrscht wurden (Ruiz 1976; vgl. auch Lewis 1976). Der *Jüngere Titurel* scheint solche zeitgenössischen Entwicklungen gezielt zur Plausibilisierung seiner Erweiterungen gegenüber dem *Parzival*

---

11 Vgl. Kolditz 2016, 94; Abulafia 2013, 452–453; Abu-Lughod 1989, 70–71, 78–79.

heranzuziehen, und zwar gerade solcher Erweiterungen, die durch den Prätext nicht präfiguriert sind.

Gerbolt organisiert als Kaufmann und Schiffseigner nicht nur die Reise für den Krieger. Im nachfolgenden Kampf gegen Agors kann Parcifal auch deshalb siegen, weil Gerbolt ihn mit Pferden und Waffen versorgt. Deren Vorhandensein an diesem Ort beruht auf den Fernhandelsbeziehungen des Kaufmanns, insbesondere nach Spanien. Ausdrücklich wird gesagt, dass Parcifals *kluger wirt* ihm „ein sper vil veste" (5684, 3; ‚eine sehr stabile Lanze') und ein „ors an snelheit unvermennet" (5682, 4; ‚an Schnelligkeit tadelloses Schlachtross') übergibt, von denen er „von Ispanje durch kouf dar vil gefûret" (5683, 1; ‚als Ware aus Spanien dorthin oft gebracht') habe. Der Umstand, dass die Erzählinstanz bei der Darstellung der Tjost dem Pferd und der Lanze besondere Aufmerksamkeit schenkt (vgl. 5687–5688), legt nahe, dass Tier und Waffe zur Entscheidung beitragen. Die symbiotische Beziehung zwischen Krieger und Händler wird schließlich perfekt, als der dankbare Gloris, dessen Ehefrau nun wieder frei ist, Parcifal ein Lehen als Belohnung anbietet. Parcifal lehnt das Lehen ab, aber nur, um es seinem Kompagnon zu sichern: „sit ir mich lones wernde mit solcher gabe riche, / so bin ich an iuch gernde minem wirt zedanke williclîche'" (5736, 1–2; ‚Da ihr mich mit dieser Gabe belohnen wollt, wünsche ich mir von euch, dass ihr bereit seid, auch meinem Förderer zu danken'). Denn dem *wirt* gebührt als Organisator der Reise und ‚Zünglein an der Waage' während des Kampfes schließlich auch der Lohn. Folgerichtig erhält Gebolt den Hafen zum Lehen: „Gloris im [Gerbolt] lech die hab zu Granabinse: / geladen dri olbende mit sterlingen si galt zem jare mit zinse" (5737, 3–4; ‚Gloris belehnte Gerbolt mit dem Hafen von Granabinse. Der Hafen erbrachte pro Jahr Abgaben im Umfang von drei voll mit Schillingen beladenen Kamelen'). Der Kaufmann Gerbolt erhält also eine ostmediterrane Handelskolonie zum Lehen, die ihm hohe Jahreseinkünfte sichert. Die Darstellung kann im Kontext der zunehmenden Dominanz der norditalienischen und kastilischen Handelsstädte im östlichen Mittelmeerraum im dreizehnten Jahrhundert sowie der großen Bedeutung der Schifffahrt und des Handels für militärische Unternehmungen (wie den vierten und fünften Kreuzzug) und die Subsistenz der Kreuzfahrerstaaten gesehen werden.[12]

Interessant ist dabei eine soziale Dimension, die als Problem allerdings nicht explizit wird: Ein Kaufmann erhält ein Lehen, wird also zum Landesherrn. Anders als sein literarisches Vorbild Gêrhart, ein ebenso reicher wie demütiger Kaufmann, dem sich mehrfach Gelegenheiten zur Transgression ständischer Grenzen bieten (*Guote Gêrhart*, V. 3315–4230; 5522–24; V. 6084–6198), der aber letztlich stets Ver-

---

[12] Vgl. Abulafia 2013, 425–435, 464; Jaspert 2010, 88 f.; Burman, Catlos und Meyerson 2022, 188–191.

zicht übt (vgl. Kössinger und Philipowski 2022, 539–40), überschreitet der Kaufmann Gerbolt tatsächlich die Grenzen seines Standes. Diese soziale Mobilität im *Jüngeren Titurel* mag möglich werden, weil der Ort des Lehens außerhalb eines Raums liegt, in dem der Text einen Bereich des Eigenen ausmacht. Wird hier eine koloniale Dimension der Erzählung im Kontext des Mediterranen erkennbar?

Der weitere Verlauf der Reise könnte ein Indiz dafür sein. Sicherlich auch um die Vorgaben von Wolframs *Parzival* zu beachten, der von einer Weltreise des Helden spricht (*Parzival*, V. 434, 13), unternehmen Gerbolt und Parcifal – weiterhin fortwährend als *kumpanie* bezeichnet – auf weiterer Suche nach Turnieren eine weitläufige Schiffsreise. Gerbolt muss dafür finanzielle Einbußen hinnehmen, nimmt diese für die *êre* aber gern in Kauf:

> [...] die kristenheit alumbe nach der sunnen
> fürte in alda Gerbolt der hubsche wise,
> sit er niht anders gerte dann nur arbeit liden vil nach prise. (5760, 2–4)
>
> Zerwůsten Romanie, durch Grecia die wilde,
> von Kappadocie gen Saders her fur Asia sich zilde
> ir reise hin gen Aglele der slehten,
> gen Parlit nu von dannen: ich mag iz niht mit namen halp bekrehten. (5760)
>
> Er bat sich gen Provantze lazen uf die terre [...]. (5762, 1)
>
> Rings um die Christenheit herum in Richtung der Sonne wurde er [Parcifal] dort von dem höfischen und verständigen Mann [Gerbolt] geführt, weil er nichts mehr anstrebte, als für den Ruhm viel Mühsal zu ertragen.
> Zur ‚wüsten Romanie', durch das ‚wilde Griechenland', von Kappadokien bis nach Saders [Zadar?] herzu, dort vor Asien, erstreckte sich ihre Reise, bis hin zur guten Stadt Aglele [Aquileia], und von dort weiter nach Parlit [?]; ich kann die vielen Namen nicht einmal zur Hälfte aufzählen.
> Er bat darum, in der Provence wieder an Land gelassen zu werden.

Bei dieser Reise der *kumpanie* aus Ritter und Kaufmann handelt es sich aber nicht unbedingt um eine ‚Weltumsegelung'.[13] Ausdrücklich ist nur vom Umfahren der *kristenheit* die Rede, die als nach Osten und gegenüber Asien abgegrenzte geografisch-ideelle Größe fassbar wird: Die Schiffsreise Parcifals und Gerbolts bewegt sich auf einer Grenze, die sie zugleich auch zieht.

---

[13] Im Kolumnentitel der betreffenden Seite der Edition des *Jüngeren Titurel* (399) heißt es: „Er [Parcifal] umsegelt die Welt".

4 Schluss

Beide Episoden zeigen, dass sich gerade in den Erweiterungen Albrechts ein Interesse an und ein Wissen vom Meer, mithin vom Mittelmeerraum mit seinen spezifischen Problemstellungen, historisch-technischen Entwicklungen und seinen Konnektivitäten kundtut. Dieses Wissen wird über das Register des Wunderbaren in einem zugleich höfischen und naturkundlichen Zusammenhang in die Erzählung integriert – immer sind es naturkundliche Elemente oder besonders erstaunliche ritterliche Taten, welche die maritimen Episoden und ihre Problemstellungen motivieren: die Hilfe für den Baruch, das Salamanderschild, die Gailotten, das *wunder* des Agors.

Die arturisch-gralische Erzählwelt wird darüber um eine maritime Dimension erweitert. Zu den Kernkompetenzen eines idealen Helden zählt nun nicht mehr allein die Bewährung im Zweikampf und das Bestehen von *âventiuren* im Raum des Waldes. Es kommen Bewährungsformen hinzu, die in einen maritim-mediterranen Kontext eingeordnet werden können: Die Auseinandersetzung mit Schiffsmeutereien, der Kampf gegen seeräuberische Gesellschaften und die Befriedung von Seewegen, das Knüpfen von räumlich weitreichenden ökonomischen Bündnissen. Zugleich wird der Erfolg des Ritters von nicht-adligen Akteuren wie Händlern und Seeleuten abhängig gemacht.

Während der Schiffsreise kann sich Gerbolt die Frage nicht verkneifen, was der Helmschmuck Parcifals eigentlich zu bedeuten hat. Mit ihm erfährt das Publikum dann noch eine weitere Motivation und Legitimation dieser Auserzählung. Denn Parcifals Antwort lautet: „Waz mohte mir nu bazzer sin dann anker zenemde? ich var so vil uf wazzer?'" (5750, 1–2).

Literaturverzeichnis

Primärliteratur

Reinfried von Braunschweig. Hg. von Karl Bartsch, übers. von Elisabeth Martschini. Kiel 2017.
Plinius Secundus d. Ä., C.: *Historia naturalis. Naturkunde. Lateinisch – deutsch. Buch XXXII. Medizin und Pharmakologie: Heilmittel aus dem Wasser*. Hg und übers. von Roderich König. München 1995.
Der guote Gêrhart = Rudolf von Ems: *Der guote Gêrhart: Mittelhochdeutsch/Neuhochdeutsch*. Hg. von Norbert Kössinger und Katharina Philipowski. Ditzingen 2022.
Jüngere Titurel = *Albrechts Jüngerer Titurel*. Nach den Grundsätzen von Werner Wolf hg. von Kurt Nyholm. 4 Bde. Berlin 1955–1995.
Ulrich von Etzenbach: *Alexander*. Hg. von Wendelin Toischer. Tübingen 1888.

Sekundärliteratur

Abulafia, David: *Das Mittelmeer. Eine Biographie. (Engl. Orig.: The Great Sea. A Human History of the Mediterranean, London 2011)*. Übers. von Michael Bischoff. Frankfurt am Main 2013.
Abu-Lughod, Janet L.: *Before European Hegemony. The World System a. d. 1250–1350*. New York et al. 1989.
Borchling, Conrad: *Der jüngere Titurel und sein Verhältnis zu Wolfram von Eschenbach*. Göttingen 1897.
Brokmann, Steffen: *Die Beschreibung des Graltempels in Albrechts ‚Jüngerem Titurel'*. Bochum 1999.
Burman, Thomas E., Brian A. Catlos und Mark D. Meyerson: *The Sea in the Middle. The Mediterranean World, 650–1650*. Oakland, CA 2022.
Christ, Georg: „Transkulturelle Pirateriebekämpfung? Venezianisch- Mamlukische Kooperation und Gefangenenbefreiung im östlichen Mittelmeerraum im Spätmittelalter". In: *Seeraub im Mittelmeerraum. Piraterie, Korsarentum und maritime Gewalt von der Antike bis zur Neuzeit*. Hg. von Nikolas Jaspert und Sebastian Kolditz. Paderborn München 2013, S. 363–376.
Dallapiazza, Michael: „Der Orient im Werk Wolframs von Eschenbach". In: *Deutsche Kultur und Islam am Mittelmeer*. Hg. von Laura Auteri und Margherita Cottone. Göppingen 2005, S. 107–119.
Dietl, Cora: „Arthurische ‚Dinge' wiedererzählt. Gralsschwert, Gold der Sælde und Brackenseil in Albrechts ‚Titurel'". In: *Formen arthurischen Erzählens. Von der Handschrift zum Film*. Hg. von Cora Dietl und Christoph Schanze. Berlin Boston 2016, S. 165–200.
Ebenbauer, Alfred: „Albrecht: *Jüngerer Titurel*". In: *Interpretationen. Mittelhochdeutsche Romane und Heldenepen*. Hg. von Horst Brunner. Stuttgart 1993. S. 353–372.
Favreau-Lilie, Marie-Luise: „Diplomacy and Legislation as Instruments in the War against Piracy in the Italian Maritime Republics (Genoa, Pisa and Venice)". In: *Seeraub im Mittelmeerraum. Piraterie, Korsarentum und maritime Gewalt von der Antike bis zur Neuzeit*. Hg. von Nikolas Jaspert und Sebastian Kolditz. Paderborn München 2013, S. 281–306.
Groos, Arthur (Hg.): „Orientalizing the Medieval Orient: The East in Wolfram von Eschenbach's ‚Parzival'". In: *Kulturen des Manuskriptzeitalters*. Göttingen 2004, S. 61–86.
Herweg, Mathias: „Zwischen Handlungspragmatik, Gegenwartserfahrung und literarischer Tradition: Bilder der ‚nahen Heidenwelt' im späten deutschen Versroman". In: *Kunst und Saelde. Festschrift für Trude Ehlert*. Hg. von Katharina Boll-Becht und Katrin Wenig. Würzburg 2011, S. 87–113.
Huschenbett, Dietrich.: „[Art.] Albrecht, Dichter des ‚Jüngeren Titurel'". In: *Verfasserlexikon*. Berlin New York 1978, Sp. 158–174.
Jaspert, Nikolas: *Die Kreuzzüge*. Darmstadt 2010.
Kolditz, Sebastian: „Horizonte maritimer Konnektivität". In: *Maritimes Mittelalter. Meere als Kommunikationsräume*. Hg. von Michael Borgolte und Nikolas Jaspert. Ostfildern 2016, S. 59–108.
Kössinger, Norbert und und Katharina Philipowski.: „Nachwort". In: Rudolg von Ems *Der guote Gêrhart: Mittelhochdeutsch/Neuhochdeutsch = Der gute Gerhart*. Hg. von dens. Ditzingen 2022, S. 511–542.
Kragl, Florian: „‚Klarifunkel': Oder: Warum beim ‚Jüngeren Titurel' der Teufel nicht im Detail steckt". In: *Der ‚Jüngere Titurel' zwischen Didaxe und Verwilderung*. Hg. von Martin Baisch. Göttingen 2010, S. 139–182.
Kugler, Hartmut: „Zur literarischen Geographie des fernen Ostens im ‚Parzival' und ‚Jüngerem Titurel'. In: *Ja muz ich sunder riuwe sin. Festschrift für Karl Stackmann zum 15. Februar 1990*. Hg. von Wolfgang Dinkelacker. Göttingen 1990, S. 107–147.
Kunitzsch, Paul: „Der Orient bei Wolfram von Eschenbach – Phantasie und Wirklichkeit". In: *Orientalische Kultur und europäisches Mittelalter*. Hg. von Albert Zimmermann und Ingrid Craemer-Ruegenberg. Berlin Boston 1985, S. 112–122.

Lewis, Archibald R.: "Northern European Sea Power and the Straits of Gibraltar, 1031–1350 A.D.". In: *Order and Innovation in the Middle Ages*. Hg. von William C. Jordan. Princeton 1976, S. 139–164.

Lorenz, Andrea: „Der ‚Jüngere Titurel' als Wolfram-Fortsetzung. Eine Reise zum Mittelpunkt des Werks. Bern et al. 2002.

Meissner, R.: „Schiffsnamen bei Wolfram von Eschenbach". In: *Zeitschrift für deutsches Altertum und deutsche Literatur* 64, 4 (1927), S. 259–266.

Mertens, Volker: *Der Gral: Mythos und Literatur*. Stuttgart 2003.

Mertens, Volker: „Wolfram als Rolle und Vorstellung. Zur Poetologie der Authentizität im ‚Jüngeren Titurel'". In: *Geltung der Literatur. Formen ihrer Autorisierung und Legitimierung im Mittelalter*. Hg. von Beate Kellner, Peter Strohschneider, und Franziska Wenzel. Berlin 2005, S. 203–226.

Mertens, Volker: „Kontingenz und Sprache im ‚Jüngeren Titurel'. Der Text, der nicht verstanden werden will". In: *Der ‚Jüngere Titurel' zwischen Didaxe und Verwilderung. Neue Beiträge zu einem schwierigen Werk*. Hg. von Martin Baisch, Johannes Keller, Florian Kragl und Matthias Meyer. Göttingen 2010, S. 183–199.

Mertens, Volker: „‚Musikalischer Stil' in mittelalterlicher Literatur". In: *Literarischer Stil. Mittelalterliche Dichtung zwischen Konvention und Innovation. XXII. Anglo-German Colloquium Düsseldorf*. Hg. von Ricarda Bauschke-Hartung, Elizabeth Andersen und Silvia Reuvekamp. Berlin Boston 2015, S. 287–301.

Münkler, Marina: „Die Wörter und die Fremden. Die monströsen Völker und ihre Lesarten im Mittelalter". In: *Hybride Kulturen im mittelalterlichen Europa*. Hg. von Michael Borgolte und Bernd Schneidmüller. Berlin 2010, S. 27–50.

Neukirchen, Thomas: „Die ganze ‚aventiure' und ihre ‚lere'. Der ‚Titurel' Albrechts als Kritik und Vervollkommnung des ‚Parzival' Wolframs von Eschenbach". In: *Euphorion. Zeitschrift für Literaturgeschichte. Beihefte* 52 (2006). Heidelberg.

Neukirchen, Thomas: „Über die Schönheit des ‚Jüngeren Titurel'". In: *Amsterdamer Beiträge zur älteren Germanistik* (2019), S. 178–226.

Nyholm, Kurt.: „Der Orient als moralisches Vorbild im ‚Jüngeren Titurel'". In: *Begegnung mit dem „Fremden". Grenzen, Traditionen, Vergleiche. Akten des VIII. Internationalen Germanisten-Kongresses, Tokyo 1990; Sektion 12: Klassik – Konstruktion und Rezeption. Sektion 13: Orientalismus, Exotismus, koloniale Diskurse*. Hg. von Eijirō Iwasaki. München 1991, S. 275–284.

Ott, Michael R.: *Postkoloniale Lektüren hochmittelalterlicher Texte*. Frankfurt a. M. 2012. URL: http://publikationen.ub.uni-frankfurt.de/frontdoor/index/index/docId/24790 (20.11.2022).

Poser, Thomas, Dagmar Schlüter und Julia Zimmermann: „Migration und ihre literarische Inszenierung: Zwischen interkultureller Abschottung und transkultureller Verflechtung". In: *Europa im Geflecht der Welt*. Hg. von Michael Borgolte, Julia Dücker, Marcel Müllerburg, Paul Predatsch und Bernd Schneidmüller. Berlin 2012, S. 87–100.

Prager, Debra N: *Orienting the Self: The German Literary Encounter with the Eastern Other*. Rochester, NY 2014.

Pryor, John H. und Elizabeth Jeffreys: *The Age of the Dromōn. The Byzantine Navy ca 500–1204*. Leiden et al. 2006.

Quenstedt, Falk.: „‚Paradisieren': Rätselspannung, Lehre und religiöse Erfahrung im ‚Jüngeren Titurel'". In: *Darstellung und Geheimnis in Mittelalter und Früher Neuzeit*. Hg. von Jutta Eming und Volkhard Wels. Wiesbaden 2021a, S. 49–65.

Quenstedt, Falk: *Mirabiles Wissen. Deutschsprachige Reiseerzählungen um 1200 im transkulturellen Kontext arabischer Literatur. ‚Straßburger Alexander' – ‚Herzog Ernst B' – ‚Brandan-Reise'*. Wiesbaden 2021b.

Ruh, Kurt.: *Höfische Epik des deutschen Mittelalters. Bd. 2*. Berlin 1980.

Ruiz, Teofilo F.: „Castilian Merchants in England, 1248–1350". In: *Order and Innovation in the Middle Ages*. Hg. von William C. Jordan. Princeton 1976, S. 173–186.

Schmid, Elisabeth: „Die Überbietung der Natur durch die Kunst. Ein Spaziergang durch den Gralstempel". In: *Der ‚Jüngere Titurel' zwischen Didaxe und Verwilderung. Neue Beiträge zu einem schwierigen Werk*. Hg. von Martin Baisch, Johannes Keller, Florian Kragl und Matthias Meyer. Göttingen 2011, S. 257–272.

Schmid, Florian und Monika Hanauska: „[Art.] Meer, Ufer". In: *Literarische Orte in deutschsprachigen Erzählungen des Mittelalters. Ein Handbuch*. Hg. von Tilo Renz, Monika Hanauska und Mathias Herweg. Berlin Boston 2018, S. 413–426.

Schotte, Manuela: *Christen, Heiden und der Gral. Die Heidendarstellung als Instrument der Rezeptionslenkung in den mittelhochdeutschen Gralromanen des 13. Jahrhunderts*. Frankfurt a. M. Berlin et al. 2009.

Szklenar, Hans: *Studien zum Bild des Orients in vorhöfischen deutschen Epen*. Göttingen 1966.

Tolan, John Victor: *Saracens. Islam in the Medieval European Imagination*. New York 2002.

Wegner, Wolfgang: *Albrecht, ein poeta doctus rerum naturae? Zu Umfang und Funktionalisierung naturkundlicher Realien im Jüngeren Titurel*. Frankfurt a. M. et al. 1996.

Wyss, Ulrich: „Den ‚Jüngeren Titurel' lesen". In: *Germanistik in Erlangen. Hundert Jahre nach der Gründung des Deutschen Seminars*. Hg. von Dietmar Peschel. Erlangen 1983, S. 95–113.

Maryvonne Hagby

Der *Manekine*-Stoff in der Literatur der Vormoderne: über vierzig Erzählungen und neunzig Mittelmeerreisen

Der *Manekine*-Stoff ist einer der im Mittelalter am weitesten verbreiteten literarischen Stoffe: In der (Märchen-)Forschung als *Mädchen ohne Hände*-Stoff tituliert, variiert er das Thema der verleumdeten und verfolgten Jungfrau und bildet die strukturelle und inhaltliche Grundlage eines im Mittelalter breit verästelten literarischen Netzwerks, das aus über vierzig Erzählungen besteht und sich in alle Literaturlandschaften und -sprachen sowie in allen Erzählgattungen des süd- und westeuropäischen Mittelalters hinein erstreckt (Romane, Chansons de geste, Chroniken, Novellen, Exempel und Mirakel, Dramen). Bereits der frühe Roman *La Manekine* des Philippe de Rémi (um 1240), der dem Stoff seinen Namen gibt, erzählt die Geschichte einer vom Inzest bedrohten, verleumdeten und verfolgten Jungfrau, die zweimal vor ihren Verwandten über das Mittelmeer fliehen muss.[1] Die daran anschließenden Bearbeitungen des *Manekine*-Stoffes sind dazu prädestiniert, Mittelmeerfahrten und den Mittelmeerraum als Handlungsraum zu inszenieren: Weil die männlichen Protagonisten bei der Verfolgung der Heldin große Schuld auf sich laden, endet ihr Weg meistens in Rom, wo der Papst allen die Absolution erteilt.

Dieser Beitrag nimmt sich vor diesem Hintergrund und angesichts des in der Gruppe der Bearbeitungen des *Manekine*-Stoffes breiten vorliegenden Textmaterials vor, den beiden Perspektiven, die den vorliegenden Sammelband leiten, an drei ausgesuchten Beispieltexten zu folgen. Nach einigen Beobachtungen zur Rolle des Mittelmeerraums als Ort literarischen Austauschs in der Analyse der *Doncella de Carcayona* wird das Motiv des Meeres und des Mittelmeeres sowie dessen narrative Gestaltung und Funktionalisierung in zwei weiteren Texten untersucht: dem in Köln verfassten, kontinentalen Roman des Hans von Bühel *Die Königstochter von Frankreich* sowie der im Mittelmeerraum entstandenen katalanischen Novelle *Die Istoria de la Fiylia d'Ungria*, die eine wesentlich präzisere Kenntnis des Mittelmeeres verrät.

---

[1] Vgl. Kiening 2009, Kap. 4 und Hagby 2023, Kap. 1 und Bibliographie raisonnée.

1 Zum *Manekine*-Stoff

Die Bearbeitungen des *Manekine*-Stoffes erzählen wie erwähnt von einem nicht vollzogenen Inzest: Ein Herrscher verliebt sich in seine Tochter und möchte sie heiraten. Das Mädchen verzweifelt (in etwa der Hälfte der Bearbeitungen schneidet sie sich dabei eine oder beide Hände ab, um den Vater abzuschrecken); es flieht in die Fremde und trifft dort einen Prinzen, der sie bald heiratet. In dessen Abwesenheit bringt die Heldin ein Kind zur Welt und wird (meist von ihrer Schwiegermutter) im Rahmen eines für den Stoff konstituierenden Brieftausches verleumdet und verfolgt, sodass sie erneut fliehen muss. Im dritten Handlungsraum wird die Familie nach beschwerlichen *Quêtes* zusammengefügt; das junge Paar wird in seine gesellschaftliche Position wieder eingeführt, sodass die zu Beginn problematische Herrschaftssituation gelöst und legitimiert wird.

Charakteristisch für die Bearbeitungen des *Manekine*-Stoffes ist, dass die Handlung (anders als zum Beispiel im Fall des *Melusine*-Stoffes) bis zum Ende der Tradierung weder personell noch zeitlich oder räumlich werkübergreifend festgelegt wird. Dabei lassen sich dennoch inhaltlich bedingte Gruppen erkennen: Die frühen Bearbeitungen des Stoffes bilden in ihrer Mehrheit zwei Branchen, die die Handlung auf zwei geografischen Achsen situieren: einmal auf der Achse Ungarn / Anjou / Rom, dann auf der Achse England / Frankreich / Rom, wobei beide im Hochmittelalter vertraute historisch-politische Konstellationen abbilden. Bereits diese geografische Zuordnung gibt einen Eindruck vom handlungsbedingten Stellenwert des Mittelmeers in den Texten. Über drei Viertel der Bearbeitungen situieren die Handlung (mindestens zum Ende) im Mittelmeerraum: Weil die verleumdete und verfolgte Jungfrau (ähnlich wie in allen Minne- und Aventiureromanen) die Berechtigung erlangt, wieder in ihre eigentliche soziale Position eingesetzt zu werden, endet wie erwähnt ihr Weg meistens in Rom, wo der Papst die Schuld der männlichen Protagonisten vergibt und die von den Wirren der Handlung getrennte Familie zusammenführt.

Diese Erzähltradition erweist sich das gesamte Mittelalter hindurch in Mittel- und Südeuropa als ein Ort transkultureller und literarischer Interaktion. Die Erzählungen werden sehr breit tradiert; auf der Oberfläche der Handlung beeinflussen sie einander vielfältig über alle Gattungs- und Sprachgrenzen hinweg – vermutlich sowohl in mündlicher Tradierung (im Fall des *Manekine*-Stoffes bis ins neunzehnte Jahrhundert hinein, man denke an die Verbreitung des Märchens des *Mädchens ohne Hände*[2]), als auch in den vormodernen Verschriftlichungen. Obwohl diese Formen literarischen Austauschs bzw. die intertextuellen Beziehungen sehr diffe-

---

2 Vgl. hierzu einführend: Köhler-Zülch 1996, 1375–1387.

renziert sind, weist der inhaltliche Vergleich der hoch- und spätmittelalterlichen Erzählungen jedoch nur selten auf deutliche Quellenverhältnisse hin. Selbst wenn zum Beispiel das Werk des Philippe de Rémi *La Manekine* als ältester Roman der Tradition bereits alle strukturellen und motivischen Charakteristika des Stoffes beinhaltet (und festlegt), ist eine besondere Wirkung dieses Textes, die etwa an der Übernahme konstitutiver Handlungselemente erkennbar wäre, lediglich an sehr wenigen Stellen eindeutig nachzuweisen. Diese Tatsache ist literarhistorisch konstitutiv: In einer Erzählwelt „variabler, wiedererzählender Texte", in der „ein Autor, wenn er einen Stoff aufgreift, [sich] nur bedingt auf einen bestimmten Prätext"[3] bezieht, liefern die Bearbeitungen des *Manekine*-Stoffes Beispiele einer auktorialen Auseinandersetzung mit den Stoffvorgaben. Diese Auseinandersetzung setzt einerseits die Übernahme sowohl der Erzählstruktur (Verleumdung und Verfolgung der Heldin, die im Fall des *Manekine*-Stoffes eine dreifache Raumordnung bedingt) als auch einer präzisen Reihe von Motiven (Inzest, Flucht, Heirat mit den Prinzen, Verleumdung durch Brieffälschung, *Quêtes* und Zusammenführung der Protagonisten) voraus; andererseits bietet sie unendlich vielfältige Formen des Spiels zwischen Kontinuität und Variation in der Gestaltung der Figuren und der Handlung.

In diesem Rahmen zeichnen sich auch innerhalb der mittelalterlichen literarischen Sprachlandschaften nur selten Spuren klarer Intertextualität, die eine einfache Kenntnis bzw. Übernahme des Stoffes überschreiten würden, ab – selbst wenn zum Beispiel die Texte, die aus der iberischen Halbinsel stammen, in einzelnen Details miteinander verwandt sind, oder die Fassungen, die in England[4] oder Italien[5] entstanden sind, jeweils voneinander abhängig sind.[6] Interessant ist

---

3 Beide Zitate Kiening 2009, 34.
4 Vgl. die Constanze-Bearbeitungen von Nicholas Trivet, Chaucer oder John Gower oder das Gedicht *Emare*. Zu diesen Texten und allen weiter im Beitrag erwähnten Bearbeitungen des *Manekine*-Stoffes vgl. Hagby 2023, Kap. 1 und Bibliographie raisonnée.
5 Dort besonders in der Mirakel- und der Uliva-Tradition.
6 Genauso wenig aussagend gestalten sich die intertextuellen Verbindungen unter den deutschen Bearbeitungen. Dieser (verhältnismäßig großen) Gruppe werden neun Texte zugeordnet: der hochmittelalterliche Roman *Mai und Beaflor* und *Die Königstochter von Frankreich* des Hans von Bühel; eine Kurzerzählung (*Die Königstochter von Reußen*), die in der Chronik von Jens Enikel und in einer weiteren Fassung überliefert ist, sowie zwei Exempel aus dem Ende des fünfzehnten Jahrhunderts (eine Kurzfassung, in der der *Manekine*-Stoff die *Enfances* des Heiligen Bartholomäus bildet, sowie ein Marienmirakel); schließlich wird der Stoff am Ende des *Herpin* von Elisabeth von Nassau-Saarbrücken erzählt, sowie in zwei recht freien deutschsprachigen Bearbeitungen der *Königstochter von Frankreich* aus der frühen Neuzeit: in einem Kurzroman von Cyriakus Schnauß (*Trostspiegel für die Elenden*) und in einem Drama von Hans Sachs (*Marina*).

allerdings, dass (vermutlich weil in diesem Fall die lateinischen Fassungen einen grenz- und sprachüberschreitenden Austausch ermöglichten) die Exempel, Mirakel oder *Contes pieux* in einigen Fällen eine eigene Dynamik der Intertextualität zu entwickeln scheinen: Ab der zweiten Hälfte des fünfzehnten Jahrhunderts verbreitet sich in diesen Werken z. B. eine Fassung des *Manekine*-Stoffes, die mehrfach und sprachgrenzüberschreitend überliefert ist.[7] In diesen Erzählungen wird der Inzest (ähnlich wie im *Schneewittchen*-Märchen) durch den Neid einer bösen Stiefmutter ersetzt; statt der Drei-Raum-Struktur findet sich eine kreisförmige Handlung (ohne Reisen). Diese Werke inszenieren einen König von Frankreich, eine böse Stiefmutter, die Königstochter, einen Herzog, der sie heiratet, und einen Einsiedler, der sie im Wald aufnimmt. Sie bilden eine Reihe sehr nah verwandter Fassungen einer Erzählung, ohne dass die intertextuellen Beziehungen, die sie einten und zur veränderten Handlung führten, zu beschreiben seien. Stellvertretend für die ganze Reihe der Bearbeitungen sollen im Folgenden am Beispiel des um 1490 in Breslau überlieferten, lateinischen Predigt-Exempels die erkennbaren intertextuellen Beziehungen aufgelistet werden, die diesen Text charakterisieren. Die Liste (Tab. 1) zeigt deutlich, dass die Herkunft der beeinflussenden Werke nicht auf eine literarische Sprachlandschaft beschränkt ist, sondern sich über ganz Europa erstreckt:

Tab. 1: Bestimmende Elemente des *Manekine*-Stoffes in verschiedenen Fassungen.

– Kreisförmige Bewegung der Handlung	– *Mai und Beaflor*
– Sehr enges Raumkonzept ohne Meeresreisen	– *Roman du Comte d'Anjou*
– Verbindung einer Traumvision mit der Heilung der abgeschnittenen Hände der Heldin	– *Belle Hélène de Constantinople* und *Victorial*, *Marienmirakel*
– Aufenthalt der Heldin bei einem Eremiten	– *Vitae Offarum*
– Geburt von Zwillingen	– *BHdC*, *Herpin*, *Pecorone*
– Kinder werden mit Hunden verglichen	– *Scala Coeli*
– Gestaltung der Rückkehr des Ehemannes	– *Königstochter von Frankreich*
– Angst der Heldin vor ihrem Ehemann	– *Manekine*, *BHdC*
– Feiern eines zweiten Hochzeitfestes am Ende der Handlung	– *Mai und Beaflor*, *KTvF*

Auffällig ist, dass die hier erkennbare Vielfalt der intertextuellen Beziehungen den Mittelmeerraum einschließt (*Manekine*, *Roman du Comte d'Anjou*, *Pecorone*, *Victorial*, *Belle Hélène de Constantinople*, *Herpin*), dessen Grenzen jedoch überspringt (*Vitae Offarum*, *Mai und Beaflor*, *Scala Coeli*, *Königstochter von Frankreich*) – eine

---

7 Es handelt sich um die beiden deutschen Exempel (vgl. Anm. 6) und um ein italienisches Marienmirakel aus den *Miracoli della Vergine Maria*, vgl. Hagby 2023, 487–496, darunter 491–494 zum Predigt-Exemplum.

Erkenntnis, die in den folgenden Abschnitten die Analyse der Rolle des Mittelmeerraums in der Gruppe der Bearbeitungen des Manekine-Stoffes weitgehend bestimmen wird.

2 Die *Doncella de Carcayona*

Eine ausdrückliche Rolle des Mittelmeerraums als besonderer Impulsgeber bei der Verbreitung des Stoffes ist in der Gruppe der *Manekine*-Bearbeitungen also kaum zu erkennen – genauso wenig wie präzise Wege der Wirkung, Rezeption und Überlieferung der Texte in den entsprechenden Sprach- und Literaturlandschaften nachzuzeichnen sind.[8] Dennoch scheint geografische oder sprachliche Nähe gelegentlich die Tradierung und Verbreitung einzelner Handlungsdetails oder gar Erzählungen zu begünstigen. In diesem Rahmen erweist sich die iberische Halbinsel als interessant: Bekannt sind im Mittelalter und in der frühen Neuzeit vier Werke, die in spanischer oder katalanischer Sprache verfasst wurden: die *Istoria de la Fiylia del rey d'Ungria* (sie wird im übernächsten Abschnitt dieses Aufsatzes als Beispiel besonders vielfältiger Instrumentalisierung des Mittelmeerraums vorgestellt); die *Istoria de la filla del emperador Contastí* (eine anonyme, in einer einzigen Handschrift überlieferte katalanische Prosanovelle größeren Umfangs aus der Mitte des fünfzehnten Jahrhunderts); das Kapitel KXII im *Victorial* – auch *Cronica de Don Pero Niño, conde de Buelna*, um 1440 – des Gutierre Diez de Games; schließlich die Novelle *La Doncella de Carcayona* (eine arabisch-spanische Erzählung des sechzehnten Jahrhunderts). Auffällig sind die inhaltlichen Verbindungen zwischen diesen Texten: So zwingt die Heldin in der *Istoria de la Filya del rey d'Ungria*, im *Victorial* und in der *Doncella de Carcayona* einen Diener mit sehr ähnlichen Worten, ihr *beide* Hände abzuschneiden. Mehrere Passagen in der *Doncella de Carcayona* erinnern darüber hinaus deutlich an die Erzählung des *Manekine*-Stoffes im *Victorial* – so die Antwort der beiden Königstöchter, als ihr Vater sie über die Hochzeit informiert, oder der Zeitpunkt der wunderbaren Heilung der abgeschnittenen Hände. Weiter wird der Herzog von Guyenne bei Gutierre Diez de Gamas nach dem Tod seiner Ehefrau in ähnlicher Weise von seiner Tochter getröstet wie der heidnische Herrscher von Carcayona; in beiden Werken sind auch die Gestaltung der Liebeserklärung und die Hochzeitsankündigung des Vaters verwandt. All diese Handlungsdetails werden in keiner weiteren europäischen Fassung der Manekine-Handlung vergleichbar erzählt, sodass hier vermutlich (ähnlich wie in

---

8 Vgl. Hagby 2023, Kap. 1.

der englischen Constanze-Tradition) die Folgen einer geografisch und sprachlich bestimmten Erzähltradition angenommen werden dürfen.

Umso interessanter ist in diesem Rahmen das Zeugnis der *Doncella de Carcayona*, deren Rezeptions- und Überlieferungsgeschichte ein außergewöhnliches Beispiel der Transferprozesse liefert, die im Spätmittelalter in diesem Kulturraum stattgefunden haben. In dieser Erzählung wird der Stoff nämlich traditionell behandelt und dennoch sehr gründlich ‚islamisiert'. Die *Doncella de Carcayona* ist ein wichtiges Zeugnis der *Aljamiado*-Literatur.[9] Die Novelle ist offensichtlich beiden literarischen und religiösen Kulturen, die ihre Entstehung prägen, verpflichtet: Auf der Oberfläche der Handlung knüpft ihr Autor an religiöse Lehren und Erzähldetails an, die in der orientalischen Literatur bekannt sind (dazu gleich mehr); doch bereits eine Zusammenfassung der *Doncella de Carcayona* zeigt, dass die Novelle sich als eine genaue Bearbeitung der *Manekine*-Handlungsstruktur erweist (Tab. 2):[10]

Tab. 2: Die Novelle *La Doncella de Carcayona* vor dem Hintergrund der Struktur des *Manekine*-Stoffes.

I.1	Erbfolgeproblem in Raum I: Tod der Mutter	Geschichte eines ‚Königs der Römer', der in Indien herrscht und Abgöttern dient, und seiner Tochter
I.2	Sicherung der Erbfolge im Raum I: Berater wünschen einen männlichen Erben	Der König beschwert sich, dass er keine Kinder bekommen kann, holt einen ‚medizinischen' Rat bei seinen Hofweisen und wird Vater eines wunderschönen Mädchens.
I.3	Konflikt Vater / Tochter: Inzestangebot bzw. Inzestversuch	Er lässt für sie einen Palast bauen, besucht und beschenkt sie oft und verliebt sich schließlich in sie.
I.4	Reaktion der Tochter: Verweigerung, Verstümmelung	Das Mädchen möchte sich für dessen Großzügigkeit bedanken und fragt, bei welchem Gott sie es tun solle.

---

9 Unter dem Begriff *Aljamiado*-Literatur sammelt die Literaturforschung Werke, deren Gestaltung und Verbreitung das Ergebnis der Lebensumstände der arabischen und jüdischen Minderheiten im späten Mittelalter (fünfzehntes bis siebzehntes Jahrhundert) eindeutig ist: Die Autoren verfassen die Texte in spanischer Sprache und verschriftlichen sie in arabischer (seltener hebräischer) Schrift. Die meisten Autoren sind *mudéjares* (d. h. Muslime, die im christianisierten Spanien der Reconquista-Epoche lebten). Dagegen werden die Werke der *moriscos* (spanische Muslime, die zu Beginn des siebzehnten Jahrhunderts exiliert wurden) auch in spanischer Sprache verfasst, jedoch in Nordafrika in lateinischer Schrift verschriftlicht. Zur *Aljamiado*-Literatur gehören vor allem religiöse islamische und juristische Texte; Werke, die biblische oder christliche Themen ‚islamisieren'; Bearbeitungen von literarischen Werken. Die *Doncella de Carcayona* scheint in diesem Umfeld eine wichtige Rolle gespielt zu haben. Vgl. Marcos Marín 2015, Valero Cuadra 2000, 67–90.
10 Zur Struktur des Manekine-Stoffes vgl. Hagby 2023, 44.

Tab. 2: (fortgesetzt)

I.5	Verurteilung der Tochter in Raum I	Wunderbare Bekehrung der Tochter – Bote ist eine Fliege, Lehrer eine goldene Taube. Langer religiöser Disput.
I.6	Verlassen des Raums I durch die Tochter: 1. Flucht der Tochter (*quête*)	Verurteilung durch den Vater, Abschneiden der Hände, erste Verbannung in den Wald
II.1	Gestaltung des Lebens der Tochter in Raum II	Carcayona lebt im Wald ängstlich und zurückgezogen.
II.2	Kennenlernen des zukünftigen Ehemannes (trotz zurückgezogenen Lebens)	Im Wald wird Carcayona sehr bald vom jagenden König von Antiocha entdeckt: Bekehrung des Königs zum muslim. Glauben. Heirat. C. führt als Lieblingsfrau ein schönes Leben in seinem Palast.
II.3	Sicherung der Erbfolge im Raum II: Heirat der Tochter und des Ehemanns; Schwangerschaft	Als der junge König eine lange Reise unternimmt, bekommt Carcayona einen Sohn.
II.4	Konflikt Ehemann / Schwiegermutter	Doch die anderen Ehefrauen ihres Mannes werden eifersüchtig.
II.5	Ehemann muss Raum II verlassen	
II.6	Geburt des Kindes / der Kinder	Konflikt mit den Nebenfrauen, die der Königsmutter einen falschen Brief schicken, der im Namen des Königs Carcayona dazu verurteilt, erneut tief im Wald ausgesetzt zu werden.
II.7	Konflikt Tochter / Schwiegermutter	
II.8	Briefsendung und Briefaustausch, Reaktion des Ehemanns	
II.9	Verurteilung der Tochter im Raum II	Der Befehl wird erfüllt.
II.10	2. Flucht der Tochter mit ihrem Kind	Carcayona kehrt in den Wald zurück.
II.11	Aufdeckung der Intrige (II.8) und Bestrafung	Als der von der Reise zurückgekehrte König von dem Verrat erfährt, beschließt er weinend, seine Frau sofort zu suchen. Allah führt ihn zu ihr, doch Carcayona versteckt sich aus Angst.
II.12	Verlassen des Raums II durch den Ehemann	
III.1	Ankunft und Aufnahme der Tochter in Raum III	Im Wald können C. und ihr Kind nur überleben, weil Allah ihre Hände im Schlaf heilt und eine zahme Hirschkuh sie ernährt.
III.2	Ankunft des Ehemanns in Raum III	
III.3	Vergebung; Öffentliche Beichte	Die Taube verrät ihr, dass ihren Mann keine Schuld trifft; Wiedererkennungsszene; große Liebe der beiden Helden.
III.4	Familienzusammenführung / Feierlichkeiten	
III.5	Lösung des Erbfolgeproblems Einsetzen des jungen Paares in die ihm zukommende Stellung	Schluss: ‚historische' Wende: Das Königspaar beschließt, eine neue Stadt zu gründen, in der die Familie und ihre Nachfolger die neue Religion ausüben können. Diese Stadt wird *Carcayone* genannt.

Inhaltlich ist die *Doncella de Carcayona* als Bearbeitung des *Manekine*-Stoffes in die europäische Tradition eingebettet; die Erzählung übernimmt alle konstitutiven Motive und Erzähldetails der im *Manekine*-Stoff vorgegebenen Handlung (inzestuöser Vater, Abschneiden der Hände, Verbannung in den Wald, Kennenlernen eines Prinzen, Heirat, Geburt eines Sohnes, Verleumdung durch boshafte Neider, Brieffälschung, Flucht, wunderbare Zusammenführung der Helden), selbst wenn an manchen Stellen die Islamisierung der Handlung zu grundlegenden Änderungen führt: z. B. wenn die erste Reise der Heldin durch eine immobile Form der Trennung ersetzt wird (nicht die fromme arabische Carcayona verlässt ihre Heimat, sondern ihr Vater beschließt, sie nicht mehr zu besuchen und so zu isolieren) oder wenn die weiteren, eifersüchtigen Ehefrauen des Prinzen die Rolle der bösen Schwiegermutter übernehmen. Diese Erzählhaltung bedingt genauso zahlreiche Details der Handlung, die durchaus als Reaktion auf die christliche Konzeption der Bearbeitungen des *Manekine*-Stoffes interpretiert werden sollten: So wird gleich zu Beginn der Handlung der inzestuöse Vater als ‚*König der Römer*' tituliert, der heidnische Abgötter anbetet und sich der neuen Religion seiner Tochter verschließt. Die meisten dieser Änderungen sind durch den Transfer in die neue Religions- und Literaturlandschaft bedingt. Der Autor tilgt alle inhaltlichen oder lehrhaften Elemente christlicher Kultur und Hagiographie und verleiht der Erzählung sehr konsequent die Exemplarität einer muslimischen Glaubenslehre, zum Teil sogar eines religiösen Disputs: Dazu legt er etwa die *narratio* im Prolog in den Mund bekannter Persönlichkeiten der mittelalterlichen islamischen Kultur, integriert eine ausführliche religiöse Lehre, die mehr als die Hälfte des Textes in Anspruch nimmt, in die Handlung, inszeniert mehrere Szenen der Missionierung und Bekehrung u. a. m.

Strukturell reproduziert die Novelle die stoffkonstituierende Dreiteilung der christlichen Erzählungen (siehe Tabelle): Die *Doncella de Carcayona* behält dazu sowohl das Prinzip der doppelten Verurteilung der Heldin als auch der Suche des/ der liebenden Verwandten bei. Zu Beginn wird die Handlung traditionell (Inzest und Verbannung durch den Vater) erzählt. Als Carcayona in ihrem Schloss allein zurückbleibt wird sie durch eine Fliege, später durch eine goldene Taube zum muslimischen Glauben wunderbar bekehrt. Hier fügt der Autor eine lange Lehrpassage ein, die alle wichtigen Formeln und Grundzüge des muslimischen Glaubens erklärt: das muslimische Glaubensbekenntnis, die Darstellung des Endgerichtes, des Paradieses und der Hölle, die Darlegung der Folgen der Bekehrung und der fünf Säulen des Islam.[11] Danach wird der Stoff traditionell weiter erzählt – zum Teil werden wie erwähnt Erzähldetails, die aus der Tradition orientalischer didaktischer Lite-

---

11 Beschreibung in: Valero Cuadra 2000, 91–155.

ratur bekannt sind, wie das Bild der ins Ohr belehrenden Tauben, eingeführt.[12] Interessant ist, dass (wie im *Manekine*-Stoff vorgegeben) auch in der *Doncella de Carcayona* die Trennung der Heldin von ihrem Vater und ihrem Hof das Spiel mit verschiedenen Erzählwelten und Identitätswechseln vorbereitet: Die verleumdete und verfolgte Jungfrau bekehrt sich zum islamischen Glauben als ihr Vater sie verlässt; später muss sie den zweiten Raum verlassen, um am Ende in ihre ursprüngliche soziale Position wieder eingesetzt zu werden usw.

Die Erzählung beginnt mit einem Rahmen: Ein historisch erkennbarer *historiador* namens Cabu el Ajber wird von zwei weiteren berühmten Persönlichkeiten der muslimischen Religionsgeschichte und -literatur aufgerufen, etwas Wunderbares („*alguna cosa marravillosa*"[13]) zu erzählen. Diese historisch authentifizierende Einleitung weist auf die funktionale Absicht von Autor und Erzähler hin: Das spanische Werk soll vorrangig als ein in die muslimischen Religionsgrundsätze einführendes Lehrgedicht gelesen oder gehört werden, worauf auch die bereits beschriebene funktionale Umkodierung einiger Elemente aus der *Manekine*-Tradition deutlich hinweist. Parallel dazu wird die *Doncella de Carcayona* als unterhaltende, spannende Liebesnovelle erzählt; gerade die Zusammenführung der Familie am Ende der Erzählung erinnert an die in den christlichen Fassungen an dieser Stelle beobachteten Emotionen.

Der älteren Forschung folgend sieht Valero Cuadra schließlich in dem Namen *Carcayona*, der auch die am Ende der Erzählung durch das vereinte Ehepaar gegründete Stadt (in den Handschriften mehr oder weniger verändert) kennzeichnet, eine Form von *Carcassonne*. Genauso wie die Figur der goldenen Taube verankert dieses Inhaltselement die traditionelle *narratio* in ihr neues moriskisches Umfeld, ohne den Verlauf der überlieferten Handlung und die europäische Erzähltradition zu stören. Allerdings greift der Autor dabei auf ein spezifisches Handlungselement zurück: die mythologisierende Gründungserzählung, mithilfe derer die Entstehung von Fürstengeschlechtern, Ländern oder auch Kriegen erklärt wird. Dieses Handlungselement kennzeichnet nicht nur die Eneas- oder die Melusine-Handlung, sondern auch zahlreiche Bearbeitungen des *Manekine*-Stoffes (d. h. beinahe alle großepischen Chansons de geste und Romane sowie mehrere Legenden und Novellen, vgl. unten *Die Königstochter von Frankeich*). Nach Valero Cuadro gilt die Stadt Carcassone, die im Frühmittelalter muslimisch, im Hochmittelalter christlich war, aufgrund ihrer Geschichte bei den Mauren als Symbol religiösen Widerstands.[14] Die islamische Bearbeitung der *Doncella de Carcayona* übernimmt somit das Histo-

---

12 Valeo Cuadra 2000, 67–79.
13 Valeo Cuadra 2000, 241.
14 Valero Cuadra 2000, 215–225.

risierungsprinzip, das die europäischen Gründungsromane des Mittelalters charakterisiert – und deutet es als mythologisiertes Symbol muslimischer Expansion um.

Dieses Zusammenspiel europäisch-christlicher und arabisch-muslimischer Elemente sicherte vermutlich den Erfolg der *Doncella de Carcayona*. Es erklärt die besondere Überlieferung der Novelle, die in diesem Fall eindeutig den Mittelmeerraum als Ort literarischen Transfers qualifiziert. Die *Doncella de Carcayona* ist in vier vollständigen Handschriften und zwei Fragmenten überliefert. Diese Überlieferungszeugnisse sind:[15]

1. Hs. J 57 aus der Bibliothek der Junta de Amplificación de Estudios de Madrid (C.S.I.C.), datiert 1578 (Datierung in lat. Schrift); arabische Schrift, evtl. aragonesische Herkunft; Titel: *Este es el recontamiento de la Donzella Carcaisiona, ficha del rey Nachrab con la paloma, recontado por Alí ibnu Abenhasan (...)*
2. Hs. J 3 aus der C.S.I.C., datiert 1587, *Leyenda da la Doncella Arcayona*; Sammelhs.: Rechtstexte, Erzählungen, Suren des Korans, arabische Schrift
3. Hs. 5313, Biblioteca nacional de Madrid (BNM), evtl. aragonische Provenienz, arabische Schrift, 16. Jh., Codex enthält religiöse Texte und Erzählungen
4. Hs. 9067, auch BNM, lateinische Schrift, entstanden 1611–1627; Codex vermutlich als von einem andalusischen Schreiber geschrieben, der im Exil in Tunis lebte; Charakter eines Hausbuches, enthält religiöse Erzählungen, Gebete, Suren u.a.m.; *Doncella de Carcayona* als Kurzfassung der ersten Redaktion (Hss. 1–3)
5. Fragment in HS. 1944, Nationalbibliothek von Algier, arabische Schrift
6. Fragment V4, Bibliothek der Real Academia de la Historia in Madrid (eine Seite)

Die drei ältesten, in Spanien entstandenen und dort rezipierten Handschriften sind nur leicht unterschiedliche Fassungen einer Texttradition; sie bieten den spanischen Text in arabischer Schrift, während die vierte Handschrift später von einem aus Spanien geflüchteten Morisken in Tunis in lateinischer Schrift geschrieben wurde. Dieser Text ist sehr gekürzt und erweist sich als eine selbständige Fassung auf der Basis der bekannten Erzählung, die in Nordafrika offensichtlich nicht vergessen werden sollte und (vielleicht um den europäischen Text zu ‚verstecken') in lateinischer Schrift festgehalten wurde. Die durch die Geschichte um 1600 in Spanien bedingten Besonderheiten des literarischen Austauschs im westlichen Mittelmeerraum werden hier in besonderer Weise deutlich: Sie führen sowohl zu einer transkulturell bedingten religiösen Anpassung der Erzählung als auch zum Erhalt des beliebten (ursprünglich christlich-erbaulich bearbeiteten) Stoffes in einem kulturell und religiös fremden Kontext. Die Überlieferungswege widerspie-

---

15 Angaben Valero Cuadra 2000, 23–28.

geln das Leben der spanischen *Mudajerares* und *Morisken* und deren Kontakt mit der arabischen Sprache, Kultur und Literatur.[16]

Gerade durch ihre inhaltliche und strukturelle Nähe zur traditionellen Handlung und ihre völlig neue Funktionalisierung in einem fremden religiösen Kulturraum ist die *Doncella de Carcayona* für die Analyse der christlich-europäischen Bearbeitungen des *Manekine*-Stoffes als Gruppe außergewöhnlich: Sie bezeugt sowohl die besondere Flexibilität der Handlung als auch die Stabilität der Hauptmotive und Strukturen bis in fremde literarische Kulturen hinein, sowie die Fähigkeit des erzählten Stoffes, im Mittelmeerraum in historisch schwierigen Rezeptionssituationen neue Wege der Weitertradierung zu finden.

3 Die *Königstochter von Frankreich*

Während im Fall der *Doncella de Carcayona* der Schwerpunkt der Analyse auf den Mittelmeerraum als Ort des literarischen Austausches über Religionen und Kulturen hinweg gelegt wurde, soll in diesem und dem nächsten Abschnitt ein Einblick in die Darstellung und Instrumentalisierung des Mittelmeeres und der Mittelmeerreisen als literarisches Motiv in der Gruppe der Bearbeitungen des *Manekine*-Stoffes ermöglicht werden. Grundsätzlich erweist sich der Versuch, die Formen der Instrumentalisierung des Motivs der Mittelmeer-Reise im *Manekine*-Stoff zusammenzufassen, als schwierig, weil der Stoff trotz seiner außergewöhnlichen strukturellen und motivischen Stabilität den Autoren eine flexible Konzeption der Oberfläche der Handlung erlaubt, die bereits in den bis jetzt dargestellten Beispielen deutlich wurde. Hinzu kommt, dass die Überlieferung umfangreich ist. Durchsucht man die Bearbeitungen des *Manekine*-Stoffes nach Darstellungen des Mittelmeer(raum)s, ergeben sich folgende Zahlen: In 33 Werken wird von unterschiedlich vielen Mittelmeerfahren der Heldin erzählt (einer in der *Ystoria regis Franchorum et filie* und bis zu fünf in der *Historia della regina Oliva*); insgesamt unternehmen die Heldinnen mehr als neunzig Fahrten – die Reisen der ihnen folgenden Helden und Nebenfiguren kommen noch hinzu. Im Folgenden habe ich zwei repräsentative Werke ausgesucht, in denen die auktoriale Instrumentalisierung des Motives zum

---

16 Der doppelt gerichtete kulturelle Hintergrund der Entstehung der *Aljamiado*-Literatur erklärt zum Teil die Schwierigkeiten der Forschung, die *Doncella de Carcayona* literarhistorisch zuzuordnen: Während die ältere Forschung einseitig die europäische Herkunft der Novelle unterstreicht, versuchen spanische Forscher, die die Zugehörigkeit des Werks zur *Manekine*-Tradition nicht als vorrangig betrachten, ein Vorlagenverhältnis mit der orientalischen Literatur zu behaupten. Vgl. Busto Cortina 1999; Valero Cuadra 2000, 226–230.

Teil zu gegensätzlichen Ergebnissen führt: einmal der mittelhochdeutsche Roman *Die Königstochter von Frankreich*, dann die katalanische Novelle *La filya del rey d'Ungria*. Die Fragen, die beiden Erzählungen gestellt werden, sind inhaltlicher und funktionaler Natur: Inszeniert der Autor vertraute oder fremde Situationen und Landschaften? Wie werden Angst und Zuversicht, Vertrautheit und Fremdheit diskursiviert? Wie wird das Meer in der Handlung funktionalisiert?

Der um 1400 von Hans von Bühel am Hof des Kölner Bischofs Friedrich von Saarwerden gedichtete Roman *Die Königstochter von Frankreich* ist eine großepische Bearbeitung des *Manekine*-Stoffes.[17] Seine Rezeption und Wirkung fand in mehreren Phasen statt: Der Text ist zunächst in einem handschriftlichen Fragment aus dem fünfzehnten Jahrhundert überliefert. Dieses unterscheidet sich nur gering von den beiden Inkunabel-Drucken, die bei Grüninger in Straßburg 1500 und 1508 entstanden. Schließlich wurde der Roman in drei frühneuzeitlichen Bearbeitungen des Stoffes im sechzehnten Jahrhundert direkt bearbeitet: im Drama *Marina, deß königs tocher auß Frankreich* des Hans Sachs; in Justin Göblers *Historia de quodam filia regis Galiae* und im *Trostspiegel für die Elenden* des Cyriakus Schnauß (1548).

Die Königstochter von Frankreich gehört zu den Bearbeitungen, die den *Manekine*-Stoff als Erklärung des hundertjährigen Krieges funktionalisieren: Wie in der *Manekine*-Handlung vorgesehen muss die Tochter des französischen Königs nach einer glücklichen Kindheit vor den inzestuösen Plänen ihres Vaters fliehen. Sie lernt den englischen König kennen, der sie heiratet. Als von ihrer Schwiegermutter verleumdete und verfolgte Heldin landet sie nach der zweiten Flucht in Rom an, wo die traditionelle (friedliche) Zusammenführung der Familie im Beisein des Papstes stattfindet. An dieser Stelle setzt Hans von Bühel die Handlung entgegen der Erzähltradition fort: Nach dem baldigen Tod des französischen Königs und seiner Tochter wählen die französischen Räte einen anderen König als den englischen Thronerben, um eine Verbindung der beiden Länder unter der Herrschaft der englischen Königsfamilie zu verhindern – es kommt zum Krieg.

Bereits diese Zusammenfassung deutet an, dass das Werk viele Meer- und Landreisen erzählt: Strukturell verläuft die Handlung, den Vorgaben des Stoffes entsprechend, in den durch Meerfahrten erreichten drei Räumen der Herkunft, der Prokreation und des Exils, doch der hinzugefügte ‚historische' Abschnitt führt zu zahlreichen zusätzlichen Fahrten zwischen Frankreich und England. Die Liste der Meerreisen in der *Königstochter von Frankreich* ist entsprechend länger als in den meisten anderen Bearbeitungen. Das sind:
1. die Reise der Heldin nach London
2. die erste Kriegsreise des Ehemanns von London nach Schottland und Irland

---

[17] Edition des Romans: Hagby 2017; Monographie: Hagby 2023.

3. die Reise der Heldin von London auf die Insel
4. die Reise der Heldin von der Insel nach Rom
5. die Reise des Helden von England nach Rom
6. die Rückreise der englischen Königsfamilie nach London
7. die Reise des französischen Königs zum Turnier nach London
8. die Rückreise des Königs nach Paris/Calais nach dem Turnier
9. die Reise der englischen Königsfamilie nach Calais/Paris beim Tod des Königs
10. die zweite Reise des Helden nach Schottland und Irland, diesmal aus Frankreich.[18]

Diese zehn Meerreisen können unter drei Perspektiven typologisiert werden: Fünf Meereisen gehören zur fiktionalen Handlung des *Manekine*-Stoffes; fünf zum ‚historischen' Abschnitt. Dann reist die Heldin dreimal allein (bzw. mit ihrem Kleinkind); dreimal reist auch der Held nach Schottland oder nach Rom allein (bzw. mit seinem Heer); die restlichen Reisen bringen die gesamte(n) Königsfamilie(n) von England nach Frankreich oder zurück. Schließlich – diese Perspektive ist für diesen Aufsatz die wichtigste – führen neun Reisen die Protagonisten über den Ärmelkanal, während nur eine Reise (bzw. evtl. zwei Reisen) das Mittelmeer als Kulisse zeichnet.

Die ausdrücklich von England aus stattfindenden Reisen werden sehr knapp geschildert – gereist wird zwischen England und Frankreich, aber auch zwischen England, Schottland und Irland. Zum Beispiel wird die Rückreise des französischen Königs und seiner Tochter nach dem Turnier in London in wenigen Versen beschrieben, die die Überfahrt auf dem Meer gar nicht erwähnen:

> DEr künig der nam da vrlob do,
> Er schiede da in frőden so.
> Er gieng zů dem schiff in,
> Sein tochter gienge mit im hin.
> Vnd da er in das schifflin kam, (...)
> Der hoffmeister da anefieng
> Vnd hieß die schiff stossen an,
> Das sie fůren hin von dan. (...)
> Von Franckrych der künig rein
> Fůr da über gen Kalis hin. (V. 7379–7393)

In diesen Kriegsfahrten oder (politisch bedingten) Familienreisen findet grundsätzlich keine Handlung auf dem Meer statt; die Schiffe sind ausschließlich Verkehrsmittel, die die Protagonisten zum nächsten Handlungsort tragen. Deren Vor-

---

[18] Die letzte Reise des Königs und seines Sohnes nach Frankreich nach dem Tod der Königstochter wird durch die Wahl der französischen Räte ausdrücklich verhindert.

bereitung gehört zur Organisation der königlichen friedlichen oder kriegerischen Aufgaben: Wenn zum Beispiel die fliehenden Schotten Zuflucht auf Schiffen finden, um nach Irland zu fahren, muss der englische König ihnen auf dem Meer folgen. Dabei fallen die geografischen und historischen Kenntnisse des Autors über die angesprochenen Gegenden auf, die dem alemannischen Roman Züge chronikalischen Erzählens verleihen: Als geschildert wird, dass der französische König sich zu Beginn der Handlung in Calais aufhält, um sich und seine Tochter nach dem Tod der Königin zu erholen, erwähnt Hans von Bühel, dass Calais „horte noch dann gen frankrych / Syt her hat es verwandelt sich / Das es nun hört gen Engelland" (V. 6836–6838); der englische König, der gegen Schotten und Iren kämpft, verfolgt seine Gegner erst zu Pferde durch das ganze Land, bevor er an der Küste Nordschottlands in seine Schiffe steigt und nach Irland weiter zieht. Auch wird seine Reise nach Rom (nach der Überfahrt über den Ärmelkanal) als eine Landreise dargestellt, bei der er drei Tagesreise hinter dem französischen König herreitet.[19] Diese Meeresüberfahrten werden (jenseits der realen Gefahren durch Wind oder Sturm, die gelegentlich erwähnt werden) nicht als bedrohliche Grenzüberschreitungen inszeniert, die Brüche im Leben der Protagonisten bedeuten: Die als ‚historisch' zu betrachtenden Reisen sind in der *Königstochter von Frankreich* ‚einfache' Erzähldetails – keine Elemente inhalts- oder strukturbedingter Initiationsprozesse. Die in mittelalterlichen Erzählungen häufig zu findende Funktionalisierung von Meeresüberfahrten als Orte rituell definierter Übergänge zur Identitätsfindung der Helden gilt an diesen Stellen nicht.

Allerdings unterscheiden sich diese Reisen deutlich von denjenigen, die die fliehende Königstochter selbst unternimmt: Letztere gehören nämlich zu den im *Manekine*-Stoff vorgegeben Überfahrten zwischen den Handlungsräumen und werden im Roman grundlegend anders konzipiert und funktionalisiert. Interessant ist, dass der Straßburger Drucker Johan Grüninger diesen Unterschied in seinen Drucken von 1500 und 1508 durch eine Besonderheit in der Illustrierung der Bücher unterstreicht: Während die üblichen Reisen, sofern sie illustriert werden, meistens durch die Kombination von zwei Holzschnitthälften dargestellt werden, welche zum Teil nur grob zusammen passen und die Handlung oberflächig wiedergeben, lässt der Drucker für die drei Reisen der Königstochter, die als Struktur der fiktionalen Handlung erkannt werden sollen, einen Holzschnitt herstellen, der an den drei Stellen der Handlung identisch reproduziert wird.[20] Diese Reisen tragen in der obigen Auflistung die Nummer 1, 3 und 4: Hans von Bühel

---

19 Genauso muss die Königstochter an der italienischen Küste erst einen langen Fußmarsch hinterlegen, bevor sie und ihr Sohn die Stadt Rom erreichen (V. 4450).
20 Vgl. Edition Hagby 2017, 89, 126, 152. Zu den Illustrationen der Drucke vgl. Hagby 2016, 39–60.

verdoppelt nämlich die zweite Flucht der verfolgten Jungfrau im *Manekine*-Stoff: Die französische Königstochter flieht aus England im ruder- und segellosen Boot, das sie nach London gebracht hatte, und landet zunächst auf einer Insel, auf der sie und ihr Sohn sechs Jahre in absoluter Einsamkeit leben und sich von Kräutern und Wurzeln ernähren. Nach dieser Zeit beschließt die Heldin, der sowohl Beichte und Messe als auch gesunde Nahrung fehlen, erneut in das Boot zu steigen; diesmal kommen sie und der junge Prinz in Rom an. Diese Tatsache ermöglicht es dem Autor, den drei Reisen einen symbolischen Charakter zu verleihen und die Darstellung der in Askese büßenden Heldin zu präzisieren. Sie ändert nichts an der Tatsache, dass diese Meeresfahrten durch den fiktionalen Stoff unmittelbar bestimmt sind: Anders als die eben besprochenen Kriegs- und Familienreisen werden alle drei nicht als realistische Reisen konzipiert, sondern eindeutig literarisch diskursiviert.

Die erste Konsequenz dieser veränderten Erzählhaltung betrifft die Erzähltechnik bzw. die Zeit- und Raumkonzeption. Wie in den meisten fiktionalen Bearbeitungen des *Manekine*-Stoffes werden die Reisen der fiktionalen Handlung räumlich nur schablonenhaft situiert: Genannt werden Abfahrts- und Ankunftsorte, doch der Rezipient erfährt nichts über die Reisewege, die wenig plausibel erscheinen. Der Erzähler erwähnt überhaupt nicht, wo die einsame Insel sich in etwa befindet – was indirekt dazu führt, dass nicht sicher erkennbar ist, ob im Roman eine oder zwei Mittelmeerreisen stattfinden.[21] Außerdem wird die Gesamtdauer der Reisen in Verbindung mit dem Aufenthalt auf der einsamen Insel als eindeutig symbolisch gedachtes, kaum auf Plausibilität gerichtetes Rechenspiel konzipiert: Die junge Frau und ihr Kind verbringen sechs Jahre in der Wildnis der Insel (V. 4315), sechs Monate auf dem Boot zwischen der Insel und Rom, und sechs Monate in Rom (V. 4791), bevor es zur Wiedererkennung kommt. Zusammengerechnet sind es also sieben Jahre: Auch in der *Manekine*, in *Mai und Beaflor*, in der *Fiylia del rey d'Ungria* und in *Emaré* leben die Protagonisten sieben Jahre in Rom, bevor die Familie zusammengeführt wird. Die christliche Symbolik der Zahl sieben zerstört allerdings die Plausibilität der Reisen, denn das Verhältnis zwischen den zehn Tagen der ersten und den sechs Monaten der zweiten ist kaum glaubhaft. Auffallend ist umgekehrt, dass die sonstigen, historisch festgelegten und wesentlich chronikalischer gestalteten Reisen in der gesamten Handlung durch Binnendatierungen nicht präzisiert werden: Weder die Dauer der (wie eben erwähnt ‚realistisch' konzipierten) schottischen Reisen oder der Überfahrten auf dem Ärmelkanal noch der Zeit-

---

21 Diese beiden Reisen werden lediglich durch Binnendatierungen gekennzeichnet: Der erste Teil der geteilten Reise nach Rom dauert zehn Tage (V. 4285), der zweite ein halbes Jahr (V. 4402).

punkt und die Dauer der gleichzeitigen Reisen des Vaters und des Ehemannes nach Rom werden genannt.[22]

Inhaltlich erweist sich die Darstellung des Meers und der Meerreisen als traditionell: In diesen Passagen erscheint das Meer als einzige Möglichkeit, der Gefahr im Heimatland zu entkommen. Das Meer ist sowohl Flucht- und Schutzraum als auch gefährlicher und unbeherrschbarer Ort, in dem die Protagonistin konkret um ihr Leben und das Leben ihres Kindes fürchten muss:

> Sie gedacht: ‚ee das du dein ere
> Verlürest also lasterlich,
> Du wilt vil ee doch wagen dich
> Jn ein gar cleines schiffelin
> Vff dem wilden mŏre da hin.
> Ertrinck ich dan vnd verdürbe,
> Villicht in ienr welt ich erwürbe
> Vmb got vnd die lieben mŭter sin,
> Das ich villicht behalten bin.
> Das beschech mir nit-an dem bett
> So ich mein er verloren hett.' (V. 280–290)

> Das sie sicherlich fürwar
> Sich nie getorst wagen me
> Ja vff des wilden mŏres se.
> Sie forcht alzyt den starcken wint,
> Das er verderbt sie vnd ir kind. (V. 4318–4322)

> ‚Der bŏß lufft will vns tŏdten beide:
> Jst es das ich nit hindan scheide.
> Vnd mit mir mein liebes kind,
> So tŏdtet vns der starcke wind.
> Jch weiß nit, war ich keren sol.
> Herr gott, deiner hilff bdŭrfft ich wol,
> Trŏste mich vnd mein liebes kind. (V. 4349–4355)

Das Meer ist also Raum höchster Gefahr, aber auch Zufluchts-, Übergangsort und Schwelle in ein neues Leben. Dabei gibt der *Manekine*-Stoff diese redundante Form der Meeresdarstellung vor und instrumentalisiert die Wiederholungen auf der Ebene der Struktur des Werkes: Um die verbindenden Meerfahrten wird im Roman eine zusammenhängende Erzählwelt aufgebaut, die geschlossen wirkt – ohne dass unbedingt zwischen Ärmelkanal und Mittelmeer unterschieden würde. In der *Königstochter von Frankreich* führen diese inhaltlichen Entscheidungen dazu, dass die im Stoff vorgegebenen Meerreisen eine ähnliche Funktion bekommen wie die

---

22 Vgl. Hagby 2022, Kap. 1.

historischen Reisen: Beim Übergang zwischen erstem und zweitem Handlungsraum wird aus der verfolgten französischen Königstochter eine englische Königin; beim Wechsel zwischen zweitem und drittem Raum setzt ihr Sohn als Vertreter der nächsten Generation die Grundlage seiner künftigen, wiedergewonnenen königlichen Identität, als er zum Adoptivsohn des Papstes wird. Diese Parallelisierung der Handlung weist auf den genealogisch orientierten Charakter der Entstehung des Krieges hin.

Die Geschlossenheit der Reisen der Königstochter beruht inhaltlich auf dem Kontrast zwischen der den Meerreisen inhärenten Gefahr und dem unerschütterlichen Gottesvertrauen der Heldin (und ihres Kindes). Ihre Überfahrten bestätigen die von Erzähler oder Figuren erwähnten Befürchtungen: Sie sind von sich steigernden extremen Wetterbedingungen, Entbehrungen, von Erschöpfung und Hilflosigkeit geprägt, die erneut vor jeder Reise systematisch und konkret geschildert werden:

> Da kam gar ein grülicher wint
> Vnd warff daz lieb vnd hübsche kint
> An ein gebyrg, was groß vnnd hoch;
> Gegen Engelland es hyn zoch.
> Zů einer statt by dry mylen
> Hin warff sie der wind mitt ylen. (V. 355–360)

> Das schiffelin nam manigen ker
> Hin vnnd doch her vff dem mer.
> Es schwang sich ie gar tieff nyder
> Vnd schoß dan über sich her wyder
> Als ein pfyle von eim armbrost thůt.
> So viel dann die künigin gůt
> Jn dem schiff von wend zů wende.
> Da lag ir kind an dysem ende,
> Danne lagent sie dort beide. (V. 4275–4283)

> Die künigin das schifflin anstieß.
> Da schnurret es hin also ein pfyle
> Jn kurzer zyt manige myle,
> Das nie grösser wetter wart. [...]
> Es kam auch dicke·der tag,
> Das sie wondent, sie werent tot,
> So gar brachte sie der wind in not. (V. 4292–4400)

Doch die Zuversicht auf den göttlichen Schutz entschärft diese Prüfungen immer wieder, sodass am Ende der Reisen weder Erzähler noch Protagonisten sich über den glücklichen Ausgang wundern; der englische Prinz springt nach der schweren halbjährigen Reise „vß dem schiffe [...] / frischlich als ein gůt geselle" (V. 4416 f.).

Im alemannischen Roman werden die Meerreisen der verfolgten Heldin generell stärker durch den Willen Gottes gelenkt als in den meisten anderen Bearbeitungen. Die Heldin ist den Gefahren der Natur mit größerer Gewalt ausgeliefert als ihre Verwandten, die sie verfolgen; doch Gott gibt der ungewöhnlich frommen Frau nicht nur die schweren Prüfungen auf, sondern sendet ihr auch die richtigen Winde, die sie am Ende der Fahrten jeweils nach London oder Rom führen. Er lenkt in seiner Allmacht die Schiffe und führt die Reisende genau an den Ort, wo sie (und ihr Kind) zu ihrer Bestimmung finden. Dabei betet die Königstochter ohne Unterlass um Hilfe, um Leitung oder um Rat – vor und während der Fahrten:

> Die künigin warff der wind da hin.
> Sie knüwete in dem schiffelin
> Vnd bat gott in dem hymelrych,
> Das er ir were genediglich,
> Hulffe zů lande mit eren,
> Das sie doch möchte generen
> Sich selber vnd ir kindelin,
> Vnd sie behüte vor todes pyn. (V. 2697–2704)

> Sie ward vnsern hergot bitten,
> Das er durch seiner mûter er-
> Jrem kind vnd ir hilff über mer,
> Das sie zů den lüten keme. (V. 4338–4341)

> ‚Nun walte es got', die künigin sprach,
> ‚das wir sind zů lande wyder.'
> Sie knütent beid zůstund nyder
> Jn dem schiff demüticlich
> Vnd dancktent gott im hymelrych. (V. 4410–4414)

Vor der dritten Fahrt bringt sie ihrem Kind das Beten bei und singt mit ihm ein verbreitetes mittelalterliches Reise- und Pilgerlied („Vnd lege zůsamen dein hende / Vnd sing, mein liebes kind, mit mir / ‚In gottes namen faren wir'", V. 4388–4390). Das Verhältnis zwischen Reise, Frömmigkeit und göttlicher Leitung drückt sich schließlich in der Tatsache aus, dass Gott die Gebete der Heldin erhört und ihr unmittelbar antwortet, indem er ihr direkt nach ihren Gebeten die richtigen Gedanken schickt. Dieses Prinzip regelmäßiger Gebetserhörung, das das Auserwähltsein der Heldin erneut unter Beweis stellt, ist u. a. bei der Ankunft der Heldin in London zu beobachten, als die Königstochter aus der Angst heraus, allein in der Fremde zu bleiben, verzweifelt betet und noch während des Gebets das Haus ihrer ersten Wirte entdeckt (vgl. V. 366–379).[23] Im hier folgenden Abschnitt fällt der dialogische

---

23 Zum dialogischen Charakter der Gebete im Roman vgl. Hagby 2012.

Charakter der göttlichen Antwort besonders auf, weil die Heldin zu sich selbst in der zweiten Person redet:

> Zů got weinende sprach sie:
> ‚O herr gott lieber schöpffer min,
> Was ellende kindes ich bin.
> War sol ich nun mich hin keren,
> Das ich doch blybe by eren-
> Vnd auch der liebe vatter mein.
> Sol des sele vnd auch die mein
> Verloren werden in dyser fryst?
> Das erbarm dich, herr ihesu crist,
> Vnd gerůche dyß ding zů wenden
> Oder aber mein leben enden.'
> Vnd als sie weinte so cleglich,
> Jn dem bedachte sie sich,
> Als die stat lag an dem mŏre.
> Sie gedacht: ‚ee das du dein ere-
> Verlürest also lasterlich,
> Du wilt vil ee doch wagen dich
> Jn ein gar cleines schiffelin. (V. 266–283)

Die göttliche Führung in größter Gefahr, aber auch der Trost und die Gebetserhörungen, das Pilgerlied oder die Zeichen der Frömmigkeit (Kreuzzeichen, Kniefall, Gebet, Weinen) bieten der Heldin die Möglichkeit, den Grundstein ihrer Buße zu legen. In diesem Rahmen konzipiert der Autor ihre Reisen als Bußfahrten: In der Flucht übernimmt die Königstochter nämlich in einer christologischen Geste die Schuld ihrer Verwandten. In mehreren zeitgenössischen Bearbeitungen des *Manekine*-Stoffes endet die Handlung nach der gefährlichen Mittelmeerfahrt in Rom, wo die Kontrahenten der Heldin beim Papst beichten; in der *Königstochter von Frankreich* beichtet die Heldin schließlich selbst.

Diese besondere Ausmalung der göttlichen Führung während der Meerfahrten soll im Roman also darauf hindeuten, dass (deutlicher noch als z. B. in der *Manekine* des Philippe de Rémy oder in *Mai und Beaflor*) die Königstochter in ihren Reisen einen geeigneten Raum findet, um ihre ‚Quasi-Heiligkeit' auszuleben. Allerdings führt sie konsequent zu einer Schwächung des Motivs der Fremdheit der verfolgten Jungfrau im Mittelmeerraum: Die junge Frau plant vor allen Reisen neu, wie viel Proviant sie mitnehmen soll, bevor sie in ihr Boot steigt; sie kennt die Gefahr, in die sie sich begibt, bzw. holt göttlichen Rat, wenn sie nicht weiter weiß u. a. m. Dadurch entschärft der Erzähler die Probleme, die bei der Ankunft in die fremden Gegenden eintreten könnten, und vermittelt den Eindruck, dass die Königstochter ihr zukünftiges Leben in der Fremde vorbereiten konnte. Besonders das Leben in Rom ist ihr von Anfang an nicht fremd. Die Königstochter kennt die Landschaft in

Rom; sie weiß, dass sie erst lange zu Fuß in die Stadt gehen muss und bedarf dabei keiner Hilfe; sie hat keine Sprachprobleme und gestaltet ihr soziales Leben in der großen Stadt als Steigerung ihrer Situation bei ihren Londoner Wirten. Sie selbst schlägt dem römischen Bürger vor, Aufgaben in Rom zu übernehmen, die diejenigen in London übersteigen. Damit wird klar, dass alle Orte der Handlung als Teile eines einheitlichen Raums konzipiert werden.

Tatsächlich ist der Mittelmeerraum in der *Königstochter von Frankreich* weitgehend austauschbar: Das Mittelmeer ist beim zweiten Raumwechsel trennendes und einendes Element zugleich – ähnlich wie der Ärmelkanal beim ersten Raumwechsel, der die Heldin aus Frankreich nach England führte. Selbst wenn eine klare Steigerung der Prüfungen die Biographie der Königstochter charakterisiert,[24] wird das Mittelmeer lediglich (nicht anders als der Ärmelkanal) als Vehikel der Flucht und der Familienzusammenführung inszeniert, als „maritime Kontaktzone".[25] Der Erzähler nutzt die Gelegenheit nicht, um auf besondere soziale, kulturelle oder ökonomische Formen des Austausches hinzuweisen; er fügt keine Erwähnung oder Berücksichtigung der Entfernungen, keine Ernennung weiterer Orte, Städte oder Dörfer, die am Meer liegen und weitere Raumvorstellungen hervorrufen könnten, hinzu. Außerdem werden die drei Reisen der Heldin, wie gerade gezeigt, sehr ähnlich beschrieben – bis hin zu strukturell instrumentalisierten, beinah wörtlichen Zitaten in der Darstellung des Windes.[26] Während der Reisen wird an keiner Stelle die Beschreibung des Meeres in den Vordergrund gerückt, stattdessen werden vielmehr die menschlichen, sozialen und religiösen Handlungen und Emotionen, die das Auserwähltsein und die Frömmigkeit der Königstochter unterstrichen: Der

---

[24] Der Autor baut trotz angeborener, höchster Frömmigkeit der Heldin auf dem Meer eine Steigerung der Prüfungen auf, die zwar die Konstruktion der Figur untermauert, die Unterscheidung zwischen Mittelmeer und Ärmelkanal erneut untergräbt: Die erste Überfahrt nach London erweist sich unter Gottes Leitung (V. 351 f.) als kurz (V. 360); sie wird relativ knapp erwählt (V. 351–360). Die zweite Reise zur einsamen Insel wird sofort als gefährlicher angekündigt (V. 2685). Ihre Darstellung wird zweigeteilt: Zunächst wirft sie *der grosse wind / Hinweg vnd such ir liebes kind, / Das sie der marschalck sach nitt me* (V. 2705–2707). Nach der Beschreibung der Rückkehr des Königs setzt die Beschreibung der zehntägigen Fahrt wieder ein (vgl. die oben zitierten Verse 4275–4283): Sie ist offensichtlich rasanter als die erste (V. 4278 f.), endet wie die erste dadurch, dass die Heldin *der wind mit irem kinde [warff] / An ein gebyrg grüßelich wilde* (V. 4286 f.) und nimmt 26 Verse in Anspruch. Die dritte ist diejenige, die die Überfahrt am deutlichsten beschreibt: Nachdem sie Wurzeln und Gräser geladen und das Boot angestoßen haben, erleben die Heldin und ihr Kind einen stärkeren Sturm als in den beiden ersten Fahrten (V. 4396), der sie mehrfach in Todesangst versetzt (V. 4398). Die Landung gestaltet Gott dagegen sanft: *Einen wind er in da sande [...] / Vnd warff sie in vff das sant, / das in da nie leid geschah* (V. 4405–4409).
[25] Zu diesem Zitat und der Darstellung des Meeres in der Literatur des Mittelalters: vgl. Schmid und Hanauska 2018, 418.
[26] Vgl. u. a. V. 2697 und 4286.

Mittelmeerraum trennt zwar deutlicher als der Ärmelkanal die Handlungsräume in Kategorien der Nähe und der Distanz (nicht zuletzt weil die Reise nach Rom wesentlich länger dauert und nur einmal unternommen wird), doch seine Beschreibung weist keine Hinweise auf Fremdheit, Spezifik oder Exotik auf, die ihn als Ort interaktiver, landschaftlicher oder kultureller Erfahrung definieren würden. Er bildet in der *Königstochter von Frankreich* traditionell den Hintergrund des göttlich geleiteten Prozesses der Identitätsfindung der Heldin, ohne zu einem direkt apostrophierten und eigenständig semantisierten Bereich ihrer Biographie zu werden.

4 *La filya del rey d'Ungria*

Die letzte Bearbeitung des *Manekine*-Stoffes, die hier vorgestellt werden soll, ist die katalanische Novelle *La Filya del rey d'Ungria*. Sie ist ausgesucht worden, weil sie das Motiv des Mittelmeers und des Mittelmeerraums vielseitig thematisiert: Ihre Analyse bietet ein Gegenbild zur *Königstochter von Frankreich* – nicht zuletzt, weil in ihrem Fall eine große Vertrautheit mit dem Mittelmeerraum im Entstehungs- wie auch im Rezeptionsprozess angenommen werden darf.

La Filya del rey d'Ungria ist vermutlich in der zweiten Hälfte des vierzehnten Jahrhunderts verfasst worden; die anonyme Prosaerzählung ist in drei Handschriften überliefert und gehört zu den ersten Zeugnissen mittelalterlicher katalanischer Literatur. Sie erzählt den *Manekine*-Stoff traditionell und verlegt die Handlung nach Ungarn und in die Provence – wobei präzisiert werden muss, dass das Königreich Ungarn zur Entstehungszeit der Novelle die Provinz Kroatien einschloss und somit über eine mittelmeerische Küste verfügte. Die Auflistung der Reisen der Helden in der *Filya del rey d'Ungria* entspricht einer Zusammenfassung der Handlung: Die inzestuös verfolgte Tochter des Königs von Ungarn flieht und landet in Marseille, wo der Graf der Provence sie bald heiratet. Einige Monate später fährt ihr Mann zu ihrem Vater, um die Herkunft seiner Frau (und des inzwischen geborenen Sohnes) dort zu prüfen: In dieser Erzählung landen der Bote und die Nachricht des Grafen, die die Herkunft der Heldin bestätigen soll, aufgrund schlechten Wetters an der Burg der Grafenmutter an. Nach der Brieffälschung müssen Mutter und Kind über das Meer aus Marseille erneut fliehen; sie landen nach einigen Tagen in ein geografisch nicht weiter präzisiertes Kloster, in dem nach fünf Jahren die Hände der frommen Heldin in einem Marienmirakel geheilt werden. Der aus Ungarn nach Marseille zurückgekehrte Ehemann gelobt, nicht aus seinem Boot auszusteigen, bis er Frau und Kind wiedergefunden hat; er irrt sieben Jahren auf dem Meer herum, bis er sie entdeckt, und bringt die beiden nach Marseille zurück. Jetzt kann die Familie vereint und glücklich herrschen.

Die knappe Zusammenfassung reicht, um zu zeigen, dass in dieser Erzählung die Helden außergewöhnlich viel Zeit auf dem Meer verbringen. In der katalanischen Novelle wird der Mittelraum als vertraut dargestellt; das Meer und der Mittelmeerraum bilden einen vertrauten Raum an der provenzalischen Nachbarküste. Entsprechend wird die in der Literatur als Starthafen bei Kreuzzügen und Handelsfahrten relativ oft erwähnte Stadt Marseille detailreich beschrieben:

> [...] en poc dies vench aribar en lo port de Marceyla; e jassia so que.l port aja mala entradda e fort estrata, tot enaxí se'n entrà la barcha e.l port, com si lo milor notxer del món l'agués quiada; e [...] fo e.l port de Marceyla, denant l'esglesya de l'espital de sent Johan, en una gran plasa. (Aramon i Serra 1934, 38)

> Nach wenig Tagen erreichte sie den Hafen von Marseille; es war so, dass der Hafen einen schlecht erreichbaren und sehr engen Eingang hatte; trotzdem fuhr ihr Boot in den Hafen hinein, als ob der beste Lotse der Welt es geleitet hätte. So erreichte sie den Hafen von Marseille [...] und landete vor der Kirche des Johanniter-Hospitals bei einem großen Platz an.[27]

Dieser Satz stellt Marseille erstaunlich realitätsnah dar: Alle Details der Beschreibung stimmen – zum Teil bis heute: die enge Einfahrt in den Hafen, die Kirche des Heiligen Johannes, das Hospital am (zum Teil später ausgebauten) Fort Saint Jean, der im Mittelalter noch leere Platz davor. Dieser genauen Beschreibung entspricht in der Erzählung die Tatsache, dass in Marseille eine vollständige Erzählwelt aufgebaut wird: Den Fischern, die das gestrandete Boot entdecken, wird ebenso Aufmerksamkeit geschenkt wie dem Volk, das sich bei der Rückkehr des Herrscherpaares freut, oder dem Stadtrat, der alle Entscheidungen des Grafen begleitet.

Selbst die kleine Stadt, in der die Grafenmutter sich nach der unerwünschten Ehe ihres Sohnes zurückzieht, ist sicher situierbar:

> La comtessa, sa mare, [...] parti's de Marceyla e anà-se'n estar in un castel qui es riba mar, a una jornada riba Marceyla, qui a nom Cres. (Aramon i Serra 1934, 40f.)

> Die Gräfin, seine Mutter, verließ Marseille und zog in ein Schloss am Meeresrand, das etwa einen Tag entfernt von Marseille liegt und den Namen ‚Cres' trägt.

Le Cres (okzitanisch *Lo Crèç*) ist ein heute noch bekannter Ort in der Nähe von Montpellier, der im Mittelalter durch einen Fluss mit dem Mittelmeer verbunden war, dessen Burgschloss während der Religionskriege zerstört wurde und der ca. 35 bis 40 Seemeilen von Marseille entfernt liegt – also in einem Tag erreichbar war.

Diese im mittelalterlichen Erzählen ungewöhnliche, sehr reale Konstruktion des Raumes zwischen Katalonien (als Rezeptionsraum) und der Provence (bzw. Marseille als Hafenstadt) steht in deutlichem Kontrast zur Darstellung der Reise nach Ungarn:

---

27 Wenn nicht anders gekennzeichnet, stammen die Übersetzungen von der Autorin.

> Lo comte, qui ach hoida la sua vulentat, féu aparellar naus e galeras, e ab C cavallers, tots verstis de III parels de vestedures, a ab bels cavayls e ab bels palafrens e ab armes totes noves, eyl se apareylà [...] e anà-sse'n, en Ungria. E cant fo aribat en Ungria, demanà en qual loch era lo rey [...]. (Aramon i Serra 1934, 42)

> Der Graf, der ihre Meinung gehört hatte, ließ Boote und Galeeren vorbereiten – am Bord hundert Ritter, alle mit drei Ausrüstungen, schönen Spazierpferden, schönen Kriegspferden und ganz neuen Waffen. Er selbst ging an Bord und sie segelten nach Ungarn. Und als sie in Ungarn ankamen, fragte er nach dem Aufenthaltsort des Königs.

Ganz anders als bei der Ankunft der Heldin in Marseille wird in dieser knappen Aussage weder die Landschaft beschrieben noch findet kultureller Transfer statt. Die erwähnte Kommunikation zwischen den Ungarn und dem Helden geschieht höflich und konfliktlos; doch es werden keine Informationen über Besonderheiten der Landschaft oder Eigenarten der Menschen, keine Hinweise auf die politisch-gesellschaftliche Ordnung geliefert – weder in der Erzähler- noch in der Figurenrede. Ungarn kennt der Autor offensichtlich nicht; zu diesem Raum fehlen jegliche Angaben, die eine eigenständige, in ihrer Besonderheit oder Alterität vorstellbare Welt in der Erzählung aufgebaut hätten; der Handlungsraum wird auf die Person des Königs und seine Rolle reduziert. Die Erwähnung dieser Reise ermöglicht keine geografisch orientierte Instrumentalisierung der Handlung: Das Land Ungarn wie auch die Reise dahin sind austauschbar; ihre Darstellung erinnert in ihrer Reduziertheit an die Mittelmeerreisen in den in Nordeuropa entstandenen und rezipierten Texten der Gruppe oder in der *Königstochter von Frankreich*.

Dem Autor der *Historia de la filya del rey d'Ungria* scheint dieses extrem auffällige Nebeneinander von Vertrautheit und Fremdheit im Mittelmeerraum (bzw. dieses bewusste Gegenüberstellen von ‚realitätsnahen' und ‚symbolisch-märchenhaften' Narrativen) keine Probleme zu bereiten. Umgekehrt erweist sich in dieser Hinsicht die Handlung der katalanischen Novelle sogar erneut als besonders sorgfältig durchdacht, denn der Autor reflektiert in der *narratio* ausdrücklich über die Probleme, die Vertrautheit und Fremde verursachen können. Die Novelle ist nämlich der Text in der Gruppe, der die durch die verschiedenen Landschaften verursachte Fremdsprachlichkeit und die damit einhergehenden Kommunikationsschwierigkeiten am deutlichsten diskursiviert.[28] Als die Heldin in Marseille anlandet, kann sie erstmal mit den Fischern, die sie befragen, nicht reden:

---

[28] Lediglich in der englischen Fassung des Nicholas Trivet wird darauf hingewiesen, dass die Heldin die Sprache des arabischen Kaisers ausdrücklich versteht. Die meisten Bearbeiter des *Manekine*-Stoffes ignorieren die sprachlichen Schwierigkeiten, die sich durch die zahlreichen Raumwechsel ergeben müssten – so auch in der *Königstochter von Frankreich*.

> E veren la dona estar molt penssiva, e demanaren-li d'on era ne com era axí sola, e ela respós e dix que fembra peccadore era; mas noy avia nuyl hom qui la entesés, ne eyla a els aytanpoch. (Aramon i Serra 1934, 39)

> Und sie sahen, dass die Dame sehr nachdenklich war, und fragten sie, woher sie kam und warum sie so einsam war; und sie antwortete und sagte, dass sie eine arme Sünderin war. Aber es war niemand da, der sie verstand, genauso wenig verstand sie die Menschen.

Der Graf reagiert schnell: Er findet zunächst einen Deutschen, der die ungarische Sprache versteht („E.l comte feú sercar si trobaria negun hom qui l'entesés; e vench un alamany, e dix que eyl l'entendria", Aramon i Serra 1934, 39; ‚Der Graf ließ nach jemandem suchen, der sie verstehen würde; und es kam ein Deutscher, der meinte, er verstünde sie'). Später hilft eine Frau der Heldin, die der Graf in seinen Dienst nimmt:

> Lo comte, qui la veé tan beyla dona, comensà-se'n de enemorar, e feú cervar tota Marcela so trobaria om nenguna dona qui la entesés; e trobaren una fembra d'Alamanya qui la entenia, e.l comte manà.li que la servís. (Aramon i Serra 1934, 40)

> Der Graf, der die Dame sehr schön fand, fing an, sich zu verlieben, und ließ in ganz Marseille nach einer Dame suchen, die sie verstehen würde. Und sie fanden eine Frau aus Deutschland, die sie verstand. Er nahm sie in seinen Dienst.

Das Resultat löst das sprachliche Problem, denn „lo comte s'era tant aprivadat ab eyla, que avia après de son lenquatge, e eyla d'aquel del comte, sí que s'entendien de moltes paraules" (Aramon i Serra 1934, 40; ‚Der Graf wurde so vertraut mit ihr, dass er ihre Sprache lernte, und sie diejenige des Grafen, so dass sie viel miteinander reden konnten'). Im weiteren Verlauf der Handlung wird dieses Erlernen der fremden Sprache den beiden Helden in ihrem jeweiligen Leben in der Fremde ausdrücklich und konkret helfen: Die junge Gräfin wird im Volk beliebt, weil sie die Sprache der Provenzalen gelernt hat:

> La comtesa noveyla, so ès asaber, la muller del comte, sebé ja bé parlar aquel lenguatge, [e] fo pus avinent e pus amorosa a cavalers e a burgueses e a rics e a pobres que anch poguès ésser nuyla dona. (Aramon i Serra 1934, 41)

> Die neue Gräfin, die Ehefrau des Grafen, das muss man wissen, konnte ihre Sprache gut; sie wurde von den Rittern und den Bürgern, den Armen und den Reichen höflicher und freundlicher behandelt als alle Herrinnen es vor ihr gewesen waren.

Ihr Ehemann hat offensichtlich auch keine Probleme, direkt nach der Ankunft in Ungarn ein privates, direktes Gespräch mit seinem Schwiegervater zu führen: „Quant lo comte e totes ses gents foren albergats, lo comte anà veser lo rey a son palau [...] – Senyor, dix lo comte al rey – yo voldria parlat ab vòs privadament" (Aramon i Serra 1934, 44; ‚Als der Graf und sein Gefolge eine Unterkunft gefunden hatten, besuchte der Graf den König in seinem Palast – Heer, sagte der Graf dem König, ich möchte mich mit Ihnen allein unterhalten'). Die Tatsache, dass die Protagonisten konkret handeln, um sprachliche Fremdheit und Distanz zu überbrücken, erhöht den Realismus der *narratio*. Sie führt jedoch auf der Figurenebene nicht unbedingt zu weiteren Änderungen in der Handlung bzw. zu mehr Innigkeit zwischen den Helden: Die Möglichkeit, in den verschiedenen Handlungsräumen uneingeschränkt zu reden, berührt das mit dem Inzest verbundene Tabu nicht:

> E.l comte féu-li demanar a aqueyl hom d'on era; e eyla respòs e dix que d'Ongria. E el li dix com era aquí venguda, ne com avia perdude les mans; e ela no volch respondre als, sinó que dix que fembra peccadora era. (Aramon i Serra 1934, 39)

> Der Graf ließ fragen, aus welchem Geschlecht sie wäre; sie antworte aus Ungarn. Und er fragte, wie sie denn bis hierhin gekommen wäre und wie sie ihre Hände verloren hätte: Doch sie wollte darauf nicht antworten und sagte nur, dass sie eine sündige Frau wäre.

Hier wird der oben beobachtete Kontrast zwischen ‚realitätsnaher' und ‚symbolisch-märchenhafter' Darstellung des Erzählten weitergeführt: Nicht das Meer oder die Fremde verhindern die transkulturelle Kommunikation, sondern das selbstauferlegte Schweigegebot der Heldin.

Die Analyse zeigt, dass die Frage nach der Funktionalisierung des Motivs des Mittelmeeres und des Mittelmeerraums im Fall der *Filya del rey d'Ungria* wesentlich differenzierter beantwortet werden muss, als in den beiden bis hierhin untersuchten Bearbeitungen des *Manekine*-Stoffes: In der katalanischen Novelle wird das Mittelmeer als bekannter, transkulturell verbindender Raum instrumentalisiert; im Rezeptionsprozess wird die detaillierte Darstellung von Marseille vermutlich als gemeinschaftsstiftende Kulisse aufgefasst worden sein. Doch das Schweigegebot hat eben daran erinnert: Das Mittelmeer wird selbstverständlich (auch) den Vorgaben des *Manekine*-Stoffes entsprechend funktionalisiert. Auch in diesem Werk gilt „das Meer [...] als ein endloser, unendlich gefahrvoller Raum, der offenbar die Mythenbildung entschieden förderte" (Brunner 1967, 33). In der *Filya del rey d'Ungria* bedeuten die Meeresfahrten *ventura* und *trebayl*, ‚Abenteuer' und ‚Mühe'; die Heldin erreicht den Hafen vollkommen *descolorida* (vgl. „era descolorida – e no era meravela, per l'endurar e per lo trebayl de la mar", Aramon i Serra 1934, 39; ‚Sie war blass, doch das sollte nach den ganzen Mühen auf dem Meer nicht verwundern').

In diesem Rahmen gilt das Meer, wie in zahlreichen Liebes- und Abenteuerromanen, als Grenze, die von den Protagonisten während ihrer Initiationsfahrten wiederholt überquert wird. Ähnlich wie in *Mai und Beaflor* oder der *Königstochter von Frankreich* müssen die Helden den dem Meer inhärenten Gefahren und Prüfungen ausgesetzt werden, die die Legitimierung ihrer Herrschaft Schritt für Schritt beweisen. In der Novelle wird dies besonders bei der Begründung der Fahrt des Helden konkret, der nach Ungarn fährt, um die Herkunft seiner Frau und seines Erben mit eigenen Augen zu prüfen – dies obwohl er seiner Frau in dieser Hinsicht ausdrücklich vertraut. Das Meer ist auch, wie in der *Königstochter von Frankreich*, der Ort der Offenbarung des wunderbaren Schutzes Gottes: Diese allgemeine mythische Rolle erfüllt das Mittelmeer nicht nur, wenn die Fahrten gefährlich sind oder die Winde offensichtlich den teuflisch geleiteten Figuren dienen (so als der Bote wegen des Windes die Burg der bösen Schwiegermutter ansteuern muss), sondern ganz besonders als der Held in seiner Verzweiflung beschließt, die Zeit der Suche nach seiner Ehefrau und seinem Kind vollständig auf dem Meer zu verbringen:

> E jurà que no seria a Marceyla tro que sabés noveles de sa muller si era morta o viva. E ab una nau armada e ab dues galeas, partí de Marsele, e sercà tots los ports, e les cuitats, e les viles, e:ls castels que eren rina mar. [...] E axí rodejant, serchà la mar VII anys, que anch no trobà negunes noveles. (Aramon i Serra 1934, 55)

> Und er schwor, nicht nach Marseille zurückzukehren, bevor er erfahren würde, ob seine Ehefrau noch lebte oder gestorben war. Und er verließ Marseille mit einem Boot und zwei Galeeren, und suchte alle Häfen, alle Städte und alle Dörfer, sowie alle Schlösser und Burgen ab, die nah am Meer lagen (...). Und so irrten sie herum und suchten sieben Jahre lang, ohne Neues erfahren zu können.

Ebenso wenig wie die Fahrt der Heldin ins Kloster, wird diese Irrfahrt geografisch situiert, auch wird sie nicht realistisch beschrieben: Sie ist eine wunderbare Fahrt, die in der symbolisch-epischen Zeit sieben Jahre dauert – dies, obwohl die Heldin ausdrücklich nur ein paar Tage (*algun dies*) brauchte, um denselben Weg zurückzulegen. Diese bewusste Diskrepanz unterstreicht am deutlichsten, dass in der Novelle geografische Angaben über die Stadt Marseille, ihren Hafen und ihr Hospital oder die Burg in Le Cres den Rückgriff auf mythische Vorstellungen des Meeres nicht verhindern. Hier kreieren Meer und Schiffsreisen (trotz der oben dargestellten Vertrautheit der Landschaft) einen mythischen Raum des Erlebens göttlicher Führung.

Grundlegend ist in dieser Hinsicht, dass diese Reisen, die realitätsnahen wie auch die symbolisch-märchenhaften, in der Novelle *gemeinsam* die Biographie der Heldin bilden, die sich, der Erbaulichkeit der Bearbeitungen entsprechend (und ähnlich wie in Hartmanns *Gregorius* und in zahlreichen Legenden) im Sinne der drei biblischen Zeiten des Gesetzes aufteilen lässt:[29]

1. Vor der ersten Reise leben die Figuren im *tempus ante legem* – das ist die Zeit der natürlichen Harmonie ihrer Kindheit in der jeweiligen Heimat (hier Ungarn), die durch das teuflisch stilisierte inzestuöse Verlangen des Vaters unterbrochen wird.

---

29 Vgl. hierzu Hagby 2023, 166–180; zu Hartmanns *Gregorius* Ernst 2002, 106–143.

2. Am Ziel der ersten Reise bzw. im zweiten Handlungsraum (hier in Marseille) findet der *tempus sub lege* statt – also die Phase eines erfüllten höfischen Lebens, die Zeit der Prokreation, die jedoch nicht ganz harmonisch sein kann, weil das Tabu latent Unsicherheit im Hinblick auf die Herkunft der Heldin wach hält. Diese Zeit wird durch die (auch teuflisch einzuordnende) Verleumdung der Grafenmutter beendet.
3. Nach dem wunderbaren Auffinden der Heldin durch den Grafen (und der genauso wunderbaren Heilung der Hände), d. h. nach der siebenjährigen Irrfahrt auf dem Meer fängt der *tempus sub gratia* an, also die Zeit der Gnade, der *remissio*, die das Leben der Familie in eine glückliche Zukunft einleitet.

Diese Deutungsperspektive ist erstens stoffbedingt, denn die Struktur des Manekine-Stoffes legt dieses biblische, dreigeteilte Zeitverständnis *in nuce* fest; zweitens ist sie durch die streckenweise klare Dominanz des religiösen Aspektes in der Novelle deutlich intendiert. Es fällt auf, dass (gerade weil unter anderem von einer Beichte beim Papst in der katalanischen Novelle nicht die Rede ist) das Meer eindeutig als der Raum der göttlichen Bestimmung konstruiert und funktionalisiert wird. Hier spielen die christlich-symbolische siebenjährige Dauer der Irrfahrt und die Umstände der wunderbaren Heilung der Hände als Marienmirakel im Kloster am Meeresrand eine entscheidende Rolle.

Interessant ist, dass am Ende der Novelle der *tempus sub gratia* in eine Verbindung von Wunder und *historia* mündet, die erneut den Mittelmeerraum als Ort kulturellen und politischen Austauschs ins Zentrum der Handlung rückt: Die Rückkehr der Helden von der Irrfahrt bzw. nach der Heilung der Hände in ein höfisches, frommes und wohl gefälliges Leben sichert ihnen nicht nur das ewige Leben, sondern auch eine herrschaftslegitimierende Nachkommenschaft, die im gesamten westlichen Mittelmeerraum (und in England) Ruhm und Ehre erlangt:

> Lo comte [...] e la dona [...] visqueren ensems ab gran benenansa, aytant com a Déu plagué, e agren fils e files maridades: la una fo muller del rey d'Aragó, e l'altre del rey de Castela, l'altre delrey d'Angleterra, e l'altre del rey de Fransa. E d'aquel exí lo linatge del rey de Aragó, e tots los altres. (Aramon i Serra 1934, 59f.)
>
> Der Graf und die Dame lebten zusammen in großer Freundlichkeit, so wie es Gott gefällt, und sie bekamen Söhne und gut verheiratete Töchter: die erste wurde die Ehefrau des Königs von Aragón, die zweite des Königs von Kastilien, die nächste des Königs von England und die letzte des Königs von Frankreich. Und von den ersten beiden ging das Haus des Königs von Aragón aus, und so von allen anderen Königshäusern auch]. Der König von Aragón ist der Herrscher im Rezeptionsraum.

An dieser Stelle knüpft der Autor an eine historische Tatsache an, die im mittelalterlichen südlichen Europa aufgrund ihrer Besonderheit bekannt gewesen sein wird: Im dreizehnten Jahrhundert bekam der mächtige Graf der Provence, Raymund IV. Berengar (1205–1245), beinah märchenhaft vier Töchter, die alle Königinnen wurden: Seine Töchter waren Marguerite de Provence, Ehefrau des französischen Königs Ludwig IX.; Eléonore de Provence, Ehefrau von Heinrich III. Plantagenet und Königin von England; Sancie de Provence, Ehefrau von Richard, Graf von Cornwall und römischer König (1257–1272); und Beatrice de Provence, Gräfin der Provence und Ehefrau Karls I. von Anjou, des Königs von Sizilien und Neapel.

Der Autor der *Istoria de la Fiylia del rey d'Ungria* zeichnet also etwa ein Jahrhundert nach diesen historischen Ereignissen die beiden Protagonisten seines Werks als Ahnen einer imaginären, doch einheimischen Dynastie: In diesem Text treten die fiktionale Erzählung und die *historia* in ein eindeutiges, jedoch recht kompliziertes Verhältnis ein, das (fiktionale) Erzählung und (imaginäre und/oder reale) Geschichte des Mittelmeerraums vermischt. Meer und Meeresfahrten sind konstitutive Inhaltselemente, die in der Novelle eine historische oder politische Funktion bekommen, und dem Text ein gattungskonformes bzw. genauer ein stoffkonformes Ende verleihen – und zwar in einem für die Rezipienten historischen bzw. mindestens historisch plausiblen Rahmen.

5 Fazit

Die drei vorgestellten Beispiele reichen natürlich nicht aus, um ein vollständiges Bild der Rolle und Funktion des Mittelmeeres bzw. des Mittelmeerraums in den Bearbeitungen des *Manekine*-Stoffes zu zeichnen. Doch sie bestätigen die anfangs postulierte Verankerung der Bearbeitungen des Stoffes im Mittelmeerraum: Die untersuchten Erzählungen verorten einen Teil der Handlung mehrheitlich in dieser Region, wobei (wie zu erwarten) die Voraussetzungen und Folgen der damit verbundenen auktorialen Entscheidungen eher kultureller als poetologischer und narratologischer Natur sind. Der Mittelmeerraum selbst scheint keine besondere Signifikanz in der Weitertradierung des Stoffes bekommen zu haben – dazu war die Rolle der (kontinentalen) höfischen *Manekine* des Philippe de Rémy vermutlich zu zentral. Allerdings zeigen die beiden vorgestellten spanischen Werke wie auch die in Italien und Deutschland verbreiteten Mirakel, dass der Manekine-Stoff sich in Europa (also auch im Mittelmeerraum) durchaus (parallel) in Abhängigkeit von Literaturlandschaft und Gattung verbreitete. So legt die *Doncella de Carcayona* den Mittelmeerraum gleichzeitig als Ort literarischen Austauschs zwischen den christlichen und muslimischen literarischen Kulturen des Mittelalters und als konkreten Hintergrund der Handlung fest, wenn am Ende die Gründung der Stadt Carcayona mit hoher Plausibilität die südfranzösische Stadt Carcassone meint. Die *Königstoch-*

ter von Frankreich hat gezeigt, dass auch kontinentale Werke den Mittelmeerraum inszenieren – selbst wenn dies dort wesentlich deutlicher im Dienst der Funktionalisierung der Handlung geschieht und der Mittelmeerraum weitgehend auf die Stadt Rom als Hauptstadt der Christenheit reduziert wird. Die *Istoria de la Fiylia der rey d'Ungria* zeigte schließlich umgekehrt, dass im Fall der Entstehung eines Werks im Mittelmeerraum die auktoriale Instanz mit den Erwartungen und Erfahrungen der Rezipienten spielt – um am Schluss die Interaktion der Landschaften, Sprachen und Literaturen mythologisierend an die Geschichte der Region zu binden.

In den drei Werken erweist sich der Mittelmeerraum als ‚stiller' transkultureller Aktionsraum: Als selbstverständliches Element in der Biographie der Figuren wird er (auch in der in Köln entstandenen *Königstochter von Frankreich*) als bekannt vorausgesetzt.[30] Die drei analysierten Bearbeitungen stellen ihn als vertraut und nah dar: *ellend* und fremd ist in der Handlung das Leben der Protagonistinnen, nicht die Region selbst. Diese Vertrautheit ist vermutlich unter anderem auf die Tatsache zurückzuführen, dass circa die Hälfte der Bearbeitungen aus dem Mittelmeerraum selbst (d. h. aus dem kastilischen, katalanischen, französischen und italienischen Sprachraum) stammen; der Mittelmeerraum ist entsprechend oft kulturell verwandt oder gar ähnlich mit dem Entstehungsraum der Erzählungen; er wird generell – in Zeiten von Kreuzzügen, Handels- und Pilgerfahrten – in Europa weder kulturell noch geografisch fremd gewesen sein. Je nach Entstehungsraum der Werke wird er unterschiedlich instrumentalisiert: Hans von Bühel und der Autor der *Istoria de la fiylia del rey d'Ungria* sind beide bemüht, das Meer möglichst als Ort realistischen figuralen Handelns und plausibler Herrschafts- bzw. Kriegslegitimation zu konzipieren und literarisieren, selbst wenn der Vergleich der entsprechenden Stellen die Rolle der auktorialen Kenntnis der Gegend eindeutig offenlegt. Die Darstellung der Stadt Marseille in der katalanischen Novelle fiel in dieser Hinsicht besonders auf.

Der *Manekine*-Stoff sieht eine traditionelle Funktionalisierung des Meeres vor, die grundsätzlich ein Nebeneinander von Nähe und Distanz aufweist: Die Meeresfahrten werden als gefährliche Räume höchster Prüfungen und Entbehrungen literarisiert, während die vertraute christliche Hauptstadt Rom als Zielort in vielen Fällen Ruhe und Glück verspricht. Das Mittelmeer ist Gefahrenzone, Fluchtort, aber auch Raum besonderer göttlicher Führung, in dem die Heldinnen (wie die Manekine, Beaflor oder Constanze in den englischen Bearbeitungen) meistens ihren letzten Identitätswechsel erleben. Es bildet die Verbindung zwischen dem Raum

---

30 In *Mai und Beaflor* wird das Mailand als paradiesischer und exotischer Ort großen Reichtums inszeniert, ohne dass dabei dem Mittelmeerraum besondere Aufmerksamkeit geschenkt werde. Vgl. Knapp 1976.

des Krieges, der Verfolgung und Verleumdung und dem für Eintracht und Frieden sorgenden Raum der Buße – ein entsprechend symbolischer, ritualisierter Bewährungsraum. Daraus folgt eine interessante Eigenschaft der Meerreisen, die alle Bearbeitungen charakterisiert: In den Erzählungen wird ein Wechsel von realistisch konzipierten und märchenhaft mythologisierenden Elementen in der Gestaltung der Überfahrten grundsätzlich von Autoren (und Rezipienten) zugelassen. Die Meerfahrten sind einerseits bindende Bausteine einer geografisch zusammenhängenden Erzählwelt (selbst wenn in manchen Fällen nur bedingt auf die Besonderheiten des Mittelmeeres hingewiesen wird); andererseits zeigen sowohl die *Königstochter von Frankreich* als auch die *Istoria de la fiyla del rey d'Ungria*, dass an den Stellen, an denen die fiktionalen Erzählungen diese Plausibilität nicht erlauben, ihre Autoren problemlos darauf verzichten und das Meer als einen die Mythenbildung fördernden Raum konzipieren. Die letzte Fahrt zwischen der (nicht präzisierten) einsamen Insel und Rom unterscheidet sich in der *Königstochter von Frankreich* in ihrer räumlichen Wahrnehmung kaum von den Überfahrten auf dem Ärmelkanal.

Die Analyse der drei ausgesuchten Beispiele hat gezeigt, dass die Autoren vor dem Hintergrund solcher Flexibilität je nach Entstehungsraum der Werke bzw. Vertrautheit mit dem Mittelmeerraum, je nach Gattungskontext oder Funktionalisierung der Handlung komplexe und differenzierte narrative Erzählkonzepte entwickeln, in denen die Darstellung des Fremden selten negativ, das Bild des Meeres (jenseits der naturbedingten Gefahren) als Ort göttlichen Schutzes meist positiv ist: Die Reisen enden (fast) immer (wie die Handlung selbst) gut.

Literaturverzeichnis

Primärliteratur

Aramon i Serra, R. (Hg.): *Novel·letes exemplars: La fiyla del rey d'Ungria, La filla del emperador Costantí, La comtessa fidel, Amich e Melis, Lo fill del senescal d'Egipte*. A cura de R. Aramon i Serra. Barcelona 1934.

Hagby, Maryvonne: ‚*Die Königstochter von Frankreich*' des Hans von Bühel. *Untersuchung und Edition nach dem Straßburger Druck von 1500*. Münster 2017.

Valero Cuadra, Maria del Pino: *La leyenda de la Doncella Carcayona*. Estudio y ediciòn critica. Murcia 2000.

Sekundärliteratur

Brunner, Horst: *Die poetische Insel. Inseln und Inselvorstellungen in der deutschen Literatur*. Stuttgart 1967.
Busto Cortina, Juan Carlos: „La historia de la doncella de las manos cortadas (AT–706 ; The Maiden Without Hands) entre la tradiciòn oriental y occidental". In: *Coronea Spicea. In Memoriam Cristóbal Rodríguez Alonso. Separata*. O. Hg. Oviedo 1999, S. 383–416.
Ernst, Ulrich: *Der ‚Gregorius' Hartmanns von Aue. Theologische Grundlagen – legendarische Strukturen – Überlieferung im geistlichen Schrifttum*. Köln Weimar Wien 2002.
Hagby, Maryvonne und Dagmar Hüpper: „Die Gebete als dialogische Reden. Die Königstochter von Frankreich (1400) und die Belle Hélène de Constantinople (14. Jahrhundert)". In: *Sprechen mit Gott. Redeszenen in mittelalterlicher Bibeldichtung und Legende*. Hg. von Nine Miedema, Angela Schrott und Monika Unzeitig. Berlin 2012, S. 191–216.
Hagby, Maryvonne: „‚history' oder ‚hübsches lesen'? Beobachtungen zu den Straßburger Drucken der ‚Königstochter von Frankreich' und des ‚Hug Schapler' im Jahr 1500". In: *Materialität und Formation. Studien zum Buchdruck des 15. bis 17. Jahrhunderts*. Festschrift für Monika Unzeitig. Hg. von Karin Cieslik, Helge Perplies und Florian Schmid. Bremen 2016, S. 39–60.
Hagby, Maryvonne: *‚Die Königstochter von Frankreich'. Fünf kontextualisierende Studien. Mit einer Bibliographie raisonnée zum* Manekine-*Stoff*. In Druck. Münster 2023.
Kiening, Christian: *Unheilige Familien*. Würzburg 2009.
Knapp, Fritz Peter Knapp: „Das Bild Griechenlands in der Verserzählung *Mai und Beaflor*". In: *Beiträge zur Geschichte der deutschen Sprache und Literatur* (PBB) Tübingen 98 (1976), S. 83–92.
Köhler-Zülch Ines: „[Art.] Mädchen ohne Hände". In: *Enzyklopädie des Märchens*, Bd. 8. Berlin et al. 1996, S. 1375–1387.
Marcos Marín, Francisco A.: „[Art.] Aljamiado". In: *Diccionario español de términos literarios internacionales* (DETLI). Hg. von M. Á. Garrido Gallardo. O.A. 2015. http://www.proyectos.cchs.csic.es/detli/listado_terminos (04.05.2022).
Schmid, Florian und Monika Hanauska: „Art. Meer, Ufer". In: *Literarische Orte in deutschsprachigen Erzählungen des Mittelalters. Ein Handbuch*. Hg. von Tilo Renz, Monika Hanauska und Mathias Herweg. Berlin Boston 2018, S. 412–426.

Ralf Schlechtweg-Jahn
Abenteuer am Mittelmeer – Meer und Familie im *Herzog Herpin*

Die im *Herzog Herpin*[1] erzählte Geschichte ist ein sich immer weiter verästelnder Abenteuerroman dreier Generationen einer Herzogsfamilie im Exil. Der Roman beginnt mit dem Fall des Herzogs Herpin, der nach einer Intrige am französischen Hof Karls des Großen mit seiner Frau Alheyt aus seinem Herrschaftsbereich Burges fliehen muss. Das Paar wird kurz darauf während der Geburt ihres Sohnes Lewe in einer Wildnis in Italien getrennt, und damit beginnt eine in der neuen Ausgabe über 800 Seiten lange Serie von Abenteuern rund um das Mittelmeer, an deren Ende es der Familie schließlich in mehreren Anläufen gelingt, die Herrschaft im heimatlichen Burges zurückzugewinnen.

Die Abenteuer selbst bestehen aus unzähligen Turnieren, großen und kleinen Kriegen, Entführungen, Gefangenschaften, Befreiungen und Rettungen und dies in immer wieder neuen Varianten, mit immer wieder plötzlichen und ganz unvorhersehbaren Wendungen. Dabei wird nicht einfach linear erzählt, sondern die Abenteuer dreier Generationen werden komplex verschachtelt. Wesentliche Handlungsorte liegen dabei in Frankreich, Süditalien/Sizilien, Spanien, zwei Mittelmeerinseln und Palästina, die Helden und Heldinnen sind also immer wieder auf dem Meer unterwegs. Welche Rolle spielt nun das Meer in diesem Abenteuerkontext?

Betrachtet man Karten aus dem fünfzehnten und sechzehnten Jahrhundert, ist das Mittelmeer auch für den modernen Betrachter ohne weiteres erkennbar, die Karten sind also vergleichsweise genau.[2] Die imaginäre Landkarte des *Herzog Herpin* entspricht diesem Bild allerdings nur bedingt. Sizilien ist bekanntlich eine Insel und wird auf allen Karten aus dieser Zeit, die ich kenne, stets als solche dargestellt. Im *Herzog Herpin* jedoch wird Sizilien niemals wie eine Insel behandelt. Der Sohn Lewe gewinnt dort eine Herrschaft und in der Folge entspinnt sich ein Krieg mit dem Herzog von Kalabrien, bei dem die Heere hin- und her ziehen, ohne dass jedoch jemals eine Seefahrt erwähnt wird – kurz gesagt, zwischen Italien und Sizilien gibt es in diesem Roman kein Meer. Ich habe bisher keine Hinweise gefunden, dass man im Deutschland des fünfzehnten Jahrhunderts nicht wusste, dass Sizilien

---

1 Der *Herzog Herpin* ist ein in der ersten Hälfte des fünfzehnten Jahrhunderts am Hof der Elisabeth von Nassau-Saarbrücken entstandener Prosaroman nach einer französischen Vorlage, dem *Lion de Bourges* aus dem vierzehnten Jahrhundert. Er steht in einer aktuellen Neuausgabe zur Verfügung (Bastert 2014), alle Zitate beziehen sich auf diese Ausgabe.
2 Beispielsweise auf der Fra Mauro Karte von 1459, eine Abbildung ist in der Wikipedia zu finden.

Open Access. © 2023 bei den Autorinnen und Autoren, publiziert von De Gruyter. Dieses Werk ist lizenziert unter der Creative Commons Namensnennung - Nicht-kommerziell - Keine Bearbeitungen 4.0 International Lizenz.
https://doi.org/10.1515/9783110781908-011

eine Insel ist. Das Meer im Roman ist also nicht einfach eine geographische Entität, sondern hat erzählerische Funktionen, die beim Übergang vom Festlandsitalien nach Sizilien offenbar keine Rolle spielen. Die Frage nach dem Meer im Roman muss deshalb konkretisiert werden nach seinen erzählerischen Funktionen.

Dabei fällt zunächst auf, dass trotz der vielen Reisen das Meer selbst – bis auf eine Ausnahme – keinen Handlungsort darstellt,[3] denn die Figuren bewegen sich über das Meer nur von einem Abenteuer zum nächsten,[4] auf dem Meer selbst aber geschieht im Wesentlichen gar nichts, die Schilderung der Reise umfasst oft nicht mehr wie eine Zeile:[5]

> Die heyden rachten yren segel uff und kartten vber mere (*Herpin*, 154); Lewe was als verre über mere geryeden, daz er da wieder vmb füre mit crysten kauff lüden vnd kam vff eyn insel, die hyeß Rodiß (*Herpin*, 452); Sy reckten yren segel vff vnd füren vff das mere vnd befolhen sich all dem almechtigen gode. Sye füren da als lange, das sye kamen in Cipern lant (*Herpin*, 460); Yne gluckte zu stund mit eyme guden winde, das sij in der erste nacht kamen vor eine schone burg […] (*Herpin*, 518); Der wint kerte Lewen schieff [von Cipern] zů dützsche lant zů vnd furen den Ryne vff vnd qwamen gein Koblenentz […]. (*Herpin*, 560)

Mitunter wird erzählt, wie die Figuren Schiffe betreten und benutzen, aber manchmal wird eine Schiffsfahrt auch einfach mit dem Verb *reiten*[6] bezeichnet, was allgemein irgendeine Form der Fortbewegung bedeuten kann, zumeist aber bereits die Fortbewegung per Pferd an Land meint. An einer Stelle reitet der Held von Tollet (Spanien) nach Cipern, ohne dass man sagen könnte, ob *reyten* hier wieder eine Meerfahrt bedeutet oder der Text für einen Moment das Meer einfach vergessen hat (*Herpin*, 553–554). Wichtig ist es an dieser Stelle aber offenbar nicht.

Eine erste Funktion dieser an sich sehr unspezifischen Meerreisen liegt dann darin, mit ihrer Hilfe eine Art Abenteuerlandkarte zu erschaffen, die bei der Orien-

---

[3] Das ist für die mittelalterliche Literatur durchaus typisch. Ausnahme sind Seestürme und Schiffbruch, die im *Herzog Herpin* aber kaum eine Rolle spielen (vgl. Schmidt und Hanuska 2018, 413–414).
[4] Ganz allgemein hat das Meer in der Literatur zugleich eine Grenz- wie eine Übergangsfunktion: „Das Meer kann aus funktionaler Perspektive als natürliche und bzw. oder semantisch aufgeladene Grenze wie eine Barriere wirken […]. Es kann aber auch den Übergang von einem Raum in den anderen ermöglichen und damit eine ‚maritime Kontaktzone[]‘ darstellen, indem es einen sozialen, kulturellen und ökonomischen Austausch ermöglicht" (Schmidt und Hanuska 2018, 418).
[5] Wenn es heißt: „Das Meer erweist sich in der fiktiven ebenso wie in der realen Welt als bedeutende natürliche Grenze, die den Raum teilt und Kontakt sowie Austausch zwischen Bewohnern verschiedener Erdteile erschwert, wenn nicht unmöglich macht" (Schmidt und Hanuska 2018, 419), dann trifft das auf den *Herzog Herpin* kaum zu, allein Herzogin Alheyt gerät einmal in einen Sturm, der sie nach Spanien statt nach Jerusalem bringt, alle übrigen Überquerungen des Meeres erfolgen so zielgerichtet wie das Reisen auf einer Landstraße.
[6] Beispielsweise: *Lewe was als verre über mere geryeden* (*Herpin*, 452).

tierung in einem viele hundert Seiten dicken Abenteuerroman mit drei Generationen, unzähligen Nebenfiguren und vielen Identitätswechseln hilfreich ist. „Damit werden die zahlreichen Bewegungen der unterschiedlichen Protagonisten, die sich durcheinander bewegen, aber auch gegenseitig ihren Spuren folgen und so immer wieder die gleichen Punkte ansteuern, auf einer mentalen Karte der Leser verortbar. Indem bestimmte Orte zeitgleich und / oder nacheinander von unterschiedlichen Protagonisten besucht werden, etablieren sie sich als Handlungsknotenpunkte" (Kohnen 2015, 179). Dabei erweist sich das Meer als die perfekte erzählerische Drehscheibe, denn über das Meer kann man von jedem Handlungsort unmittelbar zu jedem anderen Handlungsort gelangen, ohne das ein Dazwischen existierte und thematisiert werden müsste.[7] Das heißt aber auch, dass der Weg so offen ist, dass es jedes Mal einer Entscheidung bedarf, welcher denn diesmal genommen wird. Die Reise über das Meer ist deshalb an sich auch keine *aventiure*, dafür ist sie zu zielgerichtet, kann aber eine werden, wenn man vom Kurs abkommt.

Ich beginne mit einem Überblick über die wesentlichen Bewegungen der drei Generationen über das Meer und werde dabei der Frage nachgehen, welche Auswirkungen das jeweils auf die Identität der Figuren hat.[8]

In der Elterngeneration bewegt sich zunächst Herzogin Alheyt auf der Suche nach ihrem Ehemann per Schiff von Italien nach Tollet (Toledo) und damit in den heidnischen[9] Teil Spaniens. Die Vorgeschichte dieser ersten Seereise ist recht komplex: Alheyt ist bei der Flucht aus Frankreich bereits schwanger und allein mit ihrem Mann in der Wildnis treten plötzlich die Wehen ein. Der Herzog zieht daraufhin los, eine Hebamme zu finden, wird aber stattdessen gefangen genommen und kehrt nicht zurück; seine Frau gebiert derweil den Sohn (der später Lewe genannt wird) allein, wird aber von Räubern überfallen, die sie mitnehmen und das Kind zurücklassen. Die Vergewaltigung Alheyts scheitert dann daran, dass die Räuber

---

[7] Störmer-Caysa hat für reale mittelalterliche Reisen festgehalten, dass sie sich nicht an Landkarten, sondern an Wegbeschreibungen orientiert haben. Man bewegt sich von Wegpunkt zur Wegpunkt, die andere zuvor schon beschrieben haben: „[...] daß die alltägliche Raumorientierung eines Reisenden sich im Mittelalter (wie schon in der Antike) anders vollzog als heute; daß er nicht von einem objektiv vorhandenen, in Koordinaten beschreibbaren Raum aus ging, sondern sozusagen vom Raum-für-mich" (Störmer-Caysa 2007, 64). Das Meer variiert dieses Prinzip insofern, als die Richtungen diffuser sind – es geht überall hin – und die Störungsmöglichkeiten größer: jeder Sturm bringt einen vom Ziel ab.
[8] „Auch in Fällen, in denen Seereisen in ihrer räumlichen und zeitlichen Ausdehnung kaum gestaltet werden oder funktional als Grenze betrachtet werden können, wird das Meer als ein Ort des Übergangs inszeniert" (Schmidt und Hanuska 2018, 421). Dies trifft zweifellos auch auf das Meer im *Herzog Herpin* zu.
[9] Ich belasse es bei der Bezeichnung Heide, die der Text verwendet, statt Muslime, um die es sich nicht wirklich handelt – ich komme später noch auf dieses Problem zurück.

sich nicht einigen können und sich gegenseitig umbringen. Alheyt verkleidet sich anschließend als Mann, um fürderhin sicher reisen zu können (Vgl. Bloh 2002, 506). Sie macht sich auf die Suche nach ihrem verschwundenen Ehemann, von dem sie sich erinnert, dass er mit ihr ins Heilige Land pilgern wollte:

> Also in mannes weiß gieng sie hinweg, auf des meres eynen arm. Do vand sie kauf lewt auß fremden landen vnnd manchen pilgram, die wolten uber das gesaltzen mere, in die erlichen stat, Iherusalem ist sie gnant (*Herpin*, 40)

Doch nach Jerusalem kommt sie nicht, weil sie, natürlich, Schiffbruch erleidet:

> Do kam so ein grewlicher wint, das es kein mensch volsagen kan, aber des andern morgens dornach so wart der wint vil grewlicher, das nye kein grawsamer gesehen ward. Dreissig schieff vndergiengen, dorinne blaib nit mer dann eyns. Von dem selben winde die schief alle vntter giengen. So gros betrubnisse wart nye gesagt. Die galen, da die frawe innen was, die blaib von gotz verhencknusse. Ir strase hatten sie verlorn, zu Hispanien komen sie an ein landt in ein castel. (*Herpin*, 42 und 44)

Als Mann vollbringt sie dann eine ganze Reihe von Abenteuern in Tollet, wie den Kampf mit einem Riesen,[10] einen Zweikampf mit einem Ritter und schließlich führt sie sogar als Marschall das heidnische Heer gegen ein zweites heidnisches Heer in die Schlacht. Dass ihr das gelingt, scheint mir wesentlich drei Ursachen zu haben: die Hilfe wie auch der Befehl Gottes, ihre Verkleidung als Mann und die Fahrt über das Meer in ein fremdes Land, in dem dann Dinge möglich sind, die zu Hause in Burges unmöglich wären. Denn neben der Verkleidung garantiert die Distanz des Meeres ihre Anonymität, die diesen Identitätswechsel und damit ihre unfreiwillige Freiheit in der Fremde überhaupt erst möglich macht.

Ihr Ehemann, Herzog Herpin, verliert seine Frau, als er sich kurz vor der Geburt Lewes auf die Suche nach einer Hebamme macht. Er wird auf einem Schiff entführt, nach Cipern gebracht (*Herpin*, 153) und an die dort herrschenden Heiden verkauft; von diesen später wiederum als Geschenk nach Tollet verschifft (*Herpin*, 156),[11] wo er schließlich Frau und Sohn wiederbegegnet. Herpin macht bei seinen Meerreisen zunächst einen Identitätswechsel vom Herzog zum Sklaven und Gefangenen durch, danach bleibt er Gefangener. Die Verkehrung der Geschlechterrollen bei der Fahrt übers Meer betrifft also nicht nur Alheyt, sondern in gewisser

---

10 „Das geographisch fremde Land und der durch Größe, fremden Glauben, ungeheure körperliche Macht und Kampfeskraft überdeterminierte Konkurrent eröffnen exzeptionelle Handlungsmöglichkeiten, bei der genderbezogene Einschränkungen außer Kraft gesetzt werden" (Winst 2017, S. 213).
11 Vgl. zu Sklaverei und Menschenhandel in deutschsprachigen Erzähltexten des Mittelalters den Beitrag von Michael R. Ott in diesem Band.

Weise auch ihren Mann, nur unter anderen Vorzeichen: Die Frau nimmt die Rolle der aktiven Abenteurerin ein, ihr Mann wird zum passiven Objekt, das über das Meer hin- und her verschifft wird.[12] Im Falle Herpins führt die Reise über das Meer in die Fremde also zu erzwungener Passivität und Unfreiheit. Was einen jenseits des Meers erwartet, ist so unberechenbar wie das Meer selbst, was damit nicht nur Element der Handlung ist, sondern zugleich auch deren Symbol.

Beider Sohn Lewe wird direkt nach der Geburt von seiner Mutter getrennt, als diese von Räubern überfallen wird. Ihn zieht zunächst eine Löwin auf – daher sein Name –, bevor der Ritter Badewin ihn als Ziehsohn aufnimmt. Da Lewe jedoch bald ein sehr herzogliches Verhalten an den Tag legt, also das Geld seines Ziehvaters mit vollen Händen ausgibt und diesen in den Ruin treibt,[13] zieht er zu einem großen Turnier nach Sizilien, um dort die Hand einer Frau, Macht und Reichtum zu gewinnen, was ihm auch gelingt. Lewes Identität ist dabei insofern gestört, als ihm als Herzogssohn eine andere Lebensweise zusteht, denn als Sohn eines kleinen Burgherrn. Ein wirklich radikaler Identitätswechsel wie bei den Eltern ist das aber nicht, und wie anfangs bereits erwähnt, ist die Reise nach Sizilien eine reine Landreise, eine Reise übers Meer findet also entweder nicht statt oder ist zu kurz, um erwähnt zu werden. In jedem Fall gehört Sizilien zum Nahbereich und nicht zur Fremde. Dadurch fehlt der Fahrt auch etwas von der radikalen Unberechenbarkeit der Reisen der Eltern, denn selbst wenn Lewe in Sizilien scheitern sollte, wäre er immer noch so adlig wie zuvor.

Lewe ist aber auch beständig auf der Suche nach seinen wahren Eltern und damit seiner eigentlichen Identität als Herzogssohn, und es ist dann diese Suche, die ihn über das Meer treibt. Zunächst reist er vom christlichen Italien ins christliche Konstantinopel, von da aus weiter ins heidnische Jerusalem, Indien und Babylonien[14] (*Herpin*, 452). Das wird allerdings erzählerisch nicht ausgestaltet, so dass man über diese Orte und ihre Erreichbarkeit nichts weiter sagen kann. Von Indien geht es dann ins heidnische Rodiß (*Herpin*, 452), d. h. Rhodos, das von ihm flugs zum Christentum bekehrt wird. Vom nunmehr christlichen Rhodis geht es ins heidnische Cipern (*Herpin*, 460), das ebenfalls bekehrt wird – sofern Bekehrung das richtige Wort ist, denn in beiden Fällen müssen Jungfrauen vor einem grausamen Schicksal gerettet werden und sind ohnedies willig, Christinnen zu werden. Lewe

---

12 Später wird auch Herpin als Kämpfer in Tollet aktiv, was aber nicht mehr mit Meerfahrten verbunden ist.
13 „Er [Lewe, d. Verf.] hielt sich so kostlich, das es Balwin, sein vater, nit bezaln kunde, dann hett er zu zehen maln so vil gehabt, er kunde es bezalet han. Uber dreissig meil wegs komen lewte, die do ine an aischten, was Lewe vertzeret het" (*Herpin*, 56).
14 Unklar bleibt, ob damit die Festung Babylon in Ägypten, das sog. Alt-Kairo, oder das Zweistromland gemeint ist.

bleibt bei alledem der, der er immer ist,[15] die Reisen über das Meer haben keine Auswirkungen auf seine Identität, dafür aber umso mehr auf zumindest viele der Länder, die er bereist. Mir scheint dies eine zweite Option von Meerreisen zu sein, die der Text eröffnet, also entweder eine Veränderung der Identität der Helden und Heldinnen oder aber der Identität der bereisten Länder.

Vom nunmehr christlichen Cipern geht es in den christlichen Teil Hispaniens (*Herpin*, 515). Der Hafen jedoch, in dem man das Land betritt, wird von einem heidnischen Riesen beherrscht, mit dem seine christliche Ehefrau gegen ihren Willen verheiratet ist. Sie wird von ihrem Ehemann befreit und das Land ebenfalls christlich.

Nach Tollet reitet Lewe dann zu Pferde, um dort die Familie endlich wieder zu vereinen. Der Übergang vom christlichen in den heidnischen Herrschaftsbereich erfolgt also durch eine Landreise, der Grenzübertritt ist aber gänzlich unmarkiert. Tollet bleibt dann heidnisch, niemand versucht hier, einen Glaubenswechsel zu bewirken, und der Ort gewinnt höchstens durch die Anwesenheit der herzoglichen Familie einen gewissen religiösen Mischcharakter. Deutlich wird dies besonders bei den Abenteuern Alheyts, die als Christin und als Mann verkleidet für den heidnischen Herrscher kämpft, und später sogar kurzzeitig dessen Marschall wird. Der eigentliche Witz ist hier aber die Geschlechterthematik, das Spiel mit den Abenteuerregeln, während das Religiöse ohne Belang ist. Ohne Meerfahrt gibt es offenbar keinen Identitätswechsel.

Von Tollet geht es per Schiff zurück nach Cipern (*Herpin*, 555), was aber nur der Begleitung des Königs von Cipern nach Hause dient, bevor Lewe per Schiff aufbricht nach Deutschland[16] (*Herpin*, 560) und von da zu Pferd nach Frankreich, um endlich das familiäre Herzogtum zurückzugewinnen.

Genau wie bei den Eltern sind auch Lewes Reisen fast ausschließlich dadurch induziert, die Familie wieder zusammenführen zu wollen und insofern Teil einer generationenübergreifenden Suche nach Familienmitgliedern rund ums Mittelmeer. Die Identitätswechsel innerhalb der Familie sind deshalb auch nur temporär, wenn die Familie vereint ist, ist Alheyt wieder nur Ehefrau, ihr Mann wieder

---

15 Ein durchgehendes Figurenmerkmal ist beispielsweise seine stete Bereitschaft zu adliger Verschwendung, die zunächst seinen Ziehvater Badewin in die Pleite treibt (vgl. *Herpin*, 54–62), was überhaupt erst die Motivation zur Reise nach Sizilien abgibt, um dort beim Turnier wieder standesgemäß reich zu werden. Kaum angekommen, gibt er sein eigentlich gar nicht vorhandenes Geld erneut mit vollen Händen aus (vgl. *Herpin*, 193, 206, 224).
16 Die Reiseroute wird dabei nicht weiter ausgeführt, die Schifffahrt beginnt in Cipern (*Herpin*, 555), wird dann durch eine Parallelgeschichte unterbrochen und auf S. 560 heißt es, dass Lewe mit dem Schiff den Rhein hinaufsegelt. Das ist erzählerisch allerdings insofern bemerkenswert, als während der Parallelerzählung im Lewe-Strang tatsächlich weiterhin Zeit vergeht, nämlich für die Dauer die Meerfahrt von Cipern zur Rheinmündung.

Herzog und Lewe endlich Herzogssohn.[17] Die Wechsel der religiösen Identität der bekehrten Länder hingegen sind dauerhaft.

Von der Enkelgeneration werde ich nur kurz Oleybaum betrachten, dessen Geschichte aber ohnehin den größten Raum dieser Generation einnimmt. Seine Lebensgeschichte ähnelt sehr der seines Vaters Lewe, auch er geht als Kind verloren und wird dann von Hirten unter einem Olivenbaum gefunden (*Herpin*, 425–426) – daher sein Name –, auch er verhält sich wie ein Adliger und Herzog und gelangt schließlich zurück in Stand und Würden.[18]

Oleybaum reist zunächst vom christlichen Sizilien in das christliche Spanien (*Herpin*, 653), um da als Söldner im Dienst König Ansijs gegen die Heiden zu kämpfen. Seine immensen Erfolge verschaffen ihm die Hand der Tochter des spanischen Königs. Oleybaums Identitätswechsel ist dabei etwas paradox, weil er sich für den Sohn eines Hirten hält, aber wie ein Adliger kämpft und als Kämpfer dann auch Anerkennung findet. Alheyt wechselt bewusst ihre Identität, um sich zu schützen, Herpin wird durch die Gefangenschaft zu einem Identitätswechsel gezwungen, aber beiden ist dabei bewusst, was mit ihnen geschieht bzw. was sie tun. Mit Oleybaum wird dieses Identitätsspiel erneut variiert, denn ihm ist seine wahre Identität zunächst nicht bekannt. Das gilt zwar auch für Lewe, der sich aber zu jedem Zeitpunkt seiner ständischen Identität als Adliger bewusst ist, Oleybaum verfügt nicht einmal darüber. Wenn für Alheyt die Meerfahrt eine Reise zu ungeahnter Freiheit und für Herpin eine Reise zu ungewollter Knechtschaft darstellt und damit für beide eine temporäre Abweichung von ihrer eigentlichen Identität, dann ist sie für Oleybaum eine Reise zurück zur wahren Identität, die sich erst jenseits des Meeres einstellt.

Als Oleybaum schließlich von seiner wahren Herkunft erfährt,[19] macht er sich auf die Suche nach seinem Vater, was, wie alle Suchen, als erstes eine Meerfahrt verlangt, diesmal von Spanien nach Sizilien (*Herpin*, 687). Dort findet er seinen Vater Lewe auch, kehrt dann zurück nach Spanien, um später von dort in den Kampf gegen die Heiden nach Palästina zu ziehen (*Herpin*, 703), erneut also eine Schiffsreise. Diese Reisen zu seinem Vater sind recht unspektakulär, die Reise ins Heilige Land hinge-

---

17 Wie sehr damit ein Abenteuerzyklus beendet ist, zeigt der baldige Tod der Eltern (*Herpin*, 554–555, der Herzog im Kampf gegen einen Verräter, die Mutter kurz darauf vor Gram), die nach Wiedergewinnung ihrer Identität nicht mehr gebraucht werden.
18 Zur Bedeutung von Wiederholungen im *Herzog Herpin* vgl. Kohnen 2015.
19 Ohleybaum erwirbt sich seine Herrschaft, die über Spanien, selbst, in dem er für König Ansij in den Kampf gegen die Heiden zieht, wobei ihm der Weiße Ritter hilft. Oleybaum wird Marschall, heiratet die Tochter des Königs, Gallien, und übernimmt nach dessen Tod dann die Herrschaft (*Herpin*, 665). In der Nacht nach der Krönung hört er eine Stimme, die ihn zu seinem Vater Lewe schickt, den er schließlich auch findet (*Herpin*, 690), obwohl er ihn, wie seine eigene Frau ihm sehr ausdrücklich sagt, gar nicht mehr braucht: „ ‚Lieber', sprach sye, ,ir sijt, wer ir wolt, so sijt ir mir liep vnd wert'" (*Herpin*, 667).

gen wiederholt das Muster, das man schon von Lewe kennt, die Reise übers Meer ins heidnische Land endet mit dessen Bekehrung. Der Gegner ist diesmal allerdings kein Riese, sondern der Heide Otmase, der wortwörtlich von einem Teufel besessen ist. Anschließend kehrt Oleybaum vom nunmehr christlichen Astalone (in Palästina) zurück in seine Herrschaft nach Spanien (*Herpin*, 765). Seine Exorbitanz macht Otmase den Riesen, gegen die Lewe für gewöhnlich kämpft, durchaus ähnlich, der Gedanke an einen Kreuzzug kommt so nicht einmal im Heiligen Land selbst wirklich auf. Die Ausgestaltung der Heiden folgt letztlich ihrer Funktion, als Menschen sind sie bekehrbar oder sogar akzeptabel, als Riesen sind sie es nicht.

Dass Oleybaum sich vor allem von christlichen in christliche statt in heidnische Räume bewegt, liegt schlicht daran, dass sein Vater Lewe diese Räume bereits weitgehend christianisiert hat. Dem Sohn bleibt nur noch – aber was heißt da ‚nur' – die Befreiung wenigstens eines Teiles des Heiligen Landes.

Bei den Reisen übers Meer bewegen sich die Figuren also auch immer wieder von christlichen in heidnische[20] Handlungsräume und zurück. Heidnisch ist dabei ungefähr die Hälfte Spaniens und das Heilige Land, die afrikanische Mittelmeerküste spielt als Schauplatz keine Rolle. Da die Reisen im Text wesentlich über das Meer erfolgen, ist auch das Meer die Grenze zwischen den beiden religiösen Blöcken; wo genau hingegen in Spanien oder Kleinasien die Grenzen auf dem Festland verlaufen, bleibt unklar, was aber auch keine Rolle spielt, da sie nie explizit überschritten werden.

Viele dieser heidnischen Gebiete werden vor allem durch Lewe nach und nach christianisiert, jedoch nicht Tollet, ein gerade für die Abenteuer der Mutter Alheyt sehr wichtiger Handlungsort, der heidnisch bleibt. Ein irgendwie systematisches, gezieltes Programm zur Christianisierung der Welt gibt es nicht (vgl. auch Kohnen 2015, S. 185–186), es wird dergleichen auch nie von einer Figur formuliert oder von Gott gefordert. Gerade bei Alheyts Abenteuern fällt das auf, die im Auftrag Gottes für die Heiden streitet und in Tollet einen Riesen besiegt sowie ein heidnisches Heer in die Flucht schlägt:

> Als die hertzogynne zu mitternacht in yrme bette lag, da hortte sye eyn stymme von hyemel her abe von godes verhengnisse. Man findet geschriben vnd saget vor ware, das die frouwe heilig was in yrme leben. (*Herpin*, 85)

---

[20] ‚Heidnisch' ist wie immer in der deutschen Literatur des Mittelalters die Bezeichnung für polytheistische Gegenreligionen, also Religionen, die weder christlich noch jüdisch sind und üblicherweise wenigstens drei Götter aufweisen, Apollo, Machmet und Tervigant. Geographisch deckt sich das im Roman vage mit dem muslimischen Herrschaftsbereich im Hochmittelalter, aber vom Islam weiß der Text eigentlich nichts. Spätestens seit der ersten Koranübersetzung durch Petrus Venerabilis wie auch den verschiedenen Kreuzzugsberichten konnte man vom Islam durchaus sehr viel mehr wissen, die deutsche Literatur ignoriert diese Möglichkeit aber zumeist sehr konsequent.

Eine Bekehrung Tollets gibt es jedoch nicht,[21] Gott ist hier gar nicht an Religion interessiert, sondern allein an Alheyt bzw. der Familie Herzog Herpins, wie später auch.[22] Dennoch, sieht man einmal von Tollet ab, ist am Ende das übrige bereiste Mittelmeer christlich.[23]

Der Text ist also ohne Zweifel religiös aufgeladen, wobei jedoch, wie schon die Alheyt-Abenteuer zeigen, Gott ein recht persönliches Verhältnis zu dieser Familie hat. Dies schlägt sich im Text vor allem in der Figur des Weißen Ritters nieder. Bei seiner ersten Reise zum Turnier in Sizilien entdeckt Lewe im Rauchfang der Gastwirtschaft, in der er logiert, die mumifizierte Leiche eines Ritters, der seine Zeche nicht bezahlen konnte (*Herpin*, 192). Er vermutet zunächst seltsame Bestattungsbräuche in der, wenn auch christlichen, Fremde:

> ‚Vff myn trüwe', sprach Lewe, ‚das ist bermlich. Ist das eyn gewonheit in dieseme lande, so eyn man stirbet, der nit bezalen kan, das man yne dann in eynen sack hencket?' (*Herpin*, 192–193)

Er erfährt dann aber, dass der Wirt dem Toten wegen der offenen Rechnung ein christliches Begräbnis verweigert.[24] Lewe, der eigentlich pleite ist, zahlt die Rechnung und bestattet den Ritter christlich. Bei dem Turnier taucht dann plötzlich der Weiße Ritter auf, um Lewe zu helfen und es stellt sich bald heraus, dass es sich um den sehr körperlichen Geist des Ritters aus dem Rauchfang handelt – „Aber got schickte yme zu eynen gesellen, keyn getrüwer vff ertrich nie kame, das was eyn ritter, der hat ydel wyß an" (*Herpin*, 226). Als Belohnung seiner guten, christlichen Tat erlaubt es Gott, dass dieser Ritter in menschlicher Gestalt erscheint und Lewe fortan in fast allen Kämpfen zur Seite steht. Lewe gewinnt also nicht nur heidnische Räume für die Christenheit, sondern wird auch ganz unmittelbar von Gott im Kampf unterstützt. Lewe ist dabei nicht der Einzige der Familie, der diese göttliche Unterstützung erfährt, denn der Weiße Ritter hilft nicht nur ihm, sondern auch seinen Söhnen.

---

21 Realhistorisch war Toledo ein Ort enger Kulturkontakte, einerseits seit 1087 dem Königreich Kastilien zugehörig, andererseits aber vor allem im Intellektuellen dem Arabischen verpflichtet. Im Mittelalter war Toledo nicht zuletzt berühmt für magisches Wissen, aber nichts von alledem spielt im *Herzog Herpin* eine Rolle, wo Toledo genau wie der Rest des Mittelmeers zum adligen Abenteuerspielplatz wird.
22 Überhaupt zielt die Episode vor allem auf das Spiel mit Abenteuerstereotypen, die durch die ‚falsche' Genderbesetzung auf recht komische Art vorgeführt werden. Gott ist in dieser Hinsicht kaum mehr als ein erzählerischer Kniff, der erklärt, warum eine Frau überhaupt kämpfen kann (vgl. Schlechtweg-Jahn 2019) – „Religious affiliation, it appears, can have a strategic function" (Zerka 2019, S. 111).
23 Bekehrt werden Cipern (*Herpin*, 468), Rodiß (452) und Astalone (die Küste Palästinas, 706–707).
24 Dies ist auch die einzige Stelle im Roman, wo für einen Moment lang so etwas wie eine kulturelle Differenz aufscheint, die aber sogleich zurückgenommen wird.

Die Familie ist offensichtlich von Gott begünstigt,[25] in einer Kreuzzugs- oder Bekehrungslogik geht der Test damit jedoch nicht auf. Zunächst fällt auf, dass die zu besiegenden heidnischen Feinde sehr häufig Riesen sind. Sofern Heiden Menschen und d. h. Adlige sind, unterscheiden sie sich von christlichen Adligen überhaupt nicht. Die heidnischen Länder werden auch nicht wirklich erobert, denn im Allgemeinen muss nur der Riese vor Ort besiegt werden, wobei die dabei geretteten heidnischen Jungfrauen zumeist ohnehin schon mit dem Christentum geliebäugelt haben und sich schnell bekehren.[26]

Der Weiße Ritter hilft Lewe zudem auch in Turnieren gegen christliche Gegner, agiert also auch außerhalb einer religiösen Konfrontation. Die Hilfe Gottes für Alheyt rettet schließlich den heidnischen Hof von Tollet vor einem heidnischen Feind, ist also religiös ganz indifferent. Gott ist letztlich mehr am Wohlergehen dieser Familie an sich interessiert als an ihren religiösen Taten.

Die Räume im *Herzog Herpin* sind also wesentlich Abenteuerräume, die allenfalls eine religiöse Auflage erfahren. Die eigentliche, trennende Differenz verläuft nicht zwischen Christen und Heiden, sondern zwischen der herzoglichen Familie und deren Feinden, egal, ob diese heidnisch oder christlich sind. Dementsprechend ist auch das Meer nicht wirklich eine Grenze zwischen heidnischen und christlichen Räumen, auch wenn der Text an diese Vorstellung zunächst durchaus anschließt. Wirklich relevant scheint mir das Meer im Grunde nur in Bezug auf die Abenteuer und Reisen der herzoglichen Familie zu sein.[27]

Eine irgendwie benennbare kulturelle Differenz zwischen den Handlungsräumen rund um das Mittelmeer gibt es nicht, auch nicht zwischen Heiden und Christen. Das Meer trennt weder Kulturen noch verbindet es sie, weil es im Grunde gar keine Unterschiede gibt.[28] Unter solchen Bedingungen kann es textintern auch keinerlei Kulturtransfer geben. Letztlich wird ein, wie man vielleicht sagen könnte,

---

[25] Letztlich ist es einzig Gott, der über eine „Lenkungsmacht" (Großbröhmer 2918, 102) in der mäandrierenden Abenteuergeschichte verfügt. Zu den religiösen Wundern im *Herzog Herpin* vgl. auch Bloh 1997.

[26] Winst verweist dazu auf die mittelalterliche Georgslegende, nur dass im *Herpin* der Drache gegen Riesen ausgetauscht sei, vor denen hier dann die Jungfrau gerettet werden muss (Winst 2017, S. 215).

[27] „The characters still take part in a form of expansion, conquering cities and kingdoms, but this expansion remains a territorial enterprise, connected to an increase in status and nobility, rather than a religiously motivated form of conquest as was the case in the Roland tradition [...] (Zerka 2019, S. 89).

[28] Tatsächlich hat der Text eher Interesse für soziale Differenzen. Da gibt es den geldgierigen Gastwirt, der der Leiche eines Adligen das christliche Begräbnis verweigert (*Herpin*, 192), oder die Zieheltern Oleybaums, die als Hirten sehr scharf vom adligen Personal unterschieden werden (ab 425). Mit dem Meer hat das aber nichts zu tun, die soziale Differenz ist keine räumliche.

,nordalpines' Adelsverständnis über den Mittelmeerraum gestülpt, was sich weder für eine mögliche Differenz zu einem ‚muslimischen Adel' noch für die Stadtkultur Italiens interessiert.

In einem etwas weiteren Sinn allerdings lässt sich das Mittelmeer zumindest als Ort einer Reihe von Grenzüberschreitungen beschreiben, die für diese späten *Chanson de Geste*-Dichtungen typisch sind: karolingische Helden, die sich in der Artuswelt wiederfinden, wie überhaupt Gattungsmischungen (*Chanson de geste*, Artusroman, Liebes- und Reiseroman); Überschreitungen der Geschlechtergrenzen (Alheyt als Heldin); soziale Grenzüberschreitungen (arme Helden, als Arme verkleidete Helden, Helfer des Helden aus inferioren Schichten); Übergänge zwischen Heiden- und Christentum (Alheyt kämpft für einen heidnischen Herrscher); im *Herpin* kommt dazu noch eine Berührung mit der Feenwelt (Feen wahrsagen dem neugeborenen Lewe, Feenartefakte sind handlungsrelevant). Das Meer ist mitunter Bestandteil dieser Überschreitungen, Christen und Heiden trennt und verbindet das Meer. Dies gilt jedoch nicht immer, Lewe erreicht die Artuswelt zu Pferde und auch die Feenaspekte sind nicht auf das Meer bezogen.

Mir erscheint das Meer im *Herzog Herpin* also vor allem ein riesiger familiärer[29] Abenteuerraum zu sein. Die herzogliche Familie wird nach und nach über das ganze Mittelmeer verstreut und kehrt am Ende auch nicht mehr komplett an den Ausgangsort Burges zurück: Lewe wird der Geschichte entrückt wie König Artus nach Avalon,[30] Oleybaum bleibt König von Hispanien, Lewes zweiter Sohn Wilhelm wird Herzog in Burges, dem Stammsitz der Familie (*Herpin*, 829) und sein Bastardsohn Gerhart wird Herzog von Kalabrien (*Herpin*, 678).[31]

Die vielfältigen Bewegungen über das Meer hinweg haben letztlich eine Art Besiedlung wichtiger Herrschaftsräume durch die Herzogsfamilie zur Folge, wodurch das Meer seinen trennenden Charakter mehr und mehr verliert: es wird familial. Dabei werden zweifellos heidnische Räume christlich, aber das geht eher problemlos – die intriganten christlichen Feinde der Familie sind eine viel größere Herausforderung, die aber keinen Zusammenhang zum Meer aufweist. Vielleicht

---

29 Zur Bedeutung des Familiären vgl. vor allem Herz 2017.
30 „Lewe sprach mit luder stymme widder sin kinde vnd ritterschafft: ,Ir herren, ich müß zu hant hinweg, dan ich han es Malabrons süster glaubt vnd auch Glorianden, kunnig Artus suster, den han ich gered in dem grunde vor Burges vnd han yne das mit mynen trüwen in yre hant globt.' [...]. Lewe reyt alleyn hin weg, vnd als vns die hystorye sagt, so enmocht nie kein man erfahren, war Lewe ye were bekamen" (*Herpin*, 868–869); vgl. auch Bastert 2016, S. 463–464.
31 „[...] I suggest that the family acquires a structuring function in the text because it takes the shape of a network, which is constructed through the characters' travels around the Mediterranean and expands as they connect with each other" (Zerka 2019, S. 116). Die strukturierende Funktion der Bewegungen der Familie leuchtet mir sehr ein, der Nutzen der in Zerkas Arbeit über die Maßen strapazierten Netzwerkmetapher eher weniger.

liegt hierin der Grund, warum der Text an einer ausgestalteten Fremde kein großes Interesse hat. Während der typische Abenteurer sich durch die Fremde bewegt, um, von ihr vielleicht affiziert, zurückzukehren ins Eigene, verteilt sich die Herzogsfamilie über das Mittelmeer, um zu bleiben. Das kann aber nur klappen, wenn es in der Fremde nicht wirklich fremd zugeht. Das Meer trennt daher die Abenteuerräume für die Familie so auf, dass es Raum bietet für die Abenteuer dreier Generationen. Genau darin scheint mir die wesentliche Funktion des Meeres im *Herzog Herpin* zu liegen. Angesichts solcher Befunde fragt man sich allerdings, ob hier überhaupt noch von Fremde die Rede sein kann? Eine gewisse Paradoxie liegt hier tatsächlich darin, dass einerseits mögliche Differenzen nicht ausgespielt werden, andererseits aber das Mittelmeer durchaus eine exotische Fremde sein soll, mit Heiden, Riesen und nicht zuletzt zwingend erforderlichen Meerfahrten. Die Trennlinie zwischen dem Eigenen und dem Fremden fällt aber letztlich eher mit den Grenzen der Familie Herpins zusammen als mit geographischen Grenzen.

Was aber ist mit Oleybaum und dem Teufelsfisch, das einzige Abenteuer, das tatsächlich auf See stattfindet? Oleybaum besiegt im Heiligen Land zunächst den Heiden Otmase, der sich als vom Teufel besessen entpuppt.[32] Angesichts der Niederlage Otmases fährt der Teufel aus diesem heraus und in einen Fisch, der daraufhin das Meer vor Palästina unsicher macht:

> Da ließ Otmase eynen kriesch, das daz ertrich davon erbiebet vnd da gesach man eynen grossen rauch vß konning Otmase dringen, das was der duffel, der vß yme kam. Der fure dar nach in eynen fisch vnd dar nach kume zwene dage, da erdranckt er wol dusent menschen. Keyn cristen künde vff dem mere gefaren vor dem selbe fiesche. (*Herpin*, 706–707)

Dieser Teufelsfisch ertränkt im Meer vor Palästina in zwei Tagen mehr als 1000 Menschen (*Herpin*, 707). Da die Fischer zu viel Angst haben, fährt Oleybaum allein auf einem Schiff zur Insel Detastalone, wo der Fisch sich gewöhnlich aufhält. Nach ausführlichem Gebet und Glaubensbekenntnis fordert Oleybaum den Fischteufel zum Kampf heraus, indem er ihn an Bord befiehlt:

> ,Duffel, ich beswer dich bij dem lebendingen gode [...] das du zu mir her komest vnd in myne schiffe mit mir strydest.' Oleybaum kunde das wort kume vollen gesagen, der duffel kame zü yme in sine schiff springen vnd sluge yne mit syme zale [Schwanz], das Oleybaum in dem schyffe lag. (*Herpin*, 738)

---

32 Das ist natürlich ein Stereotyp in Heidendarstellungen, aber im *Herpin* keineswegs typisch. Der Herrscher von Tollet wird beispielsweise an keiner Stelle mit dem Teufel in Verbindung gebracht – die teuflische Auflademng des Heiden Otmase ist keine grundsätzliche, sondern situationsbedingt.

Der Kampf findet dann ausschließlich an Bord statt,[33] wo der Fisch wild mit seinem Schwanz um sich schlägt. Am Ende siegt Oleybaum nur mit Hilfe des plötzlich erscheinenden Weißen Ritters, der dem Fisch eine Lanze durch den Leib bohrt – der Heilige Georg zur See, sozusagen.[34]

Man kann wohl getrost sagen, dass der Autor bzw. die Autorin noch nie etwas von Walfang gehört und nicht die geringste Idee hat, wie man denn mit einem Fisch im Wasser kämpfen könnte, weshalb der Fisch dann eben an Deck springen muss, damit überhaupt ein Kampf zustande kommt. Kurzum, das Meer ist hier mehr ein erzählerisches Hindernis, das umgangen werden muss, als ein genutzter Abenteuerort. Allenfalls religiöse Bezüge wie zum Leviathan oder zur Legende des Heiligen Georg lassen sich herstellen, wobei letztere ja nicht wirklich eine Verbindung zum Meer hat. Solange der Teufelsfisch das Meer beherrscht, ist das Meer damit immerhin einmal in diesem Roman als der typische Gefahrenraum präsent, den es in der mittelalterlichen Literatur häufig darstellt,[35] dies aber doch eher in Verlängerung des Kampfes gegen die (teuflischen) Heiden an Land.

Das Meer im *Herzog Herpin*, so möchte ich abschließend zusammenfassen, ist kein Ort, sondern eine Erzählfunktion. Es dient weder als Abenteuerort an sich, noch markiert es irgendeine kulturelle Differenz, weshalb es auch keinerlei Transfer dient. Doch welche Auswirkungen hat dieser Umgang mit dem Meer auf das Erzählen von Abenteuern?

> So schwierig es auch ist, über große Zeiträume und kulturelle Unterschiede hinweg gemeinsame Merkmale von narrativen Ordnungen auf der Ebene der Geschichte (discours) zu bestimmen, lässt sich für das Abenteuerliche doch unzweifelhaft eine erkennbare, wiederkehrende Grundstruktur herausarbeiten, die vom Verlassen der eigenen Ordnung, einer Bewegung durch die Fremde oder einen fremd gewordenen Raum, eine zumindest für den oder die Helden und Heldinnen zufällige und mit den Kenntnissen der Ausgangsordnung oft kaum zu bewältigende Abenteuerreihe sowie die abschließende Rückkehr in die eigene Ordnung reicht. (Eming und Schlechtweg-Jahn 2017, 22)

Geht man von dieser Basisdefinition aus, die ihrerseits auf Bachtins Überlegungen zum Liebes- und Abenteuerroman zurückgreift, fällt sofort auf, dass sie für den *Herzog Herpin* nicht recht greift. Der erzwungene Aufbruch am Anfang des Romans, der den alten Herzog Herpin, Lewes Vater, in ein ganz typisches Aben-

---

[33] Auch das ist nicht gänzlich untypisch, vgl. dazu Schmidt und Hanuska 2018, S. 414–415: „Anstelle des Meeres wird in der mittelalterlichen Literatur vor allem das Schiffsdeck durch soziales und politisches Handeln der Figuren als Ort konstituiert [...]." Kämpfe an Bord scheinen aber selten zu sein. Zu einer Episode eines Kampfes auf See im *Jüngeren Titurel* vgl. Quenstedt in diesem Band.
[34] Der Kampf mit dem Teufelsfisch gehört in den Bereich der religiösen Wunder im *Herzog Herpin* (vgl. Bloh 1997, S. 229), wenn auch, wie Bloh schreibt, recht spektakulär.
[35] Vgl. Schmidt und Hanuska 2018, S. 416 und 422, da auch weitere Literaturhinweise.

teuer zu führen scheint, nimmt schnell eine überraschende Wendung, denn nicht er, sondern seine ihn begleitende Frau wird zur Abenteuerheldin, während der Herzog zur Randfigur herabsinkt, von der wenig erzählt und die nur passiv übers Meer hin- und hergeschoben wird. Die Rückkehr nach Burges und die Rückeroberung der Herrschaft dort und damit doch eigentlich das Ende jeder Abenteuerfahrt, die Heimkehr, gelingt dann erst Wilhelm, dem zweiten Sohn Lewes, der aber ebenfalls eher eine Nebenfigur darstellt wie sein Großvater.

Die eigentlichen Abenteurer und Abenteurerrinnen der drei Generationen sind Herzogin Alheyt, ihr Sohn Lewe und dessen Sohn Oleybaum, und deren jeweiliger Lebensweg geht gerade nicht in der Grundstruktur des Abenteuers auf: Alheyts Abenteuer enden im Wartezustand in Tollet, aus dem erst ihr Sohn Lewe sie befreit; Lewe ist gar nicht in Burges aufgebrochen und kehrt auch nicht dauerhaft dahin zurück, sondern wird entrückt;[36] und Oleybaum bleibt König in Hispanien.

Abenteuerromane, also Romane, die strukturell als Ganzes vom Erzählen von Abenteuern bestimmt sind, sind zumeist auf die Figur eines Helden, seltener einer Heldin, konzentriert, deren Weg durch die Welt auch die Räume der Erzählung absteckt. Der *Herpin* ist jedoch ein Generationenroman, eine Übereinstimmung von Heldenweg und Romanstruktur ist also gar nicht möglich. Es handelt sich um einen Abenteuerroman, der aus verschiedenen, eigentlich recht selbstständigen Abenteuernarrativen[37] gleichsam zusammengestöpselt ist, deren Verbindung die Familie und das Meer überhaupt erst herstellen. Das eigenartige Verschwinden Lewes aus dem Roman löst dabei ein Problem, das sich aus der Generationenlogik ergibt. Über weite Strecken des Romans ist er zweifellos der zentrale Held der Geschichte mit dem größten Handlungsanteil, zugleich aber gehört er zur mittleren Generation, muss also Platz machen für die auf ihn folgende. Lewe als de-facto Hauptfigur einfach umzubringen, wäre im Abenteuererzählen allerdings problematisch, der Held triumphiert am Ende eigentlich immer. Ihn zu entrücken rettet dann zugleich den Helden wie es der nächsten Generation Platz macht.

---

36 Lewe kündigt seine Entrückung selber an: „... so wolde ich mich von uch scheyden vnd wolde an solich ende komen,das nyemer keyn mensch mochte erfaren, war ich bekomen were" (829). Und so geschieht es dann auch: „Lewe reyt alleyn hin weg, vnd als vns die hystorye sagt, so enmocht nie kein man erfarhen, war Lewe ye were bekomen" (*Herpin*, 869).

37 „Mit dem Begriff des Narrativs wollen wir für das Abenteuer unterscheiden zwischen einer Narration, die einen Texte [sic!] komplett bestimmt, also mit seinem Anfang und Ende zusammenfällt, und einem Narrativ, das dem gleichen erzählerischen Prinzip gehorcht, aber in einen umfassenden Textzusammenhang eingebettet ist. Während Narrationen in sich abgeschlossene Texte sind, lassen sich Narrative eher als Textbausteine verstehen, die als Kleinerzählungen flexibel in anderen Textzusammenhängen verwendet und funktionalisiert werden können." (Eming/Schlechtweg-Jahn, 21).

Bachtin betrachtet das Meer als rein funktional für das Abenteuer, allerdings auch etwas begrenzt am Beispiel der Liebes- und Abenteuerromane: „Für den Schiffbruch wird ein *Meer* benötigt, aber was für ein Meer das im geographischen und historischen Sinne ist, interessiert überhaupt nicht."[38] Schiffbrüche spielen im *Herpin* kaum eine Rolle, dennoch ist das Meer in funktionaler Hinsicht wichtig. Die Schwierigkeit des Romans liegt gerade darin, dass die eigentlich recht unabhängigen Teilabenteuer zu einem Gesamtroman integriert werden müssen. Eine allen Teilabenteuern gemeinsame Heldenfigur, die dann auch eine erzählerische Klammer darstellt, existiert nicht und so bleibt an sich nur die Familie als Bindeglied, aber die ist fast den gesamten Roman nur imaginär, weil immer wieder getrennt, verloren, auseinandergerissen. Die im Abenteuererzählen so häufige Sehnsucht nach Wiederherstellung einer gestörten Ordnung[39] bezieht sich hier wesentlich auf die Familie, die aber als Ziel aller Abenteuer nicht zugleich auch die Struktur der Handlung bestimmen kann – das abwesende Ziel, die wieder herzustellende Ordnung, ist eine starke Motivation für die Figuren (und die Rezipienten), gibt aber keinerlei Handlungslogik vor.

Das Meer als strukturierendes Element scheint mir dabei wesentlich zwei Funktionen zu haben: Zum einen separiert es die Abenteuerräume so voneinander, dass die Trennung der Familie über große Räume und damit auch Zeiten hinweg überhaupt erst glaubhaft wird und außerdem alle drei Generationen sich bei ihren Abenteuern nicht dauernd gegenseitig in die Quere kommen. Das Meer eröffnet gleichsam experimentelle Abenteuerräume für jede Generation.[40] Es trennt Räume voneinander ab, die den Helden viele verschiedene, wenn auch stereotype, Abenteuer ermöglichen und in denen dann auch intensiv mit Identitäten gespielt werden kann.[41] Zum anderen aber ist das Meer niemals eine feste Grenze, ja im Grunde gar keine, denn es lässt sich problemlos in einem Satz überqueren. Das Meer eröffnet damit auch die Möglichkeit für die Familie, ihre Trennung zu überwinden und zusammenzufinden, es verbindet die Familie also ebenso sehr, wie es sie trennt.

Wie wenig das Meer letztlich trennt, zeigt sich auch am Gegensatz von heidnischer und christlicher Welt und der zweifellos enormen religiösen Aufladung des Geschehens. Das Meer hält zwar heidnische und christliche Territorien auseinander, aber irgendeine konkrete Differenz in Religionsausübung oder Dogma wird nie geschildert. Die eigentlichen Gegner sind sehr häufig Riesen, was dann eher einen Zusammenhang über die Religionsdifferenz hinweg kreiert: Heiden wie Christen

---

38 Bachtin 1989, 24.
39 Vgl. Eming/Schlechtweg-Jahn 2017, 24.
40 Am deutlichsten trifft das vielleicht auf Herzogin Alheyt zu, haben Frauen doch in der älteren Literatur kaum je eine Möglichkeit zu eigenen Abenteuern.
41 Im Sinne Bachtins: Gefangene, Flüchtige, Verkleidete, Verkannte etc. (Bachtin 1989, 32).

sind Adlige, und Riesen passen nicht in diese adlige Welt, weshalb letztlich auch die Heiden sich freuen, wenn sie die Riesen los sind und dann auch gerne konvertieren. Die beiden großen religiösen, durch das Meer getrennten Räume sind letztlich auch nur ein weiteres Abenteuerelement, eine Abenteuerspielwiese der herzoglichen Familie, deren verbindende Elemente das Trennende deutlich überwiegen.

Fast alle Fahrten übers Meer begründen sich durch die Suche nach Familienangehörigen, so nach und nach besiedelt die herzogliche Familie dabei den gesamten Mittelmeerraum und schafft sich überall Freunde und Verbündete. Auch damit unterscheidet sich das Abenteuer im *Herpin* von dessen typischer Form, denn ebenso wenig wie es den Aufbruch aus dem Eigenen und die abschließende Rückkehr ins Eigene gibt, so wenig ist der Abenteuerweg ein Weg durch eine exotische Fremde, die dann wieder verlassen wird. Auch das scheint mir wesentlich ein Effekt des Generationenromans zu sein: ein Held / eine Heldin kann immer nur an einem Ort sein, und das Abenteuer ist dann da, wo die Figuren sind – eine Familie kann als adlige Herrscherfamilie quasi überall zur gleichen Zeit sein, und alle Abenteuerräume fallen zusammen in einer das ganze Meer umspannenden familiär-adligen Herrschaftsordnung. Zeit und Raum sind am Ende aufgehoben, und das Meer verschwindet im Grunde mit ihnen.

Dieser immense Familienbezug macht damit letztlich auch das Meer als Ort eines Kulturtransfers unmöglich, das Mittelmeer wird derart familiarisiert, dass alle Grenzen und potentiellen Differenzen sich auflösen und damit auch eine Grundbedingung für einen Transfer.

Mit der Entrückung Lewes und der Übernahme der Herrschaft durch seine Söhne enden die Abenteuer und könnte auch der Roman enden, er tut es aber nicht. Stattdessen wird sehr knapp erzählt, wie seine Söhne Oleybaum und Wilhelm getötet werden – Wilhelm wird vergiftet, Oleybaum stirbt im Kampf bei dem Versuch, den Tod des Bruders zu rächen. Daran ist nichts Abenteuerliches mehr, der Tod der Söhne ist von banaler Hässlichkeit und geschildert in brutaler Kürze (*Herpin*, 870–874).[42] Jedoch, die Kinder Oleybaums leben: „Konnig Oleybaums husfrouwe zoch ir kinde als lange, das sij groß menner worden vnd da sagt vns die hystorye, das die selben kinde konnig Oleybaum, yren vader, an dem boden rechten" (*Herpin*, 874). Damit ginge das Abenteuer dann in die vierte Generation,[43] als Generationenroman endet es nie, ob nun mit oder ohne Meer.

---

[42] Man könnte zugespitzt formulieren, dass das Meer die Räume der geglückten und glücklichen Abenteuer verbindet, das Land hingegen der Raum der Katastrophen und Intrigen ist.
[43] „Die andauernde Wiederherstellung von Ansehen und Besitz bestimmt entsprechend das Geschehen, und entworfen ist dies dazu noch als unabschließbar" (Bloh 1997, 224).

Literaturverzeichnis

Primärliteratur

Herzog Herpin. Kritische Edition eines spätmittelalterlichen Prosaepos. Hg. von Bernd Bastert, unter Mitarbeit von Bianca Häberlein, Lina Herz und Rabea Kohnen. Berlin 2014.

Sekundärliteratur

Eming, Jutta und Ralf Schlechtweg-Jahn (Hg.): *Aventiure und Eskapade. Narrative des Abenteuerlichen vom Mittelalter zur Moderne*. Göttingen 2017.
Bachtin, Michail M.: *Formen der Zeit im Roman. Untersuchungen zur historischen Poetik*. Frankfurt a. M. 1989.
Bastert, Bernd: „Zwischen Artus und Jesus. Lewe als Grenzgänger im *Herzog Herpin*". In: *Perspektiv-Wechsel. Die Wiederentdeckung der Philologie. Grenzgänge und Grenzüberschreitungen*. Hg. von Niacrona Bartsch und Simone Schultz-Balluff. Berlin 2016, S. 455–467.
Bloh, Ute von: „Gefährliche Maskeraden. Das Spiel mit der Status- und Geschlechtsidentität – *Herzog Herpin, Königin Sibille, Loher und Maller, Huge Scheppel*". In: *Zwischen Deutschland und Frankreich. Elisabeth von Lothringen, Gräfin von Nassau-Saarbrücken*. Hg. von Wolfgang Haubrichs. St. Ingbert 2002, S. 495–515.
Bloh, Ute von: „Über Wunder, das Staunen und Erschrecken und über die Grenzen des Wirklichkeitsentwurfs im *Herzog Herpin*". In: *Fremdes wahrnehmen – fremdes Wahrnehmen. Studien zur Geschichte der Wahrnehmung und zur Begegnung von Kulturen in Mittelalter und früher Neuzeit*. Hg. von Wolfgang Harms und C. Stephen Jaeger. Stuttgart Leipzig 1997, S. 221–238.
Großbröhmer, Maren: „Ramczebaux vnd Rolant. Überlegungen zum Zusammenhang von Adaption, Gattung und Wahrheitssuggestion im *Herzog Herpin*". In: *Der Kurzroman in den spätmittelalterlichen Sammelhandschriften Europas*. Hg. von Miriam Edlich-Muth. Wiesbaden 2018, S. 93–106.
Herz, Lina: *Schwieriges Glück. Kernfamilie als Narrativ am Beispiel des ‚Herzog Herpin'*. Berlin 2017.
Herz, Lina: „Übersetzen, Übertragen, Überliefern. Zur Rezeption der französischen Heldenepik in den Saarbrücker Prosaepen". In: *Romania und Germania. Kulturelle und literarische Austauschprozesse in Spätmittelalter und Früher Neuzeit*. Hg. von Lina Herz, Bernd Bastert und Sieglinde Hartmann. Wiesbaden 2019, S. 82–97.
Kohnen, Rabea: „Akkumulation und Überblendung. Zu seriellen Strategien des Erzählens im *Herzog Herpin*". In: *Wiederholen/Wiederholung*. Hg. von Rolf Parr. Heidelberg 2015, S. 175–194.
Schlechtweg-Jahn, Ralf: „Weibliche Abenteuer? Die Abenteuer der Herzogin Alheyt in der Historie von *Herzog Herpin*". In: *Gender Studies – Queer Studies – Intersektionalität. Eine Zwischenbilanz aus mediävistischer Perspektive*. Hg. von Ingrid Bennewitz, Jutta Eming und Johannes Traulsen. Göttingen 2019, S. 111–138.
Schmid, Florian und Monika Hanauska: „[Art.] Meer, Ufer". In: *Literarische Orte in deutschsprachigen Erzählungen des Mittelalters. Ein Handbuch*. Hg. von Tilo Renz, Monika Hanauska und Mathias Herweg. Berlin Boston 2018, S. 412–427.
Störmer-Caysa, Uta: *Grundstrukturen mittelalterlicher Erzählungen. Raum und Zeit im höfischen Roman*. Berlin New York 2007.

Winst, Silke: „'Heiden', Riesen, Gotteskrieger/in. Intersektionale Differenzierungsprozesse in den spätmittelalterlichen Prosaepen *Herzog Herpin* und *Loher und Maller*". In: *Abenteuerliche „Überkreuzungen". Vormoderne intersektional*. Hg. von Susanne Schul, Mareike Böth und Michael Mecklenburg. Göttingen 2017, S. 193–220.

Zerka, Doriane: *Imagining Iberia in Medieval German Literature*. Diss., King's College London 2019. URL: https://kclpure.kcl.ac.uk/portal/en/theses/imagining-iberia-in-medieval-german-literature(c36e375d-7524-42fe-88cd-9446948d61c6).html (05.01.2023).

Poetiken

Imre Gábor Majorossy
Verdoppelung und Transkulturalität im *König Rother*

1 Einleitung

Durch das gesamte lange Mittelalter hindurch, das die Antike mit der frühen Neuzeit verbindet, traten so viele kulturelle Strömungen in Wechselwirkung, dass die Deutung der daraus entstandenen kulturellen (an dieser Stelle sinngemäß: literarischen) Erzeugnisse angemessener und vielversprechender erfolgen kann, wenn dabei der moderne Begriff der Transkulturalität zur Anwendung kommt. Denn mithilfe des Begriffs der Transkulturalität kann die stets in Kontakt tretende und Mischformen produzierende kulturelle Praxis besser erfasst werden, als mit der traditionellen Vorstellung von Kulturen, die sich – wie einzelne stabile Kugeln[1] – zwar berühren, dabei aber nicht verändern. Im Gegenteil: Wenn kulturelle Traditionen miteinander in Verbindung treten und sich aneinander abarbeiten, so entstehen – wie Wolfgang Welsch argumentiert – „Mischungen und Durchdringungen"[2] kultureller Komponenten. Obwohl Welsch seine Transkulturalitäts-Theorie in erster Linie aus Erfahrungen und Gegenständen der Moderne ableitet,[3] ist es kaum zu leugnen, dass sie auch für die Interpretation mittelalterlicher literarischer Werke produktiv sein kann.

Zweifellos zeichnen sich die Jahrhunderte der Kreuzzüge als Perioden besonders intensiver transkultureller Prozesse aus, was sich auch literarisch niederschlägt: Zahlreiche Erzählwerke stellen Heldentaten, Liebesbeziehungen, Freundschaften oder auch – ganz im Gegenteil –, Kampfhandlungen und bedingungslose Feindseligkeit in den Mittelpunkt; bisweilen beruhen ihre fiktiven Darstellungen auf konkreten realen Ereignissen, immer aber sind sie doch tiefgreifend durch

---

1 „Herder stellte sich die Kulturen, die er als Nationalkulturen begriff, wie Kugeln vor. So erklärte er beispielsweise: ‚jede Nation hat ihren Mittelpunkt der Glückseligkeit in sich wie jede Kugel ihren Schwerpunkt!' Aus diesem Kugelmodell der Kultur ergeben sich zwei folgenreiche Auflagen. Erstens soll jeder Kultur im Inneren homogen sein. […] Zweitens dekretiert das Kugelmodell strikte Abgrenzung nach außen." (Welsch 2017, 10).
2 „[…] die Kulturen den Kugelcharakter längst hinter sich gelassen hatten und stattdessen durch Mischungen und Durchdringungen gekennzeichnet waren. Diese neue Struktur suchte ich durch den Terminus ‚Transkulturalität' zum Ausdruck zu bringen." (Welsch 2017, 12).
3 Besonders auffallend ist, wie aktuelle politische Themen (z. B. globale Migration, vgl. Welsch 2017, 53) thematisiert werden.

soziale und kulturelle Kontexte geprägt. Dabei lassen sich auch leicht Momente der Transkulturalität ausmachen: Da die dargestellte fiktive Welt immer auf eine selbstverständliche und distinkte kulturelle Praxis bezogen ist, werden weitere kulturelle Ansätze als Einfluss auf diese, in kultureller Hinsicht eindeutig konstruierte Welt wahrgenommen; eine gängige Praxis kann somit als Ergebnis von Wechselwirkungen verschiedener kultureller Elemente verstanden werden, und narrative Darstellungen können diesen Umstand reflektieren.

Im Sinne literarisch dargestellter Konflikte können unter dem Begriff Kultur Grundzüge der Verhaltens- und Denkweisen in mittelalterlichen Erzähltexten betrachtet werden, die die Taten der Hauptfiguren beeinflussen, ja bestimmen. Diesbezüglich können etwa Dialoge, höfische Redeweisen und Handlungen als stark reglementierte Vorgänge in Augenschein genommen werden, da hier mehr oder weniger friedliche Auseinandersetzungen und vor allem Wechselwirkungen unterschiedlicher kultureller Ansätze zum Vorschein kommen können. In diesem Beitrag wird dabei weniger auf die Sachkultur als vielmehr auf personale Verhältnisse fokussiert: Nicht die Einzelheiten der Prachtkleidung der Boten werden also ausgelegt, sondern die Kommunikation zwischen den Liebespartnern und den Angehörigen der feindseligen Höfe.

Um diesen Fokus zu schärfen und um die Relevanz von Transkulturalität für mittelalterliche Erzähltexte fassbar zu machen, sollen vorab zwei wohlbekannte Beispiele betrachtet werden. In Wolframs von Eschenbach *Willehalm* ist die Liebesbeziehung zwischen Willehalm und Gyburc tiefgreifend durch die Auseinandersetzung zweier Kulturen geprägt, weil familiäre Bindungen mit unterschiedlichen kulturellen Wurzeln in sie eingehen. Zwar nimmt Arabel nach der Taufe den Namen Gyburc an, bleibt aber ihren ‚heidnischen' Verwandten gegenüber emotional verbunden. Ihre berühmte Toleranzrede gilt als besondere Mischung unterschiedlicher Traditionen, wobei Gyburcs ‚heidnische' Vergangenheit und ihre christliche Gegenwart aufeinandertreffen. Der Kern ihrer Rede besteht in der Aussage, dass die Barmherzigkeit von Gott auch den gefallenen und den noch nicht bekehrten ‚Heiden' gilt.[4] Das zweite Beispiel stammt ebenfalls aus einem Werk des Wolfram von Eschenbach. Gegen Ende des *Parzival* taucht Feirefiz, der Halbbruder von Parzival, im Geschehen auf. Am Hof von Anfortas verliebt er sich in eine der Gralträgerinnen, Repanse de Schoye. Um sie zur Frau nehmen zu können, lässt er sich zwar taufen, aber es bleibt fraglich,[5] inwieweit er tatsächlich bekennender Christ wird.

---

4 Um nur den bekanntesten Satz heranzuziehen: „hoeret eines tumben wîbes rât: / schônet der gotes handgetât!" (Wolfram von Eschenbach 1991, V. 306,27–28).

5 Feirefiz ist offensichtlich durch seine künftige Frau und nicht durch das Heil begeistert: „Swâ von ich sol die maget hân,' / sprach der heiden, ‚daz wirt gar getân / und mit triuwen an mir erzeiget.'" (Wolfram von Eschenbach 1981, V. 817,1–3); „ich gloube swes ir gebietet. / ob mich ir minne

Seine Aussagen belegen eher eine skeptische bzw. zweckgerichtete Einstellung, die sich später geändert haben dürfte.[6] Während er innerhalb des Romans meistens als ein ‚Heide' auftritt, soll er außerhalb der Artus- und Gralswelt als vorbildlicher christlicher König gegolten haben.

In beiden angesprochenen Erzählungen verschwindet die frühere kulturelle Prägung der Figuren nicht spurlos, sondern sie wirkt selbst nach der inneren, mehr oder weniger aus Überzeugung entstandenen Konversion fort. Die frühere kulturelle Identität bleibt im Selbstverständnis bestehen. Unter dem Einfluss der Bekehrung wird in der Darstellung ein Bemühen der Figuren erkennbar, Elemente der früheren Kultur mit denen der Neueren in Einklang zu bringen. Wie den zitierten Abschnitten zu entnehmen ist, wird dieser Versuch unterschiedlich wahrgenommen und bewertet, gilt demzufolge auch als unterschiedlich erfolgreich.

Unter vielen weiteren Werken, welche durch Transkulturalität bedingte Verhältnisse zum Teil der Darstellung machen, lässt sich dem *König Rother* eine besondere Position zuschreiben. Denn die Feindschaft der Königshöfe von Konstantinopel und Bari wird nicht durch ein politisches, sondern durch ein vermeintlich privates Anliegen, das der Brautwerbung, angestoßen.[7] Erzählungen, die dieses Problem aufgreifen, entfalten sich um den Kampf, den Gewinn, den kurzfristigen Verlust und die Rückeroberung der ersehnten und geliebten Frau durch einen Helden.[8] Manche Elemente der Handlung kommen dabei nicht nur einmal in der Erzählung vor, sondern doppelt. Neben der Verdoppelung der Brautwerbung selbst, die sogar mehrere Motivdopplungen umfasst, tauchen weitere Motive und Geschehnisse zweimal auf, wenn auch in leicht unterschiedlichen Varianten.[9] Im Hintergrund der Ebene der bewegten Handlung des *König Rother* können diesbezüglich mehrere

---

mietet, / sô leiste ich gerne sîn gebot. / [...] / durch dîner muomen got heiz toufen mich" (Wolfram von Eschenbach 1981, V. 818,3–5; 12).

6 Dafür spricht: „Feirefîz hiez schrîben / ze Indyâ über al daz lant, / wie cristen leben wart erkant: / Daz was ê niht sô creftec dâ." (Wolfram von Eschenbach 1981, V. 822,28 – 823,1).

7 „Das Thema der Erzählung klingt gleich in den ersten Versen ausdrücklich an: zur Vollkommenheit von Rothers Macht fehlt noch die Sicherung durch einen Erben. Dieser Grundgedanke wird bis zum Schluß konsequent festgehalten, er bindet das Ganze zur Einheit zusammen. Das familiäre Ereignis der Brautgewinnung hat also politisch-historische Bedeutung." (Schröder 1967, 32).

8 Eine einzigartige christianisierte Variante des Stoffes ist: *Münchner Oswald* 1974. Während die Erzählung unter dem Titel *Salman und Morolf* aus gängigen literarischen Strömungen (gefährliche Brautwerbung, orientalische Stoffe, schwankhafte Züge) schöpft, soll dem Verfasser unter anderem auch das *Rolandslied* bekannt gewesen sein (siehe das Motiv des Blasens in Horn). Zum Erzählschema und zur Gattungsproblematik siehe unter anderem: Kohnen 2014. Gattungsähnliche Erzählungen sind *Kudrun, Salman und Morolf, Orendel, Ortnit* usw.

9 „Von Thema her ist auch die epische Struktur des Ganzen bestimmt. [...] Das Mittel der Darstellung ist Wiederholung und Variation. Es geschieht alles noch einmal, aber mit entgegengesetztem Vorzeichen." (Schröder 1967, 33).

Aspekte der Dopplung angeführt werden: der Doppelname Rother / Dietrich; zwei Schuhpaare, die nacheinander, also in zwei Zügen, überreicht werden; zwei fremde Gruppen, sie sich gleichzeitig am Hof von Konstantin aufhalten. Außerdem ist es aufschlussreich, dass zwei Facetten der Prinzessin dargestellt werden: einmal als des *vrouwelîn* selbst und einmal in der Gestalt von Herlint.

Auf den folgenden Seiten wird dem Problem nachgegangen, wie die Verdoppelungsstrategie,[10] die teils zum Erzählschema gehört, teils aber konkret an die Handlung anknüpft, mit der Transkulturalität im Zusammenhang steht. Die Frage scheint umso wichtiger zu sein, weil die sich feindlich gegenüberstehenden Höfe durch Kulturen geprägt sind, die sich voneinander nur wenig unterscheiden. Denn die Auseinandersetzungen der Repräsentanten der feindseligen bzw. rivalisierenden Höfe erfolgen weitgehend innerhalb eines mehr oder weniger bestimmten kulturellen Kontinuums. Klammert man Details des Handlungsrahmens aus, lässt sich feststellen, dass zwei mächtige Herrscher wegen der Vorherrschaft über eine Frau, die mal als Liebe, mal als Bevormundung zum Vorschein kommt, in Konflikt geraten, ja Krieg führen. Obwohl König Konstantin dank des listigen Spielmanns vorübergehend zurückschlagen kann, erweist sich König Rother als erfolgreicher, was schließlich unumstritten in der Ehe mit der Prinzessin und der Geburt Pippins offenkundig wird.[11]

Am Ende dieser langen Einleitung sei kurz auf eine weitere Untersuchungsmethode hingewiesen. Der obigen knappen Zusammenfassung der Handlung ist leicht zu entnehmen, dass das Werk ein Beispiel für eine erzählerische Engfüh-

---

10 „Mit diesem Befund korrespondieren die ‚doppelten Möglichkeiten', die der Dichter vielfältig anlegt, indem er nicht nur etwa dem Komplex der Täuschung Dominanz verleiht, sondern auch durch Doppelungen von Ereignissen deren Bedeutung potenziert" (Schmitz 2002, 188). Die Wurzeln der verdoppelten Struktur und ihres erzählstrategischen Hintergrunds wurde durch Christian Gellinek erläutert: „Den zwei Kreisen liegt eine Dublette zugrunde, die man auf ein Doppelschema reduzieren kann, und zwar auf ein Werbungsschema [...]. Aus diesem Doppelschema kann man ablesen, daß im König Rother keine Handlungswiederholung im ganzen vorkommt, sondern nur einige Episodenverdoppelungen und -wiederholungen." (Gellinek 1968, 38; 39).

11 An dieser Stelle muss die Handlung kurz zusammengefasst werden, wie sie bei Joachim Bumke zu lesen ist: „König Rother, der in Bari seinen Sitz hat, wird von seinen Vasallen gedrängt, eine Frau zu nehmen, um die Herrschaftsfolge zu sichern. Seine Wahl fällt auf die Tochter König Konstantins von Konstantinopel, die schon vielen Freiern versagt worden ist. Auch Rothers Werbung wird abgewiesen, seine Boten werden eingekerkert. Daraufhin fährt Rother selbst nach Konstantinopel, gibt sich dort al landflüchtiger Ritter aus, gewinnt das Vertrauen von Konstantin, besiegt dessen Feinde, befreit seine Boten und entführt die Prinzessin. Konstantin läßt jedoch seine Tochter von einem listigen Spielmann zurückentführen. Rother zieht zum zweiten Mal nach Konstantinopel, diesmal mit Heeresmacht, und besiegt in einer großen Schlacht Konstantin und dessen heidnische Bundesgenossen. Wieder in Bari, gebiert seine Frau den künftigen König Pippin, den Vater Karls des Großen." (Bumke 2004, 74–75).

rung von Machtübernahme und Fruchtbarkeit darstellt. Beide sind wechselseitig eng aneinander geknüpft: Rother will seine Macht nur deswegen ausdehnen, damit er die Prinzessin zur Frau nehmen kann; zugleich ist die Brautwerbung ein Mittel der Herrschaftsausweitung. Da sich Konstantin weigert, seine Tochter Rother zu überlassen und da dieser um jeden Preis heiraten will, muss er das Land von Konstantin angreifen und sich auch militärisch durchsetzen. Das umfangreiche strategische Unternehmen wird langfristig, durch die Schwangerschaft und die glückliche Geburt von Pippin, gerechtfertigt: Trotz der kargen Charakterisierung der Prinzessin wird eine positive Bewertung von Rothers Handeln eindeutig daran erkennbar, dass sie noch während der Heimfahrt ein Kind empfängt. Im Laufe des Abenteuers wird sie von einer eingeschlossenen, ja regelrecht gefangenen Prinzessin zu einer erwachsenen Königin und Mutter. Der doppelte Einsatz, der sich aus einem Feldzug und einer Brautwerbung zusammensetzt, weist – in textualisierter Form – wesentliche Züge von Riten auf, die dem Übergang von einem Zustand menschlicher sozialer Existenz zu einem anderen dienen.[12]

Im Vergleich zu diesem ritualtheoretischen Zugang, der sich für den Text erkennbar anbietet, scheinen Formen der Transkulturalität schwieriger zu entdecken zu sein. Doch sind viele Motive identifizierbar, die quer durch die Gesellschaften der feindseligen Höfe hindurchgehen. Dementsprechend werden im Folgenden die Abschnitte hervorgehoben, in denen Verdoppelungen zur Hervorhebung der kulturellen Auseinandersetzung dienen.

2 Gegenüberstehende Herrschaftsmodelle und Hofgesellschaften

Die Erzählstrategie der Verdopplung nimmt erst vergleichsweise spät in der Handlung eine deutlichere Gestalt an. Vorerst können kulturelle Begegnungen und Auseinandersetzungen erwartungsgemäß da entdeckt werden, wo die Machtzentren

---

[12] Mit dieser Überlegung und Wortwahl wird auf die Theorie der *rites de passages* Arnold van Genneps hingewiesen. Denn Rother und die Prinzessin erleben den Übergang schlechthin: Übergang bzw. Überfahrt vom Westen nach Osten, mehrmals über das Meer, hin und her. Sie erleben ebenfalls die Verlobung und die Heirat und dann die tatsächliche Fruchtbarkeit als Sicherung des Nachkommens. Die allgemeine Beschreibung des Übergangs dieser Art fasst gewissermaßen die Handlung zusammen: „Die Heirat stellt den wichtigsten Übergang von einer sozialen Kategorie zur anderen dar, weil sie – für einen Ehepartner zumindest – einen Familien-, Klan-, Dorf- oder Stammeswechsel zur Folge hat. Manchmal bezieht das frischverheiratete Paar auch ein neues Haus." (Gennep 1986, 114–115).

direkt oder indirekt aufeinandertreffen. Diesbezüglich könnte mit Blick auf die Fragestellung direkt die Darstellung der offenen Konflikte betrachtet werden, möglicherweise werden aber bei verdeckten Spannungen Aspekte der Transkulturalität deutlicher erkennbar. Orte, an denen solche Spannungen zutage treten, sind vor allem die Meeresküsten (als Orte des ersten Kontakts, aber auch, weil dort Möglichkeiten des Rückzugs, der militärischen Rückendeckung oder der politischen Unterstützung gegeben sind) und die Paläste (als Schauplätze der höfischen Repräsentation).

An dieser Stelle lohnt es sich, einen flüchtigen Blick auf die Geografie zu werfen. Auch wenn der antike Ausdruck *mare nostrum* in der Erzählung nie zur Sprache gebracht wird, gehört das Mittelmeer offensichtlich zur alltäglichen Realität des Handlungsraums, der nicht nur Paläste, Höfe und die Hofgesellschaft, sondern auch die Natur umfasst. Aus Sicht der Zugehörigkeit und vor allem der Geschichte fällt auf, dass Rothers Herrschaftssitz in Bari, also an der Grenze zwischen dem West- und Ostbecken des Mittelmeeres, verortet wird. Für ihn gilt das Meer (und somit die Schifffahrt) nach wie vor als vertrautes *mare suum*: Abgesehen von einfachen Mitteilungen über Abfahrten und Landungen wird die Schifffahrt nicht besonders thematisiert, weil es für Rother ein übliches Verkehrsmittel ist. Ebenfalls bleibt das Meer von den Schlachten unangetastet: Die bewaffneten Auseinandersetzungen erfolgen auf dem Land. Demzufolge taucht die Frage nicht auf, wer über das Meer bzw. die Meeresroute herrscht. Sowohl die Boten von Rother als auch der listige Spielmann können es ungehindert durchfahren. Und hier schließt sich die Stellung des Meeres einmal mehr der Geschichte an. Denn das Ostbecken des Mittelmeeres wurde erst später, beim dritten Kreuzzug (1189–1192) und beim vierten Kreuzzug (1202–1204) zum Kriegsschauplatz. Zugleich ist anzumerken, dass bereits der zweite Kreuzzug (1147–1149) unter der Führung von Konrad III. und Ludwig VII. auch den traditionell als Levantisches Meer bezeichneten östlichsten Teil des Mittelmeeres als Schiffsroute in Anspruch genommen hat. Bekanntlich fiel Konstantinopel der Belagerung durch die Heeresscharen des vierten Kreuzzugs, mindestens vorübergehend, zum Opfer.

Abgesehen von diesen, zum Teil späteren, historischen Ereignissen lässt sich also feststellen, dass das Meer zur gewohnten und unumstrittenen Umgebung des Königs Rother gehörte. Wie der nächsten Szene zu entnehmen ist, übt das Meer als tendenziell bedrohlicher Ort einen gewissen Einfluss auf den König aus. Es ist wohl kein Zufall, dass der Monolog, den Rother nach der Abfahrt der Königsboten an der Meeresküste spricht, einem Gebet gleicht. Zwar geht der Gebetscharakter nur aus dem Beginn des Monologs hervor, die Sätze könnten sich aber prinzipiell an irgendeinen Herrscher richten: „unde bat got den richen unde den goten / durch sine othmode, / daz er sie sande wider heim zu lande." (V. 186–188).¹³ Die folgende Aussage bezeugt die Bereitschaft des Königs, sogar auf den weltlichen Reichtum zu verzichten. Aber für wen oder was? Der wahre Wunsch bleibt verhüllt. Vom Kontext her lässt sich jedoch darauf schließen, dass sich der König die glückliche Rückkehr der Boten wünscht; der unbekannte Herrscher aber, dem Gold, Länder, Städte und auch Waffendienst angeboten werden, ist nicht benannt:

> er [König Rother] sprach: „swer danne will scaz nemen,
> deme sal ich in ane zale geben.
> wil er aber burge unde lant,
> des gib ich ime in sine gewalt,
> unz in des selven dunket vil
> – we gerne ich daz don wil –
> unde helfe ime daz beherten
> mit mines silbes swerte." (V. 190–197)
>
> Wer immer dann Gold annehmen will, dem werde ich es in unbegrenzter Menge geben.

Will er aber Städte und Länder (zu Lehen) haben, so übergebe ich sie ihm so zahlreich in seine Gewalt, bis es ihm selbst (als) überreich(e Belohnung) erscheint – wie bereitwillig ich das tun werde! – und helfe ihm, seine Herrschaft zu befestigen mit meinem eigenen Schwert.

Rückblickend, im Vergleich zu den späteren abwechslungsreichen Geschehnissen scheint diese Szene als ein auffallend ruhiges Moment, die auch in kultureller Hinsicht bedeutsam ist. Denn Rother benimmt sich nicht als hochmütiger Herrscher, der nur Befehle erteilt und deren Durchführung fordert, sondern er versteht sich offensichtlich als älterer und erfahrener Freund seiner Boten, die dem Wunsch des mit ihnen fast gleichrangigen Königs gerne nachkommen. Dass er an der Meeresküste verweilt, über die möglichen Ausgänge nachdenkt und den gebetsartigen Monolog spricht, lässt vermuten, dass sich Rother um die Boten sorgt, sie im Zweifelsfall verteidigen würde – und somit mit seinen Rittern eine Gemeinschaft bildet.¹⁴

Dieser Herrschaftskonzeption steht die Behandlung entgegen, die die Boten in Konstantinopel erfahren. Nach der nicht ausreichend begründeten Ablehnung der Werbung um die Prinzessin werden sie gefangen genommen. Der Gegensatz

---

13 Wenn Versangaben nicht eigens gekennzeichnet werden, stammen sie aus dem *König Rother*; Zitate aus dem Text und Übersetzungen aus dem Mittelhochdeutschen (mit Änderungen) nach der Edition *König Rother* 2000.
14 „Bereits zu Beginn des Werkes wird das für den Verlauf des Epos so wichtige Verhältnis zwischen dem Regenten und seinen Leuten als ein positives bezeichnet: Es gibt keinen Zweifel, daß es sich bei dem von Rother entworfenen Herrscherbild um das eines guten Fürsten handelt." (Neuendorff 1982, 157).

kommt weniger in den einzelnen Taten des Königs Konstantin zur Geltung, sondern vielmehr in seiner Selbstwahrnehmung, die in der unbegrenzten Macht wurzelt:

> were min siete so getan,
> daz ich sie [die Prinzessin] gebe geheinen man,
> so mochtich sie mit eren
> senden dime herren. (V. 328–331)
>
> Hätte ich die Absicht, sie [die Prinzessin] jemals irgendeinem Manne zu geben,
> so könnte ich es als Auszeichnung empfinden, sie deinem Herrn zu schicken.

Obwohl beide Herrscher eine gewisse Beziehung zu Gott pflegen, unterscheidet sich diese deutlich voneinander. Während sich Rother als demütiger Diener benimmt, stellt sich Konstantin auf dieselbe Ebene wie Gott – und macht sich somit einer der schwersten Sünden, des Hochmuts, schuldig.[15] Der Hochmut ermächtigt ihn, alles nach seinem eigenen Willen zu tun. Dieser tiefgreifende Unterschied in der Selbstwahrnehmung wirkt sich über die gesamte Erzählung hinweg aus. In der Gegenüberstellung der zwei wesentlich unterschiedlichen Beziehungen zu Gott kann eine Einstimmung auf und ein Kommentar zu jedem späteren Geschehnis gesehen werden, das nunmehr in diesem Lichte erscheint. Dass der erste Konflikt auch eine geistliche Prägung aufweist, ist kein Zufall, weil die Weltanschauung und das Selbstverständnis der Hauptfiguren alle weiteren Umstände beeinflussen, vor allem diejenigen, die die mündliche Kommunikation und die Machtausübung betreffen. Denn diese gehören auch zur Alltagskultur des Hofes, die in der Religion bzw. in der Gottesbeziehung wurzelt.

Nach dem spurlosen Verschwinden der Boten wartet König Rother lange auf ihre Rückkehr. Anstatt sich um die gescheiterte Werbung zu sorgen, setzt er sich für die Ritter ein und fängt an, Pläne zu schmieden, sie zu retten und zurückzuholen. Sein Handeln steht deutlich den Befehlen des Königs Konstantin gegenüber: Während

---

15 „Octavum, quod et extremum, adversus spiritum superbiae nobis certamen est. Qui morbus licet ultimus sit in conflictu vitiorum, atque in ordine ponatur extremus, origine tamen et tempore primus est; saevissima et superi-oribus cunctis immanior bestia, perfectos maxime tentans, et propemodum iam positos in consummatione virtutum morsu diriore depascens." Ioannes Cassianus: De coenobiorum institutis, XII, 1, PL 49,419B. [„Den achten und letzten Kampf haben wir gegen den Geist des Hochmuthes zu führen. Obwohl die Krankheit im Kampfe mit den Lastern die letzte ist und in der Reihenfolge an letzter Stelle erscheint, so ist sie doch dem Ursprunge und der Zeit nach die erste, das grausamste Unthier und unbändiger als alle früheren, das selbst die Vollkommenen anficht und die schon in der Vollendung der Tugend Stehenden mit gar grausamem Bisse verwundet." Von den Einrichtungen der Klöster, in: Sämmtliche Schriften des ehrwürdigen Johannes Cassianus, übersetzt von Antonius Abt, Kösel, Kempten, 1879].

dieser die Schiffe der Boten ausplündern lässt,[16] kümmert sich König Rother um die Seinen. Es lohnt sich, einen weiteren Blick auf die unterschiedlichen Motivationen zu werfen: Im Hintergrund aller Taten von Rother steht der Wunsch, eine Frau zu finden und sie zu heiraten. König Konstantin vertritt hingegen grundsätzlich eine Position der Verneinung, indem er die Werbung ohne Begründung ablehnt und seinen Reichtum durch Raub vermehren will. Beim Vergleich der Handlungsweisen beider Könige kommt der Unterschied in den zugrundeliegenden Herrschaftskonzeptionen einmal mehr deutlich zum Vorschein. Während König Konstantin seinen Untertanen Befehle erteilt, die Schiffe der Boten auszuplündern, berät König Rother sich mit seinem Gefolge, das sich aus seinen Freunden zusammensetzt. König Konstantin herrscht zwar souverän und uneingeschränkt, steht aber alleine an der Machtspitze. König Rother genießt hingegen das Vertrauen seiner Hofgesellschaft, die ihm eine Gemeinschaft bietet.

Die Vorteile dieser Gemeinschaft stellen sich rasch heraus. Nicht nur die Boten gehen der Anweisung des Königs Rother nach, sondern auch dieser fühlt sich verpflichtet, ihnen in ihrer Bedrängnis Hilfe zu leisten. Ihm steht nämlich eine Gemeinschaft auch am Hof zur Verfügung, die die Befreiung der gefangen genommenen Boten plant:

> wande soche wer die Kriechen
> – daz wizzestu werliche –
> sie ton uns vil zo leide.
> unde lebit der boden sichenir,
> si mozen alle kiesen den tod:
> des is den Kriechen michil not.
> [...]
> Do sprach der kuninc riche
> harte willicliche:
> „ir habit vrumicliche getan,
> ich wil u gerne folgan! [...]" (V. 590–595; 608–611)

Denn wenn wir die Griechen (mit großer Heeresmacht) heimsuchen, – das weißt du selbst am besten –, werden sie uns großen Kummer zufügen. Wenn dann auch nur ein einziger Bote noch am Leben ist, werden sie auch diesen noch töten: diese Handlungsweise ist für die Griechen die einzig mögliche. [...] Da sprach der mächtige König, indem er ihnen bereitwillig Folge leistete: „ihr habt wie gute Ratgeber gehandelt, ich will euch gerne folgen!"

---

16 „der kunic heiz iz abe tragen / unde beval iz sime kamerare, / daz er is also plege, / sowanne man iz haben solde, / iz ware wafen oder vane, / swa ein ros isrturbe / daz ein ander widir gewunnin wurde" (V. 417–425).

Dem König ist bewusst, wie wichtig die Unterstützung und der Beistand seiner Hofgesellschaft sind: „diz ist ubergulde aller warheit, / daz ir mir nu so vaste bestat, / nu iz mir an die not gat!" (V. 613–615). Denn die Boten vertreten seine Person und seine Macht, die souverän und großzügig ausgeübt wird.[17]

Auch wenn die zwei Hofverhältnisse im Vorfeld nicht in gleicher Tiefe und Detailliertheit dargestellt sind, gilt das erste Treffen der Könige als einer der Höhepunkte der Erzählung. Dabei spielen die Namensänderung und die somit angetretene Verdoppelung der Persönlichkeit eine bestimmende Rolle. Denn nicht nur Rothers Name ist geändert worden, sondern er gibt sich auch als jemand anderes aus, und hebt somit die politischen Grenzen und strategischen Trennlinien auf, was nur ihm bekannt ist. Mit seiner neuen Scheinidentität schiebt sich Rother / Dietrich zunächst als vertriebener Ritter zwischen Konstantin und den angeblich grausamen König Rother:

> nun inkinne got an mir armen man,
> wande mich hat in achte getan
> ein kuninc der heiz Rother
> unde sizzet westrit ober mer. (V. 923–926)

> Nun erweise deine Gottesfurcht an mir armem Mann, denn mich hat verbannt ein König namens Rother, der residiert im Westen, jenseits des Meeres.

Dies ermöglicht ihm, militärische Hilfe gegen den erfundenen Feind anzubieten: „mi dienist biede ich dich an, nu nim iz, tugindhafter man!" (V. 935–936).

Die Täuschung gelingt jedoch nicht einwandfrei. Denn die ersten Eindrücke sind zwiespältig: Einerseits wird wiederholt betont, wie prächtig der angeblich geflüchtete Dietrich und seine Gefolgschaft ausgerüstet und gekleidet sind.[18] Andererseits scheint ihr Auftritt bedrohlich,[19] dementsprechend erfolgt ihre Aufnahme weder einstimmig noch umgehend:

---

17 „Das Anliegen der Boten muß es deshalb sein, in ihrer körperlichen Erscheinung Rothers Machtfülle und sein gesellschaftliches Ansehen zu repräsentieren und sinnlich erfahrbar zu machen. In ihrer prachtvollen Ausstattung mit kostbaren Gewändern und großem Reichtum ebenso wie in ihren höfischen Qualitäten, die sie in die Lage versetzen, sich *schone* (V. 233) und mit *zuchtin* (.V 240) an Constantin Hof einzuführen, dokumentiert sich nicht nur ihr hoher Rang und Adel, durch sie kann gleichermaßen unmittelbar auf die übergeordnete soziale Stellung, auf êre, Geltung, Gewaltfähigkeit und Reichtum ihres Herrn geschlossen werden, d. h. auf das vollständige Vorhandensein aller wesentlichen Herrscherqualitäten." (Zimmermann 1993, 57–58).
18 „do liefin die burgere / durch wunderis mere / unde woldin ire zirheit gesen han." (V. 829–831). „wol gezieret was ir lif, / sie trogen alle bonit herlich" (V. 863–864).
19 „etlicheme ward so liede, / daz her des anderin nicht ne beide." (V. 835–836) „dat veret mit so getaner craft / daz iz neman gesagen ne mach." (V. 841–842) „die wurden mit swete gebadit / den sie von vrochten haveten, / wande die riesen gebartin also sie doveten." (V. 898–900). Die Ankömm-

> dar saz in manigen rieten
> der kuninc Constantin,
> wie de herren mochtin sin.
> [...]
> Constantin ward inein
> mit den bidervisten magin
> die an sinen hove warin,
> we her de herren lossam
> mochte behalden. (V. 876–878; 944–948)

Da saß in angestrengtem Nachdenken der König Konstantin, darüber, wer die Herren sein könnten. [...] Konstantin beriet sich mit seinen tüchtigsten Anverwandten, die an seinem Hof weilten, darüber, in welchem Status der diesen prächtigen Herren Asyl gewähren könne.

Im Gegensatz zur bisherigen Vorgehensweise fällt auf, dass Konstantin die Entscheidung nicht allein, sondern erst nach Beratungen trifft.[20] Nachdem der allwissende Erzähler im Vorfeld die Leserschaft eingeweiht hat, gilt Konstantins Entscheidung als positiv. Denn sie steht im Interesse von Rother, der das abenteuerliche Rollenspiel zugunsten der Brautwerbung unternommen hat. Zugleich ist in der Begründung zu beobachten, wie solidarisch, ja sogar christlich die Notwendigkeit der Aufnahme geschildert ist, die sich in der Tat nicht an Rother, sondern an den bisher unbekannten Ritter, Dietrich, richtet:

> deme ellenden,
> swilichin mir got gesendet,
> deme wirt gedienit, wizze Crist,
> alse her wert ist. (V. 973–976)[21]

Jedem Vertriebenen, den mir Gott auch immer schickt, wird gedient, bei Gott, so wie er es wert ist.

Dank einer negativen und einer positiven Tat von Konstantin halten sich nunmehr zwei fremde Gruppen am Hof auf, die, jedoch auf unterschiedliche Art und Weise, mit dem Erzfeind Rother zu tun haben. Trotzdem fällt dem König nicht ein, die zwei Gruppen miteinander persönlich zu konfrontieren. Die Absonderung der Gruppen wirkt einer möglichen transkulturellen Öffnung entgegen, die zugleich in erzählstrategischer Hinsicht ungünstig wäre. Denn es wäre möglich, dass sich die

---

linge lösen sogar Angst aus: „diz ist ein vreislicher diet, / den sul wir grozliche geben / daz sie uns lazen das leben." (V. 964–966).
20 „mir ratin genoge mine man, / wir sulin dich minnilche untfan." (V. 969–970).
21 Im Hintergrund dürften folgende Abschnitte aus dem Matthäusevangelium, der Apostelgeschichte und dem Römerbrief stehen „ich war fremd und obdachlos und ihr habt mich aufgenommen", Mt 25,35d; „Wahrhaftig, jetzt begreife ich, dass Gott nicht auf die Person sieht", Apg 10,34b; „denn Gott richtet ohne Ansehen der Person", Röm 2,11.

Gefangenen und Dietrich erkennen, was in einen unabsehbaren, möglicherweise blutigen Ausgang münden könnte. Darüber hinaus wird offensichtlich anders mit dem geflüchteten Dietrich und anders mit den werbenden Rittern von Rother verhandelt, wobei die zwei Umgangsweisen aufeinander offenbar keine Wirkung ausüben. Im Gegenteil: Um seinen eigenen Sieg zu betonen, verweist Konstantin auf die gefangenen Boten.[22] Ihm fehlt offensichtlich die Schlauheit, die Rother weitgehend prägt. Letzterer ist entschlossen, das gesetzte Ziel mit allen Mitteln zu erreichen. Konstantin verfügt hingegen über keinen umfangreichen bzw. strategischen Plan. Er lehnt jeden einzelnen Brautwerber ab und bemüht sich um nichts anderes als seine Macht beizubehalten und zu genießen.

3 Einfluss von Frauen

Die Situation am Hof wird verkompliziert, indem Frauenfiguren in die Geschehnisse am Hof eingreifen und Entscheidungen einfordern. Zunächst zeigt sich die Königin wegen der Ablehnung von Rothers Werbung besorgt,[23] dann wünscht sich die Prinzessin, unter dem Eindruck der glänzenden Taten Dietrichs, den neuen Ritter kennenzulernen. Auffällig ist, wie ihr Umgang den höfischen Normen entspricht: Die Prinzessin beachtet in der Öffentlichkeit stets ihre eigene gesellschaftliche Position, den Ruhm ihres Vaters und den des königlichen Hofes.[24] Nachdem die Prinzessin Rother / Dietrich nicht kennenlernen konnte,[25] bemüht sie sich um ein heimliches Treffen mit dem tugendhaften Ritter. Dabei hält sie sich nach wie vor an die höfischen Regeln:

> den hettich sichirliche
> vorholne gerne gesen,
> unde mochit iz mit gevoge geschen
> unbe den tuginthaftin man. (V. 1930–1933)

---

[22] „sine botin sin hiere begunden / in mime kerkenere, / her ne gesiet sie nimmer mere." (V. 993–995).

[23] „owi, we tump wer do waren, / daz wer unse tochter virsageten Rothere / der dise virtreif uber mere: / iz ne gewelt nicht grozer wisheit!" (V. 1065–1068).

[24] „owi, we sal ich', sprach die kuningin, / ,irwerbe umbe den vater min, / daz wer den selven herre / gesien mit unsen eren?' [...] nu bitde in einir hocgezite, / daz der dene helit zo hus neme. / zo waren ich dir daz sagen: / so mogwir ene aller best gesen. / iz ne mac ouch nimmir baz geschen." (V. 1531–1534; 1538–1542).

[25] „von den kaffaren / virlos die vrowe ir hochgizit, / daz sie niene besach des ritaris lif." (V. 1877–1879).

Den würde ich nur zu gerne heimlich treffen, falls das mit höfischem Anstand möglich wäre für diesen vortrefflichen Mann.

Mit einer anderen Begründung handelt Rother / Dietrich ähnlich: Um seine Scheinidentität zu wahren und den geheimen Heiratsplan durchführen zu können, lehnt er vorübergehend die Einladung ab.[26] Zugleich lässt er einzigartige Geschenke vorbereiten, die von seinem Können als Mäzen und seiner Macht zeugen:

> unde heiz die goltsmide sin
> zwene scho silverin
> ilinde giezin
> [...]
> unde zwene von golde,
> als er sie geven wolde.
> do bat her Asprian,
> daz sie zo einime voze quamen,
> daz her die beide neme
> unde der vrowen geve [...]. (V. 2023–2025; 2027–2032)

[...] und befahl seinen Goldschmieden, zwei Schuhe aus Silber so rasch wie möglich zu gießen [...] und zwei aus Gold, er wolle sie jemand zum Geschenk machen. Da bat er Asprian, daß er nur die beiden nehme, die zum gleichen Fuß passten, und diese der Dame übergebe.

Die versendeten silbernen und goldenen Schuhe sollen absichtsvoll jeweils nur zu einem Fuß der Prinzessin passen. Das Kalkül ist, irgendwann eine Gelegenheit entstehen zu lassen, die Einladung anzunehmen[27] – und ein zweites, diesmal persönliches Treffen zu arrangieren. Wie so oft in der Erzählung verläuft der zweite Versuch erfolgreicher als der erste. Durch die fragwürdigen und zugleich einzigartigen Geschenke gelingt es Rother etwas später seine Liebe für die Prinzessin zum Ausdruck zu bringen. Die Wünsche kommen gelegen, weil die in den falschen Schuhen ausgedrückte versteckte Botschaft die Prinzessin nicht unbeeindruckt lässt, sie wünscht sich nun ein persönliches Treffen,[28] bei dem die Liebe zueinander bekannt werden kann.

---

26 „ich vorte, daz iz irschelle / uns beiden lasterliche. / so virbutit mer daz riche / Constantin der herre." (V. 2014–2017) Die Ablehnung könnte als unhöfisch ausfallen, aber über die oben angegebenen tatsächlichen Gründe hinaus findet Rother / Dietrich eine günstige Ausrede, um dem Treffen auszuweichen.
27 „her infinc sie vromichliche / in allen den gebere, / als er sie nie gesege. / do wiste der helit wole san, / warumme sie dar wider quam!" (V. 2096–2100).
28 „des heiz dich min vrowe manen, / daz du ir den anderen schoch geven woldis / unde sie geseges selbe, / ob du undir dime dime kunne / ie got geslechte gewunnis." (V. 2108–2112) „Denn Rother schickt unpaarige Schuhe (vgl. Do bat her Asprian / daz si zo einime voze quamen; v. 2030f.). Daß die Königstochter daraufhin vehement danach trachtet, die fehlenden Schuhe für den zweiten Fuß

Über den Ausgang der Handlung hinaus kann die Szene in der Kemenate, wo die richtigen Schuhstücke überreicht werden, zweifellos auch aus transkultureller Hinsicht als einer der bedeutendsten Abschnitte der Erzählung gelten. Die Details des höfischen Dialogs, der Schenkungsakt und die Umstände des Abschnitts weisen zahlreiche Züge auf, die die einzigartige Wechselwirkung der (teils) unterschiedlichen kulturellen Umfelder der Hauptfiguren darstellen. Selbst die Stoffe der Schuhe können auf einen deutlichen Unterschied hinweisen, der zwischen den Herrschern besteht. Auch wenn ein nie eingetroffener Ritter gewisse Tugenden ausüben könnte, steht nun ein berühmter, offensichtlich engagierter König wirklich da, der seine Liebe nicht nur durch seine Geschenke, sondern auch durch sein gefährliches Abenteuer zum Ausdruck bringt. In diesem Sinne reflektiert das Silber die aussichtslose Hoffnung auf den nie angekommenen unbekannten Ritter und bildet einen Gegensatz zum Gold, das für den niederknienden Rother steht.[29] Zugleich könnten die Farben auf die aufeinanderfolgenden Lebensabschnitte der Prinzessin hinweisen, indem das Silber die Vergangenheit in Einsamkeit und das Gold die bevorstehende, vorerst nur erhoffte glückliche Ehe kennzeichnet. Hinsichtlich der verdoppelten Schenkung könnte das Gold als Steigerung des Silbers verstanden werden.

Die Schenkungsszene spielt eine bestimmende Rolle für das weitere Schicksal des Königs und der Prinzessin, d. h. der künftigen Königin. Statt Ringe werden Schuhe als Verlobungsgeschenke angeboten – aber warum gerade Schuhe?

Allem Anschein nach handelt es sich bei den Schuhen um durchdachte Geschenke, die eine eindeutige, jedoch verschlüsselte Botschaft vermitteln. Im Vergleich zu einem Paar Verlobungsringe, das die Zugehörigkeit zueinander für die Außenwelt deutlich macht, ist ein Schuhpaar weniger konventionell. Es fällt weniger auf, zeugt aber von einem anderen, vielleicht tiefgreifenderem Verhältnis. Während diese Schuhe aus Silber und Gold gegossen werden und deswegen in sich selbst wertvoll sind, weisen sie in ihrer Funktion als alltägliche Gebrauchsgegenstände auf eine bestimmte Absicht von Rother / Dietrich hin. Da sie sich gerade zwischen dem Boden und der Person, in diesem Fall der Prinzessin, befinden, sollen

---

zu ergänzen, markiert die bedeutungsvolle Annahme des sinnbildlichen Pfandes, mithin die Akzeptation eines virtuellen Vertrages im Sinne der sogenannten Wette [ungefähr: ‚gage']. [...] Als Rother die Kemenate betritt und die Beschuhung erfolgt, ist das im Grunde nur der notwendige Rechtsakt, der den schon vorher vermittels der Schuhe erfolgten, heimlichen Konsens von Rother und Königstochter bestätigt." (Schulz 2005, 39–40).

29 Wie Gellinek den Unterschied erklärt: „Der silberne und der goldene Schuh künden der Prinzessin leise den Rangunterschied zwischen Bote und König (Dietrich und Rother). [...] Die beiden unpaarigen schuhe werben auf bewußt doppelsinnige Art um des Königs Botschaft, sie verkörpern eine Alternative in der Wahl, die die Prinzessin bis zum letzten Moment zu haben glaubt." (Gellinek 1968, 98; 99).

sie diejenige beschützen, die sie tragen. Wohin auch immer die Prinzessin tritt, wird sie also durch die Schuhe geborgen. Die Schuhe stehen für die Hände, d. h. die Sorge und das liebevolle Dabeisein des Königs und sie gelten als vorweggenommene Zeichen der engagierten Liebe in der Ehe,[30] die hier auf eine verfeinerte Art und Weise zum Ausdruck gebracht wird.

Im Lichte dieser versteckten Liebesbotschaft sollen die Vorbereitungen und die Einzelheiten des Treffens ausgelegt werden. Dabei sind Worte und Taten eng aneinandergebunden. Denn zunächst lässt die Prinzessin Rother / Dietrich zu sich einladen,[31] dann enthüllt sie gleich den Grund der Einladung.[32] Auch danach ergreift sie die Initiative: Als sie Rother / Dietrich empfängt und sich von ihm beschuhen lässt („desse chon lossam / die saltu mir zien an!", V. 2193–2194), nimmt sie das Geschenk bzw. das Liebesangebot eindeutig an. Denn der konkrete Dienst des unbekannten, großzügigen Ritters eröffnet diesem den Weg für die Aufnahme unter diejenigen Ritter, denen es erlaubt ist, in den Dienst der Prinzessin zu treten. Dabei kommt der transkulturelle Zug der Szene darin zum Vorschein, dass der Königin bislang praktisch verboten wurde, sich von irgendeinem Ritter dienen zu lassen. Dank des abenteuerlichen Unternehmens von Rother wird die rigide Verbotskultur des Konstantin abgeschafft und die Möglichkeit zu einer gewissen weiblichen Freiheit eröffnet.

Darüber hinaus zieht das Schenken bzw. die Beschuhung eine bemerkenswerte körperliche Bewegung nach sich, nämlich die erste Berührung: „uffe sin bein sazte sie den voz: / iz ne wart nie vrowe baz geschot." (V. 2199–2200). Dank der seltsamen Berührung nimmt die Intimität der Begegnungsszene – trotz der anwesenden Ritter[33], die Rother / Dietrich begleiten – deutlich zu. Das ermöglicht es dem König, an diese Intimität auch die Botschaft und die Bedeutung des Treffens anzupassen. Mit seiner direkten Frage provoziert er die Prinzessin und zugleich fragt er schlau danach, ob der Trick nicht nur für das Treffen, sondern auch im Sinne der versteckten Botschaft gelungen sei: „ob iz an dinin willin solde stan, / wilich under in allen / der beste gevalle!" (V. 2206–2208).

---

30 „Es liegt mithin an der Königstochter, die Bedeutung der Schuhe zu erkennen, diese für sich selbst zu beanspruchen und damit adäquat auf das Angebot zu reagieren. Denn diese Schuhe sind als Ehepfand zu verstehen; sinnbildliche Pfänder waren ursprünglich wohl Bestandteil eines Vertragsabschlusses darüber, daß der Vormund sich verbürgte und der Bräutigam sich verpflichtete, die Erwählte zur Gattin zu nehmen." (Schulz 2005, 39).
31 „der kuninginne ware lief / swelich ere der gesche, / swie du sie nie nigese." (V. 1996–1998).
32 „ich han dich gerne, herre, / durch dine vromicheit gesen, / daz ne is durch anderis nicht geschen!" (V. 2190–2192).
33 „mit zwen ritarin erlich / dar ginc die recke Dieterich." (V. 2181–2182).

Bevor die Szene in ihrer Entwicklung weiter verfolgt werden soll, lohnt es sich, einen Blick auf ihr Ende zu werfen: „Die vrowe harte irsricte. / den voz sie uf zuchte" (V. 2263–2264). Obwohl das raffinierte Gespräch über eine / die geliebte Person unsere Aufmerksamkeit von den Gesten bzw. von dem aktuell bestehenden Körperkontakt ablenkt, stellt sich durch das Erschrecken der Prinzessin heraus, dass ihr auch die unmissverständlich sexuelle Konnotation deutlich ist, sogar peinlich wird:

> nu newart ich ne so ungezogin!
> mich hat min ubermot bedrogen,
> daz ich mine voze
> satte in dine schoze. (V. 2267–2270)

> Noch nie habe ich etwas so Unschickliches getan! Mich hat mein Leichtsinn irregeführt, so daß ich meine Füße in deinen Schoße setzte.

Die Situation wird nicht nur wegen der Berührung, sondern auch wegen dieser Erkenntnis heikel, weil sich der Ritter, den sie bisher als Dietrich gekannt hat, als mit dem Herren der gefangenen Boten identisch zu erkennen gibt.[34] Von nun an gilt jedes Wort und jede Bewegung als lebenswichtig. Logischerweise trifft das eben ausgesprochene Liebesbekenntnis[35] von nun an auf den anwesenden Ritter zu, der nun nicht mehr Dietrich, sondern Rother heißt:

> min herze was hellende,
> unde hette dich goth nu her gesendet,
> daz were mer innencliche lieb.
> [...]
> doch nelebet niehein man

---

34 „is stent dine voze / in Rotheris schoze!" (V. 2261–2262).
35 „soldich aber die wele han / so nemich einen helit got unde balt, / des botin quamin her in diz lant / [...] / der ist geheizin Rothere / unde sizzet westert uber mere. / ich will ouch immer magit gan, / mer ne werde der helit lossam!" (V. 2224–2226; 2229–2232) „[...] die Konsensehe, die Rother mit der Prinzessin schließt, ist eine durch Willenseinigung zustandegekommene Ehe ohne Verlobung oder Trauung. [...] Die Brautwerbung – in der Form der Schuhprobe – wird, wie erforderlich, durch einen Dritten (Dietrich) vorgenommen, wohlbemerkt, wir befinden uns im Reiche der Poesie. [...] Die Übereinstimmung ist durch beiderseitige Willensentsprechung vollkommen, sie wird deshalb durch einen Kuß besiegelt, 2305." (Gellinek 1968, 99; 100) „While the kiss is a ritual gesture of courtly life, it takes on special symbolic importance as the conclusion of their expressed intention to marry, in that it can be viewed as a betrothal kiss, a tradition dating back to Romano-Christian times. Whether his kiss was on the cheek, a courtly *baiser d'étiquette*, or on the lips, is not stated; nevertheless, it is indicative of an escalation in their relationship and an anticipation of their physical union, should Rother prove his identity. Their touching has progressed from foot and thigh to face and lips, from dominance and submission to a recognition of equality, as they combine their respective skills in cunning subterfuge to serve the cause of both." (Kerth 2010, 143).

so schone, den ich da vor neme,
ob du der kuninc Rother werist. (V. 2277–2279; 2286–2288)

Mein Herz war heimatlos, und wenn dich Gott nun her zu mir geschickt hätte, wäre mir das von ganzem Herzen willkommen. [...] Jedoch lebt kein Mann so trefflich, daß ich ihn dir vorziehen würde, wärest du der König Rother.

Das wiederholte Liebesbekenntnis lässt den bislang unter dem Decknamen agierenden König Rother nicht unbeeindruckt. Obwohl ihm klar ist, dass der Erfolg davon abhängt, ob er seine Identität glaubwürdig unter Beweis stellen kann,[36] stellt sich die Frage, über das strategische Unternehmen am Hof von Konstantin hinaus, warum Rother überhaupt zwei Rollen übernimmt und möglichst perfekt spielt. Warum zeigt sich Rother mal als vertriebener Ritter unter dem Namen Dietrich und warum greift er als Rother den Kaiser Konstantin an?

König Rother verwendet offensichtlich zwei Methoden, um erfolgreich am feindlichen Hof zu agieren. Jede Methode, die unterschiedliche Masken und Rollen umfasst, dient dazu, dass unterschiedliche kulturelle Facetten zum Vorschein gebracht werden können. Denn die Sendung der Boten, die erwünschte Verhandlung und somit ein mindestens theoretischer Kompromiss mit dem Kaiser stehen für ein diplomatisches Verhältnis zwischen den Reichen, das nicht jeden Konflikt mit Gewalt lösen würde.

Konstantin begreift jedenfalls daran nichts: Er setzt auf kompromisslose Machtausübung. Er befürchtet nur die höhere Gewalt und die militärische Stärke, die ihm z. B. im Angriff von Ymelot droht.

Rother wendet die zweite Methode erst dann an, als seine Boten gefangen genommen werden. Sein Rollenspiel, sich als vertriebener Ritter auszugeben, passt sich an die Reihe von Ereignissen an, die im Roman zweimal passieren und die zweite ‚Auflage' erweist sich als erfolgreicher als die erste. Denn Rother in der Rolle von Dietrich kann sich leicht in das Hofleben von Konstantin einschalten. Sowohl die Botensendung als auch die Dietrich-Rolle erscheinen äußerlich als eine Unterwerfung unter die Macht des Konstantin. Da dieser daran gewöhnt ist, dass sich alle Freunde und Feinde unterwerfen, gibt sich auch Rother als demütiger Ritter. Diese Art und Weise des Umgangs mit anderen ist eng mit der eigentümlichen Machtausübung von Konstantin verbunden. In Bezug auf die lange Gefangenschaft der Boten äußern manche der königlichen Ratgeber[37] und auch die Königin[38] Bedenken, was

---

36 „nu ne han ich vrunde mere / dan die armin herren / in deme kerkenere. / swa mich die gesehin, / dar mochtis dich an en virstan, / daz ich der war gesagit han." (V. 2291–2296).
37 „herre, dir ist uvele geschen / an den boten walgetan / die du hast gevangin lan! / unde sin diz ir herren, / sie mogint unsich alle sere." (V. 880–884).
38 „owi, we gerne ich noch riete, / daz men die boten liete / ritin hin zo lande" (V. 1182–1184).

auf die Uneinigkeit am Hof und die Unberechenbarkeit von Konstantin hinweist. Auch wenn er am Hof geschätzt ist, schließt sich Dietrich weder den Kritikern an, noch beginnt er neue Verhandlungen, sondern entscheidet sich für diejenige Kommunikation, die auch für Konstantin verständlich ist. Er verwendet Listen und Täuschungen, später sogar militärische Mittel, um die Prinzessin heiraten zu können.

Rother, sowohl unter seinem eigenen Namen als auch unter dem Decknamen Dietrich, übernimmt die politische Kultur von Konstantin und setzt sich um jeden Preis durch. Nachdem er erfährt, dass er die Hand der Prinzessin keinesfalls außerhalb der Art und Weise, wie ihr Vater die Kommunikation führt, d. h. durch Gewalt, gewinnen kann, lässt er das gewaltlose Rollenspiel fallen und schaltet auf den Modus des Krieges um. Somit werden doppelte Anliegen seitens beider Seiten zusammengeführt: die Privatangelegenheit der Brautwerbung und das politische Kalkül hinsichtlich der gefangenen Boten. Durch die Aufnahme von Dietrich versucht Konstantin, sich als großzügig auszugeben und zugleich gegen Rother Stellung zu beziehen. Dabei mischen sich die grundlegend unterschiedlichen Annäherungsweisen und somit die Führungskulturen der Herrscher miteinander, worin ein Beispiel für eine politische Transkulturalität gesehen werden kann. Konstantin ist klug genug vorauszusetzen, dass es ihm durch die scheinbare Übernahme einer ihm fremden Führungsmethode gelingen könnte, die Kontrolle über die Gefangenen und den vertriebenen Ritter zu bewahren, also versucht er, sich an die momentan günstige Kommunikation anzupassen. Erst bei der ernsten Bedrängnis durch Ymelot muss er nachgeben, und um Hilfe von Dietrich bitten.

4 Scheinsiege als Anlass zur Flucht

Wenn die Handlung rückblickend beobachtet wird, lassen sich die Kampfeinsätze von Ymelot und Rother ebenfalls gepaart betrachten. Wie schon mehrfach, sind viele Handlungen erst beim zweiten Versuch erfolgreich. Es gelingt Ymelot zwar nicht, Konstantin zu stürzen; Rother aber setzt sich seine Absetzung dann nicht einmal zum Ziel. Er will ‚nur' die Prinzessin heiraten, also den Willen des Königs an seinem unnachgiebigsten Punkt brechen. Wobei Ymelot scheitert, setzt sich Rother schließlich durch. Oder anders formuliert: Die Niederlage von Ymelot wird als Sieg bzw. Scheinsieg inszeniert und als Vorwand benutzt, die Frauen aus dem Hof zu entführen. Dasselbe Ziel hat der spätere militärische Großeinsatz von Rother, als es darum geht, sich die Prinzessin zurückzuholen.

Auch Konstantin und Ymelot können verglichen werden: Beide stehen für eine Art der Machtausübung, die nur mit Gewalt durchsetzbar ist. Dietrichs Einsatz an der Seite von Konstantin gegen Ymelot ist nicht nur eine Hilfeleistung, sondern auch eine Selbstenthüllung. Denn es stellt sich heraus, dass Dietrich auch militärisch siegreich sein kann, was dann die Aufmerksamkeit des Königs ablenkt. Als sich Rother die erste Möglichkeit bietet, entführt er die Prinzessin, was eine weitere Enthüllung nach sich zieht. Infolge der militärischen Hilfe und der Entführung wird die Scheinidentität des vertriebenen Ritters ein für alle Mal abgelegt und die wahre Rolle des in jeder Hinsicht siegreichen Königs wahrgenommen:

> ir mogit eme werliche sagin,
> sin tochter si mit Rothere
> gevaren westene over mere.
> nu gebut mir, vrowe herlich.
> ione heiz ich niwit Dietherich! (V. 2914–2918)

> Ihr könnt ihm dann wahrheitsgemäß sagen, seine Tochter sei mit Rother nach Westen über das Meer gezogen. Mit Verlaub, königliche Herrin, ich heiße nämlich keineswegs Dietrich!

Wie später deutlich wird, gilt auch dieser Sieg als Scheinsieg: Rother kann nur für eine kurze Zeit die Liebe der Prinzessin genießen, weil sie an den Hof von Konstantin zurückgebracht wird. Die Dramatik ihres Schicksals wird umso mehr hervorgehoben, als dass sie mittlerweile schwanger ist,[39] womit sich eine neue Perspektive öffnet.[40]

Die erzählstrategische Regel soll aber weiterhin wirken, weshalb sich Glück und Sieg erst nach dem zweiten Anlauf entfalten. Vorerst sind weder das Glück, noch der militärische Sieg von Dauer. Das Motiv der Vergänglichkeit kommt besonders deutlich zum Vorschein, als ein Spielmann sich der Aufgabe annimmt, die Prinzessin rückzuführen:

> wir mozin aver einin kiel havin,
> die maniger hande wondir trage:
> golt unde steine,
> wazzerperlin cleine
> scarlachin unde pellen.
> [...]
> die iuncvrowe, Constantin,
> bedrugit die seltsene wat,
> dat sie lichte in den kiel gat
> unde schowet min cramgewant:
> so vore wir sie in daz din lant. (V. 3066–3070; 3075–3079)

---

39 „Alse Rother over mere quam, / do wart die vrowe lossam / swanger einis kindis, / eines seligin barnis." (V. 2943–2946).
40 „als uns daz buch gezalt hat, / mit wie getanen erin / sie Rothere deme herrin / gewunnin die vil goten / Pipinchis muder, / van deme uns Karlus sit bequam / und eine magit lossam, / die gode sanctae Gerdrut" (V. 3479–3486).

Wir werden aber ein Schiff brauchen, das vielerlei sensationelle Dinge mit sich führt: Gold und Edelsteine, zierliche echte Perlen, Scharlachtuche und Seidenstoffe. [...] Die junge Herrscherin, Konstantin, werden die ausgestellten Kleider so betören, daß es gut sein kann, daß sie an Bord kommt und die von mir feilgebotenen Kleider besichtigt: und dann geht es ab in dein Land.

Als wahre Falle entpuppt sich der vermeintliche Edelstein, der heilende Kraft besitzen soll, bei dem es sich in Wirklichkeit aber nur um ein Stück gemeinen Kieselsteins handelt:

> uz gienc der spileman
> unde truch der kiselinge an
> vere, die he anme stade vant:
> [...]
> neme in ein koningin an die hant,
> her luhte ovir al dith lant.
> neman ersturve:
> e he begraven wurde,
> man solden dar mide bestrichin,
> so leveder sicherliche.
> [...]
> si soldiz aver in disme sciffe don,
> over it nis chein vrome dar zo! (V. 3110–3112; 3144–3149; 3154–3155)

begab sich der Spielmann von Bord und nahm vier Kieselsteine mit sich, die er am Strande aufgelesen hatte: [...] Wenn ihn eine Königin zur Hand nähme, würde er Licht über das ganze Land verbreiten. Niemand müßte sterben: Bevor ein Toter begraben wurde, müßte man mit ihm darüber streichen, dann würde er bestimmt wieder lebendig. [...] Sie müßte das allerdings hier auf meinem Schiff tun, anderswo bringt er keinen Nutzen!

Der Spielmann rechnet damit, dass der vermeintliche wunderkräftige Stein[41] die Königin (d. h. die Prinzessin) zum Schiff lockt. Sein Kalkül erweist sich als erfolgreich: Als die Königin zwei erkrankten Kindern mit dem Stein helfen will, wird sie tatsächlich und unverzüglich entführt: „in den kiel trat die koningin: / ,wol uf', sprach der spileman, / ,zo den Criechen wille wir varen!'" (V. 3224–3226).

---

[41] Es lohnt sich darauf hinzuweisen, dass ein Stück Edelstein als Verlockung in den Erzählungen *Barlaam und Josaphat* („diu gap alsô liehten schîn, / daz niht schoener mohte sîn / der sunnen liehter widerglast. / der stat an rîcheit niht gebrast: / beidiu rincmûr unde graben, / die türne hôhe ûferhaben, / von golde, lûter, reine. / daz edelste gesteine, / daz mannes ouge ie gesach, / von dem ie zungen ort gesprach / ze gastlîcher rîcheit, / dâ mite sach er sîn bereit / die türne und ouch die veste gar." (Rudolf von Ems 1843, V. 12397– 12409) und *Der Münchner Oswald* vorkommt („ir sult im seinen raben beschlahen / gar schon mit rotem golt, / darumb geit er euch reichen solt." (*Der Münchner Oswald* 1974, V. 498–500)). Geißler greift noch weiter zurück: „Wie eine Königstochter auf einem Kaufmannschiff entführt wurde, berichtet schon Herodot I, und ein altägyptisches Zweibrüdermärchen, in dem der Pharao die Lockenbesitzerin wegführen läßt." (Geißler 1955, 163).

Die schlaue Rückentführung der Prinzessin bewegt Rother dazu, mit dem friedlichen Handeln zu brechen und gegen das Land von Konstantin einen Feldzug zu unternehmen. Nicht nur dieser, sondern auch die vorbereitende Verkleidung gelten als zweiter Versuch. Rother nimmt eine zweite Scheinidentität an – und setzt dafür eine Rolle ein, die religionsübergreifend anerkannt ist: Als Pilger kann er Anspruch auf Unterstützung und Schutz erheben, wobei ihn niemand verdächtigt, böse Gedanken im Hinterkopf zu hegen. Rother greift eine wohlbekannte Praxis aus der religiösen Tradition auf, die unabhängig von Kulturen und Mächten anerkannt ist. Zugleich missbraucht er die Pilgertradition, indem sie zu einem nicht-religiösen Zweck verwendet wird.

Diese Instrumentalisierung ist aber eindeutig als Antwort auf die Rückentführung der Prinzessin zu verstehen. Somit soll der Konflikt auf ein höheres Niveau gebracht werden. Den bisher bekleideten Rollen des vertriebenen Ritters und des Pilgers ist gemeinsam, dass sie schutzbedürftig sind – auch darin kann eine Dopplung gesehen werden. Nach der schlauen Rückentführung wird also die Ritterrolle unter dem religiösen Aspekt mit der des Pilgers ersetzt, was mehr Schutz gewährleisten soll; demzufolge ist es zu erwarten, dass der Einsatz erfolgreich ausgeht. Rother und seine Ritter verkleiden sich als Pilger, um zunächst Informationen am Hof von Konstantin zu sammeln und später die Prinzessin zurückzuholen. Erst jetzt erfahren sie, dass die Königin, die am Hof Konstantins nach wie vor als Prinzessin gilt, zur Heirat mit dem Sohn des Angreifers Ymelot gezwungen wird.[42] Dass dieser ebenfalls zweite Versuch schlechter ausgeht, als der erste, charakterisiert wiederum Konstantin treffend. Denn die Prinzessin ist bereits die Frau von Rother, will treu bleiben und liebt den unbekannten fremden Feldherrn nicht.

Der Ungehorsam der Prinzessin und der Erfolg der Verkleidung nehmen den späteren militärischen Einsatz vorweg: Rother gelingt es, mit seiner Frau zu reden und ihr den Ehering zu überreichen:

> unde [Rother] nam ein guldin vingerin
> unde gaf iz der koningin.
> dar stunt gebochstavet ane
> des richen koningis name. (V. 3876–3879)
>
> [...] und [Rother] nahm einen goldenen Ring und drückte ihn der jungen Königin in die Hand. In diesem war eingraviert der Name des mächtigen Königs.

---

42 „unde gaf daz Rotheres wif / deme vreislichen koninge / van woster Babilonie. / des sune sal sie nemin hinacht," (V. 3811–3814).

Wie früher vorangekündigt,[43] kommt der Erfolg der zweiten Überfahrt und der zweiten Ankunft eindeutig in der Geburt Pippins zum Ausdruck. Die Enthüllung von Rother,[44] die drohende Hinrichtung,[45] der endgültige Triumph[46] und die Reue von Konstantin[47] zeigen in diese einzige Richtung: Topographisch zur zweiten Landung in Bari,[48] historisch zur Geburt des Thronfolgers.[49]

Unter den rasch aufeinanderfolgenden Ereignissen erscheint die Reue Konstantins in Hinsicht auf die Transkulturalität besonders bemerkenswert. Denn Konstantin zeigt sich, offensichtlich und zweifelsohne unter dem Einfluss der militärischen Niederlage und der öffentlichen Erniedrigung, versöhnlich und demütig. Ohne jegliches Vorzeichen erweist er sich als fähig, die inneren (geistlichen)[50] und die

---

43 „als uns daz buch gezalt hat, / mit wie getanen erin / sie Rothere deme herrin / gewunnin die vil goten / Pipinchis muder, / van deme uns Karlus sit bequam / unde eine magit lossam, / die gode sanctae Gerdrut:" (V. 3479–3486) „Das Ziel der Reise und die Rückkehr in den Herkunftsraum, Ankunft und Niederkunft fallen zusammen. Die Nachfolge ist gesichert und mündet, über den Sohn Pippin, in die Karlsgenealogie." (Weitbrecht 2016, 93) „Daß der König Rother aus zwei Teilen besteht, ist ein unumstrittener Befund. Die Scheidung zwischen erstem und zweitem Teil ist deutlich erkennbar. Diese Gliederung der Erzählung scheint – dies sei thesenhaft vorausgeschickt – dem Zweck zu dienen, zu beschreiben, daß die Kontinuität von Macht gefährdet ist, daß aber ein wohlorganisierter feudaler Verband, herrscherliche List und physische Gewalt diese Kontinuität sichern können: Das Ergebnis des zweiten Teils übertrifft das des ersten nicht nur durch die Endgültigkeit des Erfolgs, den der Protagonist mit seinem Handelt erzielt, sondern stellt auch in der Steigerung der zu überwindenden Schwierigkeiten eine größere Herausforderung und Bestätigung für Rother und seinen Verband dar." (Stock 2002, 247).
44 „Rothere is hie inne, / der koninc von Rome, / swie her here queme, / des saltu wole gewis sin!" (V. 3911–3914).
45 „du vengist den vater min, / daz gat dir an den lif din! / du most verloren werdin, / swoe di wilt irsterven!" (V. 3967–3970).
46 „do saz in leiden trechtin / Constantin der riche / ime harde lasterliche." (V. 4330–4332).
47 „wie grozer kintheit it gewelt, / daz ich ime sin wif nam: / dar gescach mir ovele an! / [...] / nu nim die scone thochter min / unde vore sie deme helede / zu der burc intgegene / unde bide in durch got den godin / gedenkin minir node, / daz he mich laze genesen." (V. 4516–4518; 4532–4537).
48 „Rothere unde sine man / voren vroliche / ingegen romesche riche / her wider ze Bare uf den sant." (V. 4758–4761).
49 „die vrowe Pipinis genas / an deme selven tage, / do si quamen zo deme stade." (V. 4764–4766) „Als Handlungsraum im Rother erscheint Konstantinopel, denn dorthin reist Rother, um durch List die Tochter Konstantins als Braut zu gewinnen, und dorthin muss er erneut zurückkreisen, nachdem dieser seine Tochter von einem Spielmann hat rückentführen lassen. Am Ende steht jedoch die Versöhnung mit Konstantin, die Rückkehr nach Bari und die Familiengründung (die namenlos bleibende Braut ist bereits auf der ersten Überfahrt von Rother schwanger geworden)." (Weitbrecht 2016, 92).
50 „die grove hetich gegravin, / ic moz dar selve in varin, / so iz allir wedichet ist, / mich innere der waldindige Crist / unde die gude koningin." (V. 4527–4531) Konstantins Seufzer wird durch seine Mutter wesentlich ergänzt. Sie betont die Rolle des Hochmuts in seiner früheren Machtausübung:

äußeren (politischen)[51] Erwartungen zu erfüllen. Aus eigener Sicht ist die panische Angst vor dem Tod begründet, weil er von seiner eigenen Machtausübung ausgeht. Er rechnet vorerst nicht damit, dass jemand ihn retten könne. In der Verzeihung und dem freien Abzug wird ihm trotzdem ein prägnantes Beispiel geliefert, wie ein wahrhaft christlicher Herrscher die Macht ausübt.[52]

Auffallend ist, dass diese Szene nicht nur reichspolitisch und familiengeschichtlich, sondern auch transkulturell zugleich als Trennlinie fungiert und eine Dauerverbindung zwischen dem Osten und dem Westen, zwischen Konstantinopel und Bari (d. h. Rom)[53] herstellt. Nachdem mit der Eheschließung und der Zeugung eines Kindes eine unauflösliche Bindung zwischen dem westlichen Herrscher und der östlichen Prinzessin zustande kam, und nachdem sie in Bari eingetroffen sind, bleibt kein freier Flucht- oder Ausweg in Richtung Osten mehr übrig – der auf der Handlungsebene auch gar nicht mehr in den Blick kommt. Von nun an konzentriert sich die Erzählung ausschließlich auf die Geschehnisse im Westen: auf das Heranwach-

---

„du versmades harde got, / der uns ze levene gebot / unde volgedis deme vertrivenin, / die legede dich dar nidere. / [...] / von du mach du wol verstan, / daz nechein dinc dem man / grozeren scaden dut, / dan der leyde overmut," (V. 4551–4554; 4559–4562) Der Hochmut als Wurzel aller weiteren Sünden wird durch den Kirchenvater Johannes Cassianus (360–435) in seiner Schrift unter dem Titel De coenobiorum institutis behandelt: „[...] nunc arripere colluctationem adversus octo principalia vitia vestris orationibus, Domino confortante, disponimus, id est, primum gastrimargiae, quae interpretatur gulae concupiscentia; secundum fornicationis; tertium philargyriae, quod intelligitur avaritia, vel ut proprius exprimatur, amor pecuniae; quartum irae; quintum tristitiae; sextum acediae, quod est anxietas, sive taedium cordis; septimum cenodoxiae, quod sonat vana seu inanis gloria; octavum superbiae." Ioannes Cassianus: De coenobiorum institutis, IV, 1, PL 49,201C.
51 „ich wil immir me wesen / zo Constantinopole wervhaft, / daz man seit biz an den tomistach, / daz he ze Constantinopole hat getan, / do in Rother nine liz irhan!" (V. 4538–4542).
52 „nu nar, wigande / von romischen lande, / intfat Constantinin / durch den willin min! / [...] / din zucht is hute wole scin, / sit der koninc Constantin / mit dem leve intgat, / so vile he dir leydes getan hat! / [...] do reit der herre Constantin / unde die riche koningin / zo Constantinopole / der maren burge." (V. 4643–4646; 4703–4706; 4751–4754).
53 „er was der aller heriste man / der da zu Rome / ie intfinc die cronen". (V. 10–12)
„In der wissenschaftlichen Forschung ist seit jeher und wiederholt auf die anti-byzantinischen Tendenzen im Epos von König Rother hingewiesen worden, die eine historische Parallele in Spannungen zwischen Ost- und Westrom zum Zeitpunkt der Entstehung des Werkes hatten. Hinter den konkret politischen Auseinandersetzungen verbergen sich Rangstreitigkeiten, die letztlich auf die Berechtigung des von dem weströmischen Kaisertum erhobenen Führungsanspruchs in Europa hinausliefen. Vor diesem Hintergrund nun ist die Aufteilung der ‚textualen' Welt im Epos von König Rother von zentraler Bedeutung. Analog zu der politischen Wirklichkeit ist sie eine dreigeteilte Welt, die Herrschertum in Westrom und Ostrom sowie in dem heidnischen Machtbereich beinhaltet." (Neuendorff 1984, 47).

sen von Pippin, auf seine Schwertleite und seine Machtübernahme[54] bis hin zum Rückzug von Rother als Einsiedler in den Wald.[55]

5 Geistlicher Ausklang

Über die genealogische und dadurch politische Botschaft hinaus und neben der vermutlichen erzählstrategischen Absicht, sich mit dem Ausgang in die zeitgenössisch junge Tradition des Weltverzichts[56] einzuordnen, lohnt es, das Ende *des König Rother* auch aus transkultureller Sicht zu hinterfragen: Wie ist es zu rechtfertigen, dass die männliche Hauptfigur nach einer höchsterfolgreichen ritterlichen und politischen Karriere auf die Welt verzichtet und sich wünscht, künftig als Einsiedler im Wald zu leben? Es spricht viel dafür, dass dieses Ende nicht aus den fiktiven, textimmanenten Motiven der Figur Rothers hervorgeht, sondern in den künstlerischen und religiösen Vorstellungen des unbekannten Verfassers begründet liegt, der es für richtig und erbaulich hielt, seinen abwechslungsreichen Abenteuerroman auf diese Art und Weise ausklingen zu lassen. Die Möglichkeit, eine ausreichende Erklärung zur neuen Berufung zu bieten, ist wegen des Textverlustes[57] am Schluss deutlich eingeschränkt. Zielführend könnte jedoch ein Vergleich der Abgänge der Erzfeinde sein.

---

54 „[Rother] zoch Pippinin, / den lieven sone sinin / mit grozin erin, / daz is war, / vier unde zwenzic iar, / bit der turlicher degen / gerne swert wolde nemen." (V. 5003–5008).
55 „unde ze wir hin zo walde! / [...] / wir munichin uns, trut herre min, / wir sulin der armin sele wegen: / diz ist ein usntade leven!" (V. 5169; 5172–5174).
56 Corinna Biesterfeldt behandelt mehrere Beispiele für den Rückzug der Herrscher, die sich nach einer erfolgreichen Karriere für einen geistlichen Lebensausklang entschieden. Nur die *Kaiserchronik* bzw. der Abschnitt über Lothar weist die ‚moniage', wenn auch sehr knapp, auf: „Daz rieche hête Liuther vur wâr / rehte sibenzehen jâr, / dô munechete sich der hêrre, / gote antwurt er lîp und sêle." V. 15314–15317. (Schröder 1892) Wie Biesterfeldt zitiert: „Dispositis itaque atque ordinatis regni negotiis valedicens suis reliquit seculum atque in Prumia monasterio veniens comam capitis deposuit habituque sanctae conversationis suscepto, in religion is professione diem clausit extremum Ill. Kal. Octobr. [Nachdem er so alle Belange des Reichs geordnet hatte, habe er sich von den Seinen verabschiedet, der Welt entsagt und sich ins Kloster Prüm begeben, wo er die Tonsur empfing und verstarb. (Übersetzung von Sören Kaschke, 2005, 92)] Das literarische Motiv ist somit hier nur von allgemein gültigem Interesse." (Biesterfeldt 2004, 36).
57 Diese Tatsache beeinflusst die Deutung des Abschlusses nicht. Das Arnswaldtische Fragment, das eine Art Fortsetzung mitteilt, blickt auf die weitere Zukunft des Reichs von Karl dem Großen hinaus.

Wie vorhin angedeutet, kehrt Konstantin nach mehreren Stufen der Reue und der Versöhnung mit seiner Frau[58] nach Konstantinopel zurück.[59] Es fällt kein einziges Wort mehr über ihn, demzufolge wird nie darüber berichtet, ob er sich an das Versprechen[60] hält.

Im Vergleich dazu weist der Rückzug von Rother andere Züge auf. Wie es am Anfang des komplexen Unternehmens geschah, so bleibt er auch hier, selbst in seiner breiten Hofgesellschaft, anscheinend alleine. Zunächst kehrt er als siegreicher Held mit seiner Gefolgschaft nach Bari zurück,[61] wo er dann alle treuen Mitkämpfer mit Ländern und Gebieten belohnt,[62] die teilweise zum künftigen Reich von Karl dem Großen gehören werden.[63] Somit gilt die politische Karriere bzw. das politische Vermächtnis als abgeschlossen: „daz sie mit gote virdieneten, / so sie von dieser werlde endin" (V. 5125–5126).

Im Gegensatz zu seiner ersten Meldung, als er zur Befreiung der gefangenen Boten einen Feldzug vorgeschlagen hat,[64] stellt Graf Berchter nun das Seelenheil von Rother in den Mittelpunkt.[65] Wie damals steht er auch nun an der Spitze: Ihm

---

58 Die Rolle der Königin ist merkwürdig: Einerseits erniedrigt sie Konstantin als er zur Einsicht gelangt, andererseits unterstreicht sie den Hochmut als Wurzel aller Sünden. Siehe dazu die Fußnote 48. „The queen's reply to his request is delightfully venomous, making it perfectly clear that her previously expressed contempt for his behavior has not diminished. Although her mocking tone is the same, this speech is different from those that precede it, in that it introduces religious themes." (Kerth 2010, 185).
59 „do reit der herre Constantin / unde die riche koningin / zo Constantinopole / der maren burge." (V. 4751–4754).
60 Vgl. Anm. 49.
61 „Rother unde sine man / voren vrolice / ingegen romesche riche / her wider ze Bare uf den sant." (V. 4758–4761).
62 „he merten allin ir gut, / si hetten ime wol gedienot. / [...] / ir ende was got unde lovesam. / Rother wol gedachte, / wer ime wole gidienit hate." (V. 4840–4841; 4881–4883).
63 In der langen Aufzählung (V. 4829–4870) fallen Polen und Schottland auf, die nicht zum Fränkischen Reich gehörten: „den zen riesen allentsamt / lech he die richen Scotland. / [...] / he gaf ime warliche / Behein und Polen, / daz he sich deste baz mochte began." (V. 4833–4834; 4869–4871) „Gegen Ende erscheint er als eigentlicher Ahnherr des westlichen Abendlandes: Er hält Reichstag bereits in Aachen, verteilt Länder, die teils überhaupt nicht dem hochmittelalterlichen (römisch-deutschen) Imperium zugehörten (Schottland, Polen), teils erst von Karl diesem eingegliedert wurden (Sachsen, Spanien) und begünstigt dabei Geschlechter, die wiederum im 12. Jahrhundert Bezugsgrößen für das Publikum darstellten." (Kiening, 1998, 240–241).
64 „Rother, lieber herre min, / daz sal nu min rat sin, / daz wir varen herevart / unde ir beide Ungerin und Krechen slat." (V. 492–495).
65 „iz stat den gotin knechtin / in ir aldere rechte, / daz sie mit gote virdieneten, / so sie von diser werlde endin. / [...] / nu volge deme rade min / unde helf der armin sele / die levet immir mere! / [...] / du were ie riche, / din dinch stunt grozliche; / waz helfit nu daz? / [...] / nu volge mir, trut herre min, / unde ze wir hin zo walde! / [...] / wir munichin uns, trut herre min, / wir sulin der armin

soll Rother in den Wald folgen. Im Gegensatz zum ‚griechischen' Ehepaar, das in die kalte Einsamkeit der (eigentlich doppelten) militärischen und familiären Niederlage in sein Land zurückziehen muss, bleiben Rother und Berchter letztendlich nicht allein, sondern sie gestalten eine Art Gemeinschaft. Und somit schließt sich der Ausgang dem Auftakt der Erzählung an. Wie zu Beginn der Erzählung eine Gemeinschaft zwischen Rother und seinen zum Einsatz geschickten und später gefangen genommenen Boten entsteht, genauso bilden nun die Feldherren eine neue Gemeinschaft. Diesmal gilt sie aber weder für die Brautwerbung noch für den dafür notwendigen militärischen Einsatz, sondern für ein höheres, geistliches Niveau, zugunsten ihres Seelenheils.[66] Die neuerlich und frei gewählte Berufung liefert nicht nur ein erdenklich theoretisches Beispiel für die jeweiligen Herrscher,[67] sondern nimmt auch eine deutlich bestimmte Stellung ein, die der politischen Machtausübung und dem aussichtslosen Bestehen auf der Vergangenheit gegenübersteht. Auch wenn kaum ein deutliches Wort über das Christentum in der Erzählung fällt, wurzelt die Sehnsucht, die Aufmerksamkeit auf etwas Höheres zu lenken, in der christlichen Grundeinstellung. Hier tritt ein Moment der (frühen) monastischen Tradition in den Vordergrund,[68] die den Weg zum Seelenheil im Verzicht auf jegliche weltlichen Güter und in der vollkommenen Einfachheit suchte. Denn Berchter und Rother haben nicht vor, sich in ein Kloster zurückzuziehen, sondern in den Wald, wo sie ihr Leben als Einsiedler weiterführen können.

---

sele wegen: / diz ist ein usntade leven!" (V. 5123–5126; 5156–5158; 5168–5169; 5172–5174) In der Argumentation hinter der Frage *waz helfit nu daz?* ist es leicht die Anspielung auf die Textstelle zu erkennen: „Was nützt es einem Menschen, wenn er die ganze Welt gewinnt, dabei aber sein Leben einbüßt?" Mt 16,26a.

66 „Mit wohlbegründeter Hoffnung auf ewiges Heil zieht er sich aus dem Erzählgeschehen zurück, damit nicht zuletzt den in historische Wahrheit überführten innerweltlichen Verlauf der Geschichte freigebend. [...] Dem moniage obliegt es, das irdische Verdienst gelungenen Weltlebens, und das heißt vor allem der befestigten und klug gesicherten Herrschaft, zusammenzuspannen mit der auf das jenseitige Seelenheil des einzelnen gerichteten Perspektive, die ein im Verhältnis zum Verwiesensein an die Gnade Gottes freistehendes Verdienst nicht kennt." (Biesterfeldt 2004, 61; 149) „The quest enabled Rother to reach the pinnacle of worldly power and, with Pippin's succession guaranteed, the spouses have completed their tasks in the temporal world. They can now look to the welfare of their immortal souls in eternity." (Kerth 2010, 220).

67 „Rother betreibt Vorsorge für das Heil seines Reiches und seiner Seele. Während an seiner Person versucht wird, mit einer fiktiven Vergangenheit irdischer Vergänglichkeit entgegenzuschreiben, vereint und harmonisiert Rother mit Dynastiegründung und Mönchwerdung politisch-dynastische und individuell-eschatologische Zukunftssorge. Damit wird er zum Vorbild, dem nachzueifern möglich ist." (Then-Westphal 2020, 179)

68 „The influence of the desert monks of fourth-century Egypt, home to the first monasteries in Christendom, and the legacy of desert literature endured for centuries in both East and West." (Kerth 2010, 208)

Unabhängig vom Textverlust, stellt der Text selbst in der vorliegenden Fassung unmissverständlich eine deutliche Gegenüberstellung der möglichen Ausklänge dar, wobei die beiden kulturellen Modelle von Herrschaft nun nicht mehr in Kontakt zueinander treten: Verwendeten Rother und Konstantin bislang mehr oder weniger ähnliche (kämpferische, politische, listige) Methoden, um sich durchzusetzen, beginnt Rother nun ein neues Spiel auf einem anderen, von den bisherigen völlig abweichenden Spielfeld,[69] auf das ihm Konstantin nicht mehr folgen kann.

6 Fazit

Die Erzählung *König Rother* bietet sich offensichtlich an, um verschiedene Darstellungen und Funktionalisierungen von Transkulturalität ausfindig zu machen und auszudeuten. Ihre versteckten Züge lassen sich einerseits in offenen Konflikten und Auseinandersetzungen beobachten, andererseits werden sie hinter denjenigen Details deutlich, die wichtige Verdoppelungen von Ereignissen und Motiven aufweisen. Dabei zeichnet sich eine gewisse Regel ab: Die sich wiederholenden Geschehnisse entfalten sich fast immer umfangreicher und erfolgreicher als die ersten Versuche und somit werden auch die kulturellen Auseinandersetzungen immer detaillierter entfaltet und somit fassbarer.

Wie auf den vorangehenden Seiten behandelt, betreffen kulturelle Aushandlungen fast alle Bereiche des öffentlichen und privaten Lebens, wobei mehrere Aspekte unterschieden werden können. Am auffälligsten ist es bei zwischenpersönlichen Beziehungen. Denn sowohl die Gottesbeziehung bzw. Gottesvorstellung von Rother und Konstantin unterscheidet sich wesentlich voneinander als auch ihre Herrschaftsmodelle, wobei letztere auf einem deutlich unterschiedlichen Selbstverständnis beruhen: Rother unterwirft sich Gott, Konstantin benimmt sich hingegen selbst wie ein Gott, der über eine uneingeschränkte Macht verfügt. Rother gilt als ‚primus inter pares' seinen Untertanen gegenüber, die ihm sowohl in der Brautwerbung als auch in den Kampfhandlungen Gesellschaft und Gefolgschaft leisten und ihn als Gemeinschaft unterstützen.

Auch wenn auf den ersten Blick in diesen Beziehungen keine Wechselwirkungen der Kulturen vorzuliegen scheinen, kommt es – wie gezeigt – doch trotzdem eindeutig zu Mischungen im Rahmen der politisch-militärischen Maßnahmen. Konstantin ist bewusst, wie ein geflüchteter Ritter aufzunehmen ist: Er hat eine christliche Handlungsweise also zumindest dem Anschein nach übernommen.

---

69 Armin Schulz formuliert deutlich plausibler: „Zudem wird durch Rothers Moniage zuletzt der weltliche Rahmen des Handlungsmodells gesprengt." (Schulz 2002, 247).

Zugleich missbraucht Rother seine Situation am Hof von Konstantin, worin seine Antwort auf die Festnahme der Boten zu sehen ist. Ebenfalls übernimmt Rother die Herangehensweise des Konstantin, als er sich schließlich mit militärischer Gewalt durchsetzt. Beide Hauptfiguren sind also einerseits in einem je eigenen kulturellen Zusammenhang verwurzelt, was sich vor allem in ihrem unterschiedlichen politischen Agieren äußert, andererseits können sie aber auch unter den Einfluss der gegnerischen (politischen) Kultur geraten.

Den durch Gewalt geprägten Szenen steht die berühmte Schenkungsszene gegenüber. Sie ist in vielen Hinsichten der intimste und schönste Abschnitt der Erzählung. Es wurde darauf hingewiesen, dass die schlaue, durch Rother konzipierte Schenkungsaktion der Schuhe selbst einen Akt der Transkulturalität darstellt. Ein christlicher König wirbt – nicht ohne politisches Kalkül, aber zweifellos in Liebe entbrannt – um eine Prinzessin, die bislang durch ihre tyrannische Familie von den Brautwerbern praktisch abgesperrt lebte. Mit seinem Aufbau und seinen Details steht das Gabe-Unternehmen im Kontext der Brautwerbung für eine höfische Tat, die nach einer langen und raffinierten Vorbereitung inmitten des feindseligen Hofes zu Ende geführt wird. Am deutlichsten kommt die Transkulturalität in den unterschiedlichen Schuhfarben und unpassenden Schuhpaaren zur Geltung. Das endlich zustande gekommene Treffen nimmt die erfolgreiche Werbung, die anschließende Ehe und schließlich die Geburt Pippins vorweg. Diese Geburt, als historische Grundlage des westlichen Kaisertums, ist somit auch der transkulturellen Auseinandersetzung zwischen Ost und West zu verdanken, und hebt apologetisch den ‚kulturellen' Sieg Rothers hervor.

Weiters versteckt sich die Transkulturalität in den behandelten, eigenartig wiederholten oder verdoppelten Szenen. Denn diese Wiederholungen stehen mit der kulturellen Einbettung in Zusammenhang. Dementsprechend lässt sich die Transkulturalität in den oft besser gelungenen zweiten Versuchen aufdecken: Indem die feindseligen Hauptfiguren in jeder Phase einzelner Pläne versuchen, sich durchzusetzen, wird fast jedes Mal im Rahmen des jeweiligen kulturellen Hintergrunds gehandelt. So agiert Rother mehrfach: Bei der Sendung der Boten, bei der Namensänderung, beim Schuhgeschenk und bei den zwei Ausfahrten nach Konstantinopel hat er zum Ziel, mit den gewohnten Mitteln einer Brautwerbungsaktion seine Überlegenheit und somit seine Liebe ein für alle Mal zum Ausdruck zu bringen.

Im Vergleich dazu öffnet der letzte Schritt von Rother eine völlig neue Perspektive. Er schreibt sich aus der siegreichen Ritterkarriere heraus und wechselt zu einer wesentlich abweichenden Laufbahn, zu einem spirituellen und kulturellen Neuland, zu einem klar bestimmten, nunmehr geistlichen Gebiet, was je nach kultureller Einstellung der Rezipienten auszuwerten ist. Wenn damals wie heute ein christlich geprägtes kulturelles Umfeld vorausgesetzt werden kann, dann dürfte das Ausscheiden von Rother aus dem Königsamt und sein Wechsel zur Einsiedlerkarriere als frappante Lösung betrachtet werden. Aufgrund seiner kulturellen und spirituellen Blindheit bleibt dieser Weg für Konstantin unzugänglich. Während er sich um die Machterhaltung im Land und in der Familie kümmert und offensichtlich deswegen alleine bleibt, ist Rother mächtig genug, nach der großzügigen Belohnung seiner treuen Ritter, ein neues Leben im Dienst für Gott zu beginnen – eine Existenz, die selbst die Liebe und die Familie in ihrer Bedeutung übertreffen soll.

Literaturverzeichnis

Primärliteratur

Der Münchner Oswald. Mit einem Anhang, die ostschwäbische Prosabearbeitung des 15. Jahrhunderts. Hg. von Michael Curschmann. Tübingen 1974.
König Rother. Mittelhochdeutsch/Neuhochdeutsch. Mittelhochdeutscher Text und neuhochdeutsche Übersetzung von Peter K. Stein. Hg. von Ingrid Bennewitz unter Mitarbeit von Beatrix Koll und Ruth Weichselbaumer. Stuttgart 2000.
Rudolf von Ems: *Barlaam und Josaphat*. Hg. von Franz Pfeiffer. Leipzig 1843.
Kaiserchronik eines Regensburger Geistlichen. Hg. von Edward Schröder. Hannover 1892.
Wolfram von Eschenbach: *Parzival. Mittelhochdeutsch/Neuhochdeutsch*. Text nach der Ausgabe von Karl Lachmann. Übersetzung und Nachwort von Wolfgang Spiewok. Stuttgart 1981.
Wolfram von Eschenbach: *Willehalm. Mittelhochdeutsch/Neuhochdeutsch*. Nach der Handschrift 857 der Stiftsbibliothek St. Gallen, mittelhochdeutscher Text, Übersetzung, Kommentar. Hg. von Joachim Heinzle. Frankfurt am Main 1991.
Bibelzitate: URL: www.uibk.ac.at/theol/leseraum/bibel/ (10.01.2023).
patristische Zitate:
Ioannes Cassianus: De coenobiorum institutis, IV, 1, PL 49,201C, URL: https://mlat.uzh.ch/browser?path=/38&text=7530:7.2 (10.01.2023).
Ioannes Cassianus: De coenobiorum institutis, XII, 1, PL 49,419B, URL: https://mlat.uzh.ch/browser?path=7531&text=7531:13 (10.01.2023).

Sekundärliteratur

Biesterfeldt, Corinna: *Moniage – der Rückzug aus der Welt als Erzählschluß. Untersuchungen zu „Kaiserchronik", „König Rother", „Orendel", „Barlaam und Josaphat", „Prosa-Lancelot"*. Stuttgart 2004.
Bumke, Joachim: *Geschichte der deutschen Literatur im hohen Mittelalter*. München 2004.
Geißler, Friedmar: *Brautwerbung in der Weltliteratur*. Halle 1955.
Gellinek, Christian: *König Rother. Studie zur literarischen Dichtung*. Bern München 1968.
Gennep, Arnold van: *Übergangsriten*. Übers. von Klaus Schomburg und Sylvia M. Schomburg-Scherff. Frankfurt New York 1986.

Kaschke, Sören: „Die *dispositio regni* Lothars I von 855". In: *Lothar I. Kaiser und Mönch in Prüm; Zum 1150. Jahr seines Todes*. Hg. von Reiner Nolden. Niederprüm 2005, S. 89–98.

Kerth, Thomas: *King Rother and His Bride. Quest and Counter-Quests*. Rochester, NY et al. 2010.

Kiening, Christian: „Arbeit am Muster (Literarisierungsstrategien im König Rother)". In: *Wolfram-Studien* 15. Hg. von Joachim Heinzle, Peter Johnson und Gisela Profe-Vollmann. Berlin 1998, S. 211–244.

Kohnen, Rabea: *Die Braut des Königs. Zur interreligiösen Dynamik des mittelhochdeutschen Brautwerbungserzählungen*. Berlin Boston 2014.

Neuendorff, Dagmar: *Studie zur Entwicklung der Herrscherdarstellung in der deutschsprachigen Literatur des 9.–12. Jahrhunderts*. Stockholm 1982.

Neuendorff, Dagmar: „Kaiser und Könige, Grafen und Herzöge im Epos von König Rother". In: *Neuphilologische Mitteilungen* 85.1 (1984), S. 45–58.

Schmitz, Silvia: „‚War umbe ich die rede han ir hauen'. Erzählen im ‚König Rother'". In: *Situationen des Erzählens. Aspekte narrativer Praxis im Mittelalter*. Hg. von Ludger Lieb und Stephan Müller. Berlin Boston 2002, S. 167–190.

Schröder, Walter Johannes: *Spielmannsepik*. Stuttgart 1967.

Schulz, Armin: „Morolfs Ende. Zur Dekonstruktion des feudalen Brautwerbungsschemas in der sogenannten ‚Spielmannsepik'". In: *Beiträge zur Geschichte der deutschen Sprache und Literatur* 124 (2002), S. 233–249.

Schulz, Monika: *Eherechtsdiskurse. Studien zu König Rother, Partonopier und Meliur, Arabel, Der guote Gêrhart, Der Ring*. Heidelberg 2005.

Stock, Markus: *Kombinationssinn. Narrative Strukturexperimente im ‚Straßburger Alexander', im ‚Herzog Ernst B' und im ‚König Rother'*. Tübingen 2002.

Then-Westphal, Christiane: *Königs Wege zum Heil. Ehe und Enthaltsamkeit in deutschen Texten des hohen und späten Mittelalters*. Bamberg 2020.

Weitbrecht, Julia: „Heterotope Herrschaftsräume in frühhöfischen Epen und ihren Bearbeitungen". In: *Literarische Räume der Herkunft. Fallstudien zu einer historischen Narratologie*. Hg. von Maximilian Benz und Katrin Dennerlein. Berlin Boston 2016, S. 91–120.

Welsch, Wolfgang: *Transkulturalität. Realität – Geschichte – Aufgabe*. Wien 2017.

Zimmermann, Rita: *Herrschaft und Ehre. Die Logik der Brautwerbung im „König Rother"*. Frankfurt a. M. Berlin et al. 1993.

Sebastian Winkelsträter
Wasserspiele. Erzählen vom Mittelmeer im *Trojanerkrieg* Konrads von Würzburg

> Now water is the most favorable element for illustrating themes involving the combination of powers. It assimilates so many substances, draws so many essences to itself! (Bachelard 1983, 93)

Bronisław Malinowski überschreibt seinen berühmten ethnologischen Reisebericht mit dem Titel *Argonauten des westlichen Pazifik* – so wie sich die Argonauten um Jason ans Ende der ihnen bekannten Welt begeben haben sollen, nicht um sich Fremdes, sondern Ureigenes, das Goldene Vlies, anzueignen, das Fell des Widders Chrysomallos, mit dem der vertriebene Phrixos aus Griechenland über den Hellespont nach Kolchis gelangt war, so reisen auch die Trobriand-Insulaner, um im Ringtausch des Kula-Rituals ihre eigenen Waren zurückzuerlangen. Ebenso wie die rituelle führt mithin auch die mythische Reise zum Eigenen zurück, ist das Eigene schon mit dem Fremden vermischt, wenn sich die griechischen und die melanesischen Argonauten auf ihre abenteuerlichen Fahrten begeben. In mittelalterlichen Troja-Erzählungen scheint der Mythos von der Herkunft des Goldenen Vlieses vergessen, ist es nicht dessen Objektbiographie, der eine Konkreszenz von Nähe und Ferne, Eigenem und Fremdem eingeschrieben wäre – wohl aber wiederholen sich etwa in Konrads von Würzburg Erzählung von Jason und Medea Motive, die die gesamte Welt, Griechenland, die Troas und Kolchos, als Einheit ausweisen, und schon der Prolog bringt Prozesse der Vermischung von Eigenem und Fremdem, Quelle und Bearbeitung metaphorisch zur Anschauung: Konrad imaginiert den *Trojanerkrieg* als ‚Erzählmeer', das alte Traditionen aus fremden kulturellen Kontexten in sich aufnimmt; und das erzählte Meer, an dessen Küsten und auf dessen Inseln sich die Handlung abspielt, firmiert einerseits als Raum der Hybridisierung, der Überschreitung und der Konnektivität, andererseits als labile Grenze, die Differenz indiziert, zwischen den Parteien des Trojanischen Krieges, zwischen den Geschlechtern sowie zwischen Vergangenheit, Gegenwart und Zukunft.

1 Maritime Poetologien: Konrad – Ovid – Statius

> Poets and dreamers have been more often entertained
> than captivated by the superficial play of waters.
> (Bachelard 1983, 5)

Im Prolog zu Konrads von Würzburg *Trojanerkrieg* wird die ausufernde Tradition vorgängiger Troja-Erzählungen in Metaphern gekleidet, die den mittelalterlichen Text in eine Reihe poetologischer Reflexionen stellen und seine intertextuelle Verwobenheit in Prätexte unterschiedlichster Provenienzen zum Ausdruck bringen: Am Übergang zwischen *prologus praeter rem* und *prologus ante rem* platziert Konrad eine Passage, die die vorliegende Dichtung als ‚wildes' Geschichtenmeer imaginiert (V. 216–243) und den Bezug zum Stoff, das komplexe Verhältnis zwischen Form und Materie, Einheit und Differenz sowie zwischen *sin* und *zunge* zum Thema hat. Im Anschluss an einen Nachvollzug der nautischen Metaphorik in diesem Prologteil (1.1) folgen schlaglichtartige Überlegungen zur Tradition, zur Rezeptions- und Transformationsgeschichte von Konrads poetologischer Metapher, dem Meer (1.2), denn

> [i]n den Rezeptionsgeschichten von Metaphern gibt es, je prägnanter und differenzierter der imaginative Bestand geworden ist, um so eher einen Punkt, an dem ein äußerer Anreiz erzeugt zu sein scheint, mit dem vorgefundenen Muster aufs entschiedenste umzuspringen und an ihm die unüberbietbare Prozedur einer Umkehrung zu erproben (Blumenberg 2020, 80)

– eine Umkehrung, die es, angeregt von Blumenbergs Beobachtungen zur Historizität, zum überragenden anthropologischen Stellenwert von Metaphern und ihrer integralen Bedeutung für die philosophische Begriffs- und Theoriebildung (vgl. einführend Goldmann 2019, S. 251–268), im Vergleich zwischen antiker und mittelalterlicher Meerespoetologie und -metaphorik im Folgenden unter der Zielsetzung nachzuzeichnen gilt, „nachvollziehend in den Vorstellungshorizont des Autors einzutreten, seine ‚Übertragung' ausfindig zu machen" (Blumenberg 2013, 91). Schließlich sollen Ausblicke auf die Weiterverhandlung der Meeresmotivik in Konrads Erzählung unternommen, soll die Erzählung von Jason und Medea daraufhin befragt werden, welche Funktionen das Meer im *Trojanerkrieg* übernimmt und wie sich das im Prolog poetologisch Entwickelte in der narrativen Machart der Erzählung niederschlägt (2.). Hierbei wird sich zeigen, dass Konrads Meer als Raum der Vermischung transkulturell verfügbaren Erzählguts firmiert, als Chiffre mithin für die intertextuelle Dialogizität eines Romans, der sich den bewegten

Fluss vorgängiger Erzähltraditionen nicht nur aneignet, sondern sich diesem in seiner sprachlichen und strukturellen Faktur auch anverwandelt.¹

1.1 *mîner zungen enker*: Konrads Erzählmeer

> Das Symbolbewußtsein sieht das Zeichen in seiner Tiefendimension, man könnte sagen: in seiner geologischen Dimension, da das Symbol in seinen Augen durch die Übereinanderlagerung von Bedeutendem und Bedeutetem konstituiert wird.
> (Barthes 2016, 95)

„Waz sol nû sprechen unde sanc?" (V. 1), wozu heute noch erzählen und singen, in einer Zeit, in der die Menschen, blind geworden für das Schöne und Bedeutsame, den wenigen *wîsen* keine Achtung mehr entgegenbringen, und in der man doch immer noch die „tiure[] fremdekeit" (V. 31), die wertvolle Seltenheit des *weisen*, des kostbaren Edelsteins der Reichskrone, zu schätzen weiß – dann doch vielleicht auch „guot getihte" (V. 29)? Doch nein, Dichtung gleicht eher dem Phönix, ebenfalls exzeptionell und selten, doch nicht der Zeit und den wechselnden Wertzuschreibungen entzogen wie die Reichskleinodien, sondern ewig im Kreislauf von Tod und Leben, Verbrennen und Wiederauferstehen – und zur Zeit verbrennt er, wie auch gute Dichtung „sô faste wil verswinden" (V. 49; ‚so rapide zugrunde geht').² Die Menschen ziehen ihm den Sperber vor, das Gewöhnliche, denn sie haben für die Exzeptionalität der Dichtkunst, für die der Dichter keiner Instrumente, sondern nur „gotes gunst" (V. 77), „zungen unde sinnes" (V. 135) bedarf, keinen Blick. Sie verkennen das Gute, wie die Fledermaus des Nachts die Reflexion feuchten und faulen Holzes mit echtem Glanz, mit dem Leuchten etwa eines Karfunkels verwechselt. Wo das Gute nicht wahrgenommen wird, schlechthin alles zu glänzen scheint und die Menschen blind geworden sind, tut es der wahre Dichter der Nachtigall gleich und singt unter einem Laubdach, ganz für sich, traurig und isoliert, nur vom eigenen „dôn" (V. 200; ‚Lied') beglückt.

Nach einer solch aufwändigen *captatio benevolentiae*, die darauf abzielt, die Exzeptionalität, die *fremdekeit* von Konrads Dichtkunst und die Isolation des postklassischen, in einer ethisch wie ästhetisch verkümmerten Zeit wirkenden Dichters zu exponieren, mithin Literaturproduktion und -rezeption als voneinander abgekoppelte, nicht mehr in Einklang zu bringende Prozesse auszuweisen, imaginiert der Erzähler seinen Text als Meer, in das frühere Bearbeitungen des Trojastoffes

---

1 „Der Dialogismus ist den Tiefenstrukturen des Diskurses koextensiv" (Kristeva 1972, 357). — Hinweise zur Symbolik und zur poetischen Funktion des Motivs ‚Wasser' sind Gaston Bachelards (1983) Studie *L'Eau et les Rêves* entnommen.
2 Übersetzungen aus dem Mhd. stammen, sofern nicht anders gekennzeichnet, vom Autor.

und die eigene *rede* einfließen, und sein poetisches Schaffen als gefährliche Erkundung von dessen Tiefen. Während der ‚schlechte Rezipient' wie die Fledermaus nur nach schillernden Oberflächeneffekten sucht, die Reflexion von Feuchtigkeit für Edelsteinglanz hält und sich die Nachtigall unter einem trockenen Laubdach verbirgt, tritt Konrad nun an, zwischen Oberfläche und Tiefe zu vermitteln:

> mîn sin der spannet unde dont
> dar ûf mit hôhem flîze,
> daz ich vil tage verslîze
> ob einem tiefen buoche,
> dar inne ich boden suoche,
> den ich doch finde kûme.
> z'eim endelôsen pflûme,
> dar inne ein berc versünke wol,
> gelîchen ich diz maere sol,
> des ich mit rede beginne,
> wil ich den grunt dar inne
> mit worten undergrîfen,
> sô muoz ich balde slîfen
> hie mîner zungen enker. (V. 216–229)

Mein *sin* streckt und dehnt sich mit größtem Eifer, auf dass ich viele Tage über einem tiefen Buch zubringe, in dem ich nach Boden suche, den ich doch kaum zu finden vermag. Mit einem endlosen Strom, in dem ein ganzer Berg versinken würde, will ich diese Erzählung vergleichen, die ich mit meiner Rede angehe – wenn ich den Grund darin mit meinen Worten erreichen will, so muss ich rasch den Anker meiner Zunge sinken lassen.

Der Kontrast von Höhe und Tiefe spannt zunächst einen imaginativen Raum auf, in welchem Konrad sein Verhältnis zur Dichtung zur Anschauung bringt: Der Eifer, der *hôhe flîz* des Dichters steht *einem tiefen buoche* entgegen, über dem er seine Tage hinbringt und in dessen Tiefe er auf Grund hofft. Aufgerufen ist hiermit der Topos des lesenden Autors, wie er stilprägend schon in Gottfrieds *Tristan*-Prolog begegnet:

> sus treip ich manege suoche,
> unz ich an eime buoche
> alle sîne jehe gelas,
> wie dirre âventiure was. (*Tristan*, V. 163–166)

So habe ich lange nachgeforscht, / bis ich in einem bestimmten Buch / seine Darstellung fand, / wie die Geschichte abgelaufen ist. (Übers. Haug)

Die *Tristan*-Allusion, das Motiv der Suche sowie der unbestimmte Artikel (*ob einem tiefen buoche*) lassen an ein Quellenstudium Konrads denken und das Buch als dessen Vorlage identifizieren. Dass er indes im nachstehenden Satz nach *grunt* in diesem (*diz*) *maere, des ich mit rede beginne*, in der eigenen Dichtung also sucht, stellt die Sinnsuggestion des voraufgehenden Satzes gleich wieder in Frage: Handelt es sich bei *maere* und *buoch* nun um ein und dasselbe, um Konrads unergründlichen *Trojanerkrieg*, oder ist zunächst von Konrads Quelle oder einem Quellenkompendium³ die Rede, dann erst von seiner Bearbeitung? Wie Gottfried z. B. mit der Verwendung des *lesen*-Begriffs Ambiguität stiftet,⁴ sind es bei Konrad die Begriffe *buoch* und *maere*, in denen die Bedeutungen ‚Prätext' und ‚Text', ‚Quelle' und ‚Bearbeitung' irritierend und programmatisch, oder mit Markus Stock (2015, 153): „in produktiver Unschärfe", zusammenfließen: „Tatsächlich scheint Konrad es durch seine Wortwahl gerade darauf anzulegen, die Grenze zwischen dem tiefen, alten Buch und dem eigenen Kunstwerk verschwimmen zu lassen" (Laufer 2015, 172).

Konrads Vorhaben zielt zwar, wie wenig später deutlich wird (vgl. V. 296–307), darauf, in der Menge literarischer Prätexte mit der „absoluten Autorität des kanonischen Augenzeugen, Dares" (Monecke 1968, 108), ein ‚tiefes', der autoritativen *jehe* eines Thomas de Bretagne vergleichbares *buoch* zu identifizieren und diesem zu neuem Glanz zu verhelfen, doch gilt es zugleich, im Angesicht der *matière de Rome*, einem „überflüzzeclichen hort / von strîte" (V. 291–292), die Mannigfaltigkeit allesamt auf den trojanischen Kronzeugen der Erzählung zurückgehender, aber eben divergierender und zudem „ausdrücklich außerhalb der deutschen Tradition liegende[r] Quellen" (Lienert 1996, 26) in einem Buch zusammenzuführen – Konrad ist schließlich nicht nur Übersetzer aus dem Französischen, sondern er sieht sich am Schluss- und Höhepunkt einer komplexen Tradition, die im Griechischen, mit Dares, ihren Ausgang nimmt, über die „auf einer gemeinsamen Zwischenstufe angesiedelten lateinischen und französischen Texttraditionen" (Masse und Seidl 2016, 130) führt und im *Trojanerkrieg* endet.⁵

Das räumlich imaginierte Gegenüber zunächst von *hôhem flîz*, sich horizontal erstreckendem *sin* und der Suche in einem *tiefen buoche* wird in der nautischen Allegorie des auf dem Erzählmeer ankernden Autors weiter ausdifferenziert: auf der einen Seite *diz maere* als *endelôser*, unermesslich tiefer und gestaltloser Strom; auf der anderen, an der Oberfläche, der Dichter, dessen Zunge die Herkulesaufgabe

---

3 So Monecke (1968, 86): „an einen Kodex soll ganz konkret gedacht sein [...]. Wie die Wahrheit so gründet auch der epische Stoff in einer einzigen Quelle".
4 Zu Gottfrieds Strategie der Ambiguierung: „Differenz: durch Mehrdeutigkeit, Scheinhaftigkeit und Verschiebung semantischer Gehalte [...]. Es kommt zu Engführungen der Begriffe, die einander ablösen und ineinander übergehen, die oszillieren zwischen Tautologie und absoluter Metapher [...]. Zum Beispiel am Begriff des Lesens. *Lesen* ist das Wort, das Vorgänger, Autor und Publikum verbindet [...]. Im Changieren zwischen Selektion, Produktion und Rezeption bleibt unscharf, wie sich jene Geschichte, die Thomas las, zu der verhält, die Gottfried findet, und wie jene wiederum zu der, die er nunmehr mitteilt" (Kiening 2007, 180–181).
5 „Auffällig ist, dass Konrad [...] *latinitas* und volkssprachige Traditionen gleichsetzt, um dann seinen deutschen Text deutlich davon abzugrenzen. Schon hier kommt Konrads Werk ein Alleinstellungsmerkmal zu" (Masse und Seidl 2016, 130–131).

übernehmen soll, noch unter den unsichtbaren Grund zu gelangen, den *grunt mit worten* zu *undergrîfen*, dessen Sprachorgan ihm also, wie ein Anker ins Wasser herabgelassen, Halt in diesen literarischen Untiefen geben soll. Im Gegensatz etwa zu Handwerkern, Rittern oder Musikern ist der Dichter, so hatte es Konrad zuvor ausgeführt (vgl. V. 102–139), autark, sprich: nicht auf materielles *geziuc* angewiesen.[6] Seine ‚Werkzeuge‘ sind der *sin* und die *zunge*, derer er sich wie der Schneider seiner Schere bedient, und dieses ‚Wie‘ markiert zugleich Ähnlichkeit und Differenz: Das Instrument des Dichters ist nämlich gerade kein materielles Objekt, sondern eine Metapher, *mîner zungen enker*.

Während der *sin dar ûf spannet unde dont* und so die horizontale Weite ermisst, ist es eben diese Zunge, welche die vertikale Tiefe ausloten und bis zum Grund hin vorstoßen soll, die mithin eine genuin „intellektuelle Leistung [...], das Durchdringen des Stoffes, seine Überführung in eine sinnhafte Form" (Müller 2021a, 370) erbringen soll.[7] Konrad greift hier auf das rhetorisch-konventionelle Begriffspaar von Außen und Innen, *wort* und *sin* zurück, wie es paradigmatisch abermals bei Gottfried, etwa in dessen Lob auf Hartmann von Aue, auf die „ideale Einheit zwischen *ûzen unde innen*" (Masse 2005, 140) oder in der Eloge auf den Stil eines Bligger von Steinach vorgeprägt ist, in dem *sin* und *wort* als musikalische Einheit erscheinen („daz sint diu wort, daz ist der sin: / diu zwei diu harphent under in / ir mære in vremedem prîse", V. 4707–4709; ‚das ist das Wort und ist der Sinn: / die beiden

---

6 Zur Abgrenzung der Literatur von den *artes mechanicae* in V. 92–127: „Indem der Dichter alles allein von Gott lernt, indem der *sin* zum Denken und der *munt* (respektive die *zunge* [...]) für die gesprochene oder gesungene Versrede [...] seine einzigen unmittelbar von Gott verliehenen und nicht anderweitig beschafften Werkzeuge sind, wird seine *kunst* als eine der Gedanken und der Sprache ausgewiesen, die als einzige direkt aus dem Ursprung aller Wahrheit hervorgeht" (Hübner 2014, 439); zum paradoxen Verhältnis zwischen der behaupteten Unabhängigkeit der Dichtung von Medien und der von Konrad hervorgehobenen Rolle des Mediums ‚Stimme' vgl. Gebert 2013, 138–140; zum intertextuellen Spiel mit Wolframs *Willehalm*-Prolog, der eine ganz diametrale Inspirationsvorstellung vermittelt, vgl. Kern 2009, 434–435, Anm. 38.

7 Weiter, zum komplexen Verhältnis zwischen Ästhetik und Ethik bei Konrad: „Es ist ein Meer von Geschichten, die Konrad zusammenfließen lässt. Diese Geschichten hängen alle irgendwie zusammen, denn schließlich vereinigen sie sich ja zu einem *endelôsen pflûme*. In diesem Meer der Geschichte *grunt* zu finden, gelingt kaum auf Dauer. Man hat immer wieder beklagt, dass die Erzählung so selten eindeutige ethische Maßstäbe vermittelt, und man hat dies als Tribut an die Ästhetisierung gewertet. Doch an die ethischen Maßstäbe wird durchaus von Mal zu Mal erinnert. Nur schaffen sie keinen konsistenten Zusammenhang im Meer der Kontingenzen – so wenig wie dieses einer Logik von Ursache und Folge sich fügt. [...] Verzicht auf eine Ordnung im Ganzen geht hier also mit einem Maximum an ordnender Kunstfertigkeit einher, und in Unordnung kippt die Welt, von der erzählt wird, gerade weil sie das Höchstmaß an Ordnung und Harmonie repräsentiert. ‚Unordentlich' ist dieses Erzählen, weil es im Meer des zu Erzählenden keinen Grund geben kann. Das Prinzip der *wildekeit* subvertiert die Form" (Müller 2021a, 373).

klingen beim Erzählen zusammen / wie Harfentöne, wundersam und preisenswert' [Übers. Haug]). Das *wort*, die *zunge* des Dichters ist nun bei Konrad gerade nicht dem Außen, sondern der unsichtbaren Tiefe zugeordnet, die sie wie ein Anker durchdringt, sein *sin* der Oberfläche – ein überdeutlicher Fingerzeig auf Primat und Potenz des Ästhetischen, darauf, dass die sprachliche Formung, das *artificium* der *materia* nicht äußerlich ist, *gebluomte rede* nicht oberflächlichen Redeschmuck meint, sondern mit den Tiefendimensionen von Stoff und Sinn untrennbar verwoben ist, ja zuallererst in diese hinabführt:[8] Die Metapher ist, dies ist nicht erst den Abhandlungen etwa Claude Lévi-Strauss' zu entnehmen, kein „tardif embellissement du langage, mais un de ses modes fondamentaux" (Lévi-Strauss 2008, 545) [„keine nachträgliche Verschönerung der Sprache, sondern eine ihrer grundlegenden Ausdrucksweisen" (Lévi-Strauss 2017, 132)].[9]

Dieses Primat des Ästhetischen schlägt sich im Nebeneinander von Metaphern und bildlichen Vergleichen nieder, und es avanciert in der prozesshaften Vertiefung und Erweiterung der anfänglich vertikalen Unterscheidung zwischen ‚hoch' und ‚tief' zur regelrechten Symbolflut:

> mîn lop daz würde krenker,
> ob ich des hie begünde,
> daz ich mit rede niht künde
> z'eim ende wol gerihten –
> ich wil ein maere tihten,
> daz allen maeren ist ein her.
> als in daz wilde tobende mer
> vil manic wazzer diuzet,
> sus rinnet unde fliuzet
> vil maere in diz getihte grôz:
> ez hât von rede sô wîten flôz,
> daz man ez kûme ergründen
> mit herzen und mit münden
> biz ûf des endes boden kan. (V. 230–243)

---

8 Für eine Abgrenzung der vielbeschworenen Ästhetisierungstendenzen Konrads von modernen Praktiken der Ästhetisierung vgl. Müller 2018.
9 Wie Lévi-Strauss 2017, 133 in der Metapher mehr als das Prinzip des ‚wilden' oder totemistischen Denkens sieht, „eine erste Form des diskursiven Denkens" nämlich, so weist auch Blumenberg 2021, 179 mit Nachdruck auf die nur scheinbare Marginalität der Metapher hin: Sie sei „das Primäre, sie erschließt den Zugang zu den höheren Abstraktionsgraden, in denen sie sich als Orientierung zunehmend verbirgt und endlich verschwunden ist. [...] Metaphern stehen nur deshalb im Verruf, rein illustrative Erläuterungen zu sein, weil sie als das Nachträgliche und daher genetisch Akzessorische erscheinen und so als entbehrlicher Zierat und Zutat. Aber der sekundäre Stellenwert der Metaphern ist der Schein, den ein Autor durch die Umkehrung des genetischen Verhältnisses in der Darstellung erzeugt [...]."

> Mein Lob würde geschwächt, wenn ich etwas in Angriff nähme, das ich mit meiner Rede nicht sorgfältig zu einem Ende bringen könnte – ich will eine Erzählung abfassen, die alle anderen Erzählungen übertrifft. Wie in das wilde, tobende Meer viele Gewässer fließen, so rinnen und fließen viele Erzählungen in diese große Dichtung: In ihr strömt die Rede so weitläufig, dass man ihr kaum je, weder mit dem Herzen noch mit dem Mund, auf den Grund kommen kann.

Kulminationspunkt der maritimen Vergleiche ist nun die Homophonie von *maere* und *mer*: Wie das *wazzer* in das wilde Meer, so fließen zahllose *maeren* in Konrads eigenes Geschichten-Meer ein, und wie das schallende Rauschen, das *diuzen* und *toben* des Wassers als Klangspektakel vorgestellt wird, so ist es auch *rede*, die in Konrads Erzählung fließt – an die Stelle einer Differenzierung zwischen *materia* und *artificium* tritt abermals deren Äquivalenz, der Stoff ist also nicht als *prima materia* vorzustellen, sondern von derselben Substanz wie seine Aktualisierung, seine Summe oder Überbietung,[10] durch Konrad: *maere* bzw. *wazzer*.[11] Ambiguität entsteht hierbei dadurch, dass lautliche und syntaktische Similarität gegeneinander in Anschlag gebracht werden: Das *mer* in Vers 236 korrespondiert syntaktisch als Präpositionalobjekt mit dem *getihte*, zugleich aber auch lautlich mit dem Subjekt *vil maere* – und „Wörter, die sich in ihrer Lautform gleichen, werden auch nach ihrer Bedeutung zusammengezogen" (Jakobson 1979, 111). Und die Herausforderung, vor welcher der Erzähler steht, wird darin bestehen, diese Fülle an *maere* zu handhaben und dem *pelagus materiae*[12] eine Form zu geben, es in einem seinerseits *tiefen buoche* zu bannen. Wie nun dieses Buch zunächst sowohl den eigenen als auch den Quellentext hat meinen können, ist es hier der *maere*-Begriff, dessen Bedeutung auf engstem Raum sinnfällig ambig wird: Konrad will ein *maere tihten*, *diz getihte*, in das *vil maere* einfließt, es verschwimmen somit neuerlich die Grenzen zwischen Zufluss und Meer, Stoff und Bearbeitung:

> Im Bild fungiert das Wasser als Substrat der Kontinuität und als Medium der Entgrenzung zugleich, bruch- und fugenlos verbindet es die verschiedenen Glieder der Tradition zur Einheit. Im emphatischen Sinne wird das Vorgängige hier zur Quelle. Die gesamte Geschichte wird zu einem *tiefen buoche* […], das es zu ergründen gilt. Die Metapher von der Entgrenzung

---

10 Offen bleibt, ob Konrad in 234–235 sein *maere* als ‚Herr' bezeichnet, es also *allen maeren* überordnet, oder als ‚Heer', ob also mhd. *her* als stn. (in der Bedeutung ‚Kriegsheer') oder als swm. (‚Herr') zu lesen ist. Die Überlieferung stützt eher die Lesart ‚Herr' (s. Hss. Aa), die jüngere Forschung votiert für die Lesart ‚Heer' oder intendierte Mehrdeutigkeit (vgl. Herz 2020, 246–247).
11 Für einen metaphysischen Entwurf des Wiedererzählens vgl. Lieb 2005, bes. 367–370.
12 Zu der etwa bei Lukrez vorgebildeten Metapher des *pelagus materiae* vgl. Blumenberg 2020, 32. Zur ‚Bedeutungslast' des Motivs hält Blumenberg allgemein fest: „das Meer als naturgegebene Grenze des Raumes menschlicher Unternehmungen und […] seine Dämonisierung als Sphäre der Unberechenbarkeit, Gesetzlosigkeit, Orientierungswidrigkeit. Bis in die christliche Ikonographie hinein ist das Meer Erscheinungsort des Bösen, auch mit dem gnostischen Zug, daß es für die rohe, alles verschlingende und in sich zurückholende Materie steht" (Blumenberg 2020, 10).

der Tradition im Meer der eigenen Geschichte passt zu dieser Poetik der Tiefe, gehört mit ihr zusammen. (Kellner 2006, 250)

Ambig bleibt weiter, ob die in Konrads Erzählung einfließenden *maere*, wie üblicherweise angenommen, seine Quelle(n) meinen oder aber die Vielfalt an Helden und Kampfhandlungen, die zeitlich wie räumlich disparaten Handlungsstränge (vgl. Laufer 2015, 170–174) – die Worte werden wie Gottfrieds *cristallîne wortelîn* wiederholt nicht auf einsinnige Bedeutungen, sondern mit Nachdruck gerade auf ihre opake Mehrdeutigkeit hin ‚transparent' gemacht: Konrad „bringt das Andere zur Erscheinung [*trans-paret*], aber er entzieht es damit auch der Eindeutigkeit" (Huber 2015, 204). In den Bewegungen des Fließens und Rinnens bildet sich, ganz unabhängig von der für den *maere*-Begriff veranschlagten Lesart, die von Kellner notierte Ungeschiedenheit ab, die das Verständnis der eigenen Dichtung so wesentlich prägt: Von Troja zu erzählen, heißt offenbar vorrangig, sich der Mannigfaltigkeit der Zuflüsse und Strömungen anzuverwandeln, sich das Ungeordnete, und das heißt zum Beispiel: die komplexen, je nach Prätext ganz divergenten Zusammenhänge von Ursachen (*grunt*) und Wirkungen,[13] einzuverleiben und so den Stoff erst, „[m]it durchaus enzyklopädischem Anspruch" (Kellner 2006, 249), zu eigen zu machen:[14] „Das Bild von den Flüssen, die sich im Meer ergießen, steht für *compilatio* in dem Sinne, dass die frühere Überlieferung im Meer des eigenen Textes zum Verschwinden gebracht wird" (Kellner 2006, 251).[15]

Der *flôz von rede*, das klingende *diuzen*, *rinnen* und *fliuzen* macht noch einmal darauf aufmerksam, dass es die ästhetisch-sprachliche Formung ist, in der und durch die sich die alten *maeren* auflösen und zu einer neuen Einheit amalgamieren sollen, er kann darüber hinaus auch als metapoetisches Interpretament für

---

13 Zu Konrads Tendenz der Komplexierung von Ursachen- und Wirkungsketten (‚kleine Ursache – große Wirkung') vgl. Monecke 1968, 71–83, sowie zuletzt Friedrich 2018.

14 Lienert deutet an, dass Konrads Wahl der Meeresmetapher auf den Chronik-Typus des *mare historiarum* deuten könnte (vgl. Lienert 1996, 21, Amm. 122); auch den Chronisten nämlich stellt sich die Frage, „nach welchen formalen Modellen die enorme Stofffülle zu gliedern ist, aus der schließlich die Unschärfe der einzelnen Chronik-Gattungen resultiert. Chronologische Aspekte (*series temporum*), räumliche Gliederungsprinzipien (*mare historiarum*) oder enzyklopädische Typen (*imago mundi*) überlagern sich und durchdringen einander" (Ott 1984, 185).

15 „Konrads Metapher des unendlichen Meeres richtet die Erzähltradition teleologisch auf den *Trojanerkrieg* aus und schluckt gleichsam die Möglichkeiten eigenwertiger Alternativen. Frühere Trojaerzählungen erscheinen lediglich in der Gestalt von Quellen, künftige Bearbeitungen werden pauschal unterdrückt. […] Konrads Metaphernwahl naturalisiert damit grundsätzliche Kontingenzen literarischer Kommunikation" (Gebert 2013, 146–147). Weiter: „Die Paradoxie mittelalterlichen Wiedererzählens, auf bestehende *materia* angewiesen zu sein und gleichwohl Neues zu schaffen, wird im natürlichen Bild von Flussrichtung und Sammelbecken zum Verschwinden gebracht" (ebd., 150).

die Faktur eines Prologeingangs gelesen werden, der bekannte, über gelehrte Schriften vermittelte (*die schrift von einem vogele seit* ..., V. 32) und schon frühere Prologe Konrads durchsetzende Bilder zu einer neuen Kette verbindet, deren einzelne Glieder, seien sie metaphorisch (etwa über den Klang: die *wîsen*–der *weise*, oder den Sinn: Phönix–Fledermaus–Nachtigall) oder metonymisch (der *weise*–der Phönix) miteinander verknüpft, das Motiv des Exzeptionellen und Seltenen variieren, denn

> [b]y grouping images and dissolving substances, water helps the imagination in its task of de-objectifying and assimilating. It also contributes a type of syntax, a continual linking up and gentle movement of images that frees a reverie bound to objects. (Bachelard 1983, 12)

Die Bewegung des *undergrîfens* dagegen, die von der Oberfläche herab in die Tiefe führt, das Bild des Ankers, das ja bereits in Wolframs *Parzival* zur poetologischen Chiffre avanciert ist, komplementiert die von Markus Stock beschriebene Oberflächen-Poetik des *Trojanerkriegs*, die sich im Prolog u. a. in organischen Metaphern des Blühens niederschlägt[16] – was bei Konrad ‚blüht' und ‚glänzt', soll offenbar um keinen Preis mit den täuschenden Spiegeleffekten feuchten Holzes in der Nacht verwechselt werden, ihm eignet vielmehr die mehrdeutige Tiefe des Symbols. In der Verhandlung von kontrastierenden poetologischen Metaphern des Blühens und des Meeres bildet sich mithin das komplex-ungeschiedene Verhältnis zwischen *sin* und *wort* wie zwischen *materia* und *forma* ab:

> we can distinguish two sorts of imagination: one that gives life to the formal cause and one that gives life to the material cause – or, more succinctly, a *formal imagination* and a *material imagination*. [...] It is not even possible to separate them completely. Even the most fleeting, changing, and purely formal reverie still has elements that are stable, dense, slow, and fertile. Yet even so, every poetic work that penetrates deeply enough into the heart of being to find the constancy and lovely monotony of matter, that derives its strength from a substantial cause, must bloom and bedeck itself. (Bachelard 1983, 1–2)

---

16 Zur organischen Metaphorik an der vorliegenden Stelle: „Es ist übliche Rede der Rhetoriken, dass der Dichter durch seine kunstvollen Worte der *materia* ein neues und prächtigeres ‚Kleid' gibt. ‚Zum Blühen bringen' sagt im Kern dasselbe, doch reicht die organische Metaphorik darüber hinaus; sie sollte nicht vorschnell als ‚bloße Metaphorik' oder synonyme Variante verstanden werden: Im Wechsel der Metaphorik wird die kulturelle Praxis der Rhetorik vom organischen Prozess des Wachstums überformt. Konrads Auffassung von *erniuwen* bewegt sich im Spannungsfeld zwischen diesen beiden Prozessen. Das aber verleiht der Rhetorik des Erneuerns einen besonderen Akzent" (Müller 2018, 191).

1.2 *navigatio poetica:* Das Meer bei Ovid und Statius

Die maritime Metaphorik in Konrads Prolog, sich anbahnend in der räumlichen Gegenüberstellung von Höhe und Tiefe, Oberfläche und Grund, schlussendlich mündend in der Konvergenz von *mer* und *maere*, hat die Bezüge zwischen Text und Stoff zum Thema, sie kann überdies ihrerseits als Marker von Intertextualität, als „Hommage an die Tradition"[17] gelten, ist hier doch der weit verbreitete antike Topos von der Dichtung als Schiff, vom Stoff als Meer anzitiert (für eine geraffte Übersicht vgl. Curtius 1967, 138–141; für einen Überblick zur lateinischen Tradition poetologischer Nautik s. Stoffel 2014).

So fungiert etwa bei Ovid die Schifffahrt als Index für das Voranschreiten der Dichtung und, in seinen Liebesunterweisungen und -elegien, auch für den Fortschritt im Werben um die geliebte *puella*.[18] Im Rückgriff auf die topische, schon bei Properz und Horaz, aber auch bereits bei Pindar vorgebildete *navigatio poetica* sowie auf einzelne Motive wie die *fessa carina*, das müde Schiff, das den zeitgenössischen Leserinnen und Lesern aus der *Aeneis* oder den Liebeselegien Tibulls bekannt ist, rahmt und strukturiert Ovid sein Erzählen als gefährliche Meerfahrt: „Ovid is voyaging boldly over the deep sea of poetry, not merely skirting the shore" (Kenney 1958, 206). Ovid stellt die Bewegung des Schiffs zwischen Start- und Zielhafen ins Zentrum seiner poetologischen Metaphorik: Während Fahrt und Grenz-

---

17 So Bein zur Stelle, der in der selbstironischen Betonung dichterischer Unzulänglichkeit im Angesicht solch überwältigender Stoffmengen einen Kontrast zu Motiven göttlicher Inspiration und dichterischer Selbstgenügsamkeit entdeckt: „Einerseits präsentiert sich Konrad als ein auserwählter, von Gott begnadeter und begabter Dichter, der nicht anders kann als dichten, weitgehend ohne Blick auf ein Publikum; andererseits – wie eine Hommage an die Tradition – reduziert sich Konrad zum kleinen, nahezu schiffbrüchigen *tihter* auf dem Strom (*phlûm*) des *mære*, den zu bändigen er kaum imstande ist" (Bein 1998, 153).
18 So heißt es am Anfang der *Fasten*: *excipe pacato, Caesar Germanice, voltu / hoc opus et timidae derige navis iter* [...]. [‚Caesar Germanicus, nimm mit gnädigem Auge dies Werk an; / Steuere in günstige Bahn vorwärts mein schüchternes Schiff' (Übers. Gerlach)] (Ov., fast. I, 3–4). Am Ende des ersten Buches der *Ars amatoria* wird der Anker des Schiffs, *nostra rates*, also des Schiffs nicht nur des Dichters, sondern von Dichter und liebendem Rezipienten, geworfen: *Hic teneat nostras ancora iacta rates* (Ov., ars I, 772) [‚hier jetzt geworfen, soll halten der Anker mein Schiff' (Übers. Holzberg)] – und zu Beginn des zweiten Buches, nachdem die Frau bereits gewonnen ist und die eigentlich schwierige Aufgabe folgt, ihre Liebe zu erhalten, befindet es sich dann auf hoher See (Ov., ars II, 9–10): *Quid properas, iuvenis? mediis tua pinus in undis / Navigat, et longe, quem peto, portus abest* [‚Jüngling, was eilst du? Es fährt dein Schiff im offenen Meere, / und zum Hafen, dem Ziel, das ich erstrebe, ist's weit' (Übers. Holzberg)]. Und am Schluss der *Remedia amoris* (Ov., rem., 811–812) heißt es: *Hoc opus exegi: fessae date serta carinae; / contigimus portus, quo mihi cursus erat* [‚Fertig hab ich das Werk: Bekränzt das ermüdete Schiff jetzt; / ich bin zum Hafen, zu dem ich fahren wollte, gelangt' (Übers. Holzberg)].

überschreitung hierbei die räumlich-horizontale Matrix bestimmen und Erzählen als Navigation imaginiert wird, steht bei Konrad die Bewegung des Wassers selbst, das *diuzen, rinnen* und *fliuzen* der *maeren*, die Bewegtheit der eigenen Erzählung als *wildes tobendes mer* im Zentrum. Während der Anker Fahrt und Redefluss Ovids unterbricht, die Rezipientinnen und Rezipienten nach dem ‚Ankern' des Erzählers etwa den Anfang des nächsten Buches abwarten müssen (vgl. die exemplarischen Textstellen in Anm. 18), ist es bei Konrad der Anker, der zuallererst wortschöpferische Tätigkeit in Gang setzt, ist der Anker die Sprache, die *mit worten* an den Meeresgrund hinabgeht. Daneben fällt auf, dass zwar auch Konrad den Anfang und, die andere große Herausforderung, den Schluss, das *ende* (V. 233) seiner Erzählung anspricht, diese Begriffe jedoch gerade nicht mit der nautischen Metaphorik vermittelt – auch in solchen impliziten oder abgewiesen Referenzen ist das Verhältnis zwischen Text und Tradition als eines des Anschlusses wie der gleichzeitigen Abgrenzung, der Einheit wie der Differenz gekennzeichnet.

Schon Catull und Statius haben sich von der ovidianischen Meeresmetaphorik abgegrenzt, indem sie Konrad vergleichbar die Tiefendimension des Wassers produktiv gemacht haben: Wie in Catulls Miniaturepos, dem Carmen 64, steht auch in Statius' *Achilleis*, dem groß angelegten und Fragment gebliebenen Projekt, die von Homer hinterlassenen Leerstellen aufzufüllen und einzig den Helden Achilles durch Troja zu begleiten, am Anfang der erzählten Handlung die Meeresnymphe und Achillesmutter Thetis, ihr Auftauchen aus den Tiefen des Meeres als Zeichen für „den kosmogonischen Akt der Formwerdung"[19]. Bei Catull sind es die Nereiden, die aus dem Wasser als erste das Wunderwerk, das *monstrum* der Argonauten entdecken und deren Hochseefahrt in Richtung Colchis bezeugen, ist es Thetis, die Göttin, die sich augenblicklich in Peleus, den Menschen, verliebt (vgl. Cat., carm. 64, 12–21). Bei Statius ist es ebenfalls Thetis, die, nun ist die Handlung am Hellespont situiert, die griechische Kriegsflotte auf ihrem Weg nach Troja erblickt:

> Solverat Oebalio classem de litore pastor
> Dardanus incautas blande populatus Amyclas
> plenaque materni referens praesagia somni
> culpatum relegebat iter, qua condita ponto

---

19 So Eliade, der zum Motiv des Wassers weiter festhält, es symbolisiere „die Summe der Möglichkeiten, es ist *fons et origo*, das Reservoir aller Möglichkeiten der Existenz; es geht jeder Form voraus und *trägt* jede Schöpfung. [...] Umgekehrt symbolisiert das Eintauchen in das Wasser die Rückkehr ins Ungeformte, die Wiedereinfügung in den undifferenzierten Zustand der Präexistenz. Das Auftauchen wiederholt den kosmogonischen Akt der Formwerdung; das Eintauchen kommt der Auflösung der Formen gleich. Deshalb umfaßt der Symbolismus des Wassers sowohl den Tod als auch die Wiedergeburt. Die Berührung mit dem Wasser bedeutet immer auch Regeneration" (Eliade 2016, 114).

fluctibus invisis iam Nereis imperat Helle:
cum Thetis Idaeos – heu numquam vana parentum
auguria! – expavit vitreo sub gurgite remos.
Nec mora, et undosis turba comitante sororum
prosiluit thalamis: fervent coeuntia Phrixi
litora et angustum dominas non explicat aequor. (Stat., Ach. I, 20–29)

Leicht war das unbewachte Amyklä geplündert, die Flotte / hatte der Dardanerhirte gelöst von öbalischer Küste, / segelte nun in Erfüllung des Traumgesichts der Mutter / schuldbeladenen Weges, wo Helle im Wasser versunken / und, eine Meergöttin nun, verhaßten Wogen gebietet. / Da gewahrte Thetis entsetzt – denn nimmer ist grundlos / die Ahnung der Eltern – idäische Ruder aus gläserner Tiefe. / Ohne Verzug vom Wogengemach im Kreise der Schwestern / springt sie. Es schäumen des Phrixus einander sich nähernde Ufer, / und das enge Meer läßt Göttinnen nicht sich entfalten. (Übers. Rupprecht)

Am Hellespont, diesem mythisch überdeterminierten Ort, der zum Träger der Erinnerung an die Geschichte von Helle und ihrem Bruder Phrixus, an deren Flucht nach Kolchis auf dem fliegenden Widder stilisiert wird, der also aufs engste mit der Argonautenerzählung, dem Erwerb des Goldenen Vlieses verwoben ist, und der darüber hinaus als Schauplatz der leidenschaftlichen Liebe von Hero und Leander bekannt ist, hier nun erblickt Thetis die Schiffe der Dardaner, und es ereilt sie die Ahnung, dass der heraufziehende Krieg auch ihr Kind, Achilles, in tödliche Gefahr bringen dürfte. Wiederholt verweist Statius auf die Bedrängtheit des Settings, die Küsten scheinen zusammenzulaufen, *coire*, und das Meer, *angustum aequor*, in Bedrängnis zu bringen. Damit ist einerseits die exzeptionelle Größe der griechischen Flotte und deren Bedrohungspotential in Geografie übersetzt, andererseits mag, darauf hat Denis Feeney hingewiesen, das wiederholt betonte Zusammenschrumpfen der Grenze zwischen Ost und West (vgl. auch Stat., Ach. I, 445–446 und 790), dieses für Hero und Leander noch so unüberwindlichen Hellespont, auch auf die Fülle vorgängiger literarischer Bearbeitungen verweisen, auf die Statius im ersten nachchristlichen Jahrhundert bereits zurückblickt:

The *Achilleid*'s heightened awareness of its literary heritage helps explain the choked claustrophobia of the seascapes in this poem, which have been [...] crossed and re-crossed by so many expeditions and their tracking texts. [...] All of these passages refer to the challenge facing the poet, who must negotiate his own way through these crowded seas as he follows the (especially Ovidian) metaphor of progressing through his composition as if on a sea-voyage. (Feeney 2004, 88)

Statius gelangt durch dieses intertextuelle Nadelöhr, indem er einen einzigen, den größten Helden ins Zentrum seiner Erzählung stellt – und, ausgehend von dem spärlich Überlieferten, das Motiv der Grenzüberschreitung nicht nur zwischen Ost und West, Europa und Asien, sondern auch zwischen Natur und Kultur, Männlichem und Weiblichem zum zentralen Thema macht: So wird der größte narrative

Aufwand auf die Darstellung von Achilles' Aufenthalt auf Scyros verwandt, wohin ihn seine Mutter verschleppt, um den Jungen, zuvor noch in der Obhut des wilden Zentauren Cheiron, vor dem Kriegsgeschehen in Schutz zu bringen, und wo sich der Heros in Frauenkleidern in Deidamia verliebt – eine Grenztransgression, die Konrad im Rekurs auf Statius in die deutschsprachige Literatur eingeführt hat.

Die hier umrissenen poetologischen Traditionslinien diskursivieren den Grenzraum Meer allesamt als Ort des Ungeschieden-Chaotischen, und dies deutet auf zweierlei: zum einen auf den Akt der Formgebung, exemplifiziert am Auftauchen der Thetis, mit dem auch die literarisch-artifizielle Formung der bekannten Materia einsetzt, oder am Ankern von Konrads Zunge, zum anderen auf die Herausforderungen, die sich einem in besonderem Maße der Tradition verpflichteten Erzählen stellen: Seien es die unwägbaren Gefahren für den Erzähler respektive das Erzählschiff Ovids, sei es die klaustrophobische Meerenge am Hellespont, sei es die bedrohliche *wilde* des Konrad'schen Erzählmeers. Mal wird der Grenzraum selbst zum Abbild des Erzählfortschritts, mal zum Index seiner und anderer Überschreitungen wie bei Statius. Konrads Imagination des Meeres lässt Traditionsbezug ebenso wie Abgrenzung von seinen literarischen Vorgängern in der ,Prozedur einer Umkehrung', wie sie Blumenberg für die Transformationen zahlloser Metaphern hat nachweisen können, sichtbar werden – auch hier ist das *mœre* ein *mer*, doch gilt es weder eine gefährliche Überfahrt auf dessen Oberfläche zu bestehen noch eine enge Grenze zu passieren oder vom Grund aufzusteigen, sondern mit dem Anker, der Zunge des Autors, die Tiefe zuallererst auszuloten.

2 Erzähltes Meer in Konrads Jason-Medea-Episode

Nun zum Argonautenmythos, der seit der Antike ebenso mittelalterliche wie moderne Autoren zur literarischen Bearbeitung angeregt hat, der, „durch keine Dichtung in einer bestimmten Form kanonisch geworden, [...] im Fluß blieb und sich den wechselnden geographischen Anschauungen anpaßte" (Wehrli 1955, 154) – während antike Erzählungen *grosso modo* auf den „kulturkonstitutive[n] Gegensatz [...] zwischen den Griechen, den Argonauten mitsamt Jason also, und den Barbaren mitsamt Medea" (Schulz 2014, S. 298) fokussieren, interpretiert Konrad den Stoff als „Urszene ritterlicher Aventiure" (ebd., 292).[20]

---

20 Als Szene also, die auf die Restitution der bedrohten Grenzziehung zwischen Höfischem und Nicht-Höfischem ziele und, so weiter Schulz, letztlich vom Scheitern des Ritters Jason erzähle, der mit Medea die bedrohliche Ambivalenz mit in die höfische Welt nehme: „Die Urszene aller Aventiuren ist eher darauf angelegt, bereits zu Beginn den Keim des Untergangs zu säen, wie bei all den

In Konrads Hauptquelle, Benoîts *Roman de Troie* (RdT), steht dieser Teil am Anfang der Erzählung, bei Konrad ist ihm hingegen die Jugenderzählung von Achill, seiner Erziehung und Ausbildung bei Schiron vorgelagert. Am Übergang zwischen Achill- und Jasonerzählung markiert Konrad eine zunächst vage, ausgestellt additive Kontiguität der Episoden:

> [...] ein frecher jungelinc
> dennoch dâ ze Kriechen was,
> der ouch mit reiner tugent las
> vil hôher werdekeit an sich. (V. 6498–501)

> In Griechenland war dann noch ein kühner Junge, der sich mit reiner Tugend ebenfalls ein hohes Ansehen erwarb.

Dieser zunächst beliebig anmutende Nexus – Achill war wie Jason *ouch* ein herausragender Ritter – motiviert sodann die folgende Handlungsinitiation: Peleus, bei Konrad und Benoît nicht mehr nur Achills Vater, sondern auch Jasons Vaterbruder, beneidet und hasst seinen Neffen, weil dessen Ruhm denjenigen seines eigenen Sohnes zu überstrahlen droht.[21] Er schickt ihn also auf die, wie er hofft, verhängnisvolle Reise nach dem Goldenen Vlies in Kolchos, mit dem Ziel, „daz allez sîn lop gelaege, / dar umbe daz man waege / vil deste hôher sînen sun" (V. 6617–6619; ‚dass sein Lob zum Erliegen komme, auf dass man seinen eigenen Sohn umso höher schätze'). Während Benoîts Peleus Angst vor Jason hat, weil sich dieser als Bedrohung für seine Herrschaft erweisen könnte (vgl. RdT, V. 715 ff.), stellt Konrads Peleus eine auffallende Sensibilität für die Paradoxa des Heroischen unter Beweis: Der Heros ist singulär, exorbitant, exzeptionell und radikal ich-bezogen (vgl., mit Hinweisen auf weiterführende Forschungsliteratur, Lienert 2018). Vergleichbarkeit, Similarität ist mit dem Konzept des Heroischen grundsätzlich nicht vereinbar, im Erzählen von Troja, im schier endlosen Katalog heroischer Figuren indes gerade zentrales Stoffmerkmal. Die im Prolog ausgestellte Vielfalt an *maeren* korreliert, dessen sind Konrads Figuren sich reflexiv bewusst, mit einer paradoxen, erzählerisch kaum zu kontrollierenden und immer wieder konfliktträchtigen Fülle an um den höchsten *prîs* konkurrierenden und allesamt exzeptionellen Helden. Somit wird Exzeptionalität zum Problem und zur Motivation für die *âventiure* vom goldenen Vlies: Wie im Prolog die Multiplizität der Quellen so werden hier die Viel-

---

ähnlichen Urszenen im *Trojanerkrieg* – obwohl das Prinzip der Aventiure gerade das Stiften und Wiederherstellen von Ordnung ist. Das ist das Resultat der Engführung von Aventiure und Minne" (Schulz 2014, 306).

21 „Die agonale Spannung zwischen den Geschlechtern, das scheint mir hier für das Konzept der Höfisierung besonders sprechend zu sein, ist auf die agonale Spannung unter Rittern und ihrer Konkurrenz um symbolisches Kapital verlagert" (Hasebrink 2002, 213–214).

falt und die Vergleichbarkeit exorbitant-einmaliger Heroen zur erzählerischen wie logischen Herausforderung, zum Marker der *wildekeit* von Konrads bewegtem Erzählmeer.[22]

Im Gegensatz zu den antiken Erzählungen von Jason interessieren sich weder Benoît noch Konrad für das Meer als Handlungsraum, für die Navigationskünste oder die Ruder der agierenden Helden – erzählt wird vom und auf dem Land, die Fahrten zur See sind unproblematisch, sie werden allenfalls raffend oder im Rückblick erwähnt: „waz touc hie langiu rede mê – / Jâson fuor sîne strâze alsus" (V. 6890–6891; ‚Was sollen hier viele Worte – Jason fuhr auf seiner Straße'). Zentral hingegen ist die Funktion des Meeres als Raum der Imagination: So halten die 600 Argonauten um Jason auf dem Weg nach Kolchos nur einmal, am Strand vor Troja, wo sie ihre Wasservorräte auffüllen und sich von den Strapazen der Reise erholen wollen –

> mit kalten küelen brunnen
> sach man die vil getriuwen
> erfrischen und erniuwen
> ir wazzer seiger unde mat. (V. 6920–6923)

> Mit kaltem und kühlem Quellwasser sah man die treuen Gefährten ihre schalen Wasservorräte auffrischen und erneuern.

Lamedon, der schwache König Trojas und Vater des zufällig nicht anwesenden Priamus, reagiert auf die Sichtung seiner Boten ebenso ängstlich wie zornig, in Konrads Worten: „als ein man, der angest hât" (V. 6977):

> er wânde, daz diu ritterschaft
> und diu geselleclîche schar
> waer im ze schaden komen dar
> und ûf sînen ungewin,
> wan ez enwart ze Troie hin
> nie vor der selben zîte mê
> kein schif geführet über sê
> noch dekeiner slahte kiel (V. 6940–6947)

> Er schätzte, die Ritter und ihr Gefolge wären gekommen, ihm zu schaden – schließlich hatte zuvor noch nie ein Schiff Troja auf dem Seeweg angesteuert.

Die Ankunft dieses nicht nur bei Konrad als „êrste[r] kiel, / der ie ze Kriechen wart gesehen" (V. 6850–6851), bekannten Schiffes in der Troas[23] ist für Lamedon

---

22 Zu Konrads Begriff der *wildekeit* vgl. Monecke 1968 sowie Friedrich 2018 und Lienert 2018.
23 Zu der schon im 5. Jh. v. Chr. topisch gewordenen Rede von der Argo als erstem Schiff vgl. Bär 2012. – Kontroversen über die Meerschifffahrt prägen schon und im Besonderen die Literatur der

kein Zufall, sondern ein interpretierbares und folgenschwer falsch interpretiertes Zeichen, das, aus der Perspektive des Herrschers, wenn man nicht richtig reagiere, Troja ins Unglück stürzen dürfte:

> kein schif wart nie dâ her gesant
> von dekeinem rîche mê.
> lât man si kêren über sê,
> swie dicke sô si wellent,
> si werfent unde fellent
> uns alle in grôzen ungewin. (V. 6990–6995)

> Noch nie wurde jemals von irgendwoher ein Schiff hierhin geschickt. Lässt man sie nun das Meer passieren, so oft sie wollen, so stürzen sie uns alle ins Unglück.

An den Gästen soll nun ein Exempel statuiert werden, statt gastfreundlicher Aufnahme und Verpflegung schickt Lamedon ihnen einen Boten mit einer äußerst unfreundlichen Nachricht, auf welche die Griechen, etwa 5000 Verse später, mit einer Rachehandlung, der ersten Zerstörung Trojas, reagieren sollen. Im Versuch, das Meer wieder zu der impermeablen Grenze zu machen, die es, der mythischen Ordnung nach, einmal war, wird nun diese zunächst scheinbar nebensächliche Handlung, die Zurückweisung von Jasons Flotte, die Angst eines alten, seine Gastfreundschaft vergessenden Königs vor dem Eindringen des Fremden zu einem von diversen Auslösern des großen Krieges. Und so wird sich die Prophezeiung Lamedons erfüllen, dass die Griechen die Trojaner ins Unglück stoßen werden, jedoch paradoxerweise, gerade weil er sie zurück aufs Meer schickt, sie nicht in seine Stadt lässt und so eine gewaltige Zornreaktion hervorruft.[24] Erst der emotionale, aus einer Fehlinterpretation resultierende Versuch, das Meer zu kontrollieren, seine einmal verletzte Grenzfunktion wiederherzustellen und so die alte Ordnung zu restituieren, wird mithin ins Chaos, in die Zerstörung führen und ganze Sturmfluten an Kriegshandlungen über Troja hereinbrechen lassen. Die scheinbaren Gefahren lauern nun also nicht mehr, wie im Prolog, in der Tiefe des poetischen Meeres, sondern an dessen Rändern und auf dessen Oberfläche, wo wiederum keine alten Geschichten rauschen, sondern sich zuvor noch nicht Gesehenes materialisiert und Künftiges mehrdeutig ankündigt.

---

griechischen und römischen Antike – man denke etwa an Horaz' carmen III, in welchem die Transgression des Meeres als Übertretung göttlicher Grenzsetzung imaginiert wird, oder auch an die Verdammung der Seefahrt und ‚Globalisierungskritik' *avant la lettre* in Senecas zweitem Chorlied zur *Medea*; vgl. auch Ov. met. I, 132–135.

24 „Der Text zeigt damit nicht zuletzt auf, dass eine Strategie, die Kontingenz eigentlich bewältigen soll (Abweisung von Fremden zur Verhinderung von Kampf oder Ausbeutung), sich als eine herausstellen kann, die die Zukunft des eigenen Schicksals erst recht ungewiss werden lässt" (Managò 2021, 181).

Angelangt in Kolchos, ist es Medea, die in besonderem Maße mit dem Element Wasser in Verbindung steht. Sowohl ihre Kleider, die, durch und durch blau, mit „tropfen von golde" (vgl. V. 7467) verziert sind und an zeitgenössische Darstellungen des Mariengewandes gemahnen,[25] als auch eine ihrer vielfältigen schwarzmagischen Fähigkeiten zeugen davon: Von der Tochter des Königs Oetas erfahren wir, „si mahte ûz kleinem flôze / wol einen ungefüegen sê" (V. 7436–7437; ‚aus einem kleinen Bach konnte sie einen riesigen See machen'), eine Fähigkeit, die bei Benoît nicht erwähnt ist, der indes Medea ebenfalls als Herrin über das Wasser imaginiert: *Les eves faiseit corre ariere : / Scientose ert de grant maniere* (*RdT*, V. 1227–1228; ‚She made rivers flow upstream and was exceptionally knowledgeable' [Übers. Burgess/ Kelly]). Dieses Motiv hatte Konrad schon an früherer Stelle, in der Paris-Œnone-Geschichte, eingeführt: Vor seiner Bestellung zum Richter zwischen Venus, Juno und Pallas ritzt Paris eine Versicherung in die Rinde eines Baumes, die das Ende der Paris-Œnone-Minne damit vergleicht, dass Wasser den Berg hinauffließe.[26] Nur kurz darauf wird die *mergötinne* Thetis als Herrin über das Wasser eingeführt und damit bereits angedeutet, was ohnehin jede Leserin, jeder Leser weiß: dass Paris' Vision ewiger Liebe und Treue von kurzer Halbwertszeit sein wird, dass andere Mächte über die Fließrichtung des Wassers und, in der Analogie, über Dauer und Beständigkeit der Minne verfügen als der Liebende selbst.[27] Die deutsche Medea nun versteht sich nicht auf die Manipulation der Fließrichtung, sondern auf die Vermehrung von Materie, ein Thema, das auch Konrads Bearbeitung dieser Episode kennzeichnet, die bei Benoît so unvermittelt abbricht und von Konrad, wenn nicht

---

25 „Zum einen wird die höfische Stilisierung überblendet mit unverkennbar mariologischen Referenzen [...]. Medea verweist eben nicht nur intertextuell auf Isolde, sondern auch auf die Gottesmutter: Antikes, Höfisches und Geistliches überlagern sich und vervielfältigen die Sinnbezüge. Diese Art der Interferenzen ist für das späthöfische Erzählen von nicht zu unterschätzender Bedeutung" (Hasebrink 2002, 216).
26 „sô Pârîs und Egenoê / von ir minne scheident / und beide ein ander leident, / sô muoz diz wazzer wunneclich / ze berge fliezen hinder sich / und widersinnes riuschen" (V. 790–795): „Er [Paris] überbietet die unverbrüchlichen Worte durch die Magie der Schrift [...]. Da steht zudem, dass eher etwas geschieht, was den Naturgesetzen zuwider läuft (dass nämlich das Wasser den Berg hoch fließt), als dass Paris und Œnone sich je trennen und einander nicht mehr lieben sollten. Mehr Ewigkeit und Verbindlichkeit kann man seinen Worten schwerlich mitgeben" (Haferland 2015, 59).
27 Zur Einordnung von Paris' Ewigkeitsaussage noch einmal Haferland 2015, 61: „In Anbetracht einer konstitutiven Innenweltkontingenz ist letztlich niemand vor den eigenständigen Schicksalen seiner Gefühle und seiner Liebe gefeit; und er kann nicht für etwas garantieren, über dessen Zukunft er nicht verfügt. Gefühle würden sonst wie Handlungen behandelt – eine irreführende Analogie. Anders als Handlungen sind Gefühle unverfügbar. [...] Untreue, wie sie auch aus der Unverfügbarkeit von Gefühlen hervorgeht, ist hier etwas, was man mit Versicherungen und Eiden unterdrückt und was man also nach der beruhigenden Fiktion auffasst, es ließe sich genauso bändigen und binden wie künftiges Handeln."

zu ihrem Ende geführt, so doch um weitere Handlungen nach Medeas Aufbruch an Jasons Seite fortgeführt und erweitert wurde. Während sich Paris mit der Entscheidung für Venus der Gewalt der Minne überstellt, der Minnebetrug an Œnone nur noch eine Sache der Zeit ist und man das Wasser bereits den Berg Ida hinauffließen sieht, ist es Medea, die wie Thetis über die Natur und insonderheit das Wasser zu verfügen scheint. Ihre Magie wird übrigens durchweg positiv, als *hôhiu meisterschaft* und *kunst* (vgl. z. B. V. 10382–10383), angesprochen,[28] und Medea bleibt fast durchgehend *diu gehiure* (V. 9030, 10830); noch bei der Verwünschung Jasons spricht *daz wunneclîche wîp* (V. 11269), und auch ihr finaler Giftanschlag, in dem das anfängliche Motiv des Widder-*kleits* wieder aufgegriffen wird, Medea Jason und Greusa ein verwunschenes Kleid schickt, durch das die frisch Verliebten verbrennen, wird vom Erzähler nicht wertend eingeordnet; als Mörderin ihrer Kinder tritt die Figur überdies nicht mehr auf.

Schnell verliebt sich die Zauberin in den fremden Jason, zunächst, vermittelt über das *maere* (vgl. V. 7629) ihres Vaters, in das Klangphänomen seines Namens,[29] dann erst, beim Gastmahl, dem Topos ovidianischer Liebesentstehung folgend, in Jasons sichtbare Gestalt: „nû was ir muot biz ûf den grunt / von herzeliebe enzün-

---

[28] „Der erste Schiffbauer Argus steht ebenso wie die sternkundige Magierin Medea explizit mit ‚meisterschefte', ‚zouber' und ‚kunst' in Verbindung" (Gebert 2013, 112). Zur poetologischen Dimension von Medeas Magie Hasebrink 2002, 223: „Magie [steht] nicht nur in Analogie zur Erzählkunst, indem sie etwa die Technik der Inversion oder der Amplifizierung beherrscht, sondern sie besitzt eine Macht, deren Wirkung sich unmittelbar in narrativen Effekten niederschlägt. Magie erlaubt es, ganz bestimmte Typen von Kausalität und Motivation narrativ ins Spiel zu bringen, zugleich aber ihren Mechanismus im Dunkeln zu lassen. Damit ist eine ganz eigene, ambivalente Dynamik im Verhältnis von Erzählkunst und Magie vorgegeben." — Zum hier greifbaren Nebeneinander von „Idealisierung und problematischen Figurenhandeln", von „virtuos gemachte[r] Dissonanz" und „erzwungener Harmonisierung" als einem narrativen Konzept der *wildekeit* vgl. Lienert 2018, Zitate auf den S. 340–341. In der Spannung zwischen einer beinahe bruchlosen Idealisierung und den dargestellten Normbrüchen, zwischen Erzähler- und Figurenperspektiven und -wertmaßstäben, die sich sowohl mit Blick auf die Medea- als auch auf die Jasonfigur hervorragend nachvollziehen lässt und die paradigmatisch in der Binnenerzählung von Hercules' Tod und deren Rezeption, in den vielfältigen „Dissoziationen von Handeln und Erkenntnis" (Worstbrock 1996, 280) zur Anschauung kommt, sieht Müller Merkmale ‚dissonanten Erzählens' indiziert: „Konrad stellt Dissonanzen zusammen, aber er löst sie nicht auf. Das ist eine Eigenart Konradschen Erzählens. Er erzählt scheinbar affirmativ von einem glänzenden Krieg mit exorbitanten Waffentaten und unerhörter höfischer Pracht, aber zeigt, wie das höfische Ideal seine eigenen Normen verfehlt und zum Untergang verurteilt ist" (Müller 2021b, 305).

[29] „sô Mêdêâ sînen namen / vil süezen unde lobesamen / hôrt in ir ôren klingen, / sô muoste ir herze ringen / dar nâch, daz si gesaehe / den helt küen unde waehe, / des lop ir ôren dicke traf" (V. 7659–7656; vgl. auch 7734–7741; ‚Als Medea seinen süßen und vielgelobten Namen in ihren Ohren klingen vernahm, da drängte sich ihr Herz dazu, dass sie den kühnen, schönen Helden sähe, dessen Lob ihr so oft in die Ohren ging').

det" (V. 7856–7857; ‚nun stand sie bis auf den Grund ihres Inneren in den Flammen der Liebe'). In Liebe entbrannt, will sich Medea noch in der auf das Mahl folgenden Nacht in ihrer Kemenate treffen, die Zeit vergeht den Liebenden indes allzu langsam, sie bitten darum, „daz der tac geflüzze hin" (V. 8526; vgl. ähnlich V. 10498), bis sich Medea schließlich dazu durchringt, Jason auf seiner gefährlichen *âventiure* mit magischen Hilfsmitteln zu unterstützen. Es kommt, endlich, zur Liebesvereinigung:

> seht, alsô lâgen disiu zwei
> mit armen umbeslozzen
> und was in zuo geflozzen
> minn unde herzeclich gelust. (V. 9156–9159)

> Seht, so lagen die beiden mit den Armen umschlossen, Minne und Herzensfreude waren zu ihnen geflossen.

Schon zuvor, in ihrem ausufernden Entscheidungsmonolog, hatte Medea ihre Hoffnung auf körperliche Nähe mit dem Meer in Verbindung gebracht:

> wie sol ich aber komen dar
> ûf dem mer tief unde wît,
> dâ wildez wunder inne lît
> den kielen z'einer lâge?
> dâ wil ich ûf dem wâge
> mich zuo Jâsône smücken,
> swenn ich beginne drücken
> mich in sînen linden schôz,
> sô wird ich aller forhte blôz
> und aller sorgen eine. (V. 8760–8769)[30]

> Wie soll ich nur dorthin kommen auf dem tiefen, weiten Meer, in dem den Schiffen wundersame Gefahren auflauern? Genau dort, auf dem Wasser, will ich mich an Jason schmiegen: Wenn ich mich nur in seinen weichen Schoß drücke, so habe ich nichts mehr zu befürchten, bin ich von Sorgen frei.

Das gefährliche Meer wird so zum Projektionsraum von Medeas Hoffnung auf körperliche Vereinigung: Der unermesslich-bedrohlichen Tiefe des Meeres steht mit Jasons *schôz* das Versprechen von Geborgenheit und Sicherheit entgegen – ganz wie an späterer Stelle Achill auf seiner wundersamen Meerfahrt in einer Fischhaut und gezogen von Delfinen die fremden Unterwasserphänomene zunächst für

---

30 Vergleichbares in Medeas Monolog nach Jasons Aufbruch in Richtung Widder: „in sorgen muoz ich sîn begraben / und wirde ûz leide niht erlôst, / ê daz der wunnecliche trôst / zuo mir beginnet fliezen, / daz ich mac umbesliezen / mit armen iuch, vil saelic man" (V. 9510–15; ‚Ich werde in Sorgen bestattet und von meinem Leid nicht erlöst, bevor nicht der wonnigliche Trost mir zufließt, sodass ich Euch umarmen kann, Gesegneter').

einen Traum hält, aus dem er gerade erwacht,[31] ist hier bereits die Übergängigkeit von Traum und Realität, die Verflüssigung auch der zeitlichen Grenze zwischen Gegenwart und Zukunft in der Imagination einer Seereise angezeigt.[32]

Zuerst jedoch muss Jason allein „hin ûf daz mer tief unde breit" (V.9464), um das Goldene Vlies zu erlangen: Nach dessen Abschied blickt Medea von ihrem Turm aus dem Helden nach:

> ûf einen hôhen turn getreten
> was Mêdêâ bî der zît,
> hin ûf den sê tief unde wît
> blicte si dem helde nâch [...]. (V. 9482–9485)
>
> Medea hatte sich dann auf einen hohen Turm begeben, sie blickte auf das tiefe, weite Meer, dem Helden nach.

Der Blick der zurückgelassenen Dame auf das Meer und den dort allein reisenden Jason konterkariert die zuvor imaginierte Vorstellung, in der die Seereise mit sexueller Vereinigung verknüpft war, es deutet sich bereits eine frustrierende Dialektik von Hoffnung auf Zweisamkeit und Enttäuschung, Angst vor der Vereinzelung an. Das Meer wird somit zum symbolischen Ort der paradoxen Imagination Medeas: Hier könnte sich sowohl eine Geschichte in Nachfolge Gottfried'scher Tristanminne abspielen, am Ufer könnte Medea indes auch wie Dido, zu der sich besonders schlagende Parallelen nachweisen lassen, oder Wolframs Belakane zurückbleiben.

Doch noch ist das tragische Ende erst angedeutet, und Jason „[...] fuorte gegen Kriechenlant / den schaeper und die frouwen sîn" (V. 10204–10205; ‚brachte das Schafsfell und seine Dame nach Griechenland') – im Nebeneinander der beiden

---

31 Hier sei nur ein Auszug aus der in einem Trancezustand zwischen Wachen und Schlafen erlebten Meerfahrt nach Scyros zitiert: Achill „wart gewär vil schiere des, / daz er in einer hiute lac, / wan der lederîne sac / sô klâr und alsô heiter was, / daz er durch in als durch ein glas / daz mer und manic wunder kôs. / [...] / er dâhte: ‚waz ist mir geschehen? / weder slâfe ich oder wache? / ein wunderlichiu sache / mich fuoret an ir zoume, / mich dunket, daz mir troume / daz fremde unbilde, daz ich spür. / [...]." (V. 14062–75; ‚Achill bemerkte unmittelbar, dass er in einer Haut lag, denn der Ledersack war so klar und hell, dass er durch ihn hindurch wie durch ein Glas das Meer und seine Wunder erblickte. [...] Er dachte: „Was ist mit mir geschehen? Schlafe oder wache ich? Etwas Wundersames hat mich am Zaum, mir scheint, ich träume und spüre etwas Unbegreifliches [...]"'). Zu dieser Passage vgl. meinen demnächst in dem von Sebastian Holtzhauer und Nadine Jäger herausgegebenen Sammelband ‚Meer(deutiges) Erzählen. Thalassale Settings als narrative Projektionsräume des Uneindeutigen in der vormodernen Literatur' erscheinenden Beitrag ‚Unterwasserspiele. Thetis, Achilles und die Ambiguität der Fiktion in Konrads von Würzburg Trojanerkrieg'.
32 Zur Geschichte der philosophischen Metapher des Fließens, die in jüngerer Zeit zum zentralen Signum der Moderne und der Auflösung von Strukturen erklärt wurde, vgl. einführend Stegmaier 2014. Für Hinweise zur Denkfigur des Flüssigen sowie zur Dialektik von Auflösung und Fülle in Wolframs *Parzival* vgl. Quast 2021, bes. S. 299.

Aneignungsobjekte Jasons deutet sich neuerlich auch eine kulturelle Hybridisierung, eine Vermischung von Eigenem und Fremdem an, die Konfliktpotential birgt: Medea ist nämlich, das wurde schon in Kolchos offenbar, im Gegensatz zum Goldenen Vlies gerade kein Objekt, sondern eine hochgradig ambige Figur, deren Agency auf Magie gründet und das heroische Handlungspotential Jasons bei weitem übertrifft. Eine Verwirklichung von Medeas Wunsch wird, höfischer Konvention gemäß, nicht auserzählt, der Erzähler bricht die Schilderung vielmehr erneut lakonisch ab: Jason „fuour mit fröuden über sê. / waz touc hie langiu rede mê?" (V. 10083–10084; ‚fuhr freudig zur See. Was sollen hier viele Worte?'). Die Vorstellung, wie sie Medeas Monolog zu entnehmen ist, tritt an die Stelle erzählerischer Darstellung, und wie im Meer der Erzählung Prätexte und Text unsichtbar zusammenfließen, segelt auf dessen Oberfläche nun eine Imagination der Argo, auf der sich Medea und Jason in Minne vereinigen.

Zurück in Griechenland, liegt Jasons Vater Eson im Sterben. Medea lässt sich von der Trauer ihres Geliebten anstecken und verspricht – auch um ihre Flucht aus Kolchos, ihre *untriuwe* dem eigenen Vater gegenüber zu kompensieren –, Eson ihre magischen Künste zuteilwerden zu lassen, ihn mit einem aufwendigen Zauber wieder zu verjüngen. Die markanteste unter den zahlreichen Zutaten ist Wasser: „ein wazzer vor dem paradîs / teilet in vier ende sich / an sîme ursprunge lûterlich, / daz kam ir ouch ze heile" (V. 10658–10661; ‚Vor dem Paradies, an seiner reinen Quelle teilt sich ein Fluss in vier Ströme – das war für sie ein großes Glück'). Nach einer martialischen Operation, in welcher der Alte den Tod erst durchschreiten und ausbluten muss, um schließlich wie neugeboren wieder auftreten zu können, „gesunt reht als ein fisch, / der fert in einem wâge" (V. 10808–10809; ‚gesund wie ein Fisch, der im Wasser schwimmt'), steht Medea in höchstem Ansehen, und es setzt eine zweite Zauberhandlung ein, als sie von dem noch immer handlungstreibenden Neid des Achillesvaters Peleus auf Jason erfährt. Heimlich bricht Medea auf, Jason zu rächen, indem sie Peleus' Töchter glauben macht, auch ihren Vater verjüngen zu können. Nachdem diese Peleus im Vertrauen auf die magischen Fähigkeiten der Fremden abgestochen haben, greift Medea jedoch nicht ein, sondern bricht heimlich auf, zurück zu Jason, der sich unterdessen, in der Zeit ihrer Abwesenheit, in Greusa verliebt und Medea vergessen hat:

> Er hete gar vergezzen,
> daz er von ir gesezzen
> was in wirde mannicfalt
> und daz er wart von ir gewalt
> an der wollen sigehaft.
> [...]
> daz schuof der minne unstaetekeit,
> die gnuoge wenken lêret

und si dar under kêret
in endelôsen smerzen,
si wirt vil manigem herzen
ein falscher leitesterne.
minn ist sô niuwegerne,
daz ir vertâner fürwiz
durch ganze liebe manigen sliz
kan zerren unde brechen. (V. 11213–11237)

Er hatte alles vergessen, dass er nur dank ihr in solchen Ehren saß, nur dank ihrer Macht das Vlies errungen hatte. Grund dafür war die Unbeständigkeit der Minne, die allzu viele Schwanken lehrt und sie auf den Pfad endloser Schmerzen setzt, sie wird für viele Herzen ein trügerischer Leitstern. Minne will immer etwas Neues, sodass ihre verfluchte Neugier vollkommene Liebe zerschlitzen und zerbrechen kann.

Während Medea den Gang der Dinge zu verkehren, den Fluss der Zeit umzukehren und Figuren ihre Jugend zurückzugeben, ihr Leben zu konservieren vermag, zielt die ebenso unbeständige wie kontingente Minne auf Erneuerung, einzig sie ist, so scheint es, weder von Medeas Magie noch von Konrads Erzähler zu kontrollieren: Schon an früherer Stelle hatte Konrad die Minne als Naturgewalt dargestellt, die immer und überall nach Ähnlichkeiten sucht, und deren Wirken für den Menschen unverfügbar bleibt (vgl. V. 7790–7817).[33] Hier nun wird die Vorstellung vom Liebenden als Seefahrer aufgerufen, der sich durch den ‚falschen Leitstern' der Minne vom rechten Weg abbringen lässt und „den êrsten ursprinc / verwehselt an der minne / mit niuwes herzen sinne" (V. 11248–11250; ‚in der Minne die erste Quelle mit einer neuen Wahrnehmung des Herzens verwechselt'). Wie Konrad moduliert auch die Minne das Verhältnis zwischen Altem und Neuem: Während indes die Minne das Alte vergessen macht und „daz firne durch daz niuwe" (V. 11239; ‚das Alte durch das Neue') ersetzt, rät Konrad zur *ganzen liebe* (vgl. V. 11245–11261), einer Liebe gegen die Natur, „die bei sich bleibt und ihrem Objekt treu bleibt" (Haferland 2015, 66). Die oben angesprochenen Brüche und Schlitze der *ganze[n] liebe* zählen zu den tragischen Effekten der *niu-*

---

[33] „Bezeichnenderweise ist der erste deutsche Dichter, der die ‚Natur' als *causa amoris* vorstellt, Konrad von Würzburg, der in seiner Liebeskonzeption mittellateinischen Dichtungen nahesteht. [...] Voraussetzung zur Liebe und *causa amoris* ist gleiche ‚Natur' zwischen zwei Menschen, d. h. wohl gleiche körperliche und seelische Konstitution, ähnliche natürliche Veranlagung. [...] An die Stelle eines ethisch begründeten Minnebegriffs tritt in dieser Dichtung ein Naturgesetz. Nicht äußere noch innere Vorzüge, auch nicht jahrelanger Dienst rufen Liebe hervor, sondern die gleiche natürliche Beschaffenheit. Ein Verehrer muß sich nicht mehr, aber kann auch nicht mehr, die Liebe der Dame in zahlreichen *aventiuren* erkämpfen, sondern deren Liebe fällt ihm von selbst zu, falls beide die gleiche psychisch-physiologische Konstitution besitzen. Ein Dienst um die Liebe einer Dame ist damit hinfällig, ja sinnlos geworden. ‚Natur' hat Tugend und Schönheit als *causa amoris* abgelöst" (Schnell 1985, S. 304–306).

wegernen minne, sie gleichen den Rissen des alten Trojabuchs, das Konrad angetreten ist, mit Reimen wieder zusammenzuleimen, auf dass es „niht fürbaz spaltet" (V. 279; ‚nicht noch weiter entzweibricht') – der schwierige Balanceakt von Bewahrung und Erneuerung kann von Jason und selbst von Medea, die sich allenfalls darauf versteht, aus kleinmütigen Königen Jungspunde, aus kleinen Flüssen Seen zu machen, nicht geleistet werden, dies kann allenfalls, so soll man wohl lesen, Konrad, der sich nicht an trügerischen Leitsternen orientiert, sondern in der Tiefe ankert, der das Alte, die disparate Tradition vorgängiger Trojaerzählungen, seinem Erzählmeer einverleibt und ihm so zu neuem, anhaltendem Glanz verhilft.[34]

Das Meer, als geographisches Zentrum der Erzählung, dessen Bewegtheit der Zeit, dessen *wilde* der Kontingenz der Minne gleicht, von dessen Überquerung sich Medea die endliche Erfüllung ihrer Leidenschaften verspricht und dessen labile Funktion als Grenze Lamedon in panische Angst versetzt, wird zum Sinnbild einer bewegten, kaum zu kontrollierenden und entgrenzten Erzähltradition. Letztlich kann Medea dem Sog der bekannten Erzählung nicht entgehen, ihr tragisches Ende jedoch, „war Mêdêâ kaeme sît, / daz wirt ouch von mir hie verswigen" (V. 11354–11355; ‚wohin es mit Medea dann ging, das wird von mir in Schweigen gehüllt').[35] Stattdessen rückt nun, nach dem Tod seines Freundes Jason, Hercules in den Vordergrund, der sich noch an Lamedon für die Unfreundlichkeit der Trojaner zu rächen hat und sich wieder aufs Meer begibt, um eine weitere, eine weit größere Flut an Leid und Leidenschaften in Gang zu setzen. Nachdem Konrad beim Wechsel von der Achilles- zur Jasonerzählung das paradoxe Nebeneinander, die Similarität exzeptioneller Heroen und damit implizit auch die Vielfalt der von ihm gehandhabten, im *Trojanerkrieg* zur kunstvollen Einheit zusammenlaufenden Stofftraditionen und Quellen in den Vordergrund gespielt hat, markiert er hier neuerlich, nun im Perspektivwechsel vom toten auf den lebenden Freund, die Differenz zwischen dem ungestalt-chaotischen Materia-Meer und der narrativen Ordnung des Romans – die im Prolog proklamierte Einheit von Stoff und Bearbeitung, Prätexten und Text ist eben eine, die zuallererst mit *sin* und Zungen-Anker herzustellen ist,

---

34 „von Wirzeburc ich Cuonrât / von welsche in tiutsch getihte / mit rîmen gerne rihte / daz alte buoch von Troie, / schôn als ein frischiu gloye / sol ez hie wider blüejen. / beginnet sich des müejen / mîn herze in ganzen triuwen, / daz ich ez welle erniuwen / mit worten lûter unde glanz, / ich büeze im sîner brüche schranz, / den kan ich wol gelîmen / z'ein ander hie mit rîmen, / daz er niht fürbaz spaltet" (V. 266–279; ‚Ich, Konrad von Würzburg, übersetze gern das alte Buch von Troja vom Französischen ins Deutsche, es soll wie eine frische Schwertlilie hier wieder zur Blüte kommen. Wenn mein Herz aufrichtig danach zu streben beginnt, es zu erneuern, mit klaren und glänzenden Worten, so fülle ich seine Brüche auf, die ich mit Reimen wieder zusammenleime, auf dass sie nicht weiter reißen').
35 Zu Medeas abruptem Ausscheiden aus der Erzählung vgl. Schröder 1992 sowie zuletzt Toepfer 2013, 400–438.

sie ist nicht als schlichtes Kompendium oder als Summe vorgängiger Erzählungen angelegt, sondern als neue Einheit, die ihrerseits Leerstellen und Brüche erzeugt und ausstellt, die Geschichten nur so weit erzählt, wie sie sich in den von Konrad identifizierten Sinn einfügen:

> Angesichts Konrads Programm, alle verfügbaren *maeren* vereinen zu wollen, muss das erklärte Verschweigen, *war Mêdêa kaeme sît* (11.354), als ein gezieltes Textsignal verstanden werden. Der deutsche Autor passt den antiken Mythos durch eine veränderte Besetzung der Opferrolle seinem Tragikkonzept an. Die Protagonistin tötet im ‚Trojanerkrieg' ihren Mann und nicht ihre Kinder, weil die Minne das zentrale Motiv der tragischen Handlung ist. Würde sie wie ihre antiken Vorgängerinnen bei Euripides, Seneca oder Ovid ihren Ehemann durch den Kindermord zu treffen suchen, verschöbe sich der Akzent von der partnerschaftlichen Liebe zu einem genealogischen Interesse. Ursache für die veränderte Rachehandlung im ‚Trojanerkrieg' ist also nicht eine „Scheu vor der Tragik", sondern eine höfische Liebe, die nicht auf Fortpflanzungszwecke oder politisch-dynastische Intentionen zu reduzieren ist. (Toepfer 2013, 437f.)

Auch wenn die mittelalterlichen Trojabücher als ‚Landerzählungen' gelten können, deren Autoren die für die antike Tradition mitunter zentralen Handlungen zur See konsequent und fast lückenlos tilgen, liegt es doch fern, hier den weit verbreiteten Topos bestätigt zu sehen, dass das Meer als ‚bedeutungsfreie Zone' gelte, als kulturelle und historische Leerstelle oder gar als geschichtsloser Raum.[36] Das Gegenteil ist der Fall: Das Meer wird, auch ohne dass es zum zentralen Handlungsraum würde, zum vieldeutig-tiefen Symbol: zum elementaren Zeichen für die Unergründlichkeit der literarischen Materie und ihrer synkretistischen Vermengung mit Konrads Bearbeitung, für die den Text in seiner narrativen und sprachlich-metaphorischen Faktur kennzeichnenden Bewegungen des Fließens der Zeit und der Minne sowie der bedrohlichen und literarisch so produktiven Verflüssigung von Grenzen: zwischen Realität und *wân*, Gegenwart, Vergangenheit und Zukunft, *materia* und *forma*, zwischen Eigenem und Fremdem.

---

[36] Nur als Beispiel ein Auszug aus Roland Barthes' *Mythologies:* „Wieviel wirklich *bedeutungsfreie* Bereiche durchqueren wir im Verlaufe eines Tages? Sehr wenige, manchmal überhaupt keine. Ich befinde mich am Meer: gewiß enthält es keinerlei Botschaft. Aber auf dem Strand, welch semiologisches Material! Fahnen, Werbesprüche, Signale, Schilder, Kleidungen, alle stellen Botschaften für mich dar" (Barthes 1964, 90, Anm. 3).

Literaturverzeichnis

Primärtexte

Benoît de Sainte-Maure: *Le Roman de Troie*. Nach allen bekannten Handschriften hg. von Léopold Constans. Bd. 1. Paris 1904.
Benoît de Sainte-Maure: *The Roman de Troie*. Übers. von Glyn S. Burgess und Douglas Kelly. Cambridge 2020.
Gaius Valerius Catullus: *Sämtliche Gedichte. Lateinisch/Deutsch*. Übers. und hg. von Michael von Albrecht. Stuttgart 2008.
Gottfried von Straßburg: *Tristan und Isold*. Hg. von Walter Haug und Manfred Günter Scholz. Mit dem Text des Thomas, hg., übers. und komm. von Walter Haug. 2 Bde. Berlin 2012.
Konrad von Würzburg: *‚Trojanerkrieg' und die anonym überlieferte Fortsetzung*. Kritische Ausgabe von Heinz Thoelen und Bianca Häberlein. Wiesbaden 2015.
Publius Ovidius Naso: *Fasti. Festkalender Roms. Lateinisch–deutsch*. Hg. von Wolfgang Gerlach. München 1960.
Publius Ovidius Naso: *Liebeskunst. Ars amatoria. Lateinisch–deutsch*. Hg. und übers. von Niklas Holzberg. 5., überarbeitete Aufl. Berlin 2011.
Publius Ovidius Naso: *Remedia amoris. Heilmittel gegen die Liebe. Lateinisch/Deutsch*. Übers. und hg. von Niklas Holzberg. Stuttgart 2011.
Publius Papinius Statius: *Achilleis. Das Lied von Achilles*. Lateinischer Text mit Einleitung, Übersetzung, kurzen Erläuterungen, Eigennamenverzeichnis und Nachwort von Hermann Rupprecht. Mitterfels 1984.

Sekundärliteratur

Bachelard, Gaston: *Water and Dreams. An Essay on the Imagination of Matter*. Aus dem Französischen übers. von Edith R. Farrell. Dallas 1983.
Bär, Silvio: „War die Argo nicht doch das erste Schiff?". In: *Rheinisches Museum für Philologie N.F.* 155 (2012), S. 210–214.
Barthes, Roland: *Mythen des Alltags*. Deutsch von Helmut Scheffel. Frankfurt a. M. 1964.
Barthes, Roland: „Die Imagination des Zeichens". In: Ders.: *Am Nullpunkt der Literatur. Literatur oder Geschichte. Kritik und Wahrheit*. Aus dem Französischen von Helmut Scheffel, 2. A. Frankfurt a. M. 2016, S. 94–100.
Bein, Thomas: *„Mit fremden Pegasusen pflügen". Untersuchungen zu Authentizitätsproblemen in mittelhochdeutscher Lyrik und Lyrikphilologie*. Berlin 1998.
Blumenberg, Hans: *Schiffbruch mit Zuschauer. Paradigma einer Daseinsmetapher*, 8. A. Frankfurt a. M. 2020.
Blumenberg, Hans: *Paradigmen zu einer Metaphorologie*. Kommentar von Anselm Haverkamp unter Mitarbeit von Dirk Mende und Mariele Nientied. Frankfurt a. M. 2013.
Blumenberg, Hans: „Geld oder Leben. Eine metaphorologische Studie zur Konsistenz der Philosophie Georg Simmels". In: Ders.: *Ästhetische und metaphorologische Schriften*. Auswahl und Nachwort von Anselm Haverkamp, 6. A. Frankfurt a. M. 2021, S. 177–192.
Curtius, Ernst Robert: *Europäische Literatur und lateinisches Mittelalter*, 6. A. Berlin 1967.

Eliade, Mircea: *Das Heilige und das Profane. Vom Wesen des Religiösen*. Aus dem Französischen von Eva Moldenhauer, 5. A. Frankfurt a. M. 2016.

Feeney, Denis: „*Tenui ... latens discrimine*: Spotting the Differences in Statius' *Achilleid*". In: *Materiali e discussion per l'analisi di testi classici* 52 (2004), S. 85–105.

Friedrich, Udo: „Wilde Aventiure. Beobachtungen zur Organisation und Desorganisation des Erzählens in Konrads von Würzburg *Trojanerkrieg*". In: *Wolfram-Studien* 25 (2018), S. 281–295.

Gebert, Bent: *Mythos als Wissensform. Epistemik und Poetik des* Trojanerkriegs *Konrads von Würzburg*. Berlin Boston 2013.

Goldmann, Luzia: *Phänomen und Begriff der Metapher. Vorschlag zur Systematisierung der Theoriegeschichte*. Berlin Boston 2019.

Haferland, Harald: „Die Kontingenz der Innenwelt. Liebesbetrug in Konrads von Würzburg ‚Trojanerkrieg'". In: *Verstellung und Betrug im Mittelalter und in der mittelalterlichen Literatur*. Hg. von Matthias Meyer und Alexander Sager. Göttingen 2015, S. 53–73.

Hasebrink, Burkhard: „Rache als Geste. Medea im *Trojanerkrieg* Konrads von Würzburg". In: *Literarische Leben. Rollenentwürfe in der Literatur des Hoch- und Spätmittelalters. Festschrift für Volker Mertens zum 65. Geburtstag*. Hg. von Matthias Meyer und Hans-Jochen Schiewer. Tübingen 2002, S. 209–230.

Herz, Lina: „Auserzählen im Aventiure-Modus. Noch einmal zum *erniuwen* in Konrads von Würzburg *Trojanerkrieg*". In: *Text und Textur. WeiterDichten und AndersErzählen im Mittelalter*. Hg. von Birgit Zacke, Peter Glasner, Susanne Flecken-Büttner und Satu Heiland. Oldenburg 2020, S. 245–266.

Huber, Christoph: „Kristallwörtchen und das Stilprogramm der *perspicuitas*. Zu Gottfrieds *Tristan* und Konrads *Goldener Schmiede*." In: *Literarischer Stil. Mittelalterliche Dichtung zwischen Konvention und Innovation. XXII. Anglo-German Colloquium Düsseldorf*. Hg. von Elizabeth Andersen, Ricarda Bauschke-Hartung und Silvia Reuvekamp. Berlin Boston 2015, S. 191–204.

Hübner, Gert: „Der künstliche Baum. Höfischer Roman und poetisches Erzählen". In: *Beiträge zur Geschichte der deutschen Sprache und Literatur* 136 (2014), S. 415–471.

Jakobson, Roman: „Linguistik und Poetik". In: Ders.: *Poetik. Ausgewählte Aufsätze 1921–1971*. Hg. von Elmar Holenstein und Tarcisius Schelbert, 5. A. Frankfurt a. M. 2016, S. 83–121.

Kellner, Beate: „*daz alte buoch von Troye /* [...] *daz ich ez welle erniuwen*. Poetologie im Spannungsfeld von ‚wiederholen' und ‚erneuern' in den Trojaromanen Herborts von Fritzlar und Konrads von Würzburg". In: *Im Wortfeld des Textes. Worthistorische Beiträge zu den Bezeichnungen von Rede und Schrift im Mittelalter*. Hg. von Gerd Dicke, Manfred Eikelmann und Burkhard Hasebrink. Berlin New York 2006, S. 231–262.

Kenney, E. J.: „Nequitiae poeta". In: *Ovidiana. Recherches sur Ovide. Publiées à l'occasion du bimillénaire de la naissance du poète*. Hg. von N. I. Herescu. Paris 1958, S. 201–209.

Kern, Manfred: *Weltflucht. Poesie und Poetik der Vergänglichkeit in der weltlichen Dichtung des 12. bis 15. Jahrhunderts*. Berlin New York 2009.

Kiening, Christian: „Ästhetik des Liebestods. Am Beispiel von *Tristan* und *Herzmaere*". In: *Das fremde Schöne. Dimensionen des Ästhetischen in der Literatur des Mittelalters*. Berlin New York 2007, S. 171–193.

Kristeva, Julia: „Bachtin, das Wort, der Dialog und der Roman". In: *Literaturwissenschaft und Linguistik. Ergebnisse und Perspektiven. Bd. 3: Zur linguistischen Basis der Literaturwissenschaft, II*. Hg. von Jens Ihwe. Frankfurt a. M. 1972, S. 345–375.

Laufer, Esther: „Das Kleid der *triuwe* und das Kleid der Dichtung. *mære erniuwen* als Verfahren stilistischer Erneuerung bei Konrad von Würzburg". In: *Literarischer Stil. Mittelalterliche Dichtung zwischen Konvention und Innovation. XXII. Anglo-German Colloquium Düsseldorf*. Hg. von Elizabeth Andersen, Ricarda Bauschke-Hartung und Silvia Reuvekamp. Berlin Boston 2015, S. 157–175.

Lévi-Strauss, Claude: „Le Totémisme aujourd'hui". In: Ders.: Œuvres. Préface par Vincent Debaene. Édition établie par Vincent Debaene, Frédéric Keck, Marie Mauzé et Martin Rueff. Paris 2008, S. 447–551.

Lévi-Strauss, Claude: *Das Ende des Totemismus*. Aus dem Französischen von Hans Naumann. Frankfurt a. M. 2017.

Lieb, Ludger: „Die Potenz des Stoffes. Eine kleine Metaphysik des ‚Wiedererzählens'". In: *Retextualisierung in der mittelalterlichen Literatur*. Hg. von Joachim Bumke und Ursula Peters. Berlin 2005, S. 356–379.

Lienert, Elisabeth: *Geschichte und Erzählen. Studien zu Konrads von Würzburg* Trojanerkrieg. Wiesbaden 1996.

Lienert, Elisabeth: „Exorbitante Helden? Figurendarstellung im mittelhochdeutschen Heldenepos". In: *Beiträge zur mediävistischen Erzählforschung* 1 (2018), S. 38–63.

Lienert, Elisabeth: „*wildekeit* und Widerspruch. Poetik der Diskrepanz bei Konrad von Würzburg". In: *Wolfram-Studien* 25 (2018), S. 323–341.

Managò, Isabella: *Schicksal – Zufall – Willensfreiheit. Kontingenz im* Trojanerkrieg *Konrads von Würzburg*. Wiesbaden 2021.

Masse, Marie-Sophie: „Von der Neugeburt einer abgenutzten Praxis: die *descriptio* in Gottfrieds Tristan". In: *Germanisch-Romanische Monatsschrift* 55 (2005), S. 133–156.

Masse, Marie-Sophie und Stephanie Seidl: „‚Dritte Stufe' und ‚viertes Rad'. Poetologische Reflexionen und Autorbilder in französisch- und deutschsprachigen Antikenromanen des Mittelalters". In: *‚Texte dritter Stufe'. Deutschsprachige Antikenromane in ihrem lateinisch-romanischen Kontext*. Hg. von Marie-Sophie Masse und Stephanie Seidl. Berlin 2016, S. 117–133.

Monecke, Wolfgang: *Studien zur epischen Technik Konrads von Würzburg. Das Erzählprinzip der* wildekeit. Mit einem Geleitwort von Ulrich Pretzel. Stuttgart 1968.

Müller, Jan-Dirk: „Überwundern – überwilden. Zur Ästhetik Konrads von Würzburg". In: *Beiträge zur Geschichte der deutschen Sprache und Literatur* 140 (2018), S. 172–193.

Müller, Jan-Dirk: „Erzählte Unordnung – Unordentliches Erzählen". In: *Erzählte Ordnungen – Ordnungen des Erzählens*. Hg. von Daniela Fuhrmann und Pia Selmayr. Berlin Boston 2021a, S. 356–374.

Müller, Jan-Dirk: „‚Konsonantes', ‚dissonantes' und perspektivisches Erzählen. Medeas Hilfe für Jason (*Trojanerkrieg*)". In: *Konrad von Würzburg als Erzähler*. Hg. von Norbert Kössinger und Astrid Lembke. Oldenburg 2021b, S. 293–308.

Ott, Norbert H.: „Chronistik, Geschichtsepik, Historische Dichtung". In: *Epische Stoffe des Mittelalters*. Hg. von Volker Mertens und Ulrich Müller. Stuttgart 1984, S. 182–204.

Quast, Bruno: „Blut, Milch und Tränen. Kleine Poetik des Fluiden in Wolframs von Eschenbach *Parzival* (109,1–112,4)". In: *Ästhetiken der Fülle*. Hg. von Peter Glasner, Anna Karin, Jens Müller, Sebastian Winkelsträter und Birgit Zacke, unter Mitarbeit von Fabian Böker, Anna Bücken, Niclas Deutsch, Matthias Franz, Camilla Görgen, Robert Menne, Johannes Mies und Michael Ventur. Berlin 2021, S. 295–303.

Schnell, Rüdiger: *Causa amoris. Liebeskonzeption und Liebesdarstellung in der mittelalterlichen Literatur*. Bern 1985.

Schröder, Werner: *Über die Scheu vor der Tragik in mittelalterlicher Dichtung*. München 1992.

Schulz, Armin: „Das Goldene Vlies und das mythische Außerhalb des Höfischen. Narrative Spekulationen über das Andere von Minne und Aventiure in Konrads von Würzburg *Trojanerkrieg*". In: *Unorte. Spielarten einer verlorenen Verortung. Kulturwissenschaftliche Perspektiven*. Hg. von Matthias Däumer, Annette Gerok-Reiter und Friedemann Kreuder. Bielefeld 2010, S. 291–310.

Stegmaier, Werner: „[Art.] Fließen". In: *Wörterbuch der philosophischen Metaphern. Studienausgabe*. Hg. von Ralf Konersmann. Darmstadt 2014, S. 104–123.

Stock, Markus: „Poetologien der Oberfläche: Das Beispiel der mittelhochdeutschen Antikenepik. Mit einigen Bemerkungen zum *New Formalism*". In: *Literarischer Stil. Mittelalterliche Dichtung zwischen Konvention und Innovation. XXII. Anglo-German Colloquium Düsseldorf*. Hg. von Elizabeth Andersen, Ricarda Bauschke-Hartung und Silvia Reuvekamp. Berlin Boston 2015, S. 141–156.

Stoffel, Christian: „*Argo funestas pressa bibisset aquas*. Zur Ästhetik des poetologischen Schiffbruchs am Beispiel römischer Argonautica". In: *Wiener Studien* 127 (2014), S. 165–198.

Toepfer, Regina: *Höfische Tragik. Motivierungsformen des Unglücks in mittelalterlichen Erzählungen*. Berlin Boston 2013.

Wehrli, Fritz: „Die Rückfahrt der Argonauten". In: *Museum Helveticum* 12 (1955), S. 154–157.

Worstbrock, Franz-Josef: „Der Tod des Hercules. Eine Problemskizze zur Poetik des Zerfalls in Konrads von Würzburg *Trojanerkrieg*". In: *Erzählungen in Erzählungen. Phänomene der Narration in Mittelalter und Früher Neuzeit*. Hg. von Harald Haferland und Michael Mecklenburg. München 1996, S. 273–284.

Dina Aboul Fotouh Salama

Überlegungen zu transkulturellen Ästhetiken des Meeres als Topos im mediterranen Kontext in deutscher und arabischer Poesie der Vormoderne

Einleitung

Tanhūsers Lied *wol im, der nû beizen sol* wird in der Forschung als frühester mittelhochdeutscher Text angesehen, der eine Seereise über das Mittelmeer beschreibt. Zwar haben sich Dichter wie Hartmann von Aue und Walther von der Vogelweide in ihren lyrischen Texten mit der Kreuzfahrt befasst und die Fahrt über das Meer vorrangig mit religiösen Aspekten verknüpft.[1] Dabei haben sie sich aber weder mit der Beschreibung der Gefahren des Meeres, seiner Wellen und seiner unberechenbaren Tücken, oder der als Seemann zu erleidenden Nöte und Ängste auseinandergesetzt, noch finden konkrete realhistorische Topoi des Mittelmeerraums bei ihnen Erwähnung. Eine weitere Besonderheit von Tanhūsers Lied *wol im, der nû beizen sol* besteht darin, dass neben der Nennung der Gefahren der Seereise wie der unberechenbaren Wellen und des Sturmes auch Segmente eines Wissens der Seefahrt in der Dichtung funktional werden, und so über den literarischen Transfer Eingang in die Wissenskultur des Laienpublikums finden. Das betrifft vor allem die Darstellung einer Windrose in der letzten Strophe des Liedes, die auch die transkulturell verbreiteten, sprachlich hybriden Namen der Winde einschließt. Schließlich weist das Lied auf einen mediterranen Kontext hin, da das Sprecher-Ich Bezüge zu Orten wie Apulien und Kreta herstellt.

Vor diesem Hintergrund stellt der vorliegende Aufsatz Überlegungen zur ästhetischen Darstellung und Funktionalisierung des Meeres und der Seereise in vormoderner Dichtung an, und konzentriert sich dabei auf typische Topoi des Meeres, die in einer transkulturellen Perspektive untersucht werden. Ein Bezugsrahmen der Untersuchung ist der jüngere *maritime turn* in verschiedenen historischen Disziplinen, der an raumtheoretische Weichenstellungen kulturwissenschaftlicher

---

[1] Wie beispielsweise der Sturm als Vorbote des Jüngsten Gerichts bei Walther 13,5 (die Warnung vor der trügerischen Welt, um zur Teilnahme am Kreuzzug und zur *conversio* aufzufordern).

Open Access. © 2023 bei den Autorinnen und Autoren, publiziert von De Gruyter. Dieses Werk ist lizenziert unter der Creative Commons Namensnennung - Nicht-kommerziell - Keine Bearbeitungen 4.0 International Lizenz.
https://doi.org/10.1515/9783110781908-014

Forschung (*spatial* bzw. *topographical turn*) anschließt, dabei aber besonders Formen transkultureller Verflechtung fokussiert. Die Beobachtung von Ästhetiken maritimer und mediterraner Topoi in vormodernen lyrischen Texten in deutscher und arabischer Sprache kann dazu einen Beitrag leisten.

Einleitend zu meinen Überlegungen stelle ich im Folgenden zunächst wichtige Aspekte des *maritime turn* vor, schließe Ausführungen zum Transfer nautisch-geografischen Wissens an und diskutiere die für mein Vorgehen zentralen Begriffe der ‚Trans-Elemente' und des ‚Meer-Topos'. Meine Überlegungen gehen dann von einer detaillierten Analyse von Tanhūsers Lied *wol im, der nû beizen sol* aus, um in diesem Text verschiedene Trans-Elemente von Meeres-Topoi zu identifizieren, die in ähnlicher Weise dargestellt und funktionalisiert auch in arabischen Dichtungen der Vormoderne erscheinen. Es soll aufgezeigt werden, dass in diesem transkulturellen mediterranen Kontext arabischer Dichtungstraditionen ähnliche Topoi der Seereise mit vergleichbarer Funktionalität auftreten wie im Lied des Tanhūser. Ich ziehe dazu Dichtungen von vier Autoren des westmediterranen, andalusischen Raums heran, die sich durch eine besondere Akzentuierung des Meeres als Topos auszeichnen: Yaḥyā ibn Ḥakam al-Bakrī al-Ġazāl (‚die Gazelle', 790–864), Ibn Ḥafāǧa al-Andalusī (‚der Andalusier', 1058–1139), Ibn Ḥamdīs al-Ṣīqillī (‚der Sizilianer', 1056–1133) und Ibn Rašīq al-Qairawānī (‚dem Kairouaner', ca. 1000–1064). Angesichts der beobachtbaren Ähnlichkeiten ist es auffällig, dass Tanhūsers Lied – obwohl es verschiedentlich Aspekte des Mittelmeers aufgreift und damit die Möglichkeit transkultureller Bezüge nahelegt – bislang noch nicht mit nicht-europäischen und insbesondere arabischen Dichtungstraditionen verglichen worden ist. Ein solcher Vergleich scheint auch deshalb geboten, weil die im Lied evozierte Seeroute und die damit aufgerufenen mediterranen Orte mit dem Transfer arabischsprachiger Wissenschaften, Künste und Kulturgüter über Sizilien und Andalusien nach Nordeuropa eng verbunden sind. Christliche wie muslimische Kaufleute, Pilger und Militärs wählten zum Teil dieselbe Seeroute über das Mittelmeer auf ihren Reisen zwischen Ost und West. Dabei wurden geographische und nautische Kenntnisse unter Seeleuten geteilt – gerade die Namen der Winde beim Tanhūser zeugen in dieser Hinsicht von einem hybriden transkulturellen *third space*, in dem sich auch Dichtung und Fachwissen verbinden können.

Zu den beobachtbaren Trans-Elementen in der Darstellung des Meeres zählt etwa seine emotionale Semantisierung, die das Meer mit den Gefühlen der Angst oder Furcht verbindet, hinzu kommt seine Funktionalisierung als Ort und Projektionsfläche für Gefühle wie Sehnsucht – etwa nach der Geliebten, nach der sicheren Heimat und dem daran gebundenen sinnlichen Wohlergehen. Im Moment der Seefahrt selbst oder auch im Anschluss an sie scheint eine ideale Existenz für immer verloren. Das Meer wird aus Sicht des Sprecher-Ich zum Ort der Unsicherheit und der Orientierungslosigkeit. Solche Semantisierungen und Funktionalisierungen bedienen sich verschiedener sprachlicher Mittel wie Vergleichen, Metaphern und Metonymien. Diese Meer-Topoi speisen sich aus verschiedenen poetischen ebenso wie wissensbezogenen Inventaren. Dabei kommen realhistorische Ortsbezeichnungen ebenso zum Tragen wie fachsprachliche Begriffe aus der Nautik, wie z. B. die – partiell sprach- und kulturübergreifend geteilten – Namen der Winde, hinzu kommen etablierte poetische Stilisierungen und Mystifizierungen des Meeres und der subjektiven Erfahrung der Seereise.

Diese Überlegungen und die mit ihnen verbundenen Hinweise auf den Meer-Topos bei Yaḥyā al-Ġazāl und bei den anderen andalusischen Dichtern sollen zur weiteren Beschäftigung mit den ästhetischen transkulturellen Elementen in mediterraner Literatur der Vormoderne unter Einbezug verschiedener Sprachen und kultureller Traditionen einschließlich ihrer Literaturen anregen.

1 ‚Maritime turn'. Das Meer und das Mittelmeer als Forschungskategorien

Die intensivierte Beschäftigung mit dem Meer im Allgemeinen und dem Mittelmeer im Besonderen hat im Rahmen des *maritime turn* neue Perspektiven eröffnet und ermöglicht dadurch vielfältige Zugriffe. Die Historiker Michael Borgolte und Nikolas Jaspert vertreten in ihrer Einleitung zum wegweisenden Sammelband *Maritimes Mittelalter* die Ansicht, dass der „Platz des Mittelalters in der Weltgeschichte des Meeres [noch] unbestimmt" sei (Borgolte und Jaspert 2016, 14) und legen nahe, dass das Mittelalter sich „als eine Zeit von Binnenmeeren und Ozean, thalassisch und weltmeerisch zugleich" beschreiben lasse (Borgolte und Jaspert 2016, 14). In Anlehnung an den *spatial turn* verweisen sie auf die soziale Konstruktion von Meeren, wobei insbesondere Binnenmeere, die durch Küsten- und über Inselfahrten erkundbar waren (Braudel 1998, 147; zit. nach Borgolte und Jaspert 2016, 15), durch ‚Spacing' und ‚Synthese' auch imaginär erschlossen werden.[2] Die Vernetzung zwischen Orten vor allem an der Küste spiegelt sich in den unterschiedlichen Bezeichnungen für das ‚Mittelmeer' wider: Zunächst verwiesen die Namen – wie bei den Römern – auf nahe gelegene Inseln oder Küsten, wie die Bezeichnung „mare Tyrrhenum", „mare Balearium". Erst später habe sich der Terminus *mare mediterraneum*, also ‚Mittelmeer', durchgesetzt. Der älteste direkte

---

2 Zur Relevanz dieser raumtheoretischen Begriffe für das Maritime im Allgemeinen und das Mediterraneum im Besonderen vgl. Borgolte und Jaspert 2016, 15–17.

Beleg für diese Bezeichnung findet sich bei Isidor von Sevilla im sechsten Jahrhundert n. Chr. und später dann in der zweiten Hälfte des dritten Jahrhunderts n. Chr. bei Solinus (Borgolte und Jaspert 2016, 16).

Neben der sozialen Konstruktion von Binnenmeereen, zu denen das *mare mediterraneum* gezählt wird, ist zu bedenken, dass Formen der Vernetzung, und somit der Interaktion über das Wasser, als Kommunikation gewertet werden können und so soziale Wirklichkeiten herstellen. Eine wichtige Rolle hierbei spielt die Materialität des Raumes, einerseits die Fluidität des Ortes, andererseits der Modus seiner sozialen Konstruktion, die sich durch Bewegung und Mobilität auszeichnet: Schifffahrtsrouten umschreiben Bewegungsräume, die von Reisenden zu stetig wandelbaren Kommunikationsräumen geformt wurden (Borgolte und Jaspert 2016, 17–19). Als Austauschzone dienten Meere als Transitions- bzw. Durchgangsräume für Waren, Menschen, Ideen, und Wissen, bildeten somit Räume dichter Verflechtung und Vernetzung aus, was sich auch sprachlich manifestierte.

Zugleich gilt die Fahrt auf dem Meer als archetypische Gefährdung des Menschen, der Schiffbruch wird zur Metapher der menschlichen Existenz (nach Hans Blumenberg) und des menschlichen Lebensweges (Borgolte und Jaspert 2016, 23).

Ein weiterer wichtiger Aspekt bei der Beschäftigung mit der Kategorie des Meeres bzw. des Mittelmeeres ist neben dem Zeitlichen, Geografischen, Historischen, Sozialen und seiner Metaphorik auch der Aspekt der Relationalität des Meeres und der Imagination. Die imaginative und argumentative Aneignung der Meere führte zu verdichteten sozialen Austauschprozessen und verwandelte das Meer in einen *third space* (Homi K. Bhabha), in einen Schwellen- bzw. einen Durchgangsraum zwischen Küste und Küste (Borgolte und Jaspert 2016, 27).

Borgolte und Jaspert vertreten die Ansicht, dass mit dem kulturwissenschaftlichen *maritime turn* ein neues Interesse an thalassischer Materialität, an Nautik und Klimatologie einhergeht, was auch eine Wiederannäherung an den physischen Raum (ähnlich wie bei Fernand Braudel) bedeute (Borgolte und Jaspert 2016, 28). Eine kulturwissenschaftliche Meeresforschung macht somit auch die Verflechtung von Disziplinen wie die der Archäologie, Anthropologie, Geografie, Geschichte, Kunstgeschichte sowie Medien- und Literaturwissenschaften nötig (vgl. Gradinari 2020, 19).

Mit dem *maritime turn* sind häufig Überlegungen zur Transkulturalität verbunden, die auch in kulturwissenschaftlichen Arbeiten mit anderen Schwerpunktsetzungen im Zentrum steht. Dorothee Kimmich und Schamma Schahadat etwa begreifen Transkulturalität als „Öffnung, Dynamisierung und vielfältige Durchdringung der Kulturen" (Kimmich und Schahadat 2014, 8). Transkulturelle Transferprozesse werden insgesamt häufig mithilfe „aquatischer" oder „liquider Metaphorik" (wie etwa in der Wendung *cultural flow*) beschrieben (Borgolte und Jaspert 2016, 22–23), was auch damit zusammenhängen mag, dass gerade Meere als intensive Kontakt- und Austauschzonen fungieren. Die vergleichende Untersuchung der Ästhetisierung des Meeres und vor allem des Mittelmeeres in der Dichtung des Tanhūsers und in arabischer Poesie versteht sich in diesem Sinne als ein erster Versuch, der zu weiterführenden transkulturell-komparatistischen Studien anregen soll. Die gewählte Perspektive der Transkulturalität fokussiert also auf Momente der Hybridisierung, der Fluidität, der Auflösung von Grenzziehungen, insbesondere im Hinblick auf die Verflechtung verschiedener ‚Kulturen'. Die untersuchten Dichtungen thematisieren die Fahrt über das Meer und wurden von Dichtern verfasst, die aller Wahrscheinlichkeit nach selbst Meerfahrten unternommen haben und sich zugleich eines Inventars an Motiven und Topoi literarischer und wissensbezogener Traditionen bedienen konnten.

Darstellungen des Meeres in Literatur, bildender Kunst und Film tragen zur Sinnkonstruktion, der Aneignung von Wissen über das Meer bei, indem sie tradierbare Bilder erschaffen. Wie Irina Gradinari ausführt:

> […] [W]ird das Meer in der Literatur nach Dieter Richter (2019) zum mythischen Meer, zum Meer des Abenteuers, zum erlebten Meer und dabei insbesondere zum Meer als Landschaft der Seele. In diese Tradition gehören auch die Küsten- und Inselmythen. Diese Unterteilung macht historisch-kulturelle Annäherungen an das Meer nachvollziehbar, die von der Mythologie bis hin zur Psychologie immer neue Paradigmen durchwandert haben, wie auch die Verarbeitung des Meeres in verschiedenen Gattungen und Genres: in Sagen und Heldenepen, Abenteuer-, Seefahrten- und Entdeckungsreiseromanen sowie in Inselutopien und Robinsonaden, wobei deren Motive überdauern und sich in den Werken vermischen. Vor allem wird die Reise als Kulturtechnik des Wissenserwerbs und des Abgleichs eigener Wissensstrukturen (vgl. Pause 2016) in diesem Zusammenhang relevant: Homers Odyssee, persische Geschichten von Sindbad dem Seefahrer (9. / 10. Jahrhundert) und das deutsche Kudrun-Epos (um 1230) zeugen von früheren Entdeckungs- und Handelsreisen (Gradinari 2020, 19).

Auch Erinnerungs- und Vergessensprozesse können mit dem Überqueren von Meeren kontextualisiert und reflektiert werden. Die Überfahrt übernimmt dabei die Funktion eines Erkenntnisparadigmas, da die

> […] Begegnung mit dem Anderen oder sogar die Erfahrung des Andersseins durch sie hervorgehoben und neue und alte Wissensbestände so in ein Verhältnis gesetzt werden. Das Meer wird also zu einem Raum jenseits kultureller Verortung und Verfestigung, bei dem kollektive Wissensbestände aktiviert und in einem neuen Zusammenhang gedacht werden. Dadurch können neue Wissenssysteme an der Schnittstelle von Faktizität und Fiktion etabliert werden (Gradinari 2020, 23).

Formen der Ästhetisierung des Meeres in der Literatur wurden unter dem Begriff der „Meeresdichtung, auch marine Literatur oder See(-fahrts)literatur" gefasst, da sie „vom Motiv des Meeres, der Seefahrt usw. bestimmt" sind (Wilpert 2001, 506).

Als universales Phänomen wird diese analog zum französischen Begriff „littérature maritime" auch als „maritime Literatur" bezeichnet.³

Viele formelhafte Beschreibungen des Sturmes auf See sind auf Schilderungen der Spätantike zurückzuführen. Die Allegorie von der Welt als Schiff und den Schiffspassagieren, die raumzeitlich zueinander in Beziehung gesetzt werden, kann als Mikrokosmos für das menschliche Dasein in der Welt, die gefährliche Seereise, dem Ausgeliefertsein und Unsicherheiten des Lebens beispielsweise als fahrender Sänger, wie bei Walther von der Vogelweide, gelesen werden (vgl. Schiwek 2017).

2 Geografisches Wissen und Literatur

Der Mittelmeerraum als geographischer Ort ist in vielen Dichtungen der Vormoderne Schauplatz des Geschehens. Dabei wird aus ihm ein poetischer Wissensraum, der sowohl historisches als auch kulturelles Wissen impliziert. Es handelt sich hierbei meist nicht um eine Grenzregion, die verschiedene Kulturen voneinander abgrenzt, vielmehr stellt der Mittelmeerraum oft eine Zentralregion mit zahlreichen kulturellen Überlappungszonen dar. So teilten etwa arabische und lateinische Gelehrte die gleichen antiken Bestände eines geografischen Wissens, gingen in ihrer Rezeption und Aktualisierung aber eigene Wege (vgl. Borgolte 2014).

Teile des meteorologischen, geografischen und nautischen Wissens sind dabei als geteiltes Wissen anzusehen, wie etwa an den griechischen Namen der Winde, der Küstenstädte etc. sichtbar wird. Gefördert von den Abbasiden übersetzten im neunten Jahrhundert Gelehrte wie Yaḥyā ibn al-Biṭrīḳ (tätig um 800) und Ḥunain

---

3 Als Vorläufer späterer Meeresdichtung gilt die Odyssee von Homer, aber auch die biblischen Erzählungen von Noah und Jona und mittelalterliche *wazzermaere* (vgl. Cohen 2021, 2–3; Foulke 2011, xiii; Richter 2018, 168–169). Meist bedient sich die Meeresdichtung epischer und dramatischer Formen, z. B. in Epen und Reiseberichten, die bis ins 16. Jahrhundert – oft im Zusammenhang mit polemischen Zwecken – verfasst worden sind. Im fünfzehnten Jahrhundert verarbeitet Sebastian Brant mit seinem Narrenschiff (1494) das literarische Motiv der ‚Welt als Schiff'. Einer Dreiteilung von Abfahrt, Reise, Heimkehr unterliegend, verwendet die Meeresdichtung Elemente eines Motivinventars wie z. B. der Piraterie, Reise als Bewährung und Selbstfindungsprozess, Sturm und Schiffbruch (seit der Antike und Äsop als fester Bestandteil des literarischen Motivinventars). Dabei wird der Schiffbruch nicht unbedingt als realhistorischer bzw. autobiografischer Verweis, sondern ästhetisch als Metapher für das menschliche Scheitern oder wie in den *Tristia* von Ovid des gesellschaftlichen Ehrverlustes funktionalisiert (vgl. Richter 2018, 170) und den Beitrag von Sebastian Winkelsträter in diesem Band). Während der Tanhūser Bedingungen einer Mittelmeer-Überfahrt darstellt, berichtet Oswald von Wolkenstein von einem Schiffbruch im Schwarzen Meer, den er als Zehnjähriger nur knapp überlebt haben soll, vgl. zu diesen und weiteren Beispielen auch den Artikel der Wikipedia zur „Meeresdichtung" (All'ermeneutica et al. 2023).

ibn Isḥāq (808–873) griechische Texte wie Aristoteles' *Meteorologica* ins Arabische (vgl. Forcada 2012); andere Gelehrte wie Ibn Sīna (980–1037) und Ibn Rušd (1126–1198) kommentierten und erweiterten das griechische geografische Wissen und erarbeiteten eigene Systeme, wobei viele Orte mit arabischen Namen versehen worden sind. So stehen die Namen der Winde aus etymologischer Hinsicht in Verbindung mit antiker griechischer, italienischer, aber auch arabischer Kultur und Sprache. Beispielsweise geht der Name ital. *scirocco* (für den Süd-Ost-Wind) auf das arab. *aš-šarq* (‚Osten') zurück, und auch die Variante ital. *garbino* (Süd-West-Wind) stammt von arab. *al-ġarb* (‚Westen') ab, wobei beide mit dem Auf- bzw. Untergehen der Sonne übersetzt werden.[4] Diese durch die Sprache dokumentierten Verflechtungen legen nahe, dass Kenntnisse der Navigation von italienischen Seefahrern des Mittelalters von arabischen Seeleuten erworben wurden, etwa über das arabisch-normannische Sizilien. Das Wissen um die klassische Zwölf-Punkt-Windrose, wie sie z. B. die astronomisch-geografische Schrift *Imago Mundi* von Peter von Ailly in Isidors Version bekundet, wurde in den Akademien noch bis weit in das fünfzehnte Jahrhundert gelehrt (vgl. MagentaGreen et al. 2023).

Die Nennung der Namen von Küstenstädten hängt eng mit der Entstehung von Routenbeschreibungen und dann Portolankarten im vierzehnten Jahrhundert im Mittelmeerraum zusammen. Schon al-Masʿūdīs (896–965) universalhistorisches Werk umfasst ein Mittelmeerkapitel, das mit einer geographischen Konturierung der Küstenverläufe beginnt. Küstenverläufe werden in ihrer Länge mit Städten und Flüssen an der nordafrikanischen, byzantinischen und levantinischen Küste benannt, hinzu kommen mediterrane Inseln wie Kreta und Sizilien. Jenny Rahel Oesterle, die sich mit arabischen Darstellungen vom Mittelmeer in Historiographie und Kartographie befasst hat, verweist auf die Chronik des al-Masʿūdī als Beleg dafür, „dass Meere und Ozeane in einem arabischen Entwurf der Welt um 950 einen festen Platz haben" (Oesterle 2016, 159).[5] In der arabischen Tradition wurde neben antiken Quellen bereits früh Erfahrungswissen einbezogen. Arabische Gelehrte profitierten von empirisch gewonnenen Informationen muslimischer Geographen und Reisender über verschiedene Gewässer, die in ihre Darstellungen einflossen und über Jahrhunderte hinweg zitiert wurden. Der Geograf al-Idrīsī stellte am Hof Rogers II. in Palermo Erfahrungswissen von Seefahrern, die er sys-

---

4 Vgl. dazu Moraux 1981, 43 und den Artikel der *Wikipedia* zur „Windrose" (MagentaGreen et al. 2023); zu den Windnamen und ihrer Bedeutung im Arabischen vgl. O A 2017.

5 Oesterle führt an gleicher Stelle weiterhin aus: „[Al-Masʿūdī] entwickelt die den Europäern zu diesem Zeitpunkt ganz und gar unbekannte Weltperspektive einer ost-westlichen Zusammengehörigkeit von verschiedenen Räumen, in denen den Meeren ein je unterschiedlicher Charakter zugeschrieben wird. [...] Das Mittelmeer ist in diesem Weltentwurf ein wichtiger, aber kein zentraler Raum."

tematisch befragte, zusammen, um eine Beschreibung der Welt samt Karten zu erstellen (vgl. Oswalt 2015, 73–86). Solche empirischen Erfahrungen sind auf lateinisch-christlichen Karten ab dem vierzehnten Jahrhundert nachweisbar: Sowohl Portolane als auch Weltkarten griffen dezidiert auf dieses nautische Wissen zurück (vgl. Minow 2004, 437; Mauntel und Oesterle 2017, 76). Der Blick lateinisch-christlicher Kartographen auf die Welt wurde globaler und es wurde die Konnektivität der Meeresräume betont. Damit fand die europäische Kartographie Anschluss an arabische Wissenstraditionen.

Ein solches Expertenwissen gelangte auch in Diskurszusammenhänge von Laien. Dabei sind die Modi dieser Transfers von Fachwissen der Experten in das Wissen von Laien besonders interessant. Eine wesentliche Rolle kommt hierbei den Künsten und vor allem den Literaturen zu, insbesondere weil diese ein Publikum von Nicht-Experten erreichen. Hierbei stellt sich die Frage, welcher Mittel und welchen sprachlichen bzw. poetischem Inventars sich Autoren bedienen, um spezifisches Fachwissen in ihre Dichtung einzuarbeiten. Da sprachliche Strukturen und sprachliche Erkenntnis verbales und nonverbales Wissen implizieren und gleichzeitig das Denken und die Konstruktion von Wissen beeinflussen, kommt der Imagination als basales Instrument für das Begreifen und Erfassen sowie als Mittel des Transfers von Wissen eine wichtige Rolle zu. Über die Imagination erfolgt die sprachliche Konstruktion poetischer Bilder – Metaphern, Metonymien und Vergleiche u. a. – , um Wissen, Erkenntnisse, Emotionen und Gedanken auszudrücken und zu vermitteln. Diese imaginativen Strukturen menschlichen Denkens und Handelns sind durch kulturelle Traditionen gefärbt und beeinflussen die alltägliche Wahrnehmung und deren Kommunikation. Das spielt gerade dort eine wichtige Rolle, wo abstrakte oder auch unbekannte Wissensbereiche durch Bezugnahme auf konkrete und vertraute Erfahrungsbereiche verständlich gemacht werden. Die poetische Verarbeitung eines solchen Wissens und die dichterische Reflexion der Seefahrt führen zu einer Semantisierung von Meer und Seereise – die Dichtung kann damit als performativ im Sinne einer Raumkonstruktion verstanden werden, die das Mittelmeer ebenso als topographischen wie als sozialisierten Raum entwirft. Welche ‚Bausteine' stehen aber dazu zur Verfügung und wie werden sie arrangiert, in die Dichtung integriert und dabei auch transformiert?

3 ‚Trans-Elemente' und ‚Meer-Topos'

Ich benutzte den übergreifenden Begriff der ‚Trans-Elemente' um unterschiedliche Größen, die Transfers mitprägen und durch diese selbst verändert werden, zu bezeichnen. Trans-Elemente können demnach sein: transportable und wiedererkennbare Segmente wie Motive und Wissenstopoi, aber auch poetologische Ästhetiken und semantische Funktionalisierungen. Mir geht es vor allem um solche Trans-Elemente, die mit dem Topos des Meeres im Kontext des Mediterraneums zusammenhängen, wobei ich auf etablierte Definitionen der Forschung vom Topos zurückgreife.[6] Demnach bewegt sich ein Topos „zwischen den Extremen formelhafter Bildlichkeit und des Argumentativ-Diskursiven, zwischen leerer, abgedroschener Phrase und argumentativer Leerform, zwischen Stereotyp und Wissensfülle" (Loleit 2018, 13). Sodass sich der Begriff aufgrund seiner Vieldeutigkeit einer „definitorischen Fixierung zu entziehen" (Schirren 2000, xiii; zit. nach Loleit 2018, 13) scheint.

Der Prozess des Erkennens von Ähnlichkeiten bzw. des Wiedererkennens eines topischen Gehalts einer Äußerung erfolgt in einem situativen Kontext und Kotext (Loleit 2018, 14), der die Basis für die Bedeutungsfindung bildet und den Transfer eines Fundus von geteiltem Wissen aktiviert. Dieser Transfer vollzieht sich durch die assoziative Neuverknüpfbarkeit von vorgegebenen semantischen Wissensbestandteilen topischer Elemente, die sich jedes Mal aufs Neue zu ‚Trans-Elementen' formen können. Mit dem Versuch, den Meer-Topos als ästhetische Untersuchungskategorie im Hinblick auf Ähnliches (Bhatti und Kimmich 2015), aber auch durch Grenzziehungen und Inszenierungen von „Differenz" (Hofmann 2006; Heimböckel und Weinberg 2014) zu betrachten, soll dazu beigetragen werden, die „Verwobenheit von Wissensräumen (…) als transkulturelle reziproke Prozesse" (Salama 2018, 33) beispielhaft zu veranschaulichen.

Techniken der Ästhetisierung des Meertopos sind folglich: die Wiederaufnahme von bekanntem Wissen und Gedankengut einerseits sowie dessen argumentative Neuverwendung und Transformation andererseits. Diese Dialektik von Kontinuität und Varianz ist typisch. Wie Simone Loleit für die Forschungsdefinitionen des Topos zusammenfasst, bestehe grundsätzlich „eine Polarität von bildhaft-formelhafter Fixierung und Bedeutungsoffenheit" (Loleit 2018, 13). In ähnlicher Weise und ebenfalls im Kontext transkultureller Transferbewegungen diskutiert Falk Quenstedt die Begriffe von Motiv und Topos (2021, 95–97), legt gegenüber Loleit aber ein weiteres Verständnis des Motivbegriffs zugrunde.

Die Darstellung und Funktionalisierung des Mittelmeers in lyrischen Dichtungen als Topos unterscheidet sich von einer Beschäftigung mit demselben als Motiv oder Thema: Wie Loleit ausführt, ist gemäß gängiger literaturwissenschaftlicher Definition das ‚Motiv' als „ein stoffl[ich]-themat[isches], situationsgebundenes Element" anzusehen, „dessen inhaltl[iche] Grundform schematisiert beschrieben werden kann" (Schweikle und Schweikle 1990, 312, zit. nach Loleit 2018, 14). Der

---

6 Für einschlägige Überblicksdarstellungen vgl. Loleit 2018, 12, Anm. 9.

Terminus ‚Topos' ist dem Terminus ‚Motiv' jedoch übergeordnet, wie die Definition von ‚Topos' als „Gemeinplatz, stereotype Redewendung, vorgeprägtes Bild, Beispiel, Motiv" (Schweikle und Schweikle 1990, 467, zit. nach Loleit 2018, 14) zeigt; er zielt also nicht nur stärker auf argumentative Verknüpfung und Funktionalisierung, sondern umfasst auch eine im Vergleich zum Motiv größere Bandbreite an sprachlich-literarischen Phänomenen. Loleit versteht Topoi „als intertextuelle und interdiskursive Schnittstellen [...]", was ihr zufolge bedeutet, dass „die Texte sich an diesen Stellen für übergeordnete Wissensformationen [öffnen]" (Loleit 2018, 18). Folglich sei der Inhalt der *topoi koinoi* oder *loci communes* konsensfähig und speichere Wissen ab (Loleit 2018, 19).

4 Tanhûsers *wol im, der nû beizen sol*

Nach diesen einleitenden Überlegungen komme ich nun zum Lied des Tanhûsers.[7] In seinen fünf Strophen mit jeweils sechzehn Versen[8] behandelt es die Erfahrung von einer leidvollen Seereise, von der es heißt, dass sie für Gott unternommen werde. Im Rahmen dieses Themas werden unterschiedliche Aspekte deutlich, die mit der subjektiven Reflexion und Emotion des Sprecher-Ichs zusammenhängen: beispielsweise die Erinnerung an die höfischen Freuden in Apulien im Kontrast zu den Gefahren auf stürmischer See; die Klage über die ausweglos scheinende Situation; das spezifisch mit der Seereise zusammenhängende Leid in Anbetracht schlechter Nahrung etc. Im Zuge dessen wird ein Spektrum von Emotionen wie Angst, Furcht und Sehnsucht evoziert. Die erste Strophe, die das glückliche Leben des ‚Ritters im Sattel' auf dem Festland beschreibt, bildet mit der fünften und letzten Strophe des Liedes, die über eine Katalogisierung der Windsnamen das Sprecher-Ich mitten im Mittelmeer verortet und so zeigt, wie es zu Passivität verurteilt ist, einen kontrastiv angelegten Rahmen des Liedes. Pointiert zusammengefasst wird der beschriebene Zustand des Ichs von dem Vers „ich swebe ûf dem" (I, V. 16).

Zwar heißt es, dass diese Reise als Reise „durch got" (V, V. 15) unternommen wird, was in der Forschung dazu geführt hat, das Lied im Kontext von Kreuzzugslyrik zu lesen (vgl. Mohr 1983, 345 und Wachinger 1995, 729). Zudem liegt eine religiöse Haltung vor, wie mehrfach deutlich wird („wan daz mich got erlôste", III, V. 4), doch ist an keiner Stelle explizit von einem Kampf, noch von einem göttlichen Lohn (Müller 1993, 541) die Rede. Darum finden sich auch Ansätze, das Lied in die

---

7 Ich zitiere im Folgenden nach der Kieler Online-Ausgabe von Steinmetz 2019.
8 Über deren Anordnung herrscht in der Forschung keine Einigkeit. Die von Steinmetz 2019 vorgenommene Strukturierung orientiert sich vor allem am Reim.

Tradition der Spruch- und Minnedichtung einzuordnen. Außerdem kann die Seefahrt in Anlehnung an Vergils *Aeneis* oder beispielsweise Walthers von der Vogelweide *möhte ich die lieben reise gevarn über sê* (97, III, V. 15, L124,9) als Allegorie der Lebensreise zu Gott verstanden werden. Im Folgenden wird versucht, nach einem kurzen Forschungsüberblick zu dem Lied des Tanhūsers *wol im, der nû beizen sol* und einer detaillierten Lektüre des Gedichts, den Zusammenfluss transkultureller Wissenssegmente sichtbar zu machen. Hierzu werden mögliche Trans-Elemente identifiziert und Beispiele aus der arabischen Poesie angeführt.

Der Tanhūser ist vor allem durch seine Minne- und Spruchdichtung, deren Entstehungszeit in die Zeit zwischen 1240 und 1270 gesetzt wird, bekannt und wird als Berufsdichter angesehen. Auch finden sich in der älteren Forschung einige Hinweise für seine Zugehörigkeit zu einem in Nürnberg beheimateten Deutschritterorden und die Vermutung seiner Teilnahme am Kreuzzug Friedrichs II. ungefähr in den Jahren 1228/1229; die jüngere Forschung sieht das jedoch kritisch (vgl. Wachinger 1995). Gerade der hier untersuchte Text wurde als autobiographisches Zeugnis (vgl. z. B. Siebert 1934; Cammarota 2007; Wisniewski 1984 u. a.) für die Teilnahme des Tanhūsers am Kreuzzug, aber auch für seinen Aufenthalt in Apulien gelesen. Neben den Versuchen, den Text als „Bekenntnis der Gottverbundenheit des Dichters" und die Symbolik des Meeres als „Ort des Teufels" im Sinne eines „Bild[s] der Sündenverlorenheit des Tannhäusers [...], aber auch seines Willens, durch die Kreuzfahrt für Gott aus diesen Verstrickungen herauszugelangen" zu lesen (Wisniewski 1984, 106), wird die darin beschriebene Seereise als „allegorisches Abbild der Lebensreise", in dem sich die mittelalterliche Vorstellung wiederspiegelt, das Leben im übertragenen Sinn als *peregrinatio*, d. h. als Pilgerreise, gemäß des Sinnspruchs „vita est navigatio" als Schifffahrt gedeutet (vgl. Böhmer 1968, 90; Mohr 1983). Mohr verweist auf den Seesturm, der in Tanhūsers Lied thematisiert wird, als überlieferten Topos, dessen Geschichte seit der *Odyssee* über Vergil und den hellenistischen und mittelalterlichen Romanen vorkomme. Nach Mohr sei die Erwähnung realhistorischer Ortsnamen wie Kreta als historisch anzusehen, andere Elemente wie z. B. der Fels, an dem das Schiff zu zerschellen droht, die zerrissenen Segel, die verdorbenen Speisen etc. seien „allegorisch transparent" (Mohr 1983, 344–350), weswegen der Text „in der deutschsprachigen Dichtung als das erste überzeugende Beispiel für den Stil des ‚allegorischen Naturalismus' angesehen werden könne" (Mohr 1983, 352). Die „scheinrealistische Aufreihung von naturalistischen Moment- und Nahbildern auch in kontrastreicher Gegenüberstellung" schlüge Mohr zufolge in Allegorie um (Mohr 1983, 351). Ingrid Kasten erkennt am Text eine Infragestellung der Kreuzzugsidee (Kasten 1991, 74), und sieht in den dargestellten Gefahren der Schifffahrt wie Sturm, Schiffbruch, schlechte Verpflegung an Bord sowie die Kenntnis der für die Navigation und Orientierung wichtigen Winde „Bestandteile des zentralen Motivkomplexes, in dem das Unterwegssein poetisch konkretisiert werde" (Kasten 1991, 75). Dieses poetische Unterwegssein stehe zudem in Verbindung mit dem Leben der Berufsdichter, die ihr ständiges Reisen und den damit verbundenen dauerhaften Gaststatus zum Teil als soziale Herabsetzung ansehen oder stilisieren (Kasten 1991, 77). Das Meer als „Raum der Gefahr" (Scheiner 2018) sowie als „Inbegriff einer offenen Wirklichkeit" und als „Prototyp menschlicher Selbstverwirklichung und darin die Realisierung eines spezifischen Selbst- und Weltverhältnisses" (Makropoulos 2007, 2) wird zum existenziellen Ort, die Meeresfahrt zum von Unsicherheit und Ungewissheit bestimmten Wagnis. In seiner Gesamtheit wird das Meer zu einem scheinbar unendlichen Raum, dessen Unbegrenztheit erfahrbar werden kann.

Im folgenden Teil werden die einzelnen Strophen vorgestellt und einer textnahen Analyse unterzogen.

I.
Wol im, der nû beizen sol
ze Pülle ûf dem gevilde!
der birset, dem ist dâ mit wol,
der siht sô vil von wilde.
Sumelîche gânt zem brunnen,
die andern rîtent schouwen –
der fröude ist mir zerunnen –,
daz bannet man bî den frouwen.
Des darf man mich niht zîhen, ich beize ouch niht mit winden,
in beize ouch niht mit valken, in mac niht fühse gelâgen;
man siht ouch mich niht volgen. nâch hirzen und nâch hinden;
mich darf ouch nieman zîhen von rôsen schapel tragen;
man darf ouch mîn niht warten,
dâ stêt der grüene klê,
noch suochen in dien garten
bî wolgetânen kinden: ich swebe ûf dem sê.

Wohl dem, der jetzt auf die Beizjagd darf
auf den Feldern Apuliens!
Wer da auf die Pirsch geht, dem ergeht es damit gut,
der sieht so viel Wild.
Manche gehen zu einer Quelle,
die andern reiten, um Ausschau zu halten –
deren Vergnügen ist mir vergangen –,
das befiehlt man in Gegenwart der Damen.
Dessen darf man mich nicht beschuldigen, ich jage weder mit Hunden,
noch jage ich mit Falken, ich kann auch keine Füchse fangen;
man sieht mich auch nicht Hirsche und Hirschkühe verfolgen;
mich darf auch niemand bezichtigen, daß ich Rosenkränze trüge;
man braucht auch nicht auf mich zu warten,
wo der grüne Klee wächst,

noch mich in den Gärten zu suchen
bei wohlgestalteten Mädchen: ich treibe auf dem Meer.[9]

In der ersten Strophe sinniert das Ich über die Vergnügungen der Ritter während ihres Aufenthalts in Apulien, die in diesem Moment auf die Jagd gehen oder ausreiten. Abgeschlossen wird diese Strophe mit der Äußerung „ich swebe ûf dem sê" (I, V. 16), mit der die gegenwärtige Situation dem idyllischen Leben in Apulien kontrastiv gegenübergestellt wird. Das Leben in Apulien erscheint modal, lokal und temporal dem Ich in jeder Hinsicht fern.

Aus der Situation der Meerfahrt heraus wird auf das freudenreiche Leben in Apulien mit all seinen höfischen Aktivitäten und Vergnügungen (Jagd, sinnlicher Genüsse, Freude mit hübschen Mädchen etc.) zurückgeblickt, diese Freuden scheinen aber gänzlich verloren. Das sizilianische Leben in Apulien war, besonders während der Herrschaft Friedrichs II. von Hohenstaufen, dessen Affinität zur arabischen Kultur und Wissenschaft vielseitig erwiesen ist und sich in besonderer Form in seinem sog. Falkenbuch (*De arte venandi cum avibus*), aber auch in seiner Lebensweise niederschlägt, von arabischen Einflüssen geprägt. Die Kultivierung der Jagd galt als Bestandteil des höfischen Lebens, die vor der Naturkulisse Apuliens Freude bereitet. Neben botanischen und animalischen Elementen (Wild, Falken, Hunde, Füchse, Hirsche) wird die Landschaft zudem mit emotionalen Elementen wie der Freude aber auch der Trauer durchzogen, die sich im Ausdruck der Nichtteilhabe, der Exklusion äußern. Damit erhalten die Landschaft und die Region Apulien eine subjektive, auf das Sprecher-Ich bezogene Dimension. Der anhand einzelner Segmente geschilderte Ort ist polyvalent gezeichnet: Das ländliche Apulien wird nicht nur als Raum der Jagd, sondern auch als *locus amoenus* der Liebe dargestellt, insbesondere durch die symbolbeladenen Elemente der Natur wie Rosenkränze, grüner Klee, Gärten und *frouwen*. Durch diese Zuschreibung wird diese geografische Region zum sozialen, emotionalisierten und idealisierten Raum der Freuden und Vergnügungen. Zugleich dient die Situation auf dem Meer – weit entfernt vom vertrauten Festland Apuliens – dem Ich als Projektionsfläche und Reflexionsraum für Erinnerungen und Emotionen. Das Meer wird dadurch zu einem hybriden *third space*, in dem Vergangenes und Gegenwärtiges ineinander fließen und sich Möglichkeiten für vielfältige Neuformungen, Transformationen und Transfers eröffnen. Der Kontrast zwischen festländischem Idyll und maritimem Nirgendwo, zwischen Vergangenheit und Gegenwart, zwischen freudespendender Sicherheit und beunruhigendem Risiko bestimmt das gesamte Lied. Auf anderer Ebene können diese Elemente auf die Existenz des fahrenden Dichters, dessen Lebensweise, aber auch

---

[9] Ich zitiere die Übersetzung von Elisabeth Axnick, Leevke Schiwek und Ralf-Henning Steinmetz (Steinmetz 2019, 64–65).

auf dessen Kunst und den Inhalt seiner Lieder verweisen, die sich nicht mit den bekannten ‚lieblichen' Themen des terrestrischen *locus amoenus* befassen, sondern sich neuen unbekannten und maritimen Semantiken widmen.

Im Moment der Seefahrt befindet sich das Sprecher-Ich in der ‚Schwebe' auf dem Meer. Wie bereits erwähnt, werden Verflechtungs- und Transferprozesse häufig in ‚aquatischer' oder ‚liquider' Metaphorik beschrieben. Das sprechende bzw. das singende Ich verkörpert im Moment des Sanges selbst einen solchen Transferprozess. Insofern ist hier der Übergang zum Beginn der zweiten Strophe, die mit den Worten „ich bin ein erbeitsaelic man, / der niene kan belîben / wan hiute hie, morn anderswan" (II, 1–3) einsetzt, als Inkorporation dieses Transfers als Träger verschiedener Wissensbereiche zu lesen, indem das lyrische Ich durch seine Fluidität und Mobilität Zugang zu einer Vielfalt an menschlichen Lebensbereichen erlangt und in einem poetischen Reflexionsraum miteinander und ineinander verflicht. Parallelen zwischen Jagd und ‚*frouwen* Schauen' werden gezogen und mit dem *swebe[n] ûf dem sê* kontrastiert.

Poetisch konstituiert sich die Ästhetik dieser Verse durch die Applikation von Ausdrücken, die aus unterschiedlichen semantischen Feldern stammen, wie z. B. das *zerrinnen*, das sich eigentlich auf Flüssiges bezieht, hier aber metaphorisch auf die Freude appliziert wird, und das *sweben*, das ebenso eine Bewegung in der Luft wie auf dem Wasser bezeichnen kann. Im Unterschied zum begrenzten *brunnen* an Land, der eine vertraute und berechenbare Form des Aquatischen und somit das beschränkte Bekannte in Kontrast zur Weite des Unbekannten symbolisiert, vertritt das offene Meer als unbegrenzter Raum eine Dimension neuer Erfahrungen, neuer Semantiken und Neuverknüpfungen und verweist damit zugleich auf die Unsicherheit und Ungewissheit, in der sich das Ich befindet. Diese metaphorische Verflechtung basiert auf der Ähnlichkeit, die zwischen dem Besonderen und dem Allgemeinen, zwischen dem Bekannten und dem Unbekannten besteht.

In den folgenden drei Strophen des Tanhūser werden über eine Reihe von Bildern die Unwägbarkeiten und Gefahren der Reise aber auch die Unannehmlichkeiten dieser Reise geschildert:

> II.
> Ich bin ein arbeitsælic man,
> der niene kan belîben
> wan hiute hie, morn anderswan.
> sol ich daz iemer trîben?
> Des muoz ich dicke sorgen,
> swie frœlich ich dâ singe,
> den abent und den morgen,
> war mich daz weter bringe,
> Daz ich mich sô gefriste ûf wazzer und ûf lande,
> daz ich den lîp gefüere unz ûf die selben stunt.

ob ich den liuten leide in snœdeme gewande,
so wirdet mir diu reise mit freise wol kunt.
dâr an solde ich gedenken,
die wîle ich mich vermac.
in mag im niht entwenken,
ich muoz dem wirte gelten vil gar ûf einen tac.

Ich bin ein unglückseliger Mensch,
der nirgends bleiben kann
als heute hier, morgen anderswo.
Muß ich das immer so halten?
Darüber muß ich mich oft sorgen,
wie fröhlich ich da auch singe,
den Abend und den Morgen,
wohin mich das Wetter bringe,
daß ich mich so erhalte zu Wasser und zu Lande,
daß ich bis zu diesem Moment das Leben bewahre.
Wenn ich den Leuten leid werde in ärmlicher Kleidung,
dann mir wird mit Schrecken bewußt, auf was für einer Reise ich bin.
Das sollte ich mir stets bewußt halten,
solange ich noch Kraft habe.
Ich kann ihm nicht entgehen,
ich werde dem Wirt zahlen müssen, alles an einem Tag.

Die zweite Strophe verdichtet die Einsicht in das subjektive Innere des Ichs: Es entwirft sich als gequälten und leidenden Menschen und verknüpft diese Befindlichkeit mit der poetischen Beschreibung der Rastlosigkeit und des Reisens in ‚fremden Gewässern' in Abhängigkeit vom Wetter (von Gönnern?) und in schäbigem Gewand. Dabei wird eine große Ähnlichkeit zur allgemeinen „Fahrendenklage in Waltherscher Tradition" (Schiwek 2017, 178) deutlich. Zudem schimmern in den Schichten dieser Strophe in eschatologischer Ausrichtung auch Anspielungen auf die Lebensreise des Ichs und die Rechnung, die am Ende mit dem Wirt, also Gott, zu begleichen sein wird, hindurch. Seefahrt und menschlicher Lebensweg werden parallelisiert. Das schäbige Gewand symbolisiert die irdische Last der eigenen Sünden, mit denen das Ich mit dem Hinweis auf die befristeten Tageszeiten, die eigene Lebenszeit („leben friste, morgen und abent") und das Altern, mit „Grausen" in eschatologischer Transzendenz unentrinnbar konfrontiert werde. Ästhetisch werden mit den poetischen Mitteln *abent, gefriste, die selben stunt, den liuten leide, snœdem gewande* auf den *vanitas*-Gedanken angespielt und emotional mit der *freise*, dem Grausen und dem Schrecken, besetzt. Die Assonanz von *reisen* mit *freisen* semantisiert das Unterwegssein pejorativ mit dem emotionalen Zustand des Schauderns und der Unsicherheit gegenüber dem jüngsten Gericht, da die Handlungen während der ‚Reise', also der Lebensreise, erst am Tage der Abrechnung über das finale transzendente Schicksal entscheiden. Die Erkenntnis, was die Reise eigentlich bedeutet (und wie sie ausgeht), stellt sich erst im Nachhinein ein.

Der Appell, sich daran zu erinnern, diesen Moment stets zu vergegenwärtigen „dar an sold ich gedenken", fließt in die *memento mori*-Tradition ein und erhält mit der eschatologischen Ausrichtung ihre religiöse Dimension. Genauso verhält es sich mit dem Gedenken an den *einen* unausweichlichen Tag „vil gar uf einen tac" (dazu im Vergleich zur arabischen Literatur: Salama 2010). Das Meer als hybrider *third space* öffnet mit dem *memento mori*-Appell eine eschatalogische Dimension, in der Vergangenes, Gegenwärtiges und unbekannte zukünftige Transformationen der Transzendenz miteinander verflochten werden.

Ähnlich wird in der arabischen Dichtung das Meer mit Angst, Furcht und Ehrfurcht aber auch mit dem Tod assoziiert. Dieses Geheimnisvolle und Offene des Meeres auf der einen Seite und die Funktion des Meeres als Projektionsfläche des emotionalen Innenlebens des lyrischen Ichs auf der anderen Seite lassen in der arabischen Dichtung zwei Tendenzen erkennen: Einmal wird das Meer – als unberechenbar und furchteinflößender Ort – genutzt, um Gefühle wie Heimweh oder Todesklage auszudrücken; es wird also zur Projektionsfläche des Inneren. Zum anderen kann schon die Erwähnung des Meeres ebenso wie seine Erfahrung bestimmte emotionale Reaktionen induzieren, wie etwa den Ausdruck von Angst.

Dies wird in der folgenden Strophe deutlich, wo der Mittelmeerraum geografisch mit einem realen Ort, der Insel Kreta, verbunden wird und gleichzeitig zu einem Ort voller Gefahren gerät, wenn unberechenbare nächtliche Stürme dargestellt werden, in denen Felsen auftauchen, an denen das Ruder zerbrechen kann, Segel zerreißen etc.

Auch akustisch formt sich dieser Raum als Ort des Grauens aus, nämlich durch die kontinuierlichen qualvollen Schreie der Seeleute über sechs Tage hinweg. Mit dem Appel „nû merkent, wie mir wære" (III, V. 9) wird das Publikum direkt angesprochen und in diese emotionale Situation einbezogen. Die individuelle Wahrnehmung des Sprecher-Ichs weitet sich nun in eine Wahrnehmung des Kollektivs der Seeleute aus, die sich darin äußert, dass sie als erfahrene Seeleute solcher Gefahr niemals länger als eine halbe Nacht ausgesetzt gewesen wären. Zu beobachten ist die Selbststilisierung des Ichs, dem die Schreie der Seeleute Schmerzen bereiten. Weiterhin kommen metaphorische und allegorische Ausdeutungen hinzu, denn diesem Geschrei stünde das Singen des Ichs als harmonischer Kontrast zur Dissonanz gegenüber. Überdies können die sechs stürmischen Tage mit der Schöpfungsgeschichte assoziiert werden.

III.
Wâ leit ie man sô grôze nôt
als ich von bœsem trôste?
ich was ze Krîde vil nâch tôt,
wan daz mich got erlôste.

mich sluogen sturnwinde
vil nâch zeinem steine
in einer naht geswinde,
mîn fröude diu was kleine.
Diu ruoder mir zerbrâchen, nû merkent, wie mir wære!
die segel sich zerzarten, si flugen ûf den sê.
die marner alle jâhen, daz si sô grôze swære
nie halbe naht gewunnen; mir tet ir schrîen wê.
daz werte sicherlîchen
unz an den sehsten tac.
in mahte in niht entwîchen,
ich mües ez allez lîden, als der niht anders mac.

Wo litt ein Mensch je so große Not
wie ich durch enttäuschte Zuversicht?
Ich war vor Kreta schon beinahe tot,
wenn Gott mich nicht gerettet hätte.
Mich peitschten eines Nachts
Sturmwinde in rasender Fahrt
nahe an eine Klippe,
das war kein Vergnügen.
Die Steuerruder zerbrachen mir, jetzt habt acht, wie mir da zumute war!
Die Segel zerfetzten, sie flogen aufs Meer.
Die Seeleute meinten alle, daß sie so große Not
nie auch nur eine halbe Nacht lang erlebt hatten; ihr Geschrei tat mir weh.
Das dauerte gewiß
bis zum sechsten Tag.
Ich konnte ihnen nicht entkommen,
ich mußte es alles ertragen, wie jemand, der nicht anders kann.

Nachdem die Beschreibung der eigentlichen Schifffahrt mit der hyperbolischen rhetorischen Frage „Wâ leit ie man sô grôze nôt / als ich von bœsem trôste?" (III, V. 1–2) eingeleitet wird, geht das Sprecher-Ich nun konkreter auf die Unannehmlichkeiten während der Reise ein, indem die Gefahren auf See in einzelnen Bildern immer weiter aufgefächert werden: der nächtliche Schiffbruch bei Kreta, die sechstägigen unausweichlichen Stürme, die zerrissenen Segel, die zerbrochenen Ruder, das für ihn schmerzhafte Geschrei der Seeleute. Zusätzlich wird das Fehlen jeglicher Freude und jeglichen Vergnügens akzentuiert.

Die zerrissenen Segel zerstreuen sich auf dem Meer, das sie weiter fortträgt. In Analogie zum *swebe[n] ûf dem sê* des Ich fliegen die Segel auf das Meer hinaus: *si flugen ûf den sê*. Das Ich teilt die Lage der Unbeständigkeit und Unbegrenztheit, des unfesten Bodens und der Orientierungslosigkeit mit den zerstörten Teilen des Segels. Beide sind in Bewegung, geraten in einen Zustand des Transits und des Treibens, sind in einem Dazwischen.

Die poetische Stilisierung dieses unsteten Zustands des Dazwischen setzt sich in der folgenden Strophe fort, wenn sich das Ich nach den sechstägigen Stürmen und dem Schiffbruch an einem Felsen vor der Küste Kretas inmitten zweier aus entgegengesetzter Richtung heftig aufeinanderprallender Winde positioniert sieht: Beide Winde – jene, die ihm aus dem Berberland (*Barbarîe*, ‚Marokko') entgegenwehen und ebenso jene aus dem Osten (aus *Türkîe*) – werden als *unsuoze* qualifiziert und setzen das Ich auf dem Meer fest. Auch dieser Zustand inmitten der gegensätzlichen Winde wird mit dem Leben in Apulien kontrastiert.

> IV.
> Die winde, die sô sêre wænt
> gegen mir von Barbarîe!
> daz si sô rehte unsuoze blænt,
> die andern von Türkîe!
> Die welle und ouch die ünde
> gênt mir grôz ungemüete.
> daz sî für mîne sünde!
> der reine got mîn hüete!
> Mîn wazzer daz ist trüebe, mîn piscot der ist herte,
> mîn fleisch ist mir versalzen, mir schimelget mîn wîn.
> der smak, der von der sutten gât, der ist niht guot geverte,
> dâ für neme ich der rôsen ak, und mehte ez wol gesîn.
> zisern unde bônen
> gênt mir niht hôhen muot.
> wil mir der hôhste lônen,
> sô wirt daz trinken süeze und ouch diu spîse guot.
>
> Die Winde, die mir so heftig
> vom Berberland her entgegenwehen!
> Daß sie so überaus unangenehm blasen,
> die andern, von der Türkei her!
> Die Wellen und auch die Wogen
> bereiten mir gewaltiges Unbehagen.
> Das sei (die Strafe) für meine Sünden!
> Behüte mich Gott, der reine!
> Mein Wasser ist faul, mein Zwieback ist hart,
> mein Fleisch ist mir versalzen, mir schimmelt mein Wein.
> Der Geruch, der aus dem Kielraum dringt, der ist kein guter Gefährte,
> lieber nähme ich den Gestank der Rosen, wenn es möglich wäre.
> Erbsen und Bohnen
> steigern meine Stimmung nicht gerade.
> Wenn mich der Höchste belohnen will,
> dann wird das Trinken angenehm und auch die Speise gut.

Ein weiteres Trans-Element sind die hohen stürmischen Wellen, die meist den Meer-Topos mitkonstituieren und mit Emotionen der Angst und Furcht beladen werden und als Katalysator dazu dienen, vor Gott die eigene Sündhaftigkeit zu gestehen und um Buße zu bitten: Genau in diesem Moment des *grôz ungemüete* wendet sich das lyrische Ich mit einem Bittgebet an Gott. Auf die Schilderung von emotionalen seelischen Leiden folgt die Darstellung konkreter körperlicher Unannehmlichkeiten, die eine existenzielle Dimension annehmen können: Faules Trinkwasser, harter Zwieback, schimmliger Wein, versalzenes Fleisch und der Gestank an Bord. Als Vergleichsfolie werden Dinge erwähnt, die mit dem Leben in Apulien zusammenhängen und nun nicht mehr zu greifen sind: Ich erinnere an die erste Strophe, in der Apulien zum *locus amoenus* stilisiert wird, wo Rosenkränze geflochten werden und grüner Klee blüht. Die Sehnsucht nach Rosenduft, süßen Getränken und köstlichen Speisen kann als Kontrast mit dem Zustand des Schreckens und des Ekels an Bord sowie der Trauer um den Verlust dieser profanen Freuden gelesen werden. Wahrscheinlicher ist darin aber die Sehnsucht nach der paradiesischen Existenz zu sehen, was im Umkehrschluss das Dasein an Bord wiederum zur Metapher irdischer Existenz stilisiert – ähnlich wie zuvor Schiffbruch und davonfliegende Segel. Zugleich wird der Wunsch nach göttlicher Erlösung geäußert. Die sich wiederholenden Reminiszenzen an Apulien – die in Anbetracht der existenziellen Nöte eine paradiesisch-jenseitige Wertigkeit annehmen – können zudem als Wunschdenken, als imaginativer Fluchtraum und als Ausdruck eines Mechanismus des Überlebens gelesen werden. Dieser mentale Raum wird in der Strophenfolge um Elemente aus der Erinnerung an Apulien fortlaufend erweitert. Apulien fungiert somit nicht nur als idealer Ort, Ausgangspunkt der Reise und Kontrastfolie zum jetzigen Moment des Schwebens und der Unsicherheiten auf den stürmischen Wellen, sondern formt sich aus zu einem Rettungsanker, der dem Ich durch die Imagination, dem Gedenken und der Reminiszenz an den paradiesischen Zustand zur Rückbesinnung verhilft:

„daz sî für mîne sünde! / der reine got mîn hüete!" (IV, 7–8). Die Bitte um bessere Speisen anstelle des versalzenen Fleisches und des verschimmelten Weines symbolisiert im transzendenten Sinne die *vanitas* des irdischen Daseins und drückt den Wunsch nach Erlösung in Hoffnung auf ewigen himmlischen Lohn aus: „wil mir der hôhste lônen, / sô wirt daz trinken süeze und ouch diu spîse guot" (IV, 15–16).

In diesem Sinne taucht in der folgenden Strophe die Vorstellung eines glücklichen Menschen oder Mannes auf, der als Reiter imaginiert wird: „wie saelic ist ein man, der für sich mac geriten!" Das *geriten* bezieht sich in erster Linie auf das Befinden auf festem Boden in Kontrast zu den unsicheren Wellen, zugleich könnte dies symbolisch auf die Beständigkeit und das Wissen um den eigenen Weg bezogen werden.

V.
Ahî, wie sælic ist ein man,
der für sich mac gerîten!
wie kûme mir der gelouben kan,
daz ich muoz winde bîten!
Der Schrok von Ôriende
und der von Tremundâne
und der von Occidende,
Arsiule von dem plâne,
Der Meister ab den Alben, der Krieg ûz Romanîe,
der Levandân und Ôster, die mir genennet sînt;
ein wint von Barbarîe wæt, der ander von Türkîe,
von Norten und der Metzôt, seht, daz ist der zwelfte wint.
wær ich ûf dem sande,
der namen wisse ich niht;
durch got ich fuor von lande
und niht dur dise vrâge, swie wê halt mir geschiht.

Ach, wie glücklich ist ein Mensch,
der vor sich hin reiten kann!
Wie wenig der mir glauben kann,
daß ich auf Winde warten muß!
Der Schirokko aus dem Orient
und der aus Tramontana,
und der aus dem Okzident,
Arsura aus der Ebene,
der Mistral von den Alpen, der Greco aus Byzanz,
der Levantano und Ostro, die wurden mir genannt;
ein Wind weht vom Berberland her, der andere von der Türkei her,
von Norden und der Mezzodi, seht, das ist der zwölfte Wind.
Wäre ich auf dem Sand,
kennte ich deren Namen nicht;
Gottes wegen habe ich das Festland verlassen
und nicht um dieser Frage willen, wie schlecht es mir auch ergeht.

In der letzten Strophe wird abermals auf das angenehme Landleben im Vergleich zum Leben auf See rekurriert. Die *repetitio* zur ersten Strophe eröffnet einen Rahmen, wonach derjenige glücklich sei, der zu Land aktiv und orientiert reiten könne (*für sich mac gerîten*), und nicht zum passiven Antrieb durch die Winde angewiesen wäre, wie das Ich in der Situation des Sprechens. In Kontrast zur einfachen Struktur des festländischen Reitens ist die Fortbewegung auf dem Meer von den komplexen Kräfteverhältnissen und Launen der zwölf Winde abhängig, die nun bei ihren Namen genannt werden.

Das Wissen darum, dass sich ein Ritter glücklich darüber schätzen solle, weil er nicht auf die Winde achten müsse, sei allerdings erst durch die Erfahrung der

Seefahrt erworben worden. Die Kenntnis der Namen der Winde wird als ein Wissen markiert, das der ritterlichen Lebensweise ‚fremd' ist – zugleich legitimiert sie das Sprechen des Ichs, das so auf tatsächlicher Erfahrung beruhend, also als empirisch ausgegeben wird. Die Kenntnis der Namen der Winde wird als Trans-Element markiert, da es das Staunen der Heimgebliebenen auslösen kann. Trotz der unritterlichen Umgebung gibt es also Bezüge zu einem Moment der Bewährung. Das Ich behauptet, auf der Reise selbst ein nautisches Wissen erlangt zu haben – und stellt es prompt unter Beweis, indem es dieses präsentiert.

Indem die Winde durch die Besetzung mit den Windnamen – also exotischen bzw. Fach-Begriffen – in Relation zu geografischen und klimatischen Regionen gesetzt werden, erfolgt eine geologische, meteorologische und soziale Überschreibung des Meeres, das nun von seinen terrestrischen Rändern aus in den Blick kommt. Bedeutend ist dabei die Verknüpfung der Erfahrung und des damit verbundenen Wissenserwerbs mit den Affekten des Staunens und Schauderns: Dieses neue Wissen des Ich – die Kenntnis der Windnamen – verdankt sich eindeutig der Seereise und zeugt zugleich von ihr. Das Meer wird sowohl zum Wissensträger als auch zum empirisch erfahrbaren Wissensraum, der sich im Prozess des Transfers herausbildet. Dieser Prozess vollzieht sich durch die Trennung von bekannten irdischen Freuden, die sich über einen Wechsel der Elemente, der Räume, der Emotionen hinausdehnt. Erst das Durchleben des Schreckens, des Grauens und der Trauer über den Verlust ermöglicht eine kathartische Erkenntnis von Wissen und nach der Exklusion eine fast schmerzhafte Neu-Integration.

Das lyrische Ich erkennt den Wert dieser qualvollen Seefahrt darin, dass das erfahrene Leid die eigenen Sünden verbüße. Dagegen sei ihm der Wissenserwerb, wie die Kenntnis der Namen der Winde, diese Reise nicht wert. Die Tatsache, dass die einzelnen Namen der zwölf Winde katalogähnlich trotzdem aufgelistet werden, steht für eine Dialektik, da das Ich hiermit zum Experten stilisiert wird. Die Bedeutung dieser Strophe liegt gerade darin, dass in dieser dialektischen Einstellung dem neuerworbenen Wissen gegenüber, dem mit Staunen und Schaudern zugleich begegnet wird, der Text sich für übergeordnete Wissensformationen öffnet.

Der aus dem Arabischen abgeleitete *Schrok* (derwie erwähnt, auf das arab. *aš-šarq* [‚Osten'] zurückgeht) verweist auf antike Wissensbestände, die Gelehrte der arabischen und lateinischen Welt teilten; auch die in den Windnamen zum Ausdruck kommende „mittelmeerische Seemannssprache" (Wachinger 2010, 731) deutet auf ein geteiltes Wissen hin.[10] Eine vergleichbare dichterische Einbettung

---

[10] Die Bezeichnungen sind nach Auffassung Sieberts (1934, 186) italienischen Ursprungs; der gefährlichste Wind wird vorangestellt. Schiwek betont, dass im Unterschied zu einem Lied Oswalds von Wolkenstein hier nur eine Aneinanderreihung der Windnamen erfolgt, ohne deren unmittelbare Auswirkungen auf die Seereise zu erwähnen (Schiwek 2017, 185).

der Namen der Winde findet sich im arabischen Kontext etwa im ‚Wörterbuch fremder Ausdrücke in der Sprache' (*Niẓām al-ġarīb fī l-luġa*) des ʿĪsā ibn Ibrāhīm ar-Rabaʿī (gest. 1087), das auch die Windnamen in gebundener Sprache katalogisiert (ar-Rabaʿī o. J., 195–196; vgl. dazu Maṣrī 2011). Die Einbettung von Fachwissen und Fachsprache, im Zusammenhang damit auch die Aktivierung kollektiver Wissensbestände, rücken den Text somit in den Kontext epistemischer Diskurse und Traditionen nautischer und klimatologischer Kenntnisse[11] mit transkultureller Reichweite.

5 Der Meer-Topos in der arabischen Dichtung

In dieser Weise vorbereitet durch die Lektüre des Tanhūser-Lieds, kann nun der Vergleich zur arabischen Dichtung[12] folgen. Ich beginne bei Yaḥyā al-Ġazāl, dem andalusischen Dichter und weitgereisten Diplomaten, der Gesandtschaften nach Konstantinopel (840) und in den Norden zu den Wikingern (845) unternommen hat (oder unternommen haben soll). Die Dichtungen Yaḥyā al-Ġazāls sind erstmals im 12. und 13. Jahrhundert überliefert und möglicherweise Ausdruck einer erst in dieser Zeit abgeschlossenen Legendenbildung.[13] Ich zitiere beispielhaft einige im Vergleich zum Tanhūser interessante Verse im Arabischen und übersetze sie ins Deutsche. Ähnlichkeiten zwischen den Texten zeigen sich vor allem hinsichtlich der oben beschriebenen Meeres-Topoi des Tanhūser, gerade auch mit Blick auf das Verfahren, Wissenssegmente in sehr konzentrierter Form zu transferieren und

---

11 Vgl. zur „Integrierung einer Sondersprache, Fachsprache" Kühn 1978, 303.
12 Mein herzlicher Dank gebührt den KollegInnen der Arabistik der Philosophischen Fakultät der Kairo Universität für Erläuterungen und Material: Ahmad Ammar, Abdulrahman Teama, Sahar Muhammad Fathy, Fihr Shaker.
13 Vgl. Huici Miranda 2012: „Al-Ghazāl's unusual diplomatic mission and the memory of Viking incursions gave rise to the legend invented in the 12th or 13th century by the Valencian Ibn Diḥya [...] according to which ʿAbd al-Raḥmān II, satisfied with the way in which al-Ghazāl and his companion had carried out their mission, entrusted to them in later years another embassy to the North with the aim of dissuading the king of the Vikings from attempting a fresh landing in Andalusia. According to this story the poet and his companion fulfilled their task in northern Europe and returned to Cordova after a dangerous voyage of nine months in Atlantic waters. The falseness of this is obvious at a glance. The more or less marvellous elements of which it is formed are copied for the most part from episodes attributed in the 10th century to al-Ghazāl's journey to the Greek emperor. No doubt the unusual activity of the Byzantine emperor in Cordova and the daring landing of the Vikings on Spanish territory, enriched with romantic details, finally amalgamated in the popular beliefs of Andalusia and so gave rise to a combined legend which little by little distorted the historical reality."

mit einer Reflexion des Ich über den eigenen Selbstwert zu verbinden. In seiner Beschreibung des Meeres und des Schiffes während seiner Reise zu den Normannen lässt Yaḥyā narrative und lyrisch-stimmungsvolle Passagen ineinanderfließen. Neben diesem innovativen Zug einer Gattungsüberschreitung winden sich intertextuelle Ästhetiken, wie beispielsweise der koranische Vergleich der hohen Wellen mit Gebirgen (Q 11:42), in seine Verse ein.¹⁴ Während seiner Reise zu den Normannen als Gesandter spricht er zu seinem Reisegefährten, der ebenfalls Yaḥyā heißt, folgende Verse:

قالَ لي يَحيى وَصِرنا بَينَ مَوجٍ كَالجِبالِ
وَتَوَلَّتنا رِياحٌ مِن دَبورٍ وَشَمالِ
شَقَّتِ القِلعَينِ وَانبَتَّ عُرى تِلكَ الحِبالِ
وَتَمَطَّى مَلَكُ المَوتِ إِلينا عِن حِيالِ
فَرَأَينا المَوتَ رَأيَ العَينِ حالاً بَعدَ حالِ
لَم يَكُن لِلقَومِ فينا يا رَفيقي رَأسُ مالِ!

(Dīwān al-Ġazāl 1993, 71)

Yaḥyā sagte zu mir,
während wir zwischen Wellen – hoch wie Berge – trieben,
den Winden des Westens und des Nordens ausgeliefert,
beide Segel zerfetzt und die Taue zerrissen,
als der sich reckende Todesengel nach langem Schlaf unentrinnbar nach uns langte,
und wir wahrhaftig den Tod sahen, genauso wie das Auge einen Zustand nach dem Anderen erblickt:
„Mit uns – mein lieber Gefährte – verfügen unsere Leute über kein Kapital!"¹⁵

Die Dichtungen des Ibn Ḥafāğa al-Andalusī, eines der berühmtesten Autoren der Almoraviden-Zeit (vgl. Granja 2012) – also der zweiten Hälfte des elften und der ersten Hälfte des zwölften Jahrhunderts – spielen in ihrem Einsatz des Meer-Topos mit dessen Potentialen der Erweckung von Sehnsucht und Bedrohlichkeit. Elemente der Liebespoesie werden auf das Meer, seine Wellen und ein navigatorisches bzw. meteorologisches Wissen übertragen: So wühlt der eigentlich sanfte, aus dem Osten der Wüste wehende milde Wind namens Sabba die Wellen so stark auf, dass er sie zum Rasen bringt, wie das Herz der Verliebten. Auf diesen Wellen reitet das

---

14 Das Bild erscheint im Qur'ān im Kontext der Arche Noah (Q 11:42): „Sie glitt mit ihnen durch berghohe Wogen [...] | " (Übers. Maher 199, siehe: Qur'ān).
15 Wenn nicht anders gekennzeichnet, stammen die Übersetzungen aus dem Arabischen von der Verfasserin.

Ich auf seinem Rappen, der das tiefschwarze Meer symbolisiert, von den aufbrausenden Winden gepeitscht, in die ungewisse Zukunft:

وأخضر عجاج تدرجه الصبا   فتتهم فيه العين طورا وتنجد
كأن فؤادا بين جنبيه راجفا   يقوم به نأي الحبيب ويقعد
سأركب منه ظهر أدهم ريض   مروع بسوط الريح يرتد يزبد
وأمضي فإما بيت نفس كريمة   يهد وإما بيت عز يشيد

(Dīwān Ibn Hafāǧa 2006, 99, Abschnitt 79, V. 11)

Rauchendes Grün vom Sabba eingeholt und aufgewühlt,
als würde das Herz zwischen den Rippen aus Sehnsucht nach der Geliebten beben,
genauso rase ich auf dem Rücken eines gezähmten Rappen, von den aufbrausenden Winden gepeitscht,
und ziehe ein entweder in das Haus einer großzügigen Seele, das zerstört wird, oder in ein allmächtiges Haus, das errichtet wird.

Ein anderes Thema, das sich ebenso beim Tanhüser findet, ist das der Buße: Beim sizilianischen Dichter Ibn Ḥamdīs al-Ṣīqillī wird die Buße ebenfalls mit autobiografischen Motiven verknüpft. Ibn Ḥamdīs musste wahrscheinlich vor der Invasion der Normannen in den 70er Jahren des elften Jahrhunderts aus Sizilien flüchten (vgl. Davis-Secord 2017, 205–206). Über einen Umweg nach Nordafrika (Sfax) gelangte er schließlich nach Andalusien in das Emirat Sevilla, das von al-Muʿtamid bin ʿAbbād (1040–1095), einem der letzten *taifa*-Könige, beherrscht wurde (vgl. Rizzitano 2012). In seiner Dichtung bringt Ibn Ḥamdīs immer wieder die Trauer über den Sturz Siziliens zum Ausdruck, der Verlust der Heimat erfüllt ihn mit Schmerz und weckt eine intensive Sehnsucht. In diesem Kontext erscheint das Meer weniger als verbindende Größe, sondern als Hindernis, das eine Wiedervereinigung mit der Heimat und eine Rückkehr blockiert.

Eine der schönen poetischen Bildfindungen ist der Wunsch, dass sich die Sichel des Mondes in ein kleines Boot verwandeln möge, um damit über das andalusische Himmelsmeer bis nach Sizilien zu treiben. Der Wunsch, in die Heimat zu den Freunden und den geliebten Menschen zurückzukehren und die Schönheiten einer idealisierten Natur wie etwa den Duft der strahlenden Blüten zu genießen, wird durch das Meer, das mit einer Mauer verglichen wird, verhindert:

وراءك يا بحر لي جنة   لبست النعيم بها لا الشقاء
إذا أنا حاولت منها صباحا   تعرضت من دونها لي مساء
فلو أنني كنت أعطي المنى   إذا منع البحر منها اللقاء
ركبت الهلال به زورقا   إلى أن أعانق فيها ذكاء

(Dīwān Ibn Ḥamdīs, 4)

Hinter dem Meer liegt mein Paradies, wo ich Gewänder der Freude und nicht des Leides trage,
Versuch ich des Tages, jenes zu erreichen, verhinderst Du mir abends den Weg,
Würden sich meine Wünsche erfüllen, wenn das Meer mir die Ankunft verbietet
so würde ich mir die Sichel als Boot nehmen, um die Sonne zu umarmen.

Bei einem weiteren Beispiel werden die Gefahren des Meeres wiederum im Kontext der in alle Richtungen wehenden Winde thematisiert, um in die Reflexion über die Gründe der Seefahrt zu münden, die gravierender seien als die Seereise selbst:

أراك ركبت البحر في الأهوال بحرا   عظيما ليس يؤمن من خطوبه
تسير فلكه شرقا وغربا   وتدفع من صباه إلى جنوبه
وأصعب من ركوب البحر عندي   أمور ألجأتك إلى ركوبه

(Dīwān Ibn Ḥamdīs, 8)

Ich sehe Dich auf einem riesigen Meer voller Gefahren und Grauen fahren, vor dem niemand sicher ist,
getrieben werden seine Schiffe nach Osten und nach Westen und vom Sabba nach Süden,
Schwieriger als die Fahrt auf dem Meer sind für mich die Dinge, die dich dazu bewegt haben.

In der Dichtung von Ibn Ḥamdīs findet sich eine feindselige Haltung gegenüber dem Meer, insbesondere, nachdem seine geliebte Sklavin namens *Ǧawhara* (,Juwel' oder ,Juwelin') im Meer ertrunken ist. Besonders interessant ist die arabische poetische Konstruktion des *rukub al-baḥr*, also des ,Ritts' oder der ,Fahrt auf dem Meer'. Wie beim Tanhūser wird dabei der Kontrast zwischen den Elementen und ihrer Wechselwirkungen zur Grundlage der Poetik. Erwähnenswert ist das besondere Bild einer Gegenüberstellung des Elements des Wassers mit dem Element der Erde: Der Mensch ist aus Erde erschaffen, im Wasser löst diese sich auf. Das Wissen davon, dass Erde sich im Meer auflöst, wird ins Symbolische transferiert und rückt damit in die Nähe eines *memento mori*:

لا أركبُ البحرَ خوفاً   عليّ منه المعاطب
طينٌ أنا وهو ماءٌ   والطينُ في الماء ذائب

(Dīwān Ibn Ḥamdīs, 533 f., Abschnitt 336)

Ich fahre nicht auf das Meer hinaus aus Angst, denn es ist vernichtend; aus Erde bin ich erschaffen und jenes ist aus Wasser, und löst sich die Erde doch im Wasser auf.

Die Verflechtung von Sehnsucht und Heimweh verbindet sich bei Ibn Ḥamdīs an anderer Stelle mit den Winden:

والشوق يزخر بحره بقبوله   ودبوره وشماله وجنوبه

(Dīwān Ibn Ḥamdīs, 10, Abschnitt 10, V. 6)

Und die Sehnsucht überschwemmt ihr Meer samt seiner nördlichen, südlichen, westlichen und östlichen Winde.

Ibn Ḥamdīs beschreibt seine Sehnsucht nach seiner Heimat Sizilien mit dem Bild eines aufbrausenden Meeres, das von den stürmischen Winden aus allen Richtungen aufgepeitscht wird. Das Toben der Wellen drückt die Sehnsucht des Dichters nach Sizilien aus, wie die Wellen im Meer ist die Erinnerung daran bewegend und allgegenwärtig.

Als ein letztes Beispiel sei der tunesische Dichter Ibn Rašīq al-Qairawānī angeführt, der seine Sehnsucht nach der Geliebten mit in die Erlebnisse der Seefahrt einflicht und dabei – ähnlich wie Ibn Ḥamdīs und der Tanhäuser – einen Kontrast zwischen der stürmischen Seefahrt und den eigenen süßen Erinnerungen an die Geliebte bzw. die verlorene Heimat herstellt, also zwischen den äußeren Ereignissen und den inneren Befindlichkeiten:

ولقد ذكرتك في السفينة والردى   متوقع بتلاطم الأمواج
والجو يهطل والرياح عواصف   والليل مسود الذوائب داج
وعلى السواحل للأعادي غارة   يتوقعون لغارة وهياج
وعلت لأصحاب السفينة ضجة   وأنا وذكرك في ألذ تناجي

(Dīwān Ibn-Rašīq, 55, Abschnitt 35)

Ich dachte an Dich auf dem Schiff während ich den Tod mit jedem Wellenschlag erwartete.
Als es goss, die Winde stürmten und die dunkle Nacht sich verfinsterte,
zog an den Küsten der Ansturm der Feinde auf,
stieg der laute Tumult der Schiffsleute während ich in den süßesten Erinnerungen an Dich schwelgte.

Fazit

Die vorangehenden Überlegungen zur Darstellung und Funktionalisierung des Meer-Topos und der Seereise in vormoderner Dichtung hatten vor allem das Ziel, Formen transkultureller Verflechtung zu fokussieren. Hierfür wurden poetische, auf epistemische Traditionen bezogene Elemente, die ich ‚Trans-Elemente' genannt habe, anhand des Meer-Topos in vormoderner lyrischer Dichtung in deutscher und arabischer Sprache vorgestellt. Ausgehend von der Darstellung und Funktionalisierung von Meer-Topoi in Tanhūsers Lied *wol im, der nû beizen sol* wurde auf ähnliche Topoi in arabischer Dichtung der Vormoderne, meist bei andalusischen Autoren, hingewiesen. Die angeführten Textbeispiele bei Yaḥyā ibn Ḥakam al-Bakrī al-Ġazāl (790–864), Ibn Ḥafāǧa al-Andalusī (1058–1139), Ibn Ḥamdīs al-Ṣiqillī (1056–1133) und dem tunesischen Dichter Ibn Rašīq al-Qairawānī (ca. 1000–1064) lassen aufgrund von Ähnlichkeiten hinsichtlich des Einsatzes von Meer-Ästhetiken Momente transkultureller Verflechtung im Zusammenhang des Transfers von geografischem und nautischem Wissen erkennen. Die Funktionalisierung des Meeres als Projektionsfläche sowohl für Selbstreflexionen als auch für Emotionen (oder als deren Auslöser) weisen ähnliche poetologische Eigenschaften auf. Die Semantisierung des Meeres als Wissensträger und Transfermedium von Expertenwissen an den Laien erfolgt etwa ausdrücklich bei der Aufzählung der Namen der Winde im Gedicht des Tanhūser. Des Weiteren erwähnt der Tanhūser die geographischen Orte Apulien und Kreta, die einerseits im Zentrum des Mittelmeers und andererseits auf der Mitte der Passage von Apulien in das Heilige Land liegen. Die Nennung dieser Orte lässt im Zusammenhang mit den vielen Orten, Herrschaftsgebieten und Himmelsrichtungen, die durch die Nennung der Windnamen aufgerufen werden (wie *Ôriende, Occidende*, die *Alben, Romanîe* und *Türkîe*) das Mittelmeer samt den daran angrenzenden Regionen und ihrer Hinterlande vor dem inneren Auge auftauchen (freilich nicht im Sinne eines Kartenbildes). Das Sprecher-Ich wird gezeigt als inmitten dieses Raums dahintreibend, ohne Orientierung und erfüllt von Leid. Zum einen manifestiert sich darin eine Art imaginäre Erfassung des Mittelmeers und zum anderen eine Symbolisierung des Zustands der Schwebe, des unwillkürlichen Treibens und der Orientierungslosigkeit, in dem sich das Ich befindet – inmitten dieses unermesslichen Raums. Mit dieser Vorstellung öffnet sich ein dritter Raum und ein Raum des Übergangs, der die (Möglichkeit einer) Transformation des Sprecher-Ichs fassbar macht: Über den inneren Dialog und die Selbstreflexion erkennt das Ich in Tanhūsers Lied die eigene Erweiterung durch Erfahrungen, die im Erwerb maritimer und nautischer Kenntnisse zum Ausdruck kommt, das Aufführen der Windnamen zeigt diese Erfahrung an und belegt sie zugleich. Ähnlich konstatiert das Ich bei Yaḥyā die eigene Nichtigkeit im Vergleich zur Übermacht der Natur, der wilden Wellen des Meeres und der Stürme.

Mediterrane Wissenswelten erweisen sich, darauf deuten die aufgezeigten Parallelen hin, als Kontinuum, sie haben Teil an epischen und lyrischen Narrativen transkultureller mediterraner Praktiken und Literaturen. Beim Tanhūser verschmelzen maritime und nautische Wissenssegmente im mediterranen Raum mit ritterlich-höfischen Motiven (wie Minnedienst, Jagd, Festlichkeit, Falknerei etc.) und fungieren als Reflexionsfläche und Projektionsraum für subjektive Eindrücke und imaginierte Erinnerungen und Wünsche. Eine solche Verbindung von Seefahrts- und Minnediskursen findet sich ebenfalls in der arabischen Dichtung.

Im Kontext der Seefahrt wird Identität ‚erfahren' als Entsagung, Ablösen von sinnlichen Freuden, als Exklusion in der Loslösung vom sozialen Kollektiv und schließlich einer Auflösung in emotional leidvolle Zustände: Verlust, Schmerz und Pein (beim Tanhūser auch in Anspielung auf das Leiden Christi). Die sinnlich schmerzvollen maritimen Erfahrungen und Erlebnisse im Jetzt des Sprechens fließen mit den Erinnerungsräumen aus der Vergangenheit zusammen. Exklusion, Fortgang aus einer Welt und Aufbruch in eine andere Welt, dazwischen die liminale Phase vor der Ankunft in der neuen Welt, bilden die Stationen dieser ‚Reise'. Das Singen und Dichten, mit der prekären Situation des ‚fahrenden' Sängers in Verbindung gebracht, wird als konstantes Schweben oder Treiben auf See imaginiert. Aber nicht allein der Modus des Dichtens und Singens, sondern auch kommunikatives Handeln und die Weitergabe von Erfahrung, Wissen und subjektiven Reflexionen, die auf den liminalen, durch die Meerfahrt evozierten (Erfahrungs-)Raum projiziert werden, formen das Meer zu einem ebenso transmedialen wie ambivalenten Körper der Wissensvermittlung und des Transfers. Eines Wissenstransfers, dessen Ausmaß schwer einzuschätzen ist: Das zeigen die vom Sturm zerfetzten Segelteile, die auf dem Meer dahintreiben und deren Ausgang bis zuletzt ungewiss bleibt, und das zeigt auch die Existenz des ‚Fahrenden', der nicht weiß und nicht wissen kann, wohin die Wellen ihn tragen werden.

Literaturverzeichnis

Primärtexte

Dīwān al-Ġazāl = Yaḥyā Ibn-Ḥakam al Ġazāl: *Dīwān Yaḥyā Ibn-Ḥakam al-Ġazāl*. Textkritische Ausgabe. Hg. von Muḥammad Riḍwān ad-Dāya. Beirut u. a. 1993.
Dīwān Ibn-Ḥafāǧa = Ibn Hafāǧa al-Andalusī: *Dīwān Ibn Hafāǧa*. Textkritische Edition. Hg. von Abdullah Sindah, Beirut 2006.
Dīwān Ibn Ḥamdīs = Ibn Ḥamdīs al-Ṣīqillī (1960): *Dīwān Ibn Ḥamdīs*. Hg. von Iḥsān ʿAbbās, Beirut 1960.
al-Qurʾān = *Sinngemäße deutsche Übersetzung des heiligen Koran. Arabisch – Deutsch*. Hg. von al-Maǧlis al-Aʿlā li-š-Šuʾūn al-Islāmīya der Arabischen Republik Ägypten. Übers. von Moustafa Maher. Einl.

von Mahmoud Hamdi Zakzouk. Sprachl. Revision von Elsa Maher. Allg. Revision von Ali Huber. 2. A. Kairo 2007.

Dīwān Ibn-Rašīq = Ibn-Rašīq, al-Ḥasan Ibn-ʿAlī (1996): *Dīwān Ibn-Rašīq al-Qairawānī*. Hg. von Ṣalāḥ-ad-Dīn al-Hauwārī. Beirut 1996.

ar-Rabaʿī, ʿĪsā ibn Ibrāhīm: *Kitāb niẓām al-ġarīb fī l-luġa*. Textkritische Edition von Paulus Brunnle. Kairo o. J.

Tanhūser = *Die Dichtungen des Tannhäuser. Kieler Online-Edition*. Unter Mitarbeit von Elisabeth Axnick und Leevke Schiwek hg. von Ralf-Henning Steinmetz, übers. von Elisabeth Axnick, Leevke Schiwek und Ralf-Henning Steinmetz. Kiel 2019, URL: https://macau.uni-kiel.de/servlets/MCRFileNodeServlet/macau_derivate_00000886/Tannh%C3%A4user__Kieler_Online-Edition.pdf (07.12.2022).

Sekundärtexte

All'ermeneutica et al.: „Art. ‚Meeresdichtung'". In: *Wikipedia* (14.03.2034), URL: https://de.wikipedia.org/wiki/Meeresdichtung (18.03.2023).

Bhatti, Anil und Dorothee Kimmich (Hg., unter Mitarbeit von Sara Bangert): *Ähnlichkeit. Ein kulturtheoretisches Paradigma*. Konstanz 2015.

Böhmer, Maria: *Untersuchungen zur mittelhochdeutschen Kreuzzugslyrik*. Rom 1968.

Borgolte, Michael: Christliche und muslimische Repräsentationen der Welt. Ein Versuch in transdisziplinärer Mediävistik. In: Ders.: *Mittelalter in der größeren Welt. Essays zur Geschichtsschreibung und Beiträge zur Forschung*. Hg. von Tillmann Lohse und Benjamin Scheller. Berlin Bosten 2014, S. 283–336.

Borgolte, Michael und Nikolas Jaspert (Hg.): „Maritimes Mittelalter – Zur Einführung". In: *Maritimes Mittelalter. Meere als Kommunikationsräume*. Hg. von dens. Ostfildern 2016, S. 9–34.

Braudel, Fernand: *Das Mittelmeer und die mediterrane Welt in der Epoche Philipps II*. Übers. von Grete Osterwald (Franz. Orig.: *La Méditerranée et le monde méditerranéen à l'époque de Philippe II*, Paris 1949). 3 Bde. Frankfurt a. M. 1990.

Cammarota, Maria Grazia: „Tannhäuser's Crusade Song: A Rewriting of Walther's Elegy?". In: *The Garden of the Crossing Paths: The Manipulation and Rewriting of Medieval Texts*. Hg. von Marina Buzzoni und Massimiliano Bampi. Venedig 2004 (überarb. Edition: Venedig 2007), S. 95–118.

Cohen, Margaret: *The Novel and the Sea*. Princeton, NJ 2010.

Davis-Secord, Sarah: *Where Three Worlds Met: Sicily in the Early Medieval Mediterranean*. Ithaca, NY 2017.

Enseleit, Tobias: Der Tannhäuser, in: *Mittelalter Digital* 1, 1 (2020), S. 1–37.

Forcada, M.: „Art. Rīḥ". In: *Encyclopaedia of Islam, Second Edition*. 2012, URL: https://referenceworks.brillonline.com/entries/encyclopaedia-of-islam-2/rih-SIM_6297?s.num=0&s.f.s2_parent=s.f.book.encyclopaedia-of-islam-2&s.q=winds (17.02.2023).

Foulke, Robert: *The Sea Voyage Narrative. Genres in Context*. New York 2011.

Gradinari, Irina. „Memory Meets Sea: Einleitung". In: *Zeitschrift für interkulturelle Germanistik* 11, 2 (2020.), S. 11–32.

Granja, F. de la: „Art. Ibn Ḵẖafādja". In: *Encyclopaedia of Islam, Second Edition*. 2012, URL: https://referenceworks.brillonline.com/entries/encyclopaedia-of-islam-2/ibn-khafadja-SIM_3243?s.num=0&s.f.s2_parent=s.f.book.encyclopaedia-of-islam-2&s.q=Ibn+khaf%C4%81dja (11.02.2023).

Heimböckel, Dieter und Manfred Weinberg: „Interkulturalität als Projekt". In: *Zeitschrift für interkulturelle Germanistik* 5, 2 (2014), S. 119–144.

Hofmann, Michael. *Interkulturelle Literaturwissenschaft. Eine Einführung*. Stuttgart 2006.
Huici Miranda, A.: „Art. al-G̲h̲azāl". In: *Encyclopaedia of Islam, Second Edition*. 2012, URL: https://referenceworks.brillonline.com/entries/encyclopaedia-of-islam-2/al-ghazal-SIM_2484?s.num=0&s.f.s2_parent=s.f.book.encyclopaedia-of-islam-2&s.q=al+ghazal (8.12.2022).
Kasten, Ingrid: „Heilserwartung und Verlusterfahrung Reisen als Motiv in der mittelalterlichen Lyrik". In: *Reisen und Welterfahrung in der deutschen Literatur des Mittelalters Vorträge des XI. Anglo-deutschen Colloquiums 11.–15. September 1989 Universität Liverpool*. Hg. von Dietrich Huschenbett und John Margetts. Berlin 1991, S. 69–84.
Kimmich, Dorothee und Schamma Schahadat: „Einleitung". In: *Kulturen in Bewegung*. Hg. von dens. Bielefeld 2014, S. 7–22.
Kühn, Dieter: „Tannhäusers Kreuzlied. Eine Anmerkung". In: *Gesammelte Vorträge der 600-Jahrfeier Oswalds von Wolkenstein*. Hg. von Hans-Dieter Mück und Ulrich Müller. Göppingen 1978, S. 301–307.
Kühnel, Jürgen: „Der Minnesänger Tannhäuser. Zu Form und Funktion des Minnesangs im 13. Jahrhundert". In: *Ergebnisse der 21. Jahrestagung des Arbeitskreises „Deutsche Literatur des Mittelalters"*. Hg. von Wolfgang Spiewok. Greifswald 1989, S. 125–151.
Loleit, Simone: *Zeit- und Alterstopik im Minnesang. Eine Untersuchung zu Liedern Walthers von der Vogelweide, Reinmars, Neidharts und Oswalds von Wolkenstein*. Berlin 2018.
Mašrī, aṭ-Ṭāhir (مشري, الطاهر): إطلالة على المؤلف: معجم نظام الغريب في للربعي ت. 480 هـ :in. 27 اللغة العربية (2011), S. 105–128, URL: http://search.mandumah.com/Record/795086 (20.03.2023).
Moraux, Paul: „Anecdota Graeca Minora II: Über Die Winde". In: *Zeitschrift für Papyrologie und Epigraphik* 41 (1981) S. 43–58.
MagentaGreen et al.: „Art. Windrose". In: *Wikipedia* (15.03.2023), URL: https://de.wikipedia.org/w/index.php?title=Windrose&oldid=227874812 (18.03.2023).
Makropoulos, Michael: „Meer. Aspekte einer Daseins- und Lebensführungsmetapher". In: *Wörterbuch der philosophischen Metaphern*. Hg. von Ralf Konersmann. Darmstadt 2007, S. 236–248.
Mauntel, Christoph: „Vom Ozean umfasst. Gewässer als konstitutives Element mittelalterlicher Weltordnungen". In: *Ozeane. Mythen, Interaktionen und Konflikte*. Hg. von Friedrich Edelmayer und Gerhard Pfeisinger. Münster 2017, S. 57–74
Mauntel, Christoph und Jenny Rahel Oesterle: „Wasserwelten. Ozeane und Meere in der mittelalterlichen christlichen und arabischen Kosmographie". In: *Wasser in der mittelalterlichen Kultur / Water in Medieval Culture. Gebrauch – Wahrnehmung – Symbolik / Uses, Perceptions, and Symbolism*. Hg. von Gerlinde Huber-Rebenich, Christian Rohr und Michael Stolz. Berlin Boston 2017, S. 59–77.
Minow, Helmut: „Portolankarten (II). Analyse der Mittelalterlichen Seekarten". In: *Geomatik Schweiz* 7 (2004), S. 433–438.
Mohr, Wolfgang: „Tanhusers Kreuzlied". In: Ders.: *Gesammelte Aufsätze*. Bd. 2: *Lyrik*. Göppingen 1983, S. 335–356 (zuerst in: *Deutsche Vierteljahrsschrift für Literaturwissenschaft und Geistesgeschichte* 34 (1960), S. 338–355).
Müller, Ulrich: „Tannhäusers Aufbruch zum Kreuzzug. Das „Bußlied" der Jenaer Liederhandschrift". In: *Germanisch-romanische Monatsschrift* 43 (1993), S. 257–266.
Oesterle, Jenny Rahel: „Arabische Darstellungen des Mittelmeers in Historiographie und Kartographie". In: *Maritimes Mittelalter. Meere als Kommunikationsräume*. Hg. von Michael Borgolte und Nikolas Jaspert. Ostfildern 2016, S. 149–180.
Oswalt, Vadim: *Weltkarten – Weltbilder. Zehn Schlüsseldokumente der Globalgeschichte*. Stuttgart 2015.
Quenstedt, Falk: *Mirabiles Wissen. Deutschsprachige Reiseerzählungen um 1200 im transkulturellen Kontext arabischer Literatur. ‚Straßburger Alexander' – ‚Herzog Ernst B' – ‚Brandan-Reise'*. Wiesbaden 2021.

Richter, Dieter: „Seeseiten. Die Literatur und das Meer". In: *Europa und das Meer*. Hg. von Dorlis Blume et al. München 2018, S. 168–169.
Rizzitano, U.: „Art. ‚Ibn Ḥamdīs'". In: *Encyclopaedia of Islam, Second Edition*. 2012, URL: https://referenceworks.brillonline.com/entries/encyclopaedia-of-islam-2/ibn-hamdis-SIM_3186?s.num=0&s.f.s2_parent=s.f.book.encyclopaedia-of-islam-2&s.q=ibn+hamdis (11.02.2023).
Salama, Dina: „‚Contemptus mundi' und ‚dhamm ad-dunja' als Konzept poetischer Weltabkehr bei Walther von der Vogelweide und Abul 'Atâhiya: ein interkultureller und intertextueller Diskurs". In: *Walther von der Vogelweide – Überlieferung, Deutung, Forschungsgeschichte*. Hg. von Manfred Günter Scholz und Thomas Bein. Frankfurt a. M. 2010, S. 161–196.
Salama, Dina: „Interkulturelle Mediävistik als Projekt: Perspektiven und Potentiale vormoderner Transkulturalität: ‚Herzog Ernst' (B) und ‚Die Geschichten aus 1001 Nacht'. In: *Zeitschrift für interkulturelle Germanistik* 9,2 (2018), S. 27–54.
Scheiner, Franziska: „Das Meer als ein Raum der Gefahr Überlegungen an Tannhäusers *Wol ime der nu beizen sol / Ze Pülle ûf dem gevilde*". In: *Blog des GRK 1919* (veröffentlicht am 22.10. 2018), URL: https://grk1919.hypotheses.org/582 (18. März 2023).
Siebert, Johannes: *Der Dichter Tannhäuser: Leben – Gedichte – Sage*. Halle a. d. Saale 1934.
Schirren, Thomas: „Einleitung". In: *Topik und Rhetorik. Ein Interdisziplinäres Symposium*. Hg. von Thomas Schirren und Gert Ueding. Tübingen 2000, S. xiii–xxxii.
Schiwek, Leevke. 2017. *Die Dichtungen des Tannhäusers – Kommentar auf Grundlage der Kieler Online-Edition*. Kiel 2017, URL: https://macau.uni-kiel.de/receive/diss_mods_00021040?lang=de (18.03.2023).
Schweikle, Günther und Irmgard Schweikle (Hg): *Metzler-Literatur-Lexikon. Begriffe und Definitionen*. 2., überarb. Aufl. Stuttgart 1990.
Tuczay, Christa: „Tannhäuser". In: *Künstler – Dichter – Gelehrte*. Hg. von Ulrich Müller und Werner Wunderlich. Konstanz 2005, S. 463–486.
Wachinger, Burghart: „Art. ‚Tannhäuser'". In: *Verfasserlexikon*, Bd. 9, Sp. 600–610.
Wachinger, Burghart: Kommentar zu Tannhäusers *Wol im, der nû beizen sol*, in: Ders. (Hg.): *Deutsche Lyrik des Späten Mittelalters*. Frankfurt a. M. 2010, S. 729–731 (Text: S. 196–202).
Weidisch, Peter (Hg.): *Otto von Botenlauben. Minnesänger – Keuzfahrer – Klostergründer*. Würzburg 1994.
Wentzlaff-Eggebert, Friedrich-Wilhelm: *Kreuzzugsdichtung des Mittelalters. Studien zu ihrer geschichtlichen und dichterischen Wirklichkeit*. Berlin 1960.
Wilpert, Gero von: *Sachwörterbuch der Literatur*. 8., verb. und erw. Aufl. Stuttgart 2001.
Wisniewsiki, Roswitha: *Kreuzzugsdichtung. Idealität in der Wirklichkeit*. Darmstadt 1984.

Online-Quellen

O A. 2017: 10. المرسال | والخ .. الدبور – الشمالي – الصبا رياح" العرب عند الرياح إنواع, URL: https://www.almrsal.com/post/525231 (16.02.2023).

Abbildungsnachweis

Im Beitrag von Tilo Renz

Abb. 1	© für die digitale Rekonstruktion der Ebstorfer Weltkarte aus dem Jahr 2004: Prof. Dr. Hartmut Kugler und Thomas Zapf (Die Ebstorfer Weltkarte. Teil 1: Atlas. Hg. von Hartmut Kugler, unter Mitarbeit von Sonja Glauch und Antje Willing, mit einem Vorwort von Harald Wolter-von dem Knesebeck, Darmstadt 2020), http://www.landschaftsmuseum.de/Bilder/Ebstorf/Ebstorf-neu_ganz-2.jpg (21.03.2023) —— **137**
Abb. 2	© für die digitale Rekonstruktion der Ebstorfer Weltkarte aus dem Jahr 2004: Prof. Dr. Hartmut Kugler und Thomas Zapf (Die Ebstorfer Weltkarte. Teil 1: Atlas. Hg. von Hartmut Kugler, unter Mitarbeit von Sonja Glauch und Antje Willing, mit einem Vorwort von Harald Wolter-von dem Knesebeck, Darmstadt 2020) —— **138**
Abb. 3	© Bibliothèque nationale de France, Paris, https://gallica.bnf.fr/ark:/12148/btv1b55002481n —— **139**
Abb. 4	© Bibliothèque nationale de France, Paris, https://gallica.bnf.fr/ark:/12148/btv1b55002481n —— **140**

Im Beitrag von Heide Klinkhammer

Abb. 1	Foto: Sailko, *https://commons.wikimedia.org/w/index.php?curid=17085078* (21.03.2023) —— **148**
Abb. 2	© Courtesy of Science History Institute (public domain), https://digital.sciencehistory.org/works/f1881m50j/viewer/dn39x191k (24. Juli 2021) —— **149**
Abb. 3	© Peter Palm, Berlin —— **152**
Abb. 4	© Louvre N. 4541; Foto: Rama, public domain, https://upload.wikimedia.org/wikipedia/commons/3/39/Imhotep-N_4541-IMG_8396-gradient.jpg (23.03.2023) —— **154**
Abb. 5	© Topkapi Palace Library, Istanbul, 1339, A. 2075, fols 2b-3a; (Foto: Topkapi Palace Museum, public domain), https://upload.wikimedia.org/wikipedia/commons/1/1a/Ibn_Umayl_The_Silvery_Water.jpg (21.03.2023) —— **157**
Abb. 6	© Zürcher Zentralbibliothek, Ms. Rh. 172, fol. 3r (Foto: Zürcher Zentralbibliothek, CC BY-NC 4.0), http://www.e-codices.unifr.ch/de/zbz/Ms-Rh-0172/3r-7 —— **158**
Abb. 7	© Rylands Library, Manchester, 15. Jahrhundert, Alchemia German MS.1 (CC BY-NC 4.0), https://www.digitalcollections.manchester.ac.uk/view/MS-GERMAN-00001/16 —— **159**
Abb. 8	© Museo dell'Antichità, Turin (CC BY-NC 4.0) https://museireali.beniculturali.it/catalogo-on-line/#/dettaglio/838154_Statua%20seduta%20con%20dedica%20a%20Pappos%20Theognostos (17.03.2023) —— **162**
Abb. 9	Foto: Sailko (CC BY 3.0), https://commons.wikimedia.org/wiki/File:Mosaico_di_cristo_in_trono_tra_gli_apostoli_e_le_ss._prudenziana_e_prassede,_410_dc_ca._01.jpg (21.03.2023) —— **163**
Abb. 10	© Bibliothèque nationale de France, Paris (public domain), Département des manuscrits. Latin 13951, https://gallica.bnf.fr/ark:/12148/btv1b90678494/f3.item —— **166**

∂ Open Access. © 2023 bei den Autorinnen und Autoren, publiziert von De Gruyter. [CC BY-NC-ND] Dieses Werk ist lizenziert unter der Creative Commons Namensnennung - Nicht-kommerziell - Keine Bearbeitungen 4.0 International Lizenz.
https://doi.org/10.1515/9783110781908-015

Abb. 11 ©Bibliothèque nationale de France (public domain), Paris, Département des manuscrits. Latin 7330, https://gallica.bnf.fr/ark:/12148/btv1b10465130z/f90.item, 41v —— **168**

Abb. 12 © Bayrische Staatsbibliothek, München (CC BY-NC-SA 4.0), https://daten.digitale-sammlungen.de/0000/bsb00002270/images/index.html?fip=193.174.98.30&id=00002270&seite=173 —— **170**

Liste der Beiträger*innen

Claudia Brinker-von der Heyde, Professorin em. für Ältere deutsche Literatur von den Anfängen bis 1700 an der Universität Kassel. Forschungsschwerpunkte: Deutsche Literatur vom Mittelalter bis zum Barock; Familienmodelle in der Literatur; Konstruktion von Kulturräumen; mittelalterliche Buchkultur; *gender studies*. Publikationen: *Die literarische Welt im Mittelalter*. Darmstadt 2007 (Hörbuch: 2009, italienische Übersetzung 2016, japanische Übersetzung 2015); (zus. mit Jürgen Wolf): *Die Arolser Weltchronik. Ein monumentales Geschichtswerk des Mittelalters.* Darmstadt 2013; „[Art.] Burg, Hof, Schloss". In: *Literarische Orte in deutschsprachigen Erzählungen des Mittelalters.* Hg. von Monika Hanauska, Mathias Herweg und Tilo Renz. Berlin 2018, S. 100–119; „'Cundrie la surziere, die unsüeze unde fiere'. Intersektionale Analyse einer widersprüchlichen Figur". In: *Gender Studies – Queer Studies – Intersektionalität. Eine Zwischenbilanz aus mediävistischer Perspektive.* Hg. von Ingrid Bennewitz, Jutta Eming und Johannes Traulsen. Berlin 2019, S. 320–334; „Höfische Epik neu erzählt. Wolframs von Eschenbach ‚Willehalm' in der Arolser Weltchronik". In: *Schaffen und Nachahmen. Kreative Prozesse im Mittelalter.* Hg. von Volker Leppin, unter Mitarbeit von Samuel J. Raiser. Berlin 2021, S. 191–209.

Maryvonne Hagby, Lehrbeauftragte an der Universität Osnabrück. Promotion: Man hat uns fur die warheit ... geseit. *Die Strickersche Kurzerzählung im Kontext mittellateinischer ‚narrationes' des 12. und 13. Jahrhunderts.* Münster et al. 2001. Forschungsschwerpunkte: Wiedererzählen, Adaptieren und Übersetzen im europäischen Mittelalter; Fragen der Historizität in epischen Texten des Mittelalters (Funktionalisierung, Datierungen, Erzählerkonstruktion, biographisches Erzählen); Literaturlandschaften; Gattungen: Lateinische, französische und deutsche Kurzepik des Mittelalters; europäische Heiligenlegenden; Liebes- und Abenteuerromane; französische und deutsche Melusine-Romane. Aktuelles Forschungsprojekt: Edition und Untersuchung der *Königstochter von Frankreich* des Hans von Bühel (Neuedition 2017; Monographie 2023).

Sharon Kinoshita, Professor of Literature an der University of California, Santa Cruz. Neben zahlreichen Veröffentlichungen zur altfranzösischen Literatur ist sie Mitbegründerin und Ko-Direktorin des *Mediterranean Seminar* (www.mediterraneanseminar.org), einer wissenschaftlichen Organisation mit über 1500 Mitgliedern weltweit. Zusammen mit Peregrine Horden ist sie Mitherausgeberin des *Companion to Mediterranean History* (2014) und mit Brian Catlos von *Can we talk Mediterranean? Conversations on an Emerging Field in Medieval and Early Modern Studies* (2017). Ihre englische Übersetzung von Marco Polo's *Description of the World* (2016) wird von einer Reihe von Publikationen über Marco Polo und die Global Middle Ages flankiert.

Heide Klinkhammer, wissenschaftliche Mitarbeiterin am Lehrstuhl für Architekturgeschichte der RWTH Aachen (i. R.). Forschungsschwerpunkte: Narrative des Suchtopos und sozio-politische Ikonographie; Ägyptenrezeption in Kunst, Architektur und Legenden; Transkulturelle Verflechtungen hermetischer Mythen und deren Neukontextualisierungen. Publikationen: *Schatzgräber, Weisheitssucher und Dämonenbeschwörer: die motivische und thematische Rezeption des Topos der Schatzsuche in der Kunst vom 15. bis 18. Jahrhundert.* Berlin 1993; „Die Legende der Sitzbestattung Karls des Großen in der Aachener Marienkirche. Suchtopos und Geheime Offenbarung". In: *Pro Lingua Latina* 22 (2021), S. LIII-LXXIX; „Die Arche Noah als Pyramide. Neukontextualisierung hermetischer Legenden im Rahmen des Unionskonzils in Florenz". In: *Schaffen und Nachahmen. Kreative Prozesse*

Open Access. © 2023 bei den Autorinnen und Autoren, publiziert von De Gruyter. Dieses Werk ist lizenziert unter der Creative Commons Namensnennung - Nicht-kommerziell - Keine Bearbeitungen 4.0 International Lizenz.
https://doi.org/10.1515/9783110781908-016

im Mittelalter. Hg. von Volker Leppin. Boston Berlin 2021, S. 485–508 (*Das Mittelalter. Perspektiven mediävistischer Forschung*. Beihefte, 16).

Imre Gábor Majorossy, Privatdozent an der Katholischen Péter-Pázmány-Universität, Ungarn. Promotion über die Mystik in der Troubadourlyrik („*Amors es bona volontatz'. Chapitres de la mystique dans la poésie des troubadours*. Budapest 2006); Habilitation über die christliche Motivik der okzitanischen Romane („*Ab me trobaras Merce'. Christentum und Anthropologie in drei okzitanischen Romanen ('Jaufré', 'Flamenca', 'Barlaam et Josaphat')*. Berlin 2012). Weitere drei Bücher zum literarischen Motivvergleich in der okzitanischen und mittelhochdeutschen Literatur (darunter: *Bittersüße Begegnungen. Grenzüberschreitende Liebesbeziehungen und Freundschaften im Schatten der Kreuzzüge*. Berlin 2015). In der Folge Forschung vor allem zur mittelhochdeutschen Literatur, zu Wolfram von Eschenbach und Ulrich Liechtenstein sowie zu Kurzerzählungen wie *Mönch Felix* oder *Vorauer Novelle*.

Antonia Murath, wissenschaftliche Mitarbeiterin am Institut für Deutsche und Niederländische Philologie sowie am Sonderforschungsbereich 980 *Episteme in Bewegung* der Freien Universität Berlin im Forschungsprojekt *Das Wunderbare als Konfiguration des Wissens in der Literatur des Mittelalters* (Leitung: Jutta Eming). Forschungsschwerpunkte: komparatistische Zugriffe auf mittelalterliche Erzähltexte und Prozesse der Adaption und Translation; Gender; Posthumanismen; Textilien in der Literatur des Mittelalters. Dissertationsprojekt zu Figur-Ding Beziehungen in *Mai und Beaflor* und Konrad Flecks *Flore und Blanscheflor* und ihren europäischen Verwandten. Publikationen: *Female Voices in Medieval Literature*. Sonderheft Nottingham Medieval Studies 64 (2020). Hg. mit Jutta Eming und Caitlin Flynn; „Invisible Kingship – Liminality and the Maiden King in *Nítíða Saga*". In: *European Journal of Scandinavian Studies* 50, 2 (2020), S. 257–274. Übersetzung des mittelenglischen Lais *Emaré* in https://sourcebook.stanford.edu/text/emare (2023).

Michael R. Ott, akademischer Oberrat (auf Zeit) an der Ruhr-Universität Bochum. Promotion mit einer Arbeit zu den 1580er-Jahren und zur *Historia von D. Johann Fausten*; Postdoc am SFB 933 (*Materiale Textkulturen*) der Universität Heidelberg; Habilitation mit einer disziplingeschichtlichen Arbeit (*Die Germanistik und ihre Mittelalter. Textwissenschaftliche Interventionen*). Forschungsschwerpunkte: Postcolonial Studies, Disziplingeschichte, Kulturwissenschaft(en).

Falk Quenstedt, akademischer Rat am Institut für deutsche Philologie der Universität Greifswald, zuvor wissenschaftlicher Mitarbeiter (Post-Doc) am Sonderforschungsbereich 980 *Episteme in Bewegung* an der Freien Universität Berlin im Teilprojekt *Das Wunderbare als Konfiguration des Wissens in der Literatur des Mittelalters* (Leitung: Jutta Eming). Forschungsschwerpunkte: Literatur und Wissen; mediterrane Konnexe deutschsprachiger Literatur des Mittelalters; Bezüge von Literaturwissenschaft und Science and Technology Studies; Erzählungen vom Fliegen. Publikationen: *Mirabiles Wissen. Deutschsprachige Reiseerzählungen um 1200 im transkulturellen Kontext arabischer Literatur. 'Straßburger Alexander' – 'Herzog Ernst' – 'Brandan-Reise'*. Wiesbaden 2021; *Wunderkammern – Materialität, Narrativik und Institutionalisierung von Wissen*. Hg. mit Jutta Eming, Marina Münkler und Martin Sablotny. Wiesbaden 2022; „Suspenseful Gifts. Gemstones as Mediators in Medieval German Travel Narratives", in: *Strange Matter: How Things Disrupt Time*. Hg. von Andrew James Johnston und Jan-Peer Hartmann. Manchester 2023 (im Erscheinen).

Tilo Renz, Privatdozent am Institut für Deutsche und Niederländische Philologie der Freien Universität Berlin, Gast- und Vertretungsprofessuren ebendort sowie an der Universität zu Köln und an der Humboldt-Universität zu Berlin; zuvor wissenschaftlicher Mitarbeiter im Sonderforschungsbereich 980 *Episteme in Bewegung* an der Freien Universität Berlin. Forschungsschwerpunkte: Literatur und andere Wissensformen, historische Narratologie des Raums, Utopien des 14. bis 16. Jahrhunderts, Erzählverfahren des Sammelns und Ausstellens in Mittelalter und Früher Neuzeit, Gender Studies. Publikationen: *Utopische Entwürfe des späten Mittelalters* (Habilitationsschrift 2020, Druck in Vorbereitung); „Das Wissen von Utopien in Mandevilles *Reisen*, anhand der Übersetzung Michel Velsers". In: *Zeitschrift für deutsche Philologie* 141.3 (2022), S. 329–358; *Literarische Orte in deutschsprachigen Erzählungen des Mittelalters. Ein Handbuch.* Hg. von Tilo Renz, Monika Hanauska und Mathias Herweg. Berlin Boston 2018; *Um Leib und Leben. Das Wissen von Geschlecht, Körper und Recht im Nibelungenlied.* Berlin Boston 2012.

Claudia Rosenzweig, Associate Professor im *Department of Literature of the Jewish People* an der Bar-Ilan-Universität (Ramat-Gan). Sie war Stipendiatin am *Oxford Center for Hebrew and Jewish Studies* und am *Israeli Institute of Advanced Studies* (IIAS) in Jerusalem. Ihr Hauptforschungsgebiet ist die altjiddische Literatur. Sie ist Herausgeberin einer kritischen Edition des jiddischen Werks *Bovo d'Antona* (Leiden Boston 2015).

Dina Aboul Fotouh Salama, Professorin an der Philosophischen Fakultät der Kairo Universität, Abteilung für Germanistik; ehemalige Leiterin der Germanistik-Abteilung und seit 2022 Vizedekanin für Weiterbildung und soziales Engagement der Philosophischen Fakultät; Mitglied der ständigen wissenschaftlichen Beförderungskommission *des Supreme Council of Universities in Egypt* (SCU); lehrt u. a. germanistische Mediävistik, Rezeption und Komparatistik. Forschungsschwerpunkte: Inter- und Transkulturalität arabischer und deutscher Dichtung der Vormoderne unter Anwendung transdisziplinärer und kulturwissenschaftlicher Perspektiven. Publikationen: „Interkulturelle Mediävistik als Projekt: Perspektiven und Potentiale vormoderner Transkulturalität: ‚Herzog Ernst (B)‘ und ‚Die Geschichten aus 1001 Nacht‘. In: *Zeitschrift für interkulturelle Germanistik* 9,2 (2018), S. 27–54; „Emotional turn zwischen Ästhetisierung und Ethisierung. Konrad Flecks Versroman ‚Flore und Blanscheflur' (ca. 1220) und die arabische Qasside, ‚Afra'" des 'Urwa ibn Hizām (ca. 2. Hälfte 7. Jhdt.s). Eine komparatistische Studie". In: *Komparative Ästhetik(en).* Hg. von Ernest W.B. Hess-Lüttich, Vibha Surana und Meher Bhoot. Berlin. 2018, S. 153–170; „Transkulturalität im ‚Tristan' Gottfrieds von Straßburg. Verflechtung und Entflechtung als Konzept der Identität". In: *Archiv für das Studium der Sprachen und neueren Literaturen* 253, 1 (2016), S. 1–20.

Ralf Schlechtweg-Jahn, Lehrkraft für besondere Aufgaben an der Freien Universität Berlin, zuvor Assistent/Oberassistent in Bayreuth am Lehrstuhl für Ältere Deutsche Philologie (Habilitation). Forschungsschwerpunkte: Frühe Neuzeit, Text und andere Medien, Erzähltheorie. Publikationen: *Macht und Gewalt im deutschsprachigen Alexanderroman.* Trier 2006; „Parallele Geschichten. Episodisches, rhapsodisches und virtuelles Erzählen im ‚Wigalois' und in ‚Skyrim'". In: *Paidia. Zeitschrift für Computerspielforschung* (2018). http://www.paidia.de/parallelegeschichten-episodisches-rhapsodisches-und-virtuelles-erzaehlen-im-wigalois-und-in-skyrim/(28.09.2018).

Hanna Zoe Trauer, Judaistin und wissenschaftliche Mitarbeiterin im philosophischen Teilprojekt des Sonderforschungsbereichs *Episteme in Bewegung* an der Freien Universität Berlin. Promotion zu Imagination, Traum und Schlaf in den hebräischen Enzyklopädien des 13. Jahrhunderts, mit Fokus auf den Wissenstransfer arabischer psychologischer Konzepte. Fellow an der *Hebrew University* in Jerusalem (Frühjahr und Sommer 2018). Publikationen: *Ultima Philosophia. Zur Transformation von Metaphysik nach Adorno*. Hg. mit Julia Jopp, Ansgar Martins und Kathrin Witter. Berlin 2020; „Idyllische Inseln und utopische Städte in der mittelalterlichen Imagination". In: *Bildbruch. Beobachtungen an Metaphern* 4 (2022) (Themenheft: *Utopie und Idyll*), S. 70–88. Sie interessiert sich für den arabisch-hebräischen Wissenstransfer im 12. und 13. Jahrhundert, (jüdische) Philosophie- und Wissensgeschichte und kritische Theorie.

Sebastian Winkelsträter, wissenschaftlicher Mitarbeiter im DFG-Projekt *Dynamiken der Macht. Das Herrschaftshandeln höfischer Eliten im Reflexionsmedium deutschsprachiger Literatur des Mittelalters* (Leitung: Elke Brüggen) an der Rheinischen Friedrich-Wilhelms-Universität Bonn. Forschungsschwerpunkte: Material Culture Studies, Rezeption antiker Stoffe, Mythen und Figuren im Mittelalter, literarische Imaginationen von Macht- und Gewaltbeziehungen. Publikationen: *Traumschwert – Wunderhelm – Löwenschild. Ding und Figur im* Parzival *Wolframs von Eschenbach*. Tübingen 2022; „Von der Scholie zum Chat. Digitale *Tristan*-Lektüren im akademischen Unterricht". In: *Akademisches Lesen. Medien, Praktiken, Bibliotheken*. Hg. von Stefan Alker-Windbichler, Axel Kuhn, Benedikt Lodes und Günther Sticker. Göttingen 2022, S. 169–192.

Register der Orte, Personen und Werke

Aachen 179, 333 (Anm. 63)
Abraham ibn Daud 56
Abū Maʿšar (lat. Albumasar) 20, 162 (Anm. 28), 167–169
ʿAbd al-Malik ʾImād al-Dawla (Mitadolus) 9f.
Achaia 56, 77
Achämenidenreich 42
Achilles 24, 231f., 350–353, 358, 359 (Anm. 31), 362
Achilleis (Statius) 350
Adam von Bremen 225
Adriatisches Meer 130
Adrianopel (Edirne) 12, 194
Aeneis (Vergil) 349, 379
Afghanistan 46,
Afrika (Ifrīqiya) 17, 26, 51, 56, 61, 71 (Anm. 2), 75, 115, 213, 218, 262 (Anm. 9), 266, 296, 375, 392
Ägäis 15, 19, 128, 213
Agrippa von Nettesheim 175f.
Ägypten 19, 27, 49, 53, 60f., 129 (Anm. 8), 130f., 161, 162 (Anm. 28), 248, 293 (Anm. 14)
Akkon 55, 89, 128, 129 (Anm. 8), 130
al-Andalus (Andalusien) 15, 19, 51, 86, 114, 266, 370f., 390–392, 395
Albrecht (Dichter des *Jüngeren Titurel*) 239–241, 244, 247, 249, 252
Alexander der Große 24, 46, 75, 141, 151, 167 (Anm. 36), 228, 230
Alexanderroman 11 (Anm. 9), 12, 14, 24, 46, 53 (Anm. 24), 60, 228f.
- *Historia de preliis* 229f. (Anm. 25, 28, 29)
- *Alexanderroman* (Pfaffe Lamprecht) 53
- *Alexander* (Ulrich von Etzenbach) 21 (Anm. 17), 22, 228f., 246
Alexandria 49, 55, 56, 130, 133 (Anm. 19), 162, 174
Alexiuslegende 23
Alfons X. („der Weise') 43, 51
Alfons II. von Asturien 51
Algier 58, 266
al-Ḥarīrī 49
al-Harizi 49
al-Idrīsī 163 (Anm. 29), 375
Aliscans 26, 103, 112, 114f., 117

al-Maḳrīzī 163 (Anm. 29), 171
al-Masʿūdī 375
al-Muʿtamid bin ʿAbbād (Emirat Sevilla) 392
Alpen 7, 126, 299, 388
al-Saraqusṭī 49
al-Sharqawi, Abdel Rahman 61
Amadís / Amadigi di Gaula 14, 188 (Anm. 4)
Amalfi 54
Amasya 205
Amsterdam 12, 194, 199
Anatolien 57, 58, 89
Andalusien [s. al-Andalus]
Andronikos III. Palaiologos (Byzanz) 58
Antiochia 53f.
Anjou 258
Apollonius von Tyana 156 (Anm. 24), 165, 167 (Anm. 36)
Apollonius-Roman 49 (Anm. 20), 52–54
Apollonius (Heinrich von Neustadt) 225
Apulien 32, 369, 378–381, 386f., 395
Aquileia 251
Arabel (Ulrich von dem Türlin) 227f.
Ararat 141
Ariosto, Ludovico 188
Aristoteles 44f., 375
Arme Heinrich, Der (Hartmann von Aue) 26, 103, 116–121
Ärmelkanal 269–272, 276f., 286
Armenien (Klein-Armenien, Kilikien) 69, 86, 89–95
Arolser Weltchronik 231 (Anm. 35)
Aschkenas 15, 28, 187–190
Asien 26, 41, 45, 50, 58 (Anm. 36), 115, 143 (Anm. 36), 213, 218, 251, 351
Asklepios 161, 167, 172f.
Astronomica et Astrologica (Paracelsus) 177
Athalie (Jean Racine) 59
Athen 49, 56, 60
Äthiopien 46
Atlantik 29, 106, 136, 249, 390 (Anm. 13)
Aucassin et Nicolette 54
Aurora Consurgens (Thomas von Acquin?) 156, 158
Averroes / Ibn Rušd 45, 375
Aydın 57

Babylon (s. auch: Kairo) 55, 56, 129, 132, 144, 151 (Anm. 10), 162 (Anm. 28), 242, 293
Bachelard, Gaston 339–341, 348
Bachtin, Michail M. 301, 303
Bagdad 17, 49, 51, 156, 217, 239
Balavariani 45
Balkan 75
Baltikum (Livland) 127 (Anm. 6), 216
Bamberg 81
Bari 31, 56, 80f., 217, 223, 311, 314, 330f., 333
Barlaam und Josaphat 12, 45, 328 (Anm. 41)
Barthes, Roland 341, 363 (Anm. 36)
Basel 187, 190f.
Basra 51
Bajazet (Jean Racine) 59
Beatrice de Provence (Gräfin der Provence und Königin von Sizilien), 284
Belakane 218, 242, 244, 359
Belle Hélène de Constantinople 76 (Anm. 10), 78, 260
Benjamin von Tudela 56 (Anm. 32)
Benjamin, Walter 214, 219
Benoît de Sainte-Maure 353f., 356
Beowulf 74
Berenike von Kyrene 50
Berwick 87, 92
Bethlehem 131
Bhabha, Homi K. 16, 147, 156, 216 (Anm. 9), 372
Bligger von Steinach 344
Bloch, Marc 105
Blumenberg, Hans 150 (Anm. 8), 214, 216, 220, 340, 345 (Anm. 9), 346 (Anm. 12), 352, 372
Boccaccio, Giovanni 54f., 89 (Anm. 29), 188, 203
Bosporus 128
Bourges (‚Burges') 289, 292, 299, 302
Bourgeois Gentilhomme (Molière) 59
Brandan (Reise-Fassung) 225
Braudel, Fernand 6f., 41, 58, 126, 213, 217 (Anm. 10), 371, 372
Brunetto Latini 43
Buch der Gaben und Raritäten (*Kitāb al-Hadāyā wa al-Tuḥaf*) 70f., 84
Buddha 45, 151
Burchard von Straßburg 8, 19
Buch der Heiligen Dreifaltigkeit 157, 159
Buch des Omega (Zosimos) 174

Buch der Ursachen aller Dinge (Apollonius von Tyana) 165
Burgund 130
Byzanz 8, 77, 89, 214 (Anm. 3), 388

Calais 269, 270
Camilleri, Andrea 62
Canterbury Tales (Geoffrey Chaucer) 76 (Anm. 10)
Cathay 129
Catull, Gaius Valerius 49f. (Anm. 20), 350
Cantar de Mio Cid 43f.
Cantigas de Santa Maria 43
Carcassone 265, 284
Cento novelle 14, 188
Cernunnus 151
Cervantes, Miguel de 58
Chakrabarty, Dipesh 6
Chanson de Roland 43
Chaireas und Kallirrhoë 53
Chaucer, Geoffrey 76 (Anm. 10), 89 (Anm. 29), 259 (Anm. 4)
Chieri 27, 126
China 151
Chios 128
Chrétien de Troyes 14, 44, 53, 109 (Anm. 13), 111 (Anm. 19)
Christus kam nur bis Eboli (*Cristo si è fermato a Eboli*, Carlo Levi) 61
Chronik von Morea 57, 77
Cicero 153, 173f.
Ciriaco di Ancona, 171
Clemens von Alexandria, 174
Cligès (Chrétien de Troyes) 44
Consolaçam as tribulaçoens de Israel (Samuel Usque) 198
Córdoba 14, 48, 51, 56, 114
Cornwall 87, 91f.
Corpus Hermeticum 147, 172, 175, 179
Conte du Graal (Chrétien de Troyes) 14
Cosimo de' Medici, 172
Curtius, Ernst Robert 349

Damaskus 216
Damiette 130
Dante Alighieri 43, 89 (Anm. 29)
Decameron (Giovanni Boccaccio) 54, 188–190, 203, 205

de Certeau, Michel 27, 126, 133–135
De natura deorum (Cicero) 173
Deutschland 13, 284, 289, 294
Dido 227, 359
Don Quijote (Miguel de Cervantes), 58
Doncella de Carcayona 29, 75, 257, 261–267, 284
Dukus Horant 12f., 24
Düsturname 57

Ebstorfer Weltkarte 27, 136–138, 141
Eléonore de Provence (Königin von England) 284
Eleonore von Aquitanien 9f., 14
Eliade, Mircea 350 (Anm. 19)
Elisabeth von Nassau-Saarbrücken 24, 259 (Anm. 6), 289
Elisha ben Abraham Cresques 140
Eliyahu ben Asher ha-Levi Ashkenaz 193 (Anm. 10)
Emaré 76 (Anm. 10), 79, 83 (Anm. 22), 249 (Anm. 4), 271
Eneasroman (Heinrich von Veldeke) 217–219, 221, 227f.
Engels, Friedrich 116
England 59 (Anm. 37), 89–91, 127, 221, 248, 249, 258, 259, 268–271, 276, 283f.
Ephesos 19, 53, 128
Europa 5f., 9f., 13, 15, 19, 21, 23, 25, 26, 27, 29, 30, 41 (Anm. 1), 44, 60, 71 (Anm. 2), 74, 91, 101–106, 115, 116, 125, 127f., 130, 132, 143f., 175, 188, 201, 204–206, 213, 218, 221, 249, 258–260, 264–267, 279, 283–285, 351, 370, 376
Ezzolied 214 (Anm. 4)

Fatima Hatun 58
Felix Fabri 4
Ferrara 198
Ferri, Sandro 61
Ficino, Marsilio 148 (Anm. 4), 172, 175
Flandern 249
Florenz 55, 171f.
Flore und Blanscheflur / Floire et Blancheflur 12, 22, 26, 69 (Anm. 1), 103, 108–112, 117, 120f.
Fortunatus 25
Frankreich (‚Kerlingen') 13f., 30, 44, 74, 77, 90, 91, 110, 130, 151, 258, 268f., 276, 289, 291, 294
Friedrich II. (HRR) 20, 169, 379, 381

Friedrich von Saarwerden (Kölner Bischof) 268
Fulcher von Chartres 53
Fürth 12, 194

Galizien 114, 116
Gaster, Moses 187 (Anm. 1), 193 (Anm. 10), 199
Gazanfer Ağa 58
Gedalia ibn Jahja, Rabbi 197
Gennep, Arnold van 214, 219, 313 (Anm. 12)
Geniza von Kairo, 12
Genua 4, 27, 55, 89, 126
Georg von Ehingen (*Reisen nach der Ritterschaft*) 17
Georgslegende 298 (Anm. 26), 301
Giacob Halpron (Rabbi) 14, 188
Gibraltar 249
Giotto di Bondone 171
Giovanni di Stefano 148, 172
Göbler, Justin 268
Goethe, Johann Wolfgang von 60
Gottfried von Straßburg 22, 72, 103, 109, 11 (Anm. 17), 214 (Anm. 5), 220, 342–344, 347, 359
Gottfried II. von Villehardouin 77f.
Grabar, Oleg 8f., 26, 70–72, 78, 85
Granada 47, 56
Gregorius (Hartmann von Aue) 23, 219, 222, 282
Griechenland 14, 44, 49f., 60, 77, 86, 92, 94, 128, 133 (Anm. 19), 251, 349, 353, 359f.
Guote Gêrhart, Der (Rudolf von Ems) 17, 22, 216, 218, 221, 227, 240, 248, 250
Gur, Batya 62
Gute Frau, die 23
Gutierre Diez de Games 261

Hans von Bühel 30, 257, 268, 270f., 285
Hartmann von Aue 23, 26, 44 (Anm. 5), 103, 109 (Anm. 13), 116–120, 219, 222, 282, 344, 369
Hebron 131
Heiliges Land 127–129, 132f., 144, 222, 292, 295f., 395
Heinrich II. (HRR) 80
Heinrich III. Plantagenet (England) 284
Heinrich von Neustadt 225
Heinrich von Veldeke 217–219, 221, 227f.
Hellespont (Dardanellen) 339, 350–352

Henoch 161–163, 167, 175, 178
Henriquez, Maestre Alonso 200
Hereford Map 136
Hermannus Alemannus 45
Hermes Trismegistos 20, 27, 147–179
Herodot 328 (Anm. 41)
Herzog Ernst 21f., 141, 215, 218f., 222–227, 240, 245
Herzog Herpin (Elisabeth von Nassau-Saarbrücken) 24, 30f., 289–304
Hildesheim 9
Historia della regina Oliva 267
Historia de quodam filia regis Galiae (Justin Göbler) 268
Historia Naturalis (Plinius d. Ä.) 247
Homer 61, 350, 373, 374 (Anm. 3)
Honorius Augustodunensis 53
Horaz 349, 354f. (Anm. 23)
Hugo von Santalla 165f.
Ḥunain ibn Isḥāq 374f.
Hürrem/Roxelane 58
Hysmine und Hysminias 53

Iberien / Iberische Halbinsel (s. auch Spanien) 11, 17, 42, 47–49, 51, 56–58, 75, 116, 151, 259, 261–267,
Ibn Ezra / Esra, Abraham 190
Ibn Ǧubair 4, 19, 56 (Anm. 32)
Ibn Ǧulǧul 163
Ibn Ḥafāǧa al-Andalusī 370, 391–392, 395
Ibn Ḥamdīs al-Ṣīqillī 32, 370, 392–394, 395
Ibn Rašīq al-Qairawānī
Ibn Rušd / Averroes, 375
Ibn Sīna / Avicenna, 375
Ibn Umail 153, 155–160, 164, 167, 169
Idris 161–164, 167, 178
Ifrīqiya (s. Afrika)
Iran 167
Irland 87, 91f., 108 (Anm. 12), 151, 268–270
Īsā ibn Ibrāhīm ar-Rabaʿī 390
Isfahan 167, 179
Isidor von Sevilla 224 (Anm. 13), 225, 372, 375
Island 46
Israel 128, 193–195, 197f., 200
Istanbul 199
Italien 4, 8, 14, 27f., 43, 49, 55, 75, 77, 80f., 85, 115, 117, 130, 133 (Anm. 19), 144, 171, 172 (Anm. 42), 187–189, 190, 205, 248, 250, 259, 284f., 289–291, 293, 299, 375
Imago Mundi (Peter von Ailly) 375
Imhotep 153–155, 160f.
Indien 3, 5, 91, 144, 151, 225, 241, 243, 247, 262, 293
Ionisches Meer 130
Istoria de la filla del emperador Contastí 261
Istoria de la Fiylia (del rey) d'Ungria 30, 257, 261, 268, 271, 277–284, 285f.
Izzo, Jean-Claude 61f.

Jaffa 128, 130
Jakob bar Abraham / Pollack 187
Jakobson, Roman 346
Jans von Wien (,Enikel') 79 (Anm. 13), 229 (Anm. 27 u. 28), 230 (Anm. 30)
Jason 339f., 352–360, 362
Jaume' I. von Aragón 51
Jean le Long 126, 129 (Anm. 9), 130 (Anm. 11), 132 (Anm. 17)
Jehan et Blonde (Philippe de Rémi) 77, 89
Jemen 49, 199
Jerusalem 18, 27, 125, 127–133, 135, 141, 142–144, 191, 290 (Anm. 5), 292f.
Jesus von Nazareth (Christus) 161–165, 174, 175f., 178, 190
Johannes VI. Kantakuzenos (Byzanz) 58
Joseph 155
Jüngerer Titurel (Albrecht) 3–5, 23, 29, 239–252, 301 (Anm. 33)
Justinian (I., oströmischer Kaiser) 19

Kaftor wa-feraḥ (,Knauf und Blume', Jakob Luzzatto) 191
Kairo (s. auch Babylon) 12, 18, 56, 129–131, 171, 293 (Anm. 14)
Kairouan / Qayrawan 51, 370
Kaiserchronik 229 (Anm. 28), 332 (Anm. 56)
Kalabrien 128, 289f.
Kalīla wa-Dimna 47, 51, 57
Kallimachos 49f.
Kappadokien 165, 251
Karl der Große 30, 85, 161 (Anm. 27), 289, 312 (Anm. 11), 327 (Anm. 40), 330 (Anm. 43), 332 (Anm. 57), 333
Karl I. von Anjou (König von Neapel und Sizilien) 77, 284

Karthago 221
Kastilien 43, 48, 51, 249f., 283, 285, 297 (Anm. 21)
Katalanischer Weltatlas 137–143
Katalonien 55, 278
Kaukasus 84,
Kelile ve Dimne 57
Kemal, Yaşar 61
Kilikien / Klein-Armenien (s. Armenien)
Kitāb al-Hadāyā wa al-Tuḥaf (s. *Buch der Gaben und Raritäten*)
Kitāb Bilawhar wa-Yūdāsaf 45
Klein-Armenien / Kilikien (s. Armenien)
Köln 30, 177, 221, 248, 257, 268, 285
Kolchis / Kolchos 339, 351, 353f., 356, 360
König Rother 12f., 21, 24, 31, 72 (Anm. 3), 217f., 309–337
Königstochter von Frankreich (Hans von Bühel) 30, 69 (Anm. 1), 79 (Anm. 13), 257, 260, 267–277, 279, 281f., 285f.
Konrad III. (HRR) 314
Konrad Fleck 22, 103, 108–112
Konrad von Würzburg 24, 31f., 231–233, 339–363
Konstantinopel 28, 31, 56, 78, 80, 128, 130, 133 (Anm. 19), 187, 191–194, 197f., 205, 217, 222, 293, 311f., 314f., 331, 333, 336, 390
Konstanze von Sizilien (d'Hauteville, Königin von Sizilien) 7
Koran / Qur'ān 162, 167, 266, 296 (Anm. 20), 391
Kore Kosmou (Johannes Stobaios) 160
Kos 128
Krakau 12, 188, 194, 196f., 201
Krates 164, 173
Kreta 32, 55, 130, 369, 375, 379, 384–386, 395
Kristeva, Julia 341 (Anm. 1)
Kroatien, 127 (Anm. 5), 277
Kudrun 12f., 24, 311 (Anm. 8), 373
Kyrene 49 (Anm. 20), 50, 53

La gran sultana (Miguel de Cervantes) 58
Lamprecht, Pfaffe 53, 229 (Anm. 25)
Laon 114
Lettres Persanes (Montesquieus) 59
Lepanto 58
Levante 14f., 17, 19, 30, 49, 314, 375
Leviathan 301
Levi, Carlo 61
Lévi-Strauss, Claude 345

Leukippe und Kleitophon 53
Libanon 61, 128
Liber Apollonii de principalibus rerum causis (Hugo von Santalla) 165f.
Liber Introductorius (Abū Ma'šar) 167–169
Libre dels feyts (Jaume' I. von Aragón) 51
Libro de Alexandre 51
Libro de Apolonio 51
Libro di novelle e di bel parlar gentile (s. *Novellino*)
Libyen 50, 130, 221
Livland (Baltikum) 127 (Anm. 6), 216
Locke der Berenike (Kallimachos) 49f., 53 (Anm. 24)
Lombardei 12, 128, 130, 133 (Anm. 19), 194
London 268f., 271, 274, 276
Los baños de Argel (Miguel de Cervantes) 58
Lucidarius 215, 224
Ludolf von Sudheim 129 (Anm. 8), 133
Ludwig VII. (Frankreich), 9, 314
Ludwig IX. (Frankreich) 284
Luzzatto, Jakob 191
Lyon 27, 126

Maalouf, Amin 61
Mädchen ohne Hände 69, 73, 257,
Magnetberg 218, 225–227, 243, 246–248
Mai und Beaflor 21, 26, 69, 73–86, 88, 91f., 94f.
Malinowski, Bronisław 339
Mallorca 140
Mammeri, Mouloud 61
Mandeville, Jean de 18, 27, 125–144
Manekine, La (Philippe de Rémi) 21, 26, 69, 73–79, 86–95, 257, 259
Manekine-Stoff 12, 29f., 69–95, 257–286
Maqāmāt al-Luzūmīya (al-Saraqusṭī) 49
Marguerite de Provence (Königin von Frankreich) 284
Marina, deß königs tocher auß Frankreich (Hans Sachs) 268
Marlowe, Christopher 59 (Anm. 37)
Marco Polo 43
Marokko 386, 242
Marseille 3, 55, 61, 243f., 277–283, 286
Marx, Karl 116
Mayse-bukh 28, 187–206
Mayse-nisim 202

Medea 339f., 353–363
Mekka 28 (Anm. 21), 56 (Anm. 32), 242
Meles von Bari 80f.
Melusine 24, 258, 265
Mentelin, Johannes 241
Mercurius/Merkur (s. auch Hermes Trismegistos) 148, 150f., 153, 160, 171, 175f., 178
Merigarto 224
Meseritz (Międzyrzec Podlaski) 187
Meteorologica (Aristoteles) 375
Michael Scotus 20, 169–171, 173
Midrasch-Literatur 200
Mitadolus (s. ʾAbd al-Malik ʾImād al-Dawla)
Mithridate (Jean Racine) 59
Mittelmeer / Mittelmeerraum / Mediterraneum 3–32, 41–63, 69–89, 91f., 94f., 102, 104, 109, 112, 115, 117, 125–144, 147, 150–152, 160, 171, 178, 205f., 213–214, 218f., 224–226, 229, 239f., 245, 247–252, 257f., 260f., 266f., 269, 271f., 275–279, 281–286, 289, 294, 296–300, 304, 314, 339–341, 369–378, 384, 389, 395f.
Mitzwot Nashim (,Vorschriften der Frauen', Benjamin Slonik) 14, 188
Molière 59
Montalban, Manuel Vásquez 62
Montesquieu 59
Montpellier 278
Mörderin, Die (Alexandros Papadiamandis) 60
Morea (Prinzipat) 56f., 77f., 80, 86
Moses 163, 173, 175
Moses Hamon 198
Münchner Oswald 311 (Anm. 8), 328
Myra (Demre) 128
Mytilene 53

Nabu 151
Nazareth 131, 176
Neapel 54, 77, 284
Nikäa / Nicäa (Iznik) 57, 128
Nildelta 89
Ninive 216
Niẓām al-ġarīb fī l-luġa (ʿĪsā ibn Ibrāhīm ar-Rabaʿī) 390
Noah 141, 163, 374 (Anm. 3), 391 (Anm. 14)
Nordsee 94
Normandie 108

Norwegen 108
Novellino 188–190
Nubien 130
Nürnberg 379

Odin 151
Odorico von Pordenone 125
Oedipus Rex 61
Okzident 16, 94, 388
Oratio habita Papiae in praelectione Hermetis Trismegisti, de potestate & sapientia Dei (Agrippa von Nettesheim) 175
Orendel 218, 220, 225, 311 (Anm. 8)
Orient 16f., 59, 82 (Anm. 20), 94, 111 (Anm. 20), 205f., 213 (Anm. 3), 228 (Anm. 22), 239 (Anm. 1), 388
Orlando Furioso (Ludovico Ariosto) 14, 188
Ortnit 311 (Anm. 8)
Osmanisches Reich 12, 28, 57–60, 192, 194, 198f., 205f.
Ostanes 164 (Anm. 31),
Ostseeraum 3, 89
Oswald von Wolkenstein 17, 221 (Anm. 11), 374 (Anm. 3)
Othello (William Shakespeare) 59 (Anm. 37)
Otto von Freising 44
outre mer 14, 77, 89, 92f.
Ovid (Publius Ovidius Naso) 31, 340, 349–352, 357, 363, 374 (Anm. 3)
Oviedo 58
Ozean 5, 23, 174, 213, 224f., 229 (Anm. 25), 371, 375

Padua 171, 175
Pagnol, Marcel 61
Palermo 9, 11, 20, 22, 26, 80, 114f., 169–171, 375f.
Palästina 61, 129–131, 289, 295f., 297 (Anm. 23), 300
Papadiamandis, Alexandros 60
Paracelsus (Theophrastus Bombast von Hohenheim) 20, 147, 149f., 176–179
Paradies 179 (Anm. 179), 264, 360, 387, 393
Paris 137, 165, 269
Paris un Wiene 205
Parzival (Wolfram von Eschenbach) 14–17, 23, 28, 102 (Anm. 4), 217f., 239–244, 248f., 251, 310, 348

Patara 128
Patmos 128
Patterson, Orlando 106–108, 115, 118
Paulus Albarus von Córdoba 14, 48
Pavia 55
Peloponnes 57, 77
Persien 113
Peter von Ailly 375
Phèdre (Jean Racine) 59
Philippe de Rémi 257, 259
Philosophia Magna (Paracelsus) 149, 177
Piemont 27, 126
Pimander (Marsilio Ficino, Übers.) 172f., 175f., 178f.
Pindar 349
Pinturicchio 172f.
Pippin (König der Franken) 312f., 330–332, 336
Pirenne, Henri 6
Platon 172
Plinius d. Ä. 247
Poema de Fernán González 51
Poetik (Aristoteles) 44f.
Pontus und Sidonia (Elisabeth von Nassau-Saarbrücken) 24
Preußen 216
Properz 349
Provence 49, 251, 277f., 284
Pseudo-Kallisthenes 46
Ptolemäus III. Euergetes 49f.
Pyramidenlegenden (al-Maḳrīzī) 155, 171

Qayrawan (s. Kairouan)
Qurʾān (s. Koran)

Racine, Jean 59
Raimbaut de Vaqueiras 43
Rashi / Raschi 202
Raymund IV. Berengar (Graf der Provence) 284
Regensburg 81
Reinfried von Braunschweig 17, 23, 217–222, 227, 245 (Anm. 9), 246
Reisen nach der Ritterschaft (Georg von Ehingen) 17
Rhein 30, 294 (Anm. 16)
Rhodos 55, 128, 130, 293
Richard, Graf von Cornwall und römischer König 284

Roger II. (Sizilien) 72 (Anm. 3), 85, 89
Rolandslied 44 (Anm. 5), 311 (Anm. 8)
Rom 26, 28 (Anm. 21), 30f., 44, 69, 73, 78, 79–86, 91–95, 161–163, 169, 257f., 269–272, 274–277, 285f., 331, 343
Roman du Comte d'Anjou 260
Roman de Troie (Benoît de Sainte-Maure) 77f. (Anm. 12), 353
Romanos IV. Diogenes (Byzantinisches Reich) 71, 84
Rotes Meer 23, 131
Roxelane (s. Hürrem)
Pseudo-Apollonius 169
Rudolf von Ems 215, 240, 248, 328 (Anm. 41)
Rum-Seldschuken (Sultanat) 42, 57
Rus 84, 94 127, 216

Sabbioneta 12, 194
Sacchetti, Franco 189
Sachs, Hans 259 (Anm. 6), 268
Sahara 7
Said, Edward 6 (Amn. 5), 16 (Anm. 15)
Saint-Denis 9
Saladin (Ṣalāḥ ad-Dīn) 8, 28, 55, 204
Salerno 117
Salman und Morolf 311 (Anm. 8)
Salomo / Sulaimān 160, 205
Samuel Usque 198
Sancie de Provence (Königin der Römer) 284
Sapientia Salomonis 160
Saragossa 10
Schnauß, Cyriakus 259 (Anm. 6), 268
Schneewittchen-Stoff 260
Schottland 69, 87, 90–95, 151, 268–270, 333 (Anm. 63)
Schwaben 117
Scyros / Skyros 231, 352, 359 (Anm. 31)
Sefer diber ṭov 193 (Anm. 10)
Sefer Ḥasidim 191, 204
Sefer ha-Kabbala (Abraham ibn Daud) 56
Sefer ha-Tishbi (Eliyahu ben Asher ha-Levi Ashkenaz) 193 (Anm. 10)
Segovia 199
Sfax 392
Shakespeare, William 59 (Anm. 37)
Shanxi 151f.

Shalshelet ha-Kabbala (Gedalia ibn Jahja, Rabbi) 194, 197
Shevet Jehuda (Shlomo Ibn Verga) 12, 194, 196f., 199–201
Shlomo Ibn Verga 12, 194
Sibylle 173,
Sieben weise Meister (*Sindbād al-Ḥakīm*, *Syntipas*, *Mischle Sendebar*) 12, 44, 45f. (Anm. 10), 47, 53, 55, 75
Siena 148, 172
Sinai 131, 164 (Anm. 32)
Sindbād al-Ḥakīm (s. *Sieben weise Meister*)
Sindbad, der Seefahrer 373
Sizilien 7, 15, 27, 30, 32, 52, 55, 56 (Anm. 32), 77, 80f., 128, 130, 284, 290, 293, 295, 297, 370, 375, 392, 394
Skiatho 60
Slawonien 127 (Anm. 5)
Slonik, Benjamin 188
Sloterdijk, Peter 213
Slowenien 127 (Anm. 5)
Solinus 372
Sopron 128
Spanien (s. auch Iberien) 28, 30, 46, 51, 55, 75, 86, 94, 109, 114, 133 (Anm. 19), 188, 194–197, 199–201, 206, 250, 262 (Anm. 9), 266f., 289–292, 294–296, 299, 302, 333 (Anm. 63)
Statius, Publius Papinius 31, 340, 349–352
Staufer 8, 19f., 81, 85, 89f. (Anm. 30), 381
Stobaios, Johannes 160f., 163f.
Straßburg 8, 19, 22, 72, 103, 109, 220, 241, 268, 270
Suger von Saint-Denis 9
Süleyman I. (Osmanisches Reich) 58, 198, 205
Sulzbach 12, 194
Syrien 50

Tabula Smaragdina 147, 153, 157, 165, 169, 171f., 175f., 179
Tamburlaine (Christopher Marlowe) 59 (Anm. 37)
Tannhäuser / Tanhüser 32, 369f., 373f., 378–390, 392–396
Tarsis (Tarsus, Tarsos) 53f., 89
Tartarei 131
Teutates 151
Thomas von Aquin 156
Thomas de Bretagne 343

Theodora Angeloi (Herzogin von Österreich) 7
Theophanu (HRR) 7
Thetis 24, 231, 350–352, 356f.
Thomas Becket (Erzbischof von Canterbury) 85
Thot 151, 153, 160, 178
Thrakien 128
Thüring von Ringoltingen 24
Tibull 349
Titurel (Wolfram von Eschenbach) 240f.
Toledo 14, 30, 49, 80, 169, 290–294, 296, 297 (Anm. 21), 298, 302
Totes Meer 131
Trecentonovelle (Franco Sacchetti) 189
Tristan (Gottfried von Straßburg) 22, 26, 103, 108f., 116, 120, 214 (Anm. 5), 220, 239, 342, 359
Trostspiegel für die Elenden (Cyriakus Schnauß) 259 (Anm. 6), 268
Troja 133 (Anm. 19), 219, 231, 233, 339, 347, 350, 353–355
Trojanerkrieg (Konrad von Würzburg) 24, 31f., 231–233, 339–363
Troyes 249
Turin 161
Türkei 49, 128, 133 (Anm. 19), 193 (Anm. 10), 386, 388
Turner, Victor 214, 219, 223, 227, 232f.
Tunesien 22, 55, 370, 394f., 392
Tunis 55, 266
Tyana 165, 179
Tyrus / Tyros 53, 129

Ulixes (Odysseus) 232
Ulrich von Etzenbach 21 (Anm. 17), 22, 228–230, 246
Umur Bey (Emir von Aydın) 57f.
Ungarn 20, 69, 86f., 89–95, 128, 222, 258, 277–282
Usāma ibn Munqiḏ 18

Vergil 349, 379
Velser, Michel 27, 125–126, 144
Venedig 3f., 89, 128, 155 (Anm. 19), 172 (Anm. 44), 188f., 197, 248
Verona 205
Victorial / Cronica de Don Pero Niño, conde de Buelna (Gutierre Diez de Games) 260f.
Vitae Offarum Duorum 74

Waldkirch, Konrad 190f.
Wales 127
Walther von der Vogelweide 369, 374, 379, 383
Weltchronik (Rudolf von Ems) 215
Welsch, Wolfgang 6 (Anm. 3), 309
Wieselburg 128
Wil(d)helm von Österreich (Johann von Würzburg) 19, 23, 28
Willehalm (Wolfram von Eschenbach) 8, 26, 103, 112–114, 117, 120, 240f., 243 (Anm. 7), 248, 310, 344 (Anm. 6)
Wilhelm IX. von Aquitanien 9
Wilhelm von Boldensele 126, 129f., 132 (Anm. 17), 133 (Anm. 21)
Wilhelm von Moerbeke 45
Wilhelm von Tyrus

Wolfram von Eschenbach 14, 22f., 44 (Anm. 5), 102 (Anm. 4), 103, 112, 120, 239–242, 244, 251, 310, 344 (Anm. 6), 348, 359
Wotan 151

Yaḥyā ibn Ḥakam al-Bakrī al-Ġazāl 370f., 390f., 395
Yaḥyā ibn al-Biṭrīḳ 374
Ystoria regis Franchorum et filie 267

Zadar 251
Zoroaster 174
Zosimos aus Panopolis 154 (Anm. 18), 174f.
Zothorus Zaparus Fendulus, Georgios 167–169
Zypern 25, 30, 128–131, 290, 292–294, 297 (Anm. 23)

www.ingramcontent.com/pod-product-compliance
Lightning Source LLC
Chambersburg PA
CBHW061926220426
43662CB00012B/1815